WITHDRAWN

HARVARD LIBRARY

WITHDRAWN

Thomas von Aquins Theorie und Praxis der Analogie

REGENSBURGER STUDIEN ZUR THEOLOGIE

Herausgegeben von den Professoren
Dr. Karl Josef Benz, Dr. Wolfgang Nastainczyk,
Dr. Norbert Schiffers, Dr. Franz Schnider

Band 29

Verlag Peter Lang
FRANKFURT AM MAIN · BERN · NEW YORK

Klaus Müller

Thomas von Aquins Theorie und Praxis der Analogie

Der Streit um das rechte Vorurteil und die Analyse einer aufschlußreichen Diskrepanz in der »Summa theologiae«

Verlag Peter Lang
FRANKFURT AM MAIN · BERN · NEW YORK

CIP-Kurztitelaufnahme der Deutschen Bibliothek

Müller, Klaus:

Thomas von Aquins Theorie und Praxis der Analogie :
d. Streit um d. rechte Vorurteil u.d. Analyse
e. aufschlussreichen Diskrepanz in d. "Summa
theologiae" / Klaus Müller. - Frankfurt am Main ;
Bern ; New York : Lang, 1983.
  (Regensburger Studien zur Theologie ; Bd. 29)
  ISBN 3-8204-7828-0
NE: GT

BT
10
.M85
1983

ISSN 0170-9151
ISBN 3-8204-7828-0
© Verlag Peter Lang GmbH, Frankfurt am Main 1983
Alle Rechte vorbehalten.
Nachdruck oder Vervielfältigung, auch auszugsweise, in allen Formen
wie Mikrofilm, Xerographie, Mikrofiche, Mikrocard, Offset verboten.
Druck und Bindung: Weihert-Druck GmbH, Darmstadt

Meiner Mutter
Bernadette Müller
und
meiner Großmutter
Emilie Scholz
gewidmet

"Ecco, il massimo che si può fare è guardare meglio."

Umberto Eco, Il nome della rosa. 208.

INHALTSVERZEICHNIS

	ABKÜRZUNGEN	13
	VORWORT	15
1.	ZUR FRAG-WÜRDIGKEIT DES THEMAS	17
2.	VIDETUR QUOD – THOMAS VON AQIUN UND DIE FRAGE NACH SEINER LEHRE VON DER ANALOGIE	23
2.1	THOMAS' ANALOGIELEHRE UND DIE CRUX IHRER SICHERSTELLUNG	24
2.2	THOMANISCHE ANALOGIE IM KRAFTFELD NACHMETAPHYSISCHER SPEKULATION	30
2.3	THOMANISCHE ANALOGIE AUF DEM PRÜFSTAND CHRISTLICHER THEOLOGIE	38
2.4	ZUSAMMENFASSUNG: SPRACHVERGESSENHEIT UND SPRACHVERSCHLOSSENHEIT	44
3.	THOMAS' FAKTISCHES SPRACHKONZEPT UND SEINE BEDEUTUNG FÜR DIE ANALOGIEFRAGE	47
3.1	ARISTOTELES UND NEOPLATONISCHES	48
3.2	NICHT-PHILOSOPHISCHE ANALOGIE UND LATENTE TRADITIONEN	53
3.3	VERMITTLUNG DES TRADITIONENGEFLECHTS INS MITTELALTER UND SPEZIELL ZU THOMAS	53
3.4	DAS EINE WORT UND DIE VIELEN WÖRTER	56
3.5	SPRACHE, HERMENEUTIK UND LINGUISTIK IM MITTELALTER	63
3.6	THEOLOGIE ALS VOLLZUGSFELD FUNKTIONALER LINGUISTIK UND DIE SYSTEMSTELLE VON ANALOGIE	66
3.7	REZEPTION UND PRAXIS FUNKTIONALER LINGUISTIK BEI THOMAS	68
3.8	GRUNDMOTIVE UND CHARAKTER THOMANISCHER SPRACHPRAGMATIK	72
3.9	ZUSAMMENFASSUNG	76
4.	THOMAS UND DIE ANALYTISCHE TRADITION	77
4.1	AFFINITÄTEN UND ISOMORPHIEN	77
4.2	DIE FEUERPROBE: SEIN UND SPRACHE	79
4.3	ISOMORPHIE DER ANALOGIEKONZEPTIONEN: THOMAS UND WITTGENSTEIN	82

4.4	INTERPRETATIONEN DER THOMANISCHEN ANALOGIE IM HORIZONT SPRACHPHILOSOPHISCHER ÜBERLEGUNGEN	83
4.4.1	Faszination des Systems	83
4.4.2	Die Not des Formalen als Tor zur Praxis	85
4.4.3	Der Ausweg des Existentiellen	87
4.5	ZUSAMMENFASSUNG	89
5.	"DENK NICHT, SONDERN SCHAU" - ANALYSEN ZUR REFLEKTIERTEN SPRACHPRAXIS IN DER "SUMMA THEOLOGIAE" I q 13	91
5.1	DIE WÖRTLICHE PRÄSENZ DER ARTES LIBERALES UND DER FUNKTIONALEN LINGUISTIK IN q 13	93
5.2	ERNSTFÄLLE REFLEKTIERTER SPRACHPRAXIS IN q 13	101
5.3	ZUSAMMENFASSUNG ZUR ANALYSE VON ST I q 13	135
6.	DIE KONKRETE AUFLÖSUNG THEOLOGISCHER SPRACHPROBLEME IN DER "SUMMA THEOLOGIAE" AUSSERHALB VON UND IM VERHÄLTNIS ZU I q 13	139
6.1	MATERIALOBJEKTE LINGUISTISCHER VERFAHREN	139
6.2	RELEVANZ UND KOMPETENZ DES PHÄNOMENS SPRACHE	140
6.3	FUNKTIONALE SPRACHPRIORITÄT	144
6.4	GEFAHREN UND GRENZEN SPRACHGELEITETER REFLEXION	149
6.5	OPERATIONALISIERUNG DER CHANCEN UND BEWÄLTIGUNG DER GRENZEN VON SPRACHE	155
6.5.1	Das Prinzip der Ähnlichkeit	155
6.5.1.1	Literarische Artikulationen des Ähnlichkeitsprinzips	156
6.5.1.2	"Familienähnlichkeit"	160
6.5.1.3	Zusammenfassung	165
6.5.2	Das Prinzip der Differenzierung	166
6.5.2.1	Konkretionsformen der Distinktion	167
6.5.2.2	Sprachliche Modi der Distinktionspraxis	173
6.5.2.3	Die strukturelle Organisation des Distinktionsprinzips	177
6.5.2.4	Die prädikamentellen Funktionen der Distinktion und deren Fundament	180
6.5.2.5	Zusammenfassung	183
6.5.3	Kurzformeln der Operationalisierung	184
6.5.3.1	Indikatoren des Ähnlichkeits- und des Differenzierungsprinzips	184
6.5.3.2	Indikatoren der Relativität	190
6.5.3.3	Indikatoren der Ungenauigkeit	191

6.5.3.4	Zusammenfassung	193
6.5.4	**Grammatische Elemente der Sprachreflexion**	194
6.5.4.1	Etymologie und syntaktische Reflexion	194
6.5.4.2	"Tiefengrammatik"	197
6.5.4.3	Grenzfälle thomanischer Tiefengrammatik	207
6.5.4.4	Zusammenfassung	210
6.5.5	**Die Relation "Sprache – Sprecher"**	210
6.5.5.1	Der vorgängige Sprachhorizont	210
6.5.5.2	Der Sprachgebrauch	214
6.5.5.3	Sprache und Erfahrung	220
6.5.5.4	Der Prozeß sprachlicher Übertragung	221
6.5.5.5	Synthetische Beschreibung der Aspekte der Redesituation	224
6.5.5.6	Zusammenfassung	230
6.5.6	**Metapher und Analogie**	230
6.5.6.1	Abgrenzungsprobleme	231
6.5.6.2	Das praxisrelevante Metaphern-"Konzept" des Aquinaten	235
6.5.6.3	Verhältnis und Funktionen von Metapher und Analogie im Rahmen des Problems der Rede von Gott	240
6.5.6.4	Zusammenfassung	249
7.	**ANALOGIE – EINE "ÜBERSICHTLICHE DARSTELLUNG"**	251
7.1	BEDINGUNGEN UND STRUKTUREN DES ANALOGIEGESCHEHENS	251
7.2	THEORIE UND THEORETISIERBARKEIT VON ANALOGIE	261
8.	**AM ENDE: CHRISTO-LOGISCHE RÜCKBINDUNG DER ANALOGIE?**	273
	ANMERKUNGEN	281
	BIBLIOGRAPHIE	353

ABKÜRZUNGEN

Für die Nachweise der Zitate aus den Werken Thomas von AQUINs werden die allgemein üblichen Abkürzungen verwendet, die den vollen Titel ohne Schwierigkeit erkennen lassen.

Zur Vereinfachung wurden lediglich folgende Kürzel eingeführt:

    ST = Thomas von AQUIN. Summa theologiae.

    PhU = L. WITTGENSTEIN. Philosophische Untersuchungen.

    BlB = L. WITTGENSTEIN. Das Blaue Buch.

    BrB = L. WITTGENSTEIN. Das Braune Buch.

Alle bibliographischen Abkürzungen richten sich nach dem in der Bibliographie unter "Hilfsmittel" genannten Abkürzungsverzeichnis von S. SCHWERTNER. Titel von Reihen oder Zeitschriften, die dort nicht aufgeführt sind, werden ganz ausgeschrieben.

VORWORT

Es gibt Probleme, die sich durch Feststellungen nicht abstellen lassen - und seien deren auch noch so viele. "Analogie" gehört mit Sicherheit zu dieser Sorte. Je weiter die Antworten auf die Frage nach der Analogie ausgreifen, desto mehr präsentiert sich diese in einer irritierenden Komplexität, die ihrerseits wiederum Reflexion und Spekulation zum Versuch der Konstruktion umfassender Begriffe provoziert. Was dabei herauskommt, ist oft sehr eindrucksvoll, läßt aber die Frage "Was ist Analogie?" so sehr offen, daß sie sich am Ende solcher Unternehmungen erneut so aufdrängt, als sei sie vorher nicht gestellt worden.

Deshalb scheint es notwendig, quer zu aller Analogienspekulation immer wieder nach so etwas wie dem "Grundsinn" von Analogie zurückzufragen. Genau das beabsichtigt die vorliegende Arbeit, die im WS 1982/83 an der Philosophioschen Fakultät der Pontificia Università Gregoriana in Rom als Dissertation angenommen wurde. Sie konkretisiert diese Absicht an einem Werk des Thomas von AQUIN (der "Summa theologiae") in der Überzeugung, daß in der Reihe der Klassiker des Analogiedenkens der Typ seiner Denkbewegung einen privilegierten Zugang zu jenem strukturellen Grundproblem der Analogie gewährt.

Diese Einschätzung des Aquinaten entwuchs einer subjektiven Absicht meinerseits und dem, was dann unter dem Diktat der Sache daraus geworden ist. Nach längerer Beschäftigung mit philosophischen Ansätzen der Moderne und Gegenwart wollte ich meine philosophische Lizentiatsarbeit über einen Denker der Scholastik schreiben. Von Anfang an schwebte mir dabei vor, einen Aspekt der philosophisch-theologischen Grundlagenbesinnung bei Thomas von AQUIN näher ins Auge zu fassen. Prof. Dr. Carlo Huber SJ, der Moderator dieser Arbeit, schlug mir deshalb vor, die Rolle der "distinctio" im Denken des Aquinaten näher zu untersuchen. Schon bei den vorbereitenden Arbeiten deutete sich allerdings an, daß die distinctio - in ihrer inneren Sinngebung bei Thomas - untrennbar mit den Problemkreisen Sprache, Sprachpraxis und Analogie verknüpft ist. Nachdem ein erster Test dieser Hypothese im Rahmen der Lizentiatsarbeit positiv ausfiel und sich dort zusätzlich Perspektiven abzeichneten, die die Möglichkeit einer neuen Bearbeitungsweise des Analogieproblems bei Thomas andeuteten, stand das Thema meiner Dissertation fest.

Das heißt nicht, mit Thomas ließe sich die Sache der Analogie erledigen - vielmehr wird die Kritik an seiner Position im Vordergrund stehen. Aber Thomas gehört zu denen, die auch ihre Kritiker noch belohnen. Zweifellos muß in einer solchen Perspektive viel über Thomas und die Analogie Sagbares ungesagt bleiben. Die Durchführung des Programms einer solchen Rückfrage nötigt dazu, mehr offenzulassen, als ursprünglich erwartet - erst im Lauf der Ausarbeitung zeichnete sich in etwa der volle Umfang der in der gewählten Perspektive möglichen Arbeit am Analogieproblem ab. Gemessen am Maß dieses Möglichen nehmen die nachfolgenden Überlegungen den Charakter einer Vorarbeit an. Dennoch hoffe ich, daß die Kosten der Grenzen vom Nutzen der Ergebnisse aufgewogen werden.

Kosten und Nutzen im Gleichgewicht zu halten, geht nicht ohne Risiko. P. Carlo Huber hat dieses Risiko mitgetragen in einer Weise, deren Namen nicht anders lauten kann als "Doktorvater". Dafür danke ich ihm. - Auch andere haben sehr Unselbstverständliches wie selbstverständlich getan: Ich danke meiner Mutter und meiner Großmutter für die jahrelange ideelle und materielle Unterstützung - meiner Mutter außerdem noch für die intensive Mitarbeit bei der Erstellung des Manuskripts. Freunden danke ich für dieselbe Arbeit sowie für die Beschaffung schwierig zu erreichender Literatur. Mein Dank gilt ebenso dem Koreferenten der Arbeit, Prof. Dr. Francis O'Farrell SJ, der Studienstiftung des Deutschen Volkes für ein zweijähriges Promotionsstipendium, den Herausgebern der "Regensburger Studien zur Theologie" für die Aufnahme der Arbeit in diese Reihe, Prof. Dr. Norbert Schiffers und Dr. Hubert Windisch für die Tips und Anregungen zur Veröffentlichung, der Diözese Regensburg für einen Druckkostenzuschuß sowie Prof. Dr. Erwin Gatz, dem Rektor des Kollegs beim Campo Santo Teutonico in Rom, für die spontane Hilfsbereitschaft in vielen Lagen.

Die folgenden Überlegungen verstehen sich von Thomas her als philosophische Analyse eines theologischen Problems. Sie beabsichtigen, dem Theologietreiben damit etwas zu denken zu geben. Und gleichzeitig glauben sie sich einer theologischen Grenze unterstellt: "Was fragst du nach meinem Namen? Er ist wunderbar" (Ri 13, 18).

Regensburg, 22.02.1983

Klaus Müller

1.
ZUR FRAG-WÜRDIGKEIT DES THEMAS

Fragen kommen, wo Selbstverständlichkeiten fraglich werden. In den Fragen meldet sich eine Frag-würdigkeit der Sache, die stärker ist als die Schwerkraft des Selbstverständlichen und dieses selbst fragwürdig macht. Nach etwas zu fragen, setzt somit eine erste Kenntnis des Gefragten voraus, besagt aber gleichzeitig, daß noch etwas zu wissen bleibt. **Was** es noch zu wissen gibt, enthüllt sich **ganz** erst am Ende, wenn die Fragen eine Anwort gefunden haben. Gleichzeitig entscheidet sich an der Anwort, ob die Fragen ein Recht hatten, gestellt zu werden. In besonderem Maß gilt das für die Beschäftigung mit einem Thema, das schon so oft traktiert wurde wie das der "Analogie bei Thomas von Aquin". Diese Arbeit verfügt deshalb nicht über eine vorlaufende Rechtfertigung. Vielmehr muß sie diese selber durch ihr Ergebnis leisten.

Das erneute Fragen nach der Analogie beim Aquinaten bricht auf in der Analyse der gegenwärtig repräsentativen Interpretationen thomanischer Aussagen zu diesem Thema. Jene Auslegungen sind radikal verschiedenen Ansätzen verpflichtet und führen zu Ergebnissen, die von der vorbehaltlosen Annahme über eine kritische Weiterführung bis zur grundsätzlichen Zurückweisung der thomanischen Konzeption reichen. Die Untersuchung ihrer Voraussetzungen, Methoden und Resultate aber stößt auf ein allen gemeinsames, zentrales Defizit: die mangelnde Rücksicht auf die originäre Sprachlichkeit des Analogieproblems (2. Kapitel).

Weil dieser Befund unmittelbar zusammenhängt mit den hermeneutischen Prinzipien der kritisierten Thomasauslegungen, vollzieht sich das erneute Fragen nach der Analogie zunächst als Frage nach der rechten Interpretation des Aquinaten. Um eine Antwort auf sie vorzubereiten, werden die Bedingungen und Interessen rekonstruiert, die Thomas' Auffassung von Analogie beeinflussen. Vor allem hat von den Traditionen die Rede zu sein, in die der Aquinate selber im Rahmen seines Analogieproblems einrückt: besonders (neo-)platonisches und aristotelisches Gut, die theologische Logos- bzw. Verbumlehre (primär Augustinus) und schließlich die mittelalterliche Sprachphilosophie sind hier näher zu beleuchten. Die Analyse des Umfangs und der Grenzen ihrer Präsenz in Thomas' Denken sowie ein kurzer Vergleich mit einigen seiner Vorgänger erlauben eine erste orientierende Lokalisierung der Analogiethematik im Gesamtduktus der Denkbewegung des Aquinaten. Analogie bei Thomas enthüllt sich dabei wesentlich als theologisches Sprachproblem - und zwar als **theologisches** anstelle eines philosophischen und als **Sprachproblem** anstelle einer unmittelbaren Verortung in der Metaphysik oder Logik. Der Ort, an dem dieses Problem aufbricht, ist Thomas' theologische Sprach**praxis**. Bewältigt wird die mit ihr gestellte Aufgabe in einer kontinuierlichen Reflexion der konkreten Bedingungen und Schwierigkeiten eben dieses sprachlichen Tuns selbst. Somit gewinnt die Frage nach der Analogie in der praktizierten Sprachphilosophie ihren unmittelbaren Gegenstand. Daß Thomas generell Sprachphilosophie treibt, ist nichts Neues. Ihre Gestalt und ihr Umfang lassen sich auch ohne große Schwierigkeiten skizzieren. Darüber hinaus enthüllt sich - je weiter diese Beschreibung fortgetrieben und präzisiert wird - die Qualität und der Typ thomanischer Sprachphilosophie: Ihre besondere Charakteristik besteht in einer erheblichen Affinität zu dem Modus des Philosophietreibens, der heute "analytisch" heißt (3. Kapitel).

Zu besonderer Intensität verdichtet sich jene Nähe in einer Gegenüberstellung von Thomas und dem WITTGENSTEIN der "Philosophische(n) Untersuchungen". Zwischen beiden Autoren lassen sich mehrere Konvergenzen benennen: in ihrem Zentrum steht die Analogieproblematik. WITTGENSTEIN hat sich mit ihr in Form der Rekonstruktion und Analyse **alltäglicher** Sprach**praxis** auseinandergesetzt, Thomas begegnet ihr in der **theologischen** Sprach**praxis** und behandelt das Problem ebenfalls analytisch-rekonstruktiv.(1) Auf dem Hintergrund dieser und anderer sachlicher Übereinstimmungen gewinnt die hier zu versuchende Reinterpretation thomanischer Analogie gegenüber den bisherigen Auslegungen von dem genannten Verfahren WITTGENSTEINs her endgültig das Neue ihres Ansatzes: auch beim Aquinaten die Analogie konsequent mit seiner reflektierten Sprachpraxis, seiner praktizierten Sprachphilosophie in Beziehung zu setzen und von ihr her erstere aufzuschlüsseln. Die Konfrontation Thomas - WITTGENSTEIN geschieht also in hermeneutisch-katalysatorischer Absicht. Im Maße sich strukturelle, systematische und methodische Übereinstimmungen nachweisen lassen, darf die "Analytische Philosophie" (besonders WITTGENSTEIN, aber nicht nur er allein) solchermaßen als Lesehilfe für das Verständnis thomanischer Analogie herangezogen werden. Zentrale Aufgabe solcher sprachanalytisch orientierten Thomasauslegung ist es, im ausdrücklichen Gegenzug gegen das gerade im Rahmen der Analogiethematik wirkungsgeschichtlich angesammelte Schwergewicht schulmäßiger Interpretation der vollen Breite und Tiefe einer Gegenwart echt analytischen Denkens im Werk des Thomas ansichtig werden zu lassen (4. Kapitel). Damit ist der Streit um das rechte Vor-urteil adäquaten Verstehens thomanischer Analogie abgeschlossen. Bevor die Verlaufsskizze der hier anzustellenden Überlegungen fortgesetzt wird, muß noch einiges Grundsätzliches über die Bedingungen gesagt werden, unter denen sich jenes Vor-urteil bewähren muß, und die Funktionen, die es als philosophisches für das theologische Anliegen der Analogie zu erfüllen hat.

Der Streit um das Vor-urteil muß sehr detailliert geführt werden, weil es sich zwei aus verschiedenen Quellen stammenden, jedoch zum selben Resultat gelangenden Einwänden ausgesetzt sieht: zum einen der in der Regel dogmatisch vertretenen Überzeugung, daß Thomas von AQUIN und auch die Analogie mit (sprach)analytischer Philosophie nichts zu tun haben bzw. zu tun haben dürfen. Als symptomatisch kann hier gelten, wie die Herausgeber der berühmten "Rassegna letteratura tomista" über entsprechende Interpretationsversuche urteilen: "Non vediamo che queste analisi, quantunque interessanti, significano uno 'sviluppo' del tomismo."(2)

Während dieser Vorbehalt ein äußerlicher bleibt, stützt sich der zweite Einwand auf generelle sachliche Bedenken: er stellt die Frage, ob Sprachanalyse und Hermeneutik - für das Mittelalter sind ja beide weitgehend identisch, sofern Hermeneutik **als** Sprachanalyse geschieht - innertheologisch ein solcher Rang zuerkannt werden darf, wie es im Gefälle und der Durchführung der hier vertretenen Analogieninterpretation geschieht. Es wird der Verdacht geäußert, ob dadurch nicht auf Kosten ontologisch-metaphysischer Strukturen ein Denken zur Vorherrschaft gelange, das als "nominalistisch" zu klassifizieren ist – ganz abgesehen davon, wie weit Thomas selbst als Vertreter eines sprachzugewandten Denkens gelten könne. Die vorliegende Arbeit widersetzt sich beiden Einwänden in der Überzeugung, daß diese weder die Relevanz des Sprachlichen für Theologie überhaupt noch den diebezüglichen Standort des Aquinaten angemessen einschätzen.

Wenn in den letzten Jahrzehnten im Rahmen theologischer Produktion viel von Sprache die Rede war, dann verdankte sich die fast unüberschaubar gewordene Fülle und Aktualität entsprechender Ansätze und Überlegungen zwar durchaus den Vorgaben seitens der zeitgenössischen Philosophie,(3) jedoch handelte es sich grundsätzlich nicht um eine neue Erfindung (eher um das Symptom einer Renaissance nach langer Latenzzeit). In dieser Sprachzugewandtheit wurde nämlich eine Tradition fortgesetzt, die – je auf epochal andere Weise – bis in den Anfang der Väterzeit zurückreicht und heute auf der Folie privilegierender Aktualität erneut und vertieft erkannt zu werden scheint.(4) Die Sache der Theologie ist so eng mit dem Problem der Sprache verwoben, so in es hinein verstrickt, daß – cum grano salis – die Gottesfrage selber unter bestimmten Hinsichten unverkürzt im Gewand des Problems der Rede von Gott begegnen kann.(5) Sofern weder "die Theologie" noch "die Sprache" als fixe Größen vorgegeben sind, sondern am Leitfaden epochal wechselnder Paradigmen sich je neu bestimmen bzw. wirken, bedarf die Verhältnissetzung von Theologie und Sprache gerade wegen ihrer wesentlichen Bezogenheit dauernder Wieder-holung. Die Auseinandersetzung mit dem Verhältnis von "Sprache und Theologie" gehört zum Kernbestand theologischer Pflichtthemen; des Sprachproblems wegen zählt es binnentheologisch zu denen, die am meisten der Philosophie bedürfen. Diese Wieder-holung vollzieht sich nicht nur unter den Bedingungen einer jeweiligen Gegenwart – gleichsam als jeweils radikale Neusetzung –, sondern auch auf der Basis von Traditionen und ihrer Wirkungsgeschichte. Thomas' Konzeption des Verhältnisses von Theologie und Sprache – mit der Analogiethematik in ihrer Mitte – spielt im Ensemble heutiger Beiträge zur Auflichtung des komplexen Verhältnisses – abgesehen von sterilen Repetitionen – in der Regel nur noch eine Rolle als exemplarischer Fall eines unter den Bedingungen zeitgenössischen Philosophierens und Theologietreibens nicht mehr haltbaren Modells. Entgegen dieser mit der Eliminierung des Aquinaten endenden Einordnung behauptet die hier versuchte Reinterpretation gerade von Thomas' Analogiepraxis her eine Originalität seiner Problemlösung, die ein Recht hat, in der gegenwärtig geführten Diskussion gerade um deren Kontinuität mit ihrem Ursprung willen gehört zu werden. Das kann – um es noch einmal zu sagen – nicht durch das Wiederholen fixer Formeln geschehen, sondern nur in der differenzierenden Ausfaltung der Weite seiner Perspektiven und der gleichzeitigen Wahrnehmung ihrer Grenzen (, die es heute zu überschreiten gilt); aber selbst dort noch, wo sich das Übergewicht auf die "Grenzen"-Seite verschiebt, läßt sich in der konkreten Auseinandersetzung mit Thomas noch viel gewinnen für eine adäquate Neubeschäftigung mit der zu lösenden Problematik, weil seine eigene Denkbewegung von jeder schulmäßigen Verfestigung freigeblieben ist.

Damit ist das Vorverständnis für die folgende Analyse der "Summa theologiae" sowie seine Absicht im Kontext der heute virulenten Einschätzung des Problems und seiner Bearbeitung durch Thomas klargestellt: Analogie als ein theologisches Sprachproblem, das Thomas auf der Ebene seiner Konkretionen pragmatisch-analytisch lösen will; Weite wie Grenze dieser Lösung lassen sich ihrerseits wiederum mit analytischen Methoden im rekonstruierenden Nachvollzug freilegen. Die von diesem Vorverständnis dirigierte Analyse beginnt mit der Lektüre der für die ganze Thematik von allen Interpreten als zentral erachteten ST I q13; anhebend mit den speziellen Analogieartikeln a5 und a6 und dann ausgreifend auf die restlichen Artikel von q13 entdeckt die analytische Lektüre dort ein dichtes linguistisches Substrat, das sich als Nährboden für den Umgang mit der Analogieproblematik herausstellt und gleichzeitig mit zunehmender Aufdeckung in eine wachsende Spannung zu Thomas' unmittelbar satzhaften Äußerungen über Analogie gerät (5. Kapitel).

Dieser Befund übernimmt nun seinerseits die Aufgabe des hermeneutischen Horizonts für die weitere, der Analogiepraxis der ganzen "Summa theologiae" (ausgenommen das nicht von Thomas selbst verfaßte Supplementum) gewidmeten Lektüre. Die Fülle des dabei sich als relevant auszeichnenden Materials, das sich weithin nicht ins Allgemeine induzieren läßt, kann nur durch einen methodischen Eingriff einem wenigstens ansatzhaften Begreifen zugänglich gemacht werden: die Analysen entfalten sich anhand exemplarischer Repräsentanten, als Untersuchung von Standardtypen, die zugleich besonders prägnante - und deshalb erwähnenswerte - Abweichungen ohne große Schwierigkeit auf ihrer Folie sichtbar machen können. Die primäre Funktion einer solchermaßen praktizierten typologischen Methode kann mit H. BLUMENBERG so bestimmt werden: "sie neutralisiert schon stattgefundene dezisionistische Prozesse, indem sie versucht, das vollständige Feld der Möglichkeiten zu präsentieren ... Sicher kann Typologie nie ein Endprodukt von Theorie sein; aber sie ist ein wesentlicher Schritt der Rationalisierung mit der ihr immanenten Frage: welches sind die in einer Position implizierten Negationen?"[6] Die Durchführung der Reinterpretation in Form paradigmatischer Analysen stellt somit die Auszeitigung der systematischen Absicht dieser Arbeit dar (6. Kapitel).

Trotzdem bleibt das so typologisch Erschlossene noch dem Niveau der Vereinzelung verhaftet - und gleichzeitig müssen die Analysen erfahren, daß sich das, was sich ihnen als Analogie erschließt, einer glatt aufgehenden Verbegrifflichung - vor allem in Gestalt einer Analogietheorie, wie Thomas selbst sie in ST I q13 a5 und a6 formuliert - widersetzt. Soll dennoch Verständnis zustandekommen, so muß mehr geschehen als nur die Addition von Einzelzügen und selbst der Widerspruch von Theorie und Praxis der Analogie muß in solchem Verstehen noch seinen Ort finden. Deshalb werden die Resultate der Analysen in die Form einer "übersichtlichen Darstellung"[7] gebracht, deren wesentliche Aufgabe darin besteht, die Zusammenhänge zwischen den Einzelzügen freizulegen und so in deren Komplexion eine Orientierung zu ermöglichen; der wesentliche Unterschied der "übersichtlichen Darstellung" gegenüber einem deduktiv (begrifflich) errichteten System beruht darin, daß erstere niemals definitiv abgeschlossen werden kann, an ihren Rändern für immer Neues offenbleibt, und Modifikationen bzw. Abweichungen aufgrund der ihr eigenen Flexibilität auch in einem größeren Umfang optimal integrieren kann. Im Gefälle der so erreichten Übersicht wird dann die die Analysen von Anfang an begleitende Spannung zwischen Thomas' Analogiepraxis und seiner Theorie eigens thematisiert und in einer Besinnung auf die Theoretisierbarkeit von Analogie einerseits und die interessengegründete Bedingtheit der thomanischen Sicht dieser Problematik andererseits einer Erklärung zugeführt.

Auf dem Boden der übersichtlichen Darstellung eröffnet sich schließlich noch die Möglichkeit einer grundsätzlichen Bestimmung der "Natur" von Analogie, ihrer wissenschaftstheoretischen Einordnung und ihrer Rolle in der Ökonomie vernunftgeleiteten Denkens überhaupt. Im Maß sich das an der im Werk des Aquinaten vorfindlichen (praktischen und mittelbar auch theoretischen) Analogie ablesen oder erschließen läßt, verifiziert sich gleichzeitig im Gegenzug die anfängliche Hypothese einer noch einzuholenden Frag-würdigkeit der Lösung des Problemverhältnisses von Sprache und Theologie und speziell der Analogie bei Thomas. Außerdem handelt es sich aufgrund der in jeder Analyse implizierten kritischen Dimension bei der übersichtlichen Darstellung und den ihr angeschlossenen Konklusionen nicht nur um eine fest-stellende Deskription, sondern den Versuch der Ausarbeitung einiger normativer Grundzüge dessen, was "analoges Sprechen" bedeutet und wie es geschieht - die Grenzen der thomanischen Konzeption werden dabei am stärksten zur Geltung kommen (7. Kapitel).

Die langen Wege durch die Ebene der konkreten Sprachpraxis dienen ausschließlich dazu, das vorlaufend (3. und 4. Kapitel) konstituierte - und als zutreffend behauptete - Vor-urteil, Analogie sei bei Thomas originär ein sprachpragmatisch lösbares theologisches Sprachproblem, analytisch einzuholen und so in ein überprüfbares Urteil zu transformieren. Gerade weil das - Modifikationen und Präzisierungen eingeschlossen - m.E. möglich ist, bricht am Ende angesichts dieses Urteils ein Folgeproblem auf, dem sich die schulmäßigen, in der Regel auf die begriffliche Differenzierung von analogia attributionis und analogia proportionalitatis beschränkten Interpretationen in ihrer logischen bzw. metaphysischen Ausrichtung überhaupt nicht zu stellen brauchten: "theologisches Sprachproblem" ja - aber Problem **welcher** Theologie? Thomas versteht sich als Lehrer einer Theologie, deren absolutes Spezifikum und alles integrierendes Zentrum der drei-eine Gott ist, der sich im Scheitelpunkt einer frei gewollten Selbstmitteilung in Menschengestalt offenbart und durch dieses Geschehnis ein neues, definitiv heilsbedeutsames Verhältnis zwischen Gott und Welt stiftet. Hat das theologische Sprachproblem, das Thomas - zentral - unter dem Namen der Analogie angeht und zu lösen sucht, etwas mit dem Spezifikum der seinen originären Ort ausmachenden Theologie zu tun? Die hier anzustellenden Überlegungen können die zur Klärung dieser Frage notwendige theologische Arbeit nur andeuten und auf das Offene verweisen, woraufhin sie selbst zu übersteigen sind. Dennoch ermöglicht der im Ganzen der Arbeit durchgehaltene Ansatz bei der Sprachpraxis des Aquinaten eine grundsätzliche Endscheidbarkeit in dieser Frage einer möglichen spezifisch theologischen Rückbindung der Analogie: wie sich zeigen wird, ist eine solche Relation mit gutem Grund zu behaupten; und umgekehrt enthüllt sich an jener Entscheidbarkeit selbst nochmals die Bedingung der Möglichkeit dessen, was Thomas als Analogie praktiziert - oder anders und konkreter: die Entscheidbarkeit und der Inhalt der Entscheidung verifizieren den Ansatz bei der reflektierten Sprachpraxis als adäquaten (8. Kapitel).

Die vorliegenden Arbeit beschränkt sich absichtlich auf das, was aus Thomas analytisch erschlossen und in "übersichtlicher Darstellung" einsichtig gemacht werden kann. Die Aufgabe, mit Thomas über Thomas hinaus ein volles Analogiekonzept zu entwerfen, das heutigen Anforderungen in jeder Hinsicht genügen kann, gehört nicht mehrt dazu,(8) ebensowenig die Applikation des über Analogie Erschlossenen auf heute aktuelle Probleme theologischer Rede, die zum Teil nicht auf den ersten Blick mit dem Analogieproblem in Verbindung gebracht werden, gleichwohl aber grundsätzlich von dorther anzugehen sind.(9)

Die Intention dieser Arbeit erfüllte sich, wenn sie dazu beitragen könnte, in der Diskussion um die Analogie die weithin herrschende lähmende Selbst-verständlichkeit dieser Thematik und ihrer Inhalte als vermeintliche zu entlarven und mit dem von Thomas her immer noch Fragbaren (samt dem Fraglichen) auf tieferes Verstehen hin aufzubrechen – als den Boden gelingenden und ent-sprechenden Redens von Gott und mit Gott.

2.
VIDETUR QUOD – THOMAS VON AQUIN UND DIE FRAGE NACH SEINER LEHRE VON DER ANALOGIE

"Die Scholastik ist das einzig wahre, einzig sichere philosophische System; dasselbe findet sich am reinsten und lautersten in den Schriften des hl. Thomas von Aquin niedergelegt."(1) – Sollte sich jemand diesen kategorischen Satz F. EHRLEs,(2) des späteren Kardinals, zum Erwartungshorizont seiner Thomaslektüre wählen, dann dürfte er spätestens nach hundert Seiten zurückblättern, um sich zu vergewissern, ob er tatsächlich ein Werk des Aquinaten in Händen hält. Ihn muß verunsichern, daß er von dem angekündigten System nichts entdecken kann – und die strenge Gliederung vieler Werke in Quaestionen und Artikel mit ihren stereotypen Einleitungsformeln ("Ad ... sic proceditur"; "Sed contra ..."; "Respondeo dicendum ...") wird zwar im ersten Moment jene Erwartung noch nähren, um aber bald – als Hindernis im Gedankenfluß empfunden – die Enttäuschung zur vollständigen werden zu lassen.

Wem solches widerfährt, dem ist zu raten, aus jener Enttäuschung eine Ent-täuschung zu machen. Mit den Worten eines so unbestrittenen wie unverdächtigen Thomaskenners wie J. PIEPER: "Thomas ist so wenig ein Klassiker des Systemdenkens, daß sich im Gegenteil zeigen läßt, er hege 'ein äußerstes Mißtrauen gegen Systeme', ..."(3) – ganz abgesehen davon, daß der Aquinate selbst zunächst einmal Theologe sein wollte und nicht Philosoph;(4) weder von "System" noch erst recht von "philosophischem System" kann deshalb so einfach die Rede sein.

Was in diesem Sinn für das Werk des Thomas allgemein und jedes Bemühen um sein Verständnis gilt, betrifft selbstredend auch den Umgang mit dem Problem der Analogie in ihm – und dies um so mehr, als der Sache der Analogie eine Aversion gegen Systeme anhaftet, die dem Aquinaten noch trotz seiner diesbezüglichen Zurückhaltung zu schaffen machte, und weil Analogie für ihn originär und wesentlich ein Problem der Theologie darstellt und nicht der Philosophie, welches er aber sehr wohl mit philosophischen Mitteln behandelt. Damit sind zwei Behauptungen aufgestellt, die im Verlauf der folgenden Überlegungen detailliert zu verifizieren sind.

Thomas hat nie über das Thema der Analogie irgendwo systematisch gehandelt, geschweige denn ein eigenständiges Werk geschrieben – unbeschadet der Tatsache, daß ihm sehr wohl bewußt war, daß mit der Praxis dessen, was üblicherweise und sehr wenig- bis nichtssagend eben "Analogie" heißt, sein Werk steht und fällt. Alles, was er über diesen Lebensnerv seines Denkens und Sprechens explizit zu Papier gebracht hat, ist eingeschmolzen in ganz konkrete Kontexte meist theologischer Fragestellungen und ihre literarischen Formen Kommentar, Quaestio oder Kurztraktat. Dieser Sachverhalt bereits determiniert den Fortgang der Überlegungen zweifach:

Auf der Basis der allgemein anerkannten und hier nicht weiter zu rechtfertigenden Gegebenheit einer prinzipiellen hermeneutischen Interferenz von konkretem Sprach- und Denkobjekt einerseits und dem Kontext seines Zur-Sprache-Kommens andererseits ist - bei mindestens zwei voneinander verschiedenen Kontexten - die Suche nach der Analogielehre des Thomas als Moment eines falschen Vorverständnisses zu eliminieren. Zweitens determiniert der genannte Sachverhalt die methodischen Möglichkeiten, die zur Lösung der mit dem Thema angegebenen Problemkreise zur Verfügung stehen: die Kontextabhängigkeit der Aussagen zur Analogie weist von selbst in Richtung einer sprachanalytischen Vorgehensweise für die Aufklärung der Frage, was Analogie für Thomas denn sei. Eine solche Methode empfiehlt sich dadurch, daß sie den von der geschilderten Quellenlage her zu erwartenden Pluralismus der Antworten nicht apriorisch durch die Festlegung auf ein System welcher Art auch immer einnivelliert, sondern im Gegenteil - ihm gewissermaßen Raum gebend - zu einer "übersichtlichen Darstellung"(5) zu bringen vermag. Daß Thomas außerdem selber mit enormer sprachlicher Reflexheit geschrieben hat, wie sich noch zeigen wird, sei vorerst nur einmal als Kohärenz faktischer Art notiert.

Das Analogiesystem des Thomas gibt es also nicht - im Horizont eines solchen Vorverständnisses sollen im folgenden in Auseinandersetzung mit den wichtigsten Autoren die Frage der Sicherstellung thomanischer Aussagen zur Analogie und die andere nach der Klassifikation seiner Äußerungen diskutiert werden. Ein zweiter Schritt hat sich dann - anhand zweier bedeutender Veröffentlichungen zum Thema, welche zugleich als Kritik der an erster Stelle behandelten Werke zu lesen sind - mit dem Problem einer umfassend systematischen Deutung des Analogiethemas bei Thomas von AQUIN zu befassen; daß sich dabei erster und zweiter Schritt wiederum hermeneutisch determinieren, bedarf auf dem Hintergrund des bereits Gesagten keiner weiteren Erläuterung mehr - ebensowenig, daß erster und zweiter Schritt zusammen umfassend in das Thema einzuführen haben.

2.1 THOMAS' ANALOGIELEHRE UND DIE CRUX IHRER SICHERSTELLUNG

Die ursprüngliche Disparatheit der Aussagen des Aquinaten zur Analogieproblematik manifestiert sich in der gesamten Rezeptionsgeschichte seiner Gedanken gewissermaßen "sub contrario" - d.h. unter je diverser systematischer Hinsichtnahme - im ständigen Wechsel der Antworten auf die Frage, wieviele Arten von Analogie es bei Thomas eigentlich gebe, sowie im Streit um den jeweiligen Modus der Textauswahl. Als durchgehendes Charakteristikum der Rezeptionen und Interpretationen begegnet uns das Faktum, daß die Fragwürdigkeit jener Entwürfe zu- und ihre Thomastreue abnehmen in dem Maß, in dem ein Systemwille leitend wird - konkret erfahrbar daran, daß eine Systematik bisweilen sogar so weit geht, einen oder mehrere Texte, die unmittelbar die Analogiethematik betreffen, um ihrer eigenen Evidenz willen - mit oder ohne Begründung - zu eliminieren oder durch Extrapolation aus dem Kontext der intendierten Interpretationsrichtung gefügig zu machen.(6)

Im Grunde geschah dies bereits bei der ersten und über Jahrhunderte hin bestimmenden Interpretation des Aquinaten, die Thomas de VIO (1469-1534), genannt CAJETAN, vor allem mit seinem kleinen, aber äußerst einflußreichen Werk "De nominum analogia" durchgeführt hat:

er unterscheidet - im Blick auf In I Sent d19 q5 a2 ad1 - drei Arten von Analogie: analogia inaequalitatis, analogia attributionis und analogia proportionalitatis;(7) auf diese drei lassen sich nach CAJETAN alle anderen bei Thomas auftauchenden Distinktionen der Analogie reduzieren. Außerdem kürt er die analogia proportionalitatis allein zur wahren Analogie secundum Doctorem angelicum - die dritte Art aus In I Sent d19 q5 a2 ad1 wird dabei gleichgesetzt mit der in De ver q2 a11 von Thomas als einzig (theologisch) möglich ausgewiesenen Analogieform.

Die genau entgegengesetzte Position vertritt dann - um hier Franciscus Sylvester von FERRARA (ca. 1474-1528) und seine gemäßigte Präferenz der analogia attributionis intrinseca zu übergehen - Francesco de SUAREZ (1548-1619): auch er kennt eine Dreiteilung, aber mit völlig anderen Akzenten: eine analogia proportionalitatis, die unter Ausschuß der analogia proportionalitatis propria nur als impropria, als metaphorisch verstanden wird, und daneben die analogia attributionis in ihren beiden Modifikationen als extrinseca und intrinseca, wobei nur diese Attributionsanalogie für ihn mit der Analogie des Thomas schlechthin identisch ist.(8)

Diese geschichtsträchtigen Dreierklassifikationen fanden - vor allem in methodischer Hinsicht - auch in neuester Zeit noch ihre Verfechter. Exemplarisch für die typische Vorgehensweise sei G. SCHELTENS erwähnt: bei der Frage nach den Grundtypen der analogen Prädikation geht er allein von ScG I, 34 aus, wo eine analogia duorum ad tertium und eine unius ad alterum auftauchen. Dann erwähnt er noch die analogia proportionalitatis - im Blick auf De ver q2 a11 -, behandelt aber diesen Typ nicht weiter mit der Begründung, daß er ja erst in De ver auftauche und dort auch schon wieder zu verschwinden beginne: "Nach De Veritate fällt die Analogia Proportionalitatis zwar nicht vollkommen weg, aber sie wird nur noch erwähnt als Erklärung einer metaphorischen Redeweise."(9)

Von solchen Systematisierungsversuchen traditioneller Art unterscheiden sich auch die neueren Untersuchungen - oft trotz eines gegenteiligen ersten Eindrucks - prinzipiell qualitativ nicht, nur quantitativ - und dies zweifach: einerseits in Richtung einer Verminderung der Analogiearten auf zwei - analogia attributionis und proportionalitatis -,(10) wobei sich selbst diese Unterscheidung nochmals unterlaufen läßt, indem die Analogie als ausschließlich "logical intention" verstanden wird, für die es gleich ist, ob sich die analoge Extension eines Terms auf Proportionalität oder Attribution gründet.(11) Andere Autoren bewegen sich in Richtung einer Vermehrung der Analogiearten: H. LYTTKENS z.B. vertritt eine Viererteilung mit einer auf Differenzierung bedachten Unterscheidung dreier Typen von Analogie, die auf der Relation von causa und effectus beruhen und von denen er annimmt, daß "... the actual position is more complicated than indicated by an interpretation of them all as analogies of attribution."(12) Zu den drei Arten von Analogie, die erstens von Gott ausgehend das Geschöpf äußerlich bezeichnet, zweitens wiederum von Gott ausgehend die ursprüngliche Bedeutung variierbar vollkommen oder weniger vollkommen auf das Geschöpf überträgt und drittens schließlich von der Schöpfung als effectus ausgehend per viam eminentiae die causa bezeichnet, kommt noch die Proportionalitätsanalogie, welche LYTTKENS trotz einer gewissen inneren Differenzierung doch als **eine** zählen will.(13)

Im direkten Gefolge von H. LYTTKENS steht H. CHAVANNES.(14) Er geht aus von Schlüsseltexten in den theologischen Kommentaren (In Boeth. de trin; In Boeth. de hebd; In lib. de div. nom; In Sent), den Quaestiones disputatae (De ver; De pot) und den beiden Summen(15) und kommt zu folgender Viererteilung: "L'analogie d'attribution extrinsèque";(16) "L'analogie de l'image désignée à partir du prototype ...";(17) "L'analogie de la cause désignée à partir de l'effet ...".(18) Diese drei werden zusammengefaßt zu "Les types d'analogie directement fondés sur la ressemblance de la cause et de l'effet."(19) Ihnen gegenüber steht als vierter Typ schließlich "L'analogie fondée indirectement sur la ressemblance de la cause et de l'effet (analogie de proportionnalité)."(20) Die behauptete Einheit aller Typen beruht für CHAVANNES in der Identität ihres ontologischen Fundaments, eben der Ähnlichkeit von Ursache und Wirkung.(21)

Ein anderes Beispiel der Viererteilung wäre B. MONDIN, der auf der Basis des Begriffs der Denomination seine Einteilung vornimmt und zu folgender Klassifizierung kommt: eine Analogie gemäß der denominatio intrinseca, die ihrerseits auf dem Fundament des Begriffs der Relation effektiver Kausalität differenziert wird in eine analogia denominationis intrinseca, welche formal auf dem Nexus effizienter Kausalität basiert, und eine ebensolche, die auf der Ähnlichkeit von Relationen aufruht. Dazu kommt dann eine Analogie gemäß denominatio extrinseca, welche sich wiederum auf der Basis des Begriffs der Bedeutung gabelt in analogia denominationis extrinseca gemäß eigentlicher und gemäß uneigentlicher, d.h. metaphorischer Bedeutung; das Ganze identifiziert MONDIN schließlich mit der klassischen, in jedem neoscholastisch geprägten Lehrbuch oder Lexikon zu findenden Viererteilung:(22) mit analogia attributionis interna und analogia proportionalitatis propria einerseits – das entspricht der ersten Distinktion – und analogia attributionis externa sowie analogia proportionalitatis impropria andererseits bezogen auf seine zweite Unterscheidung. Gerade weil sich aber MONDIN der Differenziertheit des Textbefundes bewußt ist und sogar eigens die Möglichkeit einer streng logischen und systematischen Einteilung wenigstens ansatzweise als problematisch betrachtet,(23) muß er seine besonders klare Klassifikation mit der unverblümten Eliminierung eines wichtigen Textes, nämlich In Sent d19 q5 a2 ad1, erkaufen – mit der Begründung, daß jener isoliert sei, weil er "... usa una terminologia poi completamente abbandonata nelle opere posteriori ...";(24) genau der Text war Ausgangsbasis der Klassifikation CAJETANs und seiner Nachfolger gewesen ...

Diese Unangemessenheit im Umgang mit thomanischen Texten muß über die offensichtlich interessengeleiteten methodischen Ausblendungen hinaus um so mehr in Erstaunen versetzen, wenn man daneben in Rechnung stellt, daß häufig zu betonen nicht unterlassen wird, der Analogiebegriff selbst sei ja höchst analog;(25) daß der eine oder andere Autor auch auf die Kontextabhängigkeit der Aussagen des Aquinaten hinweist(26) oder gar den Einfluß des Kontexts auf konkrete Aussagen herauszuarbeiten sucht(27) und so ja unmittelbar mit der originären Pluriformität der Texte konfrontiert ist; und daß schließlich sogar ohne – zumindest explizite – Zurückweisung die Ansicht referiert wird, daß "... some even tend to treat every instance of analogous name as a special type."(28)

Die sich so mehr als deutlich bekundende Diskrepanz zwischen Erkenntnisgegenstand und Erkenntnisinteresse wird schließlich auch bei G. KLUBERTANZ nicht überwunden, dem Autor, der bisher die differenzierteste Einteilung vorgelegt hat. Nach dem Hinweis auf einige Entwicklungszüge der Lehre und einige terminologische Verschiebungen(29) nennt er zwölf verschiedene Arten von Analogie, wobei seiner Meinung nach zunächst alle Texte darin übereinkommen, daß sie die Mittelstellung der Analogie zwischen Univokation und Äquivokation erwähnen. An erster Stelle nennt er sechs Arten analoger Ähnlichkeit, die alle – zusammen mit der Verortung der Analogie in ihrer Mittelstellung – unter dem Obertitel "Doctrinal Constants"(30) rangieren. Dazu gehört der Typ, der durch "Reference; Attribution to One" (z.B. De prin. nat 6; 102.3-104.19) gekennzeichnet ist, wobei diese Attribution intrinsece oder extrinsece gefaßt werden kann; zweitens eine Analogie auf der Basis einer "Causal Proportion" (z.B. ST I q13 a1 c); eine weitere lebt von "Exemplarity and Likeness" (z.B. De ver q3 a1 c), worunter nach KLUBERTANZ alle Texte zu rechnen sind, die mit den Ausdrücken "similitudo", "repraesentare", "assimilari", "imitatio", "imago" etc. arbeiten; an vierter Stelle erwähnt er die Partizipation (z.B. ST I q14 a9 ad2) als Struktur eines möglichen Analogietyps, wobei die entsprechenden Quellen nochmals eine gewisse Differenzierung auf der Basis der jeweiligen Formulierung der Partizipationsstruktur zulassen; ferner begegnet eine Analogie gemäß "Priority and Posteriority" (z.B. ScG I, 32) und sechstens schließlich eine mittels "Causal eminence" (z.B. In II Sent d1 q2 a2 c) durchführbarer Analogievollzug. Wichtig für das richtige Verständnis dieser Klassifikation ist dabei – KLUBERTANZ insistiert mehrfach darauf –, daß die genannten Typen quasi nirgends in Reinform auftreten, sondern in einer mehr oder weniger komplexen Kombination – als doctrinal constants eben –, wobei gerade die beiden letztgenannten Rubriken in Verbindung mit sämtlichen anderen Typen zu registrieren sind. – Diesen sechs Aspekten werden dann nach Ausschluß der "Scriptural Analogy(,) ... Equality of Proportion (and) ... Matter's Proportion to Form"(31) als nichtrelevanter Gebrauchsmodi von Termen aus dem Analogiekontext fünf Klassen von Proportionalitätsanalogie(32) hinzugefügt: "Proportionality as Transfer" (z.B. In I Sent d34 q3 a1 ad2), zu der KLUBERTANZ bemerkt, sie setze – als metaphorische Redeweise – eine unabhängige Kenntnis der zu beschreibenden Realitäten (aus Erfahrung oder etwa aus Offenbarung) voraus, auf welcher Basis dann die äußerlich bleibende Bezeichnung erfolge;(33) dazu kommen zweitens die "Proportionality as Parallel Predication" (z.B. In Lib. post. anal I 1.12 nr.8), drittens "Proportionality as a Description of Similar Functions" (z.B. In Met IX 1.5 nr.1829) und viertens eine "Proportionality as a Description of Parallel Relationships" (z.B. In Met XII 1.4 nr.2483-86), die sich darauf stützt, daß die Prinzipien der Individuen proportional gemeinsam sind aufgrund paralleler Akt-Potenz-Verhältnisse; fünftens schließlich die "Proper Proportionality between God and Creatures" (z.B. De ver q2 a11 c), die häufig – nach CAJETAN – als einzige metaphysische, innere Analogie angegeben wurde. Dazu kommt schließlich an zwölfter Stelle noch die "Analogy According to Being but not According to Intention" (z.B. In I Sent d19 q5 a2 ad1),(34) deren Ermöglichungsbedingung allein darin beruht, daß Thomas innerhalb seines naturwissenschaftlichen Weltbildes fraglos den Unterschied zwischen himmlischer und irdischer Materie anerkannte und so zwei Arten materieller Substanzen bei ähnlicher Eigenschaft des

27

Körperseins zu unterscheiden hatte - die Kontextbedingtheit dieses Typs liegt auf der Hand. KLUBERTANZ resümiert am Ende über seine Klassifikation: "His (sc. St. Thomas') approach to analogy is both multiple and partial, indicating both the complexity of the doctrin and the diversity occasioned by his shifting interests and deepening metaphysical insights."(35) - Aber was heißt das schon! Zweifellos gehört KLUBERTANZ das Verdienst, den oft höchst willkürlichen und bequemen Rückzug auf ein paar Schlüsseltexte gründlich in Frage gestellt und ferner das Bewußtsein für die Differenziertheit und reflexe Differenzierbarkeit der thomanischen Aussagen maßgeblich gefördert zu haben. Das zeigt sich vor allem, wenn man seinen Untersuchungen als plakativen Kontrast das vierbändige Werk J. RAMIREZ' - posthum veröffentlicht 1970-72! - gegenüberstellt. RAMIREZ bietet dort unter anderem auch eine "Ipsa divisio authentice thomistica" der Analogie:(36) ausgehend von der Unterscheidung "aequivoca a casu vel fortuna" und "aequivoca a consilio vel secundum analogiam = analoga" erreicht der Verfasser eine Endfacettierung von nicht weniger als vierzehn Analogiearten, selbstverständlich alle widerspruchsfrei bei Thomas selber belegt und klar unterscheidbar ... - Trotz der unüberbrückbaren Differenz KLUBERTANZ' zu solchen Entwürfen bleibt aber auch er im Grunde auf der Linie seiner Vorgänger, die sich auf drei oder vier Arten von Analogie beschränkt hatten - auch die Tatsache, daß er sich für seine Distinktionen auf eine Summe von 438 Texten stützt, ändert daran nichts.(37) Die Methode, explizit zum Thema der Analogie sprechende Texte auszuwählen, bleibt dieselbe. Und diese Methode macht sich unter dem Druck, den die zahllosen mittels der vielen Texte eingeführten Konditionen auf ein mögliches Ergebnis ausüben, zusammen mit dem realisierten Ergebnis selbständig und läuft ziemlich genau auf das hinaus, was H. LYTTKENS speziell im Blick auf die Vermittlungsaufgabe der Analogie zwischen Gott und Welt schon so formuliert hatte und was - durchaus auf derselben Linie - mit Rücksicht auf innere Struktur und wissenschaftstheoretische Lokalisierung der Analogie noch genereller verstanden werden darf: "But that intermediate position also involves a risk of the concept's becoming a formula of no definite contents - something vague and diffuse used for lack of anything better."(38) KLUBERTANZ' allgemeine Definition der Analogie in seinem "Systematic Summary" zu Thomas' Analogielehre "Analogy is ... a kind of unity-of-many"(39) ist der schlagende Beweis für die Berechtigung jener Befürchtung.

Die bisherigen Überlegungen zusammenfassend läßt sich also sagen: die crux der Sicherstellung einer Analogielehre des Thomas entpuppt sich - jedenfalls, wenn sie in der geschilderten Art versucht wird - als Aporie, welche zwischen zwei Extremen oszilliert: der Eliminierung von Texten bzw. Textgruppen aufgrund der Intensität systematischer Interessen einerseits; der Dissoziation einer Antwort auf die Frage nach dem Wesen der Analogie aus Willen zur Differenzierung andererseits - eine produktive Vermittlung beider Hinsichten scheint nicht möglich; der Grund dafür liegt m.E. in der Tatsache, daß die beiden entgegengesetzten Horizonte im letzten nur quantitative Varianten einer positivistischen Hinsichtnahme sind - "quantitativ" bezogen auf die Anzahl der der jeweiligen Darstellung zugrundegelegten Quellentexte. Der Positivismusverdacht bezieht sich dabei auf Phänomene, die vor allem in der Entstehungszeit der Neoscholastik nach 1830 zu beobachten sind, welcher sich alle bisher angeführten Arbeiten - LYTTKENS ausgenommen - auf die eine oder andere Weise verpflichtet wissen.(40) Daß dieser Positivismus in die Domäne selbst des traditionsbedachten Theologietreibens neoscholastischer Couleur eindringen konnte, methodisch sogar regelrecht adaptiert wurde, erklärt sich daraus, daß die Neoscholastik "... wesentlich ein ideenpolitischer Vorgang (ist), bei dem es um Aneignung und Verteidigung eines geschichtlichen Erbes im Dienste der intellektuellen Selbstbehauptung des Katholizismus ging."(41) Eben dieser Selbstbehauptungswille erzwang ein wenigstens partielles Eingehen auf die Kategorien des Gegners, der eben über weite Strecken nur der erfahrungsvermittelten Tatsachenfeststellung und den auf ihr basierenden Konklusionen das Prädikat "Erkenntnis" zubilligte. Jede heutige Auseinandersetzung mit Thomas kann sich damit aber nicht mehr einem kontinuierlichen, immer schon genügend auf Authentizität bedachten Überlieferungsstrom zuwenden, sondern muß sich ausdrücklich durch die solchermaßen entstandene Barriere einer interessenbedingten Entfremdung hindurcharbeiten. Dies geschieht im kritischen Abbau systematisch eingesetzter Vor-urteile, wobei aber erschwerend hinzukommt, daß Thomas für die Bewegung der Neoscholastik nie in dem Maß kanonisch war, wie etwa MARX für den Marxismus.(42) Gerade das Schicksal der Analogiethematik muß diesbezüglich wohl als exemplarische Konkretion des allgemeinen - und in weiten Kreisen heute noch gepflegten - Scholastik- (bzw. neoscholastischen Selbst-)verständnisses betrachtet werden. Welch große Rolle in dem solchermaßen zu charakterisierenden Denkgefüge die quantitative Hinsicht spielt und wie schnell sie sich festfahren kann, ist an einem Hinweis zu KLUBERTANZ gut zu ermessen: nach Meinung des Autors beruht nämlich die besondere Evidenz seiner Schlüsse darauf, daß er **alle** Texte des Thomas zur Analogie berücksichtigt hat;(43) diese Behauptung aber entbehrt jeglichen Sachgrundes: B. MONDIN hat in einem Artikel allein für den Sentenzenkommentar, aus dem KLUBERTANZ mehr als 70 Texte nahm, nachgewiesen, daß 35 weitere Abschnitte dasselbe Thema in Blick nehmen,(44) welche KLUBERTANZ nicht berücksichtigt hat, womit auch - selbst wenn gegen die Methode kein Einspruch erhoben würde - die Gültigkeit seiner Interpretationen erheblich in Zweifel gezogen werden muß. - Die Einführung eines Auswahlverfahrens für die Texte ist bei all dem nur als das äußere Phänomen einer Methode zu werten, welche Präzision durch Quantität erreichen will. Stellt man sich die Fortsetzung solcher Verfahrensweisen mit neuen technischen Mitteln nur einmal vage vor, so wird ihre Aporetizität evident: Würde man auch nur fünf der wichtigsten Terme aus dem Analogiekontext mittels aller Vorkommen im Werk des Thomas bestimmen wollen, so wären nach dem "Index thomisticus" für "analogia" (einschließlich "analogicus" und "analogus") 230 Stellen zu konsultieren, für "proportio" 1344, für "proportionalitas" 93, für "participatio" 1117 und für "perfectio" (einschließlich der Verbindung von "divinus" und "perfectio") 6420 Loci!(45) - Daß auch die Ergebnisse bei einem solchen Unternehmen nur potenzierte Wiederholungen der bisher vorgelegten darstellten, bedarf keiner weiteren Ausführung. Der Versuch, die Frage nach der Analogie bei Thomas durch den Rekurs auf explizite Texte zum Thema zu beantworten, scheidet damit aus.(46) Der tiefste Grund dafür könnte - aber das sei vorerst noch als Hypothese formuliert - darin liegen, daß die Insuffizienz der bisher referierten Ergebnisse nicht nur aus einem unzureichenden Methodenbewußtsein der Autoren entspringt, sondern auch dem Werk des Thomas selber zuzuschreiben ist - und zwar in dem Sinn, daß die Disparatheit der Quellenlage, welche letztlich die oben geschilderte Aporie verursacht, darauf zurückgeführt werden muß, daß sich die Analogieproblematik - aus welchen Gründen auch immer - gar nicht in dem Maß theoretisieren läßt, wie von einem für Thomas so zentralen und vor wie nach ihm so oft reflektierten Thema vielleicht anzunehmen wäre.

Bisher war von Klassifizierungen die Rede, von Einteilungen, Distinktionen und Konstatierungen, und man wird - etwas salopp gesagt - das, was bisher vorgestellt wurde, nicht für die letztgültige und letztmögliche Auseinandersetzung mit dem Problem der Analogie bei Thomas halten müssen. Auch wenn in den jüngeren Veröffentlichungen ein differenzierteres Umgehen mit den Texten feststellbar war, blieb doch auch hier ein wenigstens hintergründiger Hang zum Archäologismus, ein - um im Bild zu bleiben - Wühlen in den Werken des Thomas, das die Wahrheit durch quantitative Anhäufung oder die Freilegung der für objektiv gehaltenen Geschichte des Gedankens ergriffen zu haben meint - womit nicht ein gewisses Recht solchen Vorgehens in Frage gestellt sein soll; behauptet wird nur, daß diese Methode für eine profunde Aufklärung des "Wesens" der Analogie auch nicht im entferntesten ausreicht.

Demgegenüber sollen nun im folgenden einige Auseinandersetzungen mit Thomas untersucht werden, die in etwa den Titel einer kritisch-spekulativen Behandlung des Problems verdienen.

2.2 THOMANISCHE ANALOGIE IM KRAFTFELD NACHMETAPHYSISCHER SPEKULATION

Als erster Vertreter dieser spekulativen Annäherung soll hier L. B. PUNTEL mit dem umfangreichen Thomaskapitel seines Werks "Analogie und Geschichtlichkeit I. Philosphiegeschichtlich-kritischer Versuch über das Grundproblem der Metaphysik"(47) zu Wort kommen. Bereits der Titel signalisiert zweierlei: einmal, daß Analogie hier im streng philosophischen Kontext behandelt wird, was sich innerhalb des Abschnitts über Thomas darin niederschlägt, daß die Gedankenführung nicht dauernd zwischen Philosophie und Theologie oszilliert, sondern das Thema "Die Analogie und die Gottesfrage" (vgl. AG 268-302) einem eigenen, wenn auch auf den vorhergehenden aufbauenden, Abschnitt vorbehalten bleibt - jedenfalls erfolgt die Annäherung an Thomas in dezidiert philosophischer Hinsicht. Welcher Art letztere ist, kann dem zweiten Hinweis des Titels entnommen werden. PUNTELs Hinsichtnahme verdankt sich einem ganz konkreten philosophischen Denk- und Redestil: der Begriff der "Geschichtlichkeit" ist untrennbar mit den Namen HEGEL und HEIDEGGER verknüpft: die Verbindung des jeweiligen Verständnisses der Denkgeschichte (HEGEL: Zusichkommen des Ursprungs; HEIDEGGER: Abfall vom Ursprung), welches beide entwickelt haben, ist der hermeneutische Horizont, unter dem sich PUNTEL mit der Analogie bei Thomas, KANT, HEGEL und HEIDEGGER befaßt (vgl. AG 172-173) - ersterem wird dabei eine besondere Bedeutung sachlicher Art zuteil, in terminologischer Hinsicht zweifellos letzterem. Die kritische Auseinandersetzung mit PUNTELs Werk wird dadurch erschwert, daß der Autor einen zweiten Band angekündigt hatte, jedoch bisher nicht veröffentlichte; nach seinen eigenen Angaben wäre dieser zweite Teil für das Verstehen und die kritische Nachprüfung der Evidenz seiner Konklusionen unverzichtbar (vgl. AG 1). Dieser Sachverhalt wird hier trotzdem nicht als Grund einer Kritikimmunisierung in Anschlag gebracht, andererseits soll das Ausbleiben des zweitens Teils, das ja auch darauf beruhen könnte, daß sich das ganze Unternehmen als undurchführbar herausgestellt hat,(48) die kritische Auseinandersetzung mit dem Vorliegenden nicht als überflüssig desavouieren.

Bevor sich PUNTEL den vier genannten Denkern und unter ihnen zuerst Thomas zuwendet, referiert er zunächst kritisch die Behandlung des Analogiegedankens und damit immer verbunden die Interpretation der thomanischen Analogie "... in der philosophischen Problemlage der Gegenwart" (AG 29). Wie radikal anders PUNTEL all den hier zitierten Arbeiten (von Autoren der neothomistischen Richtung über B. LAKEBRINK, Vertreter der transzendentalen Methode, G. SIEWERTH, M. MÜLLER bis E. PRZYWARA) gegenüber ansetzt, zeigt allein schon die Tatsache, daß all die Probleme einer Einteilung der Analogie etc., die - wie gezeigt - ganze Generationen von Thomasinterpreten seit CAJETAN beschäftigten, bei ihm innerhalb des Abschnitts über die Neothomisten auf wenigen Seiten (vgl. AG 38-49) abgehandelt werden; PUNTEL verweist in diesem Zusammenhang darauf, daß die Verbindung der aristotelischen Theorie der Ordnungseinheit bezüglich eines Ersten einerseits und der Partizipation platonischer Provenienz andererseits die eigenständige Leistung des Thomas ausmacht und - damit verbunden - daß er die kategoriale Analogie zwischen Substanz und Akzidenz auf das als Partizipation strukturierte Gott-Welt-Verhältnis als transzendentale Analogie anwendet. Bei der Frage, wie die Differenzen in Thomas' Aussagen - besonders im Blick auf De ver - zu erklären seien, schließt er sich in historischer Hinsicht B. MONTAGNES an,(49) der die Ansicht vertritt, daß die Analogie im Sentenzenkommentar ein "imitatio"-Verhältnis ist, diesem aber die Gefahr der Univozität inhäriert; deswegen habe Thomas den Entwurf in De ver konzipiert, der aber seinerseits gefährdet sei, der Äquivozität zu verfallen. Unter Ausschaltung auch dieser Gefahr habe die Analogie in der Zeit der Summen ihre endgültige Form durch Vertiefung des esse und der Partizipation bzw. der Kausalität gefunden, indem das esse nicht mehr als forma, sondern als actus verstanden wird (vgl. AG 40-43). PUNTEL resümiert abschließend zu all den über Thomas oder angeblich in seinem Sinn geschriebenen Arbeiten: "Was ist aus dem ursprünglichen Sinn von Analogie als Verhältnisentsprechung geworden (vgl. AG 16 - Erg. v. mir)? Auf der Ebene des 'Realen' wird der 'reine' Bezug im Sinne des Aristotelischen pròs èn herausgestellt und als Kausalität gedeutet. Wie dieser Bezug möglich und innerlich konstituiert ist, wird nicht gesagt. Die Proportionalitätsanalogie wird entweder als eine rein begriffliche, vom Sein getrennte freischwebende Funktion oder als eine nicht weiter analysierte logischmetaphysische Größe betrachtet. Es kann nicht geleugnet werden, daß dieses Thomanisch-thomistische Denken sich auf einem Boden bewegt, der ungefragt und ungedacht bleibt" (AG 49). - Damit ist die leitende Absicht des Thomaskapitels angezeigt; wie bekommt nun PUNTEL diesen Boden in Griff?

Das "spekulativ-seinsgeschichtliche" (AG 179) Vorhaben soll sich realisieren als "... eine Interpretation im Sinne einer Bestimmung des Standorts dieses Denkens" (AG 175) des Thomas, welches für PUNTEL fundamental ein summarisches, äußerliches und das heißt unreflektiertes, unvermitteltes Seinsdenken ist (vgl. AG 177). Und weil dies so ist, läßt sich - so PUNTEL - eine adäquate Interpretation nur vollziehen "... als Zusammendenken, Reflexion oder Vermittlung der verschiedenen Elemente ..." (AG 177). Das esse ist - ebenfalls als unreflektiertes - der Rahmen der ganzen thomanischen Denkarbeit, das integrierende Ganze, welches so auch den Standort und die Struktur der Analogie bestimmt; einen Standort, der genau wegen seines ganzheitlichen Charakters weit vor der thomistischen Frage, ob Analogie ein logisches oder ontologisches Problem sei, lokalisiert wird. Letztere Frage konnte nach PUNTEL ohnehin nur entstehen, weil die Interpreten des Thomas eben dieses Ganze vergessen hatten und nur mit sekundär ausdifferenzierten Elementen operierten - was aber andererseits keineswegs bedeutet, daß die Bewegung des thomanischen Denkens von der praedicatio zum ordo essendi nicht zu beachten wäre (vgl. AG 177-178).

Aud dieser Basis - historisch gesehen hat dabei das formale Verständnis der Analogie als Bezugsverhältnis die Priorität - expliziert PUNTEL dann zwei Arten von Analogie, differenziert nicht nach Struktur oder Terminologie, sondern nach dem je verschiedenen Applikationsbereich: die kategoriale Analogie, welche zwischen Substanz und Akzidenz waltet, einerseits und die mit Hilfe des an der sinnlichen Substanz gewonnenen Modells des respectus vel ordo ad unum konstruierte transzendentale Analogie ("transzendental" dabei scholastisch verstanden), die der Klärung des Gott-Welt-Verhältnisses zu dienen hat, andererseits. Diese Analogie behandelt Thomas unter dem Titel "De nominibus Dei", wobei die Namen im Mittelpunkt stehen, welche von Gott absolute et affirmative ausgesagt werden können. Bei der Aufklärung des Problems muß sich nun - so PUNTEL - die ganze Aufmerksamkeit dem Begriff der perfectio zuwenden bzw. der Differenz von perfectio und des zu ihr hinführenden motus. "Perfectio" charakterisiert der Autor vorlaufend so: "Es wird sich zeigen, daß im Gedanken der 'perfectio' eine **Bewegung** gemeint ist, deren vielseitige Aspekte das eigentlich zu bedenkende der Thomanischen Auffassung beinhaltet" (AG 186 - mit Berufung auf ST I q4 a1 ad1); von da aus lokalisiert PUNTEL das eigentliche Problem der Analogie als die Relation zwischen der perfectio und jener Bewegung, die zur perfectio hinführt, d.h. in der Frage, was Absolutheit bedeutet - der Akzent liegt dabei auf dem Problem, inwieweit es Thomas gelungen ist, die hinführende Bewegung selbst **innerhalb** des Absoluten zu denken. Als konkrete Gestalt der Bewegung manifestiert sich für PUNTEL - ausgehend ex creaturis und realisiert in den Bahnen thomanischer Erkenntnistheorie - die assimilatio an Gott, wobei die Sache selbst freilich bei Thomas ungedacht bleibt, wie für den Autor die Tatsache beweist, daß Thomas das Zirkelverhältnis von perfectio und motus - die Bestimmung des motus als endlichen setzt schon ein Wissen der perfectio als solcher (als unendlicher) voraus, welches ja erst gefunden werden soll - nicht eigens reflektiert (vgl. AG 187-188). Aus dieser Perspektive führt nun die Frage nach dem Grund der Analogizität unserer Aussagen über Gott anhand der perfectiones unmittelbar zum Thema des esse selber und der Partizipation, sofern die Geschöpfe Gott re-präsentieren, im Maße sie eine perfectio besitzen, und sofern Gott als universale causa efficiens alle perfectiones je schon hat und vor allem als ipsum esse per se subsistens die "... totam perfectionem essendi ..." (ST q4 a2 c) beinhaltet, zu der alle anderen perfectiones gehören; die Bestimmung Gottes als ipsum esse per se subsistens ihrerseits wird dabei genau durch die angegebene Thematik "esse-Partizipation" gewonnen.

Diesem Problemkreis widmet PUNTEL den langen und diffizilen zweiten Abschnitt seines Thomaskapitels, in dem er unter Berufung auf eine Unzahl von Autoren und unter Ablehnung einer ebenso großen Zahl gegenläufiger Ansichten den eigentlichen Sinn des esse und der Partizipation als das im Grunde von Thomas ungedacht Gelassene zu denken versucht; PUNTEL wird dabei nicht müde, den Vorwurf der Unreflektiertheit zu wiederholen (vgl. AG 199, 222, 224, 225, 236, 238, 241, 242, 244, 249, 250, 252, 253, 257, 258, 259, 263, 264, 265, 266 zweimal, 267). - Auch diese Überlegungen haben hier in ihren Grundzügen zur Sprache zu kommen, sofern das esse als die prima perfectio (vgl. AG 268) systematisch in die Analogiethematik hineingehört und - formal gesehen - sofern gerade in diesem Abschnitt die Hinterfragbarkeit der PUNTELschen Deutung sichtbar wird wie andererseits gleichsam auf der Negativfolie Ansätze einer späteren alternativen oder wenigstens komplementären Deutung des Thomas freigelegt werden können.

Der Autor setzt ein mit der Kritik der Deutung der Partizipation aus der Realdifferenz von esse und essentia (vgl. AG 193-200), der es nicht gelingt, die Identität dieser Differenz zu denken und sich so in der Frage nach dem Zusammenspiel beider Momente - das esse soll auch die essentia umgreifen, wird aber als deren "Kronprinzip" (AG 197) verstanden - in Aporien verstrickt, die auch den Rekurs auf den Deus Creator beider nicht zu lösen vermag. Ebenso verfällt die andere Explikation der Partizipation als formaler Hierarchie der Essenzen ("... 'Partizipation durch Ähnlichkeit' ..."; AG 200) der Kritik, weil sie nicht zu sagen weiß, welcher Grund und letzter Sinn die Zusammensetzung von Essenz und Existenz als notwendig ausweist (vgl. AG 200-203). Dagegen akzeptiert PUNTEL die Deutung J.-D. ROBERTs,(50) welcher das esse als Akt einerseits im freien Willen Gottes und als Sosein andererseits in Gott als causa exemplaris verankert (vgl. AG 203-206). Wiederum denkt Thomas hier nur die unterschiedenen Momente, nicht aber ihre Einheit, und zwar bei keinem einzigen der Kristallisationspunkte ens - esse - Gott dieses Bereichs. PUNTEL will von hier aus anhand der esse-Problematik zu dieser Einheit durchstoßen; er stellt einleitend die Frage nach dem esse commune und der Subsistenz, in deren Verhältnis zueinander sich für ihn die Differenzproblematik formuliert (vgl. AG 206) und kommt dabei über die Feststellung, daß Thomas trotz einiger in andere Richtung weisender Ansätze nicht über einen negativen Subsistenzbegriff hinausgelangt, zu dem Ergebnis, daß "das 'esse' bei Thomas ... das nur nachträglich gefaßte Vermittelnde zwischen dem unendlichen Subjekt und den endlichen Subjekten (ist), die als solche im Dunkel bleiben. Die ontologische Differenz von Seiendem und Sein wird demnach von Thomas grundsätzlich auf Grund des Schemas Subjekt - Form (Akt) konzipiert" (AG 224). Hochinteressant ist die in unmittelbarem Anschluß an das Zitierte folgende Bemerkung PUNTELs, daß es daneben auch Aussagen bei Thomas gibt, die die ontologische Differenz im Schema "modus essendi - perfectio essendi" konzipieren, d.h. das Seiende als endliche Weise der perfectio begreifen. PUNTEL schreibt dazu wörtlich: "Die Sicht der Seinsstufen, die der 'quarta via' zugrunde liegt, ist sicher vom Lehrgebäude des Thomas nicht wegzudenken. Eine ganz andere Frage ist aber, inwieweit die zentralen Aussagen des Thomas über das Sein von dieser Sicht direkt bestimmt sind. Daß und in welchem Maß dies nicht der Fall ist, werden die weiteren Überlegungen eindeutig zeigen. Und dennoch ist zu sagen, daß diese Sicht (der Seinsstufen bzw. der Seinvollkommenheit) in jene Richtung eines Bedenkens des Seins weist, auf die Thomas letztlich hinstrebte und zu der seine in ihrer ganzen Breite zusammengedachten Aussagen auch hinführen können" (AG 225). Trotzdem bleibt als endgültiges Ergebnis der PUNTELschen Interpretation zu konstatieren, daß im endlichen Bereich "das 'esse' ... auf das Subjekt (Substanz) bezogen (wird) als dessen (suum!) durch die 'essentia' vermittelter, bestimmter und gemessener Seinsakt" (AG 227). Im Bereich des ipsum esse per se subsistens waltet dasselbe Gefüge, jedoch unter und als Identisch-Setzung der drei Momente substantia - essentia - esse, wobei nach PUNTEL Thomas wieder bei der negativen Fassung der Identität als der Nichtunterschiedenheit stehenbleibt (vgl. AG 228-231).

Bestätigt findet PUNTEL sein Ergebnis, welches das esse bei Thomas fest-stellt als ein nur Anderes, das der essentia - substantia zukommt (vgl. AG 238), nochmals, wenn er anschließend das Verhältnis von Mensch und Sein ins Auge faßt: "'Lumen' (das ist der Name des esse aus der Perspektive der Erkenntnis; Anm. v. mir) und 'esse' werden letztlich von Thomas nur **funktional**, nicht in ihrem Selbst gedacht" (AG 236).

Die letzten Fundamente des esse visiert PUNTEL schließlich im Rekurs auf die Transzendentalienlehre des Thomas an, wobei der Einfluß HEIDEGGERs auf den Autor am stärksten spürbar wird (bes. 253, 257, 260). Die Textanalysen decken eine Entsprechung von verum und essentia einerseits und bonum und esse andererseits auf; jedoch bleibt Thomas an diesem Punkt wieder stehen und denkt die beiden Momente miteinander und je ineinander nicht zusammen, so daß er den "totalen Akt der 'anima'" (AG 258), d.h. intellectus und voluntas in ihrer tiefsten Einheit und "... dementsprechend die innere Vermitteltheit des 'ens'-Gefüges" (ebd.) nicht sieht. Ihre convenientia wird von PUNTEL weitergedacht als das prius von ens und anima - nicht als dazukommende Relation; die convenientia ist das Seinsgeschehen selber; sie "... besagt damit die sich vollziehende Enthüllung des Ereignisses der Selbstmitteilung des Seins oder der Teilhabe am Seinsgeschehen ..." (AG 260). Der Sinn dieses Seins manifestiert sich, wenn der Mensch jenen totalen Akt vollzieht; darin geht auf, was Wirklichkeit bedeutet (vgl. AG 261). Letztgültige Bestätigung dieser Interpretation liefert schließlich das bisher noch nicht in Erwägung gezogene nomen transcendentale "pulchrum", welches verstanden wird als Zusammenklang von verum und bonum, d.h. als consonantia der convenientia (vgl. AG 266). Mit der abschließenden Bemerkung, daß "proportio" in den das pulchrum betreffenden Texten "zusammenstimmendes Gefüge" (AG 267) meint und das pulchrum sich so qualifiziert "... als ein in sich vermitteltes Geschehen in seiner Vollendetheit und somit als ein **analogisches** Geschehen, d.h. als ein Geschehen von Verhältnisentsprechung(en) ..." (ebd.), hat PUNTEL wieder das Thema der Analogie expressis verbis erreicht.

Von der Warte des bisher Ausgeführten her gesehen völlig konsequent – aber genau in dieser Konsequenz auch problematisch – gibt PUNTEL auf der ersten Seite des nun folgenden dritten Abschnitts "Die Analogie und die Gottesfrage" (AG 268) die Richtung seiner Interpretation folgendermaßen an: "Was das Wort 'Gott' bei Thomas nennt, kann nur als die Frage nach dem Bezug von 'Gott' und 'Sein' ermittelt werden" (ebd.). Von hier aus stößt der Verfasser auf das Problem, das in den jeweiligen Schlußsätzen der quinque viae (ST I q2 a3 c) steckt: das Problem des Woher und Wie des Sinnes jenes Wortes "Gott" für alle, welches mit dem Resultat der fünffachen philosophischen Reflexion identifiziert wird. Wiederum lautet hier PUNTELs Vorwurf, daß der Bezug der beiden Seiten nicht gesehen und erst recht nicht gedacht wird (vgl. AG 269). In diesem Zusammenhang verweist der Autor anläßlich ST I q13 a11 ad1 in aller Ausführlichkeit darauf, daß ja auch gerade die Frage der Rede von Gott und ihre Problematisierung je schon sprachlich vermittelt sind, d.h. der Sprechende sich nicht hintergehen kann und so eine vollkommene Reflexivität prinzipiell ausgeschlossen bleibt. PUNTEL legt auf diese Feststellung deshalb so viel Wert, weil "... die Analogielehre auf weite Strecken in der Vergessenheit dieses schlichten Sachverhalts gründet, und zwar in dem Sinn, daß die ursprüngliche, jede Problemstellung immer schon tragende und bedingende Sprachlichkeit unbeachtet bleibt" (AG 271).

Ausgehend vom Gott-Sein-Bezug rückt nun nochmals das Thema der perfectiones ins Zentrum der Bemühungen PUNTELs um die Analogie: Im Verlauf der Interpretation des esse hatte sich bereits ergeben, daß die Identität von substantia, essentia und esse inhaltlich das ausmacht, was "Gott" heißt und von woher der höchste Name für Gott lautet "Qui est". Da dieser Name nun seinerseits wieder unbestimmt ist, bedarf es einer weiteren Auslegung und selbige erfolgt mittels der perfectiones (purae), Prädikaten, die – von den Kreaturen genommen – verunendlicht und so auf Gott übertragen werden; nicht unendlich entschränkbare Prädikate, die in der Spätscholastik so genannten "perfectiones mixtae", sind nur eines metaphorischen Gebrauchs in der Rede von Gott fähig (vgl. AG 273-274). Auch dieser ganze Komplex bleibt nach PUNTEL im Zustand der Unreflektiertheit – die Wolke der diebezüglichen Zeugen auch in diesem Abschnitt läßt den Leser allmählich daran zweifeln, ob Thomas überhaupt noch etwas gedacht hat(51) (vgl. AG 268, 269, 270, 271, 272, 273, 275, 276 zweimal, 277, 278, 279, 280 dreimal, 281, 282 zweimal). Der Grund für die genannte Äußerlichkeit der perfectio-Übertragung beruht – so PUNTEL – in dem von Aristoteles übernommenen Verständnis der Sprache als Bezeichnungssystem, welches natürlich zu des Autors Interpretationsleitlinien HEIDEGGERscher Herkunft quer steht: "die Sprache wird hier nicht als seinseröffnender Logos gedeutet, das heißt: nicht als Logos, der das Sein in seiner der Dimension des gegenständlichen Bezeichnens vorgängigen Ausgelegtheit, oder anders: das Sein als Geschehen der ursprünglichen Konstituierung des Seienden erschließt, sondern bloß als Logos, der das Seiende nachträglich aussagt" (AG 275). Von daher ortet PUNTEL als Grundproblem der thomanischen Analogielehre die Äußerlichkeit der perfectiones gegenüber dem Subjekt – eben auch dem absoluten; in Verbindung damit bleibt die Frage der Vielfalt der perfectiones und der Einheit Gottes im Grunde ungelöst.

Am Ende seiner Ausführungen zu Thomas widmet sich PUNTEL auf der Basis all seiner vorausgehenden Recherchen gewissermaßen dem Phänomen, der inneren Struktur des analogen Vollzugs als solchen ausgehend von der Frage nach den beiden klassischen Analogiearten analogia attributionis und analogia proportionalitatis. Genetische oder evolutive gegenseitige Zuordnungen läßt die Quellenlage nicht zu; stattdessen entpuppt sich die crux der Proportionalitätsanalogie wiederum als Konsequenz des Ungedachten bei Thomas: Das ursprünglich hochkomplexe Verhältnisgefüge gerinnt im Bannkreis eines unreflektiert gebliebenen esse und damit des Gottes einer undifferenzierten Identität (von substantia – essentia – esse) zur leeren, auf alles anwendbaren Formel, welche "... die Innerlichkeit der Bezogenen überhaupt nicht erreicht bzw. zur Sprache bringt" (AG 288) – Beweis für diese Sicht ist dem Autor dabei die faktische (und notwendige) Applikation der Proportionalitätsanalogie in ScG IV, 11, aber selbst da noch bleibt das Sein selber aus dem Gedanken der Verhältnisentsprechung ausgeschlossen (vgl. AG 288-289); die kausal strukturierte Analogie unius ad alterum ist dabei nichts anderes als der Versuch, im Horizont solchen Seinsverständnisses die Verhältnisformel aufzufüllen – daß dieser Versuch mißlingen muß, ergibt sich aus den Voraussetzungen (vgl. AG 287). Nachdem so für PUNTEL die Distinktion in analogia attributionis und analogia proportionalitatis als Derivat eines fehlgeleiteten Seinsverständnisses entlarvt wird und damit die Möglichkeit eines gewissermaßen intuitiven Blicks auf ein jeweils klar distinguierbares Ganzes der Analogie bzw. von Analogiearten wegfällt, bleibt noch die konkrete Struktur – und das heißt aufgrund der Strukturmomente nomen-ratioens: die sprachliche Struktur analoger Vollzüge nachzuzeichnen (vgl. AG 291). Die drei Elemente hängen dabei so zusammen, daß das nomen die ratio (conceptio) und vermittelt durch diese die res (perfectio) bezeichnet. Bei der Rede von Gott werden – und das ist wichtig – die Namen, nicht die rationes auf Gott übertragen; letztere haben bei Identität der Namen die Differenz zwischen Gott und Geschöpf zu gewährleisten. Den konkreten dynamischen Ablauf der so strukturierten Prädikation beschreibt die bekannte via triplex, in der sich ausgehend von der im ordo ad unum implizierten Identität (kausal konstituiert!) über die Negation des endlichen Modus und der ihm entsprechenden ratio im excessus (eminentia) – so PUNTEL gut HEIDEGGERisch – "... die Bewegung der Vollkommenheit in der Sinnrichtung der 'ratio' selbst ... als Entzug enthüllt" (AG 295). Ein letztes Mal erweist sich an dieser "Negation der Negation" (AG 296) die Unreflexheit des thomanischen Analogiedenkens – von PUNTEL wiederum vielfach moniert (vgl. AG 287 zweimal, 288, 289, 290, 295, 297, 299, 300) –, sofern Thomas die via triplex mehr als lineares Geschehen begreift, der excessus aber nach PUNTEL "... nicht ein Moment neben den beiden anderen ist, sondern den ursprünglichen Boden anvisiert, auf dem Affirmation und Negation erst vollzogen werden können. Der 'excessus' ist die erste grundlegende Identität gemäß der HEGELschen Formel: Identität der Identität und Nichtidentität" (AG 298) – so geschieht die Selbstvermittlung des Unendlichen im Endlichen. Radikalisiert wird dieser Aspekt, wenn der Blick auf den Raum der konkreten Vermittlung, den Bezug Mensch-Sein bzw. Gott fällt, denn: "der Bezug ist das Ursprüngliche als die Bewegung der Enthüllung des Ursprungs und der Entsprungenen: Gott ist der Differente schlechthin als der die Differenz (den Bezug) zwischen ihm und dem Menschen (der Welt) Seinlassende" (AG 300). Die Zusammengehörigkeit von Mensch und Sein und Gott soll so als Verhältnisentsprechung zur Sprache kommen - das ist der grund-gebende Sinn von Analogie, auf welchen hin - so PUNTEL - die Analogielehre des Aquinaten wenigstens offen ist.

Was bleibt zu dieser Thomasinterpretation im ganzen zu sagen?(52) Für eine ins einzelne gehende Kritik ist hier nicht der Ort und außerdem fehlt auch (noch) der Maßstab für eine solche. Zweierlei aber darf jetzt schon gesagt werden: Einerseits bleibt unbestritten, daß sich in PUNTELs Ausführungen wertvolle Analysen und Aufweise von Problemzusammenhängen finden, andererseits müssen sich aber gerade an den Schnittpunkten der Interpretationslinien seine hermeneutischen Entscheidungen und Hinsichtnahmen in Frage stellen lassen; solche kritischen Punkte sollen hier kurz in Frageform aufgereiht werden - ihr kritischer Inhalt wird sich erst im Verlauf der weiteren Arbeit endgültig explizieren:

- PUNTELs Interpretationen stehen und fallen mit dem Ausgang vom summarisch-unreflektierten Seinsdenken; möge die Frage offenbleiben, ob die Quellenlage dies wirklich so hergibt oder ob sie sich nur in der PUNTELschen Perspektive einer vollen ontologisch-metaphysischen Systematik so zeigt, so bleibt doch jene andere stehen, ob Thomas überhaupt die Absicht hatte, eine solche Systematik zu konstituieren und ob - unter einem solchen möglichen Fragehorizont - damit das Seinsdenken den richtigen bzw. einzig möglichen Zugang zu der für Thomas zweifellos zentralen Problematik der Analogie darstellt, wenn es jene - wie geschildert - in einem höchst defizienten, im Grunde unbrauchbaren Modus greifbar macht. Ihr eigentliches Gewicht bezieht diese Anfrage aus der Tatsache, daß sich bei Thomas etwas anderes findet, was im innersten Kern der Analogie steht und sich in allen Werken des Aquinaten als mit höchster Reflektivität gehandhabt ausweist, wie noch im einzelnen zu zeigen sein wird: der Gebrauch der konkreten Sprache; wie in dieser Sicht den Charakter der expliziten Texte zur Analogie zu bestimmen ist, wird dabei eine weitere wichtige Frage sein müssen.

- Auf der Linie der damit indizierten Richtung einer Kritik liegt dann unmittelbar die Anfrage an PUNTELs Methode einer reflexiven Vermittlung aller Elemente der Analogieproblematik, die sich in den Texten freilegen lassen (vgl. AG 177); zu fragen wäre, ob dem Charakter der Sache in oben angegebener Perspektive nicht eher das angemessen wäre, was WITTGENSTEIN "übersichtliche Darstellung" nennt.

- Als Konkretion der bisher allgemein geübten Kritik wäre zu prüfen: ist die streng und ausschließlich metaphysische Interpretation des für die Analogie zentralen Begriffs der "perfectio", welche PUNTEL durchführt, überhaupt haltbar oder nicht mindestens für eine komplementäre bzw. alternative Interpretation als linguistische Kategorie - wenigstens im Horizont der Sprachlichkeit von Analogie - offen?

- Würde nicht ein zunächst ganz im Zeichen der konkreten Sprache und ihrer Möglichkeiten gedachter Entwurf von Analogie dem thomanischen Weg von der praedicatio zum ordo essendi, auf den PUNTEL als notwendig zu berücksichtigend verweist (vgl. AG 177-178), gerechter?

- Entpuppen sich vielleicht in einer Interpretation vom Standpunkt des konkreten Sprachgebrauchs her die Identifikationssätze am Ende der quinque viae nicht als ungedachte logische oder ontologische Versatzstücke, sondern einfach als Beschreibung konkreter sprachlicher Vollzüge als dem Horizont und "Sitz im Leben" der vorausgehenden, Verstehen suchenden Re-flexionen?

- Und schließlich: wenn wirklich zutrifft, was PUNTEL gegenüber vielen Autoren moniert und worauf er großen Wert legt: daß wir uns in einer universalen Sprachlichkeit bewegen (vgl. AG 271), welche ja nicht nur gewissermaßen die "Objekte" der analogen Vollzüge umfaßt, sondern auch die Analogie selbst in ihrer faktischen Formulierbarkeit und Funktionalität - ist es da nicht sachgemäßer, bei diesem "hautnahen" Kontakt mit der Analogie anzusetzen und sich ihr so mit einer Analyse des konkreten Sprachgebrauchs einsetzend anzunähern, wobei explizite Texte zur Analogie und beliebige andere Abschnitte unter je anderer Hinsicht interessant wären? - Entsprechende Versuche sollen darauf später eine Antwort geben.

Versuchte man abschließend die Interpretation PUNTELs auf einen Nenner zu bringen, so ließe sich wohl sagen: bei aller zugemessenen Bedeutsamkeit und Wertschätzung gilt ihm die thomanische Analogie aus philosophischer Sicht als erledigt; bestenfalls kann sie als in jeder Hinsicht unvollkommene Abschattung einer schlüssigen Analogiekonzeption eingeschätzt werden.

2.3 THOMANISCHE ANALOGIE AUF DEM PRÜFSTAND CHISTLICHER THEOLOGIE

War bei PUNTELs Interpretation die philosophische, genauer metaphysische Hinsicht auf Thomas leitend gewesen, so nähert sich die zweite Auslegung thomanischer Analogie, die hier zur Sprache kommen soll, genau von der anderen Seite ihrer Problematik an. Bei E. JÜNGELs von der ersten bis zur letzten Seite spannend zu lesendem Werk "Gott als Geheimnis der Welt. Zur Begründung der Theologie des Gekreuzigten im Streit zwischen Theismus und Atheismus"(53) handelt es sich - wie ersichtlich - weder um eine philosophische oder theologische Abhandlung über Analogie noch eine Studie zu Thomas, sondern um eine dogmatische Gotteslehre; man würde auf den ersten Blick gar nicht vermuten, dort eine profunde Auseinandersetzung mit der thomanischen Analogie zu finden; ihre Qualität sucht in den Reihen protestantischer Autoren, zu denen JÜNGEL zu zählen ist, genauso ihresgleichen wie auf katholischer Seite.(54)

Nichtsdestoweniger stehen genau die §§ 15-17, die mit Thomas und seiner Analogielehre befaßt sind, an schlechthin zentraler Stelle. Nachdem JÜNGEL "Die Rede vom Tode Gottes als Ausdruck der Aporie des neuzeitlichen Gottesgedankens" (GG 55) vor allem anhand der entsprechenden Beiträge von HEGEL und BONHOEFFER aufgewiesen und in der Auseinandersetzung mit FICHTE, FEUERBACH und NIETZSCHE die "Denkbarkeit Gottes" (GG 138) diskutiert hat, stellt sich für ihn - als konstitutive Eröffnung seiner eigentlichen christlichen Gotteslehre (vgl. GG 409-543) - das Thema der "Sagbarkeit Gottes" (GG 307); leitend ist dabei die Suche nach der verantwortlichen menschlichen Rede von Gott.

"Verantwortlich" nennt JÜNGEL die Rede, welche nichts anderes im Sinn hat, als Gott selber zu Wort kommen zu lassen – mit anderen Worten: Gott zu entsprechen, indem "... sie ihn das **Subjekt** dieses Sprachvorgangs sein läßt" (GG 308). Für den christlichen Glauben ist jenes Entsprechendsein absolut und eindeutig determiniert vom Evangelium, genauer: durch das Wort vom Kreuz: "Theologie ist folglich auf eine dem gekreuzigten Jesus Christus entsprechende Sprache bedacht. So und nur so wird sie ihrem Anspruch gerecht, ihrerseits Rede von Gott – eben: das Reden von Gott regulierende Rede von Gott – zu sein" (GG 308-309). Von diesem proprium christlichen Glaubens aus ist ein umfassendes theologisches Problembewußtsein bezüglich der Gottesrede zu entwerfen (vgl. GG 312) und somit innerhalb eines solchen auch das Thema der Analogie anzugehen. Genau in dieser Perspektive setzt sich JÜNGEL mit Thomas von AQUIN als dem exponiertesten Vertreter der klassischen Analogielehre auseinander.

Die ganze bis in vorsokratische Ursprünge zurückreichende und durch den Neoplatonismus ins Christentum vermittelte Tradition,(55) als deren Exponent Thomas hier begegnet, kreist um das Problem, daß Gott als Gott unsagbar ist, als dieser Unsagbare aber zur Sprache gebracht werden muß, wobei die unendliche Überlegenheit Gottes jene Unsagbarkeit begründet (vgl. GG 320). Als Prämisse dieser Ansicht fungiert die problemlose Annahme der Existenz Gottes (vgl. GG 321). Aber damit ergibt sich eine höchst brisante Aporie, denn: es geht in diesem Reflexionsstadium um ein selbstverständliches Dasein, von dem nicht gewußt wird, was es ist. Wie kann nun dieses Unbekannte zu Recht "Gott" genannt werden? – Daß nach Thomas die Theologie trotz des Nichtwissens – auf es wird bei ihm die Tradition vom Unsagbaren eingeengt: ST I q1 a7 ad1 "... non possumus **scire** quid est" – von Gott reden kann, ermöglicht ihr der Rekurs auf die effectus, und zwar im natürlichen wie im geoffenbarten Bereich. Welche fundamentale Bedeutung diese Rede von Gott für die Gotteserkenntnis besitzt, erhellt daraus, daß ja mindestens Bezeichnungen für jenes unbekannte Wesen gegeben sein müssen, um überhaupt eine Untersuchung bezüglich seiner Existenz und seines Wesens in Gang zu setzen; nochmals erhöht sich die Bedeutung der Rede von Gott dadurch, daß die Untersuchung über die Existenz Gottes als erster Teil der Frage nach dem Wesen Gottes über eben deren Beantwortung selbst eine Vorentscheidung fällt (vgl. GG 323-324). Ihre Bedeutung beziehen die den ganzen Diskurs allererst ermöglichenden nomina aus den effectus, **sofern** diese auf eine causa hinweisen und sofern kraft ihrer eigenen Qualität Sachbestimmungen jener causa angebbar sind (vgl. GG 328) – das ist auch der Sinn der quinque viae. Ihr Verlauf zeigt damit – so JÜNGEL – deutlich, daß die Rede von Gott bereits vollzogene Erkenntnis voraussetzt, nämlich die Erkenntnis des erst bedeutungskonstituierenden Zusammenhangs von effectus und causa. "Die Rede von Gott ist eine menschliche Benennung, die ihr Recht aus einer vorgängigen Erkenntnis des zu Benennenden nimmt. Auch im Blick auf Gott gilt der allgemeine hermeneutische Grundsatz, daß ein jedes nur insoweit benannt werden kann, als es erkannt worden ist" (GG 329).

Faßt man das durch die natürliche Gotteserkenntnis somit erreichbare Resultat zusammen, so ergibt sich, daß Gott als die causa aller Dinge von allem Verursachten total verschieden ist – und das wegen seiner unendlichen Vollkommenheit. Für JÜNGEL heißt das: "Die natürlicherweise gewonnene Gotteserkenntnis stellt uns Gott als den zutiefst Unbekannten vor. Sie macht nicht so sehr mit Gott selbst als vielmehr mit seiner Unbekanntheit bekannt" (GG 330). Über den formalen Status quo der Unbekanntheit führt auch die aus der Offenbarung gewonnene Gotteserkenntnis nur insofern hinaus, als sie "plures et excellentiores effectus" (ST I q12 a13 ad1) gewährt; das Prinzip aber, daß wir Wirkungen erkennen und nicht das Wesen Gottes, bleibt dasselbe - abgesehen von Aussagen der Offenbarung, die die Vernunft nicht erreicht, z.B. die Dreifaltigkeit Gottes. Aufgrund des aufgewiesenen Sachverhalts, daß die vorgängige Erkenntnis aus den Wirkungen die Benennungen Gottes mit Bedeutung auffüllt, bleiben auch die nomina innerhalb der Grenzen der effectus, d.h. sprechen auch sie das Wesen Gottes nicht aus (vgl. GG 331). Diesem Ziel scheinen die nomina absolute et affirmative de Deo dicta zunächst näherzukommen, die nach JÜNGEL neben die Aussagen via negationis und via eminentiae treten und aufgrund der faktischen Gegebenheit der Offenbarung notwendig eingeführt werden müssen. Der Weg ihrer Konstitution verläuft nicht wie vorhin von den effectus zur causa, sondern umgekehrt: "Die absolut bejahenden Aussagen über Gott nennen, indem sie Gott benennen, diesen nun also nicht mehr nur als Ursache, sondern sie reden so von Gott, daß das Warum seines Verursachens mitgenannt wird. Da aber dieses Warum in Gott selber liegt, ist Gott hier nicht aufgrund seiner Wirkungen zur Sprache gekommen, wenn auch nicht ohne Beziehung auf sie" (GG 332). Aber auch diese nomina tragen das Signum der Kreatur: so wie die Kreaturen in ihrer Vollkommenheit unvollkommene Abbilder der Vollkommenheit Gottes sind, so auch die nomina absolute et affirmative dicta. Der Grund liegt dabei für Thomas in der Differenz zwischen res significata, die zweifellos Gottes Wesen trifft, und dem modus significandi, der kreatürlich ist und bleibt kraft der Kreatürlichkeit des redenden Menschen. Genau hier setzt nach JÜNGEL Thomas' Analogielehre an: "Auf das sich damit erneut stellende hermeneutische Problem der Sagbarkeit Gottes antwortet Thomas mit der Lehre von der Analogie" (GG 333).

Ausgehend von des Aquinaten Differenzierung der analogen Relationen in eine multorum ad unum und eine unius ad alterum stellt JÜNGEL zunächst fest, daß in beiden Fällen zwei verschiedene Dinge verschiedene Verhältnisse zu einem Gemeinsamen haben - im zweiten Fall dadurch, daß das unum sich neben der Relation zum alterum auch zu sich selbst verhält (vgl. GG 372). Bei der ersten Analogieart ist das als hermeneutisch Erstes fungierende unum zwar in einem konkreten Seienden existent, wird aber im Vorgang des analogen Vollzuges ausschließlich als Erstes in der Erkenntnisordnung thematisch - die möglicherweise von der Erkenntnisordnung sich unterscheidende ontische Ordnung beeinflußt den modus significandi nicht: im "sanum"-Beispiel von ST I q13 a5 c ist die Gesundheit des Körpers das erkenntnismäßig Erste und so das analoge Prädikation Bestimmende, während das ontisch Erste (causa der Gesundheit) diejenige der Medizin ist (vgl. GG 372-373). Beim zweiten, für die Rede von Gott allein in Betracht kommenden Analogietyp dagegen wird die ontische Ordnung ausdrücklich mitgenannt. Das erkenntnismäßig hermeneutisch Erste subsistiert in einer der beiden Größen und eine davon ist das Erste der Seinsordnung; wieder das "sanum"-Beispiel: Medizin und Lebewesen werden "gesund" genannt, sofern die Medizin der Grund der Gesundheit ist, welche sich im Lebewesen findet (vgl. ST I q13 a5 c). JÜNGELs Kommentar dazu: "Richtet sich aber die analoge Benennung nach der Ordnung des Erkennens, so kann die Medizin nicht eigentlich als Grund dafür angegeben werden, daß sowohl sie als auch der Körper 'gesund' genannt werden dürfen, es sei denn, man reflektiert jetzt bei der Bestimmung der proportio zwischen dem unum und dem alterum bereits die ontische Eigenschaft der proportio mit. Dann muß aber sofort geklärt werden, ob Seinsordnung und Erkenntnisordnung einander entsprechen" (GG 374). Da letzteres bei der sich auf die effectus-causa-Relation stützenden Gottesrede nicht der Fall ist, die Gott in dieser Perspektive nur als Ursache der von ihm selbst ausgesagten Vollkommenheiten erreichen könnte – Thomas lehnt dies ausdrücklich ab (vgl. ST I q13 a5 c) –, muß die spezifisch theologische Analogie in etwas anderem beruhen, nämlich darin, daß das Gemeinsame, welches die analoge Benennung ermöglicht, "... zuerst in Gott selbst subsistiert und **deshalb** auch in den von Gott verursachten Kreaturen" (GG 375). Die zunächst erkenntnisermöglichende Kausalrelation wird verankert in einer Haben-Sein-Relation seitens des unum, welche ihrerseits als Identitätsbezug gedacht wird. Die causa hat das Gemeinsame aufgrund ihres Ursache-seins so sehr, daß sie es selber ist. "'Haben' heißt hier dann notwendig auch 'sein', weil das unum jenes Gemeinsame in derselben Weise hat, wie es sich selber hat" (ebd.). Sofern sich ja auch das Verursachte zu dem mit der causa identischen Gemeinsamen verhält, zeigt sich im Zentrum der proportio unius ad alterum, d.h. der Attributionsanalogie nichts anderes als die Proportionalitätsanalogie (vgl. GG 375-376) – daher auch JÜNGELs einleitende Bemerkung über das Selbstverhältnis des unum in der unius-ad-alterum-Relation. Der globale Blick auf das Geschehen analoger Rede und zugleich der in ihr zur Sprache kommende Sachverhalt zeigen so, daß der hermeneutische Verlauf dem ontischen Sachverhalt genau entgegengesetzt ist: "Während im Modus significandi die Sprache der Welt als hermeneutisches analogans, die Rede von Gott aber als hermeneutisches analogatum fungiert, ist der mit dieser analogen Rede von Gott zur Sprache gebrachte Sachverhalt selbst gerade entgegengesetzt strukturiert: Gott kommt im hermeneutischen analogatum als ontisches analogans (causa), die Welt hingegen als ontisches analogatum (causatum) zur Sprache" (GG 376-377).

Interessant sind nun die aus der geschilderten Thomasinterpretation gezogenen Konklusionen JÜNGELs über die Analogie: deren Grundanliegen ist, in der notwendig weltlichen Sprache so von Gott zu reden, daß dabei seine Göttlichkeit nicht verweltlicht wird. Diese Bedingung scheint die Rede im Modus der analogia proportionalitatis zu wahren, welche die Verschiedenheit der Größen offenhält,(56) dennoch aber aufgrund des Verhältnisses der zwei primären Größen zu zwei anderen Aussagen erlaubt. Jedoch zeigt die genaue Betrachtung dieser Analogieform, "daß sie bereits sprachliche Bekanntschaft mit der Situation der zur Sprache zu bringenden Größe wenigstens insofern voraussetzt, als uns die Verhältnisse jener beiden Größen zu den jeweils weiteren Grössen vertraut sein müssen, wenn die Benennung nicht nichtssagend sein soll" (GG 377). Genau diese auf die Unbekanntheit Gottes relative und sie allererst sinnvoll aussagbar machende Bekanntheitsrelation trägt die analogia attributionis ein, welche der Proportionalität durch ihren Kausalnexus zwischen Gott und Welt gewissermaßen eine eindeutige Tendenz gibt. Aber diese ist nach JÜNGEL nun selber nicht eine positive Aussage, sondern lediglich eine Modifikation bzw. Präzision der bleibenden Unbekanntheit Gottes: diese wird "... zur Unbekanntheit des Ursprungs beziehungsweise der Bedingung unserer Welt und damit unser selbst (und unserer Sprache) ..." (GG 378). In der sich solchermaßen aufgestaltenden Aufdringlichkeit der Unbekanntheit Gottes – und nur in ihr – sieht JÜNGEL die Leistung der metaphysischen Tradition. Was jedoch theologisch zu kritisieren bleibt – und das qualifiziert für ihn die Analogielehre etwa in der Form, wie Thomas sie vertritt, als schlechthin für christliche Theologie unbrauchbar –, ist, daß jene aufdringliche Unbekanntheit Gottes "... zu einer unerträglichen Unheimlichkeit" (ebd.) wird. Gegenüber dem durch das Neue Testament bezeugten Ereignis der Selbstmitteilung Gottes, welches den Menschen dazu einlädt, auf Gott zu vertrauen, konstituiert die klassische Analogielehre nichts weniger als eine Unzugänglichkeit Gottes. Was sich in analogen Vollzügen sprachlich artikuliert, kommt prinzipiell über den Fond bereits bekannter menschlicher Erfahrungen nicht hinaus, sagt also nichts über das Sein Gottes: "Die so verstandene Analogie setzt Gott als den unbekannten Urheber dieser Welt über dieser Welt und ausschließlich jenseits ihrer fest, um mit Hilfe der Analogie dann die Unbekanntheit des Urhebers nur eben so weit zu artikulieren, daß die Unbekanntheit selber dabei mit zur Sprache kommt" (GG 381).

Wie total und radikal JÜNGEL die klassische Analogielehre verwirft, läßt sich an folgender Behauptung ermessen: "Der Glaube an den mit dem Menschen Jesus identischen Gott zwingt die Theologie, schon die Prämisse der metaphysischen Überlieferung zu bestreiten ..." (GG 382), nämlich, daß die zweifellos notwendige "... Unterschiedenheit von Gott und Mensch nur als die Behauptung totaler Verschiedenheit zur Geltung kommen kann" (GG 383). – Diese Stellungnahme ist definitiv. Einer Analogie, die die Nähe (!) Gottes übergeht (vgl. GG 385), setzt JÜNGEL eine Analogie entgegen, die auf dem christologischen Satz, "daß der Mensch Jesus das Gleichnis Gottes ist" (GG 394), basiert und so "... das Evangelium als Entsprechung zur Geltung ..." (ebd.) bringen will. Im Horizont einer Konzeption, die das Angesprochenwerden und Hören des Menschen vor sein Fragen setzt und so die Geheimnishaftigkeit Gottes – gegen die areopagitische Tradition – nicht als Unzugänglichkeit definiert, sondern als etwas, das sich offenbart und als solches unter Wahrung seines Wesens ergreifen läßt (vgl. GG 334-357), qualifiziert sich somit auch aus theologischer Sicht die Analogie – gerade in der Form, wie sie u.a. Thomas vertreten hat – als erledigt.

Freilich bleibt dabei zu beachten, daß die Radikalität der JÜNGELschen Kritik systematisch bedingt ist durch die ihn leitende Grundtendenz der Theologie Karl BARTHs:(57) sofern in ihr Gott im letzten doch weltlos bleibt, erzwingt sie die permanente Emphase auf die Nähe zur und die Vertrautheit Gottes mit der Welt. Der Ansatz der Tradition, welche Thomas repräsentiert, muß ihrer vernichtenden Kritik verfallen, sofern er auf dem Boden eines **je schon** gegebenen Zusammenhangs von Gott und Welt gerade die Differenz zwischen beiden akzentuieren soll.

Ich bin mir bewußt, daß der Entwurf JÜNGELs einer viel weitergehenderen Auseinandersetzung bedürfte, als dies hier geschehen kann, vor allem seine Konzeption einer Gott ent-sprechenden Redeform. Auch seine Ausführungen zu Thomas, die hier im Mittelpunkt standen, sollen nicht im einzelnen durchgegangen werden, vielmehr sollen wieder auf diverse

Interpretationsnormen und -komplexe bezogene Anfragen am Ende stehen:

- JÜNGEL selbst nennt als letztes Fundament jenes negativen Geheimnisbegriffs und des daraus folgenden - doch irgendwie agnostischen - Analogieverständnisses, daß das Denken in diesem Ansatz eine ontologische Priorität vor der Sprache besitzt. "Daß das Denken dabei selber etwas zu sagen hat und insofern immer schon sprachlich ist, bleibt unbedacht" (GG 343); er setzt diesem vom positiven Geheimnisbegriff her als hermeneutisches Prinzip entgegen, "daß zuvor zur Sprache kommt, was dann zu denken ist" (GG 345), was die Sprachlichkeit des Denkens nicht aus-, sondern einschließt. Die Anfrage, die - wenn überhaupt - nur im Verlauf der konkreten Beschäftigung mit thomanischen Texten eine Antwort finden kann, geht darauf, ob nicht - unter dem Zugeständnis, daß die Sprachpriorität weitgehend hinsichtlich einer theoretischen Fassung in der Unbedachtheit bleibt - gerade in der Analogiepraxis des Thomas mindestens Elemente in dieser Hinsicht zu finden sind; jedenfalls begegnen in den Werken des Thomas Phänomene sprachlicher Art, welche sich als ein Vorausgehen der Sprache und ein kritisches Nachgehen des Denkens interpretieren lassen - Näheres wird zu zeigen sein.

- Konkret ins Auge zu fassen wäre außerdem gegenüber JÜNGELs entsprechenden Ausführungen, ob sich nicht bei Thomas auch das Bewußtsein artikuliert, daß - etwa im Fall der quinque viae (vgl. GG 328) - für die Rede von Gott nicht nur Erkenntnis vorausgesetzt ist, sondern sachlich gleichursprünglich - vgl. JÜNGELs eigene Bemerkung GG 323 - eine faktische Sprache, die Platz hat für das Wort "Gott". Es wäre zu überlegen, ob und - wenn ja - wie dies im Zusammenhang steht mit der angezeigten Einschränkung der Tradition von der Nichtsagbarkeit Gottes auf seine Nichterkennbarkeit (vgl. GG 322).

- Es wäre zu prüfen, inwiefern trotz aller berechtigten Anliegen und Korrekturen JÜNGELs nicht auch die Dimension der Unbekanntheit Gottes in der christlichen Theologie ihr Recht hat; gerade ein Ansatz bei der christologischen Basis, der den Menschen Jesus als Gleichnis Gottes versteht (vgl. GG 394), müßte auch die Züge der Fremdheit Jesu - z.B. im Blick auf die Evangelien nach Markus und Johannes - zur Geltung bringen.

- Von nicht zu überschätzender Bedeutung dürften die anthropologischen Dimensionen der angesprochenen Problematik sein, auf welche das von JÜNGEL propagierte Rahmenverständnis der Analogie kaum zureichende Antworten geben kann.(58)

- Schließlich müßte überlegt werden, ob und inwieweit Thomas' Lehre vom "verbum mentis" auf die Analogiethematik Einfluß ausübt und auf diesem Weg auch bei ihm christologische Aspekte innerhalb der theologischen Sprachpraxis ins Spiel kommen.

Nach der Indikation möglicher Anfragen sei noch auf eine Stelle in JÜNGELs Buch verwiesen, die so nicht festgehalten werden kann. JÜNGEL behauptet, "... daß Thomas nicht nur via negationis und via eminentiae Aussagen über Gott zu machen für möglich hält, sondern darüber hinaus auch 'nomina' kennt, 'quae absolute et affirmative de Deo dicuntur, sicut bonus, sapiens et huiusmodi'" (GG 331). Aus den drei von JÜNGEL als Beleg angegebenen Thomasstellen - ST I q12 a12 c; q13 a1 ad1; q13 a2 c - geht eindeutig hervor, daß Thomas eine via negationis, eine via relationis und die nomina absolute et affirmative dicta unterscheidet. Irreführend ist die Bezeichnung der zweiten Gattung als "via eminentiae" vor allem deshalb, weil der Eindruck erweckt wird, diese nomina absolute et affirmative dicta stünden **neben** der via triplex. In Wirklichkeit sind gerade sie es, die im Prozeß der via triplex zu Prädikaten Gottes qualifiziert werden - und zwar aufgrund der Tatsache, daß sie perfectiones (purae) bezeichnen.(59) Die Aussagen "... sed quia superexcedit" (ST I q12 a12 c) und "... vel esse supra nominationem ..." (ST I q13 a1 ad1) in den von JÜNGEL zitierten Texten intendieren noch nicht die via triplex. - Sofern JÜNGEL außerdem behauptet, daß die faktische Vorhandenheit der Offenbarung die Kategorie "nomina absolute et affirmative dicta" gewissermaßen erzwinge (vgl. GG 331), schließt sich der obigen Kritik noch eine letzte - gegengerichtete - Anfrage an, die auch schon an PUNTEL zu stellen war: ob es sich bei jenen nomina nicht vielmehr um solche einer spezifisch linguistischen Qualität aufgrund ihrer Funktion als Bezeichnungen von perfectiones handelt, die in unserer Alltagssprache immer schon vorhanden und für deren Funktionieren notwendig sind.

2.4 ZUSAMMENFASSUNG: SPRACHVERGESSENHEIT UND SPRACHVERSCHLOSSENHEIT

Sucht man das bisher Dargestellte in eine gewisse Übersichtlichkeit hinsichtlich der leitenden Tendenzen zu bringen, so läßt sich Folgendes konstatieren:

Bei aller bis zur Kontradiktion gehenden Divergenz der vorgestellten Interpretationen der Aussagen des Thomas zur Analogie bewegen sich alle Entwürfe mindestens in einem Punkt auf einer gemeinsamen, jedoch als solcher überhaupt nicht bzw. nur völlig unzureichend thematisierten Basis: daß es im letzten bei der Analogie um die Frage geht, ob über Gott **gesprochen** werden kann und wie das gegebenenfalls adäquat geschehen muß - ganz gleich, ob diese Frage in einer vorgängig gedachten (aber je nur nach-gängig denkbaren) analogia entis verankert wird oder nicht. Diese Feststellung klingt banal, ist es aber nicht, wenn man genau auf ihre Implikate achtet: die eigentliche Frage nach der Analogie richtet sich - grob gesprochen - auf eine Sprachmöglichkeit und Sprachfähigkeit bezüglich eines ganz besonderes "Objekts". Da der Mensch aber nicht zwei total verschiedene Sprachen gebraucht, um mit der einen über die Welt und im Alltag und mit der anderen über Gott zu sprechen - die logische Unmöglichkeit dessen sei hier einmal ganz außer acht gelassen -, ist anzunehmen, daß das Sprechen über das "Objekt" Gott - das wir hier z.B. bereits vollziehen - seine es erst ermöglichenden Bedingungen je schon in der konkret gesprochenen Sprache des Menschen hat. Was wäre also naheliegender, bei der **Untersuchung** jener Sprachfähigkeit, die Analogie heißt, im Feld der **Sprachpraxis** mit deren konkreter Analyse anzusetzen - und zwar genau dort, wo es dem Sprechenden je und je um die faktische Adäquatheit seines Sprechens ausdrücklich geht, sofern ja die Herstellung sprachlicher Adäquatheit immer schon die leitende Intention von Analogie als solcher ist und weil dort die Strukturen jener Fähigkeit am konkretesten an die Oberfläche treten?

Damit ist nun keineswegs die Möglichkeit, bisweilen auch Notwendigkeit, rein logischer oder metaphysischer Reflexionen auf Analogie bestritten. Bestritten ist nur, daß jene die einzig möglichen und vor allem die methodisch vorrangigen Modi einer Behandlung der Analogieproblematik darstellen.(60) Vielmehr wird dem entgegengehalten, daß der Ansatz bei dem, wie Analogie faktisch-sprachlich geschieht, und bei dem, was sie bewirkt, den ursprünglichen Boden der Sache anvisiert, von dessen Analyse her allererst ein umfassendes Urteil über jede mögliche Rede von Analogie und vor allem über jede Analogietheorie gewagt werden darf. Wenn es bei der Analogie tatsächlich zuerst um ein Problem der Sprachpraxis geht, dann kommt jeder Ansatz, der sich auf die Interpretation oder Kritik der formalen Aussagen zum Thema beschränkt, immer schon zu spät und muß - je spekulativer, je mehr - das originale Bezugsfeld der Sache wohl notgedrungen teilweise oder ganz aus dem Auge verlieren. Abgesehen davon kann jener Ansatz gegenüber den kritisierten wissenschaftstheoretisch eine größere Plausibilität beanspruchen, weil er nur ein Minimum an Hypothesen einzuführen braucht - daß mit Erfolg gesprochen wird -, und so einen fundierten Standpunkt im kritischen Diskurs einzunehmen fähig ist.

Dieser im ursprünglichen Sinn des Wortes fundamentalen Dimension der Sprachlichkeit von Analogie gegenüber lassen sich in den oben vorgestellten Entwürfen gerade aufgrund ihrer jeweiligen Hinsichtnahme zwei Verhaltensweisen konstatieren: Zum einen bei den unter 2.1 behandelten Autoren eine nahezu vollständige - im obigen Sinn verstandene - Sprachvergessenheit. Symptomatisch ist hier wieder das voluminöse Werk J. RAMIREZ', in dem das Thema der Sprache nur kurz innerhalb einer induktiven Definition von Analogie unter dem Titel "Philologia, praesertim comparata"(61) angeschnitten wird. Alles, was er zum Verhältnis von Analogie und Sprache zu sagen weiß, findet sich in einem längeren Zitat aus Terentius VARRO, in dessen Zentrum es heißt: "'Igitur quoniam quae loquimur voce oratio est, hanc quoque necesse est natura habere analogias.'"(62) - Ein äußerlicheres Verhältnis von Sprache und Analogie ist schlechthin nicht denkbar. Bei anderen tauchen bestenfalls erste Hinweise in die hier urgierte Richtung auf, bleiben aber unbearbeitet liegen, wenn es etwa bei R. McINERNY heißt: "The emphasis is always on **dicuntur** as opposed to **sunt**, on **ratio** as opposed to the mode of existence which things enjoy apart from being known and named"(63) oder bei S. SORRENTINO: "In effetti l'essere viene predicato (come si vede, il punto di partenza del discorso sull'analogia è sempre collocato a livello logico-linguistico) ...".(64) H. LYTTKENS hat zwölf Jahre nach seiner großen Untersuchung "The Analogy between God and the World" in einer gesonderten kleinen Arbeit mit dem Titel "Die Bedeutung der Gottesprädikate bei Thomas von Aquin" die sprachliche Dimension bei Thomas' Analogie thematisiert, filterte sie aber mittels einer rigorosen und den notwendigen Zusammenhang beider völlig verkennenden Trennung von "Vagheit" und "Analogizität" sprachlicher Ausdrücke sofort wieder aus der Analogiethematik heraus.(65) B. MONDIN, der diesbezüglich entschieden weiter vorstößt, dann aber auf dem Weg über die Unterscheidung der Analogiearten auf das alte Frageniveau zurückfällt,(66) wird im vierten Kapitel noch eingehender zu behandeln sein. Die ganze Diskussion im Kreis jener Autoren ist letztlich eine "gefangene Bewegung" geblieben, gefangen zwischen den für problemumgreifend und -erschöpfend gehaltenen Alternativen Logik und

Metaphysik als hermeneutischen und systematischen Ort der Analogiethematik. Folgerichtig ging damit Hand in Hand eine an die Substanz gehende Mindereinschätzung von Wert und Leistung der Analogie als solcher. Aus "la voie royale de l'analogie"(67) ist das "Rettungsmittel für die Gotteserkenntnis"(68) geworden. Der Löwenanteil an Verantwortung für diese verarmende Engführung ist - vor den und über die einzelnen Interpreten hinaus - dem Interesse und der Entwicklung der neoscholastischen Philosophiegeschichtsschreibung und der ihr entsprechenden Editionstätigkeit anzulasten, sofern sie sich fast ausschließlich erkenntnistheoretischen und metaphysischen Fragen widmete, Theologiegeschichte dagegen kaum und die mittelalterliche Sprachphilosophie, Mathematik und Naturwissenschaft überhaupt nicht berücksichtigte.(69) Gerade auf dem Hintergrund des Niveaus mittelalterlicher Sprachphilosophie und ihres systematischen Einbezugs in viele - und gerade die wichtigsten - philosophischen und theologischen Themenbereiche wird sich der oben erhobene Vorwurf der Sprachvergessenheit nicht der Übertreibung bezichtigen lassen müssen.

Demgegenüber ist den beiden in 2.2 und 2.3 behandelten Autoren zweifellos immenses, methodisch und inhaltlich zur Geltung gebrachtes Sprachbewußtsein zu bestätigen, ein Sprachbewußtsein, das aus einer gemeinsamen Quelle kommend den Metaphysiker PUNTEL und den vom BARTHschen Exklusivprimat des Offenbarungswortes Gottes geprägten Protestanten JÜNGEL trotz aller Differenzen verbindet bis hin zum gemeinsamen Resultat, daß die thomanische Analogie den spezifischen Auftrag christlicher Theologie nicht adäquat erfüllen kann.(70) Dieses Sprachbewußtsein ist durch und durch geprägt von HEIDEGGER - auch bei JÜNGEL, der HEIDEGGER bis in die Terminologie hinein mehr verdankt, als ein Blick in die Quellenangaben zunächst verrät.(71) Aber genau dieses Sprachbewußtsein im Sinne HEIDEGGERs, für den ja unter dem mittlerweile zur Floskel gewordenen Horizont "Sprache als Haus des Seins"(72) "Sprachproblem" nichts anderes heißt als "Analogieproblem",(73) dieses Sprachbewußtsein gestaltet sich bei PUNTEL und bei JÜNGEL hinsichtlich der im vorausgehenden akzentuierten faktisch-konkreten Dimension gesprochener Sprache zur Sprachverschlossenheit - und zwar um so mehr, als von Sprache die Rede ist.

Damit ist wiederum nicht gesagt, daß die in jener Sicht durchgeführte Thomasinterpretation schlechthin fehlgeleitet wäre - im Gegenteil, es gibt Dimensionen der Analogie, die sich gerade aus dem Denkens HEIDEGGERs heraus optimal artikulieren lassen.(74) Aber es bleibt dagegen festzuhalten, daß über das von beiden Autoren Aufgedeckte hinaus noch mehr und m.E. Wichtigeres zu sehen ist, was seinerseits ihre eigenen Analogiekonzeptionen kritisiert, zum Teil in Frage stellt. Diesem noch zu Sehenden haben die folgenden Überlegungen zu dienen.

3.

THOMAS' FAKTISCHES SPRACHKONZEPT UND SEINE BEDEUTUNG FÜR DIE ANALOGIEFRAGE

Die vorausgehenden Überlegungen zur Sicherstellung der bzw. einer Analogielehre des Thomas haben unter dem Druck bestimmter Defizite die gesamte Thematik entschieden in die Perspektive des Problemkreises "Sprache" zu stellen genötigt. Dies bedeutete zunächst einfach die Verschiebung der Fragestellung auf ein anderes, seinerseits interessantes Thema – das der "Sprache beim Aquinaten" –, wenn jene in dezidiert kritischer Absicht erfolgende Modifikation des Analogieproblems nicht bereits eine fundamentale – und als notwendig behauptete – Entscheidung implizierte: nämlich die, bei Thomas nicht nach einer theoretischen Sprachphilosophie etwa im Sinne einer Sprachmetaphysik zu forschen, sondern der Spur seiner reflektierten **Sprachpraxis** nachzugehen, die praktizierte Sprachphilosophie also ins Auge zu fassen; den Titel "Philosophie" verdient solches Tun gerade in dem Maß, als (vermeintliche) Selbstverständlichkeiten Gegenstand eines ausdrücklichen Bedenkens und Aufweisens werden.

Die damit skizzierte Weichenstellung verdankt sich freilich zunächst nichts anderem als konkreten hermeneutischen Bedürfnissen der hier leitenden Hinsicht auf die Analogiethematik. Mithin kommt sie über den Status eines Entwurfes von Möglichkeitsbedingungen für eine solche Bearbeitung der Problematik prinzipiell nicht hinaus – seien jene Bedürfnisse auch noch so plausibel. Systematische Relevanz kann der eingeschlagene Weg endgültig erst durch den Nachweis seiner Gangbarkeit und anhand einer Legitimation durch Thomas selbst erhalten. Konkret: das Recht der obigen Kritik und die Evidenz der geforderten Alternative hängen davon ab, ob und inwieweit sich nachweisen läßt, daß für Thomas die Reflexion auf das konkrete, faktische Sprechen in seinem Vollzug innerhalb seiner Denkpraxis eine – wie und in welchem Maß auch immer – determinierende Rolle einnimmt und als solche etwas mit der Analogie zu tun hat. Ob diese notwendige Entsprechung von hermeneutischem Vor-urteil und thomanischem An-spruch tatsächlich gegeben ist, enthüllt sich zunächst im wenigstens kursorischen Ausschreiten der Voraussetzungen, aus denen dem Aquinaten das Phänomen der Sprache als reflektiertes entgegentrat.

Die Horizonte und Traditionen der Beschäftigung mit Sprache, in die Thomas einrückt und die das in seinem Denken faktisch-praktisch wirksame Sprachkonzept wesentlich bestimmen, hat der Aquinate nirgends thematisch rezipiert oder als eigenständige diskutiert. So wenig Philosophie und Theologie vor Thomas einen umfassenden Sprachbegriff (im strengen Sinn) kennen, so wenig hat er selbst einen solchen ausgearbeitet. Anstelle einer einheitlich-systematischen Hinblicknahme tritt Thomas vielmehr aus der Gesamtheit seines denkerischen Anliegens an die sprachlichen Erscheinungen heran. Der für ihn fraglos gegebene Primat der Theologie läßt auch das Urteil über sie – besonders über Wortbedeutungen – in ihren Kompetenzbereich fallen, so daß gerade anläßlich theologischer Fragen – viel seltener gnoseologischer Probleme –

die Rede auf die Sprache kommt,(1) **sofern** konkrete Klärungen vonnöten sind. Weil diese die Thematisierung von Sprache (auch als Sprache) bedingen, verbleibt die explizite Beschäftigung mit Sprache grundsätzlich auf dem Niveau kontext- und sprachpraxisbezogener Überlegungen(2) - jede Rekonstruktion thomanischer Auffassungen eines Sprachproblems hat dort anzusetzen. Die solchermaßen konditionierte reflexe Beschäftigung mit Sprache artikuliert sich dabei nicht in Gestalt gleichsam freier Aphorismen zur Sache, sondern vermittelt sich unter einer besonders dem wissenschaftlichen Stil der Scholastik entsprechenden Bedingung ins Medium konkreter Problemstellungen: wer auch nur eine anfängliche Ahnung vom Modus thomanischen Arbeitens hat, weiß, welche Rolle bei der Formulierung der Probleme, die ja ihrerseits je schon die Antwort ein Stück weit vorentscheidet, die Autoritäten oder - allerdings weniger explizit - andere zeitgenössische Autoren spielen. In einem notgedrungen schematischen Überblick sind mehrere Quellenbereiche zu nennen, aus denen Thomas hinsichtlich des Themas Sprache und seines Bezuges zur Analogieproblematik inhaltlich und methodisch Anregungen empfangen haben dürfte: die griechische Philosophie durch ARISTOTELES und die platonisch-neoplatonische Tradition, sehr unauffällig und unthematisch der nicht-philosophische Strang des Analogiegedankens, die theologische Lógos- bzw. Verbumlehre und schließlich die mittelalterliche Sprachphilosophie.

3.1 ARISTOTELES UND NEOPLATONISCHES

Zunächst gilt also das Interesse dem Feld der für Thomas bekannten antiken Philosophie.(3) Bevor jedoch von konkreten Traditionen die Rede ist, in die Thomas einrücken konnte, muß festgehalten werden, daß generell für historische Rückfragen in den Bereich griechischen Philosophierens und für etwaige Zuordnungen im Umkreis der Sprach- und Analogiethematik gilt, was L. M. de RIJK bezüglich der antiken Logik so formulierte: "Any attempt at a more or less exact attribution of doctrinal or terminological peculiarities to one specific School is not only practically impossible but also undesirable as an attempt."(4) Was dehalb hier geschehen kann und auch "nur" soll, erfüllt sich nicht in der exakten Rückverankerung bestimmter Details aus Thomas in die antike Philosophie, sondern in der Beschreibung der die Themen "Sprache" und "Analogie" kennzeichnenden leitenden Tendenzen, auf die Thomas in seiner Auseinandersetzung mit dem auf ihn Überkommenen treffen mußte - wie sehr er sie akzeptierte oder transformierte, bleibt dabei noch eine andere Frage. Müssen auch aus dem Kreis griechischer Philosophen eine ganze Reihe genannt werden, auf die Thomas namentlich Bezug nimmt,(5) so kamen die entscheidenden wirkungsgeschichtlichen Impulse für den Aquinaten dennoch primär aus dem aristotelischen und neoplatonischen Denken, wobei - immer unter dem oben formulierten Vorbehalt - die Explizitheit des Bezugs auf das erstere der Tendenz Vorschub leistete, den Umfang der Präsenz des letzteren aufgrund seiner größeren Anonymität zu unterschätzen. Begonnen sei die Rekonstruktion der vorgängigen Traditionen mit dem, welchem Thomas den in seiner Schlichtheit signifikanten Titel "Philosophus" verlieh.

Weder eine Analogielehre des ARISTOTELES soll hier verhandelt werden noch seine Sprachauffassung. Beides bedarf eigenständiger Arbeiten, hat auch seine Autoren - zum Teil mehrfach - gefunden. Die ersten Schwierigkeiten, auf welche jene stoßen, ähneln denen, die vom ersten Blick auf Thomas her bekannt sind: keine systematischen, kohärenten Aussagen; verstreute Bemerkungen (aber wenigstens keine gravierenden Widersprüche), die die Investition erheblicher hermeneutischer Arbeit erfordern. Diese geschieht im Lichtkegel bestimmter Vor-urteile; dort entscheidet sich bereits, was über die Sprachproblematik gesagt werden wird. Deshalb sind eben diese Vor-urteile hier kritisch zu sichten, weil im Aufweis ihrer Illegitimität oder Berechtigung die Grundtendenz des Zu-Bedenkenden am komprimiertesten diaphan wird. Verlaufsform und inhaltliche Amplitude der leitenden Tendenz können im Fall der Frage nach dem aristotelischen Verständnis von Sprache zunächst negativ ausgegrenzt werden in der Gegenüberstellung der vor-urteilenden Hinsichtnahmen der Arbeiten von W. WIELAND "Die aristotelische Physik. Untersuchung über die Grundlegung der Naturwissenschaft und die sprachlichen Bedingungen der Prinzipienforschung bei Aristoteles" und M. Th. LARKIN "Language in the Philosophy of Aristotle". Insistiert der erste primär darauf, daß es dem Stagiriten um eine Verbegrifflichung des in der Sprache greifbaren vorreflexen Bewußtseins der Lebenswelt zu tun ist, so betont die zweite - vor allem gegen P. AUBENQUE(6) - die außersprachliche Verankerung der Wissenschaft vom Seienden. Beide sehen Richtiges, aber beide tun als Folge davon Falsches, indem sie sich je auf die eine Seite der ihnen scheinbar vorliegenden Alternative von Sprache und Ding, Semantik und Metaphysik zurückziehen. Sie tun Falsches, weil genau jene Alternative immer schon falsch ist.(7) ARISTOTELES hat keinen Begriff von Sprache als Sprache und deshalb auch keinen Begriff des Außersprachlichen; er bewegt sich in einem universalen sprachlichen Horizont und seine ontologischen Grundbegriffe dienen der Freilegung objektiver Strukturen.(8) Intendiert ist eine komplexe Ontologie in außersprachlicher Fundierung. Ist dies dem Stagiriten gelungen? Darüber kann man streiten;(9) noch besser aber wäre, den Streit zu beenden, denn im Grunde lebt er von etwas, was das moderne Bewußtsein allererst in ARISTOTELES hineinträgt: eine explizite und strikte Differenzierung von Semantik und Metaphysik: "Generally speaking the Ancients did not take a thing's name apart from the thing named as strictly as moderns would do."(10) Es gibt keine autonome Semantik in diesem Philosophieren - und das gilt für ARISTOTELES gleichermaßen wie für PLATON und die Neoplatoniker -, vielmehr steht sie ganz im Gefälle der jeweils traktierten metaphysischen oder epistemologischen Problematik; jede ihrer Artikulationen ist wesentlich pragmatisch. Daß eine solche Semantik nichtsdestoweniger präsent ist, obwohl weder eine explizite Differenzierung von der Metaphysik stattfindet und schon gar nicht eine Ableitung der Metaphysik aus der Semantik,(11) das macht den Sachverhalt der Sprache gerade in seiner Unscheinbarkeit auffällig.

Über die Anzeige der Tendenz und Präsenz des Sprachlichen hinaus muß im Fall des ARISTOTELES auch noch unmittelbar von der Analogie selbst die Rede sein, sofern der Stagirite in der Tradition des Analogiegedankens zu den Meilensteinen gehört. Für dieses Problem reproduzieren sich bei ihm exakt jene Erschließungs- und Interpretationsschwierigkeiten, welche eben für die Sprachthematik allgemein anzumerken waren: das Fehlen einer expliziten Erörterung seitens ARISTO-

TELES' und die Verzerrungen, die eine anachronistisch eingetragene exakte Differenzierung von Semantik und Metaphysik anrichtet; für letztere sind als Vertreter des Hyperrealismus M.-D. PHILIPPE und als einer des Sprachmonismus P. AUBENQUE zu nennen.(12) Dieser falschen Alternative tritt schon die faktische, pluridimensionale und nicht reduzierbare **Funktionalität** des Analogiegedankens bei ARISTOTELES entgegen. Eine diesbezügliche Sichtung seiner Werke hat zu konstatieren, daß die Analogie über die bleibende Präsenz ihrer mathematischen Herkunftsform hinaus als methodisch einsetzbares logisches Hilfsmittel zur Aufklärung verschiedener Sachverhalte dient, so in der Ethik bei der Frage nach der Gerechtigkeit (Eth.Nic V, 6-7; 1131a 9ff), in der Biologie zur Feststellung struktureller Gemeinsamkeiten zwischen den Gattungen (De part. animal I, 4; 644a 18-23), in der Prinzipienforschung der Physik und Metaphysik etwa bezüglich Stoff, Form und Privation (Met XII, 4; 1070a 31-b 27), in der Aufklärung zentraler metaphysischer Probleme wie etwa "Einheit" (Met XIV, 6; 1093b 18-21) sowie im Zusammenhang des von THEOPHRAST später so genannten "Analogieschlusses" (Anal. prior II, 24; 68b 38-69a 19). Bei all dem dürfte aber gelten, daß die Analogie, wie sie auf sprachlicher Ebene bei der Metaphernbildung und verwandten Phänomenen zunächst alltäglich begegnet, den Horizont und Nährboden für das Analogieverständnis des ARISTOTELES bildete, wie es sich in den obigen Funktionen spiegelt.(13) Jedenfalls lassen Umfang und Niveau, in und auf dem er in seiner "Poetik" und "Rhetorik" jene Probleme reflektierte, - bei allen Defiziten, die daran aus heutiger Sicht zu monieren sind(14) - entsprechendes Interesse an und Vertrautheit mit der sprachlichen Gestalt der Analogie voraussetzen. Die konstitutive Flexibilität und Universalität des Analogiegedankens konnte in der Atmosphäre eines auf den Zusammenhang der Wissensgebiete (Logik, Physik, Metaphysik, Ethik) vertrauenden und insistierenden sowie für die Allseitigkeit der Phänomene sensiblen Denkens(15) etwaige Übertragungen - auch unter Modifikationen - nur noch intensivieren. ARISTOTELES' Bemühen erschöpfte sich ja nicht in der Abklärung und Ordnung der verschiedenen Erkenntnisregionen nebeneinander; dahinter steht vielmehr die Absicht "... to arrive at a general idea of the whole universe."(16) Unabdingbar dafür war das Ineinander von Differenz und Einheit, das wesentlich das Ausgreifen über Gattungsgrenzen hinaus impliziert. Und wo hätte ARISTOTELES eher auf die Differenz stossen und das Desiderat der Einheit intensiver wahrnehmen sollen als an den Grenzen der konkret gesprochenen Sprache,(17) die für ihn so untrennbar mit dem be-sprochenen Ding verbunden war? Analogie ist für ihn kein exklusives Sprachproblem, aber ihr eignet aufgrund ihrer vielfachen Aufgaben und gerade in jener zentralen einigenden Funktion eine gewissermaßen natürliche Sprachlichkeit; als solche wirkt sie problemlos im generellen Duktus der aristotelischen Denkbewegung. Schwierigkeiten treten erst auf, wenn mit der Analogie die Probleme der pollachôs-légein-Aussagen und die Paronymie vorschnell in systematisierender Absicht verbunden werden. Bei der Beschreibung der damit angesprochenen Verhältnisse ist - gerade um der Treue zu ARISTOTELES willen - größte Vorsicht geboten. Es geht nicht an, die Probleme der Analogie, die aph'-ĕnoskaì-pròs-én-Aussagen und die Paronymie unter dem Druck bestimmter Vorentscheidungen(18) zu harmonisieren, unter den Obertitel "Analogie" zu bringen und nachträglich diese Manipulation durch den Verweis auf die Auslegungen der späteren Kommentatoren zu legitimieren.(19) Ebensowenig hilft die Gegenposition P. AUBENQUEs mit ihrem "contresens"-Vorwurf.(20) Die reflexe Unabgeschlossenheit oder - positiver formuliert - Offenheit der Analogieproblematik im Denken des ARISTOTELES ist schlicht zu konstatieren und als solche zu akzeptieren.(21) Daß es bei der Paronymie im Kern um Ähnliches geht wie bei der - pluriform und weit verstandenen - Analogie, ist unschwer einzusehen, so daß L. M. de RIJK mit Recht im Rahmen seiner Interpretation der Kategorienschrift sagen kann: "So the significate (or: semantic value) of names is in the focus of interest here and the prefixes 'syn-', 'par-' and 'homo-' refer to different relations individual things have to significates designated by the names."(22) Daß gewisse Affinitäten gegeben sind zwischen den umständlich mit Beispielen (òsper - dahinter steht m.E. die Struktur der alltäglichen Metaphernbildung) umschriebenen aph'-ènòs-kaì-pròs-én-Termen (Top II, 3; 110b, 16-17; Met IV, 2; 1003a, 33-34; Met VII, 4; 1030a, 34-35) und gelegentlichen Bestimmungen der Analogie, etwa ihrer Definition als Relationsterm (Met V, 6; 1016b, 34-35), welche analoge Ausdrücke dann der Klasse der mehrdeutigen Terme einordnet,(23) läßt sich durchaus ein Stück weit wahrscheinlich machen und akzentuiert in besonderer Weise die sprachliche Dimension der Analogie. Nie aus dem Blick geraten darf aber, daß es sich bei all dem eben um Bestandstücke einer fragmentarischen und unselbständigen Sprachphilosophie handelt; allerdings schiebt sich das Moment der Sprachlichkeit von Analogie im Lauf der weiteren Tradierung erheblich, aber unauffällig - und deshalb leicht übersehbar - in den Vordergrund. Nach komplizierten Vermittlungen durch die Kommentatoren des ARISTOTELES und die Arabische Philosophie kehrt sich bei Thomas jenes eben genannte Zuordnungsverhältnis um und die mehrdeutigen Terme werden der Analogie eingeordnet;(24) ferner ist "... in der nacharistotelischen Logik die denominative Prädikation der Pros-hen-Aussagen in die Paronymie hineingewandert ...";(25) und schließlich wird unter Vermittlung des Metaphernbegriffs(26) all das zusammen schon im Bereich der Kommentatoren "Analogie" genannt.(27) Das läßt den Schluß zu, daß einerseits die Analogie an das Mittelalter in ihrer typisch aristotelischen Pluridimensionalität weitergegeben wird - was dort dann geschieht, ist eine andere Frage - und daß gleichzeitig durch jene Systematisierung seitens der Kommentatoren der sprachliche Aspekt nochmals potenziert wird, so daß HIRSCHBERGER zusammenfassend sagen kann: "Was später im Mittelalter Analogie heißen wird, ist eine Zusammenfassung des Wesentlichen aus den detaillierten Erörterungen über die Tropoi der Prädikation."(28) Jene Tropoi kreisten dabei in der antiken Philosophie alle um den Begriff der "òmoiótes", welche unter dem Namen der "similitudo" auch das Zentrum des mittelalterlichen Analogiegedankens bildete.(29) Darin ist - jenseits aller präpotenten Metaphysizierung und jenseits aller anachronistischen Semantisierung(30) - ein real-semantisches Zentralmotiv zu sehen, das die Hinwendung zum reflektiert-sprachpragmatischen Weltverhalten - und "similitudo" ist bereits eine Reflexionskategorie - als Grundsubstrat der Analogie und Ausgangspunkt ihrer Aufklärung fundiert und stimuliert.

Daß soeben am Ende der kurzen Bestandsaufnahme zum Thema "Sprache und Analogie" bei ARISTOTELES bereits von Kommentatoren des Stagiriten die Rede sein mußte, verweist erneut jeden Versuch glatt aufgehender historischer Zuweisungen in die Schranken, denn fast alle jener Kommentatoren - PORPHYRIOS, AMMONIOS, SIMPLICIOS, OLYMPIODOR, DEXIPPOS, ATTIKOS, BOETHIUS - sind als Neoplatoniker zu klassifizieren.(31)

Innerhalb des damit ins Spiel kommenden zweiten Schwerpunkts griechischer Philosophie kann zunächst hinsichtlich der Sprachthematik nicht viel notiert werden. Obwohl allein durch die Existenz des "Kratylos"(32) eine Bündelung(33) des philosophischen Interesses an der Sprache programmiert war und einer möglichen Wirkungsgeschichte Grundzüge und Impulse zu einer prononcierten Ausgestaltung dieses Themenkreises vorgab, blieb es in der platonischen Tradition bei der Kommentierung des "Kratylos" sowie der breiten Streuung in verschiedenste Kontexte eingebetteter Äußerungen zur Sprache.(34) Lediglich "Perì theíon onomáton" des Ps.- Dionysios AREOPAGITA stellt innerhalb des platonisch-neoplatonischen Überlieferungsstroms eine Ausnahme dar, weil dort in Form eines selbständigen Werkes ein Spezialproblem des Themas "Bezug von Wort und Sache" verhandelt wird – das Buch hat auch in der abendländischen Philosophie und Theologie eine entsprechende Wirkungsgeschichte ausgelöst.(35)

Was den Zusammenhang von Sprache und Analogie betrifft, so ist festzuhalten, daß PLATON die Analogie zunächst als kosmisches Strukturprinzip versteht und daneben zur Beschreibung von Entsprechungsverhältnissen (viergliedrig; z.B. Pol 509d-511e; Ausnahme Pol 508b, wo es um eine einfache Ähnlichkeit geht) benutzt.(36) Über die darin implizierte Isomorphie zum Metaphorischen hinaus läßt sich noch kein weiterer Zusammenhang von Sprache und Analogie namhaft machen. Anders jedoch im Bereich des Neoplatonismus: Unter der mehrfach schon herausgestellten Bedingung der untrennbaren Verwobenheit von Semantik und Metaphysik versteht sich die semantisch-sprachpraktische Dimension als integraler Bestandteil der Analogiethematik: PLOTIN etwa rückt sie mehr an die Homonymie heran und läßt sie Strukturähnlichkeiten zwischen den Seinsstufen ausdrücken (!), während PROKLOS sie als metaphysisches Prinzip der Vor- und Nachordnung faßt.(37) In Ps.-Dionysios AREOPAGITA begegnet die nicht reduzierbare Vielschichtigkeit von Analogie exemplarisch: sie ist einerseits Prinzip der Seinsausteilung, andererseits Prinzip des Aufstiegs der Seele; gerade als solches aber qualifiziert sie jede Offenbarung, jede menschliche Reproduktion und Interpretation solcher Offenbarung als der menschlichen Natur angemessen; im Vordergrund stehen die Bedingungen des Subjekts. Jede Verhältnissetzung, jede Operation des Subjekts rückt unter das Richtmaß der Analogie – im Höchstmaß natürlich dort, wo der Mensch seine tiefsten Tiefen ausmißt: im Erkennen und Sagen Gottes.(38) Wie weitreichend und in welcher Tendenz die semantische Dimension im Werk des Ps.-Dionysios Areopagita präsent ist, bezeugt sich auch aus den wenigen Angaben über seine wohl Projekt gebliebene "Symbolische Theologie", wo er "... den universalen Zeichen- (Bild-) und Verweis-Charakter der Wirklichkeit in theologische Sprache transformiert, die für die Dimension des Christlichen sachaufschließend sein soll; ...".(39)

In der Vielschichtigkeit der Funktionen von Analogie(40) offenbart sich ihre Verstricktheit in Semantik und Ontologie/Metaphysik, welche sie gleichzeitig zur vermittelnden Drehscheibe zwischen beiden qualifiziert,(41) charakteristischerweise prägnant im Umkreis der Literaturkritik und -theorie neoplatonischer Autoren. Jedenfalls artikuliert sie erstens den Zusammenhang des Seienden und bietet so der symbolischen Methode (Sinnliches – Intelligibles) ein Fundament (schon hier zeigt sich der Doppelcharakter); zweitens legitimiert sie gerade kraft ihrer universalen Grundstruktur "Identität und Differenz" die literarische

Produktion (die vielen literarischen Ausdrucksformen - der eine Geist des Autors), wie sie gleichzeitig in die Funktion der Verstehensstruktur (Teile - Ganzes des Werks) einrückt und so das Grundgefüge eines Hermeneutiktheorie-Ansatzes repräsentiert; dem tritt drittens der Aspekt der Isomorphie von Seinsebenen und Darstellungsebenen des Textes an die Seite,(42) nochmals eine Modifikation des semantisch-metaphysischen Vexierbildes also. Das alles auf einen Nenner gebracht und zusammengenommen mit dem im vorausgehenden Abschnitt über die Kommentatoren des ARISTOTELES Gesagten, zeichnet sich ab, daß die semantischsprachpraktische Dimension gegenüber der aristotelischen Philosophie weiter in den Vordergrund tritt, auch wenn nach wie vor deren explizite Behandlung oder gar Theoretisierung unterbleibt.

3.2 NICHT-PHILOSOPHISCHE ANALOGIE UND LATENTE TRADITIONEN

Zum Teil neben der neoplatonischen Tradition, zum Teil eingeflochten in sie, entwickelt sich der Analogiebegriff im lateinischen Sprachbereich. Sein Gefälle umgreift im klassischen Latein die "analogia" im Sinne von "Proportion" (so bei VARRO, CICERO, SENECA); bei VITRUV taucht sie im Kontext der Architektur auf ("convenientia partium") und bei den lateinischen Kirchenvätern kennzeichnet sie das Verhältnis von Altem und Neuem Testament (z.B. AUGUSTINUS, De util. cred 5). Ebenso findet sie Eingang in die Grammatik (z.B. VARRO) und erhält dort die Bedeutung von "similitudo".(43) Es stellt sich also heraus, daß die "Ähnlichkeit" (ómoiótes, similitudo) als Konvergenzzentrum des Alltagssprachgebrauchs von "analogia" wie auch des dezidiert philosophischen im Rahmen der aristotelisch-neoplatonischen Kommentarwerke fungiert. Mag jene lateinische Ausformung des Analogiebegriffs auch wenig spekulativ, fast dürftig aussehen, so kommt ihr doch nichtsdestoweniger fundamentale Bedeutung zu, denn "... in dieser unstrengen wie in der grammatischen Bedeutung ist der Terminus ununterbrochen in Gebrauch geblieben und konnte jederzeit aufgegriffen werden."(44) Keine spätere Revaluation und allen voran die des 13. Jahrhunderts,(45) welche die Analogiethematik besonders eng mit dem Prädikationsproblem verband und selbst - wenn auch kritisch - auf den Schultern einer jahrhundertelangen Blüte der Grammatik stand, konnte von diesem Alltagsgehalt von "analogia" absehen und wird zu einem nicht geringen Teil aus jenem im einzelnen so schwer zu fassenden sprachlichen Grundsubstrat herausexpliziert, das den Terminus "analogia" in sich hineingezogen hatte.(46)

3.3 VERMITTLUNG DES TRADITIONENGEFLECHTS INS MITTELALTER UND SPEZIELL ZU THOMAS

Während sich soeben die Präsenz des nicht-philosophischen Analogiegedankens im Mittelalter mit ein paar Sätzen darstellen ließ, ist mit der bisherigen Skizze zu Struktur und Präsenz des Analogiegedankens in vorthomanischen Traditionen griechischer Provenienz noch gar nichts gesagt über deren wirkungsgeschichtliche Auszeitigung im Horizont des mittelalterlichen Denkens und besonders bei Thomas; das Vermittlungsgeschehen vollzieht sich so komplex und kann solche Relevanz für das Verständnis der Analogie beim Aquinaten beanspruchen, daß es einer eigenen Zuwendung bedarf. Über die Bedingungen und Grenzen des hierbei Feststellbaren braucht weiter nichts gesagt zu werden, sofern die Verflechtung der Einzeltraditionen bis hin zum Austausch ihres sprachlichen Gewandes schon mehrfach vermerkt wurde und im folgenden konkret "in actu" immer wieder hervortreten wird.(47) Ebenso steht die Vermittlung aristotelischen Gutes hier nur am Rande zur Debatte, sofern zum Stagiriten ja für das Mittelalter ein unmittelbarer Kontakt - wenn auch relativ spät in voller Breite und wenn auch nicht unwesentlich bestimmt durch die arabischen Vermittler und die lateinische Übersetzung - gegeben war.

Viel schwieriger verhält es sich dagegen mit der Wirkungsgeschichte des platonischen Erbes: Der authentische PLATON war dem Mittelalter de facto unbekannt. Wie sehr von einer Mittelbarkeit seiner Präsenz die Rede sein muß, ergibt sich von selbst aus der Tatsache, daß einer der wichtigsten Vermittler des PLATON ausgerechnet ARISTOTELES war; privilegierter Ort der Weitergabe sind die Einleitungen vieler seiner Traktate. Daß dabei den platonischen Gedanken über eine notgedrungene Vereinfachung hinaus auch eine oppositionsgerechte Aufbereitung widerfuhr, erklärt sich aus der Intention des Stagiriten von selbst.(48) Auch CICERO trug in gewissem Umfang zur Tradierung platonischer Lehre bei, ebenso der Kommentator seines "Somnium Scipionis", MACROBIUS.(49) Hauptquelle für den mittelalterliche Platonismus war jedoch AUGUSTINUS, ohne daß er wohl je ein Originalwerk PLATONs vor Augen gehabt hat; vielmehr entstand der Kontakt zu dessen Geisteswelt durch die Vermittlung PLOTINs, dessen Werk wiederum Marius VICTORINUS Rhetor ins Lateinische übertragen hatte. Neben letzterem und AUGUSTINUS selbst gehören AMBROSIUS und CHALCIDIUS in die Reihe jener, durch deren Werke der Platonismus im Westen präsent wurde - freilich exklusiv in porphyrianisch-plotinischer Perspektive. Ihnen schlossen sich durch BOETHIUS, Johannes Scottus ERIUGENA, der das Corpus Dionysiacum neu übersetzte und das Erbe des PROKLOS besonders zur Geltung brachte, durch die Araber des 12. Jahrhunderts sowie direkte Kontakte durch Übersetzungen neoplatonischer Werke in dieser Zeit immer neue Impulse neoplatonischer Provenienz an, die schließlich zur vorläufigen Aufgipfelung der Wirkungsgeschichte jenes Denkens im Kreis der Schüler ALBERTs des Großen (etwa: Dietrich von FREIBERG; Berthold von MOOSBURG; Nikolaus von STRASSBURG und besonders Meister ECKHART) sowie in der Rheinischen Mystik (SEUSE, TAULER, RUYSBROECK) führte.(50)

Diese mächtige Wirkungsgeschichte hat nun im Mittelalter innerhalb ihrer bleibenden Bandbreite einen eindeutigen Konkretionsschwerpunkt. Neben der Theologie und Metaphysik gibt es nämlich in dieser Zeit noch zwei weitere Ströme wissenschaftlichen Arbeitens: den humanistischen (oder philologisch-grammatischen) und den naturwissenschaftlichen - und genau "jene humanistische Bewegung innerhalb der mittelalterlichen Philosophie aber, die im 12. Jahrhundert ihre höchste Blüte erlebte und noch in das 13. hineinreicht, wächst heran an Plato."(51) Die Beschäftigung mit der Sprache wurzelt so in einem (neo)platonischen Grundsubstrat, welches den Stagiriten in seiner diesbezüglichen Unentschiedenheit in sich hineingezogen und dort im platonischen Sinn entschieden hatte; daß Quantität und Qualität der Präsenz dieses Substrats nicht an der Gegenwärtigkeit der Buchlehren platonischer Schriften abgemessen werden kann,(52) versteht sich auf dem Hintergrund der obigen wirkungsgeschichtlichen Verlaufsskizze von selbst - Wirkungsgeschichte hat eben mit schöpferischer Aneignung zu tun. Genau darin liegt aber auch der Grund, weshalb es so schwierig ist, dieses neoplatonische Denken und sein sprachlich-semantisierendes Grundgefüge im direkten Aufweis dingfest zu machen. Das kann mithin nur im Blick auf einzelne Autoren und genau umschriebene Themen in ihnen geschehen. In exemplarischer Prägnanz hat dies z.B. W. BEIERWALTES in seiner Arbeit zur Grundlegung einer Ästhetik durch Johannes Scottus ERIUGENA geleistet: Natürlich vertritt letzterer - wie alle mittelalterlichen Autoren - eine Seinsphilosophie. Aber das Seiende als solches steht nicht in der Perspektive des naturhaft Objektivierten, des Gemachten, Verfüg- und Zählbaren (wie etwa in der Neoscholastik des 19. Jahrhunderts),(53) sondern begegnet unter dem Paradigma von Bedeutung und Sprache (im weiten Sinn). Semantik steht in der Funktion eines unselbständigen strukturellen Grundgefüges für die Interpretationsleistung angesichts des zu bewältigenden Weltkontakts. Ihre Unselbständigkeit resultiert dabei aus ihrer Genesis: Sie entspringt ja der Interpretationsnot angesichts des andrängenden Seienden einerseits und der Legitimationspflicht einmal angenommener und sich bewähren müssender theologischer Standards andererseits. So qualifiziert auf der platonischen Urmatrix von Idee und Abbild das Paradigma "Bedeutung/ Sprache" das Seiende als solches und Ganzes zur Theophanie.(54) "Die Welt ist seiende Metapher, göttliche Metapher ..."(55) - und zwar als geschaffene. Als solche hat das Seiende insgesamt die Funktion, aus seiner Sinnlichkeit heraus auf seinen intelligiblen Grund zu verweisen; und es vermag das zu leisten, weil es ihm als **geschaffene Metapher** immer schon ent-spricht. Das heißt ins Allgemeine gewendet: jede ontische Analogizität und erst recht jede ontologische Reflexion auf sie finden die notwendige Bedingung ihrer Möglichkeit im semantischen **Grundwert** von Wirklichkeit überhaupt.(56)

Was nun Thomas speziell betrifft, so gestaltet sich die Rekonstruktion seines Verhältnisses zur platonisch-neoplatonischen Tradition aus zwei Gründen besonders schwierig: zum einen nämlich ist aristotelisches Gut und solches platonischer Provenienz nicht selten in nicht mehr zu zerlegender Weise ineinander verwoben, wobei zugleich der Bezug auf letzteres in viel indirekter - ja geradezu anonymer - Weise geschieht als auf den Stagiriten.(57) Und kompliziert wird dieser Sachverhalt im hier zur Debatte stehenden thematischen Feld noch dadurch, daß weder "Sprache" noch "Analogie" in die Reihe jener sachlichen Schwerpunkte gehören, um die herum sich nach R. J. HENLE die thomanischen Bezüge auf platonisches Gut gruppieren;(58) in deren Fülle nehmen sich das gute Dutzend Bezüge unter dem Stichwort "praedicatio" sowie der einzelne unter "nomina" mehr als spärlich aus; unter "analogia" ist überhaupt nichts zu vermerken.(59) Das zweite, was jede Explikation des Platonischen und speziell jener neoplatonischen Semantik im Werk des Thomas erschwert, ist dies, daß zwar auch er im Gefälle jener Tradition steht, sofern der "Philosophus", Ps.-Dionysios AREOPAGITA und AUGUSTINUS dem Aquinaten als Autoritäten ersten Ranges gelten und er außerdem BOETHIUS, den Liber de causis (dessen neoplatonischen Charakter gerade er ja aufgedeckt hatte) und AVICENNA bestens kannte.(60) Niemand wird auch bestreiten, daß er zentrale Elemente direkt dem Neoplatonismus verdankt, auch wenn er daran erhebliche Eingriffe vornimmt: etwa die Seinsauffassung;(61) das umfunktionalisierte "exitus-reditus"-Schema(62) oder natürlich die via-triplex-Lehre, die der q13 (De nominibus Dei) in ST I eine gewisse Sonderstellung in Thomas' Gotteslehre einbringt, aber doch nicht die Frage der Analogie einfach entscheidet.(63) Trotz allem: der souveräne Zugriff, mit denen Thomas jene Korrekturen vornimmt, und vor allem die zahlreichen Reibeflächen gegenüber AUGUSTINUS - die Thomas selbst gelegentlich durch gewaltsame Uminterpretationen seiner Vorlage zu kaschieren sucht - sind nur die Oberflächensymptome einer viel tieferreichenden Distanz zu dem öffentlich (d.h. kirchlich und universitär) anerkannten Typ von Theologie und der von ihm favorisierten Philosophie. Thomas pflegt eine schweigende, aber gerade darin um so entschiedenere Zurückhaltung gegenüber dem "Zeitgeist", der sich aufs Altbewährte beruft. Daß dieser Modus von Stellungnahme seitens des Aquinaten die hier zu leistende Arbeit nur noch weiter erschwert, ergibt sich aus seinem Charakter. Wie er sich zeigt und worin sich jene Distanzierung letztlich begründet, wird sich im unmittelbaren Aufweis der von Thomas vollzogenen Sprachreflexionen erweisen müssen.

3.4 DAS EINE WORT UND DIE VIELEN WÖRTER

Thomas' Verhältnis zum Phänomen "Sprache" bestimmt sich in ganz anderer Weise, als das für den Bereich der griechischen Philosophie gilt, aus der schlichten Tatsache, daß sich die theologische Grundintention des Aquinaten als vernunftgeleitete Arbeit innerhalb und an einer konkreten religiösen Sinnvorgabe vollzieht, die sich gemäß ihrem Selbstverständnis dem unmittelbaren **Wort** Gottes verdankt und in der unüberbietbaren Selbstaus**wort**ung eines sich mitteilen wollenden Gottes durch die real-geschichtliche Existenz eines konkreten Menschen kumuliert. Dieser Doppelcharakter der Wörtlichkeit jener Vorgabe - Offenbarung genannt - begründet die Verdichtung des Wortbegriffs über seine (selbstverständliche) Normativität hinaus zum materialen Zentrum theologischer Reflexion. Deren anfänglicher Kristallisationskern war das selbst hochkomplexe und traditionsbefrachtete Wort "lógos". Allein die Tatsache, daß eines der Grundmotive griechischen Philosophierens seit vorsokratischer Zeit denselben Namen trägt, läßt ahnen, zu welchen - vielfach gebrochenen und dennoch unzerteilbaren - Verwobenheiten es im Raum der Theologie der ersten Jahrhunderte kommen mußte - ganz abgesehen davon, daß auch die alttestamentlich-jüdischen Inhalte des Wortbegriffs in der Väterzeit präsent waren, wie vor allem die Logostypologien zeigen.(64) Griechisches, Alttestamentlich-Jüdisches, in geringem Umfang auch außerchristliches religiöses Wissen und das Spezifikum christlicher Verkündigung wirken so im "lógos"(65) zusammen und prägen dem Thema "Sprache" so wiederum für Jahrhunderte einen intensiven theologischen, genauer christologischen Einschlag auf; "Sprache" gerät regelrecht in den Bannkreis der Theologie. Den entscheidenden Anstoß erhielt im Grunde jede Logosspekulation vom Johannesevangelium. Die neuere Exegese kam zur Überzeugung, daß im johanneischen Logosbegriff folgende zwei Linien zusammenfließen: Einmal die in der alttestamentlichen Lehre vom schöpferischen Wort Gottes gründende Weisheitslehre, welche auch die Toralogie und die Logoslehre des PHILO beeinflußte, und zum anderen Elemente der griechischen Logos-Philosophie. Dazu kommt noch eine gewissermaßen hermeneutische Rückwirkung der Toralogie auf die Logos-Christologie in dem Sinn, daß der christliche Logos als Erfüllung bestimmter Toraverheißungen galt. Alles in allem wird der christliche Logosbegriff als unüberbietbare Erfüllung dessen betrachtet, was alttestamentliche Offenbarung, griechische Philosophie und heidnische Mythen ersehnten.(66)

In zahllosen Variationen wurden die vom Logosbegriff irgendwie dirigierten Themen angegangen, bevorzugt bei der Behandlung beliebter Stellen wie etwa Gen2 und Gen11, wo von der Benennung der Tiere durch den Menschen bzw. von der babylonischen Sprachverwirrung berichtet wird, anläßlich der Inkarnation (kaì ò lógos sárx egéneto, Joh 1, 14) und der Trinitätsthematik, welche ihrerseits wieder unter dem Begriff des Logos in eine typologische Einheit zusammenschließbar waren.(67) F. MANTHEY weiß BOETHIUS, CASSIODOR, AMBROSIUS, HIERONYMUS, Johannes CHRYSOSTOMOS, GREGOR den Großen, AUGUSTINUS, Johannes DAMASCENUS und schließlich Isidor von SEVILLA als jene Autoren frühchristlicher Provenienz zu nennen, die Thomas explizit erwähnt.(68) Generell dominiert auch hier die pragmatische Dimension, sofern Sprache primär beim Kommentieren oder im Kontext der Bemühungen um eine adäquate Terminologie für die Darstellung vor allem christologischer und trinitarischer Probleme thematisiert wird. Dieser Primat der Funktionalität und Pragmatik im Umgang mit Sprache gilt auch - trotz einer erheblichen Sonderstellung - von AUGUSTINUS. Von ihm hat aufgrund seiner vertieften Reflexion auf die Sprache sowie der Intensität seiner Wirkung auf das Mittelalter und auf Thomas eingehender die Rede zu sein.

E. COSERIU gilt der Bischof von Hippo als "der größte Semiotiker der Antike" und "Begründer dieser Forschungsrichtung."(69) Dennoch bleibt auch bei ihm die schon bei den griechischen Philosophen diagnostizierte Unselbständigkeit der Thematisierung von Sprache gewahrt. AUGUSTINUS betreibt angewandte Sprachphilosophie.(70) Neben theologischen Terminologieproblemen entwächst sein Bemühen um Sprache vor allem pastoralen (vgl. De doct. christ, aber auch De trin) und pädagogischen (vgl. De mag) Zielsetzungen.(71)

Die Frage nach seinen eigenen sprachphilosophischen Quellen enthüllt erneut und noch intensiver die in ihrer Genesis absolut nicht mehr rekonstruierbare Verstricktheit all der Traditionsströme, von denen hier die Rede sein muß: AUGUSTINUS steht da als Exponent der theo-logisch konditionierten Sprachreflexion, verdankt aber als solcher entscheidende Grundstrukturen der platonischen Philosophie(72) aus der Hand neoplatonischer Vermittler, die zugleich als mögliche Tradenten stoischen Gutes an AUGUSTINUS in Frage kommen,(73) durch den hindurch jenes bis in Thomas' "Summa theologiae" gelangte.(74) Dieser Befund darf nicht überraschen, denn "die technischen Handbücher der Sprachwissenschaft, die massgebend (sic!) wurden, sind aus der stoischen Schule hervorgegangen, so dass (sic!) alle spätere Sprachwissenschaft wenigstens indirekt von ihr bestimmt ist"(75) - in welchem Umfang dies bei AUGUSTINUS in direkter Weise der Fall ist, verraten sein mittlerweile allgemein für authentisch gehaltenes Werk "De dialectica"(76) sowie dessen Parallelen in "De magistro";(77) schließlich gehören auch noch die lateinischen Grammatiker zum Mutterboden augustinischen Sprachdenkens, welche jener aus seiner eigenen Studienzeit bestens kannte und deren Lehrinhalte er einer gründlichen Revision und Transformation unterzog,(78) denn man vergesse nicht: AUGUSTINUS war Rhetor!

Um drei Motive kreist auf diesem komplexen Hintergrund AUGUSTINs Ringen um die Sprache: Einmal das Verhältnis von Sprache und Denken. Es wird erläutert durch das Verhältnis von innerem und äußerem Wort, wobei "inneres Wort" als artikulierte Einsicht zu verstehen ist und die Bedingung des äußeren Wortes als eines Zeichens des inneren darstellt.(79) AUGUSTINUS begreift dabei den Akt der Wortbildung als Prozeß des Zeugens und Gebärens und schaut ihn – manchmal durch die Terme "mens-notitia-amor" – in eine Analogie zusammen mit der Zeugung des göttlichen WORTES durch den VATER. Innerhalb dessen übernimmt dann zur Erläuterung der Konkretisierung der apriorischen Grammatik des menschlichen Denkens (verbum internum) in eine konkrete Sprache hinein (verbum externum) der Gedanke (das Modell) der Inkarnation die Rolle der tragenden Analogie;(80) daß dabei der Inkarnationsgedanke und die stoische Lehre vom lógos endiathetós und lógos prophorikós reibungslos ineinandergespiegelt werden, ist lediglich eine konkrete Vollzugsform jener schon mehrfach festgestellten Verstrickung der Traditionen.(81) Im Akt jener Analogien ereignet sich nun aber gleichzeitig eine Umkehrung der Sinnrichtung: das, worauf sie zunächst verweisen, wird selber zur metaphysischen und theologischen Begründung des immanent Gemeinten; d.h. "daß sowohl der Ursprung des Wortes im Denken als auch die konkrete Sprache theologisch legitimiert sind, daß also auch im menschlichen Sprachvermögen und Sprechen dessen absoluter göttlicher Grund wirksam ist ..."(82) und damit die Sprachphilosophie letztlich in der Theologie gründet.

AUGUSTINUS' zweites Grundmotiv ergibt sich aus der wesensmäßigen Intentionalität von Denken und Sprechen, d.h. es geht um das Verhältnis von Sprache und Sache, Sprache und Sein.(83) Im Medium der augustinischen Lichtmetaphern vollzieht sich Denken als Sehen und das dem Denken simultane Sagen bezieht seine eigene sach-erschließende Leuchtkraft daraus, daß es zuvor das dem Seienden eingeschaffene Licht zur Erscheinung gebracht hat. Woher kommt dieses? "Seiendes ist gesprochenes Licht geordnet tätiger Subjektivität"(84) – das bedeutet: die Kreativität des "Splendor Patris" heißenden ewigen Wortes konstituiert die Übersetzbarkeit der Seienden ins endliche Wort und legitimiert dessen Leistung.

Um das dritte Grundmotiv gruppieren sich die Analysen von Funktion und Leistung des äußeren Wortes, der gesprochenen Sprache: es handelt sich um den Zeichen-Begriff.(85) AUGUSTINUS hat ihn in kritischer Auseinandersetzung mit stoischem Lehrgut gewonnen, in deren Verlauf er "... aus der im Unterschied (sc. zwischen semaînon und semainómenon) verharrenden aristotelisch-stoischen Dialektik den 'Rückweg' zu der den Unterschied einenden platonischen Dialektik ausfindig gemacht hat ..."(86) Die Analysen enden in der Aporie, daß die als Zeichen verstandenen Worte überhaupt keine Erkenntnis vermitteln, sondern höchstens erinnernde oder anregende Funktion ausüben. Das Zeichen setzt für seinen Bedeutungsgehalt die nur im individuellen Akt geschehende Einsicht in die Wirklichkeit der bezeichneten Sache voraus. Diese skeptische Destruktion fungiert aber gleichzeitig als Matrix des Kulminationspunktes AUGUSTINUS' zeichenorientierter Sprachphilosophie:

Wir erhalten nämlich von den Dingen weder Kunde durch Zeichen noch durch andere Dinge, sondern einzig durch Christus, der als unwandelbare Wahrheit im Innern des Menschen wohnt;(87) die gesprochene Sprache als spezifisch menschliches Phänomen sinkt auf das Niveau einer infralapsarischen Hilfskonstruktion.(88) Ebenso wie in den ersten beiden Motivkreisen (Sprache-Denken; Sprache-Sache) übernimmt die Theologie hier ein drittes Mal die Aufgabe des Kriteriums und der Legitimation. Sie ist die einigende und justierende Mitte bis ins konkrete Einzelne hinein.(89) Gerade diese Theologizität bzw. Christozentrik des Sprachlichen und von ihm her all jenes, was unter dem Titel des inneren Wortes zu stehen kommt, ist das, dem sich der Aquinate - wenn zwar modifizierend, aber so doch grundsätzlich - öffnet.(90) Das hat zur Folge, daß für Thomas die Sprachthematik intentional unter das Richtmaß der Suche nach einer Analogie zur zweiten trinitarischen Person rückt.(91)

Jedoch: das Grundsätzliche der Theo- (Christo-)zentrik bleibt auch der einzige Ort innerhalb der Sprachthematik, wo der Aquinate dem Bischof von Hippo uneingeschränkt zustimmt. Die von ihm im Horizont dieses Grundsätzlichen in seiner Quaestio "De magistro" (De ver q11 a1) entworfene Kommunikationstheorie unterschiedet sich definitiv von der aus dem gleichnamigen Dialog des AUGUSTINUS. Gerade anläßlich dessen dritten Grundmotivs trennen sich die Wege:(92) die geänderte Systemstelle von "signum" in Thomas' Sicht der Dinge ist dabei nur das äußerliche Symptom einer viel tieferreichenden Verschiebung: am Leitfaden des Zeichenbegriffs entfaltet sich nämlich lange nach AUGUSTINUS ein wesentlich unmetaphysisches Sprachverständnis, das erst im späten Mittelalter zur vollen Explikation kommen sollte.(93) Die Metaphysik der Sprache wird gesprengt durch die logische Sprachtheorie. Unter Berufung auf den augustinischen Zeichenbegriff ereignet sich eine Entmetaphysizierung (Enttheologisierung), die sich aus der Rezeption der aristotelisch-boethianischen Logik nährt. Im Zentrum des Interesses steht jetzt die Analyse des logischen Phänomens der Sprache(94) als gesprochener. So wenig Thomas selbst ein solcher Sprachlogiker war, so wenig entzog er sich auch jener neuen Strömung. Weder die Autorität des AUGUSTINUS noch seine Zustimmung zu dem von jenem behaupteten Primat der Theologie konnten ihn abbringen von seiner Favorisierung der faktisch gesprochenen Sprache und seinem Ansatz beim konkreten Wort, wie sich noch zeigen wird. Vielmehr kommt es zu einer eigentümlichen, nie ganz von Spannungen freien - und bisweilen heute sehr modern anmutenden - Verbindung zwischen der Theologie (und in ihr der Theologizität des Phänomens Sprache) sowie der logischen Analyse der Sprache. Diese Grundgegebenheit ist im Auge zu behalten, wenn von Sprache im Mittelalter und bei Thomas die Rede ist; sie muß deshalb auch als Matrix einer Analyse von Analogie zur Geltung gebracht werden, die sich primär um deren sprachliche Dimension bemüht.

Um die Analogie formal als solche hat sich AUGUSTINUS wenig gekümmert.(95) Der Ausdruck selber fällt selten, wird für das Gott-Welt-Verhältnis einmal sogar ausdrücklich abgelehnt;(96) zur Sprache rückt sie lediglich dadurch in ein sachliches und faktisch-praktisches Verhältnis, daß zwischen Sprache einerseits und Trinität-Inkarnation-Schöpfung andererseits Analogien walten.(97) Dies alles zusammen mit der Transformation der sprachphilosophischen Grundintention verbietet, innerhalb der Analogiethematik direkte Linien von AUGUSTINUS zu

Thomas zu ziehen. Der Weg zu des letzteren Analogieverständnis muß vielmehr bei der oben erschlossenen Verbindung von Theologie und augustinisch-antiaugustinischer neuer Sprachreflexion beginnen. Dazu bedarf es allerdings noch einer genaueren Beschreibung des Umfangs, der Grenzen und der Grundstrukturen mittelalterlicher Sprachphilosophie, so wie Thomas sie kennenlernen konnte. Vorher dürfte es allerdings von Nutzen sein, ganz kurz auf einige Autoren einzugehen, an denen einsichtig wird, wo, wie und warum jenes an AUGUSTINUS anknüpfende nichtaugustinische Sprachdenken überhaupt entstehen und dann auch noch im Medium der Theologie zur Entfaltung kommen konnte.

In der Zeit zwischen AUGUSTINUS und Thomas darf regelrecht vom Aufkommen einer "Theo-Semiotik" geredet werden. Mit diesem Titel will im gegebenen Zusammenhang angezeigt sein, daß im theologischen Kontext und um theologischer Sachverhalte willen sprachliche Gegebenheiten auf ihre Semantik, Syntaktik und Pragmatik hin abgetastet und traktiert werden;(98) ferner, daß keiner der drei Aspekte je in Reinform oder exklusiv auftritt,(99) sondern immer alle - wenn auch unter je nach Autor wechselnder Prävalenz einer Hinsichtnahme. Der Blick auf die Werke der hier zu nennenden Autoren soll nur in Schlaglichtern und exemplarisch(100) das Grundgefüge und darin Bedingungen und Gefälle eines spezifisch sprachorientierten Theologietreibens enthüllen. In seiner theologischen Substanz verdankt sich jenes zunächst noch ganz der augustinischen Tradition; es hält auch - in je verschiedenen intensiven Ausfaltungen - an der Verklammerung von Sprachthematik und Verbumtheologie fest; selbst die Konzentration der Sprachreflexion auf den Zeichenbegriff gilt ihm noch als normativ. Aber genau in dessen Umkreis gelangen die betreffenden Autoren zu einer Neueinschätzung von Sprache, welche jene als konkretes Phänomen gewissermaßen in ein Eigenrecht einsetzt und letztlich - wieder in je wechselnder Intensität - zum Paradigma des Theologietreibens aufgestaltet. Sprache gewährt nicht mehr als in sich aporetische den Absprung in die metaphysische Dialogik von Seele und innerem Lehrer (Christus), sondern leistet aus der horizontalen Analyse ihres konkreten Phänomens heraus die Arbeit des Leitfadens theologischen Denkens und Sprechens. Es bereitet sich das vor, was schließlich in der Selbstvollendung der augustinischen Sprachauffassung als ihrer Selbstüberwindung gipfeln wird.

Anselm von CANTERBURY (1033/34-1109) war der erste, in dessen Werk sich - bei aller Augustinustreue - ein solcher Paradigmenwechsel abzuzeichnen begann. Primär reklamiert in seinem Umfeld die Grammatik so etwas wie eine allgemeine Verbindlichkeit in der Strukturierung der Denkmodelle und bestimmt somit auch die Plausibilität und Tendenz der Argumentationsarbeit und -leistung in der Theologie. Die Tatsache, daß Anselm den damit erhobenen Anforderungen in besonderer Weise Genüge leisten konnte, hat ihm den Ruf eines von Logik, Grammatik und monastischem Leben des 11. Jahrhunderts geprägten AUGUSTINUS eingetragen.(101)

Als signifikantestes Werk solcher grammatischer Theologie gelten jedoch allgemein die "Regulae" des Alanus von LILLE (1125/30-1203). Sie bewegen sich in der Spur des theologisch-wissenschaftlichen Programms, welches Gilbert von POITIERS in seinen Boethiuskommentaren artikuliert hatte und welches angesichts der Trinitätsproblematik entstanden war.(102) An diesem Autor wird exemplarisch ersichtlich, was das 12.

Jahrhundert an Auffassungen über die figürliche Denkform und Redeweise besaß.(103)

Wird bei Alanus das Moment des Sprachlichen schon viel systematischer zur Geltung gebracht als bei Anselm, so wächst es sich im nächsten zu nennenden Werk bereits zu einem Eigengewicht aus, das die Kraft hat, die Autorität der Väterzitate nahezu restlos hinauszudrängen und auch den Bezug auf die Hl. Schrift in engen Grenzen zu halten. Gemeint ist die sogenannte "Zwettler Summe", die höchstwahrscheinlich aus der Feder eines Magisters Petrus von WIEN stammt und vor 1150 verfaßt sein dürfte; in ihr ist das spekulativste Sentenzenwerk des 12. Jahrhunderts erhalten. Nach der Erklärung des Glaubens und der Aufzählung von Sprachregeln folgt vor allem bezüglich Trinität und Christologie eine Analyse bisher noch nicht dagewesener Gründlichkeit, in welcher Theologie und Sprachphilosophie nicht mehr zu trennen sind.(104)

Noch dominierender tritt die Sprachlichkeit im Werk des PRAEPOSITINUS (ca. 1130/1140-1210) auf.(105) Die Bedingungen, unter denen das dort geschieht, sind mehr als komplex: In PRAEPOSITINUS begegnet nämlich der exemplarische Antipode zu der von Gilbert von POITIERS ausgelösten Tradition des Theologietreibens, in deren Zentrum ein Neuansatz bezüglich des Problems der Rede von Gott steht. Gegenüber diesem Versuch, der de facto erstmalig im Rahmen der Theologie zu einer theoretischen Reflexion über die Analogie führte, repräsentiert PRAEPOSITINUS das Erbe des Petrus LOMBARDUS und damit die orthodoxe Theologie augustinischer Provenienz. Noch mehr: nachdem Gilbert selbst lehramtlicher Zensur verfallen war und zu Anfang des 13. Jahrhunderts mit Amalrich von BENE und Joachim von FIORE zwei Vertreter der porretanischen Linie verurteilt worden waren, wird PRAEPOSITINUS' Theologie gleichsam zum Garantin der Orthodoxie und erfreute sich - trotz geringer spekulativer Kraft - großer Popularität.(106) Der Streit zwischen beiden Parteien drehte sich inhaltlich im wesentlichen um das Verhältnis der herkömmlichen Sprache des Glaubens an den dreifaltigen Gott zu der spekulativ-theologisch behaupteten simplicitas (des Wesens) Gottes. Gilbert faßte zur Lösung dieses Problems eine Unterscheidung epistemologischer Ebenen in der Rede von Gott ins Auge: Trinitarische Sprache läßt sich nicht einfach vergleichen mit der Sprache spekulativer Theologie. PRAEPOSITINUS' Lösung dagegen besteht - auf einen Nenner gebracht - darin, daß er im Horizont einiger weniger axiomatisch angenommener Basissätze und -terme, die für den orthodoxen Glauben unverzichtbar erscheinen, die Bedeutung der vielen (trinitätsbezogenen) Ausdrücke in Richtung einer Synonymität dieser Namen versteht.(107) In diesem Rahmen wählt er in seiner Summe "Qui producit ventos ..." die Analyse der nomina divina zum formalen Rahmen seines Gottestraktats - mit der Folge, daß eben alle zur Debatte stehenden Fragen fast ausschließlich linguistischen Charakters sind oder sich um die Legitimität und Bedeutung bestimmter Ausdrücke für Gott drehen.(108) Zur konkreten Durchführung dieses Programms schließlich bedient sich PRAEPOSITINUS reichlich der mittelalterlichen Sprachphilosophie. Auf die diesem Theologietyp inhärente Problematik braucht hier nicht weiter eingegangen zu werden. Vielmehr kommt es der Frage nach der Analogie bei Thomas auf Folgendes an: Zunächst einmal, daß die nomina-divina-Problematik in ihrer praktischen Bewältigung mit sprachphilosphischen Methoden bearbeitet wird - oder anders gewendet: daß im näheren Vorfeld des Aquinaten reflektierte Sprachpraxis als Konkretfall von Analogie begriffen wird. Dazu kommt ein zweites: Thomas hat PRAEPOSITINUS gekannt, wie aus wiederholten Zitaten hervorgeht,(109) und sich mit ihm auseinandergesetzt. Ausgerechnet im Kontext der Trinitätstheologie aber offenbart sich ein eigentümliches Verhältnis zwischen beiden: Thomas kritisiert u.a. PRAEPOSITINUS' Auffassung über die Setzung von proprietates und notiones in divinis (ST I q32 a2 c), aber dennoch ist auch seiner gegengerichteten Lösung das Fortwirken einer gewissermaßen "nominalistischen" Dynamik, die in PRAEPOSITINUS steckt, zu attestieren – selbstverständlich ein Nominalismus in actu exercito, in den letztlich die Probleme der Trinitäts- und Schöpfungslehre notwendig hineinzutreiben scheinen.(110) Bringt man dieses Spannungsverhältnis in der Trinitätstheologie in einen gewissen Zusammenhang mit Status und Behandlung des nomina-divina-Komplexes bei beiden Autoren – die betroffenen theologischen Sachstrukturen lassen das zu –, so gestaltet sich daraus ein – wenn auch konjekturaler Hinweis – auf eventuelle Parallelen und Problemreproduktionen in der Analogiethematik: daß sich Thomas durch die Sachlogik des theologischen Gegenstandes genötigt sah, mehr und anderes zu tun, als er in seiner zwar nicht rein metaphysischen, aber doch metaphysisch eingefärbten Analogie-Theorie artikulieren wollte und konnte.(111)

An fünfter und letzter Stelle sei hier noch Alexander von HALES, der Lehrer BONAVENTURAs, erwähnt (vor 1170-1245). Mit ihm bringt sich am Ende der hier aufgelisteten Autoren das augustinische Erbe nochmals besonders unmittelbar in Erinnerung, sofern seine Summa als die organischste Synthese der platonisch-augustinischen Lehrtradition gilt,(112) was aber der Präsenz aristotelischen Gutes – gerade hinsichtlich Sprache und Analogie – keinen Abbruch tut. Im Rahmen seiner generellen denkerischen Herkünftigkeit von AUGUSTINUS und Anselm stützen sich seine sprachlich-grammatischen Äußerungen besonders auf Alanus von LILLE; in der Frage der nomina divina ist ihm neben Wilhelm von AUXERRE der oben vorgestellte PRAEPOSITINUS die wichtigste Quelle.(113) Sachlich gesehen ist vor allem der Tatsache Aufmerksamkeit zu schenken, daß Alexander einerseits die Analogie als methodisches Grundgesetz der Rede über Gott – auch der Offenbarungsnamen! – zur Geltung bringt und andererseits diese somit gegebene Grundbedingung in actu exercito erfüllt unter reichem Einsatz praktischer Sprachphilosophie.(114) So gering der nachweisliche Einfluß Alexanders auf Thomas sein mag,(115) so wenig die Tatsache wiegt, daß der Aquinate die Summe Alexanders kannte – darf der zu diagnostizierende Befund hinsichtlich Analogie und Sprachphilosophie im Horizont des ganzen bisher beschriebenen Traditionengeflechts nicht wiederum die Vermutung nähren, daß auch bei Thomas Analogie irgend etwas mit solcher Sprachphilosophie zu tun haben könnte?

Freilich: was der kurze Blick auf ein paar Theologen soeben enthüllte, zählt nicht als Argument für das Vermutete. Es dient vielmehr dem Entwurf des rechten Vor-urteils für die spätere Lektüre des Aquinaten selbst, das sich eben dort bewähren oder destruieren lassen muß. Zugleich aber indiziert so – und das ist im Moment noch wichtiger – die Enthüllung der Neueinschätzung von Sprache noch innerhalb des zur Vollendung gekommenen exklusiv unter dem Primat des Wortes Gottes und seiner Selbstauslegung im WORT stehenden Sprachdenkens aus sich heraus den letzten großen Traditionsstrom,(116) der das mittelalterliche Sprachverständnis bestimmt und deshalb auch für Thomas Relevanz reklamieren kann: Jene Neueinschätzung hängt nämlich mit dem zusammen, was - nicht sehr glücklich - mittelalterliche "Sprachlogik" heißt.

3.5 SPRACHE, HERMENEUTIK UND LINGUISTIK IM MITTELALTER

Daß das Mittelalter nicht finster war, hat sich herumgesprochen, nachdem die Aufklärung sich eine Selbstapplikation hat gefallen lassen müssen - nicht aber, daß sich das Mittelalter auch nicht in Theologie und Metaphysik, Minnegesang und Mystik erschöpft. Das entsprechende Vorurteil saß und sitzt zu tief, als daß ins Allgemeinbewußtsein schon hätte eindringen können, daß eben jene Epoche desgleichen grandiose Leistungen auf dem Gebiet der Naturwissenschaft, der Mathematik und der Sprachphilosophie vorzuweisen hat(117) - und in letzterer ein Niveau repräsentiert, das erst wieder zu Beginn dieses Jahrhunderts etwa mit G. FREGE oder L. WITTGENSTEIN erreicht wurde. Daß eine qualitativ wie auch quantitativ so hohe Präsenz sprachphilosophischer Bemühungen intensive Ausstrahlungen auf alle Gebiete der Reflexion zeitigte, versteht sich von selbst - a fortiori hinsichtlich der Theologie als anerkannter Krone der Wissenschaften.

Die sprachphilosophischen Leistungen mittelalterlicher Denker gründen im letzten nicht in irgendwelchen partikulären und willkürlich-zufälligen Interessen, sondern entspringen vitalen Notwendigkeiten des gültigen Wissenschaftsverständnisses und -betriebes. Scholastik ist die Wissenschaft der Schule, "... die wesentlich im Lernen und Lehren, also in der **Vermittlung** existiert."(118) Der Lehrende schöpft die maßgeblichen Ansätze aus den Aussagen der auctoritates; diese stehen in Texten, die zunächst gelesen und dann interpretierend und kommentierend erschlossen werden. Es geht dabei um die Aussage des Textes, dessen Sinn unter Umständen auch gegen die historische Intention des Autors zu entscheiden ist. Sollten Widersprüche zwischen den Autoritäten auftreten, so liegt das nicht an Irrtümern jener, sondern an der Sprache, d.h. an divergierenden Bedeutungen sprachlich identischer Ausdrücke(119) - man denke nur an ABAELARDs "Sic et non" und die den widersprüchlichen Zitaten vorausgestellten Regeln.(120) Der scholastischen Wissenschaft ist damit eine natürliche und essentielle Inklination auf Hermeneutik hin eingestiftet, die sich je nach Wissensregion artikuliert und methodisch konkretisiert. Genau dieses hermeneutische Grundbedürfnis bildet die Matrix für die sprachphilosophischen Spitzenleistungen, denn jene Hermeneutik vollzieht sich - im Unterschied zu dem, was gegenwärtig in der Regel unter diesem Titel verstanden wird - wesentlich **als** Sprachanalyse, und zwar um so stärker und systematischer, je mehr sich innerhalb der Sprachreflexion das Schwergewicht in Richtung eines funktionalen Primats der Logik gegenüber der Grammatik verschob.(121) Ursache und Hintergründe dieser Gewichtsverlagerung sind in einer synthetischen Beschreibung des sprachphilosophischen Binnenbereiches zu klären, welche zugleich Intention, Umfang und Leistung jener Tradition genauer abzustecken hat.

"Grammatik" und "Logik" heißen die beiden Schlüsselbegriffe für eine Beschreibung der komplexen Situation von Bedingungen, Strukturen und Tendenzen innerhalb der mittelalterlichen Sprachphilosophie. Von einer Grammatisierung der Logik und nachfolgend einer Logisierung der Grammatik zu sprechen,(122) kann zwar als Wegweiser im dichten Gestrüpp der Verwicklungen hilfreich sein, stellt aber eine hochgradige Abstraktion dar, welche die Bedingungen der jeweiligen Bewegung und die kontinuierliche Interferenz zwischen Grammatik und Logik nicht mehr in den Blick bringt. Zwar stimmt einerseits: Das sprachliche Moment ist schon von ARISTOTELES her in der Logik präsent und spielt dort eine gewichtige Rolle;(123) es erfährt in diesem Kontext seine erste Explikation und Erweiterung durch BOETHIUS;(124) weiterhin wird es durch den Ausbruch des Universalienstreits forciert, der im Anschluß an PORPHYRIOS' "Eisagoge" entbrannte; ABAELARD bringt es in seinen Werken so zur Geltung, daß Logik bei ihm den Charakter der ars sermocinalis erhält,(125) um schließlich als deren konsequente Durchführung in der Logica modernorum zur terministischen Logik erweitert und umgestaltet zu werden.(126) Dies alles stimmt, aber dennoch darf nicht vergessen werden, daß eine Transformation der Logik in diesem Umfang nicht möglich gewesen wäre, wäre nicht auf der Basis komplexer soziologisch-kultureller Verschiebungen (Völkerwanderung; Islamoffensive; Verlagerung des kulturellen Schwerpunkts Europas nach Norden, wo Latein nicht mehr Muttersprache war; Bedeutung der sprachlich-literarischen Bildung innerhalb des Ideals des Benediktinerordens) der Grammatik vom 7. bis 12. Jahrhundert eine gewaltige Blüte beschieden gewesen, eine Blüte, die der Grammatik bisweilen den Rang des leitenden wissenschaftlichen Paradigmas verlieh(127) - unter Einbezug dieser Bedingungen kann von einer Grammatisierung der Logik die Rede sein.

Auf der anderen Seite bauten sich - wieder aus einer sachimmanenten Problematik und einem kulturbedingten Katalysator - Wirkfaktoren entgegengesetzten Charakters auf: also eine Logisierung der Grammatik.(128) Die Gleichzeitigkeit beider Bewegungen unter der wenigstens prinzipiellen Aufrechterhaltung des Eigenstandes von Grammatik und Logik potenziert dabei jene komplexen Interferenzverhältnisse. Die verstärkte Akzentuierung der Logik entwächst einerseits der Dominanz des Grammatischen selber, sofern sie sich als Kritik an den Exzessen bestimmter Grammatiker versteht,(129) andererseits findet sie ihren entscheidenden kulturellen Nährboden in der mit der BOETHIUSrenaissance des 10. Jahrhunderts einsetzenden Hochschätzung des ARISTOTELES und dem diese auf ihren Höhepunkt führenden Bekanntwerden des ganzen Corpus Aristotelicum, besonders der Logica nova und der Metaphysik.(130) Das sachliche und das kulturelle Motiv zusammen stimulieren die artes liberales - und die Grammatik ist das Tor zu ihnen -, sich das Interesse an der aristotelischen Logik zu inkorporieren, was schließlich jene dazu veranlaßte, sich als **die** Philosophie zu konstituieren - auch in Gegenüberstellung zur Theologie.(131) Trotz einer gewissen Krisenzeit, in der die Logik die Grammatik zu absorbieren droht,(132) kann letztere ihren Eigenstand wahren; sie transformiert aber dabei ganz wesentlich ihre Morphologie und ihren Status: Ursprünglich nämlich hatte sich die Grammatik deskriptiv verstanden (DONATUS; PRISCIANUS), war aber schon von frühen mittelalterlichen Kommentatoren (etwa Remigius von AUXERRE, +908; Notker LATEO oder der Deutsche, +1022) aus didaktischen Gründen normativ eingefärbt worden.(133) Und genau diese Normativität hat der Einfluß der Dialektik entscheidend fortgetrieben und schließlich zum Schibboleth der neuen Grammatik stilisiert; das beginnt bereits bei Johannes Scottus ERIUGENA (!) und besonders bei Petrus HELIE, **dem** Kommentator des PRISCIANUS, der die "Kategorien" und "Peri hermeneias" zur Erklärung der Grammatik verwendet.(134) Die ganze Bewegung kulminiert schließlich ab ca. 1270 in den Traktaten "De modis significandi" als dem Höhepunkt mittelalterlichen Sprachdenkens; die einflußreichsten Vertreter sind Martinus de DACIA, Thomas von ERFURT, Johannes DACUS, Boethius de DACIA und Michael von MARBAIX.(135) Dabei handelt es sich nun aber nicht um einer partikuläre Region der Logik, sondern eine spekulative Grammatik, eine scientia grammatica (gegenüber der früheren ars grammaticae),(136) ein spekulatives und strukturell systembildendes Unternehmen, das sich als Theorie der Grammatik artikuliert und eine allgemeine Theorie der Sprache intendiert(137) - deshalb ist die Bezeichnung "Sprachlogik" auch ungenau und wäre am besten durch das von A. NEHRING vorgeschlagene "functional linguistics"(138) zu ersetzen. "Die Linguistik will nicht mehr nur eine 'logische Grammatik' sein, sondern die eigene Logik der Sprache darstellen."(139) In diesem Sinne bedarf die oben - gewissermaßen heuristisch - eingesetzte Abstraktion "Logisierung der Grammatik" einer doppelten korrigierenden Erweiterung: einmal, daß in der zunächst Krisisfunktion ausübenden Oszillation zwischen Grammatik und Logik die erstere nicht verschwindet, sondern aus beiden vielmehr ein neues Amalgam entsteht, auf dem der einzige ernste Versuch des Mittelalters zur Konstitution einer eigenständigen Linguistik gründet; zum anderen, daß sich die Interferenzbewegungen (Grammatisierung der Logik; Logisierung der Grammatik) nicht das Gleichgewicht halten, sondern jener sich als Grammatik verstehenden Hochform von Sprachphilosophie ein **funktionaler** Primat der Logik zu attestieren bleibt, der gerade als solcher jene sich durchaus als Äquivalent zur Metaphysik verstehende Metatheorie der Grammatik grundlegt.(140)

Wie wenig Grammatik, Logik und Metaphysik in dieser Epoche gegeneinander konkurrieren oder sich isolieren, erhellt nicht nur aus ihrer - wie immer auch je funktional bestimmten - Ko-präsenz in einem Entwurf wie etwa dem der spekulativen Grammatik, sondern noch viel deutlicher aus der Tatsache, daß diese Traktate "De modis significandi" nicht die einzige mittelalterliche Bedeutungslehre formulierten: Neben der ihren steht nämlich eine Bedeutungslehre auf der Basis der terministischen Logik, die sich in der Suppositionstheorie artikuliert;(141) und an dritter Stelle ist eine Bedeutungslehre zu erwähnen, die in **praktischer** Form in der philosophischen Spekulation auftaucht.(142) Diesbezüglich sei vorerst nur festgehalten, daß die Reflexion auf Bedeutungsprobleme auch im Gewand operationaler Anwendungen auftreten kann und dort dieselben Probleme traktiert werden wie in den expliziten Bedeutungstheorien.(143) So richtig und nützlich dieser Hinweis L. M. de RIJKs ist, so sehr bedarf der darin indizierte Sachverhalt der konsequenten systematischen Auszeichnung, weil allererst darin Grundtendenz der funktionalen Linguistik und ihr reales - weil am Effekt der Ausstrahlung gemessenes - Gewicht sich enthüllen:

3.6 THEOLOGIE ALS VOLLZUGSFELD FUNKTIONALER LINGUISTIK UND DIE SYSTEMSTELLE VON ANALOGIE

Die damit geforderte Explikation des vollen Umfangs der zu konstatierenden Pluriformität mittelalterlicher Bedeutungslehren besteht darin, in der Perspektive jener operationalen Bedeutungslehre noch weitere mögliche Applikationsfelder einer sich so verstehenden und artikulierenden Linguistik zu suchen. Innerhalb der auf Systematik bedachten Philosophie (vgl. die beiden anderen Bedeutungslehren) scheint jene dritte Form gerade kraft ihrer operationalen Struktur unverzichtbar zu sein, weil diese ihr ermöglicht, ad hoc auftretende sprachliche Probleme in maximaler Konkretheit und gleichzeitig auf reflexivem Niveau zu behandeln. Dieser Modus von Bedeutungslehre ist natürlich keineswegs notwendig auf das Geschäft des Philosophierens beschränkt, sondern kann überall dort auftreten, wo sich im Verlauf eines Diskurses auch konkrete Sprach- und vor allem Bedeutungsprobleme stellen. Im Horizont der essentiellen Inklination des scholastischen Wissenschaftsbetriebes auf Hermeneutik hin sind wenigstens Stücke solcher Bedeutungslehren überall dort zu vermuten, wo sich solchermaßen bedingte hermeneutische Bedürfnisse besonders vital melden. Das vitalste begegnet dabei zweifellos – aufgrund ihres Selbstverständnisses und ihres Wahrheitsanspruches – bei der Theologie. Folgerichtig sind auch in ihrer Region am ehesten solch operationale Formen von Bedeutungslehren zu erwarten – und diese Erwartung wird nicht enttäuscht: Auf mehreren Ebenen und in diversen Ausgestaltungen – eben differenziert nach pragmatischen Kriterien, welche der jeweilige Kontext oder die Art des pratizierten Diskurses festlegen – kommt es zur Konstitution angewandter Linguistik. Solche Felder sind zunächst die Exegese und die ihr aufgetragene Erschließung der wahren Bedeutung des Wortes (Gottes); ferner ist die Arbeit an der adäquaten Terminologie, die schon die Väter beschäftigt und mit steigendem Anspruch von Wissenschaftlichkeit immer höheren Standards zu genügen hatte; drittens schließlich die Arbeit der spezifisch "systematischen" Theologie, in deren Vollzug sich die "fides quaerens intellectum" am meisten herausgefordert sieht, sich als Wissenschaft zu präsentieren.(144) Innerhalb dieser dritten Region selbst stellt sich nochmals ein besonderes Problem, wo die formale Durchführung linguistischer Praxis umschlägt in eine Art – natürlich immer noch theologisch dirigierter – Selbstreflexion: In der Aporie des Antagonismus zwischen der (systematisch-metaphysisch geforderten) Einfachheit Gottes einerseits und unseren zusammengesetzten Worten und (durch sie bezeichneten) Begriffen andererseits;(145) im Ausmessen der Leistungsfähigkeit menschlicher Sprache angesichts der unantastbaren Göttlichkeit Gottes sammelt sich die theo-logische Reflexion in ihre größte Dichte, weil sich dort zugleich die Möglichkeit ihrer selbst entscheidet. Das ist der systematische Ort des oben erwähnten Streits zwischen Gilbert von POITIERS und seinen Gefolgsleuten einerseits und der etablierten Theologie augustinischer Provenienz andererseits(146) – und dieser Ort **muß** der Theologie einen gründlichen Streit wert sein. Daß es auf der Basis dieser konzentrierten funktional-inhaltlichen Verschränkung zur Ausarbeitung einer wie auch immer gestalteten, der oben aus dem Bereich der Metaphysik erwähnten praktischen vergleichbaren, Bedeutungslehre kommen mußte, liegt auf der Hand: Sie trägt keinen anderen Namen als "De nominibus Dei" oder "Analogie".(147)

Analogie hat sich damit als praktisch gefordertes Implikat jeder möglichen Theo-logik als gelungener Rede über Gott herauskristallisiert. Dem entspricht folgerichtig ihre Rolle als logisch-gefordertes Implikat und Zentrum jeder möglichen Theo-praxis. Das heißt genauer: Kraft ihrer ent-scheidenden Funktion dirigiert und legitimiert sie - wenn auch noch so unausgesprochen, vielleicht sogar unbewußt - jede aus Glauben und im Glauben gesprochene Rede zu/über Gott: zunächst das einfache Gebet; dann die liturgische Poesie;(148) ferner den im ganzen Mittelalter ungeheuer wichtigen Bereich der sogenannten "Zweiten Sprache", die dadurch konstituiert wird, daß neben den "voces" auch die "res" als sprachliches Instrumentar aufgefaßt werden, daß also neben den die Dinge bezeichnenden Lauten auch Dinge wiederum andere Dinge kraft der ihnen von Gott verliehenen Signifikationsfähigkeit bezeichnen.(149) "Omnis creatura significans"(150) - die Anzahl der Eigenschaften des Dings bestimmt dabei die Anzahl der Bedeutungen, so daß das Ding eine ganze Bedeutungswelt gewinnt, die nur noch in der Kraft der Analogie denkerisch bewältigt werden kann.(151) Und schließlich impliziert auch die Mystik in ihrem Antagonismus von Erfahrung und Sprache die Analogie als logische Bedingung der Möglichkeit ihres Redens und damit ihrer Erfahrungen selbst, auch wenn die Semantik der mystischen Sprache einen Grenzfall darstellt.(152)

Zusammenfassend ist also festzuhalten: Die deduktive wissenschaftstheoretische und die reduktive glaubensethische Verortung der Analogie sowie die Bestimmung ihres Status auf der Basis der sich im mittelalterlichen Denken kreuzenden sprachphilosophischen Traditionen enthüllen jene in ihrer reflektierten Form als

- erstens: fundamentales und (im Mittelalter) primär theologisches Problem, näherhin

- zweitens: als das einer Bedeutungslehre, welche

- drittens: die Bedingung ihrer selbst und ihrer pragmatischen Konkretionsform in der operationalen Grundfärbung eines weiten und wesentlichen Bereichs der mittelalterlichen Linguistik findet, die selbst noch für die expliziten Bedeutungslehren der terministischen Logik und der spekulativen Grammatik das Fundament bildet.

Damit ist im Lauf der Beschreibung der funktionalen Linguistik die systematische Ausgrenzung jenes Ortes geleistet, an dem so etwas wie Analogie überhaupt vorkommen kann; die Koordinaten dieses Ortes sind deshalb bei jeder Analogie-Analyse als primäres Vor-urteil einzubringen. Daß diese Kriterien bei Thomas gerade durch die biblisch-patristische und besonders die griechische Tradition des Sprachdenkens teilweise verdeckt und mehrfach gebrochen wurden, wird gleich noch zu erläutern sein. Trotzdem kommen alle Stränge in dem überein, was innerhalb der funktionalen Linguistik systematisch zum Austrag kommt und bei den anderen mindestens angelegt und meistens faktisch gegeben ist: der fundamentale und unbestreitbare Primat der sprachphilosophischen Praxis und seine Relevanz für die Frage nach der Analogie.

3.7 REZEPTION UND PRAXIS FUNKTIONALER LINGUISTIK BEI THOMAS

Da also die Analyse der thomanischen Analogie im Rahmen der Klärung seines faktischen Sprachkonzepts anzusiedeln ist und methodisch primär bei der von ihm praktizierten funktionalen Linguistik anzusetzen hat, müssen deren Umfang und Niveau im Werk des Aquinaten näher bestimmt werden. Erste Aufschlüsse dazu gewährt ein Blick auf die einschlägigen Autoren, auf die sich Thomas ausdrücklich oder unausdrücklich bezieht. F. MANTHEY nennt hier – die grammatischen und die logisch orientierten Autoren zusammennehmend –: die nicht weiter bestimmten Grammatiker (seiner Ansicht nach handelt es sich dabei um DONATUS, PRISCIANUS und wohl auch Ioannes GRAMMATICUS), ferner Anselm von CANTERBURY, Richard von St. VICTOR sowie aus den Reihen der Juden und Araber noch AVICENNA und Moses MAIMONIDES. Genauso hätten hier aber, wie oben schon ausgeführt, Alanus von LILLE, PRAEPOSITINUS und Alexander von HALES zu stehen. Über den namentlichen Referenzkreis hinaus gehören nach F. MANTHEY noch weitere Araber, Albertus MAGNUS, Wilhelm von SHYRESWOOD, Petrus HISPANUS und ABAELARDUS zu Thomas' Gewährsmännern für sein Verhältnis zum Phänomen der Sprache.(153) Mit ziemlicher Sicherheit läßt sich auch sagen, daß Thomas die eigentlichen modistischen Traktate nicht gekannt hat, obwohl die ersten noch zu seinen Lebzeiten entstanden;(154) was jedoch in ihnen verschriftlicht wurde, hatte schon vorher das geistige Klima geprägt und zweifellos Einfluß auf Thomas ausgeübt. Damit deuten sich für die Rezeption der funktionalen Linguistik seitens des Aquinaten äußerlich bedingte Grenzen an, die jedoch an manchen Punkten auf ein bewußtes Abstandnehmen hin durchsichtig werden. Auf der anderen Seite erhellt aus dem bisher Ausgeführten unmittelbar, daß diese Grenzen wohl zu eng gezogen sind, wenn Thomas' Bezug zur Sprachphilosophie auf seine Arbeit an der theologischen Terminologie beschränkt wird, wie das etwa M. GRABMANN getan hat.(155) Jedoch: die Frage nach solchen Abhängigkeiten bleibt immer dem Äußerlichen verhaftet. Ganz abgesehen davon, daß sie prinzipiell nur ein sehr reduziertes Bild der Zusammenhänge entwerfen kann, weil sie z.B. nichts über stillschweigende oder assoziativ zustandekommende Orientierungen an anderen Autoren wie auch unabhängig voneinander entstehende begrifflichsprachliche Koinzidenzen sagen kann, vermag sie den spezifischen Präsenzbefund funktionaler Linguistik bei Thomas nicht zu erklären. Schon eine oberflächliche Lektüre unter obiger Vorgabe nämlich stößt auf das Faktum einer erheblichen Asymmetrie zwischen dem, was zu Thomas' Zeiten sprachphilosophisch möglich war und innertheologisch akzeptiert wurde, und dem, was er de facto selber tut. Da er nachweislich mit den wichtigsten Inhalten der funktionalen Linguistik vertraut war, ihre Praxis in der Theologie vor ihm kannte und als solche auch nicht prinzipiell ablehnte, regt sich der Verdacht, daß dieses Ungleichgewicht bewußten und gewollten Einschränkungen entspringt. Und selbst das, was sich an solcher Sprachreflexion in seinem Werk nachweisen läßt, wirkt gegenüber den eindrucksvollen Möglichkeiten und Leistungen funktionaler Linguistik vergleichsweise belanglos. Nicht selten präsentiert es sich so unauffällig, daß es zunächst einer ausdrücklichen Bewußtsetzung der Existenz einer mittelalterlichen Linguistik bedarf, um bestimmte Momente in Thomas' Denken und Sprechen überhaupt als deren Bestandteile zu identifizieren. Welche Gründe lassen sich für diese Situation namhaft machen?(156)

Eine erste Grenze liegt in der funktionalen Linguistik selbst beschlossen, auch noch in der Zeit ihrer Hochform und gerade durch das Element, welches ihren Durchbruch letztendlich ermöglicht hatte. Ihr inneres Gefälle nämlich kommt dadurch zustande, "daß sich ein konsequenter Aristotelismus gegenüber den platonischen Interpretationen der Logica vetus immer mehr durchsetzt. Dadurch wird der Ausgangspunkt der Wissenschaft immer deutlicher in konkrete, individuelle Gegenstände verlegt, während Illuminationslehren und platonische Wesenheiten immer mehr zurückgedrängt werden ... Wenn dennoch keine eigentliche - oder keine befriedigende - semantische Theorie aufgestellt wurde, hängt das aber auch mit eben diesem Aristotelismus und seinem Festhalten am Substanz-Begriff zusammen, wo Wesen und Existenz zusammengesehen werden, was einem reinen Formalismus entgegenwirkt ... Neben der Substanzontologie bahnt sich eine Beschreibung der Funktionen und Beziehungen an, die aber noch keine eigentliche Realität für sich zu beanspruchen wagen."(157) Die funktionale Linguistik blieb ein - wenn auch großartiger - **Versuch**, ein Ansatz, und das heißt, daß es im 13. Jahrhundert zu keiner folgerichtigen Bedeutungslehre kam.(158) Die aufbrechende Begeisterung für die aristotelische Metaphysik und die Tatsache, daß sich die Metaphysik des 13. Jahrhunderts de facto mit denselben Problemen wie etwa die (sich als Bedeutungslehre verstehende) Suppositionslogik befaßt - gerade an Thomas läßt sich das exakt zeigen -, hat ein Übriges zur Zurückdrängung des Linguistischen beigetragen.(159) Jedenfalls findet sich Thomas selbst nicht im Besitz einer konsequenten linguistischen Grundlage(160) und genau dieses Vakuum haben die aristotelisch-neoplatonischen Traditionsstränge mehr metaphysischer Färbung besetzt, die entsprechende Angebote für die zu lösenden Probleme bereithielten. Darin liegt auch der Grund für die nicht harmonisierbare Oszillation zwischen Sprache und Metaphysik in seinem Umgang mit der Analogieproblematik: sie kommt aus dem Versuch, die ursprünglich linguistische Perspektive beizubehalten und ihre situationsbedingten Schwächen durch die Metaphysik aufzufangen.(161)

Die zweite Begrenzung übernimmt Thomas durch seine Treue zur biblisch-patristischen Tradition, speziell durch die Anerkennung der Autorität des AUGUSTINUS.(162) Von dorther konnte dem Aquinaten das Wort (lógos, verbum) niemals einfach eine logische Gegebenheit werden, "vielmehr bedeutete er (sc. der lógos) für ihn die lebendig-konkrete Existenz der zweiten göttlichen Person."(163) Die alte Theologizität der Sprache fordert ihr Recht gegen die horizontale Analyse.

Die dritte limitierende Bedingung, vielleicht die wirksamste, weil in freier Entscheidung von Thomas übernommene, trägt ihm das treibende Motiv seiner ganzen Arbeit ein: Thomas will Theologie treiben, und zwar weder kerygmatische noch mystische, sondern Theologie als Wissenschaft, dem zeitgenössischen Anspruch dieses Namens genügend. Der wissenschaftliche Einsichtsprozeß geschieht im Modus begrifflicher Arbeit, welche am Leitfaden der Dialektik geleistet wird. Deswegen kennt Thomas in seiner Theologie zwei Argumenttypen: solche, die ihr Gewicht aus göttlicher Autorität (Offenbarung) beziehen, und solche in Form der dialektischen Syllogismus. Aber gerade der eine gewisse Sterilität atmende Argumentcharakter seines Quaestionenstils, der nur den literarischen Reflex seiner erkenntnistheoretischen Vorentscheidung für die Wissenschaft darstellt, erschwert ihm den Umgang mit der

Analogieproblematik ganz erheblich über das hinaus, womit etwa AUGUSTINUS oder ANSELM zu ringen hatten; er nötigt ihn nämlich dazu, figurale Sprache - wann immer möglich - durch literale und diskursive Rede zu ersetzen; bis hinein in den poetischen Stil seiner liturgischen Dichtungen waltet diese Tendenz.(164) Genau das diktiert die Morphologie seiner expliziten Thematisierungen von Analogie und bestimmt deren - durchaus problematischen(165) - Einsichtswert: "Analogy is his attempt to make logic do what can be done much more easily by metaphor, in speaking about God from the limited vocabulary provided by human ways of knowing."(166) Die dahinterstehende erkenntnistheoretische Entscheidung, die das linguistische Moment so stark - oft bis zum Verschwinden - verdeckt, gründet jedoch nicht in einem Willkürakt; vielmehr artikuliert sich in ihr Thomas' entschiedene Stellungnahme gegen den exzessiv gewordenen Symbolismus des herrschenden konservativen Augustinismus seiner Zeit. Wiewohl die Tatsache eines epochalen Wandels im theologischen Stil und die Auseinandersetzungen zwischen altem und neuem Paradigma allenthalben bekannt sind, fällt es sehr schwer, die komplexen Verhältnisse in ihrer inneren Struktur zu begreifen und vor allem Gründe für den Wandel zu nennen. Der neoplatonisch-augustinisch gegründete Symbolismus bestimmte das Denken des Mittelalters dominierend vom 9. bis zum 12. Jahrhundert und erlebte seine höchste Blüte wohl in der Victoriner-Schule.(167) Es handelt sich dabei um ein primär religiöses Phänomen. Das sinnlich Wahrnehmbare wird als Archetyp begriffen; diesem eignet - trotz logischer Vieldeutigkeit - eine objektive Wahrheit, die sich mehr der Intuition denn der Reflexion erschließt, "... Ästhetik wird Gotteserkenntnis."(168) Dieses Paradigma des Theologietreibens gehorcht einer inneren Struktur, deren Gleichgewicht - vorsichtig gesagt - äußerst labil ist; jedenfalls legt sich eine solche Qualifikation aus der Tatsache nahe, daß eine ganze Reihe wichtiger theologischer Auseinandersetzungen, die jeweils bis zu lehramtlichen Eingriffen führten, ihr problematisches Potential gerade aus der Sphäre des Symbolismus bezogen: so etwa der Eucharistiestreit zwischen Paschasius RADBERTUS und RATRAMNUS im 9. Jahrhundert; dessen Neuauflage mit BERENGAR im 11. Jahrhundert(169) - und mit besonderer Nähe zu Thomas der Fall des Joachim von FIORE, der in seiner Theologie die Grenzen der Ähnlichkeitsverhältnisse nicht beachtete und "die Gotteserkenntnis 'per similitudines' ... zum allumfassenden Element theologischer, vor allem auch heilsgeschichtlicher Begründung"(170) avancieren ließ. Daß das Paradigma des Symbolismus zu einem Gutteil - jedenfalls als dominierendes - abgelöst wurde durch die wissenschaftliche, sich diskursiv vollziehende Theologie der Scholastik, wird zwar durchwegs konstatiert, aber dafür um so weniger begründet. Die einschlägigen Autoren bringen den Wandel zwar regelmäßig mit der ARISTOTELESrenaissance und der sie prägenden Zuwendung zur natürlichen Weltwirklichkeit in Zusammenhang, über die Bedingungen aber, welche jene Wende und in ihr die Vorliebe für den Stagiriten allererst möglich machten, bleiben die Auskünfte sehr vage, erschöpfen sich meist im Hinweis auf eine Art atmosphärischen Umschlags in der Geistesgeschichte.(171) Der Versuch, dessen innere Struktur zu rekonstruieren, bedürfte einer eigenen Arbeit und übersteigt den Rahmen der hier anzustellenden Überlegungen. Von deren bisherigem Verlauf her hätte er allerdings unbedingt zu prüfen, inwieweit es sich bei dem Paradigmenwechsel um die Selbstvollendung der agustinischen Semiotik in Gestalt ihrer Selbstüberwindung handelt; zweitens inwieweit sich in dieser Zeit nicht doch so etwas wie eine erste "anthropologische Wende" in wenn auch noch so fragmentarischer Gestalt abzuzeichnen beginnt; (172) und drittens müßten wohl auch die soziologischen Verschiebungen hinsichtlich der Subjekte und Orte des Theologietreibens mitberücksichtigt werden: theologisches Denken - besser: Meditieren - im Fluidum der Liturgie und im Dämmerlicht der Glasfenster wird andere Resultate zeitigen als dasjenige von Bettelmönchen, die über die Straßen ziehen und mit ihrer Predigt inner- wie außerkirchlich die Umkehr und Hinkehr zu Gott in die Wege leiten wollen und dabei wesentlich die Arbeit des Überzeugenmüssens auf sich nehmen.(173) Wie auch immer diese Fragen zu beantworten sein werden - die von Thomas vorwiegend in Stillschweigen geübte Distanzierung gegenüber dem Symbolismus implizierte ganz erhebliche Autoritätskritik und machte jene Opposition schwierig - und gefährlich,(174) vor allem deswegen, weil das Neue auf den Wogen und im Gewand des Aristotelismus zum Durchbruch kam; Thomas' Gegner witterten in letzterem die unerhörte Emanzipation eines originär nicht-christlichen und nicht-theologischen Wissens neben der Theologie, welches jener ihren Alleinvertretungsanspruch in Sachen Weltauslegung streitig machte; Thomas dagegen sah für die Theologie weder Gefahr noch Entfremdung dadurch, daß sie zusammen mit und mittels einer ihr ursprünglich fremden Philosophie den Eigenwert der Dinge zur Geltung brächte.(175) Nicht daß der Aquinate keinen Sinn für das Dichterische gehabt hätte(176) - man erinnere sich nur an seine liturgischen Texte -, oder daß er das Poetische überhaupt verachtet hätte.(177) Und nicht, daß er jene symbolische Theologie total abgelehnt hätte: Er hat nicht nur konstitutive Züge des Symbolismus wie etwa den Verweisungscharakter des Seins und die Präsenz des Transzendenten im Innersten der Dinge beibehalten(178) - sonst ist Theologie unmöglich; er hat symbolische Theologie noch in der späten "Summa theologiae" selbst praktiziert, so in der Auslegung des Sechstagewerks (I q68-69), der Explikation des Alten Gesetzes (I-II q98-105), besonders in der Eucharistielehre (III q60 a1; q63 a3) und in der Auslegung des Meßritus (III q83). M.E. sind das aber weder Relikte des alten Paradigmas noch Symptome eines Versöhnungsversuches, sondern thematische Bereiche, die keinen anderen Stil des Theologietreibens zu ihrer Vermittlung zulassen als den des symbolischen.(179) Trotz all dem aber ließ jenes wohl komplex motivierte und in einer erkenntistheoretischen Entscheidung operationalisierte Anliegen des Respekts vor einer Weltlichkeit der Welt nur im äußerst vorsichtigen und möglichst unspektakulären Umgang mit "Symbol", "Metapher", "Bedeutung" und der sprachlichen Seite der "Analogie" wahren. Kann darin etwa auch der sachliche Anlaß seiner extremen Zurückhaltung auf theoretischem Gebiet und der teilweise ontologischen Einfärbung der aufgestellten Theoriestücke gesucht werden?

Eine letzte Grenze in der Ausübung von Sprachphilosophie setzte dem Aquinaten und seiner Vorstellung vom Wissenschaftskosmos der die Authentizität funktionaler Linguistik gewährleistende operationale Grundton. Thomas verwehrt sich gegen die emanzipatorische Selbsterhebung der artes liberales zu der Philosophie, welche die beginnende "Logisierung der Grammatik" einläutete, und damit auch die fortschreitende Ontologisierung der Grammatik, die die späteren Modisten pflegten.(180) Für Thomas blieb die Linguistik eine Kunst aus praxisbedingter Genesis. Sie bestand, bewährte und legitimierte sich in der Anwendung und faktisch-notwendigen Ausübung; gerade das qualifiziert seine Sprachphilosophie zu originärer Hermeneutik und verpflichtet sie - und in ihr die Analogie - auf das Niveau der Operationalität als den Ort ihrer Herkunft und Identität.(181)

Diese Bedingungen, die sich de facto als Begrenzungen einer Beschäftigung mit Sprache auswirken, sind wesentlich struktureller Natur, dirigieren also entscheidend den Verlauf der thomanischen Denkbewegung mit, lassen sich aber kaum bzw. überhaupt nicht an Einzelheiten verifizieren. Ihre Wirksamkeit verrät sich nur indirekt am Maß der Asymmetrie zwischen möglicher und faktischer Praxis funktionaler Linguistik im Werk des Aquinaten.

3.8 GRUNDMOTIVE UND CHARAKTER THOMANISCHER SPRACHPRAGMATIK

Im Vergleich mit dem also, was möglich wäre, bleibt wenig. Aber das, was bleibt, ist in gewissem Sinne - notwendig. Es kann dieses Prädikat in Anspruch nehmen, nicht aus logischer Deduktion, sondern aus seiner faktischen Existenz und praktischen Bewährung. Denn was sich trotz solcher einschneidender Restriktionen immer und immer wieder Bahn bricht, muß unverwüstlich vital und/oder unersetzbar sein. Das ist die formale Quintessenz der vorausgehenden Darstellung der Traditionen, ihrer gegenseitigen Zuordnung und Rezeption. Mit ihr sind die Koordinaten gezogen, in denen dem literarischen Nierschlag der sprachphilosophischen Praxis des Thomas durchschlagendes Gewicht zuwächst und jene die ihr geschuldete Aufmerksamkeit reklamieren kann. Der Antagonimus zwischen ihrer beiläufigen Alltäglichkeit einerseits und ihrer vitalen Notwendigkeit andererseits verleiht der linguistischen Praxis eine Sprengkraft, deren Tragweite gerade im Hinblick auf die Systematik des thomanischen Denkens und ganz besonders auf die Analogiefrage m.E. bisher auch nicht nur annähernd ausgemessen wurde.(182)

Einen ersten Eindruck, was hier mit "Sprengkraft" gemeint ist, vermittelt schon der Versuch, die Frage nach Thomas' konkreter linguistischer Praxis nur mit einer schlichten Aufzählung von Methoden oder Figuren zu beantworten. Dieser Versuch scheitert nämlich bereits im Ansatz an der "... nahezu unbegrenzte(n) Verschiedenartigkeit der analytischen Verfahren, der Schlußfolgerungsweisen, der dialektischen Untersuchungen ...",(183) welche sich kraft ihrer aus einer wesensmäßigen Offenheit resultierenden "Randunschärfe" einer eindeutigen Klassifikation verweigern. Daraus folgt methodisch gesehen: "Man muß sie erkennen und beschreiben in der konkreten und kaum reflektierten Betätigung eines geistigen Lebens - in actu exercito - bei der Begegnung mit der Vielfalt der verstehbaren Objekte."(184) Unter dem Titel "Konstruktionsverfahren"(185) zählt M.-D. CHENU folgende von Thomas angewandte Arbeitsweisen auf: Zunächst die "dialektische Exegese", womit die Einarbeitung spekulativer Gedanken in das Gewebe eines vorgegebenen Textes gemeint ist;(186) an zweiter Stelle nennt er "Analysen, Definitionen und Bilder". Gerade innerhalb der beiden ersten - die Analyse ist dabei auf die Definition hingeordnet - kommt der sprachpragmatische Ansatz des Aquinaten voll zur Geltung, sofern am Anfang des Weges zur Definition die " ... Analyse der Benennungen der zu definierenden Dinge selbst (steht). Und die Kunst dieser Nominaldefinition ist verblüffend, und zwar in ihrer Wirksamkeit und in ihren zuweilen naiven Grundlagen. Die Analyse der verschiedenen Bedeutungen eines Wortes bringt ein Kapital ins Spiel, das Beobachtung oder Tradition aufgehäuft haben und dessen kritische Sichtung, so bescheiden sie scheinen mag, doch eine ordentliche geistige Leistung ist ... Häufig ist das Spiel schon ausgespielt, wenn die Wahl einer Bedeutung für die auf solche Weise in Gang gebrachte Schlußfolgerung entscheidend ist."(187) Dieser ganz spezifische, nahezu simple und doch fundamentale Ansatz beim konkreten Wort richtet sich dabei nicht auf dieses als Lautgebilde, sondern auf seine Funktion.(188) Hier dürfte sich unmittelbar der Einfluß ABAELARDs geltend machen, dem es - anders als seinen Vorgängern - in seiner auf dem linguistischen Ausdruck fußenden Bedeutungsanalyse einzig um den sensus des verbums, die sententia der littera zu tun war.(189) In diesem Ansatz unterscheidet sich Thomas auch von der spekulativen Grammatik, für die die Bedeutungsform (modus significandi) im Mittelpunkt steht. Zu sehen ist dies allein schon an der Tatsache, daß neben der Etymologie die primäre und wichtigste Quelle für das analytische Verfahren der Sprachgebrauch darstellt.(190)

In funktionalem Zusammenhang mit der Analyse des Sprachgebrauchs steht das von M.-D. CHENU an dritter Stelle angezeigte Konstruktionsverfahren, die "Distinktion" - funktional ist der Zusammenhang mit der Analyse insofern, als die Distinktion das übliche Instrument der Analyse darstellt und in nahezu allen Fällen direkt oder indirekt den bei Thomas - wie sich zeigen wird - ganz häufig anzutreffenden ausdrücklichen Aufweisungen sprachlicher Verwendungsmöglichkeiten von Ausdrücken als Struktur zugrundeliegt. Thomas hat diese Methode der Distinktion keineswegs erfunden. Als spezifische Methode läßt sie sich sachlich zurückverfolgen bis zum Verfahren der Begriffsteilung (diaíresis), das PLATON zur Dialektik ausgebaut hat; sie hält sich durch in ARISTOTELES' Konzeption der análysis, die im kritischen Blick auf PLATON entstanden ist; sie wurde dann besonders geübt von den mittelalterlichen Juristen, taucht bei ABAELARD - für das Mittelalter erstmalig - als eine der Regeln im Prolog seines Werks "Sic et non" auf(191) und erlangt mit Petrus LOMBARDUS bleibende Bedeutung für die nachfolgende Theologie.(192) Bei Thomas selbst begegnet das Verfahren der Distinktion auf Schritt und Tritt und der Grund dafür liegt nach L. WEBER allein darin, daß nur in der Form der Distinktion die für die Weiterführung der Sachproblematik notwendige Auseinandersetzung mit deren Überlieferung sowie mit dem aktuellen Stand der Diskussion geleistet werden konnte.(193) Diese Funktionsbeschreibung trifft zwar einen Aspekt der Distinktionsmethode, bleibt aber m.E. an der Oberfläche, weil WEBER seine konkreten Analysen nur an größeren Texteinheiten durchführt(194) und so völlig aus dem Auge verliert, daß die Distinktion auch die Mikrostrukturen vieler Aussagen des Thomas konstituiert; die Qualifikation der Distinktion als Mittel sorgfältigster Differenzierung und präziser Abgrenzung(195) greift zu flach. Die systematisch irreführende Konsequenz dieser Ausblendung scheint mir WEBERs eigenartige Emphase auf den Sachbereich zu sein, wenn er etwa schreibt: "Für Thomas bedeutet 'distinkt' zuerst die Unterschiedenheit der Dinge, worin deren Vielheit und deren Ordnung begründet ist"(196) - oder noch massiver: "So wie die mittelalterliche Metaphysik durch den Vorrang des esse geprägt ist, so das Dinstinktionsverfahren durch den Vorrang der Sachfrage."(197) Auf diese Weise entgeht ihm vollständig das allein schon quantitativ ungeheure Gewicht sprachlicher Distinktionen im Werk des Aquinaten - geschweige denn deren logische und systematische Konsequenzen für die Gegenstände seines Interesses und nicht zuletzt für das, was für Thomas Philosophieren bedeutet.(198) Diesbezüglich kann sich WEBER nur zu der Vermutung durchringen, "... daß die Distinktion als Arbeitsverfahren vermutlich zu einem sich vollziehenden Wandel der philosophischen Grundposition gehört ..."(199) Entscheidend klarer - wenn auch noch immer differenzierbarer - äußert sich M.-D. CHENU zur fundamentalen Relevanz der Distinktion: "Es bleibt bestehen, daß die Kunst des Distinguierens, wenn sie in solchem Maße durch die Kunst des Denkens eingesetzt wird, eine Philosophie enthüllt, oder besser eine bestimmte philosophische Geisteshaltung"(200) - eine Philosophie am Leitfaden "... eine(r) Logik der Abgrenzung und der Identität"(201) gegenüber dem Primat der Partizipation in der Philosophie augustinischer Provenienz. Darin reflektieren sich nochmals auf der Ebene des Methodischen die Bedingungen der sprachphilosophischen Praxis im Rahmen der thomanischen Denkbewegung; zugleich bleibt aber festzuhalten, daß sich gerade im Umkreis der Analogiethematik beide Momente - Logik der Abgrenzung und Partizipation - permanent durchdringen und gegenseitig vermitteln.(202)

Für den analysierenden Umgang mit der Distinktion gilt a fortiori, was für den Versuch einer Klassifikation der Methoden Thomas' im allgemeinen schon anzumerken war: "Die Distinktionen müssen in der Perspektive und dem Zusammenhang ihrer Ausarbeitung betrachtet und festgehalten werden, will man nicht Gefahr laufen, in schwere Widersinnigkeiten zu geraten. Noch mehr muß man sich davor hüten, sie in eine Art Einteilungsschema zu bringen, in dem die geschweiften Klammern dann je zahlreicher, desto inhaltsleerer wären. Subdistinktionen sind selten und haben nur dort Wert, wo die Distinktion schon formell die in Frage stehende Realität in den Blick bekommen hat."(203) Über diese methodische Maxime hinaus ist für die wissenschaftstheoretische Rolle der Distinktion unbedingt festzuhalten, daß ihr erkenntnisklärendes Resultat ausschließlich durch den Zusammenhang und die Einheit des analytischen Zergliederns und die synthetische Zusammenfügung des Distinktionsgegenstandes erreicht wird.

Zu den Konstruktionsverfahren des Thomas zählt CHENU schließlich noch dessen Weisen des "diskursiven Vorgehens",(204) all das, was irgendwie auf der Basis von Differenzierungen eine Gedankensequenz auf die Bahn bringt; für sie gilt dieselbe variable Offenheit, die schon mehrfach anzumerken war und die Beweglichkeit des intellektuellen Stils des Aquinaten bezeugt.

Auch wenn die aufgezählten Aspekte thomanischer Arbeitsweise noch ein Stück weit Formeln bleiben, weil man ihrer vollen Gestalt erst in der konkreten Textanalyse ansichtig werden kann, dürfte ein globaler Blick auf das bisher Gesagte dennoch ausreichen, um nochmals - diesmal kategorial - die am Anfang dieses Kapitels aus hermeneutischen Gründen gefällte Entscheidung für den Primat der Sprachpragmatik beim Aquinaten zu rechtfertigen: Sprache und ihr Gebrauch stehen im oben skizzierten linguistischen Horizont entweder am Anfang eines Verfahrens oder stellen dessen privilegiertes Material dar. Dies einmal akzeptiert, eröffnet sich unmittelbar die Möglichkeit, die denkerische Grundhaltung des Thomas in einer schulmäßig noch nicht üblich gewordenen Weise zu interpretieren, die sich vom "klassischen" Modus unterscheidet und speziell weigert, den oberflächlichen und künstlich erzeugten Widerspruch von Metaphysik und bestimmten Richtungen zeitgenössischer Philosophie zu behaupten oder zu kultivieren. Jedenfalls erlaubt eine aufmerksame Lektüre des Thomas die Behauptung, daß seine Philosophie auf einer linguistischen Fundierung aufruht: "... per San Tommaso il metodo proprio della filosofia è linguistico, prima e piu che storico-culturale"(205) und kann als "'filosofia del senso commune'"(206) bezeichnet werden. Dieses Urteil beruft sich auf die offensichtliche Überzeugung des Thomas, daß ein grundlegender Zusammenhang zwischen einer Denkform und dem Modus ihrer sprachlichen Artikulation besteht – die Frage nach dem Zusammenhang beider mit der zu artikulierenden Sache, der für den Aquinaten prinzipiell gegeben ist, sei dabei einmal ganz außer acht gelassen, weil es sich dabei um ein eigenes hochkomplexes Thema handelt, es sei denn, man ist bereit, einen ultrarealistischen Parallelismus etwa eines WITTGENSTEIN des "Tractatus logico-philosophicus" zu akzeptieren. "Le strutture verbali sono gia una filosofia ...",(207) eine Philosophie, die jeder hat, weil und insofern er spricht. "Per me, la prima e fondamentale differenza specifica di S. Tommaso è d'aver centrato la filosofia quale scienza riflessa delle certezze prime che sono comuni a tutti e che si manifestano con quanto vi è di comune in ogni linguaggio."(208) In der konkreten Sprache steckt so – der Anachronismus der Bezeichnung sei entschuldigt – eine transzendentale Dimension, welche jedwede Möglichkeit einer Sprachreflexion in kommunikativer oder kognitiver Hinsicht erst sicherstellt. "In argomenti del genere S. Tommaso appoggia le sue conclusioni semplicemente all'analisi di quanto è comune nel parlare comune di tutti: e in questo stanno per S. Tommaso le 'fonti' della filosofia." (209) Philosophie tritt somit – um noch einmal die Brücke zur Grundintention des Thomas zu schlagen – zuerst im Gewand operationaler Sprachreflexion in das Projekt seiner theologischen Synthese ein, und das begründet ihren (rechtverstandenen) "ancilla"-Charakter.

Sofern solcher optimistischer Einschätzung sprachlichen Materials(210) auch die Tatsache an die Seite tritt, daß sich Thomas in seinem sprachpragmatisch orientierten Philosophieren bei der Verwendung theoretischen Wortschatzes auf ein Maß beschränkt, welches über das in der Allgemeinbildung seiner Zeit vermittelte nicht hinausgeht, tritt die Affinität zwischen Thomas und einigen Richtungen der Analytischen Philosophie, die sich im Lauf der Beschreibung mehr und mehr abzeichnete, vollends zutage. Besonders im Vergleich mit dem späten WITTGENSTEIN verdichtet sie sich zu einer Intensität, die durchaus den möglichen Vorwurf einer Eisegese entkräften kann, vielmehr m.E. auch über eine bloß zeitgebundene Aktualität des Thomas hinaus etwas Licht in die Frage nach authentischem Philosophieren und seiner Kontinuität in je historischen Gestalten zu bringen vermag. Vor der definitiven Rückkehr zum spezifischen Thema der Analogie sind jener Affinität im nächsten Kapitel noch einige Bemerkungen zu widmen.

3.9 ZUSAMMENFASSUNG

Rückblickend und zusammenfassend stellt sich die bisher erreichte hermeneutische Situation und ihre sie als adäquat ausweisende Genesis folgendermaßen dar:

- Die Aufdeckung der Frag-würdigkeit thomanischer Analogie beginnt mit der Beschreibung des Status quo ihrer wirkungsgeschichtlichen Gegenwart im Spiegel ihrer philosophischen und theologischen Einschätzung. Die in den dort gegebenen hermeneutischen Voraussetzungen wirksamen Selbstverständlichkeiten lassen Zweifel zu (2. Kapitel).

- Diese werden nicht im Dogmatismus einfach entgegengesetzter entscheidungsgegründeter Deutungsprinzipien zur Geltung gebracht, sondern im Streit um das rechte Vor-urteil.

- Ein solcher geschieht im Medium des Konkret-Einzelnen; dort werden die Argumente geboren (3. Kapitel).

- Deshalb suchen die Abschnitte 3.1 bis 3.5 die Kriterien für das Urteil über die Authentizität und Identität mit dem .(geschichtlichen) Ursprung, auf welche jede mögliche Deutung verpflichtet ist.

    Die Abschnitte 3.6 bis 3.8 fällen aufgrund der aufgestellten Kriterien das Urteil über das rechte Vor-urteil und indizieren die Modi seiner Operationalisierung.

- Um die in diesen Schritten erstellte hermeneutische Situation zu erreichen und das rechte Vor-urteil in sein Recht zu setzen, bedurfte es des abgeschrittenen Weges im Sinne einer gleichermaßen destruktiven (Eliminierung der nachweislich falschen Vor-urteile) und konstruktiven (Konstitution des rechten Vor-urteils) Prozesses. Er enthüllt von der historisch bedingten und systematisch bestimmten Verortung her folgende Grundverhältnisse der Analogie bei Thomas: Es handelt sich bei ihr um ein Bedeutungsproblem in theologischem Kontext, welches sich primär im Modus operationaler Reflexionen artikuliert. Aufgrund mehrfacher limitierender Bedingungen - der inneren Grenze mittelalterlicher Sprachphilosophie als solcher, der alten Theologizität der Sprachthematik, der Opposition gegen den exzessiven Symbolismus und der Ablehnung der Emanzipation der artes liberales zu der Philosophie - können jene operationalen Reflexionen Entfremdungen und Verdeckungen ihrer sprachlichen wie kategorialen Manifestationsform erfahren. Um durch diese kritisch hindurchzugreifen, bedarf es zu einer adäquaten Rekonstruktion thomanischer Analogiepraxis auf der Basis methodischer, inhaltlicher sowie spekulativ-systematischer Konvergenzen einer analytischen Annäherung an die zu befragenden Texte des Aquinaten.

Die Kriterien dafür sind nachfolgend in Auseinandersetzung mit den bisher vorgelegten entsprechenden Ansätzen festzulegen.

4.
THOMAS UND DIE ANALYTISCHE TRADITION

Was die Verbindung der Analytischen Philosophie mit dem Namen des Doctor Angelicus(1) in den Augen einer immer wieder neu auflebenden Schubladenphilosophie suspekt erscheinen läßt, ist die Tatsache, daß jene primär auf die Sprache sich konzentrierende Denkweise sehr schnell mit dem Schlagwort vom Sinnlosigkeitsverdacht gegen die Metaphysik identifiziert wird. In der ersten Phase der sprachanalytischen Philosophie gab es durchaus (nach dem "Gesetz" des Pendelausschlags ins andere Extrem) Überreaktionen, die aber gerade in ihrer Metaphysikfeindlichkeit selbst eine Art Hypermetaphysik implizierten. Schon ein flüchtiger Blick aber auf ihre Binnenentwicklung verbietet ein pauschales Verdikt gegen jeden Versuch, Thomas und die Analytiker miteinander ins Gespräch zu bringen - und das um so mehr, als nicht nur ein Analytiker aus Thomas selbst direkt Anregungen geschöpft hat.(2) Davon abgesehen soll zunächst primär nach den Isomorphien im Denken der Analytiker und des Thomas gefragt werden, welche deren Verknüpfung allererst virulent werden lassen und unter Umständen hermeneutisch bedeutsam werden können.

4.1 AFFINITÄTEN UND ISOMORPHIEN

Schon in sich selbst läßt sich das, was mit dem Sammelnamen "Analytische Philosophie" gemeint ist, weder inhaltlich noch methodisch auf einen einfachen Nenner bringen - die formalsprachliche (etwa G. FREGE und B. RUSSELL) und die normalsprachliche (etwa G. E. MOORE und der WITTGENSTEIN der "Philosophische(n) Untersuchungen") gehören gleicherweise hinein. Das, worin sie übereinkommen und was sich als solches auch beschreiben läßt, ist das treibende Motiv ihrer jeweiligen Ausarbeitung, die leitende philosophische Grundhaltung. E. v. SAVIGNY hat sie so charakterisiert: "Die Überprüfung philosophischer Behauptungen an ihren Folgerungen; das Mißtrauen gegen vorschnelle und tiefe Einsichten; die penible Arbeit im Detail; die Forderung nach Klarheit und intersubjektiver Überprüfbarkeit; kurz, die Überzeugung, daß die üblichen Standards sorgfältiger wissenschaftlicher Arbeit auch für den Philosophen zu gelten haben."(3) Wird dieser synchron konstituierte Nenner ins Diachrone gewendet, so enthüllt sich ziemlich leicht die Parallelität zu den wichtigsten Grundzügen in der Denkbewegung des Thomas; letzterer stützt sich dabei besonders auf Impulse aus ARISTOTELES und dessen Weigerung, das Sinnenfällige, vor Augen Liegende zu verlassen.(4) Obwohl Thomas sich der wissenschaftlichen Forderung nach Aufdeckung des Invarianten der Phänomene verpflichtet wußte, hat er sich dennoch nie vom Allgemeinheitsstreben über das Konkrete hinwegtragen lassen; "die nichts ausschließende und nichts auslassende Einbewältigungskraft, die darauf besteht, daß alles, was ist, 'dazugehöre' - ...",(5) vor allem sie ist es, was ihn so nahe an manche Analytiker heranrückt und mit ihnen im Kampf wider "'die verächtliche

Haltung gegenüber dem Einzelfall'"(6) verbindet. Praktisch vollzieht sich dieser Kampf als Kritik des Selbstverständlichen und in seiner Denunziation als nur vermeintlichen. "Die für uns wichtigsten Aspekte der Dinge sind durch ihre Einfachheit und Alltäglichkeit verborgen. (Man kann es nicht bemerken, weil man es immer vor Augen hat.) Die eigentlichen Grundlagen seiner Forschung fallen dem Menschen gar nicht auf. Es sei denn, daß ihm dies einmal aufgefallen ist.-..."(7) Thomas hat sich von Anfang an für das Konkret-Reale in seiner Besonderheit entschieden. Diesem Votum verbindet sich die reflexionsethische Überzeugung, mit dem Denken am Anfang beginnen zu müssen und Rechenschaft schuldig zu sein über die eigenen Voraussetzungen, Bedingungen und Grenzen.(8) Dazu gehört im Vollzug der - immer irgendwie intersubjektiv eingeflochtenen - Denkpraxis und der Mitteilung ihrer Ergebnisse das Bemühen, für eine gemeinsame Basis mit dem Diskussionspartner oder Adressaten und für eine prinzipielle und wenigstens potentielle Verständlichkeit der eigenen Aussagen Sorge tragen zu müssen - daher Thomas' Wahl der Alltagssprache zu ersten Fundament seines Philosophierens und die Vermeidung einer spezifischen Terminologie.(9)

Die solchermaßen umschriebene Grundhaltung verdichtet sich an bestimmten Brennpunkten in konkrete Optionen theoretischer sowie praktisch-methodischer Art: etwa in der massiven Insistenz auf die Notwendigkeit der "conversio ad phantasma" als der Garantie des Werts einer Erkenntnis für die konkrete Realität und zum Schutz der Erfahrungsphänomene oder die - durch alle speziellen theologischen Gegenargumente noch hindurchscheinende - grobe Zurückweisung solcher "tiefer Einsichten" wie etwa der des Joachim von FIORE (vgl. ST I-II q106 a4 ad2: "vanitates"; ad4: "stultissimum"). Ferner operationalisiert sich jene Grundhaltung vor allem im Gewicht des sprachlich-logischen Aspekts innerhalb seines Denkens, besonders der Analyse des Sprachgebrauchs als Mittel der Begriffserklärung; sie inkarniert sich hier unmittelbar im Bemühen um die Genauigkeit der Formulierung und die Kongruenz des Formalen, der inhaltlich-logischen Pointe mit der sprachlichen Form. Schließlich artikuliert sie sich besonders greifbar in der Distinktion und Definition als den "wichtigsten Mittel(n) der Präzisierung und Disziplinierung der philosophischen Sprache ..."(10) Ihr besonderes Gewicht erhält die Distinktion dadurch, " ... daß (sie) ... vor allem zur vorbereitenden Analyse der entscheidenden Gesichtspunkte eines Begriffs oder Sachverhalts gehört, die dann in der Definition zusammengefaßt werden. Ziel der Definition ist - ganz im Sinne der Analytischen Philosophie - die exakte Bestimmung von Begriffen durch explizite Vereinbarung ihrer Verwendung"(11) - insofern handelt es sich bei den Definitionen häufig um metasprachliche Aussagen.(12)

Über diese formalen Isomorphien hinaus lassen sich auch inhaltliche Affinitäten ausmachen: Von primärer Bedeutung und besonderem Interesse ist zunächst, daß Philosophie auch für Thomas ein plurales Gefüge darstellt, das nicht an einem obersten Prinzip hängt und deshalb auch schwierig zu falsifizieren ist.(13) Innerhalb dieses offenen Entwurfs können dann "... Grammatik, Rhetorik und Dialektik - in heutiger Terminologie also Sprachanalyse, Topik und Logik - auch ohne metaphysische Rückversicherung bzw. sonstige Erst- und Letztbegründung durchaus sinnvoll betrieben werden ..."(14) Auch hinsichtlich des Verhältnisses von theoretischer und praktischer Vernunft gewinnt dieses offene Konzept auf beiden Seiten Bedeutung.

Alle die aufgezählten Konvergenzen kämen aber gar nicht zustande und könnten folgerichtig nicht zur Legitimation einer Thomasinterpretation in der Perspektive der Analytischen Philosophie beitragen, wenn nicht "die Voraussetzung für die Anwendbarkeit dieser Methoden ... die strukturelle Gemeinsamkeit von thomistischer und analytischer Auffassung in folgendem Punkt (wäre): die entscheidende Chance, die Wirklichkeit zu treffen, hat die Vernunft im Urteil und die Sprache im Satz, genauer im Aussagesatz"(15) - als dem je primären Ort der Wahrheit. Der bei Thomas zu erhebende Befund hinsichtlich reflektierter Sprachpraxis und sprachphilosophischer Methoden enthüllt sich so als konkrete Auszeitigung einer systematischen erkenntnistheoretischen Vorentscheidung. Mehr noch: der Ansatz bei der faktisch-konkreten Sprache muß als ein - als solcher aber notwendiger - Schlüssel der Thomasinterpretation in Anschlag gebracht werden; gerade nicht als Generalschlüssel anstelle irgendeines anderen exklusiven Deuteprinzips, aber unverzichtbar als Zugang zur ersten und als solcher ent-scheidenden Vollzugsebene seiner philosophischen und theologischen Denkbewegung. Daß all die Isomorphien und die sich in ihnen mitteilende denkerische Grundstruktur - über ihre systematische Verankerung in dem auf beiden Seiten gleichsinnig verlaufenden Prozeß der Wahrheitsfindung hinaus - nicht einen illegitimen (hermeneutisch bedingten) artifiziellen Eintrag in ein möglicherweise beim Aquinaten gegebenes Reflexionsvakuum bedeuten, sondern sich auf eine sytematisch zur Geltung gebrachte reale Entsprechung in Thomas' seinsphilosophischem Denken berufen können, enthüllt eine genauere Betrachtung seiner eigenen Zuordnung von Sein und Sprache:

4.2 DIE FEUERPROBE: SEIN UND SPRACHE

Jeder dogmatisch behaupteten Antinomie (16) zwischen Sprachanalyse und Metaphysik ist zunächst generell und kategorisch entgegenzuhalten: Wenn es zutrifft, daß eine der Aufgaben der Metaphysik darin besteht, eine vernunftgemäße Gotteserkenntnis durch Explikation des im Menschen steckenden latenten Wissens um ein absolutes Sein zu vermitteln, so geschieht dies wohl am effektivsten in zweifachem - analytisch zu konzipierendem - Bezug auf die Sprache: einmal kann die Metaphysik bei einer Analyse des Istsagens einsetzen, sofern in diesem der philosophischen Reflexion vorausgehenden Sprechen das Seinsverständnis am unmittelbarsten (wenn auch gleichzeitig gebrochen) zugänglich ist, aus dem jenes zu bedenkende Wissen um das Sein zu erheben ist; zweitens betreibt Metaphysik immer auch Sprachkritik, im Maß sie die Berechtigung und sachliche Begründung der vorgegebenen Gottesrede erweist, das vernünftige Sprechen vom Absoluten ermöglicht und gegen - häufig interessegeleitete - Depravationen verschiedener Art zu schützen sucht.(17)

Freilich wird man sich bei einer auf einem derartigen Fundament gründenden Behauptung eines Zusammenhanges von Sprachphilosophie (analytischer Provenienz) und Metaphysik in Thomas nicht wenig auch vor der Gefahr einer Überzeichnung und einer - ohnehin meist nur auf einer (allzu) schmalen Textbasis möglichen - Eisegese hüten müssen. Das zeigt neben P. CARDOLETTIs Arbeit, die sich auf "De ente et essentia" sowie "In V. Met." stützt, besonders H. WEIDEMANNs Interpretation eines Abschnitts aus "In Boethium de Trinitate", der allerdings gleich selbst darauf verweist, daß er ein Zuendedenken thomanischer Ansätze versucht, das "... über den Wortlaut des von Thomas ausdrücklich Gesagten zweifellos ... (hinausgeht) ..."(18) WEIDEMANN kommt zu dem Ergebnis, daß im genannten Boethiuskommentar der onto-theologisch verfaßten Metaphysik eine Fundamental-Ontologie zugrundeliegt, "... die nicht so sehr metaphysische, als vielmehr meta-sprachliche Züge trägt",(19) und will so in "'ontosemantische(r)' Methode"(20) die sprachlichen Grundlagen der Metaphysik bewußtmachen. Allerdings entfernt sich diese Sehweise und vor allem die Rolle der Sprache in ihr erheblich von dem, was über die Sprachzugewandtheit des Aquinaten vorhin aus seinen Arbeitsmethoden wenigstens im Entwurf zu erschließen war und ihn in jene interessante Nähe zur "ordinary-language"-Philosophie rücken ließ. Jedenfalls scheint mir folgende Umschreibung des Verhältnisses von Metaphysik und Sprache kraft ihrer Offenheit dem Duktus thomanischen Denkens adäquater: "... sein Versuch, darüber Rechenschaft zu geben, welches latente Wissen mit dem Wort 'Sein' ausgedrückt wird, ist enger als es sonst innerhalb dieser Tradition geschieht, mit einer philosophischen Reflexion, wenn zwar nicht schon auf die geschichtliche Sprache, so doch auf Sprechen und auf das innere und äußere Wort verknüpft."(21)

Ihre innerste systematische Begründung jedoch gewinnt diese Verhältnisbestimmung daraus, daß Thomas ausdrücklich eine ursprüngliche und apriorische Zusammengehörigkeit von Sein und Sprache konzipierte. Am deutlichsten offenbart sie sich im Zusammenhang seiner Lehre von der Abstraktion, wo sich im Element des "verbum mentis" und seiner Rolle als Darstellung des Erkannten im erkennenden Geist und Medium quo der Sacherkenntnis eine funktionale Priorität der Sprache - jedenfalls eines linguistischen Moments - für die Begriffsbildung gegenüber den von sich her in die Sinne fallenden Dingen artikuliert. Die Bedingung ihrer Möglichkeit hat die abstrahierende Erkenntnisleistung (sie ist ein aktiver Konstitutionsprozeß, kein passives Weglassen von Einzelheiten!) dabei in der je schon vorgängigen habituellen Seinserkenntnis des Geistes, die dadurch zustandekommt, daß die anima als subsistierender Geist (nicht als individuierte Form) aktuell intelligibel ist; "... folglich muß das ständige Erkennen der stets wirksamen Vernunft als Seinserkenntnis, das Licht der Vernunft ... als das erkannte Sein (esse) verstanden werden, sofern es als noch ungeformtes Erkanntes ... in der Vernunft ist."(22) Eben dieses erkannte Sein ist im Gefälle der erkenntnistheoretischen Gesamtkonzeption des Aquinaten je schon als **Wort** auszulegen. Dieses Verständnis der habituellen Seinserkenntnis hat Thomas zwar nicht systematisch und kategorisch zur Geltung gebracht, wohl aber mehrfach in einer Art obliquer Rede artikuliert. L. OEING-HANHOFF beruft sich dafür vor allem auf De ver q11 a1 ad13 (eine Stelle in der "De magistro"-Quaestio!):

> "Et ideo, quod aliquid per certitudinem sciatur, est ex lumine rationis divinitus interius indito, quo in nobis loquitur Deus ..."(23)

Der Text aber, der am deutlichsten den originären Wortcharakter der Seinserkenntnis formuliert (und den OEING-HANHOFF nicht zitiert), steht in Sup.Joh I, 1 nr.41:

"Similiter non potest esse quod ipsa Verbi generatio sit successiva: sic enim divinum Verbum prius esset informe quam formatum, sicut accidit in nobis, qui cogitando verba formamus; ..."

Die verba formata entstehen also im Denkprozeß aus einem vorgängigen verbum informe; was im Denken aber je vorgängig ist, ist nichts anderes als eben die habituale Seinserkenntnis des subsistierenden Geistes (vgl. z.B. De ver q10 a8 ad1).(24) Auf dieser Basis zieht L. OEING-HANHOFF folgenden - m.E. zulässigen - Schluß: er nennt jenes zum Menschen apriorisch gehörende Seinslicht seine "Welt", welche ihm allererst jede konkrete Einzelerkenntnis sowie das Erlernen einer konkreten Sprache ermöglicht. "Die Sprache selbst aber ist dann wesentlich die zu konkreter, aposteriorischer Erkenntnis ... führende bewußte Artikulation und Strukturierung dieses Weltentwurfs",(25) d.h. jenes apriorisch erschlossenen Weltganzen.(26) In solcher ursprünglicher Zusammengehörigkeit oder - um es pointierter zu formulieren - Identität von Sein und Sprache gründet die eigenartige Oszillation zwischen Metaphysik und Semantik in Thomas' Denken, die sich reflexiv nur im dezidierten Verzicht auf eine scharfe Demarkationslinie zwischen beiden bewältigen läßt: "Die Prädikationstheorie kann ... als wesentlicher Teil der Bedeutungslehre ... in der metaphysischen Spekulation nicht außer acht gelassen werden."(27) Darüberhinaus ermächtigt jene "Identität" Thomas zur "... Überzeugung, daß Wahrheit sich erst im Satz ausspricht und Wissenschaft, besonders Metaphysik, nicht in einer Begriffspyramide, sondern im Zusammenhang der sinnvollen Rede hervorkommt. Damit folgt sie dem Dynamismus des Seins selbst."(28) Sollte die Sinn-haftigkeit von Metaphysik einmal ausdrücklich auszuweisen sein, so hat dies deshalb im Modus von Analyse und Kritik der sie artikulierenden Rede zu erfolgen. Auf diesem komplexen Hintergrund gilt dem Aquinaten dann die Analogie als "... eine Weise der Prädikation ..., nicht (als) eine Eigenschaft von Begriffen (,welche) ... besagt, daß der Begriff sich in der Aussage, im Kontext je anders artikuliert."(29) Linguistischer Grundton und analytisch-kritische Funktion der Analogie(praxis) scheinen so auch im Lichtkegel der spekulativen Mitte thomanischen Denkens auf.

Damit ist einer grundsätzlichen Verweigerung der hermeneutischen Kontaktnahme zwischen Thomas und den Analytikern im Dienst der Auslegung des ersten parallel zu ihrer Infragestellung durch die beschriebenen Konvergenzen aus Thomas selbst heraus ein spekulativ begründeter Zweifel entgegengehalten - wenn nicht der Boden entzogen.(30) Seine methodische Plausibilität erhält der Versuch einer analytisch-linguistischen Aufschlüsselung der thomanischen Analogieproblematik darüber hinaus aus der konkreten inhaltlichen Isomorphie in der Konzeption der Analogiethematik selbst zwischen Thomas und einem der bedeutendsten Analytiker: L. WITTGENSTEIN.(31)

4.3 ISOMORPHIE DER ANALOGIEKONZEPTIONEN: THOMAS UND WITTGENSTEIN

Es ist dies nicht der Ort, einen umfassenden Vergleich zwischen Thomas und WITTGENSTEIN anzustellen. Vielmehr geht es nur um ein kleines hermeneutisches Intermezzo, das die Perspektiven der folgenden Textanalysen deutlich machen soll. Von daher erübrigt sich eine ausführliche Darstellung des späten WITTGENSTEIN (besonders hilfreiche oder interessante Zusammenhänge werden bei der Textanalyse eigens vermerkt) wie auch die Berücksichtigung des frühen, obwohl auch in dessen Umkreis beachtenswerte Berührungspunkte mit Thomas - sogar innerhalb der Analogiethematik - vorliegen.(32)

A. KENNY hat darauf hingewiesen, daß - unter Ausblendung von Einzelheiten - die Punkte, in denen sich Thomas von seinen mittelalterlichen Kritikern (besonders Duns SCOTUS) unterschied, genau denen entsprechen, in welchen sich WITTGENSTEIN von seine Kontrahenten (besonders B. RUSSELL) absetzte. Nach dem Hinweis, daß sich weder für Thomas noch für WITTGENSTEIN das Problem des Brückenschlags von der Innenwelt zur Außenwelt stellte und sich keiner der beiden für das Problem der Induktion interessierte,(33) zählt KENNY - allerdings stark schematisierend - folgende Differenzpunkte zwischen Thomas und seinen Gegnern auf:

- transzendentale Prädikate sind nicht univok, sondern analog;
- der Hylemorphismus wird von Thomas bejaht;
- die intellektuelle Erkenntnis ist an den Universalien mehr interessiert als an Einzelerkenntnissen;
- mit der Lehre vom intellectus agens wird Erkenntnis als aktiver Prozeß verstanden, während die anderen diese Lehre zwar theoretisch teilen, in der Praxis aber den Erkenntnisvorgang als rezeptiven Prozeß analog zur Sinneswahrnehmung konzipieren.

Diesen vier Punkten entsprechen - so A. KENNY - die folgenden Unterschiede zwischen WITTGENSTEIN und Vertretern des Positivismus:

- während letztere eine "'Highest Common Factor' theory of meaning"(34) vertreten, stützt sich WITTGENSTEIN in dieser Frage auf die "Familienähnlichkeit";
- die Logischen Atomisten verstehen die Analyse nach dem Modell der chemischen und physikalischen Analysen, was WITTGENSTEIN ablehnt;
- ebenso verweigert er der positivistischen Theorie vom Primat der aufweisenden Definition seine Zustimmung;
- viertens schließlich wendet er sich mit dem Beweis der Inkohärenz der Begriffe von privaten aufweisenden Definitionen gegen den Positivismus in Gestalt des Phänomenalismus.(35)

Ohne KENNYs Auffassungen selbst zu diskutieren, sei nur kurz auf die erste Gegenüberstellung abgehoben: Die "Highest Common Factor"-Theorie behauptet, daß es Elemente der Realität gibt, die zuletzt im Denken isoliert werden können und bei jeder Gelegenheit auftauchen, in der wir dasselbe Wort benutzen. Es geht also um etwas Gemeinsames in allen Objekten, die denselben Namen tragen; etwas Gemeinsames in allen Situationen, die wir mit demselben Satz beschreiben; und dieses Element ist der Schlüssel zur Bedeutung eines Wortes etc. - die Parallele zu dem von Duns SCOTUS und seinen Nachfolgern angenommenen univoken Kern der Begriffe liegt auf der Hand. Das Problem besteht nun allerdings darin, daß diese Theorie nur in bestimmten einfachen Fällen funktioniert, nicht aber bei Ausdrücken wie "wahr", "schön", "gut", "existieren", "Liebe" etc. Thomas setzt diesem Entwurf seine Analogietheorie entgegen, WITTGENSTEIN seine "Theorie" von der "Familienähnlichkeit".

Die Berechtigung, in der folgenden Analyse beide in ein Verhältnis zueinander zu setzen, ergibt sich dabei daraus, daß beide "Theorien" innerhalb der gleichen Problemkonstellation an derselben Systemstelle der eingesetzten Lösungsstrategie auftreten. Logische Plausibilität kann diese Bezugnahme allemal für sich in Anspruch nehmen; sollte sie erfolgreich sein in den Sinn, daß sie mehr zu verstehen gibt als die im 2. Kapitel diskutierten Interpretationen, läßt sich auch eine sachlich begründete Notwendigkeit dieses Vorhabens reklamieren.(36)

4.4 INTERPRETATIONEN DER THOMANISCHEN ANALOGIE IM HORIZONT SPRACHPHILOSOPHISCHER ÜBERLEGUNGEN

Die sprachphilosophische Aufschlüsselung der Analogie bei Thomas ist keine neue Erfindung. Vor dem konkreten Gang in den hier zu versuchenden Modus sind deshalb noch einige Arbeiten zu diskutieren und in ihrem konstruktiven Beitrag zur Geltung zu bringen, welche die Analogiethematik in sprachphilosophischen Perspektiven anvisieren.

4.4.1 Faszination des Systems

Wie weit der sprachorientierte Einsatz dabei in die Gefilde der klassisch-metaphysischen Interpretation hinreichen kann, läßt sich gut an B. MONDINs Konzeption ermessen, die als erste hier zur Sprache kommen soll und schon im Zusammenhang der Frage nach der Klassifikation der Analogiearten bei Thomas zu behandeln war.(37) Allein schon letztere Tatsache gibt eine erste Auskunft über die Stellung des Sprachproblems bei MONDIN: Die wenigstens im Ansatz analytische Sprachzugewandtheit kommt nur und ausschließlich innerhalb und unter den Bedingungen der Grundstrukturen klassischer Analogieinterpretation und ihrer Distinktionen zum Zuge. Nach der Inventur der für den Autor wichtigsten Schlüsseltexte des Thomas zur Analogie geht er daran, seine Viererteilung von logischen, ontologischen und epistemologischen Gesichtspunkten her zu rechtfertigen;(38) im logischen Bereich unterscheidet er weiterhin strikt-logische und semantische Gesichtspunkte. Unter letzterem Titel beginnt er seine eigentliche Darstellung mit einigen Gedanken zur Entstehung und zum Funktionieren von Sprache. MONDIN geht dabei aus von der Differenz zwischen lautmalerischen und konventionalen Wörtern und der allgemein geteilten Ansicht, daß sprachliche Ausdrücke zunächst für die Bezeichnung materialer Objekte verwendet wurden und erst in einem späteren Entwicklungsstadium ihr Gebrauch eine Ausdehnung auf nichtphysische Objekte erfuhr.(39) Er stellt sich den Prozeß so vor, daß der Mensch zunächst einerseits Töne von der Natur übernimmt und andererseits Ausdrücke vereinbart, um die Dinge seiner Welt zu benennen und zu unterscheiden; die Differenziertheit der Realität führt so im Lauf der Zeit zu einer immer größeren Anreicherung der Sprache mit Ausdrücken, erfordert aber ab einem gewissen Stadium - wenn die praktische Kapazität des Menschen erschöpft ist - die Verwendung alter Ausdrücke für neue Gegenstände. Diese vollzog sich - so MONDIN - entweder mittels Kombination mehrerer alter Ausdrücke für ein neues Objekt oder mittels neuen Gebrauchs eines alten Wortes auf der Basis eine Ähnlichkeit zwischen altem und neuem Signifikat. Bereits aber hier lenkt der Autor durch folgende Bemerkung die Gedankenführung in die altvertrauten Bahnen zurück: "Il secondo modo, tuttavia, crea un problema molto serio, cioè il problema di distinguere tra nuova imposizione (o imposizione di un nuovo significato) ad una vecchia parola e uso metaforico della stessa"(40) - eine Alternative, die sich für die sprachanalytische Ansicht, daß die Bedeutung eines Wortes sein Gebrauch in der Sprache sei,(41) so überhaupt nicht stellt. Für MONDIN dagegen werden im Gefolge dieser Weichenstellung sofort alle Denker, die von der "ordinary-language" ausgehen, auf das Gleis "nur-metaphorischen" Redens verschoben und nach dieser Aufbereitung kritisiert: "Coloro che credono che il significato di queste parole (sc. wissenschaftlicher, philosophischer und theologischer Ausdrücke) debba essere determinato, riconducendole al linguaggio ordinario, ritengono che esse debbano avere lo stesso significato dal momento che esse sono state imposte ad oggetti scientifici, filosofici e teologici, perchè questi oggetti recano in sè una qualche somiglianza con gli oggetti ai quali queste parole furono applicate inizialmente. Ma normalmente non è questo il caso."(42) Entgegen dieser Beschreibung jener Richtung wird dort jedoch nicht eine Bedeutungsgleichheit ("lo stesso significato") behauptet, sondern eine Bedeutungsähnlichkeit - eine gewisse Unschärfe kann problemlos bestehen bleiben. Von daher ist auch das entscheidende - psychologisch abgeleitete - Argument MONDINs gegen den "ordinary-language"-Ansatz nicht haltbar: "Generalmente i termini scelti sono termini previamente usati per designare oggetti recentemente scoperti. Questo prova che, riguardo ai termini scientifici, filosofici e teologici, l'analogia è presente alla loro origine, ma generalmente è una analogia che riguarda solo aspetti secondari degli oggetti che sono designati dal termine comune, e questa analogia gradatamente svanisce dal contenuto del termine."(43) Der Verlauf der MONDINschen Argumentation verrät dabei allerings auch, daß es ihm um die Eliminierung der ursprünglichen Bedeutung eines Ausdrucks als solche überhaupt nicht geht, sondern daß es sich dabei um die (für Theologie letztlich verheerende) Folgelast einer peinlichen Bedachtsamkeit handelt, das Moment des Metaphorischen unter allen Umständen von der Analogie fernzuhalten. Bezeichnend ist, daß MONDIN hauptsächlich Beispiele aus dem technisch-physikalischen Bereich nennt, kein einziges jedoch theologischer Herkunft ist. Allein ein flüchtiger Blick auf Ausdrücke wie "Vater", "Person", "Herr", "Liebe" etc. im Kontext christlicher Theologie vermag die für deren Verstehen notwendige Präsenz der ursrpünglichen erfahrungsgegründeten und -besetzten Bedeutung innerhalb des neuen (erweiterten und auf diese Weise auch theologischen) Zusammenhanges einzusehen. Was soll denn etwa "Liebe Gottes" heißen, wenn das, was quoad nos das Frühere ist und vom Menschen - im wortwörtlichen Sinne

- hautnah als Liebe erfahren wird, aus der hermeneutischen Situation verschwindet? Auch eine sich vertiefende Erkenntnis des analog Erschlossenen bleibt gerade im theologischen Bereich aufgrund des transzendierenden Charakters seiner Aussagen durchgehend auf eine wenigstens minimale Präsenz des ursprünglich die Analogie Ermöglichenden angewiesen und kann bzw. muß auf einer zweiten Ebene dann auch als Kriterium für die Bedeutung - nicht die Wahrheit - des theologischen Diskurses in Anschlag gebracht werden.(44)

4.4.2 Die Not des Formalen als Tor zur Praxis

Die nächste hier zu berücksichtigende Arbeit - der Aufsatz "Analogy as a Rule of Meaning for Religious Language" von J. F. ROSS - befaßt sich zwar mehr unter formallogischen Gesichtspunkten mit dem Problem der Analogie und von daher auch primär mit der Analogietheorie, gibt aber gerade aufgrund ihres analytischen Ansatzes einige entscheidende generelle Auskünfte zum Thema.

Gleich zu Anfang erfolgt die Standortbestimmung der Analogie bei Thomas durch Angabe ihrer Funktion und ihres formalen Kontextes: seine Analogie-Theorie befaßt sich mit der Ähnlichkeit von "meaning", nicht direkt mit der Ähnlichkeit von Dingen, wenn auch beides miteinander verbunden ist.(45) "St. Thomas' analogy rules are the results of a language analysis and are designed to solve specific language problems."(46) Diese Probleme und damit die Analogie haben einerseits ihren konkreten Ort in der "ordinary language" über Gott - z.B. Liturgie und Katechese -, der sich ja von den Objekten sonstiger Erfahrung eminent unterscheidet; leitende Frage ist dabei, wie solche Rede unter eben diesen Bedingungen geschehen kann, ohne der Äquivokation zu verfallen. "Although the analogy theory I am treating as a whole was actually formulated piecemeal as problems arose over the applicability of 'experience' predicates to God, the object of the whole theory is to preserve the literal sense of ordinary beliefs about God."(47) Als zweiter Ort schließlich kommt ins Spiel, das Thomas Aristoteles' Theorie der Kategorien als Klassifikation von Prädikaten akzeptierte, und das hat u.a. - logisch gesehen - zur Folge, daß transkategoriale Sätze (z.B. "Es gibt Bäume und Zahlen") nicht univoke Prädikate haben können. "And, since metaphysical statements were by their very generality transcategorial, the theory of analogy was required as a justification of the metaphysican's claim to be uttering meaningful discourse."(48) Unter diesen Voraussetzungen entfaltet ROSS im folgenden seine - eben spezifisch an der Analogietheorie interessierten - Analysen der Attributions- und der Proportionalitätsanalogie,(49) denen hier nicht im einzelnen nachgegangen werden muß. Nur folgende interessante Wendung des Analyseverlaufs sei daraus festgehalten: am Ende der Behandlung der Proportionalitätsanalogie soll eine Definition für die "Ähnlichkeit von Relationen" aufgestellt werde, wobei folgende Kriterien in Anschlag kommen: "'Relation R is similar to relation R1': if

    1. Both are relations.

2. They have common formal properties with respect to either a formal or merely linguistic set of axioms, the latter not being explicitely formulated in ordinary language, or, they have a common property."(50)

Genau dieses zweite Kriterium impliziert Schwierigkeiten, die per definitionem die von ROSS über das Niveau des Theoretischen versuchte Annäherung an die Analogie auf ein anderes Gleis verschieben. Zum einen gilt: "Such a criterion supposes a more extensive formalized language than seems practicable."(51) Auf der anderen Seite: "The second alternative, the proposal that the relations have common properties with respect to linguistic axioms which are presupposed by implicit language rules governing the employment of the analogous term, is very similar to St. Thomas' assumption that if the relations are sufficiently similar we will recognize that fact and use the same term to signify the two relations. I am not really sure what such language rules would be like."(52) Die Schwierigkeit besteht also darin, sich überhaupt jenes Regelset (als solches) vorzustellen, unter dem die notwendigen Bedingungen der Verhältnisähnlichkeit als erfüllt bestimmt werden könnten. Diese Aporie nötigt deshalb zu einer methodischen Modifikation, die ROSS ganz einfach und ohne weitere für seine Theorieanalyse selbst relevante Reflexion so artikuliert: "However, let us go on to see how this theory is **applied** (Herv. v. mir) to language about God! For I think it will be found that the difficulty I have just mentioned is not so prominent when the rule is **used in practice** ..."(53) Eine gewisse Theorie-Not erzwingt so den Überstieg bzw. Rückgang in das Feld konkreter (analoger) Sprachpraxis – was zur Frage berechtigt, ob nicht gleich dort angesetzt werden soll und muß, wo die Struktur der Argumente den Autor hier hinnötigt. Was ROSS im Anschluß daran bietet, ist nur ein kleines Segment dessen, was analytisch möglich ist; er beschränkt sich nämlich auf eine "Application of the Analogy Rules to Language about God",(54) testet also lediglich die als gegeben angenommene Theorie am konkreten Fall der unmittelbaren Gottesrede und expliziert die Resultate. Nicht adäquat zum Zuge scheint mir dabei die natürliche Analogizität der "ordinary language" in sich und so als Fundament des theologischen Diskurses zu kommen;(55) ebensowenig werden die bei Thomas vorliegenden Theoriestücke kritisch hinterfragt und von seiner eigenen Praxis her problematisiert bzw. kritisch-modifizierend rekonstruiert. Zuzustimmen ist ROSS allerdings, wenn er abschließend schreibt: "It seems that the whole question of whether or not explicit rules can be developed to give a criterion for the meaningfulness of religious statements must be re-opened and re-examined in the light of the substantial progress that can be made toward such rules with a properly understood and developed theory of analogy"(56) – wobei die Priorität der Sprachpragmatik gerade von Thomas her das Fundament jeder Regelentwicklung zu bilden hätte und innerhalb ihrer – das legt sich aus ROSS' Argumentationsduktus gleichsam "sub contrario" wenigstens hypothetisch nahe – mit einer Analogietheorie zu rechnen ist, deren Vollendung in der Feststellung ihrer Unmöglichkeit besteht.

4.4.3 Der Ausweg des Existentiellen

Die Forderung, die Analogie im Ausgang von der konkreten reflektierten Sprachpraxis bei Thomas aufzuklären, hat bisher am extensivsten D. B. BURRELL in seinen Werken "Analogy and Philosophical Language" sowie "Aquinas. God and Action" vertreten. Zu dieser Position führte ihn die Entdeckung der Inadäquatheit formallogischer Analysen der Analogie, die darin besteht, daß deren eigene formale Kategorien - z.B. "Transformationsregel" - in der Anwendung auf das zur Debatte stehende Problem selbst zuhöchst analog sind;(57) "... formal attempts to explain analogous usage seem self-defeating. They shunt from the formally correct but too narrowly stipulative to a more adequate but formally less acceptable scheme. The very recurrence of this pattern is revealing. Analogy, it seems, is closely linked to a purposive use of language. One of the serviceable features of analogous terms is their adaptability to diverse contexts. Yet the language we use to express our judgment about entire frameworks, and their adequacy to the comprehensive purposes of inquiry, is also markedly analogical. Hence a formal characterization seems impossible in principle since formal logic constructs languages and tests their consistency but does not appraise them with respect to extralogical purposes."(58) Die damit behauptete Resistenz der Analogie gegen eine Definition ihrer selbst sowie die Betonung von Gebrauch und Kontext - d.h. der konkreten gesprochenen Sprache - als konstitutiver Faktoren jeder Analogieanalyse bestätigt sich für BURRELL besonders am Werk des Thomas, für den "a logico semantic sophistication"(59) und ein offener Pluralismus charakteristisch sind. Dem schließt sich der Hinweis an, daß Thomas mit dem Analogisieren besser umgehen konnte, als er es theoretisch formulierte: "... it appears that he was maneuvering better than he knew how to say in neglecting to put together a logic for analogy."(60) Nichts stünde jetzt mehr im Wege, dem Phänomen der Analogie bei Thomas in konkreten Textanalysen im Ansatz bei seiner Sprachpraxis nachzugehen. Aber auch BURRELL biegt - wenn freilich viel später als MONDIN - vom eingeschlagenen Weg ab und zwar im Zusammenhang einer näheren Behandlung der schon mehrfach als wichtig herausgestellten Kategorie der "perfectio". BURRELL unterscheidet bei ihr zwei Bedeutungen: einmal, daß etwas das hat, was es haben muß, und zweitens eine teleologische Dimension, wobei letztere für ihn die eindeutig wichtigere ist. Solche Terme (er weiß als durchaus um den linguistischen Charakter der perfectio!) "... are open to use in areas where their specific realization may not be conceivable, but where we encounter these terms we can recognize them as answering to man's specific yearnings and 'deepest aspirations'."(61) "... they answer in one fashion or another to the fulfillment-dimension of man ..."(62) Im Rahmen einer solchen Verschiebung des Analogieproblems auf eine philosophische Anthropologie(63) konstruiert BURRELL dann eine Metaphysik der perfectio, welche ihm schließlich den Weg zu Gott öffnen soll: daß er ausdrücklich betont, es handle sich nicht um einen (Gottes)Beweis, macht jenen letzten Abschnitt seiner Überlegungen nur noch verdächtiger.(64) Dieser Argwohn - daß es im Grunde doch um eine Art existentielles Argument in Funktion des Gottesgedankens geht - erhärtet sich, wenn BURRELL später davon spricht, daß es Terme gibt, die üblicherweise für die Bewertung einer Situation verwendet werden und so "... reflect into language itself the reflective awareness which a responsible use of language demands"(65) und deshalb unverzichtbar sind. Von diesen Ausdrücken her erfolgt dann der letzte Schritt: "It is the final awareness – that the God spoken of is my own good and that of the universe – that makes discourse about God the unique case of transcendental predication."(66) – Der Autor wird sich allerdings fragen lassen müssen, ob die Qualifikation dieser Terme als Wertbegriffe überhaupt nötig und gerechtfertigt ist; ob nicht ihre Beschreibung als einfach infinitesimierbare Prädikate, die als Regulative in der Sprache wirken (und als solche durchaus unverzichtbar sind!) und so die freie Möglichkeit der Rede von Gott eröffnen, dem sprachanalytischen Ansatz adäquater ist; in diesem Sinn wären dann auch seine Aussagen über Thomas – so sehr sie strukturell richtig liegen – umzuformen.(67)

Entschieden radikalisiert hat BURRELL seine bei der konkreten Sprache einhakende Analogieinterpretation in seinem neuesten Werk "Aquinas. God and Action", in dem – wohl erstmals – Thomas als ganzer von seinen strukturellen Parallelen zur logisch-linguistisch geprägten Philosophie her ausgelegt wird.(68) Ausgehend von der paradigmatischen Funktion der philosophischen Grammatik des Mittelalters und – in ihrem Horizont – der zentralen Rolle der distinctio für Thomas(69) enthüllt sich dessen scientia divina als "The Grammar of Divinity"(70) – was etwa bedeutet, daß die quinque viae als Parameter verantwortlicher Rede von Gott und die Lehre von den Eigenschaften Gottes (vgl. ST I q3-q11) als Konstruktion einer adäquaten Grammatik "In divinis" zu verstehen sind.(71) Der Modus, in dem Thomas das tut – "... by using object-language constructions to do metalinguistic jobs"(72) – birgt eine erhebliche Gefahr: nämlich die, "logical treatment" und "more substantive doctrin"(73) zu vermengen, also für Metaphysik zu halten, was linguistisch gemeint ist.

Was bedeutet der solchermaßen zur Geltung gebrachte funktionale Sprachprimat nach BURRELL für die Analogieproblematik? Daß es keine Analogietheorie des Thomas gibt und daß jede diesbezügliche Reflexion bei der Analogiepraxis anzusetzen hat, um von dort her die Sprachvergessenheit bzw. -verschlossenheit nachthomanischer Theoriekonstrukteure aufzusprengen und so die Analogie wieder in die Rechte ihres ursprünglichen Funktions- und Stellenwerts einzusetzen,(74) etwa mittels der Betonung ihrer metaphorischen und performativen Dimension sowie der Struktur der perfectio-Terme.(75) Abgesehen davon, daß BURRELL wieder – wie im ersten Werk – anläßlich der Behandlung des performativen Zugs der Sprache und vor allem der perfectio zurücklenkt zu einer doch metaphysisch-theoretischen Abrundung der Problematik, bleiben trotz des bahnbrechenden Ansatzes schwerwiegende Mängel: erstens, daß er sich permanent auf die Analogiepraxis bei Thomas beruft, sich aber bei ihrer Analyse auf das unmittelbar mit den Analogieartikeln verbundene Material und ein paar wenige Stellen außerhalb beschränkt. (76) Der zweite Einwand wiegt noch schwerer: Gründe für die als einzig mögliche deklarierte Hinsicht auf Thomas und vor allem die Rolle der Sprache in ihr werden von BURRELL nicht genannt; desgleichen fehlt die Begründung, weshalb die Annäherung an die Analogie über den Weg der Theorieproblematik fehlgeht.(77) Es wird nur konstatiert; das Buch trägt über weite Strecken und jedesmal besonders bei den entscheidenden Weichenstellungen Essaycharakter.(78) Die Aussagen werden dadurch nicht falsch, aber sie erreichen im harten Widerstreit der Meinungen nicht das Niveau von Argumenten.(79)

4.5 ZUSAMMENFASSUNG

Ziel der Besinnung auf die Nähe zwischen Thomas und der Analytischen Philosophie war, die Kriterien und Koordinaten einer vorgängig als sachgemäß ausgewiesenen sprachpraxisorientierten und damit analytischen Interpretation der Analogiethematik beim Aquinaten festzulegen und so den Streit um das rechte Vor-urteil zu Ende zu führen.

Nach der Explikation methodischer wie inhaltlicher Isomorphien enthüllte sich die innere Angemessenheit einer hermeneutischen Verknüpfung Thomas' mit der Analytischen Philosophie in der spekulativen Bestimmung des Verhältnisses von Sein und Sprache im Denken des Aquinaten. Was speziell das Thema der Analogie betrifft, so gipfelt jene Nähe im Verhältnis zwischen Thomas und dem späten WITTGENSTEIN auf, konkret darin, daß Thomas' Analogieentwurf und WITTGENSTEINs Konzept der "Familienähnlichkeit" zwei einander sehr nahestehende Antworten auf dasselbe Problem darstellen. Die abschließende Auseinandersetzung mit bereits vorgelegten sprachanalytisch ansetzenden Interpretationen der Analogie endlich erlaubt den orientierenden Entwurf für die konkrete Operationalisierung jener Nähe. Gemäß dem bei diesen Autoren Vorfindlichen wie Kritisierbaren gilt es, in einer strengeren Bindung an die für Thomas selbst ausgewiesene analytisch-pragmatische Dimension im Modus von Argumenten (gegen BURRELL) über die Vertreter eines Systematik- (gegen MONDIN) bzw. Formal-Primats (gegen ROSS) durch ein Zurückbleiben hinter deren Bedürfnis nach einem abgerundeten Analogiesystem sachentsprechend hinauszugehen.

Der Weg zu dieser Horizontbestimmung war lang; er mußte es sein, um der wirkungsgeschichtlich angesammelten Potenz der exklusiv metaphysischen oder rein formal-logischen Deutung von Analogie widerstehen zu können. Um es mit P. RICOEUR etwas lyrischer auszudrücken: "Si la marche vers le point de départ est si pénible, c'est que la concret est la dernière conquête de la pensée."(80)

5.

"DENK NICHT, SONDERN SCHAU" – ANALYSEN ZUR REFLEKTIERTEN SPRACHPRAXIS IN DER "SUMMA THEOLOGIAE" I q13

"... es ist ... für unsere Untersuchung wesentlich, daß wir nichts **Neues** mit ihr lernen wollen. Wir wollen etwas **verstehen**, was schon offen vor unseren Augen liegt. Denn **das** scheinen wir, in irgend einem Sinne, nicht zu verstehen."(1) Darauf beschränken sich folgende Analysen; aber darauf stützen sie auch ihren Anspruch. Folgerichtig vollziehen sie sich in einem materiellen Milieu, das der Zuwendung zum Selbstverständlichen und Alltäglichen entspricht: "es sind ... lauter in sich kleinliche Einzelheiten, auf welchen der Totaleindruck der Sprachen beruht, und nichts ist mit ihrem Studium so unverträglich, als in ihnen bloß das Große, Geistige, Vorherrschende aufsuchen zu wollen ..."(2) – Diese zwei prägnanten Äußerungen aus berufenem Munde stehen am Anfang, um von vorneherein Mißverständnisse auszuschalten und anzuzeigen, was von den Analysen erwartet werden darf. Sie operationalisieren gewissermaßen das bisher Bedachte in zwei Kurzformeln, um die Optik einzustellen, mit der an die thomanischen Texte heranzugehen ist.

Die Wahl der "Summa theologiae" zur materalen Grundlage der Analysen kann sich weder auf sachlogische noch auf methodische Notwendigkeiten berufen; für sie sprechen aber mehrere – pragmatische – Konvenienzgründe: erstens stellt sie ein "Alterswerk" des Aquinaten dar, gilt jedenfalls in vielen und wesentlichen Themen als Fixierung ausgereifter Reflexion; zweitens handelt es sich um ein systematisches Werk, so daß die Präsenz reflektierter Sprachpraxis in einen diskursiven Grundduktus eingebettet ist und nicht einfach als natürliches Charakteristikum einer bestimmten literarischen Gattung behandelt werden kann – wie etwa im Falle eines Kommentars –, was erheblichen Einfluß auf die systematische Wertung und wissenschaftstheoretische Einordnung solcher funktionaler Linguistik ausübt; drittens hat Thomas die "Summa theologiae" nach eigenen Angaben(3) in pädagogischer Absicht geschrieben, so daß von dieser Zielsetzung her wenigstens vermutet werden darf, daß dem Aquinaten an der Durchsichtigkeit seiner argumentativen Operationen gelegen war, um den Nachvollzug seitens seiner Leser zu ermöglichen und zu erleichtern – und diese Absicht dürfte sich eben primär in entsprechenden operationalen Bemerkungen niedergeschlagen und so eine diesbezügliche Sonderstellung der "Summa theologiae" im Rahmen der systematischen Werke verursacht haben; und viertens schließlich hat sich Thomas in ST I q13 auch ausdrücklich dem Thema der Analogie zugewandt, so daß dieses Werk gleichzeitig ein materiales Fundament bereitstellt für die Untersuchung des Verhältnisses von Analogietheorie und Analogiepraxis, welche den hier anstehenden Überlegungen unerläßlich aufgetragen ist.(4)

Innerhalb der "Summa theologiae" findet keine Selektion von Texten nach vorher konstituierten Kriterien statt. Die Intention der Analysen erfüllt sich vielmehr in einer gewissermaßen gleich-gültigen Lektüre des Ganzen, um auch das zur Geltung zu bringen, was in der Regel unter den wirkungsgeschichtlichen Bedingungen der Thomas-Lektüre weithin in den Schatten gedrängt wurde. Damit diese Elemente neben dem, was im Horizont bestimmter Grundannahmen über den Aquinaten üblicherweise in die Augen springt, ein gewisses Gleichgewicht erhalten, müssen die Texte bisweilen quasi gegen den Strich gebürstet werden, um das Gesamt ihres Gefüges, die Differenziertheit ihres' Musters und die Art ihrer inneren Verknüpfung - **alles**, was das steht - freizulegen; das WITTGENSTEINsche "Denk nicht, sondern schau"(5) hat dabei als praktische Regel für dieses Vorhaben zu dienen.

In der Perspektive der solchermaßen zu versuchenden sprachpragmatischen Aufschlüsselung der Analogiethematik rückt deshalb primär all das in das Zentrum des Interesses, was Thomas in sprach-theoretischer Absichtslosigkeit über Sprache zu sagen weiß und was sich deshalb meist im Gewand unscheinbarer "Regiebemerkungen" zum Modus sprachlicher Bewältigung gegebener Probleme artikuliert.

Damit geschieht - wenigstens der Absicht nach - nichts völlig Neues. Es wird nur real und konkret zum Austrag gebracht, was schon oft genug global über Thomas und seinen Denkstil vermutet und für die Erschließung seines Werkes postuliert wurde. E. KOPACZYNSKI hat all die Autoren zusammengestellt, die bereits auf die Bedeutung einer sprachlichen Analyse für die Bearbeitung zentraler Fragen im Werk des Aquinaten hingewiesen haben.(6) Erstaunlich ist, daß es sich dabei nicht selten um Autoren traditioneller - sogar thomistischer - Provenienz handelt. Erstaunlicher scheint, daß eine so lange Reihe von Impulsen in der nachfolgenden Thomasinterpretation nur sehr wenig Gehör fand. Am erstaunlichsten jedoch bleibt, daß eine umfassende Behandlung der Sprach- und Analogiethematik selbst in dieser Hinsicht und mittels der - als adäquat ausgewiesenen - sprachanalytischen Methode bisher de facto nicht stattfand.(7) Zwar liegen einige zumeist kurze Behandlungen der Analogiethematik vor, die sich der hier angegebenen Perspektive in etwa einordnen, jedoch erfüllt keine davon die Kriterien einer solchen Aufschlüsselung ganz, die in den beiden vorausgehenden Kapiteln aufgestellt wurden(8) - ohne daß mit dieser Beurteilung die Verdienste jener Autoren geschmälert werden sollen: O. H. PESCH hat zu einer solchen Analogieinterpretation den ersten Versuch unternommen,(9) M. L. COLISH hat sie wesentlich vertieft, indem er die Analogie als "façon de parler"(10) bestimmt, den nicht-systematischen Charakter des thomanischen Analogieverständnisses betont - und zwar unter ausdrücklicher Kritik neoscholastischer Reduktionsversuche —, indem er ferner die Kontextabhängigkeit diverser Analogiethematisierungen beim Aquinaten herausstellt, auf den Theorie-Praxis-Unterschied abhebt und schließlich die Analogien als Zeichen charakterisiert, deren Vorteil es ausmacht, Relationen zwischen den Dingen genauso gut bezeichnen zu können wie Dinge selbst.(11) Über O. H. PESCH und M. L. COLISH weit hinaus hat P. A. SEQUERI in seinem Analogieartikel die Thematik rigoros und kategorisch gerade von Thomas her und mit Thomas in die Perspektive der Sprache gestellt, in ausdrücklicher Absetzung gegen einen Primat der Metaphysik, der von Analogie nur noch im Rahmen einer schon entschiedenen analogia entis meint sprechen zu können.(12) Auch R. SCHÖNBERGER macht sich in seiner Arbeit "Nomina divina. Zur theologischen Semantik bei Thomas von Aquin" diese identifikatorische Verortung der Analogie als theologischen Sprachproblems zu eigen, sofern er als ihren "Sitz im Leben" die Problematik der nomina divina bestimmt;(13) jedoch halten die Ausführungen nicht die Versprechen, die der verheißungsvolle Untertitel gibt. Stattdessen bleiben sie ganz dem Theoriebereich verhaftet, bemühen sich um die Konstruktion eines Ganzen aus Bestandteilen, die dem Gesamtwerk des Thomas entnommen sind.(14) Vor allem aber reden sie von Semantik, ohne mit einem einzigen Wort die mittelalterliche Linguistik generell und ihre Präsenz in Thomas einzubeziehen. Folgerichtig bleiben sie einem Metaphysik-Apriorismus verhaftet, der in dem signifikanten Spitzensatz des Buches aufgipfelt: "Die proportio, das Verhältnis von essentiellem und partizipativem Sein einer Vollkommenheit, das ist der thomasiche (sic!) Begriff der Analogie."(15)

Die originäre Leistung dieser Autoren besteht – gemessen an den hier in Geltung gesetzten Kriterien – darin, daß sie die Analogiethematik bei Thomas streng als sprachliches Problem theologischer(16) Provenienz auffassen und ansetzen, was noch längst nicht zum Basiswissen des Thomasverständnisses gehört.(17) Obwohl sie trotz ihres teilweise engen Rahmens damit erheblich über die im 4. Kapitel analysierten Autoren hinausreichen, bleibt ein gravierender Mangel in der Durchführung ihres Ansatzes: Nämlich, anstelle bloß gelegentlicher verbaler Gesten in diese Richtung, die Analogie wirklich in der realen Sprachpraxis des Aquinaten aufzuspüren, mit der von Thomas selbst nahegelegten analytischen Methode aufzudecken und schließlich auf dieser Basis darzustellen, was denn Analogie seiner Praxis nach nun eigentlich sei.

Daß dieses Desiderat immer noch seiner Erfüllung harrt, erscheint eigenartig – nicht nur, weil ein Thema wie das der Analogie bei Thomas schon längst etwas mehr an Investition und Phantasie zu seiner Erhellung verdient hätte, sondern auch deshalb, weil eben sprachpragmatische Aufschlüsselung keineswegs mit einem Frontalangriff gegen die Basis der schulmäßigen Interpretation beginnen muß. Für erstere ist es gleichgültig, wo sie einsetzt; mithin kann sie auch das zum Ausgangspunkt wählen, woran sich die "klassische" Interpretation klammern muß: deshalb setzt sie – gleichsam mit einem "argumentum ad hominem" – mit der Analyse von ST I q13 ein.

5.1 DIE WÖRTLICHE PRÄSENZ DER ARTES LIBERALES UND DER FUNKTIONALEN LINGUISTIK IN q13

Zweifellos muß es der oben ausführlich kritisierten Erhebung der q13 zum Schlüsseltext für die Analogiethematik angelastet werden, daß die **Gesamtheit** dessen, was dort wirklich steht, so lange und so gründlich der Vergessenheit verfiel. Auf diese Weise glitten gerade die wohl eigentlich besonderen Elemente dieser quaestio durch den Selektionsraster der Interpreten. Es trifft durchaus zu, daß q13 schon mit ihrer letztlich biblisch-neoplatonisch motivierten Fragestellung "De nominibus Dei" eine gewisse Sonderstellung im Rahmen der thomanischen Gotteslehre erhält.(18) Gleichfalls bleibt – aus anderer Perspektive – wahr, daß es sich in q13 – ebenso schon in q12 (besonders q12 a7) – um "... die Wiederholung der q.3-11 in einer anthropologischen Wendung ..." (19) handelt. Das eigentlich Besondere besteht jedoch darin, daß sich in eben dieser q13 Bezüge auf die funktionale Linguistik finden, die in ihrem Umfang, ihrer Ausdrücklichkeit und Wörtlichkeit in der "Summa theologiae" nur noch in den trinitätstheologischen Quaestionen ihresgleichen finden.

Der sprachphilosophische Charakter von q13(20) reicht bis zur verbalen Identifizierbarkeit der Fundamente und einzelner Bestandteile jener Linguistik. J. JOLIVET war m.W. der erste, der entsprechende Zuordnungen im Blick auf die Analogie wenigstens für die Ebene umfangreicherer reflexer Äußerungen vorgenommen hat. Zunächst deckt er auf, daß sich in q13 die theologischen Überlegungen explizit auf die einzelnen Disziplinen des Triviums beziehen und gründen:(21)

– Auf die Grammatik in q13 a1 ad3 mit ihrer Unterscheidung der Redeteile und ihrer Bedeutungsweise:

"... significare substantiam cum qualitate, est significare suppositum cum natura vel forma determinata in qua subsistit. Unde, sicut de Deo dicuntur aliqua in concretione, ad significandum subsistentiam et perfectionem ipsius, sicut iam dictum est, ita dicuntur de Deo nomina significantia substantiam sum qualitate. Verba vero et participia consignificantia tempus semper dicuntur de ipso, ex eo quod aeternitas includit omne tempus: sicut enim simplicia subsistentia non possumus apprehendere et significare nisi per modum compositorum, ita simplicem aeternitatem non possumus intelligere vel voce exprimere, nisi per modum temporalium rerum; et hoc propter connaturalitatem intellectus nostri ad res compositas et temporales. Pronomina vero demonstrativa dicuntur de Deo, secundum quod faciunt demonstrationem ad id quod intelligitur, non ad id quod sentitur: secundum enim quod a nobis intelligitur, secundum hoc sub demonstratione cadit. Et sic, secundum illum modum quo nomina et participia et pronomina demonstrativa de Deo dicuntur, secundum hoc et pronominibus relativis significari potest."

Daß die pragmatische Betrachtungsweise einzelner Wortarten bis hin zum Pronomen in die Theologie übernommen wurde, bekundet, welches im wörtlichen Sinn ent-scheidende Gewicht man dem Sprachlichen als solchem hinsichtlich seiner Relevanz und Funktion im Rahmen der Intention des Theologietreibens zuerkannt hat. Nebenbei sei angemerkt, daß gleich zu Beginn der zitierten Stelle, also gerade im Medium der Grammatik, die Suppositionslehre in Funktion der Aufklärung bestimmter semantischer Probleme miteingespielt wird.(22) Ein zweiter Bezug auf die Grammatik geschieht in q13 a8 c mit dem Rekurs auf die fundamentale Differenzierung in der impositio nominis (ebenso in q13 a2 ad2):

"... non est semper idem id a quo imponitur nomen ad significandum, et id ad quod significandum nomen imponitur."

Diese Differenzierung dient der sprachlichen Bewältigung von Objekten, die uns nicht an sich ("secundum se nobis nota"), sondern nur durch Eigenschaften oder Wirkungen ("ex proprietatibus vel operationibus") zugänglich sind. Die Relevanz der damit erschlossenen sprachlichen Möglichkeit für die Rede von Gott liegt auf der Hand:

"Quia igitur Deus non est notus nobis in sui natura, sed innotescit nobis ex operationibus vel effectibus eius ..."

Sie stellt keineswegs ein Spezifikum der Gottesrede dar, welches ipso facto diese selbst schon wieder weniger widerstandsfähig gegen eventuelle Einwände machte, sondern kommt in den Alltagsaufgaben der Sprache vor, wie das dem obigen Zitat unmittelbar folgende Beispiel zeigt:

> "sicut substantiam lapidis denominamus ab aliqua actione eius, quia laedit pedem; non tamen hoc nomen impositum est ad significandum hanc actionem, sed substantiam lapidis."

Dem schließt sich eine dritte Referenz auf die Grammatik an in der unmittelbar folgenden Untersuchung des Umgangs mit dem und der Bedeutung des Wortes "Deus" (q13 a10). Ausgehend von dem Problem

> "Videtur quod hoc nomen Deus univoce dicatur de Deo per naturam, et per participationem, et secundum opinionem"(intr.)

kommt Thomas zu folgender Antwort:

> "... hoc nomen Deus, in praemissis tribus significationibus, non accipitur neque univoce neque aequivoce, sed analogice. Quod ex hoc patet. Quia univocorum est omnino eadem ratio: aequivocorum est omnino ratio diversa: in analogicis vero, oportet quod nomen secundum unam significationem acceptum, ponatur in definitione eiusdem nominis secundum alias significationes accepti ...
>
> Nam hoc nomen Deus, secundum quod pro Deo vero sumitur, in ratione Dei sumitur secundum quod dicitur Deus secundum opinionem vel participationem. Cum enim aliquem nominamus Deum secundum participationem, intelligimus nomine Dei aliquid habens similitudinem veri Dei. Similiter cum idolum nominamus Deum, hoc nomine Deus intelligimus significari aliquid, de quo homines opinantur quod sit Deus. Et sic manifestum est quod alia et alia est significatio nominis, sed una illarum significationum clauditur in significationibus aliis. Unde manifestum est quod analogice dicitur"(a10c).

Die drei Terme "univoce", "aequivoce", "analogice" beschreiben hier exklusiv semantische Funktionen – der erste Satz von q13 a10 ad1 betont das nochmals:

> "... nominum multiplicitas non attenditur secundum nominis praedicationem, sed secundum significationem ..."

– und belegen so die Verknüpfung der Analogiethematik selbst mit der Grammatik in einer sonst nicht mehr anzutreffenden Wörtlichkeit.

– Der zweiten Disziplin des Triviums, der Dialektik, ist q13 a12 c verpflichtet. Anläßlich der Frage, ob propositiones affirmativae über Gott gebildet werden können, beschäftigt sich Thomas mit der Prädikationstheorie:

> "... propositiones affirmativae possunt vere formari de Deo. Ad cuius evidentiam, sciendum est quod in qualibet propositione affirmativa vera, oportet quod praedicatum et subiectum significent idem secundum rem aliquo modo, et diversum secundum rationem. Et hoc patet tam in propositionibus quae sunt de praedicato accidentali, quam in illis quae sunt de praedicato sub-

95

stantiali ... Unde hic etiam praedicatum et subiectum sunt idem supposito, sed diversa ratione. Sed et in propositionibus in quibus idem praedicatur de seipso, hoc aliquo modo invenitur: inquantum intellectus id quod ponit ex parte subiecti, trahit ad partem suppositi, quod vero ponit ex parte praedicati, trahit ad naturam formae in supposito existentis, secundum quod dicitur quod praedicata tenentur formaliter, et subiecta materialiter. Huic vero diversitati quae est secundum rationem, respondet pluralitas praedicati et subiecti: identitatem vero rei significat intellectus per ipsam compositionem."

Die Prädikationsproblematik interessiert den Aquinaten dabei nicht als Lehrstück der Logik, sondern ihre Analyse erfüllt als wesentlicher Teil einer Bedeutungslehre(23) die Rechtfertigung affirmativer Aussagen über Gott - und zwar so:

"Deus autem, in se consideratus, est omnino unus et simplex: sed tamen intellectus noster secundum diversas conceptiones ipsum cognoscit, eo quod non potest ipsum ut in seipso est, videre. Sed tamen, quamvis intelligat ipsum sub diversis conceptionibus, cognoscit tamen quod omnibus suis conceptionibus respondet una et eadem res simpliciter. Hanc ergo pluralitatem quae est secundum rationem, repraesentat per pluralitatem praedicati et subiecti: unitatem vero repraesentat intellectus per compositionem."

Näherem Zusehen enthüllen sich in diesem Abschnitt q13 a12 c auch exemplarisch Niveau und Status der Reflexion auf das Problem der Bedeutung bei Thomas: obige Prädikationsanalyse oszilliert nämlich ganz eigenartig zwischen zwei Prädikationstheorien, der Identitätstheorie ("idem suppositio") und der Inhärenztheorie ("ad naturam formae in suppositio existentis").(24) Dieses Schwanken verrät das Fehlen einer konsistenten Bedeutungstheorie(25) und spiegelt so letztlich den - je theoretischer, je mehr - subsidiären Charakter solcher Überlegungen für den Aquinaten wider - was aber ihrer argumentativen Relevanz, die gerade aus der pragmatischen Grundintention erwächst, keinerlei Abbruch tut.

- Die dritte Disziplin des Triviums - die Rhetorik - schließlich kommt mitten im innersten Zentrum der q13 ins Spiel, sofern Thomas in a6 c und dann nochmals in a9 c auf die Metapher zu sprechen kommt:

"Sic ergo omnia nomina quae metaphorice de Deo dicuntur, per prius de creaturis dicuntur quam de Deo: quia dicta de Deo, nihil aliud significant quam similitudines ad tales creatures" (q13 a6 c).

"... aliquid nomen potest esse communicabile dupliciter: uno modo, proprie; alio modo per similitudinem ... Hoc enim nomen leo proprie communicatur omnibus illis in quibus invenitur natura quam significat hoc nomen leo: per similitudinem vero communicabile est illis qui participant aliquid leoninum, ut puta audaciam vel fortitudinem, qui metaphorice leones dicuntur"(q13 a9 c).

Selbstverständlich bleibt dabei unbestritten, daß damit noch keinesfalls alles gesagt ist, was Thomas in a6 und a9 zu sagen weiß. Die besondere Herausstellung der Metapher dient lediglich der Vermeidung ihrer üblichen Behandlung innerhalb der Analogieinterpretation: In der Regel werden die diesbezüglichen Äußerungen des Thomas gelesen als

Appendix zur Analogiethematik. Die Freilegung der "Systemstelle" ihrer Erwähnung durch den Aufweis der Präsenz aller Bestandteile der artes liberales in q13 jedoch nötigt, die periphere Einschätzung der Metapher zu suspendieren und ihr den Rang eines integralen Bestandteils des Grundgefüges (Grammatik, Dialektik, Rhetorik) zuzuerkennen, auf dem die ganze quaestio aufbaut und das damit die Koordinaten der Thematisierung von Analogie festlegt.

Diese Aufdeckung des originär sprachlich-sprachphilosophischen Grundsinnes der q13 kann noch erheblich weitergetrieben werden. Nicht nur die Tatsache, daß q13 a1 c eingeleitet wird mit einem Hinweis auf das durch ARISTOTELES' "Peri hermeneias" 1 definitiv in dieser Form aufgegebene Kardinalthema des Zusammenhangs von voces, conceptiones intellectus und res ("... secundum Philosophum, voces sunt signa intellectuum, et intellectus sunt rerum similitudines. Et sic patet quod voces referuntur ad res significandas, mediante conceptione intellectus."), sowie der vielfältige verbale Reflex aller drei Ebenen durch die ganze quaestio hindurch,(26) tragen zur Enthüllung jenes Grundsinnes bei. Jenes Thema repräsentiert nämlich wie kaum ein anderes innerhalb des bis ins Mittelalter hinein unteilbaren Zusammenhangs von Sprache, Logik und Ontologie dessen intensive sprachliche Dimension. Am prägnantesten offenbart sich die Grundströmung von q13 freilich dort, wo Thomas sich zur Analyse der nomina-divina-Problematik ausdrücklich der Spitzenleistung der mittelalterlichen Sprachphilosophie bedient: der Kategorie der "modi significandi":(27)

> "... Deum cognoscimus ex perfectionibus procedentibus in creaturis ab ipso; quae quidem perfectiones in Deo sunt secundum eminentiorem modum quam in creaturis. Intellectus autem noster eo modo apprehendit eas, secundum quod sunt in creaturis: et secundum quod apprehendit, ita significat per nomina. In nominibus igitur quae Deo attribuimus, est duo considerare: scilicet, perfectiones ipsas significatas, ut bonitatem, vitam et huiusmodi; et modum significandi. Quantum igitur ad id quod significant huiusmodi nomina, proprie competunt Deo, et magis proprie quam ipsis creaturis, et per prius dicuntur de eo. Quantum vero ad modum significandi, non proprie de Deo: habent enim modum significandi qui creaturis competit"(q13 a3 c).

Gerade hier aber, wo am deutlichsten sichtbar wird, daß Thomas die ganze Problematik der q13 als sprachliche auffaßt und mit sprachphilosophischen Mitteln zu lösen gewillt ist, eröffnet sich auch die eigentliche Tiefe der zu lösenden Schwierigkeiten, denn: was sind die in q13 a3 c erwähnten modi significandi eigentlich und was besagt die von Thomas für die Rede von Gott gegenüber dem sonstigen Sprachvollzug behauptete Identität in der Sache und gleichzeitige Differenz im modus? J. JOLIVET merkt zu diesem Text an: "Certes les modi significandi ici évoqués sont ceux qui intéressent un théologien plutôt qu'un grammairien ... Toutefois le principe d'analyse est bien le même; il faut distinguer entre ce que signifie un mot et la manière dont il le signifie; que la différence ici ne soit pas entre deux parties du discours, mais soit fondée sur la distance de la créature au Créateur, cela importe quant au contenu de la doctrine, mais non quant à sa forme."(28) Damit aber ist die eigentliche Problematik noch kaum angedeutet: Sie besteht in dem Verhältnis zwischen der Bedeutung, mit der

Thomas die Modus-significandi-Kategorie einsetzt, und der Funktion, die er ihr in seiner Konzeption auferlegt.

Der Terminus "modus-significandi" kommt mit BOETHIUS in Gebrauch - und zwar in mehrfacher Bedeutung: Einmal bezeichnet er eines der Kriterien, nach denen die Bedeutungen einer vox unterschieden werden können;(29) andererseits meint er die je verschiedene Bezeichnungsweise etwa von Nomen und Verbum, sofern letzteres z.B. gegenüber ersterem seinen Gegenstand in der Weise der Zeit bezeichnet.(30) Auch bei ABAELARD begegnet der Ausdruck noch in dieser Weite, um dann zunehmend und in den Werken der Modisten endgültig zum terminus technicus in dem bei BOETHIUS an zweiter Stelle genannten grammatischen Sinne zu werden,(31) auch wenn "modus" allein selbst dort noch mehrfach andere terminologische Funktionen übernimmt.(32) "... a pars orationis is such by means of the ratio consignificandi or the modus significandi activus, i.e. the pars possesses the active modus of signifying, i.e. the means of signifying which makes it a grammatical functive ..."(33) - oder noch präziser in Anlehnung an eine Formulierung bei Martinus de DACIA: "... the modus significandi is the property of the thing signified by the vox, and therefore just as the thing is distinguished by its properties, so the pars orationis is distinguished by its many modi significandi by means of which a grammatical statement may be made."(34) "Modi significandi" bezeichnet somit einen grammatischen Begriff, der "... die Flexionsformen als Bedeutungsformen auffaßt."(35) Im Einklang mit diesem Gefälle hin zum terminus technicus gebraucht auch Thomas den Ausdruck; sein Gesamtwerk hindurch greift er immer wieder auf die modus-significandi-Kategorie als Instrument **grammatisch**-semantischer Differenzierung und Klassifizierung zurück, so schon in De ente et essentia c3, 16; In Boethii de heb 1.2 nr. 22-23; ST I q39 a4 c; Quodlib IV q9 a2 c - und so auch im Rahmen der Analogieproblematik in ScG I 30 sowie, was hier zur Debatte steht, in ST I q13 a3.(36) Genau damit aber beginnen die Probleme, denn man wird fragen müssen, was die Einführung dieser Kategorie in die Analogiethematik leistet. Zunächst: Analogie gilt dem Aquinaten als Sprachproblem und deshalb liegt es nahe, dieses auch mit sprachphilosophischen Mitteln zu bearbeiten. In solcher Perspektivierung rücken die Analogiethematik und die modus-significandi-Theorie wie von selbst zusammen, weil zwischen ihnen eine sachliche Parallele und eine terminologische Brücke bestehen: Zum einen geht es bei beiden um die gleichzeitige Identität und Differenz von Bedeutungen - wenn auch auf verschiedenen Ebenen. Die möglichen modi significandi einer dictio prägen dieselbe Bedeutungsgrundbestandsmasse (wenn man so sagen darf) in je verschiedenen Formen und Funktionen und damit in differenzierten semantischen Werten. Und analoge Rede meint nichts anderes als den Gebrauch derselben Ausdrücke für Geschöpf und Gott unter gleichzeitiger Wahrung der Differenz zwischen beiden. Die terminologische Brücke andererseits besteht darin, daß der modus-significandi-Term gerade in seiner ursprünglichen von BOETHIUS herkommenden und noch bei ABAELARD nachweisbaren Breite das Problem von durch Kontextdifferenzen gewirkten Bedeutungsunterschieden analytisch-deskriptiv mitumfaßt. Bei BOETHIUS heißt es nämlich:

> "Restat igitur ut de vocis in significationes divisione tractemus. Fit autem vocis divisio tribus modis: Dividitur enim in significationes plures, ut aequivoca vel ambigua ... Alio autem modo **secundum modum**, haec enim plura non significant, sed multis

modis, ut cum dicimus infinitum, unam rem quidem significat, cuius terminus inveniri non possit. Sed hoc dicimus aut secundum mensuram, aut secundum multitudinem, aut secundum speciem: secundum mensuram, ut est infinitum esse mundum, magnitudine enim dicimus infinitum; secundum multitudinem, ut est infinitam esse corporum divisionem, infinitam namque divisionum multitudinem significamus. Rursus secundum speciem, ut infinitas dicimus figuras, infinitae enim sunt species figurarum. Dicimus etiam aliquid secundum tempus, ut infinitum dicimus mundum, cuius terminus secundum tempus inveniri non possit. Eodem quoque modo infinitum dicimus Deum, cuius supernae vitae terminus inveniri secundum tempus non possit. Sic igitur haec vox non plura significat secundum se, sed **multimode** de singulis praedicatur, unum tamen ipsa significans, alius vero modus secundum determinationem."(37)

Nicht nur, daß dabei auf der Basis horizontaler Analogien die vertikale Rede von Gott ausdrücklich mitgenannt wird ("Eodem quoque modo ..."), selbst der pragmatische Grundsinn aller analogen Rede kommt dabei im "secundum determinationem" (am besten zu übersetzen mit: "je nach hermeneutischer Situation") zur Geltung - so weit reicht die originäre, terminologisch vermittelte Brücke zwischen "modus significandi" und Analogiethematik. Das alles dürfte - weniger thematisch als unthematisch-atmosphärisch - die Verbindung beider Bereiche im Denken des Aquinaten· ermöglicht und begünstigt haben. Das hätte auch sachlich problemlos geschehen können, wenn sich nicht für Thomas bereits der Sinn von "modus significandi" ziemlich stark in Richtung grammatisch-semantischen terminus technicus verschoben gehabt hätte. "St. Thomas in a.3 means by 'modus significandi' primarily such variations as the abstract and concrete forms of the same word. He has already introduced the reader to these considerations in a.1, ad2 and ad3, but, curiously, without making use of the expression 'modus significandi'."(38) Ich vermute, daß die Dominanz des grammatisch-semantischen Verständnisses von "modus significandi" gerade im Umkreis der Analogie zusammenhängt mit dem Theoriebedürfnis dieser quaestio, welchem der unbestritten hohe wissenschaftliche Rang dieser Kategorie sehr entgegenkam. Gerade weil Thomas somit "modus significandi" als grammatisch-semantische Kategorie - fast als "terminus technicus" - in die Analogieproblematik einführt,(39) beschränkt sich der Unterschied zwischen den von Thomas gemeinten modi significandi und denen der Grammatiker keineswegs bloß auf eine Differenz des Interesses, wie J. JOLIVET formulierte. Vielmehr entpuppt sich die mit dieser Kategorie erzielte Erkenntnisleistung auf beiden Seiten als total verschieden. Der Grammatiker kann jederzeit die modi significandi am konkreten Sprachmaterial vorführen; es besteht eine untrennbare Verkettung zwischen beiden, weil es keine pars orationis gibt ohne konkreten modus significandi und weil umgekehrt jeder modus einzig und allein am konkreten Sprachmaterial sichtbar werden kann, so etwa bei Boethius de DACIA: ".. idem conceptus mentis potest esse significatum cuiuslibet partis orationis ... Et ille mentis conceptus cadens sub modo significandi specifico nominis facit significatum nominis, et cadens sub modo specifico verbi facit significatum verbi et sic de aliis ut patet dicendo sic 'dolor, doleo, dolens, dolenter, et heu', quae omnia idem significant."(40) Bei Thomas' ins Theologische gewendeten modi dagegen fehlt jegliches Beispiel. Er bietet keines, weil er keines bieten kann. Die linguistische Vielfalt der modi etwa des obigen Beispiels reduziert sich hier auf zwei: den "modus divinus" sozusagen und den "modus creaturae", und dabei läßt sich ersterer formal nur durch eine äußerst vage Negation gegenüber dem zweiten bestimmen: "Quantum vero ad modum significandi, non proprie dicuntur de Deo ..."(q13 a3 c). Der Begriff des modus significandi impliziert per se eine Unterschiedenheit und damit eine Mehrheit von modi; Thomas' Rekurs auf diese Kategorie anläßlich der nomina divina insinuiert in ihrer Formalität auch hier eine solche Differenziertheit in Absicht einer qualifizierten Identifizierbarkeit der zur (theologischen) Debatte stehenden pars orationis, vermag dieses Versprechen aber auf der Ebene faktisch-konkreten Sprechens nicht einzulösen. Oder wie sollte z.B. der modus divinus von "bonitas" oder "vita" sprachlich gestaltet werden? Der einzige Ausweg, um überhaupt die theologische Verwendung der modus-Kategorie zu differenzieren, eröffnet sich - wenigstens auf linguistisch-empirischer Ebene - einzig in der Auszeichnung eines sprachlichen Ausdrucks mit bestimmten sprachlichen Indikatoren(41) (in q13 a3 c etwa "non proprie") in Funktion einer metasprachlichen Anweisung, die darauf hinweisen soll, daß ein gegebener sprachlicher Ausdruck im theologischen Kontext seine Bedeutung gegenüber der im alltäglichen Gebrauch mindestens verschiebt, genauer: die Weise, wie das Wort Bedeutung hat, eine andere wird. "Modus significandi" wird damit von einer auf konkretes Sprachmaterial anwendbaren **grammatisch**-semantischen Kategorie zu einer abstrakten **strikt**-semantischen transformiert. Damit nähert sie sich zwar wieder jener nicht-technischen Bedeutung an, die ihr bei BOETHIUS und noch bei ABAELARD eignete, dennoch aber bleibt dieser gegenüber eine radikale Differenz: hatte es sich dort um das Instrument analytischer Deskription gehandelt, das nur in der konkreten hermeneutischen Arbeit Geltung besaß, so wird modus significandi jetzt gerade wegen seiner Formalität zu einer theoretischen Aussage mit einer sehr geringen inhaltlichen Leistung. J. PINBORGs einziger Satz zu diesem Problem verrät das geradezu schonungslos: "In den analogen Begriffen ... ist die bezeichnete Sache **irgendwie** (Herv. v. mir) dieselbe, nur der modus significandi ist verschieden."(42) Um es zugespitzt zu sagen: die Applikation der modus-significandi-Theorie auf die Problematik der nomina divina **sagt** überhaupt nichts, aber sie **zeigt** an, in welche Richtung die Bewältigung der Problemverhältnisse intentional verläuft.(43) Die modi significandi in diesem theologischen Zusammenhang als real und empirisch qualifizierende Kategorien aufzufassen, unterstellt letztlich den zum Mißlingen verurteilten Versuch, über das zu sprechen, worüber man schweigen muß. Die modus-significandi-**Theorie** dient nur der theoretischen Artikulation "transzendentaler" Verhältnisse - die anachronistische Redeweise sei hier noch einmal zugelassen. Sie dient der Anzeige, daß es Bedingungen der Möglichkeit dafür gibt, daß mit der natürlichen Sprache über Gott geredet werden kann - wobei eben diese ermöglichenden Verhältnisse selbst nicht noch einmal einen eigenen grammatischen Niederschlag im Sprachgeschehen finden, sondern letztlich nur vielfach gebrochen in der Verwendung linguistischer Indikatoren in ihrem "Daß" zu Geltung kommen, nicht aber in ihrem "Was".(44) Die Auffassung der Rede von den modi significandi als inhaltlicher Aussage impliziert deshalb ein über das überhaupt (sprachlich) Wißbare hinaus behauptetes Wissen, stellt also mit anderen Worten eine Übertheoretisierung dar, die die zur Debatte stehenden Verhältnisse letztendlich ihrer selbst entfremdet. Das einzige, was damit einer konkreten Analyse der Rede von Gott als zuverlässiger - unmittelbar sprachempirischer - Ansatzpunkt zunächst übrigbleibt, sind die pragmatisch eingesetzten sprachlichen Indikatoren, an denen somit die Qualifizierbarkeit der Sprache zum theologischen Gebrauch hängt. Die genauere Auseinandersetzung mit diesen Indikatoren im folgenden Kapitel wird deren konstitutive Funktion näher explizieren sowie die Grenzen ihrer Leistungsfähigkeit beleuchten.

Schon der erste kurze Blick auf einen der klassischen Analogietexte aus der Perspektive der Sprachphilosophie zeitigt damit ein ausgesprochen komplexes Ergebnis: er entdeckt - formal gesprochen - die Elemente des Triviums, ferner Bestandteile der philosophischen Aufgipfelung der Grammatik in Form der modistischen Lehre sowie Momente und Anspielungen auf die neben jener außerdem noch gängigen Bedeutungslehren des Mittelalters, nämlich die Suppositionstheorie und die operationale Bedeutungslehre, zu der die Prädikationstheorien gehören.(45) Das alles zusammen konstituiert die Präsenz eines linguistischen Grundsubstrats in q13, von dessen Bedingungen her auch die Analogieproblematik zu begreifen und auszulegen ist.(46) Genau dort aber, wo der Ausdruck der Sprachlichkeit innerhalb der Thematik der quaestio kulminiert, öffnet sich ein Blick in die Tiefe, welche die Problematik der nomina divina auf diesem reflexen Niveau annimmt und wie aus innerer Notwendigkeit heraus der Versuch ihrer Bewältigung nochmals auf die Spuren konkretester Sprachpragmatik zurückverwiesen - und das heißt: auf das, was unmittelbar auf der Grenzscheide zwischen Sprachtat und Sprachbewußtsein steht, zurückgeworfen wird.

5.2 ERNSTFÄLLE REFLEKTIERTER SPRACHPRAXIS IN q13

Damit ist die nächste Aufgabe gestellt: Es geht darum, im Horizont des in seinen tragenden Koordinaten manifest gewordenen linguistischen Grundsinnes der q13 zunächst einmal dort das Sprachmaterial zu erheben und zu analysieren, in dem der reflexe Umgang mit der Sprache zum Ernstfall wird. An sich könnte diese Analyse an jeder beliebigen Stelle der "Summa theologiae" einsetzen. Aus zwei Gründen empfiehlt es sich aber, damit bei der Analogiequaestio selbst zu beginnen: einmal bleibt so im Streit mit den kritisierten Auslegungen (für die ja in der Regel ST I q13 den Schlüsseltext darstellt) eindeutiger die Kontinuität in der Sache gewahrt. Und zweitens kann die sprachanalytische Aufschlüsselung der Thematik den von ihr eingeklagten Anspruch überzeugender erfüllen, wenn sich nachweisen läßt, daß auch für Thomas selbst **bereits im Rahmen** der theoretischen Beschäftigung mit Analogie die Analyse der Sprach- und Analogiepraxis eine fundamentale Rolle spielt. Um beide Anliegen maximal zur Geltung zu bringen, wird deshalb mitten im Zentrum der q13 mit den unmittelbaren Analogieartikeln a5 und a6 begonnen, um dann um diese herum ausgreifend die ganze quaestio in Blick zu nehmen.

- q13 a5: Die im vorausgehenden begründete hermeneutische Einstellung bewahrt zunächst davor, gleich zu Beginn bei der Lektüre der obiectiones, des sed contra sowie der Einleitung zum corpus an der gehäuften technischen Terminologie ("aequivoce", "univoce") hängenzubleiben, und geleitet unmittelbar an den Ort konkreter Analogiepraxis, d.h. zu den von Thomas zur Illustration eingeführten Beispielen:

> "... cum hoc nomen sapiens de homine dicitur, significamus aliquam perfectionem distinctam ab essentia hominis, et a potentia et ab esse ipsius, et ab omnibus huiusmodi. Sed cum hoc nomen de Deo dicimus, non intendimus significare aliquid distinctum ab essentia vel potentia vel esse ipsius. Et sic cum hoc nomen sapiens de homine dicitur, quodammodo circumscribit et comprehendit rem significatam: non autem cum dicitur de Deo, sed relinquit rem significatem vel incomprehensam, et excedentem nominis significationem. Unde patet quod non secundum eandem rationem hoc nomen sapiens de Deo et de homine dicitur."

Die dem Selbstverständlichen geschuldete Aufmerksamkeit beginnt mit der banalen Aufgabe, das "dicitur", "dicimus", "significare" weder gänzlich zu überlesen noch als stereotype Formel abzutun. "Dicitur" ist als "dicitur" zu nehmen und so als Hinweis darauf, daß es im einen sprachlichen Vorgang geht. Dieser Vorgang selbst findet im "quodammodo circumscribit" eine nähere Qualifizierung seiner Leistung: Dem nomen wird eine exakte Bestimmtheit abgesprochen; schon der sprachliche Alltagsfall ("de homine ... dicitur") impliziert eine Ungenauigkeit, eine Unschärfe nicht aus einer aktuellen Defizienz des Sprechers, sondern einer solchen, die der Sprache offensichtlich generell innewohnt. Thomas gibt bis zu dieser Bestimmung eine schlichte Beschreibung der Verwendung des "sapiens", wenn es einen Menschen zu bezeichnen hat. Wie beschreibt er demgegenüber den Gebrauch des "sapiens" de Deo? Dessen Beschreibung besteht in einer Wiederholung der Deskription des Gebrauchs de homine und ihrer Verneinung: "non intendimus significare ..."; "non autem cum dicitur de Deo ..."; "relinquit ... incomprehensum, et excedentem ..." Positiv sagt diese Beschreibung gar nichts darüber, was das "sapiens" nun bei Gott im Unterschied zum Menschen bedeutet. Sie zeigt nur an, daß es anders bedeutet als de homine ("Unde nullum nomen univoce de Deo et creaturis praedicatur"). Diese Anzeige bekundet sich sprachlich in dem "non autem ..., sed ..." Ihr Inhalt besteht in der Insistenz darauf, daß bei der Verwendung des Wortes hinsichtlich seiner Bedeutung je nach Kontext unterschieden werden muß, was natürlich impliziert, daß dieses Wort verschieden gebraucht werden **kann**. Man beachte: damit ist für Thomas das "sapiens"-Beispiel abgeschlossen! Das Gegenstück, die Widerlegung des "pure aequivoce" erfolgt nur formal ohne Beispiel im kurzen Verweis auf den strikten Agnostizismus als Folge:

> "Sed nec etiam pure aequivoce, ut aliqui dixerunt. Quia secundum hoc, ex creaturis nihil posset cognosci de Deo, nec demonstrari; sed semper incideret fallacia Aequivocationis."

Damit ist der Raum der Struktur gelingender Gottesrede negativ ausgegrenzt. Wenn Thomas nun im nächsten Schritt darangeht, diesen Raum aufzufüllen und die Strukturen positiv zu explizieren, kommt er auf das "sapiens"-Beispiel nicht mehr zu sprechen. Vielmehr bedient er sich der bekannten "sanum"-Beispiele, wovon das erste aus einer von ARISTOTELES' aph'-ènòs-kaì-pròs-én-Stellen stammt. Noch einmal sei der Versuch gewagt, dem wirkungsgeschichtlich bedingten Sog dieser Sätze nicht sofort nachzugeben, sondern die Aufmerksamkeit strikt bei der hier verhandelten sprachlichen Operation zu halten:

"Dicendum est igitur quod huiusmodi nomina dicuntur de Deo et creaturis secundum analogiam, idest proportionem. Quod quidem dupliciter contingit in nominibus: vel quia multa habent proportionem ad unum, sicut sanum dicitur de medicina et urina, inquantum utrumque habet ordinem et proportionem ad sanitatem animalis, cuius hoc quidem signum est, illud vero causa; vel ex eo quod unum habet proportionem ad alterum, sicut sanum dicitur de medicina et animali, inquantum medicina est causa sanitatis quae est in animali. Et hoc modo aliqua dicuntur de Deo et creaturis analogice, et non aequivoce pure, neque univoce. Non enim possumus nominare Deum nisi ex creaturis, ut supra dictum est. Et sic, quidquid dicitur de Deo et creaturis, dicitur secundum quod est aliquis ordo creaturae ad Deum, ut ad principium et causam, in qua praeexistunt excellenter omnium rerum perfectiones ...

... nomen quod sic multipliciter dicitur, significat diversas porportiones ad aliquid unum"(a5 c).

Von Anfang bis Ende bleibt auch hier das unmittelbare Objekt der Reflexionen des Aquinaten das sprachliche Geschehen, nicht ein Problem der Ontologie oder Metaphysik. Er will das Reden über Gott und die Welt mit **derselben Sprache** (wenigstens bestimmten ihrer Bestandteile) erklären - folglich handelt es sich um eine **metasprachliche** Aussage. Ihr innerster Kern besagt: Wenn ein sprachlicher Ausdruck für Gott und die Geschöpfe verwendet werden soll, muß zwischen diesen verschiedenen sprachlichen Operationen ein Zusammenhang bestehen, der darin beruht, daß die nomina "secundum analogiam, idest proportionem" gebraucht werden. Die nachfolgende nähere Bestimmung der proportio enthüllt diese als Verhältnis.(47) Thomas unterscheidet zwei Arten von Verhältnissen (multorum ad unum; unius ad alterum) und spezifiziert diese inhaltlich weiter: im Fall des multorum ad unum geschieht dies in einer beachtenswerten Reduktion der in der aristotelischen Vorlage gegebenen ursprünglichen Vielfalt(48) auf die signum- und die causa-Relation. Im Fall der unius-ad-alterum-proportio, die nach Thomas allein für die Rede von Gott relevant ist, nennt er nur die causa-Relation. Im Kulminationspunkt seiner metasprachlichen Aussage formuliert Thomas diese also anhand einer "metaphysischen" Kategorie ("metaphysisch" deshalb, weil es sich nicht um irgendeinen Fall von Kausalität handelt, sondern um den speziellen des Ursacheseins Gottes). Warum tut er das? Muß er es tun? Ginge es auch anders? Wird er damit der ursprünglichen Intention seiner Aussage gerecht? Was besagt die gebotene Lösung real? Wenn die Antworten darauf mehr sein sollen als Konjekturen und Hypothesen, müssen sie noch eine Weile offenbleiben, um unter Umständen auf dem Weg über Vergleiche mit anderen (und ähnlichen) Momenten reflektierter Sprachpraxis die Problematik etwas weiter auszuleuchten. Aufmerksamkeit verdient hier allerdings nochmals die proportio als Ausgangspunkt der metasprachlichen "Theorie": Thomas führt die proportio ohne weitere Erklärung ein und fügt sofort an, daß damit im Bezug auf nomina zweierlei gemeint sein kann ("dupliciter contingit in nominibus"), d.h. er unterscheidet zwei mögliche Bedeutungen von "proportio" und konstruiert aus den einen unter Ausschluß der anderen sein Argument. Ein zweites Mal - erstmals war dies beim "sapiens" durch "non autem ..., sed ..." geschehen - begegnet also die Methode der Unterscheidung, diesmal in Anwendung nicht auf ein beliebiges Beispielwort ("sapiens"), sondern auf einen metasprachlichen, "grammatischen" Ausdruck. Gerade die faktische Art und Selbstverständlichkeit, wie Thomas hier das "proportio" vom Sprachgebrauch her ins Spiel bringt und dann - trotzdem - dessen einfacher Bedeutungsanalyse eine folgenschwere Argumentationslast aufbürdet, deutet bereits an, daß die (Alltags)Sprache und ihre Analyse für Thomas etwas nicht mehr weiter Hinterfragtes darstellen. Bezüglich der Differenzierung von "proportio" ist abschließend und vorgreifend noch die Frage zu stellen, ob und woher denn feststeht, daß die beiden angegebenen Modi von proportio die einzig möglichen sind; auch die gegenteilige Anfrage ist möglich: Handelt es sich überhaupt um eine echte Differenzierung oder stellt vielleicht der zweite Fall eine Sonderform des ersten dar? Ein erster Hinweis in diese Richtung mag darin liegen, daß Thomas - eigenartigerweise - in seiner formalen abschließenden Charakteristik der analogia nur auf das kurz vorher für die Gottesrede eigens ausgeschlossene erste sanum-Beispiel (multorum ad unum) zurückgreift und dabei die analoge Prädikation als "modus communitatis" bezeichnet:

> "Et iste modus communitatis medius est inter puram aequivocationem et simplicem univocationem. Neque enim in his quae analogice dicuntur, est una ratio, sicut est in univocis; nec totaliter diversa, sicut in aequivocis; sed nomen quod sic multipliciter dicitur, significat **diversas** (!) proportiones ad aliquid unum; sicut sanum, de urina dictum, significat signum sanitatis animalis, de medicina vero dictum, significat causam eiusdem sanitatis."

Diesen ersten Hinweisen auf die konkrete Struktur des Sprachgeschehens im Fall der Analogie innerhalb des Artikelcorpus schließen sich noch weitere aus den Antworten auf die obiectiones an, so aus q13 a5 ad1: die darin enthaltene sprachphilosophisch relevante Information erschließt sich wiederum nur, wenn sich das Interesse nicht sofort von der eingangs festgestellten Gegenläufigkeit der Prädikations- und der Seinsordnung fesseln läßt:

> "... licet in praedicationibus oporteat aequivoca ad univoca reduci, tamen in actionibus agens non univocum ex necessitate praecedit agens univocum"(a5 ad1).

Der darin ausgesprochene metaphysische Sachverhalt kommt im Zusammenhang von q13 a5 durch die für ihn üblichen termini technici "agens (non) univocum" ins Spiel und braucht vorerst nicht weiter zu interessieren. Der erste Halbsatz dagegen enthüllt wesentliche Momente der sprachlichen Operation der Namengebung: "aequivoca ad univoca **reduci**", d.h. ein und derselbe Name wird zunächst den gleichen Dingen verliehen und dann erst derart verwendet, daß Äquivokationen entstehen; die Vieldeutigkeit wird auf Eindeutigkeit zurückgeführt. Das muß so sein, denn:

> "Nam si hoc nomen canis aequivoce dicitur de latrabili et marino, oportet quod de aliquibus univoce dicatur, scilicet de omnibus latrabilibus: aliter enim esset procedere in infinitum"(q13 a5 obi.1).

Der Grund dafür liegt in der Asymmetrie zwischen Univokation und Äquivokation hinsichtlich ihrer (denkerisch-sprachlichen) Erschließungsleistung: Selbst die strikteste Univokation ist in sich selbst-verständlich - im Grenzfall bezeichnen univok gebrauchte Ausdrücke mindestens zwei völlig gleiche Objekte. Die Äquivokation dagegen destruiert bereits im Akt ihrer Ausübung das mit ihr Intendierte: sie zerredet ("procedere in infinitum") die Bedeutung des Ausdrucks, der ihr verfällt, in eine willkürliche und damit kommunikationszerstörende Vieldeutigkeit. Der Gebrauch eines Namens muß also zuerst im Sinne der Eindeutigkeit geschehen ("oportet quod ab aliquibus univoce dicatur"), bevor er dem **bewußten** äquivoken Gebrauch dienstbar gemacht werden kann, dem also, was später gegenüber der destruktiven Äquivokation - der "aequivocatio a casu" - als "aequivocatio a consilio" bezeichnet wurde, und der nichts anderes meint als den Fall der Analogie(49) - wie ja auch Thomas' eigener Hinweis auf den Sprachgebrauch in seiner metaphysischen Aussage zeigt:

> "Hoc autem agens universale, licet non sit univocum, nec tamen est omnino aequivocum, quia sic non faceret sibi simile; sed potest dici agens **analogicum**:"(a5 ad1).

Die Analyse der Prädikation enthüllt dabei - das ist der formale Aspekt - den Fall der Analogie als prozessuales Geschehen, sofern er eine Entwicklung, ein Vor-gehen im Sprachgebrauch impliziert. In diesem Zusammenhang dürfte auch eine scheinbar völlig nebensächliche Apposition in obi.1 nicht unbedeutend sein, wo Thomas meint, daß es zunächst angebracht sei, für **einige** Hunde den Namen univok zu gebrauchen, und dann anhängt: "scilicet de omnibus latrabilibus." Warum "scilicet"? Ich halte dafür, daß damit auf das unmittelbar Naheliegende der Welt des Sprechers abgehoben ist als primäres Objekt einer Namengebung (der Haushund düfte dem Durchschnittsmenschen etwas näherliegen als der Seehund)(50) und von dort ausgehend dann die Benennungsaktivität Brücken schlägt in den weiteren und weitesten Umkreis benennbarer Objekte; nach welchen Gesetzen diese Brückenschläge erfolgen, steht dabei vorerst noch auf einem anderen Blatt. Auf den Begriff gebracht heißt dies: die unmittelbare Erfahrung eines Sprechers übt konstitutiven Einfluß aus auf seine sprachliche Aktivität, stiftet vor allem Motive im Prozeß der Benennung des nicht unmittelbar Gegebenen. Die Behauptung einer funktionalen "Anthropozentrik" der Sprache auf **dieser** Basis und in **diesem** Zusammenhang dürfte noch zu viel gesagt sein - aber sie gibt in einem ersten Vorgriff ein Signal für etwas, worauf es sich bei der weiteren Lektüre zu achten lohnt; im übrigen erhellt auch hier aus a5 obi.1 und ad1, daß Analogie nicht auf den Fall der Rede von Gott beschränkt ist, sondern in der Alltagssprache vorkommt.

Thomas schließt q13 a5 ad1 ab mit einer Bemerkung, die im krassen Widerspruch zum ersten Satz des Abschnitts zu stehen scheint. Hatte es dort geheißen: "... licet in praedicationibus oporteat aequivoca ad univoca reduci ...", so sagt er jetzt unmittelbar im Anschluß an seine oben zitierte terminologische Bemerkung ("agens aequivocum" = "agens analogicum"):

> "sicut in praedicationibus omnia univoca reducuntur ad unum primum, non univokum, sed analogicum, quod est ens."

Was sich auf den ersten Blick wie ein Widerspruch ausnimmt, ist jedoch lediglich bedingt durch einen Wechsel der Diskursebene. War nämlich zu Beginn von der Prädikation auf der Ebene der Alltagssprache (vgl.

obi.1) die Rede gewesen, so jetzt von der Prädikation im Rahmen eines logisch-philosophischen Diskurses, der sich mit dem Thema der Universalität beschäftigt, wie sich eindeutig aus der durch "sicut" erfolgenden vergleichenden Anbindung des Schlußsatzes an die unmittelbar vorhergehende metaphysische Aussage über das "agens universale" ergibt. Es geht also um Prädikationen jenseits der im Rahmen von species und genus stattfindenden, die beide gemäß dem erstgenannten Strukturprogramm ("aequivoca ad univoca reduci") geschehen. Werden aber Prädikationen vollzogen, die die genera übergreifen, so kehrt sich eben diese Tiefenstruktur der prädikativen Operation um, so daß in jenem logisch-philosophischen Diskurs die univoca die Bedingung ihrer Möglichkeit im "unum primum ... analogicum" finden – oder konkret gesagt: daß die Universalien im Ansatz schon analog sind und daß eine systematische Rekonstruktion der sprachlichen Möglichkeit der Prädikation bis zurück zu ihrem letzten Glied – "quod est ens" – die Analogie als tragendes, nicht weiter hintergehbares Fundament enthüllt. Mag beides selbst schon bemerkenswert genug sein, so hat sich doch die Relevanz dieser Aussagen des Thomas in diesem thematischen Zusammenhang darauf zu beschränken, daß sie die Existenz von verschiedenen Diskursebenen bezeugen, daß sie auf die Möglichkeit veränderter linguistischer Strukturen zwischen diesen Ebenen verweisen und schließlich – das ist aber nur implizit mitgegeben –, daß die Wendung dieser Ebenendifferenzierung ins Thema der Analogie einen ersten Vorblick darauf freigibt, daß sich Analogizität komplex und in sehr disparaten Funktionen ereignet, sofern sie eben in einem mit Universalien arbeitenden Diskurs anders waltet als in der Rede über Haus- und Seehunde.

Einen letzten Hinweis gewährt a5 in seinem kurzen ad2: Gegen die Behauptung einer (strikten) Äquivokation in der Rede über Gott steht die biblische – und damit für Thomas theologisch verbindliche – Aussage von der Ähnlichkeit zwischen Gott und Mensch gemäß Gen 1, 26. Um aber anläßlich ihrer nicht sofort ins gegenteilige Extrem einer strengen Univokation zu verfallen, stellt Thomas fest:

> "... similitudo creaturae ad Deum est imperfecta: quia etiam nec idem secundum genus repraesentat ..."(a5 ad2).

Die similitudo imperfecta meint als Mittleres zwischen aequivoca und univoca (vgl. obi.2) genau das, was in q13 a5 c "proportio" heißt, beschreibt also genau die Struktur des Analogiegeschehens, bleibt aber wesentlich unbestimmter als die "proportio"-Aussagen. Damit sind die – weitgehend pragmatischen – Auskünfte des q13 a5 zum Sprachgeschehen der Analogie aufgewiesen und analysiert. Welche kommen aus dem zweiten zentralen Artikel a6 noch hinzu?

– **q13 a6 (verbunden mit q13 a2 c)**: Verhandelt wird in diesem Artikel die schon in a5 mit zur Geltung gebrachte Prozessualität analoger Prädikationen hinsichtlich ihrer spezifischen Verlaufsform im speziellen Fall theologischer Analogie:

> "Videtur quod nomina per prius dicantur de creaturis quam de Deo"(a6 intr.).

Dafür scheint zu sprechen, daß auch in der der Sprachordnung zugrunde liegenden Erkenntnisordnung die Erkenntnis der Kreatur derjenigen Gottes vorausgeht –

"ergo nomina a nobis imposita, per prius conveniunt creaturis quam Deo"(obi.1).

Die Analyse der Antwort des Thomas auf das gestellte Problem hat sich - wie schon in a5 - vor der üblichen sofortigen Vereinnahmung durch einen apriorisch unterstellten metaphysischen Sinn des "per prius - per posterius" sowie durch die teilweise Transformation der linguistischen Beschreibung in logische Aussagen zu hüten:

"... in omnibus nominibus quae de pluribus analogice dicuntur, necesse est quod omnia dicantur per respectum ad unum: et ideo illud unum oportet quod ponatur in definitione omnium. Et quia ratio quam significat nomen, est definitio, ut dicitur in IV Metaphys., necesse est quod illud nomen per prius dicatur de eo quod ponitur in definitione aliorum, et per posterius de aliis, secundum ordinem quo appropinquant ad illud primum vel magis vel minus: ..."(a6 c).

Die Emphase auf das logische Moment der Definition und ihre Immanenz in den jeweiligen Gliedern einer analogen Prädikation darf nicht ablenken von der gleichzeitigen Angabe der Verlaufsstruktur (die definitio hebt dabei mehr auf das statische Moment ab) und ihre nähere Charakteristik. Das per prius - per posterius macht ja eine Aussage über den praktischen Verlauf der Prädikation - nämlich ihren Progreß vom Bekannten (Definierten) zu dem, dessen Bestimmung (Definition) zwar die des Ausgangsobjektes enthält, aber von ihr nicht mehr umgriffen wird. Dieser Vor-gang vollzieht sich

"... secundum ordinem quo **appropinquant** ad illum primum vel **magis** vel **minus:** ..."

d.h. der Zusammenhang zwischen dem prius und dem posterius Benannten läßt sich nicht auf exakte Formeln bringen - sofern durch das zweite Glied an sich selbst nicht schon wieder genau definierter Überschuß über die prozeßmotivierende Definition (des ersten Gliedes) ins Spiel kommt -, sondern kann nur in Näherungswerten ("appropinquant") ausgedrückt werden, was eben eine weder apriorisch noch aposteriorisch genau bestimm- oder begrenzbare Graduierung ("vel magis vel minus") impliziert. Das besagt ein Zweifaches: daß für den analogen Gebrauch nur Ausdrücke in Frage kommen, deren Bedeutung ein Mehr oder Weniger des Bedeuteten zuläßt, die also graduierbar sind - was nicht unbedingt in recto durch einen Komparativ geschehen muß; und ferner bleibt festzuhalten, daß die negativen Grenzwerte eines solchen Graduierungsprozesses gar nicht so einfach festgelegt werden können - mit anderen Worten: Wann genau die Demarkationslinie zwischen einer analogen Aussage (aequivocatio a consilio) und einer strikt äquivoken (aequivocatio a casu) überschritten wird, läßt sich mit innerlogischen Kriterien apriori überhaupt nicht beschreiben. Sollte in Grenz- oder Streitfällen eine ausdrückliche Rechtfertigung einer analogen Aussage als solcher nötig werden, müssen dafür noch andere Parameter in Anschlag gebracht werden - welche, das sei vorerst noch dahingestellt. - Bezeichnenderweise wählt Thomas - das sei hier nur angefügt - zur Illustration seiner Ausführungen wieder das erste "sanum"-Beispiel aus a5 c.

Im Anschluß an seine Analyse erhält dann **dieser** soeben geschilderte Analogisierungsprozeß ("analogice") seinen spezifischen Namen:

"Sic ergo omnia nomina quae **metaphorice** de Deo dicuntur, per prius de creaturis dicuntur quam de Deo: quia dicta de Deo, nihil aliud significant quam similitudines ad tales creaturas" (a6 c).

und wird formal charakterisiert durch einen Hinweis auf die - sehr unspezifisch gelassene und damit ihre Randunschärfe andeutende - similitudo (vgl. auch deren Bestimmung in q13 a5 ad2!). Das vorausgehende "sanum"-Beispiel ist also als Metapher gemeint. Die beiden dem zitierten Satz nachfolgenden Exempel mit "ridere, dictum de prato" und "nomen leonis, dictum de Deo", die sich aufgrund der Herausstellung der Verhältnisähnlichkeit ("secundum similitudinem proportionis") als Grundriß des Metapherngeschehens auf den ersten Blick so stark vom "sanum"-Beispiel zu unterscheiden scheinen, sind lediglich aus anderer Perspektive formuliert: stand beim "sanum" der Prozeß der Übertragung im Vordergrund, so bei ihnen das logische Gerüst, innerhalb dessen sich die metaphorische Prädikation ereignet (pratum : florere = homo : ridere). Das beidmalige "similiter se habet" reflektiert nochmals die in der Metapher wirkenden unscharfen Ähnlichkeitsverhältnisse.

Dieser Klasse von gottesfähigen Namen gesellt sich aber noch eine zweite zu, die Thomas folgendermaßen einführt:

"De aliis autem nominibus, quae non metaphorice dicuntur de Deo, esset etiam eadem ratio, si dicerentur de Deo causaliter tantum ut quidam posuerunt. Sic enim, cum dicitur Deus est bonus, nihil aliud esset quam Deus est causa bonitatis creaturae: et sic hoc nomen bonum, dictum de Deo, clauderet in suo intellectu bonitatem creaturae. Unde bonum per prius diceretur de creatura quam de Deo."

Zunächst fällt auf, daß diese zweite Gruppe keinen eigenen Namen erhält, sondern nur negativ bezeichnet wird mit "non metaphorice", was eben heißt, daß sie zwar anders ausgesagt werden als die metaphorischen Namen, aber nicht **ganz** anders, weil sie beiden den "omnibus nominibus quae de pluribus analogice dicuntur" (Einleitung des corpus von a6) zugehören. Diese Zurückhaltung in der Benennung aber indiziert eine viel tieferreichende Schwierigkeit, nämlich überhaupt die angekündigte Differenzierung der analogen Namen reflexiv einholen zu können. Nicht einmal dann nämlich, wenn Thomas innerhalb dieser metasprachlichen Aussage wieder zu metaphysischen Kategorien greift und den linguistischen Zusammenhang zwischen der Anwendung des zur Debatte stehenden Prädikats auf Gott und auf das Geschöpf mit dem Begriff der causa überaus eng determiniert, nicht einmal dann ergibt sich die gewünschte Differenzierung ("... esset etiam eadem ratio" - nämlich wie bei der vorher behandelten Metapher - "si dicerentur de Deo causaliter tantum ..."). Dennoch hält Thomas hartnäckig an ihr fest:

"Sed supra ostensum est quod huiusmodi nomina non solum dicuntur causaliter, sed etiam essentialiter. Cum enim dicitur Deus est bonus vel sapiens, non solum significatur quod ipse sit causa sapientiae vel bonitatis, sed quod haec in eo eminentius praeexistunt"(a6 c).

Damit ist das Stichwort gefallen, das jene zweite Gruppe von Namen charakterisiert: "essentialiter". Wie kommt der Aquinate darauf und was bedeutet es? Mit "supra ostensum" bezieht er sich auf q13 a2 c, wo es darum geht, ob ein "... nomen dicatur de Deo substantialiter" (intr.). Denen, die dies bestreiten, hält Thomas zunächst drei Einwände entgegen:

> "... videtur esse inconveniens (sc. die Gegenpositionen), propter tria. Primo quidem, quia secundum neutram harum positionum posset assignari ratio quare quaedem nomina magis de Deo dicerentur quam alia. Sic enim est causa corporum, sicut et causa bonorum: unde, si nihil aliud significatur, cum dicitur Deus est bonus, nisi Deus est causa bonorum, poterit similiter dici quod Deus est corpus, quia est causa corporum. Item per hoc quod dicitur quod est corpus, removetur quod non sit ens in potentia tantum, sicut materia prima. - Secundo quia sequeretur quod omnia nomina dicta de Deo, per posterius dicerentur de ipso ... - Tertio, quia hoc est contra intentionem loquentium de Deo. Aliud enim intendunt dicere, cum dicunt Deum viventem, quam quod sit causa vitae nostrae, vel quod differat a corporibus inanimatis."(a2 c).

Diese Einwände dienen aber dem Aquinaten nur negativ zur Destruktion der gegnerischen Positionen, nicht dem Aufbau der eigenen Argumentation. Dafür beruft er sich vielmehr wiederum zurück auf die Kategorie der perfectio (vgl. q4 a2 c). Was ist damit gemeint? Es handelt sich dabei um einen hochabstrakten Begriff - auf den ersten Blick - metaphysischer Provenienz, den Thomas häufig in wichtigen Zusammenhängen verwendet, aber nie in seiner leeren Formalität definiert.(51) Am ehesten läßt sich "perfectio" erklären als eine mögliche positive Grenzenlosigkeit, etwas, was aus sich heraus keinerlei Beschränkung erfährt und eine solche nur durch ein anderes seiner selbst erleiden kann.(52) "Perfectio" kann also nur etwas sein, was seinem Wesen gemäß unbegrenzt, uneingeschränkt steigerbar, unendlich sein kann - die Argumentation von q13 a2 c ist damit in einen stark metaphysisch getönten Diskurs hinübergeglitten. Wie verläuft er weiter? Unendlich im realen, metaphysischen Sinne nur einer: Gott. Wenn also etwas die formale Charakteristik der "perfectio" (in se) verdient, dann steht es notwendig in unmittelbarem Zusammenhang mit dem, was "Gott" genannt wird, genauer: ist von ihm direkt und unmittelbar aussagbar. Prägnant heißt es deshalb in I q20 a1 ad2 anläßlich eines konkreten Problems:

> "Quae autem imperfectionem non important, de Deo proprie dicuntur ..."

Jede solche Prädikation geschieht per prius von Gott, weil alles, was "perfectio" ist, kraft seiner metaphysischen Struktur zuerst und nur bei Gott im Vollsinn vorkommen kann und - wenn überhaupt - in einer abgeleiteten, ähnlichen Weise **dann** im Raum der Kreatur:

> "Cum igitur dicitur Deus est bonus, non est sensus, Deus est causa bonitatis, vel Deus non est malus: sed est sensus, id quod bonitatem dicimus in creaturis, praeexistit in Deo, et hoc quidem secundum modum altiorem"(q13 a2 c).

Genau darauf stützt sich die formale Charakteristik der zweiten Klasse von Gottesnamen als per prius von Gott und per posterius von den Geschöpfen ausgesagten gegenüber der gegenläufigen Abfolge bei den Metaphern (vgl. a6 c). Mithin scheint die von Thomas gesuchte Differenzierung der Gottesnamen erreicht und die Lösung der Problematik dadurch gefunden, daß der metasprachliche Diskurs in einen metaphysischen transformiert wird und der erste so seine Begründung und Vollendung erfährt. Das letztlich metaphysische Fundament analoger Prädikationen über Gott scheint unbestreitbar.

Diese Auflösung der Problematik zu behaupten, hieße aber, die thomanischen Aussagen selektiv und einseitig interpretieren. Daß dies in der schulmäßigen Thomasauslegung - wie zu Beginn der Arbeit gezeigt - immer und immer wieder geschah, ist keineswegs nur den Interpreten anzulasten, sondern wesentlich bedingt durch das je und je wechselnd oszillierende Amalgam von Semantik und Metaphysik sowie die Inkonsistenz der ersteren im Werk des Aquinaten. Einer linguistisch-analytisch sensiblen Optik enthüllen sich dennoch gewichtige Hinweise, die die ganze Problematik dieser zweiten Gruppe von Gottesnamen in erheblich anderem Licht erscheinen lassen. Das beginnt bei der völlig belanglos aussehenden Juxtaposition "huiusmodi" zu "nomina" (a6 c), die gemäß dem sprachlichen Duktus der Argumentation des Thomas ihre inhaltliche Füllung aus dem unmittelbar vorausgehenden Beispiel mit "bonus" erhält:

"Unde bonum per prius diceretur de creaturis quam de Deo. Sed supra ostensum est quod huiusmodi nomina non solum dicuntur de Deo causaliter, sed etiam essentialiter"(a6 c).

Als zweites Beispiel folgt unmittelbar anschließend "sapiens". "Huiusmodi" fungiert also als Charakteristik des "bonum" (und "sapiens") als einfachen Worts, als faktischen Bestandteils der Sprache, nicht als möglichen Gottesprädikats. Was soll damit angezeigt werden? Der erste der drei in q13 a2 c ausgesprochenen Einwände führt hier weiter, indem er fragt nach der

"... ratio quare quaedam nomina magis de Deo dicerentur quam alia."

Thomas weiß also um eine Gruppe von Wörtern, die aus sich heraus bevorzugt auf Gott angewandt werden. Er selbst hat diese Ausdrücke weder in ihrem Spezifikum irgendwo formal bestimmt noch in ihrer Gesamtheit in einer Liste zusammengestellt; lediglich zu konkreten Anlässen führt er ein paar ihrer Vertreter an. "Huiusmodi nomina" sind z.B. "bonus" und "sapiens" (q13 a6 c); daneben auch "vivens" (q13 a2 c), "bonitas" und "vita" (q13 a3 c) oder "verum" und "nobile" (I q2 a3 c), ebenso "amor" und "gaudium" (I q20 a1 ad2). Sucht man - über Thomas hinaus - ausdrücklich nach dem Unterscheidenden dieser Ausdrücke als Ausdrücke, so zeigt sich das in ihrer linguistischen Binnenstruktur, die eine unbegrenzte Steigerung ihrer Bedeutung zuläßt: gut, besser, noch besser, noch viel besser ... am allerbesten - bis hin zu einem unüberbietbaren, weil im Unendlichen liegenden Maximum; zur Verdeutlichung versuche man dasselbe mit anderen Ausdrücken, die nicht zu jener privilegierten Gruppe zählen, z.B. "sportlich", "demokratisch", "gut genährt", "formal", "abstrakt", "wissenschaftlich", "schweigsam" - um es an letztgenanntem Prädikat zu realisieren:

schweigsam, schweigsamer, noch schweigsamer ... restlos schweigsam; das, was "schweigsam" als positive Qualität meint, hebt ab einem gewissen Grad seiner Extensivierung eben jene Qualität selbst auf: Schweigsam zu sein, hat nur im Aktionsraum des Redens als begrenzte Qualität Sinn; überhaupt nichts mehr zu sagen ("restlos schweigsam") eliminiert das Trägersubjekt der Qualität aus dem Zusammenhang des Redegeschehens.(53) Zurück zum Aquinaten selbst: Die "huiusmodi nomina" unterscheiden sich also von anderen möglichen Gottesprädikaten dadurch, daß sie aufgrund ihrer beschriebenen rein linguistischen Qualität auf Gott unmittelbar angewandt werden können. Thomas' Insistenz auf eine Differenzierung der Gottesnamen ("metaphorice" - "non metaphorice") war also völlig berechtigt, die spezifische Art jedoch, wie er jene Unterscheidung formuliert ("per prius de creaturis - per posterius de Deo" bzw. umgekehrt), erzeugt die mannigfachen Schwierigkeiten der Interpretation - und seines eigenen Verständnisses der Verhältnisse, wie das ausführliche Ringen darum verrät. Thomas war nahe daran, die Qualität der "huiusmodi nomina" als linguistische zu identifizieren und so seinen Analogiediskurs konsequent als metasprachlichen fortzuführen, aber die zweifellos gegebene Isormorphie zwischen der indefiniten Graduierbarkeit solcher sprachlicher Ausdrücke und der metaphysischen perfectio-Qualität derjenigen Entitäten, die sie bezeichnen, hat ihn wohl im Horizont der Ungeschiedenheit von Semantik und Metaphysik und den Bedingungen seines denkerischen Umfeldes(54) im Diskurs den Akzent aus die Metaphysik legen zu lassen - freilich, ohne daß dieser metaphysische Diskurs eindeutig ein solcher geworden wäre: Das sprachliche Element bricht sich immer wieder neu Bahn - so mitten in der Schlußfolgerung zu q13 a2 c, wenn es heißt:

"Cum igitur dicitur Deus est bonus ... est sensus, id quod bonitatem dicimus in creaturis, praeexistit in Deo ..."

Vor allem aber in q13 a6 c selbst mit der Formel

"... huiusmodi nomina non solum dicuntur causaliter, sed etiam essentialiter."

Das bedeutet eine gewisse Zurücknahme gegenüber q13 a2 c; dort war exklusiv das "substantialiter" herausgestellt worden. "Non solum" - das heißt doch, daß eben jene Prädikate auch causaliter oder in sonst einer analog-prädikativen Relation gemeint sein können. Was letztlich in der konkreten Rede der Fall ist, entscheidet sich an der Intention des Sprechers - daher auch die Appellation an die "intentionem loquentium" im dritten Argument gegen die Widersacher in q13 a2 c, mit der etwas ins Spiel kommt, was jenseits von Vokabular und Grammatik liegt. Die Differenzierung ist erzielt auf dem Weg eines weitausgreifenden und schließlich weitgehend metaphysisch werdenden theoretischen "Überbaus". Die Charakterisierung der ersten Gruppe von Gottesprädikaten, der Metaphern - "per prius de creaturis et per posterius de Deo" - wurde in rein metasprachlich-analytischem Diskurs erschlossen. Das Kennzeichen der zweiten Gruppe jedoch ist in der Form, wie Thomas es festlegt, diesem Diskurs nicht zugänglich - wiewohl er sehr leicht ein rein linguistisches Kriterium für jene zweite Gruppe der "huiusmodi nomina" hätte formulieren lassen. Thomas hat einen anderen Weg gewählt und kommt mittels der Metaphysik zu einem sehr prägnanten und exakten Kriterium, das noch dazu weder von seiner Form noch von seiner Terminologie her sofort von dem linguistisch erstellten Kriterium der ersten Gruppe zu unterscheiden ist:

"... quantum ad rem significatam per nomen, per prius dicuntur de Deo quam de creaturis: quia a Deo huiusmodi perfectiones in creaturas manant"(a6 c).

Aber weder identische Form noch frappierend ähnliche Terminologie dürfen über den fundamental anderen Status des Kriteriums hinwegtäuschen. Thomas hat wohl trotz der Oszillation seines semantischmetaphysischen Denkens den Unterschied zum ersten Kriterium gesehen – aber nicht mehr begrifflich ausgearbeitet –, weil er sogleich hinzufügt:

"Sed quantum ad impositionem nominis, per prius a nobis imponuntur creaturis, quas prius cognoscimus."

Damit zieht er die zweite Gruppe von Namen nochmals ausdrücklich auf die metasprachliche Ebene und stellt dort die – für ihn gebliebene – rein linguistische Ununterscheidbarkeit der ersten und zweiten Namensklasse fest, was für die faktisch-empirische Verlaufsstruktur der Prädikation auch zutrifft ("per prius – per posterius"), sofern wir eben Gott auch nicht "gut" nennen können, bevor wir nicht aus dem um- und mitweltlichen Bereich gelernt haben, was "gut" bedeutet; das andere linguistische Kriterium der zweiten Gruppe hat Thomas nicht gesehen, obwohl er unmittelbar davorstand.

Der Gesamtdiskurs des a6 ist unbestreitbar ein metasprachlicher. Somit bleibt – jenseits dessen, was Thomas sagt – die Frage, was jenes zweite, metaphysisch fundierte Kriterium im Kontext der metasprachlichen Aussage leistet. Die Antwort auf diese Frage ist nicht nur der Irritation durch Form und Terminologie des Kriteriums ausgesetzt, sondern – im Zusammenhang mit dem metasprachlichen Nachsatz ("sed quantum ad impositionem ...") – auch einer bestehenden Parallelität zu einem linguistischen Verhältnis, das in q13 a5 ad1 angesprochen ist. Thomas erwähnt dort bei der Analyse des analogen Prädikationsprozesses die Umkehrung der prädikativen Verlaufsstruktur im hochabstrakten Universaliendiskurs ("univoca ad analogicum reduci") gegenüber dem Alltagsdiskurs ("aequivoca ad univoca reduci").(55) In q13 a6 c besteht andererseits im letzten das Differenzierungskriterium der beiden Namensklassen nach Thomas in nichts anderem als eben einer solchen Umkehrung der Verlaufsstruktur analoger Prädikation. Dennoch: die Parallelität täuscht; in a5 ad1 handelt es sich je um eine metasprachliche Aussage bezogen auf zwei verschiedene Diskursebenen; a6 c dagegen dreht sich um eine metasprachliche und eine metaphysische Aussage ("... quia a Deo huiusmodi perfectiones in creaturas manant.") bezogen auf ein und denselben Diskurs, einen theologischen nämlich. Nachdem beide Irritationsquellen benannt und so ausgeschaltet sind, noch einmal die Frage: Was leistet Thomas' metaphysisch fundiertes Kriterium im metasprachlichen Zusammenhang? Die a6 c abschließende Einführung des spekulativsten linguistischen Instruments, das der Aquinate verwendet – modus significandi(56) –, läßt die eindeutige Bestimmung seines Einsichtswertes zu:

"Unde et modum significandi habent (sc. huiusmodi nomina) qui competit creaturis."

Anläßlich q13 a3 c war bereits von der Problematik der Applikation der modus-significandi-Theorie auf das Verhältnis von Gott- und Weltrede zu handeln; es hatte sich gezeigt, daß die ursprünglich grammatisch-semantische Kategorie in diesem Kontext zur strikt-semantischen wird - mit dem Ergebnis, daß die Veränderung des modus significandi im Übergang vom Geschöpf zu Gott sprachlich nicht zur Geltung kommt und damit der modus significandi divinus eine theoretisch erschlossene Leerstelle bleibt. Genau das drückt die eben zitierte abschließende Bemerkung des Thomas aus; zugleich qualifiziert sie das metaphysisch fundierte Kriterium zur Umschreibung des linguistisch notwendig und wesentlich in Sprach-losigkeit verfügten modus significandi divinus. Das bedeutet: jenes Kriterium besagt als solches nichts. Damit ist nicht sein metaphysischer Inhalt bestritten (der im metaphysischen Diskurs sein Recht hat). Bestritten ist nur sein linguistischer, metasprachlicher - und im gegebenen Zusammenhang metasprachlich sein müssender - Einsichtswert. Er reduziert sich auf die Anzeige, daß neben den metaphorisch gebrauchten Gottesprädikaten noch andere linguistische Elemente in der normalen Alltagssprache vorkommen, die privilegiert für Gott verwendet werden - ohne aber über sie nähere Auskunft zu geben, und vor allem, ohne klarzulegen, daß jene an sich selbst kraft ihrer linguistischen Qualität eine besondere Qualifikation für den Gebrauch in der Rede von Gott besitzen.

Das zentrale Ergebnis(57) dieser Analyse von q13 a6 c lautet somit: Thomas hat recht mit seiner Behauptung einer Differenziertheit der nomina divina; "Metaphern" und "huiusmodi nomina" sind nicht identisch, aber anders verschieden, als Thomas diesen Unterschied auffaßt. Dessen spätere - auf die weitere Analyse entsprechender sprachlicher Fälle gestützte - Explikation wird ein wichtiger Bestandteil der analytisch konzipierten Interpretation thomanischer Analogie sein. Ineins damit ist ihrer weiteren Untersuchung vom obigen Resultat her die verschärfte Aufmerksamkeit auf die Diskrepanz zwischen Analogietheorie und Analogiepraxis aufgetragen, die sich am pronconciertesten dort ausspricht, wo metasprachliche Beschreibungen in metasprachliche Theorien letztlich metaphysischer Qualität umschlagen - jedenfalls hat sich ein solcher Antagonismus in der vermeintlich so kompakten q13 a5 und a6 schon in erheblichem Umfang enthüllt.

Damit sind die beiden - gewöhnlich als Schlüsseltexte behandelten - zentralen Artikel der q13 auf ihre linguistischen Momente und Implikationen hin analysiert. Im folgenden geht es nun darum, über a5 und a6 in deren weiteren Umkreis ausgreifend den analytisch-linguistischen Charakter der ganzen q13 im einzelnen zu entfalten. Wenn das gelingt, kann darüber hinaus gerade kraft der durchgängigen Sprachdimension der ganzen quaestio die vom "Schlüsseltextansatz" verursachte Isolation (und damit hermeneutische Verfremdung) von a5 und a6 unterlaufen werden. Diese Erweiterung der Analyse kann einfach bei q13 a1 ansetzen und sich zum Ende der quaestio durch arbeiten.

- q13 a1: Über die für diesen Artikel weiter oben schon generell vermerkte Präsenz des Grammatischen hinaus bleiben noch beachtenswerte Einzelzüge und konkrete Sprachanalysen des Aquinaten zu analysieren. Einleitend zu ganzen q13 fragt Thomas, ob Gott überhaupt Namen zukommen können. Er bejaht dies im Verweis darauf, daß wir Gott aus den Kreaturen erkennen (vgl. q12 a11; a12) und deshalb von ihnen her auch benennen können. Dieser positive Entscheid läßt sich - gemäß a1 c - offensichtlich auf reflexiv-theoretischer Ebene nur negativ artikulieren:

> "Sic igitur potest nominari a nobis ex creaturis: non tamen ita quod nomen significans ipsum, exprimat divinam essentiam secundum quod est ..."

Der unmittelbar angeschlossene Vergleich mit der Namengebung auf der kreatürlichen Ebene

> "... sicut hoc nomen homo exprimit sua significatione essentiam hominis secundum quod est: significat enim eius definitionem, declarantem eius essentiam; ratio enim quam significat nomen, est definitio"

läßt kraft dessen positiver Bestimmtheit prägnant ein Defizit von Theoretisierbarkeit im Falle der Rede von Gott hervortreten. Die Verklammerung der beiden Aussagen durch "non tamen ita ..., sicut ..." indiziert lediglich das Fehlen einer Verhältnisähnlichkeit und damit nur eine Differenz.

In a1 ad1 begegnet der typische Fall einer pragmatisch notwendigen, reflexiv vollzogenen Operation an und mit der Sprache. In a1 c hatte Thomas festgestellt, daß Gott "... potest nominari a nobis ex creaturis ...", was mit der Autorität des Ps.-Dionysios AREOPAGITA auszugleichen ist, der geschrieben hat: "... neque nomen eius est, neque opinio" (obi.1). Thomas löst den Widerspruch mit der Autorität so:

> "... ea ratione dicitur Deus non habere nomen, vel esse supra nominationem, quia essentia eius est supra id quod de Deo intelligimus et voce significamus."

Das heißt: er determiniert die Bedeutung des Ausdrucks "non habere" in Funktion des gegebenen Widerspruchs; faktisch-linguistisch geschieht das in der Unterscheidung zweier Bedeutungen von "non habere", nämlich der alltäglichen, die einem zunächst beim Ausdruck "non habere" in den Sinn kommt (daß es also überhaupt keinen Namen Gottes gibt), aber explizit überhaupt nicht zur Geltung gebracht wird, und der zweiten, hier benötigten, die lediglich die nomina essentialia ausschließt. Daß die erste Bedeutung der zweiten, determinierten zugrunde liegt, sie allererst ermöglicht, ist evident. Das Phänomen, daß bei dieser Unterscheidung nur ein Glied sprachlich manifest wird, läßt dafür sensibel werden, daß u.U. derartige sprachliche Differenzierungen in Funktion von Bedeutungsvariationen viel öfter vorkommen als die Texte auf den ersten Blick verraten, mit anderen Worten: Der linguistische Niederschlag sprachpragmatischer Reflexionen und Operationen kann verdeckt sein.

In a1 obi.2 stellt Thomas kategorisch fest:

> "... omne nomen aut dicitur in abstracto, aut in concreto."

Damit scheiden beide Gattungen von Namen für die Benennung Gottes aus, denn:

> "Sed nomina significantia in concreto, non competunt Deo, cum simplex sit: neque nomina significantia in abstracto, quia non significant aliquid perfectum subsistens. Ergo nullum nomen potest dici de Deo" (obi.2).

Wie bewältigt der Aquinate diese Konsequenz? Seine Auflösung beginnt mit einem Hinweis auf die anthropologische Bedingtheit der Sprache und deren Konsequenzen für den Sprachvorgang. Diese anthropologische Verfaßtheit kommt dadurch zustande, daß zwischen erkennendem Subjekt und der Erkenntnis sinnlicher Objekte eine Konnaturalität besteht, die ihrerseits mittels der Fundierung des Sprechakts im Erkenntnisakt auch ersteren konditioniert. Weil menschliche Gotteserkenntnis bei der Schöpfung ansetzt,

"... nomina quae Deo attribuimus, hoc modo significant, secundum quod competit creaturis materialibus, quarum cognitio est nobis connaturalis ... Et quia in huiusmodi creaturis, ea quae sunt perfecta et subsistentia, sunt composita; forma autem in eis non est aliquid completum subsistens, sed magis quo aliquid est: inde est quod omnia nomina a nobis imposita ad significandum aliquid completum subsistens, significant in concretione, prout competit compositis; quae autem imponuntur ad significandas formas simplices, significant aliquid non ut subsistens, sed ut quo aliquid est, sicut albedo significat ut quo aliquid est album."

Vor der Zuwendung zur Konsequenz dieses Befundes für die Rede von Gott sind die zahlreichen linguistischen Einzelmomente dieses Abschnitts zu explizieren: Die Unterscheidung der beiden Namensgattungen "abstractum" und "concretum" stellen nämlich die formale Kennzeichnung der beiden für nomina möglichen (grammatischen!) modi significandi dar (z.B. "homo" als concretum und "humanitas" als abstractum); Thomas sagt das zwar bei der einleitenden Unterscheidung nicht sofort dazu (was den linguistischen Charakter der Stelle zunächst verdunkelt), redet aber in a1 ad2 von "hoc modo significant" und sagt abschließend:

"quamvis utraque nomina deficiant a modo ipsius (sc. Dei) ..."(58)

Zweitens erhellt neben dem neutraleren "imponuntur" aus "attribuimus", daß die Benennung beim Sprechen grundsätzlich eine Aktivität des Menschen darstellt; drittens basiert die Gattungsdifferenzierung ("nomina concreta - nomina abstracta") auf einer durch Unterscheidung von möglichen Bedeutungen erwirkten und ihrerseits nicht noch einmal hinterfragten Determination der Bedeutung des Ausdrucks "forma":

"... forma ... non est aliquid completum subsistens, sed magis quo aliquid est" -

das "est" darf dabei nicht davon ablenken, daß es sich um eine explizite Sprachregelung handelt; innerhalb ihrer kommt schließlich viertens mit dem "magis" die aus der Arbeit an Bedeutungskonstitutionen nicht eliminierbare Randunschärfe und mit ihr der pragmatische Hintergrund der hier betriebenen Linguistik zur Geltung.

Welche Relevanz zeitigt nun der beschriebene Status menschlicher Sprachlichkeit für die Rede von Gott?

"Quia igitur et Deus simplex est, et subsistens est, attribuimus ei et nomina abstracta ad significandum simplicitatem eius; et nomina concreta, ad significandum subsistentiam et perfectionem ipsius: ..."(59)

115

Die anthropologische Verfaßtheit der Sprache bleibt also auch maßgebend für die Rede von Gott. Ihre Ermächtigung dazu leitet Thomas ab aus einer strukturellen Entsprechung zwischen dem (hinsichtlich zweier Namensklassen formal definierten) Instrumentar menschlicher Sprache und zweier vorderhand metaphysischer Eigenschaften Gottes: der simplicitas und der perfectio (subsistentia). Der Aquinate reflektiert diese Verhältnissetzung nicht weiter und verleiht so seiner Aussage erneut das schon so oft zu bewältigende Stigma semantisch-metaphysischer Oszillation – im gegebenen Fall wird das so stark, daß wohl ein Stück weit bezweifelt werden darf, ob es sich bei "simplicitas" und "perfectio" überhaupt um genuin metaphysische Kategorien handelt und ob nicht schon ihnen selbst gleichursprünglich ein linguistischer Grundsinn einwohnt. – Das Stigma jener Oszillation durchzieht übrigens in erheblichem Maß den ganzen Artikel, sofern die Kategorie der "forma" hier in a1 ad2 eindeutig metaphysisch gemeint ist, zu Beginn von a1 ad3 aber in einem von der Suppositionslehre gefärbten Kontext wiederkehrt:

> "significare substantiam cum qualitate, est significare suppositum cum natura vel forma determinata in qua subsistit."

So sehr mit diesem Rekurs auf die Entsprechung zwischen Namenskategorien und Wesenszügen Gottes eine abgerundete theoretische Aussage erzielt scheint, so sehr teilt auch sie das Schicksal der bisher untersuchten theoretischen Äußerungen zum Thema Rede von Gott. Thomas hat das gesehen, freilich auf seine – nochmals sich selbst theoretisch einsichtsvermittelnd gebende – Weise artikuliert:

> "quamvis utraque nomina deficiant a modo ipsius, sicut intellectus noster non cognoscit eum ut est, secundum hanc vitam."

Dieser Satz ist ein Bekenntnis, ein Bekenntnis freilich, das in sich selbst problematisch ist, weil es den nomina ein Defizit anlastet, das ihnen allererst im Gefälle der über sie hier aufgestellten Theorie zuwächst: Das Defizit gewinnt nämlich sein Profil allererst und nur in der Abhebung auf einen eventuellen modus significandi divinus, den Thomas' Konzeption voraussetzt, der aber nur eine theoretische Leerstelle bleibt. Natürlich ist der vom Aquinaten zur Geltung gebrachte Vorbehalt gegenüber den Namensgattungen aus seiner Sicht berechtigt: Wann immer wir ein nomen abstractum von Gott aussagen, verfehlen wir seine subsistentia, und wann immer ein nomen concretum, umfaßt jenes die simplicitas Gottes nicht – das Argument aus obi.2 bleibt gültig ohne Abstriche. Im Maß wir Gott richtig benennen, reden wir unangemessen über ihn, weil unsere Sprache kontradiktorisch zerspaltet, was in Gott Eines ist ("... et ... simplex est, et subsistens est: ..."). Dennoch gibt es keine andere Möglichkeit, von Gott zu reden; ein nomen ist abstrakt oder konkret – tertium non datur. Kann dem etwas fehlen, was notwendig so ist? Was bleibt somit jenseits dieses Theorieproblems an realen Auskünften in a1 übrig? Zu sagen – wie Thomas das abschließend tut –, daß keiner der Namen einen modus significandi divinus erfüllt, heißt zweierlei: erstens konstatiert das keinen völlig negativen Befund, sondern impliziert, daß prinzipiell – wenn auch unter Schwierigkeiten – über Gott gesprochen werden kann; und zweitens heißt dies, daß im Fall der Rede von Gott besondere Vorsicht geboten ist hinsichtlich der Bedeutungen und der dabei verwendeten Ausdrücke, daß jedenfalls zwischen der Gottesrede und sonstigen Diskursen

Differenzen bestehen. Nicht mehr und nicht weniger - auch wenn der eher negative Grundton der thomanischen Ausführungen auf den ersten Blick den Akzent mehr auf das "weniger" zu legen scheint. Ruft man sich das Thema des Artikels ins Gedächtnis zurück - "Videtur quod nullum nomen Deo conveniat" -, so wird klar, daß Thomas **hier** auch nicht mehr wollte.

Der Vollständigkeit halber sei zu a1 auch noch erwähnt, daß in ad3 nochmals eine Bedeutungsdetermination an einem grammatischen Term stattfindet:

> "Pronomina vero demonstrativa dicuntur de Deo, secundum quod faciunt demonstrationem ad id quod intelligitur (erste Bedeutungsmöglichkeit), non ad id quod sentitur (zweite Bedeutungsmöglichkeit)."

Das Beispiel ist insofern aufschlußreich, als es zeigt, wie ausschließlich durch Einsatz eines linguistischen Indikators ("dicuntur"), die Angabe des Kontexts ("de Deo") und das Instrument der Unterscheidung möglicher Bedeutungen sowie aus dem Zusammenspiel aller Elemente heraus die aktuell relevante Bedeutung freigelegt wird (zur Gegenprobe für die Wichtigkeit solcher belanglos erscheinender Operationen vergegenwärtige man sich nur die Verwendungsmöglichkeiten des Demonstrativpronomens "de creatura" und die dabei auftretenden Bedeutungsunterschiede, etwa: "dieser Hund" und "diese Meinung").

- q13 a2: Zwar war von diesem Artikel schon im Zusammenhang der Analyse der in q13 a6 c formulierten Theorie ausführlich die Rede gewesen,(60) dennoch verdient er eine nochmalige Zuwendung wegen einiger Aufschlüsse sprachpragmatischer Art über den Prozeß der Bedeutungskonstitution. Thomas legt zu Beginn von a2 c die Bedeutung einer bestimmten Klasse von Gottesnamen offen mittels der Unterscheidung von Bedeutungen:

> "... de nominibus quae de Deo dicuntur negative, vel quae relationem ipsius ad creaturam significant, manifestum est quod substantiam eius **nullo modo** significant (erste Bedeutungsmöglichkeit); sed remotionem alicuius ab ipso, vel relationem eius ad alium, vel potius alicuius ad ipsum" (zweite Bedeutungsmöglichkeit) (a2 c).

Die jeweils ausgeschlossene Bedeutung kommt als rein sprachliche Möglichkeit zur Geltung, weil und sofern nur in Verbindung mit ihr die dem je gegebenen Sachverhalt kohärente Bedeutung durch Restriktion im analogen Spektrum ermittelt werden kann. Die sprachlogischen Möglichkeiten liegen vor den "sachlogischen" Bestimmungen, sind gewissermaßen die Materie, in denen sich die letzteren konstituieren können. Das jeweilige Argument gewinnt dabei seine spezifische Kontur im Zusammenspiel von Affirmation und Negation.

Im selben Abschnitt findet sich bezüglich der zweiten Klasse von Gottesnamen "quae absolute et affirmative de Deo dicuntur" ein weiteres Zeugnis reflexen Sprachgebrauchs, das der eben nachgezeichneten Konstitutionsstruktur von Bedeutungen und ihrer Bedingungen anhand eines Beispiels noch präziser ansichtig werden läßt. Thomas faßt die Überlegungen von a2 c zusammen mit den Worten:

"Cum igitur dicitur Deus est bonus, non est sensus, Deus est causa bonitatis (erste Bedeutungsmöglichkeit), vel Deus non est malus (zweite Bedeutungsmöglichkeit): sed est sensus, id quod bonitatem dicimus in creaturis, praeexistit in Deo ..." (dritte Bedeutungsmöglichkeit).

Die Möglichkeiten werden aufgefächert, Thomas behauptet die dritte als zutreffend. Auf welches Kriterium stützt sich die Sicherheit, mit der er die kategorische Entscheidung trifft? Es ist der Blick auf den Redezusammenhang, also nicht nur den unmittelbaren linguistischen Kontext eines sprachlichen Ausdrucks, sondern die Gesamtbedingungen eines Sprachvorgangs, der die Identifikation einer Bedeutung in der gesuchten oder nötigen Exaktheit gestattet. Die vorausgehende Argumentationskette in q13 a2 c und – wem dies nicht reichte – die Fixierung des Satzes "Deus est bonus" in der "Summa theologiae" indizieren als Bedingungsgeflecht der Aussage den theologisch-wissenschaftlichen Diskurs. Damit übernimmt ein Kriterium außerhalb der streng innersprachlichen Elemente die Funktion der Lokalisierung einer Bedeutung im analogen Spektrum. Zur Gegenprobe seien kurz für die von Thomas ausgeschlossenen Möglichkeiten Zusammenhänge hinzuerfunden: Fall eins (causa bonitatis): "Quantae res bonae inveniantur in hoc mundo!" Respondet X: "Deus bonus est." – Fall zwei (non malus): "Saepe mundus malo regi videtur." Respondet X: "Deus bonus est!" Der Vergleich dieser Beispiele mit der von Thomas gewählten Lösung läßt aufgrund der sprachlichen Konkretheit überdies prägnant hervortreten, daß es bei dieser pragmatischen Operation des Aquinaten tatsächlich um die Qualifikation eines Wortes für einen analogen Gebrauch, um die Konstitution einer analogen Bedeutung geht.(61) – Das soeben Gesagte gilt ohne Abstriche auch von dem Beispielsatz "Deus est vivens" in q13 a2 ad2 und braucht deshalb nicht mehr eigens angeführt zu werden.(62)

– q13 a3: Der nächste Artikel beschäftigt sich ausschließlich mit einem einzigen Ausdruck – "proprie" –, der der Qualifikation bestimmter nomina divina dienen soll:

"Videtur quod nullum nomen dicatur de Deo proprie"(intr.).

Schon die Art, wie das Wort eingeführt wird, verrät seinen besonderen Charakter: Thomas gibt keinerlei Erklärung zu seiner Bedeutung an sich, sondern redet in den obi.1 und 3 sofort von den metaphorischen Namen und in obi.2 im Anschluß an Ps.-Dionysios AREOPAGITA – davon, daß

"nullum nomen proprie dicitur de aliquo, a quo verius removetur quam de eo praedicetur."

Die somit entstehende unmittelbare Verkettung von intr. und obi. offenbart das "proprie" als relativen Ausdruck, d.h. ein sprachliches Element, dessen Verwendung nur Sinn hat im Zusammenhang mit einem Gegenstück. Um welches es sich dabei handelt, wird im sed contra prägnant formuliert:

"Non igitur omnia nomina dicuntur de Deo metaphorice, sed aliqua dicuntur proprie."

Inhaltlich kommt diese Bestimmung wiederum über eine negative Angabe nicht hinaus ("non ... metaphorice"). Wird sie in a3 c positiv spezifiziert? Thomas steuert dort sofort auf die Unterscheidung von res significata und modus significandi zu:

> "In nominibus igitur quae Deo attribuimus, est duo considerare: scilicet, perfectiones ipsas significatas, ut bonitatem, vitam, et huiusmodi; et modum significandi"(a3 c).

Über sie braucht als solche nach dem bereits Ausgeführten nicht mehr gehandelt zu werden.(63) Aufschlußreich dagegen ist die Einsetzung des "proprie" in die modus-significandi-Theorie, weil Thomas - volens nolens - dabei nicht auskommt ohne wenigstens anspielenden Rekurs auf den praktischen Sprachvorgang bei der Gottesprädikation:

> "Quantum igitur ad id quod significant huiusmodi nomina, proprie competunt Deo, et magis proprie quam ipsis creaturis, et per prius dicuntur de eo. Quantum vero ad modum significandi, non proprie dicuntur de Deo: habent enim modum significandi qui creaturis competit"(a3 c).

Wiederum kommt es darauf an, die Aussage von ihrem prinzipiell metasprachlichen Charakter her zu analysieren. In dieser Perspektive fällt auf, daß Thomas anläßlich des formal qualifikatorischen Ausdrucks "proprie" das Moment der Graduierung mit ins Spiel bringt. Das ist eine gewisse Inkonsequenz gegenüber dem, was von der an derselben Stelle installierten Theorie her zu erwarten wäre: ihrem Gefälle gemäß müßte Thomas sagen: Bestimmte nomina werden proprie von Gott und metaphorice von der Kreatur gesagt, sofern das "metaphorice" ja der unterscheidende Gegenbegriff zu "proprie" ist. Statt dessen heißt es:

> "... proprie competunt Deo, et **magis proprie** quam ipsis creaturis ..."

Das bedeutet ins Negative gewendet, daß die entsprechenden nomina von den Geschöpfen nur weniger proprie prädiziert werden, aber eben doch auch proprie. Den evident metasprachlichen Terminus "metaphorice" auf die theoretisch behauptete prädikative Verlaufsstruktur dieser nomina ("de Deo - de creaturis") anzuwenden, ist sinnlos, weil dem der faktisch-sprachliche Befund unmittelbar widerspricht:

> "Quantum vero ad modum significandi, non proprie dicuntur de Deo: habent enim modum significandi qui creaturis competit" (a3 c).

Vom Sprachvollzug her unterscheidet sich die Prädikation der nomina propria dicta in nichts von den Metaphern. Ihre besondere Qualifikation besteht vielmehr in der linguistischen Qualität ihrer Graduierbarkeit (was noch nicht heißt, daß damit die Differenz zwischen Analogie und Metapher schon ganz und nach allen Seiten hin bestimmt wäre). Die Abfolge der Wendungen "... proprie ... magis proprie ..." bezeugt das "proprie" selbst in der Funktion eines Indikators für bestimmte linguistische Verhältnisse bei bestimmten Ausdrücken. - Was in a3 ad 1 noch folgt, geht inhaltlich über das im corpus Gesagte nicht hinaus; eine Abweichung besteht insofern, als die metaphysische Zentralidee der participatio zur theoretischen Differenzierung der nomina divina verwendet wird. Ohne hier eine eigene Untersuchung dieses Terms zu beginnen, sei nur die Frage zugelassen, was die Rede von der Partizipation wirklich erklärt. Vor allem: was bedeutet die Rede vom Einschluß bzw. Nichteinschluß des modus participandi in der Bedeutung der Namen? Mir will scheinen, daß der schlichte Blick auf die Beispiele

119

- "lapsis" für das "metaphorice" und "ens, bonum, vivens ..." für das "proprie" mehr besagt, als die um jene konkreten Fälle herumkonstruierte Theorie. Daher darf wenigstens andeutend die Frage gestellt werden: Bezeichnet der Ausdruck "participatio" selbst wirklich einen Begriff oder handelt es sich dabei bereits wieder um so etwas wie eine Metapher - freilich in Funktion des metaphysischen Diskurses (wobei aus eben diesem Antagonismus die innermetaphysische Spannung zu erklären wäre, die durch die ganze philosophische Tradition hindurch mit der "participatio" verbunden ist).

- q13 a7: Dieser Artikel illustriert in aller Ausführlichkeit und Breite, was im vorausgehenden schon mehrfach anzumerken war: daß Thomas gerade bei sachlich schwierigen Fragen mit einer Bedeutungsanalyse der wichtigsten Terme beginnt, mit denen die Sachverhalte formuliert sind - daß aber selbst umfangreichere linguistische Operationen solcher Art oft nur spärlich als sprachliche gekennzeichnet sind, was zur Folge hat, daß der eigentliche Charakter entsprechender Aussagen leicht übersehen wird. Die Problemstellung lautet:

> "Videtur quod nomina quae important relationem ad creaturas, non dicantur de Deo ex tempore"(intr.).

Im ausdrücklichen Gegenzug zu einer verengten Auffassung unterscheidet Thomas zu Beginn des corpus folgende Bedeutungen von "relatio":

> "Verumtamen sciendum est quod, cum relatio requirat duo extrema, tripliciter se habere potest ad hoc quod sit res naturae et rationis. Quandoque enim ex utraque parte est res rationis tantum: quando scilicet ordo vel habitudo non potest esse inter aliqua, nisi secundum apprehensionem rationis tantum, utpote cum dicimus idem eidem idem ..." Die zweite Bedeutung lautet: "Quaedam vero relationes sunt, quantum ad utrumque extremum, res naturae: quando scilicet est habitudo inter aliqua duo secundum aliquid realiter conveniens utrique." Die dritte schließlich: "Quandoque vero relatio in uno extremorum est res naturae, et in altero est rationis tantum. Et hoc contingit quandocumque duo extrema non sunt unius ordinis"(a7 c).

Daß es tatsächlich um die Bestimmung von Bedeutungen geht, enthüllt sich immer genau dann, wenn sich die Ausführungen ins Pragmatische wenden - dort, wo Thomas das formal Gesagte mit Beispielen illustriert. In drei der insgesamt vier Konkretionen kommt "dicere" vor und qualifiziert das je Vorausgehende als metasprachliche Aussage: so in "utpote cum dicimus idem eidem idem ...", in dem Aristoteleszitat "... quod non dicuntur relative ..." sowie dem abschließenden Beispiel "Et similiter dextrum non dicitur de columna ..."

Auffällig ist in diesem Zusammenhang auch, daß diese Unterscheidung trotz ihrer hinführenden Funktion nicht eine Art Prooemium oder einen propaideutischen Abschnitt im Gesamtduktus des Artikels darstellt, sondern daß de facto mit ihr bereits alles entschieden ist. Jedenfalls erfolgt keine lange Abhandlung über das eigentlich zur Debatte stehende Problem ("nomina quae important relationem"). Vielmehr wird in einem einzigen Satz ein spezifisch theologischer Sachverhalt mit der obigen Unterscheidung in Verbindung gebracht und damit das Problem bereits entschieden:

> "Cum igitur Deus sit extra totum ordinem creaturae, et omnes creaturae ordinentur ad ipsum, et non e converso, manifestum est quod creaturae realiter referuntur ad ipsum Deum; sed in Deo non est aliqua realis relatio eius ad creaturas, sed secundum rationem tantum, inquantum creaturae referuntur ad ipsum"(a7 c).

Damit ist eine Isomorphie des theologischen Sachverhalts – letztlich der Schöpfungsstruktur – mit dem obigen dritten Relationsmodus festgestellt, was zur Folge hat:

> "Et sic nihil prohibet huiusmodi nomina importantia relationem ad creaturam, praedicari de Deo ex tempore: ..."(a7 c).

Das metasprachliche Problem fand seine Lösung also im Ansatz bei der Bedeutungsanalyse des Terms "relatio". Auf sie stützt sich auch die erneute formale Beschreibung des Beziehungsvorganges in a7 ad4:

> "Nec est inconveniens quod a relationibus realiter existentibus in re, Deus denominetur: tamen secundum quod cointelliguntur per intellectum nostrum oppositae relationes in Deo. Ut sic Deus dicatur relative ad creaturam, quia creatura refertur ad ipsum."

Die abschließende dialektische Formel arbeitet – wenigstens implizit – mit einer zweifachen Bedeutung von "relatio": "relative" secundum rationem und "refertur" secundum rem.

Wie sehr sich der Aquinate tatsächlich bei seinen Überlegungen vom konkreten Sprachmaterial führen läßt und mit welcher analytischen Akribie er auf rein linguistischer Ebene zu arbeiten imstande ist, erhellt besonders klar aus a7 ad1, wo allgemein die relativen nomina – zunächst nicht die spezifisch theologischen – in sich eine weitere Differenzierung erfahren:

> "... relativa quaedem sunt imposita ad significandum ipsas habitudines relativas, ut dominus, servus, pater et filius, et huiusmodi: et haec dicuntur relativa secundum esse. Quaedam vero sunt imposita ad significandas res quas consequuntur quaedam habitudines, sicut movens et motum, caput et capitatum et alia huiusmodi: quae dicuntur relativa secundum dici"(a7 ad1).

Die Bezeichnung der beiden Gruppen als "relativa secundum esse" und "relativa secundum dici" (vor allem die erstere) darf nicht davon ablenken, daß es hierbei um eine präzise Beobachtung und Unterscheidung **sprachlicher Ausdrücke** geht, die auf den ersten Blick völlig gleich aussehen, in ihrer linguistischen Qualität aber differieren (die Aufdeckung solcher sublimen Unterschiede ist integraler Bestandteil jeder echten analytischen "Methode"). Um das auf der Ebene der Beispiele selbst zu explizieren: "pater" kann einer nur sinnvoll genannt werden, wenn in Bezug auf ihn auch das Wort "filius" (für einen anderen) sinnvoll verwendet werden kann. Es gibt keinen Vater ohne Sohn und umgekehrt; Vatersein und Sohnsein **sind** Relationen, nicht etwas für sich jenseits der Relationen. Die zweite Gruppe dagegen sind Namen für das, auf das sich ein mögliches Bezugsverhältnis gründet: "movens" ist etwas nicht ipso facto, sondern dadurch, daß es zu seinem Selbstsein hinzu eine Bewegung bewirkt und so in Bezug tritt zu einem "motum". Diese Unterscheidung wendet Thomas in Theologische und scheidet so auch dort zwei Gruppen relativer nomina:

"Sic igitur et circa nomina divina haec differentia est consideranda. Nam quaedam significant ipsam habitudinem ad creaturam, ut Dominus ... Quaedam vero significant directe essentiam divinam, et ex consequenti important habitudinem, sicut Salvator, Creator et huiusmodi ..."(a7 ad1).

Die Antwort auf die obi.6 von a7 beginnt Thomas mit einer Anweisung, welche seine eigene Arbeitsweise, die er im Rahmen der relatio-Problematik in a7 praktiziert, prägnant zusammenfaßt und deren Sprachbewußtsein wörtlich artikuliert:

"... ad cognoscendum utrum relativa sint simul natura vel non, **non** oportet considerare ordinem **rerum** de quibus relativa dicuntur, sed significationes ipsorum relativorum"(a7 ad6).

Die Bedeutungsanalyse geht der Abklärung der Sachverhalte funktional voraus. Gleichzeitig bietet diese Stelle nochmals Anlaß, sich zu vergegenwärtigen, daß die Verwendung von auf den ersten Blick ontologisch-metaphysisch befrachteten Ausdrücken ("relatio secundum esse") innerhalb metasprachlicher Aussagen für Thomas selbstverständlich ist.

- q13 a8: Auch von a8 mußte schon einmal die Rede sein, als die formale Präsenz des Grammatischen herauszustellen war, weil die einleitend zu a8 c erwähnte Unterscheidung "id a quo" und "id ad quod" in der impositio nominis zu den wichtigen Bestandteilen der Grammatik gehört. Hier dagegen sind einige weniger reflex formulierte - aber deswegen nicht weniger wichtige Momente aus dem Umkreis jener theoretischen Differenzierung zur Geltung zu bringen.

Die obi.1 und a8 c konfrontieren mit einem Phänomen, das für heutiges Verständnis weder in sich noch erst in der von Thomas geübten Form in argumentativen Zusammenhängen große Anerkennung findet: das Verfahren der Etymologie. Selbst wenn mancher konkrete Fall - für heutige Ohren - bis an den Rand des Lächerlichen reicht - vgl. etwa "lapis" von "laedit pedem" -, muß seine Analyse wenigstens anerkennen, daß die Etymologie für den Aquinaten - ganz im Einklang mit dem Sprachdenken breiter Traditionsstränge vor ihm und weiten Kreisen zu seiner Zeit - ein integrales Moment seiner pragmatischen Sprachreflexion darstellte. Ihre wissenschaftliche Seriosität bekundet sich darin, daß die Etymologie als möglicher Fall der impositio nominis klassifiziert wird, bei der das id a quo und das id ad quod der Bezeichnung differieren; die allgemeine Akzeptanz spiegelt sich in der Tatsache, daß Thomas auch im Fall des nomen "Deus" selbst etymologische Überlegungen im Anschluß an Ioannes DAMASCENUS in seine Argumentation einbezieht:

"Dicit enim Damascenus, in I libro (sc. De fide orth. cap.9) quod Deus dicitur a theein, quod est currere, et fovere universa; vel ab aethein, idest ardere (Deus enim noster ignis consumens est omnem malitiam); vel a theasthai, quod est considerare omnia" (obi.1).

Schon in diesem Zitat allerdings scheint mir eine gewisse Andeutung über den der Etymologie letztlich zuerkannten Wert impliziert, sofern mehrere Möglichkeiten unentschieden nebeneinander stehenbleiben. Thomas selbst spricht sich im zugehörigen ad1 zwar nicht gegen diese Etymologien aus, fängt sie stattdessen mit einer formalen theologischen

Klassifizierung ihres Aussagewerts ("... pertinent ad providentiam ...") auf, erwähnt sie aber in a8 c mit keinem Wort. Dort stützt er sich, nachdem er die grammatische Möglichkeit einer Benennung ex proprietatibus et operationibus beschrieben hat,(64) auf etwas ganz anderes:

"Imponitur enim hoc nomen ab universali rerum providentia: omnes enim loquentes de Deo, hoc intendunt nominare Deum, quod habet providentiam universalem de rebus ..."(a8 c).

Die operatio der providentia wird hier somit weder durch theologische Reflexion als das id a quo des nomens "Deus" erschlossen, ebensowenig durch Etymologie gewonnen, sondern aus dem Rückgriff auf den allgemeinen Sprachgebrauch ("omnes enim loquentes de Deo, hoc intendunt nominare Deum ..."). Er bietet die nicht mehr weiter hinterfragte linguistische Basis für das Argument und ist ineins damit das ent-scheidende Argument selber, denn Thomas fährt nach einem zwischengeschobenen DIONYSIOS-Zitat sofort weiter:

"Ex hac autem operatione hoc nomen Deus assumptum, impositum est ad significandum divinam naturam"(a8 c).

und schließt damit den Artikel ab. Diese Aussage stellt eine dermaßen abgekürzte Redeweise dar, daß ich fast geneigt bin, sie - cum grano salis - einen Aphorismus zu nennen. Worum geht es dabei eigentlich? "Natura divina" meint den Begriff Gottes, "nomen naturae" dessen Bezeichnung (vgl. a8 ad2: "Ratio enim quam significat nomen, est definitio ..."). Die Frage, ob "Deus" nomen naturae sei, könnte auch lauten: Kann "Deus" als logisches Subjekt einer Aussage über Gott stehen? Oder dasselbe in analytischer Terminologie: Hat "Deus" Referenz?(65) Damit sieht sich die Frage nach dem nomen naturae konfrontiert mit den spezifischen Problem der Gotteserkenntnis:

"... divina natura est nobis ignota"(obi.2).

Mithin muß geklärt werden, ob "Deus" unter diesen Voraussetzungen überhaupt logisches Subjekt sein kann und - wenn ja - woher es dann kommt und was es bedeutet. Weil es sich dabei um ein sprachliches Problem handelt, geht Thomas seine Auflösung auch in der Perspektive der Sprache und mit den entsprechenden Mitteln an: er konzipiert sie als Namensübertragung ("assumptum", "imponitur"). Terminus a quo dieser Übertragung des "Deus" ist die "universalis rerum providentia" - ein Tun Gottes, das wir ständig erfahren, wie Thomas wenig später (q13 a9 ad3) präzisieren wird. Terminus ad quem der Übertragung aber ist die "natura divina" - also etwas, was wir überhaupt nicht kennen (vgl. obi.2). Die Übertragung im strengen Sinn kommt also nicht zustande. Wohl installiert Thomas - metasprachlich - das Gerüst einer Übertragung, aber das zweite Sach-Moment innerhalb des Geschehens fehlt: "natura divina" ist ja nur ein Formalbegriff abstrakter Theologie; wenn nun das - eine konkrete Bedeutung ("universalis providentia") tragende - "Deus" auf "natura divina" übertragen wird, dann heißt das eben nur, daß die Definition Gottes, der Gottesbegriff "Deus" heißen soll - über den Gottesbegriff selbst aber ist damit inhaltlich noch gar nichts gesagt. Daß "Deus" nomen naturae sei, bleibt damit streng genommen eine leere Behauptung. Unbeschadet dieser Inkonsistenz (gemessen an der Absicht des Artikels) verrät die Stelle trotzdem Wichtiges über die Gottesrede, wenn sie gewissermaßen in obliquo gelesen wird: Für die nomen-naturae-Problematik trifft ja zu

"... quod non est semper idem id a quo imponitur nomen ad significandum, et id ad quod significandum nomen imponitur."

Die Bedeutung des Deus als Bezeichnung der "universalis providentia" ist nicht identisch mit seiner Bedeutung als Bezeichnung der "natura divina". Vielmehr verschiebt sich die Bedeutung des Ausdrucks je nach Funktion, d.h. metasprachlich: Die Bedeutung wandelt sich je nach Diskurs, in dem "Deus" verwendet wird – im Sinne der "universalis providentia" gehört es ja der religiösen Alltagsrede zu, wie Thomas selbst anmerkt ("omnes enim loquentes ..."); im Sinne der "natura divina" erfüllt es eine Funktion im Rahmen des theologisch-wissenschaftlichen Diskurses (denn wo sonst wird nach einer Definition Gottes gefragt?). Daß die Bedeutung des Audrucks in diesem zweiten Kontext sich nicht in der "providentia" erschöpft, liegt auf der Hand. Da aber von einer Übertragung die Rede ist, können beide Bedeutungen auch nicht total verschieden sein, sondern müssen in einem Zusammenhang stehen: "Deus" bedeutet also Ähnliches-in-Differenz – es ist analog. Die Analogizität – die Übertragbarkeit – dürfte die Bedingung ihrer Möglichkeit in einem speziellen – und von Thomas doppelt herausgestellten Zug der ursprünglichen ("id a quo") Bedeutung haben: zweimal nämlich ist davon die Rede, daß es sich um die "universalis ... providentia" handelt, welche das "Deus" bezeichnet, nicht irgendein Erfahrungsmoment unter vielen, sondern die Erfahrung einer Ganzheit. Ich halte dafür, daß dieses "universalis" als der sachliche Träger des Ähnlichkeitsmoments zwischen den analogen Bedeutungen des "Deus" zu identifizieren ist (ob dem "universalis" seinerseits bereits eine linguistische Komponente eignet, wage ich auf der Basis der Befunde in ST nicht zu entscheiden – im Blick auf die Rolle des "universalis" in I q4 a3 c sowie etwa I q9 a2 c wäre eine solche jedenfalls denkbar); die Differenz in der Ähnlichkeit freilich kommt nur als Hohlform und in obliquo (durch die Rede von der Übertragung) zum Ausdruck. Ein Nachweis, daß "Deus" nomen naturae sei, scheint mir damit nicht erbracht.

Möglicherweise hat Thomas selbst das Resultat von a8 c als unzureichend empfunden – jedenfalls fällt auf, daß er anläßlich der simplen obi.2, deren Inhalt als Allgemeinplatz vielfach in q13 wiederkehrt ("... aliquid nominatur a nobis, secundum quod cognoscitur" etc.), in a8 ad2 die ganze Problematik nochmals und sogar ausführlicher als im corpus entfaltet. Das dabei dem "Deus" vorgeschaltete Beispiel mit "lapis" offenbart, daß er damit eine inhaltliche Bestimmung des "Deus" im theologischen Kontext beabsichtigt. Thomas erwähnt zu diesem Zweck nur die spezifische Struktur seiner philosophischen Gotteserkenntnis – "... per modum eminentiae et causalitatis et negationis ..." (vgl. dazu auch I q12 a12) – und stellt dann fest:

"Et sic nomen Deus significat naturam divinam. Impositum est enim nomen hoc ad **aliquid** significandum supra omnia existens, quod est principium omnium, et remotum ab omnibus. Hoc enim intendunt significare nominantes Deum"(a8 ad2).

Auch hier formuliert Thomas ungeheuer gerafft, so daß die einzelnen Schritte des Geschehens gar nicht sichtbar werden. Rekonstruiert man sie einzeln, so zeigt sich, daß hier dieselbe Problematik waltet wie im corpus: Obwohl Thomas' Ausführungen ein durchgängiges Argument insinuieren, fallen der Prozeß der theologischen inhaltlichen Bestimmung des "Deus" und seine Qualifikation zum nomen naturae auseinander – was der inneren Stimmigkeit weder des einen noch des anderen Abbruch tut. Nur ihre Auffassung als einheitliches Ganzes einer Theorie kann keine Konsistenz beanspruchen. Der "Beweis", der dafür erbracht werden kann, entstammt dem Strukturvergleich der "lapis"- und der "Deus"-Prädikation: Bei "lapis" fallen id a quo ("laedit pedem") und id ad quod ("substantia lapidis") bei der impositio auseinander, aber die Kluft wird dadurch überbrückt, daß

> "... substantiam lapidis ex eius proprietate possumus cognoscere secundum seipsam;"

auf der Schiene der essentia-Erkenntnis gleitet das nomen vom id a quo zum id ad quod. Bei Deus fallen auch beide auseinander, aber der Hiat kann nicht mehr überspannt werden, weil die essentia (natura) Dei verschlossen bleibt. Die konkrete Bedeutung des "Deus" in theologischen Diskurs

> "... aliquid ... super omnia existens, quod est principium omnium, et remotum ab omnibus"

wiederholt nur in objektivierter Form die Grundstrukturen der Gotteserkenntnis; sie kann wohl interpretiert werden als systematische Ausfaltung des "universalis" der anfänglichen Bedeutung von "Deus" (deshalb vermute ich im "universalis" auch das positive Moment der Analogizität), hat aber unmittelbar inhaltlich nichts zu tun mit der ursprünglichen impositio des nomens ("... quod habet providentiam universalem de rebus" - a8 c), von der her gemäß der metasprachlichen Theorie die impositio im theologischen Diskurs erfolgt. Beide Sprachvollzüge faßt Thomas auf als eine Übertragung von der operatio auf die natura, aber "natura" meint in beiden Fällen Verschiedenes - angedeutet auch in dem "et sic nomen Deus significat naturam divinam ...": einmal die essentia (lapidis), das andere Mal nichts anderes als den operans als Subjekt; dessen Erkenntnis, der Nachweis der Referenzialität von "Deus" bleibt dabei grundsätzlich auf die operatio verwiesen, arbeitet sie lediglich systematisch reflektiert aus, indem sie die in der causalitas implizierte affirmatio durch negatio und eminentia purifiziert. Das Resultat dieser Bemühung wird deshalb auch kein Begriff des operans sein, sondern ein Verweis auf ihn. Während es sich also bei "lapis" um eine Übertragung von der operatio auf die natura in ein und demselben Diskurs handelt, geschieht bei "Deus" eine Übertragung des nomens von einer operatio in einem Diskurs (dem religiösen der Alltagssprache) auf den operans im zweiten Diskurs (dem theologisch-wissenschaftlichen). Die Übertragung bei "lapis" geschieht gewissermaßen noch unterhalb des Niveaus empirischer Sprachlichkeit und die Rede von ihr rekonstruiert den begriffsgeschichtlichen Verlauf; sie zeitigt deshalb keine semantischen Konsequenzen und "lapis" bleibt univok. Bei "Deus" dagegen konstituiert die Übertragung analoge Bedeutungen, differenziert duch die Qualität des jeweils das Wort implizierenden Diskurses. "Nomen naturae" wird also das "Deus" dadurch, daß es in jenem zweiten Diskurs **allgemein** ("Hoc enim intendunt significare nominantes Deum.") für das **gebraucht** wird, was sich dort als "natura Dei" definiert (und de facto den formalisierten Begriff des operans meint).

- q13 a9: Mit a8 c ist für Thomas die rein linguistische Analyse allein des Ausdrucks "Deus" noch lange nicht abgeschlossen; sie wird in a9 fortgesetzt mit der Frage, ob

"... hoc nomen Deus sit communicabile"(intr.) -

einer Frage also, die schon von ihrer Formulierung her einen noch unmittelbareren und exklusiver linguistischen Charakter hat als die vorausgehenden. Die Beantwortung beginnt - wieder einmal - mit der Bedeutungsdifferenzierung des Zentralausdrucks "communicabile":

"... aliquid nomen potest esse communicabile dupliciter: uno modo proprie; alio modo per similitudinem. Proprie quidem communicabile est, quod secundum totam significationem nominis, est communicabile multis. Per similitudinem autem communicabile est, quod est communicabile secundum aliquid eorum quae includuntur in nominis significatione"(a9 c).

Nicht nur, daß sich "similitudo" (samt den Äquivalenten) durch seine Gegenüberstellung zu "proprie" offensichtlich als sprachlicher Indikator ausweist (vgl. das entsprechende "proprie - metaphorice") in q13 a3 c) und gerade in ihrem pragmatischen Charakter sowie ihrer Unexaktheit ("... secundum aliquid eorum quae includuntur ...") hervortritt; an dem "proprie" selbst manifestiert sich - im Vergleich zu q13 a3 c - erneut, wie sich das Phänomen des Sprachlichen selbst noch auf der Ebene der formalen Reflexion der exakten begrifflichen Fassung entzieht: hatte Thomas dort in a3 nämlich das "proprie" noch mit dem Moment der Graduierbarkeit verbunden und so als Funktion einer offenen Prozessualität deklariert, so insinuiert er es hier als exakt bestimmtes Kennzeichen ("... secundum totam significationem nominis ...") für bestimmte linguistische Verhältnisse. Ähnlich läßt sich die Inkonsistenz des Theoretischen erst recht am nachfolgenden Beispiel ablesen, sofern in ihm das sonst - und gerade im Rahmen der Analogietheorie so sehr ins Metaphysische verklammerte - "participare" dem metaphorischen Prozeß zu beschreiben hat und dabei letztlich in der Formel "... qui participat aliquid leoninum ..." als Äquivalent für "similitudo" und ihre Pragmatik und Unschärfe fungiert:

"Hoc enim nomen leo proprie communicatur omnibus illis in quibus invenitur natura quam significat hoc nomen leo: per similitudinem vero communicabile est illis qui participant aliquid leoninum, ut puta audaciam vel fortitudinem, qui metaphorice leones dicuntur"(a9 c).

Jedenfalls scheinen mir solche Aussagen (vgl. ebenso a9 c gegen Ende) die Aufstellung einer exakten Demarkationslinie zwischen "metaphorice" und jenen anderen Namen ("huiusmodi nomina") auf der Basis dieser Terminologie ("proprie", "participare") und damit in der durch sie indizierten semantischen bzw. semantisch-metaphysischen Ebene im ganzen zu verbieten.

Nach der Analyse des Sinnes von "communicabile" widmet sich Thomas dessen Applikation auf "Deus"; dies geschieht zwar in der Konstitution eines theoretischen Überbaus nach vorhergehender Bedeutungsunterscheidung, bleibt jedoch im Medium der Linguistik, sofern die Theoretisierung unter Anwendung der Suppositionslehre geschieht; sie dient - als Theorie der Interpretabilität eines Terms(66) - der genaueren Feststellung der communicabile-Qualität eines Namens:

"Ad sciendum autem quae nomina proprie sunt communicabilia, considerandum est quod omnis forma in supposito singulari existens, per quod individuatur, communis est multis, vel secundum rem vel secundum rationem saltem ... Sed singulare, ex hoc ipso quod est singulare, est divisum ab omnibus aliis"(a9 c).

Im Horizont dieses Feststellungsmodus folgt für die linguistische Praxis:

"Unde omne nomen impositum ad significandum aliquid singulare, est incommunicabile et re et ratione ... Unde nullum nomen significans aliquod individuum, est communicabile multis proprie, sed solum secundum similitudinem; sicut aliquis metaphorice potest dici Achilles, inquantum habet aliquid de proprietatibus Achillis, scilicet fortitudinem"(a9 c).

Für die formae subsistentes – d.h. konkret: die Engel – gälten also nicht dieselben linguistischen Strukturen wie für das Individuum. Da sie aber aufgrund der Erkenntnissituation im Modus der "rerum compositarum habentium formam in materia" erkannt werden, reproduzieren sich für sie die dort gültigen linguistischen Bedingungen:

"Unde, quantum pertinet ad rationem nominum, eadem ratio est de nominibus quae a nobis imponuntur ad significandum naturas rerum compositarum, et de nominibus quae a nobis imponuntur ad significandum naturas simplices subsistentes"(a9 c).

Daraus folgt für "Deus" als nomen des absolut nicht Multiplizierbaren, Individuellen (vgl. q11 a3):

"... quod hoc nomen Deus incommunicabile quidem sit secundum rem, sed communicabile sit secundum opinionem, quemadmodum hoc nomen sol esset communicabile secundum opinionem ponentium multos soles"(a9 c).

Damit kommt ein neuer Terminus ins Spiel – "secundum opinionem" –, der den Duktus der Argumentation ins Erkenntnistheoretische abzubiegen scheint; der genauere Blick auf seine Herkunft jedoch enthüllt ihn – und damit auch das "secundum rem" – als etwas anderes. Thomas fährt nämlich fort:

"Et secundum hoc dicitur Gal.4(,8): his qui natura non sunt dii, serviebatis; glossa: non sunt dii natura, sed opinione hominum" (a9 c).

Anlaß der ganzen "opinio"-Überlegung ist also das Vorkommen von "dii" im Galaterbrief. Schon die glossa identifiziert diesen Befund als Reflex einer "opinio hominum", die von der spezifisch christlichen abweicht; gemeint ist damit nichts anderes als die formale Indikation eines besonderen Gebrauchs des Ausdrucks "Deus"; "secundum rem" bedeutet deshalb folgerichtig seinerseits wiederum nichts anderes als "Deus" in dem Sinn, wie es im Diskurs christlicher Prägung (sei es alltagssprachlich, sei es theologisch-wissenschaftlich gemeint) normalerweise gebraucht wird. Dieser Interpretation entspricht, daß Thomas unmittelbar anschließend auch die Möglichkeit des metaphorischen Gebrauchs von "Deus" angibt:

"Est nihilominus communicabile hoc nomen Deus, non secundum suam totam significationem, sed secundum aliquid eius, per quandam similitudinem: ut dii dicantur, qui participant aliquid

127

divinum per similitudinem, secundum illud: Ego dixi, dii estis (Ps 81,6)"(a9 c).

Die Frage nach der Kommunikabilität des nomens "Deus" erhält somit ihre Antwort in der Beschreibung mehrerer einander ähnlicher Gebräuche dieses Ausdrucks; in q13 a10 c wird Thomas nochmals ausführlicher auf das "Deus" secundum opinionem zu sprechen kommen und seine Bedeutung in dieser Verwendung explizit als "analogice" klassifizieren.

In a9 ad2 wendet sich Thomas kurz der Frage zu, ob "Deus" ein nomen appellativum oder proprium sei, und entscheidet sich für ersteres. "Nomen appellativum" ist der grammatische terminus technicus für "Gattungsnamen".(67) Das "Deus" ist nach Thomas als ein solcher zu qualifizieren,

> "... quia significat naturam divinam ut in habente; licet ipse Deus, secundum rem, non sit nec universalis nec particularis" (a9 ad2).

Der Grund dafür liegt in der durch die Erkenntnisstruktur bedingten Signifikationsstruktur, d.h. wir erkennen "formas simplices" und so auch Gott nur in der Weise, wie wir zusammengesetzte Dinge erkennen, und entsprechend bezeichnen wir sie "ut in habente", wie ein suppositum, dem eine Form eignet. Dennoch scheint diese Auflösung der Problematik Thomas nicht befriedigt zu haben, weil er noch anfügt:

> "Et tamen, secundum rei veritatem, est incommunicabile ...",

womit er sich in Richtung der soeben ausgeschiedenen Alternative ("nomen proprium") bewegt. Das zeigt gut, daß es sich bei den durch Unterscheidungen entgegen- und zusammengestellten Aspekten ("appellativum - proprium") jeweils um sprachlogische Möglichkeiten handelt, innerhalb deren Koordinaten die Versprachlichung des Gemeinten realisiert werden muß - bisweilen eben auch unter Verzicht auf die ausschließliche Präferenz **einer** Regel, weil die vorgegebenen sprachlichen Raster der Subtilität des Objekts manchmal nicht gewachsen sind. Abgesehen davon dürfte diese Ungefügigkeit des Wortes "Gott" beim Versuch seiner linguistischen Bestimmung der Reflex der Unverfügbarkeit des mit ihm Gemeinten auf sprachlicher Ebene sein.(68)

Thomas schließt a9 in ad3 ab mit einer Bemerkung, die wörtlich zur Geltung bringt, was in q13 a5 obi.1 wenigstens angedeutet war - die Bedeutung der Erfahrung:

> "Sed hoc nomen Deus impositum est ab operatione propria Deo, quam experimur continue, ad significandum divinam naturam" (a9 ad3).

Sachlich bezieht sich diese Aussage zurück auf q13 a8 c, wo als terminus a quo der impositio das alltagssprachliche "Deus" im Sinn einer providentia universalis rerum identifiziert worden war. Mithin hat Thomas selbst den konstitutiven Zusammenhang von (Alltags)Erfahrung ("continue") und Sprache gesehen und artikuliert.

- q13 a10: Ein drittes Mal noch kreist Thomas in linguistischen Reflexionen um das Wort "Deus" - in engem Zusammenhang mit dem vorausgehenden a9, wie schon angedeutet. Auch von diesem Artikel hatte schon einmal die Rede zu sein anläßlich der generellen Aufdeckung des faktischen Zusammenhanges von Grammatik (Linguistik) und Analogie im Werk des Aquinaten.(69) Einige konkrete Einzelheiten verdienen dabei noch eine eingehendere Betrachtung.

Für den Zusammenhang der ganzen hier versuchten Interpretation leistet natürlich der erste Satz des corpus fundamentale Legitimationsdienste, sofern er - wie schon anläßlich a9 c angedeutet - die ganzen metasprachlich artikulierten Beschreibungen pragmatischer linguistischer Operationen unter den Titel der Analogie stellt - und zwar ohne Rekurs auf irgendwelche nicht-linguistischen theoretischen Stücke, die zum Teil - etwa in q13 a5 c die Kategorie der causa - als unverzichtbar für die Rekonstruktion und Rechtfertigung der Rede von Gott deklariert worden waren. Die von der genannten Stelle her nahegelegte Monopolstellung der Kausalrelation bei der Bestimmung des Hintergrundes der analogen Vollzugsstruktur wird hier überhaupt nicht mehr genannt - und zwar dadurch, daß Thomas erneut auf das erste der "sanum"-Beispiele aus q13 a5 c ("multorum ad unum") zurückgreift und innerhalb seiner die ursprüngliche Kausalrelation umformuliert in ein wesentlich unbestimmteres

"... huius enim sani quod est in animali, urina est significativa et medicina **factiva**"(a10 c).

Die Analogizität des "Deus" in der Differenzierung durch natura, opinio und participatio (als Äquivalent zu similitudo!) wird so wie in a9 c entfaltet und braucht deswegen nicht im einzelnen nachgezeichnet zu werden - von gewissem Interesse dürfte nur der durch ein "similiter" gegebene Hinweis darauf sein, daß participatio und opinio ihrerseits wiederum nicht strukturell univok sind, sondern selbst nochmals im Verhältnis der Analogie stehen. Im Zusammenhang mit jener Analogizität aber bringt Thomas ein Moment ins Spiel, das bisher so noch nicht zu vermerken war, sondern erstmals auftaucht in obi.1 von a10 (ebenso in obi.3 und sed contra):

"Ubi enim est diversa significatio, non est contradictio affirmantis et negantis: aequivocatio enim impedit contradictionem. Sed catholicus dicens idolum non est Deus, contradicit pagano dicenti idolum est Deus"(a10 obi.1).

Was hier neu in den Blick kommt, ist die ausdrückliche Kennzeichnung verschiedener Sprecher - "catholicus" und "paganus". Damit thematisiert Thomas mehr als die Ebene der Semantik und mehr als die Ebene des Sprachgebrauchs, greift vielmehr in aller Konkretheit und Ausdrücklichkeit über den empirischen Sprachvollzug im engeren Sinn hinaus, um so hermeneutische Kriterien zu gewinnen. a10 ad1 bringt das folgendermaßen auf der Basis eines Beispiels aus der Alltagssprache exakt zum Ausdruck:

"... hoc enim nomen homo, de quocumque praedicetur, sive vere sive false, dicitur uno modo. Sed tunc multipliciter diceretur, si per hoc nomen homo intenderemus significare diversa: puta, si unus intenderet significare per hoc nomen homo id quod vere est homo, et alius intenderet significare eodem nomine lapidem, vel aliquid aliud. Unde patet quod catholicus dicens idolum non esse Deum, contradicit pagano hoc asserenti: quia uterque utitur hoc nomine Deus ad significandum verum Deum. Cum enim paganus dicit idolum esse Deum, non utitur hoc nomine secundum quod significat Deum opinabilem ..."(a10 ad1).

Daraus erhellt, daß Bedeutungsprobleme bisweilen nicht im Rekurs auf den allgemeinen Sprachgebrauch und nicht einmal mittels begrifflicher Analyse des Bezeichneten gelöst werden können, sondern den Ausgriff in den Gesamtzusammenhang von "Welt" erfordern, in der ein Sprecher - bzw. ein Hörer - lebt und von woher er spricht oder hört.(70) Erst in ihrem Horizont können mögliche Analogien eines Gebrauchs freigelegt werden.

Zugleich nimmt Thomas diesen Fall von Bedeutungsanalyse zum Anlaß, die generelle Leistungsfähigkeit der Linguistik und damit ihren wissenschaftstheoretischen Status zu definieren:

"... nominum multiplicatas non attenditur secundum nominis praedicationem, sed secundum significationem: ..."(a10 ad1).

Das will sagen: die Bedeutungsanalyse und in ihr die Explikation von Analogien sind weder Funktion noch Kriterium der Prädikation, d.h. des Urteils.(71) Die Hermeneutik entscheidet nicht letztinstanzlich die Wahrheitsfrage ("sive vere sive false"). Das ist ihre Grenze. Ihre Größe andererseits besteht in ihrer Notwendigkeit als Vorbereitung der Wahrheitsentscheidung - im obigen Beispiel: Erst die umfassende linguistische Analyse von "Deus" ermöglicht die Feststellung des Widerspruchs zwischen catholicus und paganus.

Der vorletzte Abschnitt von a10, sein ad4, bedarf einer kurzen Erwähnung, weil er an einer von ARISTOTELES her aufbrechenden Terminologiefrage unmittelbar der maximalen Reichweite analogen Redens im Sinne des Einschlusses seiner selbst ansichtig werden läßt, darin den pragmatischen Eigencharakter grammatischer Ausdrücke dokumentiert und außerdem zwei Indikatoren für die Unschärfe der Sprache einführt:

"... animal dictum de animali vero (erste Bedeutungsmöglichkeit) et de picto (zweite Bedeutungsmöglichkeit) non dicitur **pure** aequivoce; sed Philosophus **largo modo** accipit aequivoca, secundum quod includunt in se analoga. Quia et ens, quod analogice dicitur, aliquando dicitur aequivoce praedicari de diversis praedicamentis"(a10 ad4).

- q13 a11: Nach dem Wort "Deus" widmet sich Thomas in a11 der namentlichen Selbstoffenbarung Gottes, die Ex 3, 13-14 überliefert: "Qui est". Thomas' Reaktion auf diesen seit alttestamentlicher Zeit als rätselhaft empfundenen Namen ist nicht abgründige Spekulation, sondern - Sprachanalyse. Wenn ein Artikel in der "Summa theologiae" den analytischen Grundcharakter thomanischen Denkens und in ihm den funktionalen Primat der sprachlichen Analyse aus seiner unmittelbaren Wörtlichkeit heraus "beweist", dann dieser. Daß er darüber hinaus in seiner faktischen Durchführung weitere Hinweise zur Sprachproblematik liefert, macht ihn für den Zusammenhang des gegebenen Themas nur noch wertvoller.

Die einleitende Qualifizierung des Namens

"... hoc nomen Qui est triplici ratione est maxime proprium nomen Dei"(a11 c) bestätigt den schon mehrfach herausgestellten Charakter des "proprium" ("proprie") als Indikators der Graduierbarkeit bzw. Gradualität eines Terms: was "maxime ..." sein kann, kann auch "maius", "minus" und "minime" sein, ohne ganz anders zu werden, ist also immer schon analog - auch das ens. Alle drei Gründe, die Thomas im folgenden dafür anführt ("triplici ratione"), entspringen linguistischen bzw. logisch-linguistischen Überlegungen. Von Metaphysik ist im Begründungszusammenhang **selbst** nichts zu finden, wohl aber in der Explikation der immanenten Strukturen der für die Begründung herangezogenen Momente. Thomas beginnt mit der Bedeutung des Namens:

> "Primo quidem, propter sui significationem. Non enim significat formam aliquam, sed ipsum esse. Unde, cum esse Dei sit ipse eius essentia, et hoc nulli alii conveniat, ut supra ostensum est, manifestum est quod inter alia nomina hoc maxime proprie nominat Deum: unumquodque enim denominatur a sua forma"(a11 c).

Der letzte Satz konfrontiert andeutungsweise mit einem Zusammenhang, der der vorstehenden linguistisch erscheinenden Aussage die mittlerweile schon altbekannte Oszillation zwischen Semantik und Metaphysik aufprägt. Er behauptet jedenfalls, daß der Akt des Benennens ein Verhältnis zur Form voraussetze ("de-nominatur"). L. M. de RIJK hat schon einmal darauf hingewiesen, daß mit "forma" bei Thomas keineswegs von vornherein Metaphysik ins Spiel kommen muß, denn "die ontologische Funktion der 'forma-essentia' hat ja in der logischen Funktion der 'forma-quiditas' ... ihr semasiologisches Gegenstück."(72) Im selben Gefälle bewegt sich auch Thomas' zweiter Aspekt für das "maxime proprie" des "Qui est":

> "Secundo, propter eius universalitatem. Omnia enim alia nomina vel sunt minus communia; vel si convertantur cum ipso, tamen addunt aliqua super ipsum secundum rationem; unde quodammodo **informant** et determinant ipsum"(a11 c).

Jenes Verhältnis von Benennung und Form enthüllt sich also weiter als aktiver Prozeß zwischen nomina und Form, der im logisch-linguistischen Medium der Universalität stattfindet. Genauer: "Qui est" (= ens) ist das weiteste, leerste, formloseste nomen; selbst die nomina, die ihm aufgrund ihrer Extension konvertierbar sind, die Transzendentalien also, bleiben hinter diesem Aspekt der Formlosigkeit zurück, indem sie "... quodammodo informant et determinant ipsum." Das besagt, daß wenigstens bestimmte nomina allein kraft ihrer linguistischen Struktur dem, was "ens" heißt, im Akt der Benennung eine Form aufprägen, **so** gesehen die forma im Bezug auf das ens konstituieren. Auch diese Auskunft über den Zusammenhang von forma und nomen bleibt noch extrem fragmentarisch - Thomas' "quodammodo" ist ernstzunehmen -, verrät aber bereits unverkennbar die linguistische, semantische Grundintention dessen, woran Thomas hier denken dürfte. Den unmittelbaren Zusammenhang dieser Andeutungen mit der Rede von Gott stellt der Gedanke der Universalität her: die Prädizierbarkeit eines nomens über Gott steht im direkten Verhältnis zum Grad seiner Allgemeinheit, d.h. seiner semantischen Unbestimmtheit:

> "... quanto aliqua nomina sunt minus determinata, et magis communia et absoluta, tanto magis proprie dicuntur de Deo a nobis" (a11 c).

Das maxime commune "ens" ("Qui est") entgeht dabei der durch die progressive Ent-formung drohenden Bedeutungslosigkeit nur dadurch, daß im Fall des Benennungsobjekts "Deus" die essentia mit dem esse koinzidiert (vgl. a11 c gegen Anfang).

Auch die dritte Begründung für das Prädikat "Qui est" wurzelt in der Linguistik; sie entspringt

> "... ex eius consignificatione. Significat enim esse in praesenti: et hoc maxime proprie de Deo dicitur, cuius esse non novit praeteritum vel futurum ..."(a11 c).

"Consignificatio" meint hier die grammatische Konnotation einer pars orationis, im Falle des Verbums etwa, daß es je ein konkretes Tempus besitzt.(73) So wird hier eine Kategorie der Grammatik in unmittelbare Beziehung zu einer theologischen Aussage über Gott gesetzt. Den Übergang von einem Diskurs in den anderen vermittelt das Moment der Zeitlichkeit der Kategorie der consignificatio einerseits und das Thema der (Un)Zeitlichkeit Gottes andererseits; der Überstieg ist bruchlos und unproblematisch. Daraus erhellt, daß dem Aquinaten die metasprachlichen Äußerungen gelegentlich nicht als methodologische Einsprengsel gelten, gleichsam als Konstruktion eines metatheologischen Reflexionsniveaus inmitten theologischer Aussagen, das genauso gut und ohne Schaden für den theologischen Argumentationsverlauf fehlen könnte; vielmehr bildet die Sprachreflexion ein integrales Moment des Grunddiskurses. Das schließt ein, daß dem Phänomen der Sprache selbst in gewissem Rahmen eine normative Funktion hinsichtlich des Verlaufs des theologischen Diskurses zufällt - die Grenzen dieses Rahmens sowie die Möglichkeit solcher Normativität überhaupt, sind ja immer wieder auch Gegenstand von Auseinandersetzungen gewesen.(74)

So umfassend die Legitimation des "Qui est" als "maxime proprium nomen Dei" auch sein mag - ob der Gebrauch eines Namens in voller Adäquatheit geschieht, läßt sich aus der Analyse des nomen allein nicht beurteilen. Noch einmal heißt es deshalb in a11 ad1, Hinsichten zu unterscheiden. Thomas bedient sich dazu erneut der Differenzierung von "id a quo" und "id ad quod" innerhalb der impositio nominis:

> "... hoc nomen Qui est est magis proprium nomen Dei quam hoc nomen Deus, quantum ad id a quo imponitur, scilicet ab esse, et quantum ad modum significandi et consignificandi, ut dictum est. Sed quantum ad id ad quod imponitur nomen ad significandum, est magis proprium hoc nomen Deus, quod imponitur ad significandum divinam naturam. Et adhuc magis proprium nomen est Tetragrammaton, quod est impositum ad significandam ipsam Dei substantiam incommunicabilem, et ut sic liceat loqui, singularem"(a11 ad1).

Die Eigentlichkeit eines Namens für Gott ist also relativ ("magis", "adhuc magis"); das Worauf ihrer Relativität kommt mit "id a quo" und "id ad quod" nur sehr formal zum Ausdruck, mehr oder weniger als Hinweis auf das Faktum differenzierter Hinsichten. Gemeint ist jedoch mehr, sofern die Unterscheidung hier dieselbe Funktion ausübt wie in q13 a8 c: nämlich Diskurse zu differenzieren. "Qui est" ist maxime proprie in der Perspektive seines linguistischen terminus a quo "esse", weil dessen Grundsinn zunächst und im höchsten Maß Gott selbst zukommt, weil die semantische Qualität des Wortes so sehr Gott entspricht, daß von ihr her eigentlich nicht von einer Übertragung auf Gott geredet werden kann, sondern eher von einer Übertragung des Namens von Gott her auf die Kreatur.(75) Schon in q13 a8 c und dann wörtlich in a9 ad3 hat sich gezeigt, daß das "id a quo" eines Namens mit der Dimension der Erfahrung des Sprechers und/oder des Hörers verknüpft ist. Das Mittelalter hat den Weltkontakt unter dem Paradigma des esse (creatum) bewältigt, d.h. die Realität am Leitfaden des esse gedeutet und deshalb das esse (ens) erfahren.(76) In dieser Hinsicht **muß** "Qui est" tatsächlich das nomen maxime proprium sein. Darin enthüllt sich auch die hier von Thomas angezielte Diskursebene: die des Alltags. Das "Qui est" gilt Thomas auch als maxime proprie "... quantum ad modum significandi et consignificandi". M.E. muß dieser metasprachliche Nachsatz so verstanden werden, wie er dasteht - nämlich wörtlich; in etwas freierer Paraphrase sagt Thomas nämlich: Auch hinsichtlich seines modus significandi und consignificandi, der linguistischen Gegebenheitsweise seiner Bedeutung und der grammatischen Konnotation der dictio, kommt "Qui est" seiner Aufgabe, Name für Gott, für **diesen** Gott zu sein, ziemlich gut nach ("magis proprium") - das heißt nicht, es habe die Form des modus significandi divinus, aber die linguistische Form "Qui est" kommt im kreatürlichen Bereich als Name nicht vor; es kann also funktional und strukturell die dem modus significandi divinus eigene Exklusivität erfüllen - und das ist möglich, weil es - literarisch gesehen - eine Verfremdung darstellt.(77)

Im Rahmen der Perspektive des "... id ad quod nomen imponitur ad significandum" erhält das "Deus" den Vorrang. Auch für diese - für sich genommen sehr dunkle Bemerkung - leistet q13 a8 c Verstehenshilfe: "id ad quod" kennzeichnet dort die Ebene, in die "Deus" zur Benennung der natura divina übertragen wurde, also die wissenschaftliche Theologie; in ihrem Umkreis ist "Deus" der eigentliche Namen, weil ihm seine Bedeutung dort zuwächst durch seine Funktion als Name für den reflex erarbeiteten "Gottesbegriff".

Was das Tetragramm betrifft, so hält es Thomas für "adhuc magis proprium" - und zwar gegenüber "Qui est" **und** "Deus" -, weil es in beiden Kontexten fast wie ein Eigenname das Besondere und Einzigartige des mit ihm bezeichneten Gottes zur Geltung bringt. Damit wird abschließend auch eine formale Umschreibung der Qualifikation "maxime proprie" möglich: die Eigentlichkeit eines nomens Dei besteht darin, daß es in einen bestimmten Diskurs organisch eingebettet ist und innerhalb seiner in gelingender Weise die Göttlichkeit Gottes anzeigt. Kann der pragmatische Charakter der faktischen Sprachauffassung des Aquinaten prägnanter hervortreten?

In ähnlicher Funktion nimmt Thomas auch in a11 ad2 eine Unterscheidung von "bonum" vor:

> "... hoc nomen bonum est principale nomen Dei inquantum est causa, non tamen simpliciter: nam esse absolute praeintelligitur causae."

- q13 a12: Zum letzten Artikel der q13 bleibt über das, was aufgrund seines dialektischen Inhalts zur ihm geschuldeten Relevanz zu sagen war,(78) hinaus nicht viel anzumerken; es handelt sich lediglich um zwei explizite hermeneutische Bemerkungen. Mit der ersten in a12 ad1 bewältigt Thomas einen Widerspruch seines Ergebnisses zur Autorität des Ps.-Dionysios AREOPAGITA, der affirmative Aussagen über Gott für "incompactae" hält (vgl. obi.1). Thomas dagegen ist der Ansicht

"... quod propositiones affirmativae possunt vere formari de Deo" (a12 c).

Die Vermittlung erfolgt in einer Determination der Bedeutung von "incompactae":

"... Dionysius dicit affirmationes de Deo esse incompactas, vel inconvenientes secundum aliam translationem, inquantum nullum nomen Deo competit secundum modum significandi ..."(a12 ad1)

Dahinter steht - logisch gesehen - die Struktur einer Unterscheidung: "incompactae" - non secundum rem significatam oder simpliciter, sondern "secundum modum significandi", ohne daß freilich die abgeschiedene, d.h. im gegebenen Kontext nicht zutreffende Bedeutung eigens genannt würde. Dabei handelt es sich übrigens um den typischen Fall einer Bedeutungsdetermination entgegen der ursprünglichen Intention des interpretierten Autors.

In a12 ad3 schließlich beschäftigt sich Thomas damit,

"... quod haec propositio, intellectus intelligens rem aliter quam sit, est falsus, est duplex; ex eo quod hoc adverbium aliter potest determinare hoc verbum intelligit ex parte intellecti (erste Bedeutungsmöglichkeit), vel ex parte intelligentis" (zweite Bedeutungsmöglichkeit).

De facto handelt es sich hier nur um die Unterscheidung zweier Bedeutungen des "aliter"; die Unterscheidung selbst aber läßt sich nur im Ganzen des Satzes artikulieren. Bemerkenswert ist auch die Formel "propositio ... est duplex", weil sie davor warnt, bei Erscheinen von "est" - etwa im Rahmen von Unterscheidungen - sofort sachliche Differenzierungen zu unterstellen, und damit erneut das Recht sich exklusiv auf die Terminologie stützender Analysen bestreitet. Ebenso enthüllt die Wendung "... adverbium ... potest determinare ..." noch einmal den Charakter der Unterscheidungen als Ausfaltungen sprachlogischer Möglichkeiten. Schließlich spiegelt die Art, wie Thomas hier seine praktische Sprachphilosophie einsetzt, gut deren Status und Rolle wider. Er fährt nämlich fort:

"Si ex parte intellecti, sic propositio vera est, et est sensus: quicumque intellectus intelligit rem esse aliter quam sit, falsus est. Sed hoc non habet locum in proposito: quia intellectus noster, formans propositionem de Deo, non dicit esse eum compositum, sed simplicem. Si vero ex parte intelligentis, sic propositio falsa est. Alius est enim modus intellectus in intelligendo, quam rei in essendo. Manifestum est enim quod intellectus noster res materiales infra se existentes intelligit immaterialiter; non quod intelligat eas esse immateriales, sed habet modum immaterialem in intelligendo. Et similiter, cum intelligit simplicia quae sunt supra se, intelligit ea secundum modum suum, scilicet composite ..."(a12 ad3).

Auf der metasprachlichen Aussage baut sich ein Urteil auf. Der erste Schritt zu ihm ist die Aufklärung der sprachlichen Ausdrücke mittels Explikation ihrer analogen Bedeutungen. Nach vollzogener Hermeneutik kann die Wahrheitsfrage entschieden werden.

5.3 ZUSAMMENFASSUNG ZUR ANALYSE VON ST I q13

Bis hierher reichen die Resultate einer bewußt auf das Linguistische achtenden Lektüre der q13. Alle entsprechenden Aussagen und Andeutungen des Thomas wurden - annähernd im Sinn eines fortlaufenden Kommentars - expliziert, um qualitativ **und** quantitativ eine Vorstellung von Umfang und Tiefe der thomanischen Sprachreflexion im Umkreis der Analogiethematik zu vermitteln. Gleichzeitig wurden auch - wo immer das der Fall war - die Spannungen und Inkonsistenzen innerhalb der Aussagen selbst zur Geltung gebracht, um den Eindruck zu vermeiden, Thomas sei ja doch nur ein mehr oder weniger vergessener Vorläufer zeitgenössischer Sprachphilosophie.

Die ganze Fülle der Aspekte, Perspektiven und Hinweise gilt es jetzt noch einmal aufzulisten und - soweit möglich - zu Motiven zu bündeln. Nachdem nicht nur vom sachlichen Befund her naheliegt, sondern von Thomas anläßlich einer konkreten Fragestellung wörtlich ausgesprochen ist, daß ein Zusammenhang zwischen der sprachphilosophischen Praxis und der Analogie besteht (vgl. a10 c), läßt sich aus q13 folgende Liste linguistischer Elemente aufstellen, die für die Erschließung der Analogiethematik hinsichtlich ihrer Praxis relevant sein können:

- Obwohl Thomas um die anthropologische Bedingtheit von Sprache weiß (a1 ad2),

- gilt ihm die konkret gesprochene Sprache als ein Letztes, nicht mehr Hinterfragtes (a1 ad2);

- so wird die Alltagssprache zum Fundament für Sprach-Reflexionen; ihr wird eine grundsätzliche Leistungsfähigkeit für kommunikatives Geschehen unterstellt, so daß gerade die aus ihr entnommenen Beispiele besonders instruktiv sind (a5 obi.1; a8 c etc.);

- dieser Ansatz trägt dem Phänomen der Sprache eine bisweilen weitreichende Relevanz und Kompetenz bei der Bearbeitung reflexiv zu lösender Probleme ein (a1 ad3; a7 c); diese reichen hin bis zu einem gelegentlichen funktionalen Primat der Linguistik im Kanon der wissenschaftlichen Methoden (a7 ad6) oder sogar einer impliziten Normativität der Sprachstruktur als solcher für den Fortgang sachorientierter Diskurse (a11 c);

- um die im Phänomen der Sprache liegenden Einsichtchancen wahrzunehmen, hat ihre Betrachtung allen Elementen und Strukturen der Sprache Aufmerksamkeit zu schenken, beginnend mit der Unterscheidung der Wortarten (a1 ad3) bis hin zur Aufklärung der Logik und Semantik (a9 c; a11 c) eines Ausdrucks;

- die Analyse darf sich dabei nicht von den zutageliegenden Strukturen irreführen lassen und muß damit rechnen, daß der wahre linguistische Charakter eines Ausdrucks dem ersten Eindruck nicht entspricht; deshalb muß auch das zur Geltung gebracht werden, wofür L. WITTGENSTEIN den Terminus "Tiefengrammatik"(79) geprägt hat (a7 ad1).

- Ferner hat die Analyse die Etymologie zu beachten (a8 obi.1; a8 c);

- die Rolle des Sprachgebrauchs für die Eindeutigkeit und Vieldeutigkeit eines Wortes (a5 ad1; a8 c; a10 c);

- die Relevanz der (Alltags)Erfahrung für sprachliche Äußerungen (a5 ad1; a6 c; a9 ad3);
- die Tatsache, daß es verschiedene Diskursebenen gibt (a5 ad1; a8 c; a11 ad1);
- daß jeder Ausdruck auch einem innersprachlichen Kontext seine Bedeutung verdankt (a1 ad3);
- weiterhin steht jedes Sprechen nicht isoliert, sondern in einem "Welt"-Zusammenhang (a2 c), näherhin dem eines
- Sprechers bzw. Hörers (a10 c), deren Bedingungen mit in den Kommunikations- und Verstehenszusammenhang eintreten;
- das impliziert, daß Sprechen eine Aktivität des Menschen darstellt (a1 ad2; a8 c; a10 c),
- die sehr pragmatisch realisiert werden kann (a1 ad2) und der deshalb häufig eine gewisse
- Relativität bzw. Offenheit anhaftet (a2 ad2; a11 ad1);
- in ihrer konkreten Ausübung kennzeichnet die Sprachaktivität in der Regel eine gewisse Unschärfe (a5 c; a1 ad2; a9 c); um Mißverständnisse zu vermeiden und andererseits die indefinite Zahl einströmender Realitätseindrücke zu bewältigen, achtet die Analyse besonders auf
- Zusammenhänge, Verhältnisse (a5 c) und Ähnlichkeiten (a5 ad2);
- andererseits sucht sie vermeintliche Eindeutigkeiten und Identitäten aufzulösen durch Unterscheidung (a5 c; a1 ad2; a7 c; a9 c; a12 ad1);
- die sprachliche Operationalisierung solcher Ähnlichkeiten und Differenzen bedient sich diverser Mittel, besonders sprachlicher Indikatoren wie etwa "proprie" (a3 c; a9 c; a11 c);
- häufig schwingen Differenz und Identität im selben Ausdruck ineinander; diebezüglich interessiert sich die Analyse für den Prozeß des Zustandekommens der komplex strukturierten Bedeutung (a6 c);
- sie deckt dabei die Relevanz der Explikation sprachlogischer Möglichkeiten auf (a2 c; a12 ad3);
- die Graduierbarkeit bzw. Gradualität bestimmter sprachlicher Ausdrücke (a6 c; a3 c; a11 c), sowie die Rolle des
- Zusammenspiels von Affirmation und Negation (a2 c) bei der Bedeutungskonstitution;
- besondere Aufmerksamkeit hat in diesem Zusammenhang von Identität und Differenz der Metapher zu gelten (a6 c; a9 c).
- In methodischer Hinsicht bleibt außerdem zu berücksichtigen, daß die von Thomas verwendete Terminologie oszilliert und nicht als eindeutiger Anhaltspunkt bei der Bearbeitung seiner Sprachreflexion dienen kann (a5 c; a2 c; a3 ad1; a7 ad6; a9 c; a10 c; a12 ad3);

- daß die grammatische Terminologie selbst diversen sprachreflexen Verfahren unterliegt (a5 c; a2 c; a10 ad4);
- daß schließlich die Reflexivität des Sprachgebrauchs nicht unbedingt selbst noch einmal sprachlich zur Geltung kommen muß, sondern verdeckt sein kann (a1 ad1; a7 c).

Die Rekonstruktion dieser Motivfelder stößt darüber hinaus fortlaufend auf Anzeichen einer Inkonsistenz gerade theoretischer Aussagen des Aquinaten zum Sprach- und Analogieproblem und ebenso auf eine bemerkenswerte Differenz zwischen Analogietheorie und Analogiepraxis (a6 c; a1 c; a8 ad2). Die weitere Analyse wird diesen Phänomenen mit besonderer Aufmerksamkeit nachgehen müssen, weil diese Antagonismen einen Einstieg bieten für die Entscheidung über den prinzipiellen Charakter der Analogieproblematik bei Thomas sowie den adäquaten Modus ihrer Interpretation.

Damit sind die sprachreflexen Motive aus q13 in einer gewissen Übersichtlichkeit erfaßt. Im folgenden wird nun unter ihrer Maßgabe die "Summa theologiae" als ganze durchzumustern sein, um analytisch weitere Aufschlüsse über die herausgelösten linguistischen Momente zu erhalten und vertieft ihre Zugehörigkeit zum Komplex der Analogie herauszustellen.

6.
DIE KONKRETE AUFLÖSUNG THEOLOGISCHER SPRACHPROBLEME IN DER "SUMMA THEOLOGIAE" AUSSERHALB VON UND IM VERHÄLTNIS ZU I q13

Die hier intendierte Ausweitung der Analyse reflektierter Sprachpraxis bei Thomas über I q13 hinaus vollzieht sich wesentlich im Aufdecken von Differenzen bei vermeintlichen Ähnlichkeiten, durch Explikation von Ähnlichkeiten und Zusammenhängen bei vermeintlichen Unterschieden und in der Herauskristallisierung von Mittelfällen im Blick auf Grenzfälle bestimmter Phänomene.(1) Damit sollen die in der Analyse von I q13 in einem ersten Gang freigelegten linguistischen Elemente präzisiert, möglicherweise vermeintlich schon erreichte Präszision zurückgenommen und die Aspekte in ihrer zweifellos je und je differenzierten Gewichtung zur Geltung gebracht werden - alles zusammen als das Medium, in dem sich Analogie ereignet und von woher diese selbst zu verstehen ist. Gemäß dem bisher durchgeführten Ansatz bei Thomas' Sprachpraxis hat sich auch die weitere Analyse von ihr aus bis zu den gelegentlichen spekulativen Bemerkungen des Aquinaten durchzuarbeiten.

6.1 MATERIALOBJEKTE LINGUISTISCHER VERFAHREN

Bedingt durch die konkreten Vorgaben der Analyse von I q13 könnte der Eindruck entstanden sein, daß nur einige wenige Ausdrücke - die Wörter, die als nomina divina fungieren können - als Gegenstände sprachphilosophischer Bemühungen in Frage kommen. Demgegenüber ist prinzipiell festzustellen, daß es keine grammatische Art sprachlicher Ausdrücke gibt, die bei Thomas nicht in einer reflexen Bearbeitung vorkäme:

- Substantive: "sapientia" (I q1 a6 c; ad3); "aeternitas" (I q10 a3 ad1); "defectus" (I q12 a4 ad2); (2)

- Adjektive: "dignior" (I q1 a5 c); "mobilis" (I q9 a1 ad2); "incomprehensibilis" (I q12 a7 ad2);

- Adverbien: "hoc adverbium sicuti" (I q12 a6 ad1); "totaliter" (I q12 a7 ad3);

- Pronomina: "quid" (I q29 a4 ad2); "iste" (I q39 a8 c);

- Verben: "esse" (I q3 a4 ad2); "appropinquare" (I q9 a1 ad3); "facit" (I q10 a2 ad1);

- Zusammengesetzte Ausdrücke: "per se notum" (I q2 a1 c); "esse in genere" (I q3 a5 c); "esse in daemonibus" (I q8 a1 ad4);

- Synkategorematische Ausdrücke, wie etwa Präpositionen: "ante" (I q10 a2 ad2); "per" (I q36 a3 c); "ex vel de" (I q39 a2 ad5); "ex-per-in" (I q39 a8 c); "ad" (I q93 a5 ad4).

Analysiert werden außerdem nicht nur die kleinsten grammatischen Einheiten, sondern bisweilen auch vollständige Sätze in ihrer Gesamtbedeutung. Dabei kann unterschieden werden zwischen solchen,

- die ausschließlich als eine Bedeutungseinheit zur Debatte stehen: "aliquid cui non fit additio" (I q3 a4 ad1); "in carne mea videbo Deum, Salvatorem meum" (I q12 a3 ad1);

- die wegen der Problematik eines genau angebbaren Teilausdrucks innerhalb ihrer untersucht werden müssen: "anima alicubi videre" (I q8 a4 ad6); "solus Pater est Deus" (I q31 a4 c);

- die eine Mittelstellung zwischen beiden einnehmen, sofern es bei ihrer Analyse zwar um einen einzelnen Ausdruck geht, dessen Bedeutungsproblematik aber ausschließlich innerhalb des Satzganzen sichtbar und artikulierbar wird: "videbimus eum sicuti est" (I q12 a6 ad1); "intellectus intelligit rem aliter quam sit, est falsus" (I q13 a12 ad3).

Thomas' "Summa theologiae" ist ein dezidiert theologisches Werk; daß in ihrem Rahmen auf allen nur möglichen materialen Ebenen - von den kleinsten Partikeln bis zu vollständigen Sätzen - linguistische Reflexionen angestellt werden, impliziert zwei wenigstens auf den ersten Blick gegenläufige Prinzipien: Zum einen, daß Thomas sprachliche Äußerungen (im Dienst der Theologie) in großem Umfang für reflexionsbedürftig hielt; zum anderen, daß sich Vollzug und Resultat solcher Reflexionen - die detaillierte Erfassung von Sprache also - seinen Erkenntnisinteressen als integrales Moment einordnete. Letzteres macht dabei die Mühe des ersteren überhaupt erst lohnend und hat deshalb hier zuerst Gegenstand der Analyse zu sein.

6.2 RELEVANZ UND KOMPETENZ DES PHÄNOMENS SPRACHE

Wann immer Thomas die Relevanz des Sprachlichen herausstellt, geschieht dies nicht im Sinn einer Phänomenologie der Sprache als autonomen Phänomens; vielmehr entspringt die zuerkannte Relevanz prinzipiell der funktionalen Hinordnung auf seine theologische Arbeit:

"... quia ex verbis inordinate prolatis incurritur haeresis ut Hieronymus dicit, ideo cum de Trinitate loquimur, cum cautela et modestia est agendum ..." (I q31 a2 c).

Sprachliche Umsicht ("cautela") und ein Umgang mit dem Wort, der sich nicht sofort von der Faszination und der inneren Dynamik, die die Sprache ausübt, mitreißen läßt ("modestia"), sind unabdingbar für das sachliche Anliegen. Jeder unüberlegte Gebrauch ("inordinate") setzt das rechte Erkennen aufs Spiel. Die Sorge um die Sprache entspringt der Sorge um die Wahrheit. Thomas praktiziert dieses Besorgen der Sprache in absoluter Strenge, etwa mit dem Instrumentar der Grammatik. Um das Pathos solcher Strenge zu erspüren, braucht man nur einen Abschnitt wie etwa I q37 a2 c zu lesen, wo Thomas von der wechselseitigen Liebe des Vaters und des Sohnes im Heiligen Geist handelt:

"... circa hanc quaestionem difficultatem affert quod, cum dicitur, Pater diligit Filium Spiritu Sancto, cum ablativus construatur in habitudine alicuius causae, videtur quod Spiritus Sanctus

> sit principium diligendi Patri et Filio; quod est omnino impossibile. Et ideo quidam dixerunt hanc esse falsam, Pater et Filius diligunt se Spiritu Sancto ... - Quidam vero dicunt quod est propositio impropria; et est sic exponenda: Pater diligit Filium Spiritu Sancto, idest amore essentiali, qui appropriatur Spiritui Sancto. - Quidam vero dixerunt quod ablativus iste construitur in habitudine signi: ut sit sensus, Spiritus Sanctus est signum quod Pater diligat Filium, inquantum scilicet procedit ab eis ut amor. - Quidam vero dixerunt quod ablativus iste construitur in habitudine causae formalis: quia Spiritus Sanctus est Amor, quo formaliter Pater et Filius se invicem diligunt. - Quidam vero dixerunt quod construitur in habitudine effectus formalis. Et isti propinquius ad veritatem accesserunt."

Thomas sammelt also die vom rein sprachlichen Befund her möglichen Bedeutungsweisen der zur Debatte stehenden Aussage, von denen die erste sofort aus sachlichen Gründen ausgeschieden, die letzte favorisiert wird. Die Begründung dafür leistet wiederum eine linguistische Überlegung:

> "Unde ad huius evidentiam, sciendum est quod, cum res communiter denominentur a suis formis, sicut album ab albedine, et homo ab humanitate, omne illud a quo aliquid denominatur, quantum ad hoc habet habitudinem formae."

Thomas hat wohl gespürt, wie wenig unmittelbar verständnisfördernd - trotz ihrer Richtigkeit und Wichtigkeit - metasprachliche Aussagen in der Regel wirken. Sofort schließen sich deshalb mehrere Beispiele aus der Alltagssprache an; außerdem binden diese den theologischen Sprachgebrauch, den sie illustrieren, durch ihre bloße Präsenz in den Umkreis des "Normalsprachlichen" ein und verhindern so seine hermeneutische Isolierung ("Ach, das ist ja nur eine theologische Redeweise ..."), die in kürzester Zeit mit seiner Eliminierung aus dem Sprachkosmos und so mit dem Verschwinden der gemeinten Sache endete - auch darin reflektiert sich die Relevanz des Sprachlichen auf rein pragmatischer Ebene:

> "Ut si dicam, iste est indutus vestimentis, iste ablativus construitur in habitudine causae formalis, quamvis non sit forma. Contingit autem aliquid denominari per id quod ab ipso procedit, non solum sicut agens actione; sed etiam sicut ipso termino actionis, qui est effectus, quando ipse effectus in intellectu actionis includitur. Dicimus enim quod ignis est calefaciens calefactione, quamvis calefactio non sit calor, qui est forma ignis, sed actio ab igne procedens: et dicimus quod arbor est florens floribus, quamvis flores non sint forma arboris, sed quidam effectus ab ipsa procedentes."

Nachdem so mittels instruktiver Beispiele aus der Alltagssprache die Bedeutung, genauer: die rechte Bedeutungserfassung einer bestimmten linguistischen Figur gewissermaßen eingeübt ist, stellt Thomas in den so konstituierten hermeneutischen Horizont hinein die zu klärende theologische Aussage:

> "Secundum hoc ergo dicendum quod, cum diligere in divinis dupliciter sumatur, essentialiter scilicet et notionaliter; secundum quod essentialiter sumitur, sic Pater et Filius non diligunt se Spiritu

Sancto, sed essentia sua ... Secundum vero quod notionaliter sumitur, sic diligere nihil est aliud quam spirare amorem; sicut dicere est producere verbum, et florere est producere flores."

Letztlich - so erhellt aus dem letzten Absatz - hängt alles davon ab, das Verbum "diligere" in der richtigen Bedeutung zu gebrauchen; sie wird ermittelt in der Unterscheidung ("dupliciter sumitur") möglicher Bedeutungen und in der diskursiven Entscheidung für die zutreffende. Daß dieses ganze lange Verfahren ausschließlich durchgezogen wird, um die Analogizität des "diligere" in der problematischen Aussage ausdrücklich als solche zur Geltung zu bringen, deutet sich schon gegen Ende der Beispiele der - sozusagen - horizontalen Analogien ("sicut dicere ... sicut florere") an, artikuliert sich aber dann nahezu wörtlich im Schlußsatz des corpus:

> "Sicut ergo dicitur arbor florens floribus, ita dicitur Pater dicens Verbo vel Filio, se et creaturam: et Pater et Filius dicuntur diligentes Spiritu Sancto, vel Amore procedente, et se et nos."

In der Perspektive traditioneller Analogiedeutung handelt es sich dabei lediglich um eine analogia proportionalitatis impropria. Das mag im ausschließlichen Blick auf ontologische Schichten und ihre Zusammenhänge richtig sein. Gerade anläßlich dieses Beispiels jedoch liegt auf der Hand, daß es dem Aquinaten um diese überhaupt nicht gegangen ist; denn in der abschließenden logisch-linguistischen Figur der Verhältnisähnlichkeit schürzen sich die Fäden der vorausgehenden linguistisch-analytischen Bewegung zum komplexen semantischen Knoten; somit steht allein das "diligere Spiritu Sancto" im Mittelpunkt. Ohne die Analyse exklusiv linguistisch gemeinter Analogien, in deren Reihe das "diligere" durch den analytischen Prozeß erst eingegliedert wird, käme es - wenigstens auf dem Niveau reflektierter Theologie - adäquat in seiner eigenen Analogizität und damit in seiner eigentlichen Bedeutung überhaupt nicht zum Ausdruck. Man wird daher sehr bezweifeln dürfen, ob die traditionelle Wertung solcher Analogien (impropria!) deren realer Leistung überhaupt gerecht werden kann. Nicht dagegen zu bezweifeln ist die sich in einem solchen Artikel wie diesem bekundete funktionale Relevanz der Sprache als Sprache für das Gelingen von Verstehen und damit für den Weg zur Wahrheit der Dinge - ganz abgesehen von diversen linguistisch interessanten Einzelzügen, die erst im weiteren Verlauf der Analyse thematisiert werden.

Nicht immer entfaltet sich die Relevanz des Sprachlichen in solcher Ausführlichkeit wie hier, manifestiert sich vielmehr in kurzen Formeln, die aber gleichermaßen - etwas Vertrautheit mit Thomas vorausgesetzt - sofort den Horizont linguistischen Problembewußtseins aufspannen, etwa - bezogen auf das Verständnis des Ausdrucks "participatio":

> "... caritas qua formaliter diligimus proximum est quaedam participatio divinae caritatis. Hic enim modus loquendi consuetus est apud Platonicos, quorum doctrinis Augustinus fuit imbutus. Quod quidem non advertentes ex verbis eius sumpserunt occasionem errandi" (II-II q23 a2 ad1).

Irrtum entspringt also keineswegs nur irgendwelchen Fehlleistungen im syllogistischen Zusammenhang, sondern genauso der Mißachtung hermeneutischer Bedingungen, die den Sinn des modus loquendi verfehlen läßt. - Noch knapper faßt sich Thomas in I q50 a1 ad2, wo übrigens wieder - "accipitur", "dicuntur", "aequivoco" - die Relevanz des Sprachlichen unmittelbar verbunden wird mit der Analogizität der Bedeutungen eines Ausdrucks:

"... motus ibi accipitur prout intelligere et velle motus quidam dicuntur. Dicitur ergo angelus substantia semper mobilis, quia semper est actu intelligens ..."

Deshalb anwortet Thomas auf das in obi.2 vorgetragene Argument "... angelus est substantia intellectualis semper mobilis. Angelus ergo est substantia corporea" ganz sporadisch:

"Unde patet quod ratio procedit ex aequivoco"(ad2).

Die unverzichtbare Voraussetzung verantworteten Denkens und Schließens besteht im vorgängigen Differenzieren auf linguistischer Ebene. Anläßlich der Frage nach dem ontologischen Charakter des malum nennt Thomas die Wurzel der in diesem Bereich geschehenden Irrtümer beim Namen und gibt gleichzeitig die Methode ihrer Therapie an:

"... sicut dicitur in V.Metaphys., ens dupliciter dicitur. Uno modo, secundum quod significat entitatem rei, prout dividitur per decem praedicamenta: et sic convertitur cum re. Et hoc modo nulla privatio est ens: unde nec malum. Alio modo dicitur ens, quod significat veritatem propositionis, quae in compositione consistit, cuius nota est hoc verbum est: et hoc est ens quo respondetur ad quaestionem an est. Et sic caecitatem dicimus esse in oculo, vel quamcumque aliam privationem. Et hoc modo etiam malum dicitur ens. - Propter huius autem **distinctionis ignorantiam** aliqui ... crediderunt quod malum esset res quaedam" (I q48 a2 ad2).

Noch einmal artikuliert sich dabei die Relevanz des Sprachlichen in der Notwendigkeit, die Analogizität eines Ausdrucks ("ens") wahrzunehmen und sie - wo das nicht selbstverständlich der Fall ist - mittels der distinctio festzuschreiben (wie Thomas selbst das einleitend tut mit "dupliciter dicitur").(3)

Die sich in verschiedenen Intensitätsgraden aussprechende Relevanz der konkreten sprachlichen Fassung eines Sachverhalts verdichtet sich gelegentlich bis zu einer autonomen argumentativen Kompetenz des Sprachlichen kraft seines einfachen So-seins:

"Sed contra est quod desperatio nominatur per contrarium spei"

als Erwiderung auf

"Videtur quod desperatio non sit contraria spei" (I-II q40 a4).

Der bloße Verweis auf einen sprachlichen Zusammenhang genügt als Sed-contra-Argument, welches schließlich als conditio sine qua non der Lösung des corpus fungiert.(4) Ähnlich in I-II q46 a3 sc.:

"... vis concupiscibilis est alia ab irascibili. Si igitur ira esset in concupiscibili, non denominaretur ab ea vis irascibilis."(5)

143

6.3 FUNKTIONALE SPRACHPRIORITÄT

Das Phänomen von Relevanz und Kompetenz des Sprachlichen im obigen Sinn eröffnet den Blick auf ein integrales Moment der Denkbewegung des Aquinaten selber: zu jener gehört als einer der Leitfäden seiner Reflexionspraxis die Anerkennung einer funktionalen Priorität faktisch gesprochener Sprache - nicht über die Sache, sondern im Dienst der Sache; es dürfte dabei nicht zu hoch gegriffen sein, geradezu linguistische Problemlösungsstrategien für sachliche Probleme am Werke zu sehen.(6) Zweifellos: diese Priorität bleibt funktional, wie die ganze mittelalterliche Linguistik funktional ist - aber dennoch hieße es, sich einer entfremdenden Verkürzung schuldig machen, wollte man jene Präsenz der Sprachorientiertheit unterschlagend das dahinterstehende Bemühen als einzig nur der Dialektik (im strengen Sinn) sowie der Metaphysik verpflichtet behaupten.

Solche Sprachpriorität vollzieht sich etwa im Modus hermeneutischer Explikation vorgegebener Ausdrücke, die dazu dient, den als Metapher aufgefaßten Ausdruck in diskursive Rede, d.h. in Sachaussagen zu transformieren, z.B.:

> "Exponit autem Dionysius nomen Thronorum per convenientiam ad materiales sedes. In quibus est quatuor considerare. Primo quidem, situm; quia sedes supra terram elevantur. Et sic ipsi angeli qui Throni dicuntur, elevantur usque ad hoc, quod in Deo immediate rationes rerum cognoscant. - Secundo in materialibus sedibus consideratur firmitas: quia in ipsis aliquis firmiter sedet. Hic autem est e converso: nam ipsi angeli firmantur per Deum. - Tertio quia sedes suscipit sedentem, et in ea deferri potest. Sic et isti angeli suscipiunt Deum in seipsis, et eum quodammodo ad inferiora ferunt. - Quarto ex figura: quia sedes ex una parte est aperta ad suscipiendum sedentem. Ita et isti angeli sunt per promptitudinem aperti ad suscipiendum Deum, et famulandum ipsi" (I q108 a5 ad6).

Einziger und leitender Ausgangspunkt ist der sprachliche Ausdruck "Throni"; er wird aufgrund der convenientia von Einzelzügen her ausgelegt, die anhand der sedes materiales unmittelbar zugänglich sind. Zwar handelt es sich dabei generell gesehen nur um einen Fall von Allegorese, dennoch verrät die konkrete Durchführung einiges über Thomas' Auffassung bestimmter Sprachprobleme: Im Diskurs über die sedes materiales werden sprachliche Vorgaben bereitgestellt, die dann anwendbar sind auf die angeli: "sedes elevantur ... angeli elevantur"; dieser Vorgabecharakter kann sich dabei bis auf eine Assoziationsfunktion reduzieren, die sich selbst noch im Fall eines glatten Widerspruchs auf der Sachebene erfüllen läßt, so bei "... firmiter sedet ... angeli firmantur per Deum." Immer aber ermöglicht die sprachliche Vorgabe kraft ihrer Bedeutung die darauffolgende sachliche Aussage. Ein kurzer Vergleich mit dem (lateinischen) Text aus Ps.-Dionysios AREOPAGITAs "De coelestibus hierarchiis", auf den Thomas sich einleitend bezieht, verrät, daß Thomas offensichtlich ausdrücklich daran gelegen war, das konkrete sprachliche Fundament der Aussagen aufzudecken, ja selbst die Vollzugsstruktur anzudeuten, durch die die Sachaussagen zustandekommen ("Hic autem est e converso"). In der lateinischen Version des Ps.-Dionysios heißt es nämlich:

> "Thronorum porro sublimissimorum et excelsorum nomen denotat id quod ab omni terrena humilitate sine admistione secretum est, quodque ad superiora divino studio fertur nec in infimis ullis rebus habitat, sed totis viribus in eo, qui vere summus est, immobiliter firmiterque haeret, divinumque adventum sine ulla motione atque materia recipit, ad Deum portat, officioseque ad ea, quae divina sunt, capienda propensum est."(7)

Von einer Ähnlichkeit der Throni mit den sedes materiales ist hier überhaupt keine Rede; deren Bild schwingt nur verborgen, bisweilen in leichter Andeutung aufblitzend im Hintergrund mit. Allein um die "Throni" geht es hier im typischen Stil der symbolischen Theologie des Areopagiten. Ihr tritt bei Thomas vom ersten Satz an der entschiedene Wille zur diskursiven Aussage gegenüber. Die tragenden Strukturen der dionysischen Rede werden rekonstruiert; ihre Aufklärung drängt den Symbolismus zurück; sie besteht im Aufweis der linguistischen Zusammenhänge, auf denen die gemeinten Sachverhalte letztlich aufruhen.(8)

Neben diesem unmittelbar hermeneutischen Modus konkretisiert sich die funktionale Sprachpriorität innerhalb streng diskursiver Zusammenhänge als kontinuierliche und gestufte Differenzierung und Präzisierung von Bedeutungen. Die Priorität besteht dabei darin, daß das Gesamt der metasprachlichen Aussagen das Sachargument bereits ausmacht, so etwa in I q6 a2 ad1:

> "... summum bonum addit super bonum, non rem aliquam absolutam, sed relationem tantum."

Bereits das "addit" qualifiziert m.E. die Frage eindeutig als sprachliche. Die nachfolgende Unterscheidung ("non ..., sed") gibt den Bedeutungsumfang und das aktuelle kontextkohärente Bedeutungssegment an. Aber damit hat es noch nicht sein Bewenden, sofern der dabei eingeführte Ausdruck "relatio" mißverständlich sein kann, weshalb Thomas fortfährt:

> "Relatio autem qua aliquid de Deo dicitur relative ad creaturas, non est realiter in Deo, sed in creatura; in Deo vero secundum rationem ..."

Eine zweite Distinktion ("realiter - secundum rationem") spezifiziert die relatio also weiter, jedoch handelt es sich bei dem "secundum rationem" um eine sehr formale Bestimmung, welche die eigentliche Intention des Thomas noch nicht im ausreichenden Maß zur Geltung bringt. Deshalb setzt er das über Gott relativ secundum rationem Gesagte in ein Verhältnis zu einem anderen Verhältnis:

> "... sicut scibile relative dicitur ad scientiam ...",

so daß sich eine Verhältnisanalogie im Sinne einer Verhältnisähnlichkeit ergibt. Auch dieser Analogie ist nicht das Fundament des ganzen Prozesses, sondern bezieht ihre bedeutungsstiftende Kraft daraus, daß auch das zweite - in Klärungsfunktion stehende - Verhältnis durch eine erneute Distinktion eindeutig bestimmt wird, indem Thomas feststellt, daß das "scibile" relativ auf die "scientia" ausgesagt wird,

> "... non quia ad ipsam referatur, sed quia scientia refertur ad ipsum."

Erst damit sind Art und Richtung und somit die hier gemeinte Bedeutung von "relatio" ausreichend bestimmt. Die Verhältnisanalogie und die Distinktionen greifen in diesem homogenen Geflecht als gleichwertige Funktionen ineinander und konstituieren so das logische Gerüst des einen analogisierenden Sprachprozesses. Wie selbstverständlich wird dabei die relatio als linguistische Kategorie ("... qua aliquid ... dicitur") erwähnt, ohne daß sich dadurch eine Spannung zu ihrem Charakter als metaphysischer Kategorie ergäbe.(9)

Die bisherigen Beispiele haben die Tatsache mehrerer charakteristischer Modi der funktionalen Sprachpriorität illustriert. Mithin bleibt die Frage, worin denn das Prius eigentlich - d.h. systematisch-formal gesehen - bestehe. Die Tatsache, daß jener Primat in der Regel im Zusammenhang mit Objekten auftritt, die unmittelbarem Erfahren und Erkennen unzugänglich sind, also einem spekulativen Kontext angehören, läßt bereits vermuten, daß die Antwort aus einem Vergleich der Reichweite konkret gesprochener Sprache einerseits und reflexen, spekulativen Kategorien andererseits zu gewinnen sein dürfte. Eine genaue Analyse von I q4 a3 c bestätigt diese Vermutung; der Artikel bietet das klassische Beispiel für die Fundierung der Bewältigung sachlicher Fragen in sprachlicher Analyse, konkret: für die Verankerung eines metaphysischen Diskurses in einer vorgängigen metasprachlichen Bereitung des Reflexionsinstrumentars. Die Frage nach der Ähnlichkeit von Gott und Kreatur, die hier zur Debatte steht, wird angegangen mit dem Aufweis dessen, was "similitudo" bzw. "similis" alles heißen kann. Interessant ist dabei wieder die schon zu Beginn des corpus auftretende Oszillation von Metaphysik und faktischer Sprache:

> "... cum similitudo attendatur secundum convenientiam vel communicationem in forma, multiplex est similitudo, secundum multos modos communicandi in forma. Quaedam enim **dicuntur** similia ..."

Folgende Bedeutungen des Ausdrucks "similis" weiß Thomas nachfolgend zu unterscheiden:

> "Quaedam enim dicuntur similia, quae communicant in eadem forma secundum eandem rationem, et secundum eundem modum: et haec non solum (aber auch!) dicuntur similia, sed aequalia in sua similitudine ... Et haec est perfectissima similitudo. - Alio modo dicuntur similia, quae communicant in forma secundum eandem rationem, et non secundum eundem modum, sed secundum magis et minus ... Et haec est similitudo imperfecta. - Tertio modo dicuntur aliquia similia, quae communicant in eadem forma, sed non secundum eandem rationem; ut patet in agentibus non univocis."

Semantik und Metaphysik schwingen hier permanent und untrennbar ineinander. Noch wörtlicher kommt das in der anschließenden Begründung zum Ausdruck:

> "Cum enim omne agens agat sibi simile inquantum est agens, agit autem unumquodque secundum suam formam, necesse est quod in effectu sit similitudo formae agentis. Si ergo agens sit contentum in eadem specie cum suo effectu, erit similitudo inter faciens et factum in forma, secundum eandem rationem speciei; sicut homo generat hominem" -

das ist die erstgenannte Form der similitudo, die sich in derselben species bewegt. Die zweite Art dagegen stellt eine Ähnlichkeit in genere dar:

> "Si autem agens not sit contentum in eadem specie, erit similitudo, sed non secundum eandem rationem speciei; sicut ea quae generantur ex virtute solis, accedunt quidem ad aliquam similitudinem solis, non tamen ut recipiant formam solis secundum similitudinem speciei, sed secundum similitudinem generis."

Die dritte Art von similitudo schließlich betrifft das, was nicht mehr unter ein und dasselbe genus zusammengefaßt werden kann. Genau hier bricht die funktionale Priorität des Sprachlichen in seiner vollen Gestalt durch, denn: da die metaphysischen Kategorien nicht mehr zur Artikulation dieser letzten similitudo und des in ihr waltenden Unterschieds ausreichen, bricht Thomas den Diskurs als metaphysischen ab und führt ihn in einer einfachen Beschreibung der Verhältnisse weiter, denen er schließlich den Namen "analogia" gibt - was nichts anderes bedeutet, als daß er den Diskurs zum metasprachlichen qualifiziert und somit zur Ausgangsebene des Artikels zurückkehrt:

> "Si igitur sit aliquod agens, quod non in genere contineatur, effectus eius adhuc magis accedent remote ad similitudinem formae agentis: non tamen ita quod participent similitudinem formae agentis secundum eandem rationem speciei aut generis, sed secundum **aliqualem analogiam**, sicut ipsum esse est commune omnibus.

Nachdem der Ausdruck "similis" dem geschilderten Analogisierungsprozeß unterworfen wurde, kann er auf das Verhältnis von Gott und Geschöpf übertragen werden:

> "Et hoc modo illa quae sunt a Deo, assimilantur ei inquantum sunt entia, ut primo et universali principio totius esse."

Der Verlauf des Artikels enthüllt also einen - rein linguistisch bedingten - Überschuß der gesprochenen Sprache selbst über die weitesten Kategorien der Metaphysik hinaus. Deshalb kann der Sprache die Operationalisierung spekulativer Zusammenhänge und Objekte zum Zwecke ihrer diskursiven, argumentativen Behandlung anvertraut werden - darin besteht ihr funktionales Prius. Sie genießt diesen Vorrang nicht nur auf philosophisch-metaphysischer Ebene, vielmehr in noch weit größerem Ausmaß in der Theologie, wie das obige erste Beispiel einer Konkretion solcher Priorität ("Throni") bereits andeutete und vor allem die zentralen Stücke christlicher Theologie in der "Summa theologiae" bekunden: Ganze Artikel - fast ganze Quaestionen - der Trinitätstheologie (vgl. I qq 27-43) sowie der Christologie (vgl. III qq 1-26) lesen sich wie eine einzige theologische Sprachlehre, eben weil die sprachliche Artikulation als sprachliche den vogeschobensten Posten bei der denkerischen Annäherung an das Mysterium Gottes darstellt - von dem essentiellen Wortcharakter dieses Mysteriums selbst noch einmal ganz abgesehen.(10) Allein das linguistische Substrat dieser beiden Lehrstücke - vor allem des ersteren - zu analysieren und zu entfalten, könnte Gegenstand einer eigenen Arbeit sein. Deshalb soll das Prius der Sprache im theologischen Kontext an einem einzigen Artikel herausgearbeitet werden, III q16 a1. Die funktionale Sprachorientiertheit bestimmt bereits vom ersten Wort an den Artikel, sofern Thomas gleich seine Fragestellung operationalisiert, indem er ihr die Gestalt der

Analyse eines Satzes verleiht:(11)

"Videtur quod haec sit falsa: Deus est homo"(intr.).

Der zur Debatte gestellte Satz als Satz bildet den exklusiven Bezugspunkt aller folgenden Überlegungen. Ähnlich wie in I q37 a2 c(12) befaßt sich Thomas einleitend mit diversen und divergierenden Interpretationen des "Deus est homo":

> "... ista propositio, Deus est homo, ab omnibus Christianis conceditur: non tamen ab omnibus secundum eandem rationem. Quidam enim hanc propositionem concedunt non secundum propriam acceptionem horum terminorum ..."

und behaupten deshalb, das Wort Gottes sei nur "similitudinarium" Mensch geworden, "... dicatur ... figurative ...", oder daß Christus "participative" Gott sei, weil in dem Satz "... ly Deus non supponit verum et naturalem Deum." Auf einer zweiten Ebene kommen folgende Verständnisweisen zustande:

> "Alii vero concedunt hanc propositionem cum veritate utriusque termini, ponentes Christum et verum Deum esse et verum hominem: sed tamen veritatem praedicationis non salvant. Dicunt enim quod homo praedicatur de Deo per quandam coniunctionem, vel dignitatis, vel auctoritatis, vel autem affectionis aut inhabitationis ... - Et in similem errorem incidunt qui ponunt duas hypostases vel duo supposita in Christo. Quia non est possibile intelligi quod duorum quae sunt secundum suppositum vel hypostasim distincta, unum proprie praedicetur de alio: sed solum secundum quandam figurativam locutionem, inquantum in aliquo coniunguntur; puta si dicamus Petrum esse Ioannem, quia habent aliquam coniunctionem ad invicem."

Mit den falschen Auffassungen des Satzes werden zugleich die Fehlerquellen benannt: falsche Auffassung der Terme im ersten Fall, im zweiten falsches Verständnis der Prädikation. Thomas korrigiert es folgendermaßen:

> "Unde, supponendo, secundum veritatem Catholicae fidei, quod vera natura divina unita est cum vera natura humana, non solum in persona, sed etiam in supposito vel hypostasi, dicimus esse veram hanc propositionem et propriam, Deus est homo: non solum propter veritatem terminorum, quia scilicet Christus est verus Deus et verus homo; sed etiam propter veritatem praedicationis. Nomen enim significans naturam communem in concreto potest supponere pro quolibet contentorum in natura communi: sicut hoc nomen homo potest supponere pro quolibet homine singulari. Et ita hoc nomen Deus, ex ipso modo suae significationis, potest supponere pro persona Filii Dei ... De quolibet autem supposito alicuius naturae potest vere et proprie praedicari nomen significans illam naturam in concreto: sicut de Socrate et Platone proprie et vere praedicatur homo. Quia ergo persona Filii Dei, pro qua supponit hoc nomen Deus, est suppositum naturae humanae, vere et proprie hoc nomen homo potest praedicari de hoc nomine Deus, secundum quod supponit pro persona Filii Dei."

Der Artikel läßt sehr prägnant den funktionalen Charakter der linguistischen Überlegungen heraustreten: Thomas setzt nicht an die Stelle theologischer Argumente eine metasprachliche Theorie, die aus sich heraus den Beweis für die problematische Frage zu liefern hätte. Theologie bleibt Theologie ("... supponendo, secundum veritatem Catholicae fidei ..."), erst in ihr kommt die Linguistik in ihrer klärenden, kritisch-therapeutischen Funktion zum Zuge. Die propria acceptio der Terme einerseits entstammt ja nicht einer natürlichen linguistischen Qualität der Terme, sondern wächst ihnen zu aus dem Kontext dieses speziellen christlich-theologischen Diskurses; deshalb bedarf ihre Wahrheit keiner anderen Begründung, sie offenbart sich allein schon im Verweis auf den Redezusammenhang ("... quia scilicet Christus est verus Deus et verus homo ..."). Was andererseits die Wahrheit der praedicatio betrifft, bedient sich Thomas zu ihrer Analyse der Suppositionstheorie, um mittels ihrer als einer Theorie der Interpretabilität der Terme die Vereinbarkeit von Subjekt und Prädikat des Satzes nachzuweisen. Daß "Deus" dabei für "Filius Dei" supponiert, entspringt selbst wiederum strikt theologischer Wahrheitsvorgabe – Thomas verweist eigens zurück auf I q39 a4, wo dieser Zusammenhang ausdrücklich erörtert wird. Nur mit dieser trinitätstheologisch konstituierten Bedeutung des "Deus" kann der Satz "Deus est homo" seinen Wahrheitsanspruch aufrechterhalten; von seinem Kontext isoliert oder gar als Aussage innerhalb eines philosophischen Diskurses verstanden, wird er sofort falsch. Thomas sagt es zwar nicht ausdrücklich, aber der Duktus der Argumentation sowie der behandelte theologische Sachverhalt lassen vermuten, daß hinsichtlich der prädikamentellen Struktur die Identitätstheorie der Prädikation wenigstens im Hintergrund steht.(13) Davon ausdrücklich zu reden, ist auch nicht notwendig, weil es ja nicht um eine Sprachtheorie – auch keine theologische – geht, sondern einzig um die Sache. Diese selbst aber begegnet dem menschlichen Intellekt am unmittelbarsten in der Sprache. Um über Angemessenheit oder Unangemessenheit entscheiden zu können, bedarf es der exakten Kenntnis der linguistischen Strukturen und semantischen Werte. Deren Rolle bleibt funktional – auf das Wissen um sie aber kann der Typ von Theologie, wie Thomas ihn favorisiert, nicht verzichten, weil der Rekurs auf die Sprache der theologisch-wissenschaftlichen Diskussion und ihrem Streit um Argumente eine weitreichende, verbindliche Objektivität vermitteln kann. Im Wahrnehmen dieser von der Sprache gebotenen Chance durch Thomas gründet die Rede von der funktionalen Priorität des Sprachlichen in seinem Werk.

6.4 GEFAHREN UND GRENZEN SPRACHGELEITETER REFLEXION

Sosehr Thomas von der prinzipiellen Leistungsfähigkeit der Sprache überzeugt ist und er sie seinen Erkenntnisinteressen dienstbar macht, sowenig übersieht er bestimmte Gefahren und Grenzen, die gleichermaßen in der Sprache liegen und aus sich heraus Probleme aufwerfen oder sogar irreführen können.

Selbstverständlich bleibt bestehen, daß oft und oft ein Sachverhalt

"... ex ipso modo loquendi apparet"(I-II q11 a2 ad4)(14) –

aber doch weiß der Aquinate auch um die Möglichkeit einer Spannung im Verhältnis von Sprache und Sache, so in II-II q47 a13 c; gefragt wird, ob in den Sündern "prudentia" sein könne, und Thomas leitet das corpus ein mit:

> "... prudentia dicitur tripliciter. Est enim quaedam prudentia falsa, vel per similitudinem dicta."

Hieran interessiert nicht der schon hinlänglich bekannte Differenzierungsprozeß, sondern die metasprachliche Aussage über jene erste Weise der prudentia. Mit anderen Worten sagt Thomas nämlich, daß zwar noch von "prudentia" geredet werden kann - per similitudinem -, aber daß es sich dabei eben doch um eine "prudentia falsa" handelt, um etwas, was besser nicht mehr so hieße. Die Verwendbarkeit von Termen - jedenfalls vielen - kennt Grenzen; wer sie überschreitet, setzt unbeschadet der Möglichkeit solcher Überschreitung in bestimmten Fällen die Sache der Gefahr von Mißverständnissen aus, die ihre sprachliche Arikulation heraufbeschwört.(15)

Noch akzentuierter hebt Thomas solche Spannungen hervor, wenn er schreibt:

> "... nihil prohibet aliquid esse simpliciter melius, quod tamen minus proprie recipit alicuius praedicationem: sicut cognitio patriae est nobilior quam cognitio viae, quae tamen magis proprie dicitur fides, eo quod nomen fidei importat imperfectionem cognitionis"(II-II q174 a2 ad3).

Die Lokalisierung und Entschärfung sprachbedingter Gefahren gilt Thomas nicht als Nebensache; es scheint ihm nicht zuviel Aufwand, dieser Aufgabe einmal das gesamte corpus eines Artikels zu widmen (I q31 a2 c) und dort eine ganze Serie von Ausdrücken mit "vitare debemus" aus dem Diskurs zu eliminieren, ohne sie für schlechthin falsch zu erklären, weil sie in der theologischen Tradition ("in aliqua scriptura authentica") bereits einmal im richtigen Sinn verwendet wurden. Vorbehalte hegt der Aquinate auch gegen ausgefallene Redeweisen, die zu ihrem rechten Verständnis äußerst komplizierter interpretatorischer Leistungen bedürfen. Deshalb qualifiziert er etwa den Satz "Pater genuit se Deum" als

> "... impropria vel emphatica locutio ..."(I q39 a4 ad4)

und lehnt den anderen Satz "Pater genuit alium Deum" unbeschadet eines möglichen richtigen Verständnisses ("... ita quod ly alius sit substantivum, et ly Deus appositive construatur cum eo") ab mit der Begründung:

> "Sed hoc est improprius modus loquendi, et evitandus, ne detur occasio erroris"(I q39 a4 ad4).

Dasselbe gilt für einen Satz, der einer "extorta expositio" (I q39 a4 ad5) bedarf, um überhaupt recht verstanden zu werden.(16) Genauso darf die Möglichkeit, eine Sache mit mehreren Namen zu benennen, nicht dazu verleiten, anstelle des einen Objekts eine Mehrzahl anzunehmen:

> "... nihil prohibet idem pluribus nominibus nominari secundum diversas proprietates vel effectus"(III q73 a4 ad1).

Der extremste Fall einer solchen Spannung kleidet sich in das Gewand eines Fehlschlusses: Sprachverhalt und Sachverhalt fallen auseinander. Im Kontext seiner Christologie anläßlich des Problems der Idiomenkommunikation führt Thomas einen solchen Fall vor:

> "... circa mysterium incarnationis fuit communicatio proprietatum pertinentium ad naturam: quia quaecumque conveniunt naturae, possunt praedicari de persona subsistente in natura illa, cuiuscumque naturae nomine significetur. Praedicta ergo positione facta, de persona Patris poterunt praedicari et ea quae sunt humanae naturae, et ea quae sunt divinae ... Posset ergo dici quod, sicut Pater est ingenitus, ita homo esset ingenitus, secundum quod ly homo supponeret pro persona Patris. Si quis autem ulterius procederet, Homo est ingenitus, Filius est homo, Ergo Filius est ingenitus, esset fallacia figurae dictionis vel accidentis"(III q3 a6 ad3).

Was auf den ersten Blick hin logisch-linguistisch stimmig erscheint, verbietet sich von den semantischen Werten der in der Aussage verbundenen Terme her; deren Bedeutungen ihrerseits bestimmen sich aus dem konkreten und spezifischen Redezusammenhang, in dem sie stehen.

Thomas hat m.W. nur an dieser Stelle - und kürzer in I q36 a4 ad4 - innerhalb der "Summa theologiae" so detailliert von der fallacia figurae dictionis gesprochen und damit bekundet, daß er diese in der Sprache lauernde Gefahr kannte; er hat sie nicht mehr weiter ausdrücklich erwähnt, vielmehr selber einen sehr reflektierten Sprachgebrauch gepflegt - wie sich im folgenden noch genauer zeigen wird - und damit jene Gefahrenquelle in actu exercito ausgeschaltet (ein theoretisch-formales Rezept gegen sie gibt es nicht).

Viel unmittelbarer und folgenreicher für den konkreten Sprechakt als das mögliche Divergieren von Sprache und Sache wirken jedoch andere von der Natur der Sprache selbst auferlegte Grenzen; sie erfordern von sich her den aktiven Eingriff des Sprechers, um die Leistungsfähigkeit der Sprache trotz dieser Grenzen aufrechtzuerhalten. Als eine dieser Beeinträchtigungen voller Leistungsfähigkeit kennt Thomas die **Spracharmut**. In einem ungeheuer dicht linguistisch durchwirkten Artikel zur Frage, ob "Amor ... sit proprium nomen Spiritus Sancti" (I q37 a1 c) stellt Thomas fest:

> "Ex parte autem voluntatis (sc. gegenüber intellectus), praeter diligere et amare, quae important habitudinem amantis ad rem amatam, non sunt aliqua vocabula imposita, quae important habitudinem ipsius impressionis vel affectionis rei amatae, quae provenit in amante ex hoc quod amat, ad suum principium, aut e converso. Et ideo, propter vocabulorum **inopiam**, huiusmodi habitudines significamus vocabulis amoris et dilectionis; sicut si Verbum nominaremus intelligentiam conceptam, vel sapientiam genitam."

Das Fehlen eigener sprachlicher Ausdrücke für bestimmte Sachverhalte nötigt also dazu, sie mit Namen zu benennen, die schon andere Bezeichnungsfunktionen erfüllen. Mittels bewußt eingegangener Mehrdeutigkeit läßt sich die der Sprache inhärente Materialgrenze überwinden - was aber impliziert, daß die semantische Differenziertheit eines solchen Ausdrucks festzuhalten ist. Thomas schärft deshalb auch sofort anschließend den Unterschied nochmals in aller Ausführlichkeit ein:

> "Sic igitur, inquantum in amore vel dilectione non importatur nisi habitudo amantis ad rem amatam, amor et diligere essentialiter dicuntur sicut intelligentia et intelligere. Inquantum vero his vocabulis utimur ad exprimendum habitudinem eius rei quae procedit per modum amoris, ad suum principium, et e converso; ita quod per amorem intelligatur amor procedens et per diligere intelligatur spirare amorem procedentem: sic Amor est nomen personae, et diligere vel amare est verbum notionale, sicut dicere vel generare."

Daß es sich bei dem ganzen Benennungsgeschehen um einen Fall praktizierter Analogie handelt, bedarf keiner weiteren Ausführung; diese entspringt schlicht und einfach den Bedürfnissen der Sprachpraxis und legitimiert sich aus der nicht weiter bestimmten sachlichen Nähe der beiden mit demselben sprachlichen Ausdruck bezeichneten Objekte; das ist bemerkenswert, weil gerade in diesem Fall sehr leicht eine sachliche (ontologische) Relation zwischen beiden angebbar wäre, nämlich ein kausales Verhältnis ("... quae procedit in amante ex hoc quod amat ..."); Thomas unterläßt dies aber, offenbar in der Überzeugung, daß die sprachliche Praxis zu ihrem Verständnis keiner weiteren Bestimmung bedarf.

Noch etwas deutlicher tritt der pragmatische Hintergrund solcher linguistischer Operationen in I-II q30 a2 ad3 zutage:

> "... passio quae directe opponitur concupiscentiae, **innominata** est: quae ita se habet ad malum, sicut concupiscentia ad bonum. Sed quia est mali absentis sicut et timor, quandoque loco eius ponitur timor: sicut et quandoque cupiditas loco spei. Quod enim est parvum bonum vel malum, quasi non reputatur: et ideo pro omni motu appetitus in bonum vel in malum futurum, ponitur spes et timor, quae respiciunt bonum vel malum arduum."

In diesem Fall liegt der Erweiterung der Anwendung des Ausdrucks "timor" das Verhältnis der Graduierbarkeit zwischen beiden Objekten zugrunde ("parvum - arduum"); sie legitimiert die Auffüllung des materialen sprachlichen Defizits mit einem bereits bedeutungsbesetzten Ausdruck.(17)

Einen zweiten kritischen Punkt innerhalb des Phänomens Sprache stellt für Thomas die Tatsache dar, daß es **Differenzen zwischen verschiedenen Sprachen** gibt. Christlicher Theologie ist ja durch ihre Herkunft und ihre Überlieferungsgeschichte die Mehrsprachigkeit ipso facto aufgegeben - zur Zeit des Thomas noch begrenzt auf die Dreiteilung hebräisch - griechisch - lateinisch. Die Probleme beginnen nun damit, daß Aussagen der einen Sprache nicht Element für Element - interlinear - in die andere übertragen werden können, weil dort etwa ein äquivalenter sprachlicher Ausdruck ganz fehlt oder andere Bedeutungen konnotiert als der zu übersetzende Ausdruck. Gerade weil christliche Theologie so konstitutiv in einer in Worte gefaßten Tradition gründet und aus ihr lebt, muß ihr an der Erhaltung der Authentizität des Ursprungs über die zwischensprachlichen Grenzen hinweg gelegen sein; konkret vollzieht sich auch dieses Bemühen als sprachanalytische Arbeit in der Ausarbeitung und im Vergleich von Bedeutungen und grammatischen Strukturen:

> "... diversae linguae habent diversum modum loquendi. Unde sicut propter pluralitatem suppositorum Graeci dicunt tres hypostases, ita et in Hebraeo dicitur pluraliter Elohim. Nos autem non dicimus pluraliter neque Deos neque substantias, ne pluralitas ad substantiam referatur"(I q39 a3 ad2).(18)

Wie sich die Qualität dieses Traditionsgeschehens aus linguistischer Sicht für Thomas darstellt, schildert er in I q29 a3 ad1 anläßlich der Einführung des nicht durch die Bibel bezeugten Namens "persona" für Gott:

> "Si autem oporteret de Deo dici solum illa, secundum vocem, quae sacra Scriptura de Deo tradit, sequeretur quod nunquam in alia lingua posset aliquis loqui de Deo, nisi in illa in qua primo tradita est Scriptura veteris vel novi Testamenti. Ad inveniendum autem nova nomina, antiquam fidem de Deo significantia, coegit necessitas disputandi cum haereticis."

An dieser Stelle scheinen zwei Gedanken ineinandergeflossen zu sein: der erste, daß die Bindung an die verbale Gestalt der Bibel die Rede von Gott auf die zwei biblischen Ursprungssprachen beschränkte - man bedenke dabei, daß Thomas ja keine der beiden kannte oder sprach; der zweite, daß die theologische Auseinandersetzung gerade um der Treue zum Ursprung willen die sprachliche Innovation erzwingt ("coegit"). Thomas beschreibt den Modus sprachlicher Neufassung sehr drastisch mit "ad inveniendum" - am besten wohl zu übersetzen mit "erfinden", weil darin mit zum Ausdruck kommt, daß es sich um eine Aufgabe handelt, die in erheblichem Maß Kreativität ("invenire ... nova nomina") und sprachliche Kompetenz ("antiquam fidem ... significantia") erfordert. Kontinuität und Authentizität der Rede von Gott sind somit im Medium der Sprache mit sprachlichen Mitteln über sprachinhärente limitative Strukturen hinweg zu praktizieren und zu garantieren.

Dieser Prozeß läuft nicht immer reibungslos ab, nimmt bisweilen weniger glückliche Wege und erleidet eine permanente Gefährdung seiner Leistungsfähigkeit. Er bedarf dauernder Kontrolle und Korrektur - natürlich mit sprachlichen Mitteln. Wiederum im Kontext der Trinitätstheologie bringt Thomas in allgemeiner Form diese Problematik zur Sprache:

> "... ad experimendam unitatem essentiae et personae, sancti Doctores aliquando expressius locuti sunt quam proprietas locutionis patiatur. Unde huiusmodi locutiones non sunt extendendae, sed exponendae"(I q39 a5 ad1).

Die Eigenstrukturen der Sprache begrenzen das Sagenkönnen des Sagenwollens. Wird das nicht in Rechnung gestellt, kommt es zu Mißverständnissen in der Sache. Thomas steht dabei konkret folgender Satz aus AUGUSTINUS vor Augen:

> "Pater et Filius sunt una sapientia, quia una essentia; et singillatim sapientia de sapientia, sicut essentia de essentia" (obi.1).(19)

Das vom Aquinaten geforderte "non extendendae, sed exponendae" realisiert sich im zugehörigen ad1 so:

"... ut scilicet nomina abstracta exponantur per concreta, vel etiam per nomina personalia: ut cum dicitur, essentia de essentia, vel sapientia de sapientia, sit sensus, Filius, qui est essentia et sapientia, est de Patre, qui est essentia et sapientia. - In his tamen nominibus abstractis est quidam ordo attendendus: quia ea quae pertinent ad actum, magis propinque se habent ad personas, quia actus sunt suppositorum. Unde minus impropria est ista, natura de natura, vel sapientia de sapientia, quam essentia de essentia."

Die Auslegung vollzieht sich in der Konkretisierung des sprachlichen Vorgangs und nachfolgend im Hinweis auf die graduell verschiedene sprachliche Brauchbarkeit abstrakter Namen in diesem Kontext. Der Zweck der Auslegung ist ein ausschließlich therapeutischer, sofern es einzig darum geht, möglicherweise aus der Struktur der Sprache wachsende Mißverständnisse zu verhindern:

"... tripliciter exponitur ad excludendum tres errores"(I q46 a3 c).(20)

Im Gefälle des solchermaßen praktizierten hermeneutischen Prinzips sind die immer und immer wiederkehrenden Bemerkungen anzusiedeln, in denen Thomas jeweils andeutet, daß dies oder jenes Problem - meist ein Widerspruch zwischen seinem Resultat und irgendwelchen autoritativen Aussagen - in einer hermeneutischen Vermittlung seine Auflösung findet:

"... verbum non est verum, si secundum sensum manifestum intelligatur. Potest tamen exponi ..."(I q102 a1 ad1);

"Potest tamen dici ..."(I-II q59 a2 ad1);

"... Augustinus loquitur ibi ..."(II-II q29 a1 ad1);

"... non sumitur hic pro ... sed pro ..."(II-II q89 a3 ad1);

"... non accipitur ibi pro ... sed pro ..."(III q5 a2 ad2);

"... canon ille non loquitur assertive, sed inquisitive: sicut ex circumstantia litterae haberi potest"(III q82 a8 ad1).

In solchen und ähnlichen Formeln schlägt sich jeweils die Reflektiertheit des hermeneutischen Tuns beim Aquinaten nieder, aber auch einfach ein "intelligendum est" (I-II q56 a3 ad1), ein "interpretatur" (I q63 a7 ad1), ein "sumitur" (II-II q29 a1 c), ein "importat" (I q5 a2 ad2) oder schlicht ein "dico" (I q8 a4 c) können die hermeneutische Absicht ausdrücklich anzeigen. Dieses sich sprachanalytisch realisierende hermeneutische Tun beschränkt sich dabei nicht auf die Arbeit an den konkreten Textvorlagen aus der Feder anderer Autoren; vielmehr fungiert es häufig als der erste Schritt von Problemlösungsstrategien überhaupt. Jedenfalls beginnen einschlägige Aussagen fast immer mit "dicitur" oder seinen Äquivalenten - etwa "ens dicitur dupliciter", nie aber mit "duo genera entium sunt."(21) Man wird deshalb ohne Überzeichnung die analytische Hermeneutik unter Betonung ihres streng funktional bleibenden Charakters(22) ein - wenn nicht **das** - zentrale(s) methodische(s) Grundmotiv der Denkbewegung des Aquinaten bezeichnen dürfen.

6.5 OPERATIONALISIERUNG DER CHANCEN UND BEWÄLTIGUNG DER GRENZEN VON SPRACHE

Die bisherige Sichtung der konkreten reflektierten Sprachpraxis bei Thomas deckte also eine fundamentale Ambivalenz des Phänomens Sprache auf: einerseits bietet es dem um die Dinge bemühten Erkenntnisinteresse wichtige Anhaltspunkte und Aufschlüsse; andererseits trägt es das Stigma möglicher Erkenntnisgefährdung und kennt auf der Ebene des linguistischen Materials Grenzen, die gelegentlich enger liegen, als die Bedürfnisse eines Mitteilungswillens oder Redezusammenhangs dies erfordern. Beide Tendenzen in der Sprache fordern den bewußten Umgang mit dem Wort heraus: die Grenzen, um gemäß je aktuellen Bedürfnissen des Sprachgeschehens überwunden zu werden; die Chancen, weil sie dem Sprecher oder Hörer ihre Früchte nicht in den Schoß werfen, sondern in ausdrücklichem Bemühen erarbeiten lassen.

Die methodische Operationalisierung beider Tendenzen nun besteht de facto in nichts anderem als der kontinuierlichen Applikation des "Prinzips der Differenzierung" und des "Prinzips der Ähnlichkeit(ssuche)" auf der Ebene der Bedeutungsanalyse und -konstitution. Keines der beiden Prinzipien ist mehr ganz unbekannt, weil kein einziges der bisher eingeführten Beispiele ohne wenigstens eines von ihnen auskommen konnte; nur wurde im bisherigen Zusammenhang nicht darauf abgehoben, um die tragenden Koordinaten des Sprachgeschehens - so wie Thomas es sieht - im einzelnen (natürlich um den Preis einer Abstraktion) zur Geltung zu bringen. Das Prinzip der Differenzierung, der schlechterdings methodische Hebel zur Ausschöpfung sprachvermittelter Erkenntnisverbesserung, begegnete bei der Beschreibung von Relevanz, Kompetenz und funktionalem Primat der Sprache, ferner wirkt er de facto - je mehr oder weniger ausdrücklich artikuliert - in jeder hermeneutischen Maßnahme. Das Prinzip der Ähnlichkeit bzw. Ähnlichkeitssuche leistet die Überwindung der vom linguistischen Material auferlegten Grenzen. Beiden Prinzipien ist im folgenden zunächst ausführlich nachzugehen.

6.5.1 Das Prinzip der Ähnlichkeit

"Similitudo" gehört zwar zu den exakt definierten Basistermen der voll entfalteten funktionalen Linguistik des Mittelalters,(23) Thomas selbst jedoch gebraucht den Ausdruck noch nicht als terminus technicus, sondern verwendet ihn in den verschiedensten Kontexten im alltäglichen Sinn. In seiner leeren Formalität, läßt sich über das Prinzip der Ähnlichkeit nichts sagen, was nicht banal wäre. Ähnlichkeit etwa definieren als den - mehr oder weniger starken - Zusammenhang zweier oder mehrerer Objekte, Verhältnisse etc. sagt soviel wie nichts, deutet bestenfalls in eine Richtung. Der WITTGENSTEINsche Imperativ "Denk nicht, sondern schau!" kommt hier einmal mehr zu seinem Recht, denn: Was Ähnlichkeit ist, lehren die Beispiele von Ähnlichkeit.

6.5.1.1 Literarische Artikulationen des Ähnlichkeitsprinzips

Genau an diese Instanz der Beispiele hat sich Thomas gehalten. Folgerichtig besteht auch seine Exposition der "similitudo" und des "similis" in I q4 a3 c – trotz der sehr theoretischen Einleitung: "... similitudo attendatur secundum convenientiam vel communicationem in forma ..." und ganz im Gefälle der allerersten Bestimmung in obi.2: "similitudo est comparatio quaedam" – in einer Analyse der Bedeutungen der Ausdrücke. Um dasselbe aus genau umgekehrter Perspektive zu wiederholen: Thomas klassifiziert – durchaus sehr grob schematisierend – die Situationen, in denen die Ausdrücke "similitudo" und "similis" sinnvoll verwendet werden können. Im letzten aber stellt schon diese Klassifizierung eine Einengung dar, auch wenn sie im Kontext dieses Artikels – es geht um die Ähnlichkeit zwischen Gott und Kreatur – einen guten Dienst erweist. Wenn Thomas im Hinblick auf sprachliche Phänomene von "similitudo" spricht, fällt deshalb in der Regel jede nähere Bestimmung des Ähnlichkeitsverhältnisses weg, wohl im Bewußtsein der real indefiniten Anzahl möglicher Ähnlichkeiten. Daher ist – wenn Thomas im konkreten reflektierten Sprachvollzug überhaupt diesen Term verwendet – nur von "similitudo" die Rede, etwa

"... sacra Scriptura tradit nobis spiritualia et divina sub similitudinibus corporalium" (I q3 a1 ad1);

"... per convenientiam ..." (I q108 a5 ad6) als synonym zu "similitudo";

"... similitudinarie dictum ..." (III q8 a1 ad2);

"... denominationes fiunt secundum similitudinis convenientiam" (III q35 a1 obi.2).

Die Unbestimmtheit der similitudo wird oft eigens herausgestellt durch ein beigefügtes "quaedum" oder "aliqua":

"... appetitus sapientiae ... interdum concupiscentia nominatur ... propter similitudinem **quandam** ..." (I-II q30 a1 ad1);

"... bonum dicitur dupliciter. Uno modo qoud vere est bonum et simpliciter perfectum. Alio modo dicitur aliquid esse bonum, secundum **quandam** similitudinem ..." (II-II q45 a1 c);(24)

"... severus ... dicitur saevus circa veritatem, propter **aliquam** similitudinem saevitiae ..." (II-II q159 a2 ad2).

Dasselbe wird zum Ausdruck gebracht, wenn anstelle des nahezu tautologisch zu nehmenden "similitudo quaedam" das "similitudo" relativ auf andere Bestimmungen gebraucht wird, die **auch** linguistische Qualitäten indizieren:

"... participatio legis aeternae in creatura rationali **proprie** lex vocatur: nam lex est aliquid rationis ... In creatura autem irrationali non participatur rationaliter: unde non potest dici lex nisi per **similitudinem**" (I-II q91 a2 ad3);

"... duplex est oculus: scilicet corporalis, **proprie** dictus: et intellectualis, qui per **similitudinem** dicitur" (III q76 a7 c).

Häufig tritt similitudo auch in Bemerkungen über metaphorisches Reden auf:

"... praecipitatio in actibus animae metaphorice dicitur secundum similitudinem a corporali motu acceptam" (II-II q53 a3 c);

"... macula proprie dicitur in corporalibus, quando aliquid corpus nitidum perdit suum nitorem ... In rebus autem spiritualibus ad similitudinem huius oportet maculam dici ... Unde ipsum detrimentum nitoris ... macula animae metaphorice vocatur" (I-II q86 a1 c).

Durchgängig bleibt so auch bei den genaueren Spezifizierungen die wesentliche Unbestimmtheit der similitudo(25) erhalten; wenn von ihr die Rede ist, dann also nicht im Sinn einer inhaltlichen Bestimmung, vielmehr im Sinn der Anzeige der grundsätzlichen Qualität eines linguistischen Zusammenhangs. Die Wirksamkeit des Ähnlichkeitsprinzips beschränkt sich aber keineswegs auf die Fälle, wo ausdrücklich von "similitudo" (oder den Äquivalenten wie etwa "convenientia") die Rede ist. Noch häufiger tritt nämlich im Verlauf der konkreten Sprachpraxis des Aquinaten der Fall ein, daß die Ähnlichkeitsverhältnisse mit Ausdrücken signalisiert werden, die eine Operation benennen oder sogar beschreiben, die also kraft ihrer operationalen Konnotation das Moment der Sprachaktivität bzw. der in ihr wirkenden Pragmatik unmittelbar zur Geltung bringen:

" ... dicit unum locum, non simpliciter, sed per **comparationem** ad locum terrae siccae" (I q69 a1 ad3).(26)

In I q4 a3 obi.2 definiert Thomas die similitudo auch ganz kategorisch in dieser operationalen Weise:

"... similitudo est comparatio quaedam."(27)

Noch viel stärker tritt der Charakter dieser Operationen als linguistischer in folgender Wendung hervor:

"... per quandam nominis **extensionem** ... secundum quandam **similitudinem** ..." (II-II q99 a1 ad1).

Gelegentlich beschreibt Thomas explizit den ganzen Vorgang einer vom Ähnlichkeitsprinzip dirigierten linguistischen Operation:

"... nomen restitutionis, inquantum importat iterationem quandam, supponit rei identitatem. Et ideo secundum primam impositionem nominis, restitutio videtur locum habere praecipue in rebus exterioribus, quae manentes eaedem et secundum substantiam et secundum ius dominii, ab uno possunt ad alium devenire. Sed sicut ab huiusmodi rebus nomen commutationis translatum est ad actiones vel passiones quae pertinent ad reverentiam vel iniuriam alicuius personae, seu nocumentum vel profectum; ita etiam nomen restitutionis ad haec derivatur quae, licet realiter non maneant, tamen manent in effectu ..." (II-II q62 a1 ad2).

"Derivari" (I q73 a2 c; I-II q20 a3 ad3: "derivatur ... secundum analogiam vel proportionem ..."; II-II q79 a2 c), "denominari" (I-II q6 a2 ad1), "transferri" (II-II q145 a1 ad4; III q3 a5 ad1), "transumi" (I q4 a1 ad1; II-II q127 a1 c), "ampliari" (II-II q60 a1 ad1; q118 a2 c), "extendi" (II-II q58 a11 ad3; q81 a1 ad2), "restringi" (II-II q141 a2 c), "trahi" (I q115 a2 c; I-II q6 a2 ad1), "accipi" (I-II q 18 a2 c; q24 a3 c), "attribui" (II-II q186 a1 c), "appropriari" (II-II q160 a1 ad1), "concedi" (III q75 a8 c) stellen in etwa die metasprachlichen Schlüsselworte dar, mit denen Thomas linguistische Operationen gemäß der Struktur des Ähnlichkeitsprinzips beschreibt, ohne in der Regel letzteres explizit zu erwähnen. Als seltener Fall muß auch II-II q25 a11 c erwähnt werden, wo Thomas mit der Formel "Et si non fiat vis in nomine ..." eine Erweiterung des Gebrauchs von "ex caritate diligere" erklärt.

Neben diesen dezidiert metasprachlichen Anzeigen und Beschreibungen von linguistisch relevanten Ähnlichkeitsverhältnissen kennt Thomas auch einige Formeln, die zum Teil oder ausschließlich gewissermaßen Eckwerte einer Objektrelation anzugeben scheinen, in Wirklichkeit aber ebenso metasprachliche Funktion ausüben – die Terminologie darf dabei nicht irreführen. Eine generelle Beschreibung ist auch bei ihnen – wie bei den obigen direkt metasprachlichen Indikatoren – ausgeschlossen, so daß die Einzelanalyse und eine gewisse vergleichende Klassifizierung der einzige Weg bleiben, ihrer überhaupt ansichtig zu werden:

> "... capitale dicitur denominative a capite, quod quidem est per quandam derivationem vel(!) participationem capitis, sicut habens aliquam proprietatem capitis, non sicut simpliciter caput" (I-II q84 a3 ad1).

Hier offenbart sich die in der Regel exklusiv metaphysisch interpretierte participatio eindeutig als äquivalent zu "similitudo" in metasprachlicher Funktion und zeigt exakt dasselbe Stigma der Unbestimmtheit ("quandam; aliquam"), wie sie der similitudo wesentlich zugehört. Ebenso verhält es sich mit II-II q85 a2 ad1:

> "... nomen divinitatis communicatur aliquibus non per aequalitatem, sed per participationem" –

das "per similitudinem" schiebt sich sinngemäß durch sein unmittelbar vorausgehendes sachliches Pendant "per aequalitatem" gewissermaßen über das "per participationem". – Zwei andere äußerst traditionsbefrachtete Ausdrücke kommen in ganz pragmatisch-reflektierenden Funktion mit II-II q102 a1 ad1 ins Spiel:

> "... religio per quandam **supereminentiam** pietas dicitur, et tamen pietas proprie dicta a religione distinguitur; ita etiam pietas per quandam **excellentiam** potest dici observantia, et tamen observantia proprie dicta a pietate distinguitur."

Die beiden Terme "supereminentia" und "excellentia" lassen sofort an das berühmte "triplex-via"-Schema neoplatonischer Provenienz denken. Im hier gegebenen Zusammenhang artikuliert Thomas nur seine dritten Schritt und verspannt die beiden Fachterme durch das jeweilige "quandam" und nachfolgend gegenübergestellte "proprie" in die Reihe der Äquivalente zu "similitudo", allerdings unter Implikation einer Angabe des Gefälles in den Verhältnisrelationen ("super-, ex-"). Die jeweils intendierte Bedeutung des "pietas" bzw. "observantia" konstituiert sich durch das Ineinanderschwingen der Verhältnisrelation **und** der gleichzeitigen Differenzierung ("distinguitur"). Die – zweifellos analogen – Bedeutungen verdanken sich ausschließlich diesen gegenläufigen Tendenzen als komplexem Ganzen. Daß hier die beiden Schlüsselterme entgegen ihrer schulmäßigen Interpretation metasprachlichen Sinn haben, liegt auf der Hand.

Besonderes Interesse darf in diesem Zusammenhang I q108 a5 c reklamieren, weil dort derartige vermeintlich exklusiv objektorientierte Verhältnisbestimmungen konzentriert auftreten:

> "... considerare oportet quod in rebus ordinatis tripliciter aliquid esse contingit: scilicet per proprietatem, per excessum, et per participationem."

Schon der nächste Satz aber macht deutlich, daß es dabei um linguistische Probleme geht, daß "physische" (im Sinn der "Physik" des Aristoteles) und metaphysische Kategorien metasprachlichen Zwecken dienen:

> "Per proprietatem autem dicitur esse aliquid in re aliqua, quod adaequatur et proportionatur naturae ipsius. Per excessum autem, quando illud quod attribuitur alicui, est minus quam res, cui attribuitur ... Per participationem autem, quando illud quod attribuitur alicui, non plenarie invenitur in eo, sed deficienter; ..."

Drei Möglichkeiten lassen sich also bei der Namengebung unterscheiden: entweder der Name paßt genau oder er reicht nicht aus, um die gemeinte Sache im vollen Sinn zu bezeichnen, oder er sagt eigentlich zuviel. Der Name trifft genau, ist eigener, wenn er das Spezifikum einer Sache, das Typische, wodurch sie von allen anderen Dingen abgehoben ist, zu benennen vermag; die beiden Ausdrücke "excessus" und "participatio" meinen je einen Fall der similitudo und spezifizieren diesen Fall noch durch Angabe des Gefälles der Ähnlichkeit - ob sie mit Defizit oder Überschuß zustande kommt; wie sehr dabei etwas "zu viel" oder "zu wenig" gesagt wird, kommt dabei nicht zur Geltung, genauso wie sich überhaupt das Gegebensein einer similitudo auf rein semantisch-syntaktischer Ebene nicht niederschlägt. Im Beispiel des Thomas:

> "Sicut si quis velit proprie nominare hominem, dicet eum substantiam rationalem: non autem substantiam intellectualem, quod est proprium nomen angeli, quia simplex intelligentia convenit angelo per proprietatem, homini vero per participationem; neque substantiam sensibilem, quod est nomen bruti proprium, quia sensus est minus quam id quod est proprium homini, et convenit homini excedenter prae aliis animalibus."

Einer anderen Art der Verhältnisangabe bedient sich Thomas in dem oben schon analysierten III q16 a1 c:(28)

> "... non est possibile intelligi quod duorum quae sunt secundum suppositum vel hypostasim distincta, unum proprie praedicetur de alio; sed solum secundum quandam figurativam locutionem, inquantum in aliquo coniunguntur ..."

Die Parallele des "in aliquo coniunguntur" zur Unbestimmtheit der similitudo springt vom Text her unmittelbar in den Blick. - In III q60 a1 c rekurriert der Aquinate auf den aus I q 13 a5 c geläufigen "proportio" - oder "ordo"-Gedanken:

> "... omnia quae habent ordinem ad unum aliquid, licet diversimode, ab illo denominare possunt: sicut a sanitate quae est in animali denominatur sanum non solum animal, quod est sanitatis subiectum, sed dicitur medicina sana inquantum est sanitatis

effectiva, diaeta vero inquantum est conservativa eiusdem, et urina inquantum est significativa ipsius. Sic igitur sacramentum potest aliquid dici vel quia in se habet aliquem sanctitatem occultam, et secundum hoc sacramentum idem est quod sacrum secretum: vel quia habet aliquem ordinem ad hanc sanctitatem, vel causae vel signi, vel secundum quamcumque aliam habitudinem."

Im Vergleich mit I q13 a5 c fällt auf, daß Thomas hier für das "sanum"-Beispiel mehr Relationsmöglichkeiten nennt ("... diaeta inquantum est conservativa ..." ist neu) und außerdem hinsichtlich der (analogen) Bedeutung von "sacramentum" hinzufügt: "... vel secundum **quamcumque** aliam habitudinem" - damit wird die Art der Relation, die den Gebrauch des gleichen sprachlichen Ausdrucks legitimiert, vollständig offengehalten; irgendwelche Qualifikationen wie "proprie" oder "metaphorice" werden nicht ins Spiel gebracht. Die schon anläßlich der Analyse von I q13 a5 c gestellte kritische Anfrage an die dortigen Formulierungen sowie ihre in der Wirkungsgeschichte kanonisch gewordene Auffassung als allgemeine Analogietheorie werden damit erheblich verschärft.

Wie schmal unter Umständen die verbindende - und linguistisch legitimierende - Relation ausfallen kann, erhellt die extrem pragmatische Formulierung in I-II q35 a8 c:

"Aliquid ... additur generi quasi aliquid extraneum a ratione ipsius: sicut si album animali addatur, vel aliquid huiusmodi. Et talis additio non facit veras species generis, secundum quod communiter loquimur de genere et speciebus. Interdum tamen dicitur aliquid esse species alicuius generis propter hoc quod habet aliquid extraneum ad quod applicatur generis ratio: sicut carbo et flamma dicuntur esse species ignis, propter applicationem naturae ignis ad materiam alienam."

Ein durch und durch äußerlicher Zusammenhang - also genau das Gegenteil ontologischer Verhältnisse - reicht mithin aus, den analogen Gebrauch der sonst so scharf bestimmten Kategorien "genus" und "species" zu rechtfertigen. Der Einbezug dieses vom Aquinaten ausdrücklich festgehaltenen Tatbestands in die Rekonstruktion seiner Auffassung von der Analogie verleiht seinen theoretischen Äußerungen schon im Ansatz einen fundamental anderen, weil radikal eingeschränkten Status.

6.5.1.2 "Familienähnlichkeit"

Die bisherigen Analysen haben zwar die Grundstruktur des Ähnlichkeitsprinzips - und innerhalb ihrer gewisse Tendenzen - freilegen können, damit aber noch lange nicht seiner Präsenz im Werk des Aquinaten in voller Gestalt ansichtig werden lassen. Wieder einmal verdichtet sich nämlich jene am intensivsten dort, wo Thomas wenig oder überhaupt nicht auf formale Aspekte der similitudo rekurriert, ja sie selbst nicht einmal erwähnt, sondern kommentarlos praktiziert: Er tut dies im Durchexerzieren von divergierenden Fällen des Gebrauchs eines Ausdrucks, um so in actu exercito die oft so schwer faßbaren Ähnlichkeitsgewebe im Sprachvollzug heraustreten zu lassen und mit ihrer Hilfe die

Bedeutung eines Ausdrucks zu klären. Mit anderen Worten: Thomas kennt und benutzt das, was Wittgenstein "Familienähnlichkeit" genannt hat. Dieser Topos taucht in dessen Schriften mehrfach auf, besonders in den "Philosophische(n) Untersuchungen": "Statt etwas anzugeben, was allem, was wir Sprache nennen, gemeinsam ist, sage ich, es ist diesen Erscheinungen garnicht Eines gemeinsam, weswegen wir für alle das gleiche Wort verwenden, – sondern sie sind untereinander in vielen verschiedenen Weisen **verwandt** ... Betrachte z.B. einmal die Vorgänge, die wir 'Spiele' nennen. Ich meine Brettspiele, Kartenspiele, Ballspiele, Kampfspiele usw. Was ist allen diesen gemeinsam? – Sag nicht: 'Es **muß** ihnen etwas gemeinsam sein, sonst hießen sie nicht ´Spiele´' – sondern **schau**, ob ihnen allen etwas gemeinsam ist. Denn wenn du sie anschaust, wirst du zwar nicht etwas sehen, was **allen** gemeinsam wäre, aber du wirst Ähnlichkeiten, Verwandtschaften sehen, und zwar eine ganze Reihe ... Wir sehen ein kompliziertes Netz von Ähnlichkeiten, die einander übergreifen und kreuzen. Ähnlichkeiten im Großen und Kleinen ... Ich kann diese Ähnlichkeiten nicht besser charakterisieren als durch das Wort 'Familienähnlichkeiten'; denn so übergreifen und kreuzen sich die verscniedenen Ähnlichkeiten, die zwischen den Gliedern einer Familie bestehen: Wuchs, Gesichtszüge, Augenfarbe, Gang, Temperament ... Und ebenso bilden z.B. die Zahlenarten eine Familie ... wir dehnen unseren Begriff der Zahl aus, wie wir beim Spinnen eines Fadens Faser an Faser drehen. Und die Stärke des Fadens liegt nicht darin, daß irgend eine Faser durch seine ganze Länge läuft, sondern darin, daß viele Fasern einander übergreifen ... Denn ich **kann** so dem Begriff 'Zahl' feste Grenzen geben, d.h. das Wort 'Zahl' zur Bezeichnung eines fest begrenzten Begriffs gebrauchen, aber ich kann es auch so gebrauchen, daß der Umfang des Begriffs **nicht** durch eine Grenze abgeschlossen ist. Und so verwenden wir ja das Wort 'Spiel'. Wie ist denn der Begriff des Spiels abgeschlossen? Was ist noch ein Spiel und was ist keines mehr? Kannst du die Grenzen angeben? Nein. Du kannst welche **ziehen**: denn es sind noch keine gezogen. (Aber das hat dich noch nie gestört, wenn du das Wort 'Spiel' angewandt hast.)" (29) Schon dieses lange, dem Original gegenüber aber immer noch stark gekürzte Zitat läßt unmittelbar erahnen, wie wenig sich das mit "Familienähnlichkeit" Gemeinte theoretisch und formal bestimmen läßt und letztlich als einzigen Ausweg dne Gang ins Beispiel ("Spiel", "Zahl") und ins Medium der Metapher ("Verwandtschaft", "Netz") erzwingt.

Wie stellt sich nun im Werk des Aquinaten das dar, was an WITTGENSTEINs "Familienähnlichkeit" denken läßt? Schon diese Bezeichnung findet bei Thomas eine markante Entsprechung; in I-II q58 a1 c heißt es nämlich:

> "Dicitur autem virtus moralis a more, secundum quod mos significat quandam inclinationem naturalem, vel quasi naturalem, ad aliquid agendum. Et huic significationi moris **propinqua** est alia significatio, qua significat consuetudinem: nam consuetudo **quodammodo** vertitur in naturam, et facit inclinationem similem naturali. Manifestum est autem quod inclinatio ad actum proprie convenit appetitivae virtuti ..."

Den wesentlichen Elementen der WITTGENSTEINschen Bestimmung lassen sich durchwegs thomanische Gegenstücke an die Seite stellen: Nicht nur, weil er von einer "significatio propinqua" spricht und damit ein Wort verwendet, das schon im klassischen Latein im Bereich seines übertragenen Gebrauchs Verwandtschaftsbeziehungen ungeschiedenen neben anderen Relationen bezeichnet;(30) auch die von WITTGENSTEIN thematisierte Problematik der Grenzziehung scheint präsent durch die in rascher Folge auftretenden "quandam", "vel quasi", "quodammodo"; die formale Kennzeichnung "similis" fehlt nicht und schließlich signalisiert das "proprie" in aller Eindeutigkeit, in welchen Zusammenhang das "propinquus" gehört, nämlich in den metasprachlichen - wie es (das "proprie") umgekehrt aus dieser Relation selbst wieder eine Verschärfung seines linguistischen Charakters erfährt. - Ein zweites Mal, doch kürzer, redet Thomas so ausdrücklich von der Familienähnlichkeit in II-II q58 a4 ad1:

> "... quia voluntas est appetitus rationalis, ideo rectitudo rationis, quae veritas dicitur, voluntati impressa, propter **propinquitatem** ad rationem, nomen retinet veritatis. Et inde est quod quandoque iustitia veritas vocatur."

Und noch einmal mit besonderem Ausdruck der unbestimmten Offenheit der Anwendungsregel in II-II q58 a11 ad3:

> "... omne superfluum in his quae ad iustitiam pertinent lucrum, extenso nomine, vocatur: sicut et omne quod minus est vocatur damnum. Et hoc ideo, quia iustitia prius est exercita, et communius exercetur in voluntariis commutationibus rerum ... in quibus proprie haec nomina dicuntur; et exinde derivantur haec nomina ad omnia **circa quae** potest esse iustitia."

Alles, was irgendwie mit der iustitia zu tun hat, kann Namen erhalten, die dem ursprünglichen Bezugsfeld von "iustitia" angehören. "Circa quae" ist nur eine andere Formel für die "propinquitas"-Verhältnisse.

Nahezu restlos in pragmatischen Vergleichen von sprachlichen Gebrauchsweisen und der Kennzeichnung ihrer Verwandtschaft - zum Teil durch Nebeneinanderstellen konkreter Beispielsätze - bleibt Thomas' Arbeit an den Bedeutungen etwa in I q36 a2 c:

> "... si quis recte consideret, inveniet processionis verbum inter omnia quae ad originem qualemcumque pertinent, communissimum esse. Utimur enim eo ad designandum qualemcumque originem; **sicut quod linea procedit a puncto, radius a sole, rivus a fonte;** et similiter in quibuscumque aliis. Unde ex quocumque alio ad originem pertinente, potest concludi quod Spiritus Sanctus procedit a Filio."

Das Durchlaufen der konkreten Verwendungen erlaubt, einen Bedeutungsfaden zu spinnen, an dem das "Spiritus Sanctus procedit a Filio" hermeneutisch Halt finden kann; die bloße Herausarbeitung der sprachlichen Familienähnlichkeit genügt dem Aquinaten als Entscheidungskriterium ("potest concludi") in einer so problembefrachteten theologischen Frage wie der hier behandelten. Noch ein Beispiel - auch wenn der Verzicht auf eine ganze Reihe anderer fast schwerfällt(31) - zur Familienähnlichkeit soll zur Sprache kommen, weil es sehr gut das Zustandekommen der Grenzziehung in der Verwendung und die faktisch-sprachliche Durchführung zur Geltung bringt:

> "... de aliquo nomine dupliciter convenit loqui: uno modo secundum primam eius impositionem; alio modo secundum usum nominis. Sicut patet in nomine visionis, quod primo impositum est ad sig-

nificandum actum sensus visus; sed propter dignitatem et certitudinem huius sensus, extensum est hoc nomen, secundum usum loquentium (der Sprachgebrauch übernimmt die Legitimation), ad omnen cognitionem aliorum sensuum ..." (I q67 a1 c).

Dann folgt die konkrete alltagssprachliche Auszeichnung der Familienähnlichkeit:

"... (dicimus enim, Vide quomodo sapit, vel quomodo redolet, vel quomodo est calidum) ...",

um in diesen Faden dann auch die Wahrnehmung im intelligiblen Bereich einzuflechten:

"... et ulterius etiam ad cognitionem intellectus, secundum illud Matth. 5(,8): Beati mundo corde, quoniam ipsi Deum videbunt."

Mit diesem durch das Netz der Ähnlichkeiten erwirkten Überstieg vom sinnlichen Bereich in den intelligiblen ist der Boden bereitet, um dem eigentlich zur Debatte stehenden Wort "lux" eine ebensolche Bedeutungsbreite aufzuerlegen. Quer zur similitudo der visio wird ein zweiter similitudo-Strang geflochten zwischen "visio" und "lux"; der einfache gleichzeitge Blick ("Denk nicht, sondern schau!") auf beide läßt eine derartige Verbindung sehr plausibel erscheinen, sofern die Nähe beider Ausdrücke zueinander evident ist. Deshalb kann Thomas ohne weitere Umschweife (etwa "quia", "qua re" etc.) fortfahren:

"Et similiter dicendum est de nomine lucis. Nam primo quidem est institutum ad significandum id quod facit manifestationem in sensu visus (damit kommt de facto der die zweite similitudo ermöglichende Sachverhalt zur Sprache): postmodum autem extensum est ad significandum omne illud quod facit manifestationem secundum quamcumque cognitionem."

In kaum mehr zu übertreffender Prägnanz bringt Thomas dann abschließend das Problem der Grenzziehung zur Sprache:

"Si autem accipiatur nomen luminis secundum suam primam impositionem, **metaphorice** in spiritualibus dicitur ... Si autem accipiatur secundum quod est in usu loquentium ad omnem manifestationen extensum, sic **proprie** in spiritualibus dicitur."

Was "metaphorice", was "proprie" gemeint ist, wo die Demarkationslinie der Gebrauchsarten und damit auch die Grenzen des Gebrauchs liegen, entscheidet nicht ein isolierter "sachlicher" Befund, sondern der Umgang mit der Sprache ("impositio", "usus") - also auch hier kein rein semantisches oder syntaktisches Kriterium. Nur vom Umgang mit der Sprache her läßt sich das Netz der Ähnlichkeiten rekonstruieren und über den semantischen Wert einer Aussage etwas ausmachen.(32) Damit dürfte das Phänomen der Familienähnlichkeit hinreichend in den Blick genommen sein - ebenso, daß jene das eigentliche Zentrum des Ähnlichkeitsprinzips darstellt. Terminologie und Struktur der entsprechenden Stellen berechtigen dazu, alle anderen Formen des Prinzips als aposteriorische Ausgliederungen der Familienähnlichkeit aufzufassen, die durch Formalisierung oder Komprimierung entstanden sind. Gerade auf der Ebene der voll ausgefalteten Familienähnlichkeit zeigt sich außerdem, daß Thomas in der Regel wenig daran gelegen ist, mit dem Instrument des Ähnlichkeitsprinzips ontologisch-metaphysische Sätze aufzustellen; auch der vermeintlich diesbezüglich so eindeutige Begriff der "participatio" wurde in den entsprechenden Beispielen oft genug durch die Verkettung mit linguistischen Termen auf die Sprachebene zurückgebunden(33) und gewinnt damit prinzipiell auch keinen tieferen Einsichtswert als etwa die Formel "... virtutes denominantur ab invicem per redundantiam quandam" (I-II q61 a4 ad1). Von daher darf wohl auch vermutet werden, daß das - vor allem wirkungsgeschichtlich aufgehäufte - metaphysische Übergewicht im Umgang mit dem Begriff der "participatio" einer Fixierung auf die "similitudo"- (bzw. "participatio"-) Kurzformeln anzulasten ist, welche deren genuinen Herkunftsort in der Familienähnlichkeit nie in Rechnung stellte. Zugleich war damit der Weg angebahnt, über die logisch-spekulative Bestimmung des Partizipationsinhalts die Auflösung der Problematik in der Deduktion ihres formalen Gehalts zu versuchen; der normalerweise strenge Charakter logischer und metaphysischer Diskurse hat dabei für den Partizipationsbegriff eine ebensolche Exaktheit insinuiert, ohne sie je einlösen zu können. Gerade weil die "participatio" und letztlich die "similitudo" auf diesem Weg leer bleiben mußten, wurde hier der Versuch unternommen, das, was nichts sagt, sich mittels seiner konkreten Realisationen zeigen zu lassen - es scheint Sachverhalte zu geben, über die sich nur noch in Beispielen reden läßt. Was zeigt sich dabei? Um es negativ in dünner Formalität anzugrenzen: etwas, was mehr bedeutet denn Assoziationen und weniger denn Ontologie (und Metaphysik). Die Zusammenhänge, die im Normalfall dem zugrunde liegen, was "similitudo" oder "participatio" heißt, verdanken sich weder willkürlichen Setzungen noch entspringen sie einer Notwendigkeit - womit nur gesagt sein soll, daß solche notwendigen Zusammenhänge nicht den Normalfall darstellen, nicht aber, daß es sie nicht gäbe! Vielmehr sind es die Sachen selbst, die aufeinander verweisen und zueinander führen. Die Zusammenhänge sind solche eines jeweiligen Lebenszusammenhanges, einer "Lebensform", des Gesamts der Bezüge, in dem ein Sprecher, seine Sprache und die Sachen unauflöslich verstrickt sind - mithin gründet der Zusammenhang der "similitudo" bzw. der "participatio" zunächst einmal im Reich der Möglichkeiten des Zusammen-Schauens und gehorcht dort den Perspektiven der Seh-Weite aller Seh-Weisen eines Sprechers und damit wenigstens partiell auch einer (recht verstandenen!) Logik der Phantasie. (34) Genau auf jenes Moment der Lebensform stützt sich Thomas in aller Ausführlichkeit, wenn er etwa auf den Gebrauch des Wortes "gratia" in I-II q110 a1 c zu sprechen kommt:

> "... secundum communem modum loquendi, gratia tripliciter accipi consuevit. Uno modo, pro dilectione alicuius: sicut consuevimus dicere quod iste miles habet gratiam regis, idest rex habet eum gratum. Secundo sumitur pro aliquo dono gratis dato: sicut consuevimus dicere, Hanc gratiam facio tibi. Tertio modo sumitur pro recompensatione beneficii gratis dati: secundum quod dicimur agere gratias beneficiorum."

Nach dieser Auffächerung am Leitfaden der konkreten sprachlichen Gebrauchsweisen bringt Thomas dann die Familienbeziehungen zwischen den einzelnen Bedeutungen ins Wort:

> "Quorum trium secundum dependet ex primo: ex amore enim quo aliquis alium gratum habet, procedit quod aliquid ei gratis impendat. Ex secundo autem procedit tertium: quia ex beneficiis

gratis exhibitis gratiarum actio consurgit."

Die drei Bedeutungen von "gratia" meinen all die Eckmomente eines Handlungszusammenhangs ("habet", "impendat", "actio" für Handlung; "dependet", "procedit" für Zusammenhang). Oder mit anderen Worten - um noch einen WITTGENSTEINschen Terminus einzuführen -: die Bedeutungen stellen die inneren Differenzierungen eines "Sprachspiels" dar. "Das Wort 'Sprachspiel' soll hier hervorheben, daß das Sprechen der Sprache ein Teil ist einer Tätigkeit, oder einer Lebensform."(35) Hier handelt es sich um den Fall des Wortes "gratiam ..." (habere, facere, agere ...?). Die Teilhabe (!) an diesem Handlungszusammenhang qualifiziert jedes der einzelnen herausgehobenen Momente zum legitimen Träger des Namens "gratia". Auch der Primat des einen Moments ist gegeben und die Abhängigkeit der anderen - beides aber gewinnt seinen Sinn nur vom Ganzen des Handlungszusammenhangs her. Er scheint mir der primäre und privilegierte Ort dessen zu sein, was "similitudo" und "participatio" heißt. Damit ist keineswegs bestritten, daß es eine metaphysische "participatio" gibt. Das Sprachspiel, zu dem das Wort "gratia" gehört, ist längst nicht das einzige einer Lebensform. Neben mehreren anderen können in einer solchen durchaus Situationen aufbrechen, die das Sprachspiel "Letztbegründung" (Metaphysik) nötig machen. Und daß sich auch dieses Sprachspiel der fundamentalen Struktur der "similitudo" bedienen kann, soll erst recht nicht bestritten werden. Im Gegenteil: es wäre mehr als seltsam, wenn es ohne dieses dem reflektierenden Subjekt aus seiner ganzen Lebensform hautnah vertrauten Prinzip auskäme. Bestritten soll nur sein, daß die metaphysische "participatio" die erste oder einzige Realisierung des Prinzips der "similitudo" darstellt. Sie verliert nichts von ihrem Wert, wenn sie vielmehr als Moment eines besonderen (und deshalb auch immer gefährdeten) Sprachspiels in der Lebensform des reflektierenden Subjekts interpretiert wird.(36)

6.5.1.3 Zusammenfassung

Schon beim Versuch der Rekonstruktion der für die Analogie bei Thomas relevanten vorthomanischen Traditionsgeflechte hatte sich die "similitudo" als ein in Antike wie Mittelalter gleichermaßen präsentes real-semantisches Zentralmotiv(37) enthüllt, freilich in ihrer leeren Formalität, gewissermaßen durch die Angabe ihrer Systemstelle innerhalb reflexer Weltbewältigung. Jetzt hat sie ihre positive Auffüllung erhalten und zugleich im Vollzug ihrer Analyse einen ersten Vorblick freigegeben auf die Ebenen, auf denen die Lösung der Analogieproblematik bei Thomas anvisiert werden muß.

Das Ähnlichkeitsprinzip kennt eine apriorisch nicht eingrenzbare Vielfalt mehr oder weniger ausführlicher Formen literarischen Niederschlags, die nicht einmal notwendig eine Rede von "similitudo" oder "similiter" implizieren. Die Funktion solcher metasprachlicher Anzeigen können auch Formeln übernehmen, die Objektrelationen auszudrücken scheinen, in Wirklichkeit aber sprachliche Zusammenhänge meinen. Gerade in den Fällen, wo der literarische Niederschlag des Ähnlichkeitsprinzips weitgehend oder ganz ausfällt, artikulieren sich dessen Strukturen - besser: Wirkweisen - am deutlichsten: in seinem Zentrum wirkt das, was "Familienähnlichkeit" heißen kann und das "similitudo"-Prinzip als Regulativ sprachlicher Verhältnissetzung innerhalb einer Lebensform enthüllt. Von daher eröffnet sich auf der Basis eines – gelegentlich Synonymcharakter annehmenden – Zusammenhangs von "similitudo" und "participatio" die Möglichkeit einer kritischen Reinterpretation der "participatio", welche diese aus einer metaphysischen Engführung befreien und gerade dadurch einem erneuten metaphysischen Diskurs über sie erweiterte Ansatzpunkte bieten kann.

Jedoch ist damit erst die Hälfte der Problematik aufgerollt. "Similitudo" ist eine Relationskategorie; ein "simile" gewinnt seinen Sinn im je schon mitgegebenen Bezug auf ein anderes seiner selbst: "ähnlich" kann nur etwas sein im Medium eines Verschiedenseins. Damit ist aus spekulativer Konsequenz der systematische Ort dessen angezeigt, was vom Befund der thomanischen Texte überhaupt und aufgrund des Umfangs seiner Präsenz erst recht im folgenden zur Betrachtung ansteht: das Prinzip der Differenzierung.

6.5.2 Das Prinzip der Differenzierung

"... differens, proprie acceptum, aliquo differt: unde ibi quaeritur differentia, ubi est convenientia. Et propter hoc oportet differentia esse composita quodammodo: cum in aliquo differant, et in aliquo conveniant" (I q90 a1 ad3).

Die Differenz ist dort zu suchen, wo ein Zusammengehören vorgegeben ist. Somit ist das Differenzieren logisch gesehen ein Zweites; in der praktischen Ausübung der Reflexion jedoch darf es den Primat für sich reklamieren. Das, was je schon beieinanderliegt und sich als Zusammengehörendes präsentiert, kommt der der Vernunft inhärenten Tendenz zur Einheit entgegen; Differenz dagegen bedeutet Widerstand und Arbeit. Das vitale Interesse der Vernunft sieht sich deshalb permanent der Versuchung ausgesetzt, gegebene Differenzen zugunsten vermeintlicher Einheitlichkeit auszublenden, verblassen zu lassen. "Differenzieren" heißt daher das privilegierte Instrument kritischer Reflexion, kann deshalb auch den Titel eines Basisprinzips eines ernstgemeinten Philosophierens überhaupt beanspruchen. Die Präsenz seines methodischen Primats artikuliert sich mehr oder weniger stark durch dessen ganze Geschichte hindurch, so auch bei WITTGENSTEIN und Thomas. Was beide einander noch speziell annähert, ist die Insistenz auf das Differenzieren im Umgang mit der Sprache: "Durch eine Darstellung des Gebrauchs unserer Worte in falscher Vereinfachung entstehen eine große Zahl der philosophischen Probleme."(38) Dieser Satz könnte auch vom Aquinaten stammen; gesagt hat er ihn so nicht, aber kontinuierlich befolgt. Jedenfalls stellt allein schon die quantitative Präsenz expliziter sprachlicher Differenzierungen den Aquinaten voll in die Mitte der mit dem WITTGENSTEINzitat markierten Position samt dem von ihr geforderten methodischen Primat des Unterscheidens. Wie sich diese Stellung-Nahme in der konkreten Sprachpraxis ausfaltet, ist ja nicht mehr ganz unbekannt, sofern die Methode des Unterscheidens auch schon in der Analyse von I q13 sowie den anläßlich der "similitudo"-Thematik eingeführten Beispielen immer wieder auftrat; ebenso hat die generelle Skizzierung der thomanischen Denkbewegung im 3. Kapitel schon das Nötigste zu Herkunft und wissenschaftstheoretischer Bedeutung des Differenzierens zur Sprache gebracht. Im folgenden geht es deshalb darum, Form, Reichweite und Konsequenzen des Prinzips im Kontext der Sprachpraxis auszuleuchten.

6.5.2.1 Konkretionsformen der Distinktion

"Dupliciter dictur" (I q3 a4 ad2), "dupliciter sumitur" (I q7 a3 c), "distinguitur" (II-II q102 a1 ad1) sind ein paar der Ausdrücke, die gewöhnlich eine distinctio einführen; viel wichtiger als diese Bezeichnungen aber sind die konkreten Gestalten der distinctio in ihrer kritisch-therapeutischen Verwendung - ihnen ist zunächst im einzelnen nachzugehen.

Im Normalfall steht eine distinctio für sich:

"... virtus dupliciter accipitur: proprie scilicet, et communiter" (II-II q144 a1 c);

"... de ultimo fine possumus loqui dupliciter: uno modo secundum rationem ultimi finis; alio modo, secundum id a quo ultimi finis ratio invenitur" (I-II q1 a7 c);

"... aliquem intelligere unam et eandem rem magis quam alium, potest intelligi dupliciter. Uno modo, sic quod ly magis determinet actum intelligendi ex parte rei intellectae ... Alio modo potest intelligi ex parte intelligentis" (I q85 a7 c).

Gelegentlich wird die Distinktion der Bedeutungen eines Ausdrucks nicht an diesem selbst, sondern an einem korrelativen Ausdruck vollzogen, der jenen im konkreten Differenzierungsprozeß substituiert, so etwa in I q2 a2 c; behandelt wird die Frage, ob die Existenz Gottes "demonstrabile" sei:

"... duplex est demonstratio. Una quae est per causam, et dicitur propter quid: et haec est per priora simpliciter. Alia est per effectum, et dicitur demonstratio quia: et haec est per ea quae sunt prima quoad nos."

Die Differenzierung des Ausdrucks "demonstratio" ermöglicht die Rechtfertigung des Prädikats "demonstrabile" für "Deus". Thomas schließt das corpus mit folgender Bemerkung ab:

"... unde Deum esse, secundum quod non est per se notum quoad nos, demonstrabile est per effectus nobis notos."(39)

Ferner können Distinktionen auch miteinander kombiniert werden, z.B. **parataktisch** wie in I q5 a1 ad1: Nachdem Thomas im corpus nachgewiesen hat,

"... quod bonum et ens sunt idem secundum rem: sed differunt secundum rationem tantum",

bereitet ihm ein Satz des BOETHIUS Schwierigkeiten, der genau das Gegenteil zu besagen scheint:

"Intueor in rebus aliud esse quod sunt bona, et aliud esse quod sunt" (obi.1).

Thomas leitet die Auflösung dieses Widerspruchs ein mit der Distinktion:

"... non eodem modo dicitur aliquid esse simpliciter, et bonum simpliciter",

d.h. die Differenz ergibt sich aus einer variierenden Bedeutung dessen, was mit "simpliciter" gemeint ist. Inhaltlich gefüllt wird dieser Unterschied nun durch eine metaphysische Überlegung:

> "Nam cum ens dicat aliquid proprie esse in actu, actus autem proprie ordinem habeat ad potentiam; secundum hoc simpliciter aliquid dicitur ens, secundum quod primo discernitur ab eo quod est in potentia tantum. Hoc autem est esse substantiale rei uniuscuiusque; unde per suum esse substantiale dicitur unumquodque ens simpliciter. Per actus superadditos, dicitur aliquid esse secundum quid ..."

Das "simpliciter" wird also beim "ens" ausgesagt in Funktion des actus als "actus primus"; mit anderen Worten: vom "ens simpliciter" ist die Rede, wenn das In-die-Wirklichkeit-Treten eines Seienden im Gegensatz zu seinem (Noch)-nicht-Sein gemeint ist. Beim "bonum" dagegen verhält es sich so:

> "Sed bonum dicit rationem perfecti, quod est appetibile: et per consequens dicit rationem ultimi. Unde id quod est ultimo perfectum, dicitur bonum simpliciter. Quod autem non habet ultimam perfectionem quam debet habere, quamvis habeat aliquam perfectionem inquantum est actu, non tamen dicitur perfectum simpliciter, nec bonum simpliciter, sed secundum quid."

Das "simpliciter" beim bonum steht also in Funktion des actus als "actus ultimus"; es ist von einem In-Wirklichkeit-Seienden gesagt, sofern es "bonum" heißen kann - und das meint: sofern es sein Ziel voll erreicht hat. Die beiden Bedeutungen des "simpliciter", die sich nicht einmal durch einen je eigenständigen Ausdruck erfassen lassen, werden ihrerseits zurückgeführt auf verschiedene - analoge - Bedeutungen des "actus":

> "Sic ergo secundum primum esse, quod est substantiale dicitur aliquid ens simpliciter et bonum secundum quid, idest inquantum est ens: secundum vero ultimum actum, dicitur aliquid ens secundum quid, et bonum simpliciter."

Zu dieser mehrfachen von der Sprache je geführten Distinguierung kommt gewissermaßen als (sprach)materialer Ermöglichungsgrund der angestrebten Rechtfertigung des BOETHIUSsatzes auch die analoge Differenzierbarkeit der Ausdrücke "ens" und "bonum" in eine Aussagbarkeit "simpliciter" und eine solche "secundum quid" - durch solche mehrschichtigen Analogisierungsprozesse läßt sich der Autoritätssatz retten. Daß sich Thomas dabei ganz der dominierenden Rolle der faktischen Sprache innerhalb seiner Argumentation bewußt ist, zeigt seine abschließende Feststellung:

> "Sic ergo quod dicit Boethius, quod in rebus aliud est quod sunt bona, et aliud quod sunt, **referendum** est ad esse bonum et ad esse simpliciter: quia secundum primum actum est aliquid ens simpliciter; et secundum ultimum, bonum simpliciter. Et tamen secundum primum actum est **quodammodo** bonum: et secundum ultimum actum est **quodammodo** ens."

Was Thomas also tut, ist nichts anderes, als diese beiden Prädikate "quod sunt bona ... quod sunt" auf dem Weg eines je hinzugedachten "simpliciter" mittels der Distinktion des Ausdrucks "actus" zu analogisieren - und zwar so, daß dabei in dem einen Satz zwei verschiedene Bedeutungen des "actus" und damit auch des "simpliciter" zum Zuge kommen. Was dieser Fall von Differenzierung in besonderer Deutlichkeit aufzeigt, ist vor allem auch die Kombination einfacher Distinktionen zu komplexen Analogisierungsprozessen.(40) Die einander zugeordneten Distinktionen üben dabei füreinander häufig hermeneutische Funktionen aus.

Eine weitere Möglichkeit gegenseitiger Zuordnung von Distinktionen besteht in der **Hypotaxe**, bei welcher an einem Glied der ersten Distinktion eine weitere anknüpft, so in I q5 a6 c: Die Frage, ob

"... convenienter dividatur bonum per honestum, utile et delectabile"(intr.)

offenbart sich im corpus des Artikels als die Frage, ob mit diesen drei Namen die Wirklichkeit des bonum zureichend differenziert und beschrieben werden kann. Die Rechtfertigung der anfänglichen Behauptung erfolgt mittels der Freilegung der Bedeutungen von "honestum", "utile" und "delectabile" anhand einer operativen Analogie:

"Nam bonum est aliquid, inquantum est appetibile et terminus motus appetitus. Cuius quidem motus terminatio considerari potest ex consideratione motus corporis naturalis."

Diese aus dem Erfahrungsbereich stammende Basis der zu vollziehenden Offenlegung der Bedeutungen wird zunächst selbst noch für ihre Funktion durch eine doppelte sachlich-sprachliche Distinktion aufbereitet, wenn der Aquinate weiter schreibt:

"Terminatur autem motus corporis naturalis, simpliciter quidem ad ultimum; secundum quid autem etiam ad medium, per quod itur ad ultimum quod terminat motum, et **dicitur** aliquis terminus motus, inquantum aliquam partem motus terminat. Id autem quod est ultimus terminus motus, potest **accipi** dupliciter: vel ipsa res in quam tenditur, utpote locus vel forma; vel quies in re illa."

Aus der Kombination dieser zwei direkt, bzw. indirekt sprachlichen Distinktionen - "simpliciter ... secundum quid ... dicitur aliquis terminus motus" einerseits und "vel ... vel" bezogen auf den ultimus terminus d.h. den "simpliciter"-Bereich der ersten Unterscheidung andererseits - ergibt sich die für die leitende Frage notwendige Dreierstruktur. Diese leistet dann folgendermaßen ihren, wie die Terminologie zeigt, primär sprachlichen Legitimationsdienst:

"Sic ergo in motu appetitus, id quod est appetibile terminans motum appetitus secundum quid, ut medium per quod tenditur in aliud, **vocatur** utile. Id autem quod appetitur ut ultimum, terminans totaliter motum appetitus, sicut quaedam res in quam per se appetitus tendit, **vocatur** honestum: quia honestum **dicitur** quod per se desideratur. Id autem quod terminat motum appetitus ut quies in re desiderata, **est** delectabile."

Dabei bleibt zu beachten, daß bereits die einleitend einfach gesetzte Ähnlichkeit zwischen motus corporalis und motus appetitus nicht einfach sachlicher Natur ist, sondern durch Übertragung des Namens

169

"motus" zustandekommt (auch wenn Thomas **darüber** überhaupt nicht redet); innerhalb dieser Übertragung werden dann - wiederum in Orientierung am motus corporalis - die Differenzierungen erarbeitet, die dann als sprachliche die befragte Sache in ihrer präzisen Stukturiertheit zu artikulieren erlauben. Sofern dabei die Argumente durch sprachliche Unterscheidungen konstituiert werden, fällt der Sprache eine gewisse funktionale Priorität zu, die keine Trennung von oder beliebige Verfügung über die Sache impliziert.(41)

Als dritte Kombinationsmöglichkeit schließlich kommt noch das **gleichzeitige Auftreten von Parataxe und Hypotaxe** in ein und demselben Unterscheidungsdiskurs vor, was natürlich ein umfangreiches Distinktionsgeflecht zur Folge hat. Anläßlich des einzigen derartigen Falles in der "Summa theologiae" - I q9 a2 c - ist dem Aquinaten grundsätzlich ein sehr behutsames Umgehen mit den Mehrfachdistinktionen zu attestieren.(42) Verglichen mit der immensen Gesamtzahl sprachlicher Differenzierungen nimmt sich ihr Gebrauch ausgesprochen beschränkt aus. Sosehr Thomas auch auf die Notwendigkeit der distinctio insistiert, so sehr war ihm auch bewußt, daß dieses basale Instrument - an sich logisch indefinit erweiterbar - im konkreten Gebrauch ab einem gewissen Punkt seiner Ausdehnung qualitativ umschlägt und nicht mehr erkenntniserhellend, sondern einsichtsverstellend wirkt; unter dem Übergewicht des Werkzeugs verschwinden die bearbeiteten Dinge.(43) Wo es aber geboten schien, hat Thomas auch diesen gefährdeten Weg beschritten mit einer genial zu nennenden Sicherheit, die ein Höchstmaß von Differenziertheit, Durchsichtigkeit und Sach-gemäßheit zu vereinen wußte. Deren Einheit nur formal zu beschreiben, ist kaum möglich. Sie muß erfahren werden im Nachgehen der thomanischen Bewegung selber:

Behandelt wird in I q9 a2 die Frage, ob das Prädikat "immutabilis" wirklich nur allein auf Gott im eigentlichen Sinn zutreffe:

> "Videtur quod esse immutabile non sit proprium Dei"(intr.).

Von diesem Ansatz her ist nun nicht die Analogizität des "immutabilis" interessant (die durchaus aufgewiesen werden kann, wie I q9 a2 ad3 zeigt), weil ja so gerade nicht ein proprium zum Ausdruck gebracht, sondern die Ähnlichkeit betont wird. Deshalb schlägt Thomas den Weg ex contrario ein mittels der Explikation der Analogheit des Gegenbegriffs "mutabilis" und der Demonstration, daß Gott unter keine seiner Bedeutungen falle:

> "... solus Deus est omnino immutabilis: omnis autem creatura **aliquo modo** est mutabilis."

Anhebend vom Bewußtsein sprachlicher Differenziertheit erfolgt nun die Auffächerung des "mutabilis" in mehreren Schritten:

> "Sciendum est enim quod mutabile potest aliquid **dici** dupliciter: uno modo, per potentiam quae in ipso est; alio modo, per potentiam quae in altero est" (erste Distinktion).

Letzterer Fall liegt im Kontext der Schöpfungstheologie klar. Im ersten Glied dieser Distinktion aber setzt die zweite Unterscheidung ein:

> "Si autem **dicatur** aliquid mutabilis per potentiam in ipso existentem, sic etiam aliquo modo omnis creatura est mutabilis. Est enim in creatura duplex potentia, scilicet activa et passiva" (zweite Distinktion).

Bei letzterer knüpft sofort die nächste Differenzierung an:

> "**Dico** autem potentiam passivam, secundum quam aliquid assequi potest suam perfectionem, vel in essendo, vel in consequendo finem" (dritte Distinktion);

an diesem Punkt nun differenziert Thomas gemäß den drei von ihm angenommenen Schöpfungsebenen weiter - und zwar auf der Basis einer mit quasi heuristischer Funktion zwischengeschobenen Unterscheidung des Ausdrucks "potentia", die allerdings nur indirekt als Distinktion zu erkennen ist:

> "Si igitur attendatur mutabilitas rei secundum potentiam ad esse, sic non in omnibus creaturis est mutabilitas: sed in illis solum in quibus illud quod est possibile in eis, potest stare cum non esse" (vierte Distinktion) -

unterschieden werden also eine mit dem Nichtsein kompatible potentia und eine solche, die das nicht tut. In der Applikation dieser Distinktion, die aufgrund ihrer Funktion untrennbar mit der dritten Unterscheidung verschmolzen ist, auf die Schöpfungsbereiche ergibt sich die folgende weitere Differenzierung:

> "Unde in corporibus inferioribus est mutabilitas et secundum esse substantiale ... et quantum ad esse accidentiale" (fünfte Distinktion);

das Entscheidungskriterium bezüglich des letztgenannten zweiten Gliedes - ob also eine mutabilitas secundum accidentale aussagbar ist oder nicht - besteht seinerseits wieder aus einer Distinktion zwischen zwei Bedeutungen des "accidens":

> "... esse accidentale, si subiectum compatiatur secum privationem accidentis ... Si vero sit tale accidens quod consequatur principia essentialia subiecti, privatio illius accidentis non potest stare cum subiecto: unde subiectum non potest mutari secundum illud accidens ..." (sechste Distinktion).

Die Anwendung der zwischengeschalteten Unterscheidung auf die Himmelskörper, die zweite Sphäre der Schöpfungswirklichkeit, legt eine weitere mögliche Bedeutung der "mutabilitas" frei:

> "In corporibus vero caelestibus, materia non compatitur secum privationem formae, quia forma perficit totam potentialitatem materiae: et ideo non sunt mutabilia secundum esse substantiale: sed secundum esse locale ..." (siebte Distinktion).

Der dritte Bereich schließlich deckt nochmals zwei Bedeutungen des Prädikats "mutabilis" auf:

> "Substantiae vero incorporeae, quia sunt ipsae formae subsistentes, quae tamen se habent ad esse ipsarum sicut potentia ad actum, non compatiuntur secum privationem huius actus ... et ideo huiusmodi substantiae sunt immutabiles et invariabiles secundum esse ... Sed tamen remanet in eis duplex mutabilitas.

> Una secúndum quod sunt in potentia ad finem ... Alia secundum locum, inquantum virtute sua finita possunt attingere quaedam loca quae prius non attingebant (achte Distinktion): quod de Deo dici non potest ..." -

wie die letzte Bemerkung zeigt, ist sich Thomas von Anfang bis Ende der Tatsache bewußt, daß es hier um ein Sprachproblem geht. Die Abfolge des Textes durchläuft nicht weniger als acht Distinktionen, die sich durchaus auf verschiedene sachliche Ebenen verteilen - z.B. die Ebene allgemeiner metaphysischer Sachverhalte und die Ebene ihrer konkreten Applikation auf die Schöpfungsrealitäten - oder in verschiedenen Funktionszusammenhängen stehen, wie etwa die beiden eingeschobenen Distinktionen von "potentia" und "accidens"; eine logisch-deduktive Verknüpfung der Unterscheidungen untereinander ist so nur partiell gegeben. Durch den Wechsel der Ebenen kommt es auch zu Überschneidungen der je durch die Distinktionen erstellten Bedeutungen: das "mutabile quantum ad esse accidentale" aus der ersten Schöpfungssphäre fällt bedeutungsmäßig zusammen mit dem "mutabile secundum esse locale" der zweiten Sphäre und beide wieder mit dem "mutabile secundum locum" der dritten. Aufgrund dessen - und weil es Thomas einzig um Bedeutungen geht und nicht um ontologische Klassifizierungen - kann der Aquinate am Ende des Analogisierungsprozesses die Facettierung auf drei Bedeutungen reduzieren:

> "Sic igitur in omni creatura est potentia ad mutationem: vel secundum esse substantiale, sicut corpora corruptibilia; vel secundum esse locale tantum, sicut corpora caelestia; vel secundum ordinem ad finem et applicationem virtutis ad diversa, sicut in angelis."

Ohne eigens die "potentia activa" (vgl. zweite Distinktion) zu erwähnen, wird die Brücke zur Rede von Gott dadurch geschlagen, daß Thomas nochmals auf das zweite Glied der allerersten Distinktion rekurriert:

> "Et universaliter omnes creaturae communiter sunt mutabiles secundum potentiam Creantis ..."

Aufs Ganze gesehen resultieren so fünf analoge Bedeutungen (bzw. sechs, wenn die zweite innerhalb der Engelwelt als eigene gezählt wird, welche Thomas mit "applicatio virtutis ad diversa" umschreibt) des Ausdrucks "mutabile" aus acht Distinktionen. Beeindruckend ist dabei auch, wie Thomas die Systematik der Bedeutungen an die zweite Stelle setzt und sich primär von der Struktur der konkreten - und das heißt auch: erfahrbaren - Wirklichkeit führen läßt; das zeigt sich an den eingeschobenen Distinktionen und der Tatsache, daß er die Schöpfungssphären nicht auf alle Aspekte der dritten Distinktion gemäß potentia passiva "... vel in essendo ... vel in consequendo finem" verteilt, was auf Kosten einer kleinen Verkürzung im Bereich der Engelwelt möglich gewesen wäre (durch Auslassung des dortigen "mutabile secundum locum"). Die hierbei durchgängig zu diagnostizierende semantisch-metaphysische Oszillation im Diskurs des Thomas enthüllt sich anläßlich solch exaltierter Verantwortetheit im Umgang mit Sprache als Folge des Kompromisses und sichtbar gewordene Interferenz zwischen einem radikalen Willen zur Sache und den Grenzen der Sprache einerseits sowie den Chancen der Sprache und der Ungefügigkeit der Dinge (zumal der theologischen "Dinge") andererseits. Der ganze Aufwand in diesem langen Artikel wurde getrieben, um das Subjekt "Gott" aus dem Gesamtbedeutungsbereich des Prädikats "mutabilis" begründet herauszuhalten. Der rekonstruktive und legitimatorische Charakter solcher Sprachreflexionen enthüllt sich dabei eigens noch darin, daß das durch das Distinktionsgeflecht präsent gesetzte umfassende "Nicht-so-wie" - bezogen auf das Wort "Gott" - seinerseits in das einfache, eigenständige und versammelnde Prädikat "immutabilis" gelangt:

> "Unde cum Deus nullo istorum modorum sit mutabilis, proprium eius est omnino immutabilem esse."

Damit ist die Reichweite des Differenzierungsprinzips abgesteckt, seine maß-gebende Formalität herausgearbeitet; dazu wurden Beispiele gewählt, bei denen aufgrund einer prägnanten Präsenz der Distinktion beides gut möglich war. Letztlich aber handelt es sich bei der bis-. herigen Darstellung um eine Abstraktion, sofern im Normalfall der Sprachpraxis die Distinktionen eine sprachliche Konkretform erhalten, die ihre Wahrnehmung und Rekonstruktion als sprachphilosophisches Instrument nicht immer leicht macht und damit auch die eigentliche Reichweite der linguistischen Dimension im Denken des Aquinaten leicht übersehen läßt. Die Modi der konkreten Distinktionspraxis erfordern deshalb eine spezielle Behandlung:

6.5.2.2 Sprachliche Modi der Distinktionspraxis

Die einfachste Form begegnet in den Distinktionen, die als solche erkennbar und durch entsprechende Terminologie als sprachliche charakterisiert sind:

> "... ordo dupliciter dicitur. Uno modo, ipsa ordinatio comprehendens sub se diversos gradus: et hoc modo hierarchia dicitur ordo. Alio modo dicitur ordo gradus unus: et sic dicuntur plures ordines unius hierarchiae"(I q108 a2 ad1);

> "Mos autem duo significat"(I-II q58 a1 c);

> "... cum caritas sit amicitia quaedam ... dupliciter possumus de caritate loqui ..."(II-II q25 a4 c).

Gelegentlich stellt Thomas an die Spitze einer Differenzierungsoperation auch eine Art Leerformel, die die Distinktion quasi strukturell vorentwirft, um dieses Schema dann mit dem konkreten Diskurs aufzufüllen, so in I-II q66 a3 c:

> "... aliquid potest dici maius vel minus, dupliciter: uno modo simpliciter; alio modo secundum quid (bis hierher reicht die Leerformel). Nihil enim prohibet aliquid esse melius simpliciter ut philosophari quam ditari, quod tamen non est melius secundum quid, id est necessitatem patienti ..."

Häufig läßt sich jedoch eine Distinktion nicht sofort als sprachliche identifizieren, wenn der Index durch linguistische Terminologie teilweise entfällt, so bei äquivalentem Gebrauch von "est" und "dicitur" etc.:

"... duplex est quantitas. Una scilicet quae dicitur quantitas molis, vel quantitas dimensiva ... Sed alia est quantitas virtutis ..."(I q42 a1 ad1).(44)

Daß Thomas dabei trotzdem an die sprachliche Seite der Problematik denkt, erhellt gut aus Wendungen wie etwa "est propositio ..." in I q13 a12 ad3 oder noch prägnanter in II-II q72 a1 ad3:

"et hoc fit per verbum ... quod proprie est ..."

Manche Distinktionen sind als sprachliche überhaupt nicht gekennzeichnet:

"... dicendum sacram doctrinam esse scientiam. Sed sciendum est quod duplex est scientiarum genus. Quaedam enim sunt, quae procedunt ex principiis notis lumine naturali intellectus ... Quaedam vero sunt, quae procedunt ex principiis notis lumine superioris scientiae ... Et hoc modo sacra doctrina est scientia ..."(I q1 a2 c);

"... duplex est potentia: scilicet passiva, quae nullo modo est in Deo; et activa, quod oportet in Deo summe ponere"(I q25 a1 c).(45)

Durch die ausgesprochen pluriforme Terminologie, die Thomas bei Distinktionen einführt, bestehen zwischen den bisher genannten Konkretionsmodi fließende Grenzen; die Bandbreite der Möglichkeiten erstreckt sich vom sprachlich eindeutigen "designare" (I q3 a1 ad1), "si fiat vis in verbo" (I q3 a8 ad2) und "importare" (I q6 a3 ad1) über "sumi" (I q7 a3 c) und "attendi" (I q13 a10 ad1) bis "contingere" (I q2 a1 c), "intelligi" (I q2 a3 c) und bis hin eben zu "esse" (I q23 a1 c) und entpuppt sich so als Bestandteil der Artikulation der hinlänglich bekannten Ungeschiedenheit von Sprach- und Sachebene im Denken des Aquinaten.

Nicht nur die verbale Einkleidung erschwert bisweilen die Identifikation von Distinktionen, noch erheblich stärker geschieht dies gelegentlich durch syntaktische Figuren, in deren Form die Inhalte der Differenzierungen gegossen sind. So kann die distinctio etwa halb verdeckt sein durch die intensive Verklammerung des zur Debatte stehenden Ausdrucks mit anderen Ausdrücken oder in einen Sprachzusammenhang, so etwa in I q7 a1 c: In der Klärung der Frage, ob Gott "infinitus" sei, beginnt Thomas seine Problemaufklärung mit dem Satz:

"Considerandum est igitur quod infinitum dicitur aliquid ex eo quod non est finitum."

Ab diesem Punkt erfolgt nun die Rechtfertigung des Prädikats "infinitus" für das Subjekt "Gott" nicht in der Analyse dieses Ausdrucks selbst, sondern verschiebt sich de facto auf ein anderes Prädikat - "perfectus-imperfectus" -, um von dorther die adäquate Bedeutung des "infinitus" differenzierend zu konstituieren - eine Figur, die formal schon anläßlich der möglichen Strukturen von Distinktionen beschrieben wurde.(46) Innerhalb dieser Operation nun bedient sich Thomas einer ausführlichen metaphysischen Argumentation, so daß die beiden in Differenzierungsabsicht verbundenen Terme erheblich auseinanderrücken und die Grundstruktur der distinctio nur eingehendem Zusehen zugänglich wird. Thomas fährt nämlich fort:

"Finitur autem quodammodo et materia per formam, et forma per materiam. Materia quidem per formam, inquantum materia, antequam recipiat formam, est in potentia ad multas formas: sed cum recipit unam, terminatur per illam. Forma vero finitur per materiam, inquantum forma, in se considerata, communis est ad multa: sed per hoc quod recipitur in materia, fit forma determinate huius rei. - Materia autem perficitur per formam per quam finitur: et ideo (ab hier schälen sich die differenten Bedeutungen des "infinitus" heraus), infinitum secundum quod attribuitur materiae, habet rationem imperfecti (erste Bedeutungsmöglichkeit); est enim quasi (!) materia non habens formam. Forma autem non perficitur per materiam, sed magis per eam amplitudo eius contrahitur: unde infinitum secundum quod se tenet ex parte formae non determinatae per materiam, habet rationem perfecti" (zweite Bedeutungsmöglichkeit).

Wie stark die notwendige sprachliche Differenzierung des "infinitus" in den metaphysischen Diskurs über forma und materia hinein verstrickt ist, bezeugt der Schlußsatz des corpus, sofern Thomas nicht einmal dort das "infinitus" allein verwendet (obwohl doch vorausgehend die intendierte Bedeutung klargelegt wurde), sondern nochmals schreibt:

"manifestum est quod ipse Deus sit infinitus et perfectus."

Noch stärker als in diesem Fall der literarischen Verstrickung(47) wirkt das Phänomen der Verdeckung einer Distinktion dann, wenn z.B. bei einer zweiteiligen Unterscheidung eines der Glieder nicht ausdrücklich genannt wird, zum Verständnis der im Kontext gemeinten Bedeutung des Ausdrucks aber notwendig dazugehört, also schweigend mitpräsent wird:

"Cum igitur virtus naturalis intellectus creati non sufficiat ad Dei essentiam videndam ... oportet quod ex divina gratia superaccrescat ei virtus intelligendi. Et hoc augmentum virtutis intellectivae illuminationem intellectus vocamus; sicut et ipsum intelligibile vocatur lumen vel lux"(I q12 a5 c).

"Illuminatio", "lumen" und "lux" kommen dabei im übertragenen Sinn vor. Die Selbstverständlichkeit, mit der das geschieht, läßt leicht vergessen, daß sich dabei eine semantische Modifikation ereignet, die immer eine Modifikation an etwas - nämlich der Alltagsbedeutung der Ausdrücke - sein muß. Die Kundgabe des reflexen Moments im Umgang mit dem Wort reduziert sich dabei auf das schmale "Et hoc ... vocamus" bzw. "vocatur". - Eine ähnliche Verdeckung liegt vor, wenn anstelle der explizit verbalisierten Distinktion nur ein Glied genannt und dann mit einem Ausdruck versehen wird, der darauf verweist, daß es sich dabei nicht um die einzige Bedeutungsmöglichkeit dieses Ausdrucks handelt:

"aevum aliquando accipitur pro saeculo, quod est periodus durationis alicuius rei: et sic dicuntur multa aeva, sicut multa saecula"(I q10 a6 ad1).(48)

Diesem Verdeckungsmodus sind auch funktional-pragmatische Formeln zuzuordnen wie "... potest nominari" (I q27 a4 ad3) oder häufiger "quandoque" (I-II q70 a1 ad3; II-II q175 a1 c; III q75 a8 ad1); die praktizierte Distinktion wird bei all diesen Indikatoren nur in flüchtiger Andeutung reflex zur Geltung gebracht, nichtsdestoweniger ist jene real gegeben, sofern "quandoque" impliziert, ein Wort so zu gebrauchen, es "quandoque" aber auch anders zu verwenden - wie besonders gut sichtbar ist an dem Ausdruck "plerumque ... quandoque autem" (I-II q56 a3 c). Am häufigsten jedoch entsteht die syntaktisch bedingte Verdeckung der Distinktionsstruktur dadurch, daß ihre beiden Glieder durch "non ... sed" innerhalb eines einzigen Satzes (Haupt- und Nebensatz) auseinander- und zusammengehalten werden:

> "Cum enim dico esse hominis, vel equi, vel cuiuscumque alterius, ipsum esse consideratur ut formale et receptum: non autem ut illud cui competit esse"(I q4 a1 ad3);

> "... Deus est summum bonum simpliciter, et non solum in aliquo genere vel ordine rerum"(I q6 a2 c);

> "Sic igitur dicendum est quod potentia generandi principaliter significat divinam essentiam ...; non autem tantum relationem" (I q41 a5 c).

Besonderes Interesse darf hier I q93 a1 ad3 für sich beanspruchen, weil der Aquinate dort zum Ausdruck bringt, daß die "non-sed"-Struktur - und damit die Distinktion als solche - in Funktion der Analogisierung zur Anwendung kommt:

> "Unum autem dicitur aliquid non solum numero aut specie aut genere, sed etiam secundum analogiam vel proportionem quandam: et sic est unitas vel convenientia creaturae ad Deum."

Als Grenzfall wird man I q11 a2 ad4 betrachten müssen, sofern dort zwar die Distinktion vollzogen wird, jedoch als sprachliche nicht gekennzeichnet und außerdem in ihrer Struktur verdeckt ist:

> "... unum opponitur privative multis, inquantum in ratione multorum est quod sint divisa."

Die nachfolgende Überlegung des Thomas expliziert dann - ohne Hinweis auf die semantische Ebene - die spezifische Bedeutung des "unum" im Sinne privativer Opposition zum "multa" und hebt dabei ab auf die andere Bedeutung, die "unum" noch haben kann:

> "Unde oportet quod divisio sit prius unitate, non simpliciter, sed secundum rationem nostrae apprehensionis ... Sed multitudo, etiam secundum rationem, consequenter se habet ad unum: quia divisa non intelligimus habere rationem multitudinis, nisi per hoc quod utrique divisorum attribuimus unitatem. Unde unum ponitur in definitione multitudinis, non autem multitudo in definitione unius."

Dieser Grenzfall läßt im Vorblick erahnen, daß offensichtlich mit der bisherigen Beschreibung der möglichen Formen (Strukturen) sowie deren Konkretion im Sprachmaterial noch lange nicht alles und noch lange nicht das Wichtigste über das Instrument der Distinktion gesagt ist; zu fragen ist damit nach der inneren Organisation dieses basalen Prinzips, um so Aufschluß zu gewinnen über seine systematische Funktion und sein reales Gewicht im Geschäft der Sprachreflexion.

6.5.2.3 Die strukturelle Organisation des Distinktionsprinzips

Zu diesem Zweck einer Aufklärung der inneren Organisation sind zunächst die logischen Koordinaten der Distinktion ausdrücklich zur Geltung zu bringen: Distinktionen geschehen immer "ad hoc", anläßlich eines ganz bestimmten und genau umrissenen Sprachproblems. Sie werden gemäß den Bedürfnissen des jeweils gegebenen Kontexts ausgearbeitet, so daß ihnen immer eine gewisse Relativität anhaftet. Wohl kommt es vor, daß sich die Differenzierung eines Wortes an mehreren Stellen in identischer Weise wiederholt, grundsätzlich aber kennt Thomas keinen festen Distinktionskatalog. Das hat zur Folge, daß im Nebeneinander mehrerer Distinktionen desselben Ausdrucks durchaus eine Spannung - gelegentlich bis hin zu einem Widerspruch - entstehen kann; solche Differenzen walten etwa zwischen I q3 a4 ad1 und I q3 a4 ad2:

> "... aliquid cui non fit additio potest intelligi dupliciter. Uno modo, ut de ratione eius sit quod non fiat ei additio ... Alio modo intelligitur aliquid cui non fit additio, quia non est de ratione eius quod sibi fiat additio: ... Primo igitur modo, esse sine additione, est esse divinum: secundo modo, esse sine additione, est esse commune"(I q3 a4 ad1).

Mit der Differenzierung des "aliquid cui non fit additio" hat Thomas zwei mögliche Bedeutungen von "esse" gewonnen. Im unmittelbar folgenden I q3 a4 ad2 expliziert er - bedingt durch die andere Vorgabe in obi.2 - zwei ganz andere Bedeutungen desselben Ausdrucks:

> "... esse dupliciter dicitur: uno modo, significat actum essendi; alio modo significat compositionem propositionis, quam anima adinvenit coniungens praedicatum subiecto."

Thomas widersteht jeglicher Versuchung zur Systematisierung und läßt die beiden Distinktionen unvermittelt nebeneinander stehen. Ebenso verfährt er bei der dreimaligen Unterscheidung des "esse in" in I q8 a1 c, q8 a1 ad2 und q8 a3 c:

> "... Deus est in omnibus rebus, non quidem sicut pars essentiae, vel sicut accidens, sed sicut agens adest ei in quod agit"(I q8 a1 c).

Bedingt durch die obi.2 tritt in ad2 ein anderes Segment des Bedeutungskreises von "esse in" ins Gesichtsfeld:

> "... licet corporalia dicantur esse in aliquo sicut in continente, tamen spiritualia continent ea in quibus sunt, sicut anima continet corpus. Unde et Deus est in rebus sicut continens res"(I q8 a1 ad2).

Weil dabei anfangs von den "corporalia ... esse in ... continente" die Rede war, fügt Thomas - quer zum "esse in" bezüglich Gott - eine andere Differenzierung des "esse in" bezüglich der corporalia hinzu, wenn er ad2 abschließt:

> "Tamen per quandam similitudinem corporalium, dicuntur omnia esse in Deo, inquantum continentur ab ipso."

Die auf Gott bezogene Bedeutung des "esse in" und die auf die res zutreffende gehen dabei diametral auseinander ("Deus in rebus sicut continens res; res in Deo inquantum continentur ab ipso"). Dem allen steht in I q8 a3 c eine entscheidend modifizierte Distinktion gegenüber, die sich lediglich in einem Glied mit derjenigen aus I q8 a1 c berührt (aber nicht mit ihr identisch ist, sofern hier von "causa agens", dort einfach von "agens" die Rede ist):

> "... Deus dicitur esse in re aliqua dupliciter. Uno modo, per modum causae agentis: et sic est in omnibus rebus creatis ab ipso. Alio modo, sicut obiectum operationis est in operante: quod proprium est in operationibus animae, secundum quod cognitum est in cognoscente, et desideratum in desiderante."

Damit stehen in ein und derselben q8 insgesamt acht differenzierte Bedeutungen von "esse in" nebeneinander; davon sind vier für die Rede von Gott qualifiziert, zwei explizit davon ausgeschlossen und zwei für den Gebrauch in der Rede über die res (creatae) reserviert. Eine Systematisierung hat Thomas nicht für nötig gehalten. Das einzige Kriterium für die Unterscheidung und den ihr folgenden Gebrauch stellt der Kontext, der Zweck des jeweiligen Diskurses dar. Dieser Relativität gebührt hohe Aufmerksamkeit, weil sie in besonderer Weise den dezidiert analytischen Charakter thomanischer Sprachphilosophie hervorhebt - man vergleiche nur WITTGENSTEINs Aussagen über die Unterscheidungen: "Wir wollen in unserem Wissen vom Gebrauch der Sprache eine Ordnung herstellen: eine Ordnung zu einem bestimmten Zweck; eine von vielen möglichen Ordnungen. Wir werden zu diesem Zweck immer wieder Unterscheidungen **hervorheben**, die unsre gewöhnlichen Sprachformen leicht übersehen lassen."(49) Sachlich gesehen spiegelt sich in dieser Relativität das schon anläßlich des "similitudo"-Prinzips betrachtete Problem der Grenzziehung in der Bedeutung, dem Gebrauch eines Ausdrucks.(50) Einen ab-soluten Umfang eines Begriffs gibt es - im Normalfall - überhaupt nicht. Denn: "Wir kennen die Grenzen nicht, weil keine gezogen sind. Wie gesagt, wir können - für einen besonderen Zweck - eine Grenze ziehen. Machen wir dadurch den Begriff erst brauchbar? Durchaus nicht! Es sei denn, für diesen besonderen Zweck."(51) Genau daran hat sich Thomas gehalten; und er hat sich auch - wenn nötig - nicht gescheut, die Grenze für einen bestimmten Zweck maximal hinauszuschieben, wenn er etwa in I q8 a1 ad2 sagt:

> "Unde et Deus est in rebus sicut continens res" -

der paradoxale Charakter dieser Redeweise wirkt mehr im Sinne einer Anzeige denn einer Aussage; ihre Legitimation - und ihre Leistung - bezieht sie aus ihrem Zweck, den Thomas ihr an dieser Stelle so und nicht anders auferlegt hat; und seinem Urteil nach hat sie ihn erfüllt. Systematische Relevanz entspringt jener Relativität schließlich, sofern sie bereits andeutet, daß und warum bei der Reflexion auf das Phänomen der Sprache und natürlich der reflexen Sprachpraxis bzw. noch mehr der Analogie mit Schwierigkeiten beim Versuch allgemeiner Sätze oder ganzer Theorien zu rechnen ist.

Eng verbunden mit diesem logischen Aspekt, der die formale Organisation der distinctio beleuchtet, erschließt sich ein zweiter Aspekt im Blick auf die Intention der Distinktion - auf das also, was sie im

Anwendungsbereich "Sprache" wirken kann. Bei den durch eine distinctio ausdifferenzierten semantischen Hinsichten handelt es sich immer um sprachlogische **Möglichkeiten**; besonders gut sichtbar wird das, wenn die Unterscheidung in die "non-sed"-Struktur gefaßt ist;(52) da entsprechende Kennzeichnungen schon mehrfach in bisherige Analysen eingeflossen sind,(53) genügen zwei kurze Beispiele zur Erinnerung:

"... haec propositio, intellectus intelligens rem aliter quam sit, est falsus, est duplex; ex eo quod hoc adverbium aliter potest determinare hoc verbum intelligit ex parte intellecti (erste Möglichkeit), vel ex parte intelligentis (zweite Möglichkeit). Si ex parte intellecti, sic propositio vera est ... Si vero ex parte intelligentis, sic propositio falsa est"(I q13 a12 ad3);

"... duplex est privatio. Quaedam quae consistit in privatum esse: et haec nihil relinquit, sed totum aufert; ... (erste Möglichkeit) - Est autem alia privatio quae consistit in privari: ... (zweite Möglichkeit) Et ideo talis privatio, cum aliquid relinquat, non semper est immediata cum opposito habitu. Et hoc modo malum est privatio boni ..."(I-II q18 a8 ad1).

Die Distinktion expliziert mithin ein sprachlich schon vorhandenes oder schafft gegebenenfalls durch ausdrückliche Setzung ein semantisches Möglichkeitsfeld - natürlich immer bereits im Horizont des Ähnlichkeitsprinzips. Sie bringt Struktur in die prinzipiell zur Gleich-gültigkeit tendierende Einstellung auf Ähnlichkeiten; Distinktion dient mithin der Grenzziehung (vgl. etwa I-II q58 a1 c). Auf diese Weise entsteht eine Operationsebene für die reflektierte Sprachpraxis - etwa vergleichbar einem Stadtplan: Seine Straßenzüge sind zwar fixiert, dennoch kann jeder beliebige Punkt auf ihm bestimmt und erreicht werden, weil dieser Punkt entweder selbst auf einem der Straßenzüge liegt oder aber durch mehrere Züge umkreist und aus ihrem Schnittpunkt heraus geortet werden kann; außerdem bleibt jederzeit die Möglichkeit offen, bei Bedarf den Plan zu erweitern, nicht mehr benötigte Züge stillzulegen bzw. zu eliminieren und in grobmaschigen Abschnitten neue Züge in Funktion differenzierender Erschließung einzutragen. Jeder sinnvoll sein sollende sprachliche Ausdruck muß in dieses Möglichkeitsfeld rückgebunden sein - oder um im Bild des Stadtplans zu bleiben: Wann immer ich etwas sinnvoll - und das meint: verständlich und bedeutend - bezeichnen will, muß ich den Weg zum Gemeinten (und damit zur Sache selbst) auf dieser Ebene entlang den vorgegebenen Zügen gehen. Je neuer, unvertrauter und je schwieriger der Gegenstand meiner Namengebung zu erreichen ist, desto wichtiger ist für das Gelingen eines sinnvollen Sprechens das Gegenwärtigbleiben der Sprachwege, die ich er-fahren habe, um dahin zu gelangen, wohin ich wollte.

In dieser wesentlich durch Distinktion konstituierten potentialen Grundqualität konkret reflektierten Sprechens fundiert sich als drittes logisches Moment die in der Unterscheidung selbst wirksame gegenwendige Bewegung von "Extension" und "Restriktion" in der überwältigenden Mehrheit der bei Thomas vorkommenden Distinktionen. Die beiden Terme sind im Anschluß an ihren gelegentlichen Gebrauch beim Aquinaten selbst eingeführt, so "Extension" in Anlehnung an I q67 a1 c ("... extensum est hoc nomen ...") bzw. II-II q99 a1 ad1 ("... per quandam nominis extensionem ..."), "Restriktion" gemäß I q39 a4 ad5 ("... cum ly Pater appositive construatur cum ly Deus, restringit ipsum ad standum pro persona Patris;") oder II-II q141 a2 c ("... aliqua nomina communia restringuntur ad ea quae sunt praecipua inter illa ..."); ersteres meint die Bedeutungserweiterung, das zweite die Einschränkung des semantischen Wertes. Dabei bleibt zu beachten, daß die beiden Bewegungen nicht auf derselben logischen Ebene stattfinden: Wohl nämlich sind Distinktionen möglich, die sich rein als Extension vollziehen, nie aber solche, die nur Restriktion wären, sofern jede Restriktion immer eine Extension voraussetzt. Das gründet darin, daß in der Extension innerhalb der Distinktion sich das Ähnlichkeitsprinzip zur Geltung bringt, während die Restriktion letztlich das eigentliche Spezifikum der Distinktion ausmacht - wodurch sich erneut der logische Primat des Ähnlichkeitsprinzips vor dem Differenzierungsprinzip bekundet. Der Extension liegt folglich die Tendenz der Vernunft auf ein "Alles" im Horizont einer Einheit ermöglichend zugrunde,(54) sie trägt aber gleichursprünglich schon das Moment einer Negativität in sich, sofern auch die Extension bereits durch das semantische Möglichkeitsfeld hindurch Grenzen zieht - wie Thomas übrigens selbst in ScG I 71 allgemein feststellt:

"... in ratione distinctionis est negatio, distincta enim sunt quorum unum non est aliud."(55)

Die Restriktion dagegen bewegt sich nur innerhalb der ursprünglichen Negativität der distinctio und bringt so eine Negation zweiter Potenz zur Geltung.

6.5.2.4 Die prädikamentellen Funktionen der Distinktion und deren Fundament

Auf dem Boden dieser zuletzt genannten logischen Doppelstruktur von Extension und Restriktion kann die Distinktion drei diverse prädikamentelle Funktionen ausüben:

- Erstens erwirkt die Differenzierung die reine Extension eines Ausdrucks und artikuliert so die Bandbreite von Bedeutungen, die alle zugleich bei der zur Frage stehenden Verwendung eines Wortes gemeint bzw. mitgemeint sind:

"... pati dicitur tripliciter. Uno modo communiter, secundum quod omne recipere est pati ... Alio modo dicitur pati proprie, quando aliquid recipitur cum alterius abiectione ... Alio modo, quando e converso contingit: sicut aegrotare dicitur pati, quia recipitur infirmitas, sanitate abiecta ... Et his tribus modis contingit esse in anima passionem"(I-II q22 a1 c).(56)

- Zweitens kann die Distinktion den zur Debatte stehenden Ausdruck extendieren, um ihn dann in totaler Restriktion zu negieren, d.h. jede für den gegebenen Kontext angebbare Bedeutungsnuance wird für die konkrete problematisierte Verwendung als unbrauchbar erklärt:

"... aliquid est in genere dupliciter. Uno modo, simpliciter et proprie; sicut species, quae sub genere continentur. Alio modo, per reductionem, sicut principia et privationes: sicut punctus et unitas reducuntur ad genus quantitatis, sicut principia; caecitas autem, et omnis privatio, reducitur ad genus sui habitus. **Neutro autem modo Deus est in genere**"(I q3 a5 c).

Mit Hilfe des Unterscheidungsprinzips, d.h. sprachlich des Analogieprinzips wird hier **auch** das Moment der Nichtanalogizität Gottes sprachlich konstituiert und als solches zur Geltung gebracht. Diese Dimension gehört notwendig zu bestimmten Fällen der Rede von Gott, weil und sofern zum vollen Umfang der durch das Analogieprinzip eröffneten Möglichkeiten auch die Negation seiner selbst zu rechnen ist. Etwas "nicht-analog" nennen heißt ja auch, es von der Analogie **her** zu benennen. Die Negation von Analogie hat so als Grenzfall von Analogie selbst zu gelten und dokumentiert damit die faktische Unendlichkeit des Prinzips bzw. der Sprache. Diese radikale – durch Negation vermittelte – Offenheit kommt z.B. gerade bei den zentralen und unverfügbaren Bestandteilen christlicher Verkündigung wie etwa Menschwerdung Gottes, Auferstehung, Trinität etc. (trotz des Rechts einer weit-reichenden transzendentalen Theologie) ins Spiel; sie wären in ihrer letzten Eigentlichkeit, ihrer Unverfügbarkeit nicht mehr artikulierbar, wenn nicht die Sprache auch mittels ihrer eigenen Leistungsfähigkeit über sich hinausweisen könnte; der radikalste Weg dazu ist das "nicht". Sofern wir uns in **diesem** Sinn im Horizont einer universalen Sprachlichkeit bewegen, wird eben auch dieser Überschuß dadurch zur Sprache gebracht, daß Gott in bestimmten Fällen mit Hilfe der Analogie aus der Analogie herausgehalten wird.(57)

– Während die Distinktion die beiden genannten prädikamentellen Funktionen relativ selten ausübt, hat sie die dritte mögliche in der überwältigenden Mehrzahl ihrer Anwendungen zu erfüllen: sie leuchtet extensiv die mögliche Bedeutungsbreite eines Ausdrucks innerhalb eines Kontexts ein Stück weit aus und gibt dann durch Restriktion an, welches Segment im konkreten Fall zu einem bestimmten Zweck gemeint ist und welches nicht:

> "... aliquis dicitur adiuvari per alium, dupliciter. Uno modo, inquantum ab eo accipit virtutem: et sic adiuvari infirmi est, unde Deo non competit ... Alio modo dicitur quis adiuvari per aliquem, per quem exsequitur suam operationem, sicut dominus per ministrum. Et hoc modo Deus adiuvatur per nos ..."(I q23 a8 ad2).(58)

An dieser dritten prädikamentellen Funktion offenbart sich in besonderer Weise die Vollgestalt der gegenwendigen Bewegung von Extension und Restriktion: ihre unbedingte Zusammengehörigkeit; auch das, was ein Ausdruck nicht bedeutet, bestimmt konstitutiv das mit, was er bedeutet – gut zu sehen an I q6 a2 ad2:

> "... cum dicitur bonum est quod omnia appetunt, non sic intelligitur quasi unumquodque bonum ab omnibus appetatur: sed quia quidquid appetitur, rationem boni habet."(59)

Gerade an den in die "non-sed"-Form gebrachten Distinktionen tritt diese Zusammengehörigkeitsregel markant hervor, weil sie selbst noch das sprachliche Gewand der Unterscheidung durchprägt: Die beiden Bewegungen von Extension und Restriktion sind um der Konstitution einer Bedeutung willen so ineinander verschlungen, daß die Ausdrücke für die beiden differenten Momente auf syntaktischer Ebene ein Stück weit ineinandergleiten und eine linguistische Einheit bilden. Auch wenn diese Zusammengehörigkeit sich in erster Linie an der dritten prädikamentellen Funktion expliziert, so haben dennoch auch die anderen beiden als - unter sich nochmals verschiedene - Grenzfälle der Regel zu gelten. Für den Fall der extendierend-total restringierenden Distinktion liegt das auf der Hand; im Fall der rein extendierenden Unterscheidung wirkt die Negationsbewegung unter Ausfall der Restriktion lediglich aus der immanenten Negativität der distinctio,(60) die ihrem Wesen als Grenz-setzung inhäriert.

Das Recht zu solcher Einordnung enthüllt sich allererst im Blick auf das logisch-systematische Fundament all dieser prädikamentellen Funktionen, das seinerseits die Bedingung seiner Möglichkeit aus einem faktischen Charakterzug der konkret gesprochenen Sprache gewinnt: Die Dialektik von Extension und Restriktion zeigt nämlich, daß die in negatio und restrictio erwirkte Präzisierung nicht für sich allein zu haben ist; vielmehr ist sie konstitutiv im mehrfachen Gebrauch ein und desselben Ausdrucks und damit in dessen linguistischer Unschärfe verankert; analytisch erreichbare Präzision verdankt sich der ursprünglichen Ungenauigkeit der Sprache. Jede Präzision stellt nichts anderes dar als eine zu einem bestimmten Zweck unternommene Rekonstruktion eines Sprechakts, die vom Medium der Unschärfe methodisch und diskursiv abstrahiert.(61) Daß es diese Unschärfe der Sprache gibt, lehrt der tägliche Umgang mit dem Wort - spätestens dann, wenn wir Mißverständnissen anheimfallen oder nicht genau ausdrücken können, was wir wollen. Sie aber in den Rang eines der fundamentalen Charakteristika von Sprache einzusetzen - wie eben geschehen -, mag auf Widerspruch stoßen. Auf den Einwand, ob ein verschwommener Begriff überhaupt ein **Begriff** sei, fragt WITTGENSTEIN lediglich zurück: "Ja, kann man ein unscharfes Bild immer mit Vorteil durch ein scharfes ersetzen? Ist das unscharfe nicht oft gerade das, was wir brauchen?"(62) Mit dieser Frage insinuiert er die Ungenauigkeit als ein nicht mehr zu hinterfragendes Moment an der Sprache - unhinterfragbar jedenfalls im Sinn der Unmöglichkeit einer Deduktion. Zugleich aber gibt er mit einem ausgesprochen suggestiven Beispiel einen Wink, wo diese Unschärfe ihren Ausgang nimmt und warum das so ist und sein muß: "Denn denk dir, du solltest zu einem verschwommenen Bild ein ihm 'entsprechendes' scharfes entwerfen. In jenem ist ein unscharfes rotes Rechteck; du setzt dafür ein scharfes. Freilich - es ließen sich ja mehrere solche scharfe Rechtecke ziehen, die dem unscharfen entsprächen. - Wenn aber im Original die Farben ohne die Spur einer Grenze ineinanderfließen, - wird es dann nicht eine hoffnungslose Aufgabe werden, ein dem verschwommenen entsprechendes scharfes Bild zu zeichnen? Wirst du dann nicht sagen müssen: 'Hier könnte ich ebensogut einen Kreis wie ein Rechteck oder eine Herzform zeichnen; es fließen ja alle Farben durcheinander. Es stimmt alles; und nichts.' ... Frage dich in dieser Schwierigkeit immer: Wie haben wir denn die Bedeutung dieses Wortes ('gut' z.B.) **gelernt**? An was für Beispielen; in welchen Sprachspielen?"(63) WITTGENSTEIN lokalisiert also die Genesis der Unschärfe auf der Ebene der Sprachpraxis ("gelernt"), in der Situation der Applikation eines Ausdrucks. Im Zusammenhang mit ihr trägt die Ungenauigkeit keinerlei Schwierigkeiten ein; problematisch wird sie erst in der Abstraktion von der Ebene der Sprachpraxis, des Sprachgebrauchs(64) - wobei "Sprachgebrauch" nicht ein leeres Spiel mit Bedeutungsvarianten meint, sondern die Verwendung eines Ausdrucks in konkreten Situationen angesichts konkreter Realitäten; eine Verwendung, die ich lernen muß, um mich in eine bestimmte Lebensform einzugliedern. Damit findet die Unschärfe ihre letzte Wurzel in der Dialektik von Sprache und Erfahrung, muß also von dort her ihre Klärung erfahren. Dies hat nachfolgend noch anhand der Einschätzung von Sprachgebrauch und Erfahrung seitens des Aquinaten zu geschehen. Hier wird das Gefüge von Unschärfe, Sprachgebrauch und Erfahrung nur in ersten Umrissen diaphan als letzte Bedingung der Möglichkeit(65) der beiden bisher explizierten basalen Prinzipien eines reflektiert-operationalen Umgangs mit der Sprache.

6.5.2.5 Zusammenfassung

Das Differenzierungsprinzip manifestiert sich in einer Fülle konkreter Figuren und flexibler Kombinationen, deren eigene sprachliche Artikulationsmöglichkeiten sich ihrerseits wiederum auf einer Skala zwischen breiter Deskription und knappster Andeutung bewegen. Unbeschadet solcher nicht reduzierbarer Konkretheit seiner Phänotypen wirkt in diesem Prinzip eine straffe und komplexe formale Organisation: die fundamentale Relativität der Distinktionen, die Konstitution semantischer Möglichkeitsfelder und die gegenwendige Bewegung von Extension und Restriktion qualifizieren die Distinktion zum universalen und flexiblen Instrument eines der indefiniten Vielfalt von Wirklichkeit entsprechen könnenden und darin auf Präzision bedachten Redens. Letzteres erfüllt sich in einer mehrfachen prädikamentellen Funktion der Distinktion, deren logisches Fundament - die Dialektik von Extension und Restriktion - die Bedingung seiner Möglichkeit in der konstitutiven und originären Ungenauigkeit sprachlicher Ausdrücke gewinnt.

Die vielfältigen Fäden und Zusammenhänge der Art und Weise, wie Thomas die Überwindung der sprachimmanenten Grenzen und die Wahrnehmung der sprachvermittelten Chancen reflex und linguistisch operationalisiert, lassen sich im vorläufigen Rückblick auf den gesamten bisherigen Gang der Analyse zu vier Knoten schürzen:

- das Prinzip der Ähnlichkeit sowie in seinem Horizont
- das Prinzip der Differenzierung; aus dem Zusammenwirken beider enthüllen sich
- die Relativität sowie schließlich
- die Unschärfe

als Bedingung und Fundament jedes Sprachgeschehens. Diese vier Eckwerte bestimmen die Sprache so fundamental, daß sie über ihre rekonstruierte logische Präsenz sowie die expliziten Artikulationen im Fall des Ähnlichkeits- und Differenzierungsprinzips ("similiter" etc. - "dupliciter dicitur" etc.) hinaus in zahlreichen Fällen reflektierter Sprachpraxis im Gewand eigenständiger linguistischer Elemente durchschlagen und zum Teil mittels solcher Indikatoren die volle reflexe Explikation der Struktur eines Sprachgeschehens sowie die Kennzeichnung seiner Qualität vertreten können oder sogar müssen.

6.5.3 Kurzformeln der Operationalisierung

Von diesen Indikatoren mußte erstmals schon im Zusammenhang der Analyse von I q13 die Rede sein, sofern sie dort - unbeschadet ihrer bescheidenen linguistischen Artikulation - gerade im Umkreis theoretischer Äußerungen anläßlich deren Aporetik die eigentlich beabsichtigte Qualifikation eines Sprachgeschehens als analogen leisteten.(66) Die Lektüre der "Summa theologiae" als ganzer offenbart nun einen bemerkenswerten Tatbestand: Während Thomas seine pragmatischen Sprachreflexionen ziemlich selten mit "per analogiam", "per participationem" - am ehesten noch mit "per similitudinem" - oder den Äquivalenten ("analogice", "similiter" etc.) qualifiziert, bedient er sich radikal funktionaler linguistischer Indikatoren in einem derart großen Ausmaß, daß über ganze Passagen der Eindruck entsteht, die theoretischen Äußerungen über bestimmte Sprachprobleme spielten für die Sprachpraxis des Aquinaten überhaupt keine Rolle. Die erste Lektüre konfrontiert dabei mit einer relativ begrenzten Zahl gelegentlich bis zur unscheinbaren Anspielung reduzierter Ausdrücke, die eine mehr oder weniger faktisch zusammengehörige Gruppe darzustellen scheinen. Werden sie aber auf dem Hintergrund ihrer streng sprachphilosophischen Funktion innerhalb der Koordinaten der analytisch erschlossenen Eckdaten der Operationalisierung reflektierter Sprachlichkeit durchgemustert, so tritt ihre jeweilige Zugehörigkeit zu einem der Eckwerte prägnant heraus; daß dabei die zum Ähnlichkeits- und die zum Differenzierungsprinzip gehörigen Indikatoren dieselben sind und somit auch auf praktischer Ebene die Zusammengehörigkeit beider Prinzipien demonstrieren, stellt gewissermaßen die Gegenprobe für den behaupteten Zusammenhang (von Indikatoren und Eckdaten) dar.

6.5.3.1 Indikatoren des Ähnlichkeits- und des Differenzierungsprinzips

Den wichtigsten dieser Indikatoren im Rahmen des Ähnlichkeits- und Differenzierungsprinzips stellt ohne Zweifel das "proprie" dar. Thomas gebraucht es kontinuierlich von Anfang bis Ende der "Summa theologiae". Dabei muß in Rechnung gestellt werden, daß ein nicht geringer Anteil der Vorkommen gar nicht in linguistischer Funktion steht, sondern sachliche Bestimmung zu explizieren hat (etwa: I-II q40 a2 c: "motus enim ad res pertinet proprie ad appetitum")(67) - sofern bei Thomas überhaupt eine strenge Trennung beider Funktionen möglich ist.(68) Aber selbst nach Abzug dieser Stellen bleibt noch ein ins hundertfache gehender Einsatz des "proprie" zur semantischen Qualifikation bestimmter Ausdrücke im Rahmen pragmatisch notwendiger Sprachreflexion. Das "proprie" kann dabei allein stehen, wie etwa in I-II q7 a4 c:

> "... actus proprie dicuntur humani ... prout sunt voluntarii";(69)

es kann mit einem metasprachlichen Ausdruck verbunden sein:

> "Et ideo proprie loquendo, veritas est in intellectu componente et dividente ..."(I q16 a2 c) -

besonders schön verwoben ist es in dieser Form in I q16 a5 ad2 mit der Distinktionsstruktur:

"Sed hoc, proprie loquendo, non potest dici in veritate divina, nisi forte secundum quod veritas appropriatur Filio ..."(70)

Solange das "proprie" in dieser Einzelstellung gebraucht wird, rekurriert es mit seinem "eigentlich" auf ein nicht näher expliziertes Vorgegebenes, das alle Glieder einer Sprachgemeinschaft als "Eigentliches" akzeptieren. Weit mehr Aufschluß gewähren deshalb die Stellen, wo Thomas das "proprie" gebraucht in Korrelation mit einem gleichwertigen Indikator für das Gegenteil des "proprie":

"proprie-figurative" (I q1 a10 ad3; III q16 a1 c: "secundum quandam figurativam locutionem");

"proprie-per aliquam similitudinem" (I q18 a1 c; III q74 a5 ad1; q75 a8 ad1);

"proprie-communiter" (I q18 a1 c);

"proprie-metaphorice" (I q19 a11 c; q63 a2 ad2; I-II q37 a2 ad3: "metaphorice-secundum proprietatem"; q84 a3 c; II-II q58 a2 c; III q32 a3 c: "proprie-secundum metaphoram");

"proprie-improprie" (I q77 a1 ad1);

"proprie-large" (I q114 a4 c; II-II q48 a.u.; q104 a2 ad1);

"proprie-communiter autem, et extenso nomine ..." (I-II q26 a2 c);

"proprie-ad similitudinem (letzteres als erklärend-legitimierendes Bindeglied) -metaphorice" (I-II q86 a1 c);

"abusive-proprie" (II-II q21 a3 ad1; q55 a3 ad1; a4 ad1);

"proprie-extenso nomine" (II-II q72 a1 c; q81 a1 ad2);

"proprie-largius" (II-II q132 a1 c; q162 a3 c; III q10 a2 c: "magis large");

"non proprie-sed magis" (II-II q155 a2 ad2; III q32 a2 ad1);

"proprie-non proprie" (III q7 a4 ad3; q20 a1 ad2);

"proprie-participative" (III q23 a4 c);

"non proprie-impropria locutio" (III q23 a4 ad1);

"non propria locutio-sed synecdochica" (III q67 a6 ad3; q75 a8 c).

Die zahlreichen Varianten der korrelativen Indikatorenpaare legen aus sich heraus beredtes Zeugnis ab von der pragmatischen Funktion der Ausdrücke; neben dem an sich neutralen "proprie" können eindeutig metasprachliche Ausdrücke ("metaphorice"; "figurative") die korrelative Funktion genauso ausüben wie etwa ebenso neutrale ("per similitudinem"; "sed magis") oder traditionell mehr dem metaphysischen Bereich zugerechnete ("participative"). Jedenfalls haben alle zusammen die Aufgabe, innerhalb eines bestimmten Sprachproblems zum Zwecke adäquaten Verstehens das Ähnlichkeits- bzw. Differenzierungsprinzip präsent zu setzen.

Komplementäre Aufschlüsse ergeben sich aus Wendungen, in denen "proprie" mit einem seiner Äquivalente gewissermaßen zum Hendiadyoin zusammengenommen ist:

"simpliciter et proprie" (I q3 a5 c - in diesem Fall außerdem noch in Korrelation mit "per reductionem"; I-II q16 a3 c; II-II q156 a2 c; q172 a5 ad1);

"stricte et proprie" (I q12 a7 ad1 - korrelierend mit "largius");

"proprie et naturaliter" (I q68 a4 c - gegenüber "per participationem" sowie "metaphorice");

"proprie et principaliter" (I-II q12 a5 c; II-II q153 a1 ad1 - gegenüber "per similitudinem"; III q84 a2 ad3);(71)

"proprie ... et per se" (I-II q46 a7 ad2);

"proprie et essentialiter" (I-II q94 a1 c);

besondere Relevanz kann I-II q100 a12 c reklamieren, weil dort das "proprie" - noch dazu anhand des "sanum"-Beispiels - mit dem "priusposterius"-Schema (vgl. I q13 a5 c) verbunden wird, und zwar so, daß die beiden Glieder dieses Schemas je als Äquivalent ("primo") bzw. als Korrelat ("secundario") des "proprie" auftreten. Damit erfährt das "proprie" eine verbale Verklammerung mit der Analogiethematik und andererseits wird im Gegenzug jenes Schema als - mindestens gleichursprünglich - sprachliches identifiziert:

"... sanum proprie et primo dicitur quod habet sanitatem, per posterius autem quod significat sanitatem, vel quod conservat sanitatem; ita iustificatio primo et proprie dicitur ipsa factio iustitiae; secundario vero, et quasi improprie, potest dici iustificatio significatio iustitiae, vel dispositio ad iustitiam."

Weitere Verbindungen mit Äquivalenten sind:

"proprie et directe" (II-II q41 a2 ad5 - stark sachlich-sprachlich oszillierend);

"proprie et per se loquendo" (II-II q105 a1 ad1);

"proprie et vere" (II-II q155 a1 ad2; III q16 a2 c; a3 c; q75 a8 c);

"convenienter et proprie" (III q4 a3 c);

"principaliter et proprie (III q15 a10 ad2 - gegenüber "secundario ... et quasi instrumentaliter");

"proprie et communiter" (III q74 a5 c - exakt dieselben Ausdrücke, die in diesem "Hendiadyoin" auftauchen, verwendet Thomas - ohne "et" dazwischen - in I q18 a1 c für die Formulierung einer differenzierenden Korrelation; "communiter" kann also als Korrelat und als Äquivalent von "proprie" fungieren - wohl kraft seines eigenen neutralen Grundcharakters).

Solche Äquivalente können auch allein stehen oder wieder untereinander ein "Hediadyoin" bilden bzw. in Korrelation zu entsprechend gegensinnigen Indikatoren treten:

"metaphorice" äquivalent zu "secundum similitudinem" (I q3 a2 ad2; q10 a1 ad4; q113 a7 ad1);

"non univoce" (I q3 a6 ad1; q16 a1 ad3);

"... deitas dicitur esse omnium effective et exemplariter; non autem per essentiam" (I q3 a8 ad1).

Die Besonderheit dieses Falles besteht darin, daß die Indikatoren fernab jeder Formalität maximal konkretisiert werden - und zwar dadurch, daß für die Aufgabe Ausdrücke gewählt werden, die charakteristisch sind für den jeweiligen Diskurs, in dem das "esse" vorkommen kann und aus dem es seine je differente Bedeutung bezieht. Ähnlich in I-II q3 a2 ad4:

"... diversimode beatitudo dicatur: Nam in Deo est beatitudo per essentiam ... In angelis autem beatis est ultima perfectio secundum aliquam operationem, qua coniunguntur bono increato: ... In hominibus autem, secundum statum praesentis vitae, est ultima perfectio secundum operationem qua homo coniungitur Deo: sed haec operatio nec continua potest esse ..." (vgl. auch I q37 a1 c: "essentialiter-personaliter").

Ziemlich ausgefallene Äquivalente zu "proprie" stellen dar:

"... si fiat vis in verbo, non proprie dicuntur ..." (I q3 a8 ad3);

"Et si non fiat vis in nomine ..." (II-II q25 a11 c).

Andere selbständig vorkommene Äquivalente bzw. Korrelate sind:

"univocum-aequivocum" (I q4 a2 c; q29 a4 ad4);

"univocum-analogum" (I q5 a6 ad3);

"participative" (I q4 a3 obi.1; III q18 a5 c);

"similiter ... aliquo modo" (I q4 a3 ad4);

"simpliciter" (I q6 a2 c - mit einem konkreten Korrelat "non solum in aliquo genere vel ordine rerum"; q112 a1 ad4);

"absolute" (I q6 a4 c - mit Korrelat "ab extrinseco denominari");

"accipitur pro" (I q10 a6 ad1);

"principaliter-secundario" (I q16 a1 c; II-II q153 a1 ad1);

"nomen aequivocatur apud nos ..." (I q29 a2 ad2; vgl. I q52 a1 c; q69 a1 ad5);

"non proprie" (III q4 a3 c);

"non secundum univocationem, sed secundum similitudinem quandam remotam" (I q33 a3 ad2);

"sumitur ibi figurative" (I q34 a1 ad4);

"impropria vel emphatica locutio" (I q39 a4 ad4);

"largo modo accipiendo" (I q39 a8 c);

"in recto quidem - sed in obliquo" (I q39 a8 c - hier übernehmen grammatische Ausdrücke die Indikatorenfunktion);

"metaphorice ... secundum aliqualem assimilationem" (I q41 a3 c);

"non ita proprie" (I q81 a1 c);

"abusive dicitur" (I q93 a5 ad4);

"communiter - per quendam excessum" (I q108 a5 ad1 - eine der wenigen Stellen in der "Summa theologiae", wo die triplex via terminologisch zur Geltung kommt (auch: II-II q141 a2 ad2: "secundum quandam excellentiam"));

"simpliciter loquendo - quoad nos" (I q110 a4 ad2 - eine semantische Indikation durch Andeutung spezieller Diskursbedingungen);

"universaliter et absolute loquendo" (I q113 a7 c);

"eo modo loquendo quo dicitur" (I q114 a2 c - als Indikation und gleichzeitiges Bindeglied einer Verhältnisähnlichkeit);

"per se loquendo" (I-II q1 a4 c);

"communiter accepto" (I-II q28 a6 ad1; q49 a1 ad1 "sumpto"; q58 a2 ad1);

"secundum se et simpliciter loquendo" (I-II q31 a5 c; vgl. I-II q35 a7 c);

"non essentialiter, sed quasi participative" (I-II q90 a1 c; vgl. II-II q47 a1 ad1);

"directe loquendo - indirecte dici" (II-II q24 a10 c);

"non communiter, sed pro quadam ..." (II-II q35 a4 ad2 - das "quadam" signalisiert dabei nur negativ (Unschärfe) die semantische Verschiebung gegenüber dem "communiter");

"retinet sibi nomen commune" (II-II q50 a2 ad1);

"vulgariter" (II-II q57 a1 c);

"communiter-stricte" (II-II q79 a4 ad1);

"communiter-specialiter" (II-II q81 a1 ad5);

"... sicut bonum metaphorice dicitur in malis ... ita etiam nomina virtutum quandoque transumptive accipiuntur in malis ..." (II-II q92 a1 ad1);

"absolute loquendo" (II-II q106 a2 c);

"antonomastice dicitur" (II-II q125 a2 c; q151 a2 ad2 - ein Indikator grammatischer Herkunft, der eine semantische Restriktion anzuzeigen hat, wie Thomas selbst in II-II q141 a2 c ausführt: "... secundum consuetudinem humanae locutionis, aliqua nomina communia restringuntur ad ea quae sunt praecipua inter illa quae sub tali communitate continentur: sicut nomen Urbis accipitur antonomastice pro Roma"; vgl. auch II-II q186 a1 c);

"communiter-excellenter" (II-II q141 a2 ad1);

"in aliquo genere (äquivalent zu "antonomastice") -simpliciter" (II-II q152 a5 c);

"secundum quid ..., non tamen simpliciter" (II-II q155 a2 ad2);

"praecipue importat" (II-II q166 a1 c);

"per se et essentialiter - secundario et accidentaliter" (II-II q184 a3 c);

"improprie" (III q4 a2 ad3);

"improprie ... et secundum quandam similitudinem" (III q7 a3 ad3);

"similitudinarie" (III q8 a1 ad2);

"aequivoce-analogice" (III q60 a1 ad3);

"non aequivoce dicitur animal communiter dictum et pro homine sumptum ..." (III q62 a2 ad3 - impliziert, daß der "communiter"-Sprachgebrauch immer schon analog ist).

Damit ist die Vielfalt der linguistischen Indikatoren in Funktion des Ähnlichkeits- bzw. Differenzierungsprinzips beschrieben; sie muß in ihrer Faktizität stehenbleiben, erlaubt keine weitere Reduktion oder Systematisierung. Der einzige Indikator, über den sich etwas mehr sagen läßt, bleibt das "proprie". Es unterscheidet sich von seinen Äquivalenten und Korrelaten nicht nur dadurch, daß es quantitativ viel öfter Verwendung findet - vor allem viel öfter als die ganz spezifisch linguistischen Terme wie "analogice", "univoce" etc. - und daß es ferner als absolut privilegierter Bezugspunkt von Äquivalenten (im "Hendiadyoin") und Korrelaten fungiert,(72) sondern auch noch dadurch, daß es - nahezu exklusiv gegenüber den anderen Indikatoren - durch die Komparativ- bzw. Superlativform oder beigefügtes "magis", "minus", "maxime" eine Graduierbarkeit bzw. Graduiertheit von Bedeutungen unmittelbar sprachlich zum Ausdruck bringt:

"proprie-minus proprie" (I q18 a2 c);

"proprie-magis proprie" (I q75 a2 ad2);

"propriissime-minus proprie-communiter" (I q79 a2 c; vgl. II-II q2 a1 c);

"magis-proprie" (I-II q15 a1 ad3);

"propriissime-proprie" (I-II q35 a1 c);

"magis-proprie - adhuc magis proprie - adhuc propriissime" (I-II q41 a1 c);

"Propriissime - secundario - tertio vero transfertur nomen ..." (II-II q61 a4 c);

"minus proprie - magis proprie" (II-II q174 a2 ad3).

Eine durch nochmalige Verkürzung und Formalisierung charakterisierte kleine Sondergruppe von Indikationsvollzügen ergibt sich dadurch, daß graduierende Ausdrücke auch ohne "proprie" bei einem Prädikat stehen können oder dem Redevollzug selbst eine Wertung verleihen:

"maxime sapiens dicitur" (I q1 a6 c; vgl. I-II q56 a3 sc.);

"sed melius dicitur" (I q23 a7 c; noch vorsichtiger III q77 a5 c: "melius videtur dicendum");

"magis ... conveniant" (I q45 a2 ad2);

"magis debent dici" (I q45 a4 c);

"maxime dicitur" (I-II q90 a2 c);

"potius videtur nomen ... accipi pro" (II-II q45 a2 ad2).

Die ganz wenigen Äquivalente bzw. Korrelate von "proprie", die an vereinzelten Stellen eine Steigerungsform kennen, sind:

"convenientius" (I q25 a3 c);

"communior - communiter - magis specialis" (II-II q123 a2 ad1);

"largius" (II-II q47 a2 ad2; q155 a1 c) bzw.

"magis large" (III q10 a2 c),

wobei letzteres durch seine Stellung in einem "potest"-Satz bereits weiterverweist auf die nächste Gruppe von Indikatoren, die dem Relativitätsaspekt zuzuordnen sind.

6.5.3.2 Indikatoren der Relativität

Nach dieser ersten Gruppe von Indikatoren, die im Horizont des Ähnlichkeits- und Differenzierungsprinzips anzusiedeln sind, hat von den dem dritten Eckwert der reflexen Sprachpraxis des Aquinaten zugehörigen Indikatoren die Rede zu sein: von denen also, die die Relativität, die semantischen Grenzziehungen artikulieren. Schon dem ersten Überblick fällt auf, daß diese Indikatoren nicht nur seltener auftreten als die bisher behandelten, sondern auch entschieden weniger variabel und zugleich formaler sind:

"vel potest dici" (I q19 a12 c; vgl. q27 a4 ad3);

"potest sumi - vel potest dici" (I q39 a5 ad6);

"Si quis autem velit haec vocare intellectum agentem et possibilem, aequivoce dicet: nec de nominibus est curandum" (I q54 a4 ad2).

In freier Paraphrase hieße dieser Satz: Wenn einer das so nennen will, kann es Mißverständnisse geben - aber auf die Namen kommt es nicht an. Das will sagen: unter bestimmten Bedingungen kann man sogar so reden, wie es am besten vermieden werden sollte; die Grenzziehung zwischen "möglich" und "nicht möglich" ist relativ;

"Potest autem et alio modo intelligi ..." (I q68 a1 c; vgl. q68 a1 ad1);

"Vel propter hoc, ut significaret ..." (I q74 a3 ad7);

"Vel ... dicunt" (I q93 a5 ad4);

"Quocumque modo sumatur" (I-II q28 a4 c);

"quandoque" (I-II q30 a2 ad3; q40 a2 ad1; III q75 a8 ad1 - der Ausdruck, der am häufigsten als Relativitätsindikator verwendet wird);

"quandoque-alio modo" (I-II q56 a1 ad1);

"plerumque-quandoque" (I-II q56 a3 c);

"aliquando" (II-II q21 a2 ad1);

"Quandoque tamen unum istorum pro alio ponitur" (II-II q72 a1 ad3);

"nomen ... duo videtur importare" (II-II q81 a8 c);

"Interdum ... unum pro alio ponitur" (II-II q151 a4 c);

"magis potest dici" (II-II q155 a1 ad2 - als Verschmelzung zweier Gattungen von Indikatoren);

"pro qualibet ... accipiatur" (II-II q171 a2 ad1).

Über diese Gruppe von Indikatoren läßt sich nahezu nichts im Sinne allgemeiner Charakterzüge feststellen, außer daß sie alle das Moment der Möglichkeit oder - in der Perspektive des Sprechers - der Wahl und Entscheidung einspielen. Welche der gegebenen sprachlichen Möglichkeiten real wird, entscheidet sich an der konkreten Sprachtat in einer bestimmten Situation. Somit spannt auch diese Gruppe von Indikatoren - so wie die voher behandelte - den Horizont der Pragmatik als Ort der Erfüllung ihrer Intentionen auf.

6.5.3.3 Indikatoren der Ungenauigkeit

Die dritte Indikatorengruppe schließlich dient der Explizitsetzung des vierten Eckwerts reflektierter Sprachlichkeit, der Unschärfe oder Ungenauigkeit:

"quaedam", "quoddam" etc. in den Formen:

"quendam excessum" (I q108 a5 ad1);

"... timor contractionem quandam importat" (I-II q44 a1 c; vgl. I q5 a3 c; q39 a5 ad6; II-II q8 a1 c; III q7 a3 ad1);

der innerste Sinn dieses Pronomens enthüllt sich sehr gut gleich anläßlich seiner (nicht sprachlich gemeinten) Verwendung im allerersten Artikel der "Summa theologiae":

"... necessarium fuit ad humanam salutem, esse doctrinam quandam secundum revelationem divinam, praeter philosophicas disciplinas, quae ratione humana investigantur. Primo quidem quia homo ordinatur ad Deum sicut ad **quendam** finem qui comprehensionem rationis excedit ... Unde necessarium fuit homini ad salutem, quod ei nota fierent **quaedam** per revelationem divinam ..." (I q1 a1 c).

Thomas trifft hier allgemeine Feststellungen; die mehrfache Verwendung des Ausdrucks "quaedam" in ihnen dient dazu, etwas, was noch näher bestimmt werden muß, im gegebenen Zusammenhang nur unspezifisch anzudeuten und offenzulassen. Das Pronomen läßt somit - gewissermaßen als Arbeitshypothese - den Hiat zwischen Allgemeinem und Konkretem überwinden. Genau diese Vermittlungsstruktur befähigt den Ausdruck zu seinem Einsatz im linguistischen Bereich: Ein nomen mit "quidam-quaedam-quoddam" zu versehen, besagt eben, daß das nomen die Sache nicht ganz trifft, daß sie sich noch exakter erfassen läßt, daß es andererseits aber in **diesem** Kontext und für den gegebenen Zweck der Aussage reicht, das unscharfe nomen einzusetzen. Diese funktionale Suffizienz erwirkt es dabei jedoch nicht aus sich, sondern gewinnt es aus der Situation, in die das Sprachgeschehen verwoben ist. Das "quidam-quaedam-quoddam" selbst müßte so gesehen im normalen, faktischen Sprechen gar nicht hinzugesetzt werden, sondern dient vielmehr im Rekurs der Reflexion auf den Sprachgebrauch der Aussage dieser Unschärfesituation. Neben "quidam-quaedam-quoddam" kennt Thomas noch ganz wenige andere Indikatoren, die sich genau in diese Koordinaten einzeichnen, obwohl er relativ häufig die Kennzeichnung des Ungenauigkeitsmoments für nötig erachtet. Zu diesen Äquivalenten gehören:

"quodammodo"

das schon innerhalb I q13 a5 c in der prägnanten Formel "quodammodo circumscribit" begegnete und dort die Normalsituation der Rede ("sapiens de **homine**") beschreibt (vgl. auch I q16 a7 ad3; I-II q26 a3 c); der funktionale Rahmen und implizit auch der Zusammenhang zwischen den drei Indikatorengruppen treten besonders deutlich in I q42 a3 ad4 zutage, wo "quodammodo" in die Struktur einer Distinktion eingefügt ist und dann auf der Basis des zur Geltung gebrachten Unschärfemoments die Relativität einer konkreten Sprachregelung festgestellt wird:

"... natura quodammodo importat rationem principii, non autem essentia. Et ideo ordo originis melius nominatur ordo naturae, quam ordo essentiae";

ähnlich zeigt sich die Verknüpfung der Unschärfeindikatoren mit denen der Basisprinzipien in I q77 a1 ad1:

"... quodammodo potest praedicari ... sed non ita proprie sicut ...";

noch einmal ähnlich verhält es sich in der Formel:

"... aliquo modo, licet improprie" (I q77 a1 ad1).(73)

Der Unterschied zwischen den Indikatoren der Basisprinzipien und den Unschärfeindikatoren besteht darin, daß letztere in der Regel einen einzelnen Ausdruck generell chrakterisieren, die anderen dagegen ein Vergleichsmoment und damit ein konkretes Übertragungsgeschehen eines Namens im Auge haben. - Der faktischen Umschreibung einer Analogiesituation dient das "quodammodo" in I q111 a1 c:

"Sed modus utriusque illuminationis quodammodo est similis, et quodammodo diversus."

Neben "quodammodo" tritt als Unschärfeindikator ferner noch

"quasi"

auf, etwa in I q28 a2 ad2:

"... quasi sub significatione talis nominis comprehensa";

"... unde et sperantes confidentes vocamus, quasi pro eodem utentes eo quod est confidere et sperare" (I-II q40 a2 obi.2).(74)

Gewissermaßen sub contrario meldet sich die Unschärfeproblematik schließlich in der Formel:

"Sed hoc non videtur sufficere ad sensum huiusmodi locutionis" (I q41 a3 ad2).

Sie meint, daß im gegebenen Fall eine ausdrückliche, spezifisch semantische Grenzziehung vonnöten ist, um das rechte Verständnis des Gemeinten zu ermöglichen bzw. nicht zu gefährden.

Über die Unschärfeindikatoren selbst braucht nichts weiter gesagt zu werden; wie deren Ungenauigkeitshinweis - genauso wie die beiden anderen Indikatorengruppen - auf den Bereich der Pragmatik deutet, wurde bereits anläßlich der Analyse der Basisprinzipien ausgeführt.(75)

6.5.3.4 Zusammenfassung

Von ihrem Charakter her erlauben die gesamten Indikatorengruppen keine weitere Verallgemeinerung. Festgehalten zu werden verdient aber, daß die Indikatoren fast nie in der grammatischen Form des Substantivs auftreten, selten in der des Verbs oder Adjektivs, fast immer dagegen als Adverb. J. L. AUSTIN hat die Vermutung geäußert, daß Verbindungen bestehen zwischen Adverbien (adverbialen Bestimmungen) "... with the phenomena of evincing, intimating, insinuation, innuendo, giving to understand, enabling to infer, conveying, 'expressing' ..."(76) So gesehen haben die Indikatoren - um es nochmals in der Terminologie AUSTINs zu sagen - eine "'illocutionary force(s)'".(77) Der modus significandi eines Ausdrucks - hier das Adverb-Sein - stellt nichts anderes dar als die grammatische Fassung der Funktion, ja: ist die grammatische Funktion dieses Ausdrucks - hier des Indizierens (semantischer Verschiebungen). Das koinzidiert exakt mit der Rolle, die jenen Ausdrücken in der Analyse der reflektierten Sprachpraxis zugewiesen werden mußte. Die Einführung der Kategorie "illokutionäre Rolle" leistet dabei noch mehr: sie sprengt den streng innerlinguistischen Rahmen der Besinnung auf die Sprache und zieht auch das sprechende Subjekt mit seinen Intentionen in die Analyse hinein, so daß letztlich auch die Thematik der Indikatoren - ebenso wie die Untersuchung der beiden basalen Prinzipien der similitudo und der distinctio - hinausweisen auf das, was nach zeitgenössischer Sprachregelung innerhalb der Semiotik "Pragmatik" heißt. Bereits die mittelalterliche Sprachphilosophie hat um diesen Zusammenhang gewußt, sofern sie das "proprie" unter dem Begriff der "significatio principalis" (so ABAELARD) oder "principalis institutio" (so GERVASIUS) im Rahmen des Problems der "impositio nominis" behandelte. Das "proprie" galt ihr dabei als basales Element im Sprachgeschehen, weil es jeder Art von Übertragung zugrundeliegt(78) - und in der Übertragung geschieht nichts anderes als die Erfüllung der Bedingungen konkreter komplexer Redesituationen.

6.5.4 Grammatische Elemente der Sprachreflexion

Aus dem Gegenstandsbereich der traditionell definierten Grammatik (im vorphilosophischen Sinn des Wortes) hat Thomas nur wenige Elemente in die Bemühung seiner reflektierten Sprachpraxis aufgenommen: lediglich die Etymologie und die Syntax spielen eine etwas größere Rolle, andere kommen nur am Rande in Betracht.(79) Zu ersterer war Grundsätzliches bereits im Zusammenhang ihres Vorkommens in I q13 zu sagen.(80) Hier bleibt noch etwas dem konkreten Einsatz beider durch den Aquinaten nachzugehen.

6.5.4.1 Etymologie und syntaktische Reflexion

In der Entwicklung der Etymologie stellt Thomas einen Wendepunkt dar: Bis Petrus HELIE war das Ziel der Etymologie das Ursprungswort, näherhin die Aufdeckung möglicher Benennungsmotive, nach ihm jedoch die Wortdeutung nach bestimmten Gesetzen (der proprietas rei und der litterarum similitudo). Mit dem Aquinaten aber taucht die Etymologie als Rekonstruktion des Benennungsmotivs in neuer Umgebung wieder auf.(81) Neben der Erwähnung der Etymologie in I q13 a2 ad2 kommt Thomas formal vor allem in II-II q92 a1 ad 2 auf sie zu sprechen:

> "... aliud est etymologia nominis, et aliud est significatio nominis. Etymologia attenditur secundum id a quo imponitur nomen ad significandum: nominis vero significatio attenditur secundum id ad quod significandum nomen imponitur. Quae quandoque diversa sunt: nomen enim lapidis imponitur a laesione pedis, non tamen hoc significat; alioquin ferrum, cum pedem laedat, lapis esset."

Wichtigeres als diese formale Feststellung(82) allerdings lehrt der Blick auf die Praxis der Etymologie. Abgesehen davon, daß Thomas' Ableitungen - gemessen an den Standards heutiger Etymologieforschung - gelegentlich falsch sind,(83) bleiben zwei Momente zu registrieren: Zunächst, daß der Etymologie de facto ein reduzierter Argumentationswert zuerkannt wird, wie auch schon I q13 andeutungsweise zu entnehmen war: des öfteren werden entsprechende Aussagen mit einem "videtur" (II-II q46 a1 c; q152 a1 c), einem "potest" (II-II q81 a8 c) oder "quasi" (III q7 a8 obi.2) versehen - oder aber mehrere Ableitungen stehen alternativ nebeneinander ("vel" II-II q81 a1 c; III q7 a8 c) bzw. für dasselbe Wort werden an diversen Stellen diverse Etymologien bemüht: in II-II q154 a8 obi.1 übernimmt Thomas aus einer glossa die Etymologie "ad alteram ⟶ adulterium", auf die er im entsprechenden ad1 nicht mehr eingeht; dagegen leitet er das corpus ein mit der anderen Etymologie

> "... adulterium, sicut ipsum nomen sonat, est accessus ad alienum torum."(84)

Diesem Befund schließt sich zweitens an, daß es Thomas meist gar nicht auf die Etymologie im strengen Sinn der Freilegung der Wortwurzel ankommt, sondern eher auf etwas Etymologieähnliches: er schneidet aus einer Wortfamilie ein Segment heraus, um auf diese Weise durch bekannte, alltägliche Ausdrücke für einen weniger bekannten, mit dem ersten irgendwie oder wenigstens vermeintlich in Verbindung stehenden, eine erste hermeneutische Ausrichtung zu erhalten, die der intendierten Argumentation dient:

> "... assentire est quasi ad aliud sentire: et sic importat quandam distantiam ad id cui assentitur" (I-II q15 a1 ad3);

> "... maniam, quae a manendo dicitur" (I-II q46 a8 c) - diese Ableitung dient der näheren Bestimmung einer Art von "ira, quae diu in memoria **manet**";

> "assumere autem Deum in testem dicitur iurare: quia quasi pro iure introductum est ut quod sub invocatione divini testimonii dicitur pro vero habeatur" (II-II q89 a1 c);

> "Nomen autem sobrietatis sumitur a mensura: dicitur enim aliquis sobrius quasi briam, idest mensuram, servans" (II-II q149 a1 c);

> "Videtur enim sacramentum dici a sacrando ..." (III q60 a1 obi.1).

Manchen dieser Ableitungen dürften phonetische Assoziationen, spezifische Eigenschaften der Objekte oder Eigenschaftsähnlichkeiten zwischen verschiedenen Objekten zugrunde liegen - wie deutlich bei dem klassischen "lapis-laedit pedem"-Beispiel (z.B. I q13 a8 c) heraustritt. Daß diese Etymologien dennoch das Recht in Anspruch nehmen können, im Rahmen dieser Analyse reflektierter Sprachpraxis mitgenannt zu werden, bedingt nicht ihre linguistische Leistung, sondern - um das noch einmal zu betonen - die generelle Intention, in der der Aquinate sich ihrer bedient: er will Benennungsmotive rekonstruieren, d.h. er reflektiert auf die Bedingungen der Situation, der ein Name sich konkret als der, der er ist, verdankt. Mit anderen Worten: Thomas vollzieht die Etymologie in der Perspektive der Pragmatik, des Verhältnisses von zeichengebendem Subjekt und gegebenem Zeichen. Kraft dieser Verweisungsleistung vermag auch die thomanische Etymologiepraxis, das den Aquinaten faktisch leitende Paradigma von Sprache und von ihm her das Problem der Analogie erhellen zu helfen.

Auch über das zweite grammatische Element in Thomas' Sprachreflexion, die Syntaktik, muß nicht allzu viel gesagt werden: im Falle ihrer Verwendung - also in der Untersuchung der Relationen der sprachlichen Zeichen untereinander - tritt jeweils auch die entsprechende Terminologie auf. Sachlich gesehen geht es meist um die Analyse alternativ möglicher Verbindungen zwischen Termen, von denen eine nur den Hörer bzw. Leser das adäquate Verstehen des Gemeinten wahren läßt; mithin nimmt die syntaktische Reflexion sehr häufig die formale Struktur der Distinktion an:

> "Deus non debet aliquid alicui nisi sibi. Unde, cum dicitur quod Deus non potest facere nisi quod debet, nihil aliud significatur nisi quod Deus non potest facere nisi quod ei est conveniens et iustum. Sed hoc quod dico conveniens et iustum, potest intelligi dupliciter. Uno modo, sic quod hoc quod dico conveniens et iustum prius intelligatur coniungi cum hoc verbo est, ita quod restringatur ad standum pro praesentibus; et sic referatur ad potentiam. Et sic falsum est quod dicitur: est enim sensus: Deus non potest facere nisi quod modo conveniens est et iustum. Si vero prius coniungatur cum hoc verbo potest, quod habet vim amplian-

di, et postmodum cum hoc verbo est, significabitur quoddam praesens confusum: et erit locutio vera, sub hoc sensu: Deus non potest facere nisi id quod, si faceret, esset conveniens et iustum" (I q25 a5 ad2).(85)

Dem Bereich der Syntaktik muß auch der - häufig erfolgende - Rekurs auf den Kontext zugerechnet werden, sofern die Bedeutung einer Aussage auch abhängt von der Verbindung der Zeichen untereinander (im engeren und weiteren Umkreis des zu analysierenden Elements). Für Thomas scheint dieser methodische Zug selbstverständlich, jedenfalls greift er ohne große Bergündung darauf zurück:

"... Philosophus in I Physic. loquitur de fieri particulari, ... nunc autem loquimur de rebus secundum emanationem earum ab universali principio essendi" (I q44 a2 ad1);

"... obiectio illa procedit de amore qui est passio in appetitu sensitivo existens. Nos autem loquimur nunc de amore communiter accepto ..." (I-II q28 a6 ad1);

"... Dionysius loquitur de dilectione Dei quae fundatur super communicationem naturalium bonorum ..." (II-II q24 a2 ad1);

der Verweis auf den Kontext dient hier der Aufhebung eines Widerspruches zwischen der Autorität des DIONYSIOS und dem Resultat des corpus. Am wörtlichsten spricht Thomas die Relevanz kontextueller Zusammenhänge aus in III q82 a8 ad1:

"... canon ille non loquitur assertive, sed inquisitive: sicut ex circumstantia litterae haberi potest."

Neben solchen Reflexionen auf die Syntaktik im wörtlichen Sinn kennt Thomas ein "grammatice loquendo" (I q 39 a8 c) auch als Differenzierung von Wortarten, etwa wenn vom phonetischen Befund her der modus significandi einer dictio nicht eindeutig identifiziert werden kann - was aber für das Verständnis der Aussage nötig ist, weil sie ja je nach modus einschneidende Sinnänderungen erfährt:

"... cum dicitur Deum posse aliquid facere melius quam facit, si ly melius sit nomen, verum est: qualibet enim re potest facere aliam meliorem ... Si vero ly melius sit adverbium, et importet modum ex parte facientis, sic Deus non potest facere melius quam sicut facit: quia non potest facere ex maiori sapientia et bonitate" (I q25 a6 ad1).

Im selben Sinn muß auch gelegentlich differenziert werden, ob ein Term kategorematisch oder synkategorematisch aufzufassen ist, als aus sich bedeutsam oder als signifikativ unselbständig:

"... haec dictio solus potest accipi ut categorematica vel syncategorematica. Dicitur autem dictio categorematica, quae absolute ponit rem significatam circa aliquod suppositum; ut albus circa hominem, cum dicitur homo albus. Si ergo sic accipiatur haec dictio solus, nullo modo potest adiungi alicui termino in divinis: quia poneret solitudinem circa terminum cui adiungeretur, et sic sequeretur Deum esse solitarium ... - Dictio vero syncategorematica dicitur, quae important ordinem praedicati ad subiectum, sicut haec dictio omnis vel nullus. Et similiter haec dictio solus: quia excludit omne aliud suppositum a consortio praedicati. Sicut cum dicitur, solus Socrates scribit, non datur intelligi quod Socrates sit solitarius; sed quod nullus sit ei consors in scribendo, quamvis cum eo multis existentibus. Et per hunc modum nihil prohibet hanc dictionem solus adiungere alicui essentiali termino in divinis ..." (I q31 a3 c).(86)

Über solche grundsätzliche Differenzierungen zwischen Termen(87) hinaus bedient sich Thomas auch der Analyse der Funktion eines Terms:

"... quid quandoque quaerit de natura quam significat definitio; ut cum quaeritur, Quid est homo? et respondetur, Animal rationale mortale. Quandoque vero quaerit suppositum; ut cum quaeritur, Quid natat in mari? et respondetur, Piscis" (I q29 a4 ad2).(88)

Als grammatischer Gegenstand sprachpragmatischer Reflexionen treten ferner noch auf die Genera (I q31 a2 ad4), die Casus (I q37 a2 c; q39 a2 c; q39 a2 ad4; q41 a2 c), bestimmte Konjugationsformen der Verben, so das Gerundiv (I q41 a6 ad1), das Partizip Perfekt Passiv (III q16 a7 c) sowie schließlich die Modi (I-II q17 a1 c; II-II q76 a1 c; III q84 a3 ad4) - grundsätzlich aber, wie auch alle anderen sprachlichen Verfahren -, nie in Form formaler Betrachtung, sondern anläßlich eines bestimmten Problems zu einem bestimmten Zweck in einem gegebenen Kontext. Gelegentlich bedient sich Thomas auch der Analyse der Logik von Satzverbindungen in hermeneutischer Absicht, so in I q25 a3 ad2 im Zusammenhang der Aporie, daß das Nicht-sündigen-können Gottes notwendig bedeute, daß er auch nicht allmächtig sei (vgl. obi.2). Darauf erwidert der Aquinate:

"... peccare est deficere a perfecta actione: unde posse peccare est posse deficere in agendo, quod repugnat omnipotentiae. Et propter hoc, Deus peccare non potest, qui est omnipotens. Quamvis Philosophus dicat, in IV Topic., quod potest Deus et studiosus prava agere. Sed hoc intelligitur vel sub conditione cuius antecedens sit impossibile, ut puta si dicamus quod potest Deus prava agere si velit: nihil enim prohibet conditionalem esse veram, cuius antecedens et consequens est impossibile; sicut si dicatur, si homo est asinus, habet quatuor pedes."(89)

Solche Analysen geschehen allerdings nur vereinzelt. Dominierend bleibt der Rekurs auf die Syntaktik; charakteristischerweise intensiviert er sich bevorzugt im Umkreis der Trinitätstheologie (I q27-43) und zusammengedrängt in einzelnen Abschnitten - in den christologischen Quaestionen (III q1-26).

6.5.4.2 "Tiefengrammatik"

Der Stellenwert grammatischer Analysen im Ganzen des reflektierten Sprachgebrauchs bei Thomas überschritte nicht ein alltägliches und durchschnittliches Niveau, das im geistigen Klima zur Zeit des Aquinaten durchgehens präsent war, wenn sich seine Analysen auf die bisher explizierten Elemente beschränkten. Gerade die Richtung, in der Thomas das Feld schulmäßigen Grammatisierens aber verläßt, offenbart in sehr prägnanter Weise, weshalb er strukturell, methodisch und hermeneutisch mit der zeitgenössischen analytischen Philosophie in Kontakt gebracht werden darf. Schon J. PIEPER hat gesehen - eher noch: gespürt -, daß in Thomas' Sprachreflexion ein Element mitpräsent war, das sich mit den üblichen metalinguistischen Kategorien nicht erfassen ließ. Im Blick auf I q4 a3 ad4 und In I Sent d28 q2 a2, wo Thomas um das Prädikat "similis" kreist, schrieb PIEPER: "... was ist das für eine Art von Verbindlichkeit und Verpflichtung, die uns hindert, dennoch davon zu reden, der Vater sei dem Sohne ähnlich (sc. im menschlichen Bereich - v. mir)? Das ist schwer zu sagen. Dennoch ist da so etwas wie eine Verpflichtung."(90) Was PIEPER so mühsam artikulierte, meint nichts anderes als das, was L. WITTGENSTEIN schon vor ihm mit einem einzigen Ausdruck scharf umrissen hatte: Tiefengrammatik. "Man könnte im Gebrauch eines Wortes eine 'Oberflächengrammatik' von einer 'Tiefengrammatik' unterscheiden. Das, was sich uns am Gebrauch eines Worts unmittelbar einprägt, ist seine Verwendungsweise im Satzbau, der Teil seines Gebrauches - könnte man sagen - den man mit dem Ohr erfassen kann. - Und nun vergleiche die Tiefengrammatik, des Wortes 'meinen' etwa, mit dem, was seine Oberflächengrammatik uns würde vermuten lassen. Kein Wunder, wenn man es schwer findet, sich auszukennen."(91)

Kein Wunder auch, wenn es selbst für WITTGENSTEIN nicht leicht ist, das ins Wort zubringen, was er meint: es gelingt ihm nur in der genauen Beschreibung der Verwendung des Wortes; im Fall des als Beispiel gewählten "meinen" beginnt das so: "Denke, jemand zeigte mit dem Gesichtsausdruck des Schmerzes auf seine Wange und sagte dabei 'abrakadabra!' - Wir fragen 'Was meinst du?' Und er antwortet 'Ich meinte damit Zahnschmerzen.' Du denkst Dir sofort: Wie kann man denn mit diesem Wort 'Zahnschmerzen **meinen**'? Oder was **hieß** es denn: Schmerzen mit dem Wort **meinen**? Und doch hättest du, in anderem Zusammenhang, behauptet, daß die geistige Tätigkeit, das und das zu **meinen**, gerade das Wichtigste am Gebrauch der Sprache sei."(92) Worauf es WITTGENSTEIN hier und in den folgenden Beispielsätzen Nr.666-693 der "Philosophische(n) Untersuchungen" ausschließlich ankommt, ist: herauszustellen, daß "meinen" eben gerade keine geistige Tätigkeit bezeichnet wie etwa "denken", daß beide tiefengrammatisch radikal differieren: "'Wenn ich Einen die Bildung der Reihe .... lehre, meine ich doch, er solle an der hundertsten Stelle .... schreiben.' - Ganz richtig: du meinst es. Und offenbar, ohne notwendigerweise auch nur daran zu denken. Das zeigt dir, wie verschieden die Grammatik des Zeitworts 'meinen' von der des Zeitworts 'denken' ist. Und nichts Verkehrteres als Meinen eine geistige Tätigkeit nennen!"(93) Diese zweite, offensichtlich so sehr gegen eine begriffliche Fassung sperrige Schicht der Grammatik haben die Analytiker weder erfunden noch entdeckt, sondern wiederentdeckt - nach einer langen Zeit des Vergessens. Jedenfalls vermerkt L. M. de RIJK, daß schon in ANSELMs "De grammatico" sowie in ABAELARDs logischen Schriften "Ingredientibus" und "Dialectica" "tiefenstrukturelle Analyse(n)"(94) vorkommen. Und auch hier gilt schon, was jede Auseinandersetzung mit WITTGENSTEINs obigen Aussagen - nolens volens - erfahren muß: dieses Phänomen der Tiefengrammatik läßt sich absolut nicht auf den Begriff bringen, nicht zu instrumentellen Schemata verallgemeinern und nicht systematisieren. Nur - wieder einmal - in Beispielen läßt sich darüber reden.

Das gilt auch für die Rekonstruktion von Niveau und Umfang solcher tiefengrammatischer Analysen innerhalb der "Summa theologiae". Thomas hat sich in erheblichem Maß dieser Methode (wenn man überhaupt so sagen darf) bedient, um - ganz analytisch - bestimmte Gefahren der Oberflächengrammatik aufzudecken und ihnen zu entgehen.(95) Aufgrund der absoluten Verfügtheit solcher Analysen ins Konkrete seien mehrere Beispiele aus verschiedenen Diskurszusammenhängen (dem philosophischen, dem theologischen und dem alltagssprachlichen) aufgegriffen und eingehend analysiert:

- Zwei Beispiele aus dem philosophischen Diskurs:

"... simplicia non differunt aliquibus aliis differentiis: hoc enim compositorum est. Homo enim et equus differunt rationali et irrationali differentiis: quae quidem differentiae non differunt amplius ab invicem aliis differentiis. Unde, si fiat vis in verbo, non proprie dicuntur differre, sed diversa esse: nam secundum Philosophum X Metaphys., diversum absolute dicitur, sed omne differens aliquo differt. Unde, si fiat vis in verbo, materia prima et Deus non differunt, sed sunt diversa seipsis. Unde non sequitur quod sint idem" (I q3 a8 ad3).

Diese Anwort richtet sich gegen folgende Argumentation aus obi.3:

"... quaecumque sunt et nullo modo differunt, sunt idem. Sed Deus et materia prima sunt, et nullo modo differunt. Ergo penitus sunt idem. Sed materia prima intrat compositionem rerum. Ergo et Deus. - Probatio mediae: quaecumque differunt, aliquibus differentiis differunt, et ita oportet ea esse composita; sed Deus et materia prima sunt omnino simplicia; ergo nullo modo differunt."

An den beiden Syllogismen ist nichts auszusetzen und dem durchschnittlichen Hörer/Leser käme nicht im Traum der Sinn, daß in ihnen eine durch ein einziges Wort verursachte Gefahrenquelle steckt, die sehr leicht jene theologisch folgenschwere Konklusion zeitigen kann, Gott trete mit den Dingen in eine compositio: das "differre". Die Tiefengrammatik dieses Ausdrucks impliziert etwas, was der Intention der Verwendung dieses Ausdrucks im gegebenen Kontext vollständig zuwiderläuft - weshalb das "differre" durch einen adäquateren Ausdruck zu ersetzen wäre. Für den durchschnittlichen Sprachgebrauch scheint Thomas die gefährliche Redeweise ("materia prima et Deus differunt") zuzulassen, weil er in ad3 das "differre" nicht rundweg als falsch qualifiziert, sondern lediglich als "non-proprie"-Aussage; das kann er wohl tun im Vertrauen darauf, daß selbst ein noch rudimentäres theologisches Bewußtsein (die behandelte Frage gehört zu den allerersten und fundamentalsten in einem Buch für "incipientes") das "differre" hier gewissermaßen instinktiv richtig - also nicht im Sinn der Konsequenz einer compositio Dei et rerum - auslegt, indem es eine analoge ("non proprie") Bedeutung unterstellt. Wird dagegen auf Präzision Wert gelegt und werden die Ausdrücke genau genommen ("si fiat vis in verbo"), so muß das "differre" durch "diversa esse" ersetzt werden. Die (Tiefen)Grammatik beider unterscheidet sich darin, daß "differre" ein Unterscheiden durch Unterschiede meint, aufgrund von etwas, was beiden Differenten je zugehört; "diversa esse" dagegen ein restloses, ganzheitliches Anderssein. Was daher aufgrund von Differenzen unterschieden ist, muß zusammengesetzt sein (aus seiner Substanz sozusagen und der speziellen Differenz); Gott und die materia prima sind einfach, also können sie durch keinerlei Differenz verschieden sein, d.h. sie sind gleich. Wird die Aussage dagegen mit "diversa esse" gebildet, so gilt: Was aus sich heraus abgeschieden ist vom anderen, bedarf zu seiner Unterschiedenheit keinerlei Differenz, bleibt mithin einfach und trotzdem geschieden vom anderen. Dem durchschnittlichen Sprachgebrauch und der Kategorie der Oberflächengrammatik bleibt diese Differenz verborgen; im kritischen Fall aber kann ihre Explikation zur Überlebensfrage der Transzendenz Gottes werden.

Sehr prägnant tritt die Differenz zwischen Oberflächen- und Tiefengrammatik auch in folgendem eminent metaphysischen Zusammenhang heraus: Thomas hat zu klären, ob

"... ratio boni consistit in modo, specie et ordine"(I q5 a5 sc.).

Dem steht in obi.2 entgegen:

"... ipse modus, species et ordo bona quaedam sunt. Si ergo ratio boni consistit in modo, specie et ordine, oportet etiam quod modus habeat modum, speciem et ordinem: et similiter species et ordo. Ergo procederetur in infinitum."

Diese Aporie löst sich in ad2 mit der Aufdeckung der speziellen Grammatik der Ausdrücke "modus", "species" und "ordo":

"modus, species et ordo eo modo dicuntur bona, sicut et entia: non quia ipsa sint quasi subsistentia, sed quia eis alia sunt et entia et bona. Unde non oportet quod ipsa habeant aliqua alia, quibus sint bona. Non enim sic dicuntur bona, quasi formaliter aliis sint bona; sed quia ipsis formaliter aliqua sunt bona; sicut albedo non dicitur ens quia ipsa aliquo sit, sed quia ipsa aliquid est secundum quid, scilicet album."

Von der Oberflächengrammatik her erscheint der Satz "modus est bonus" z.B. dem Satz "vinum est bonum" völlig isomorph. Dies vorausgesetzt, befindet sich die systematische Explikation der "modus"-Aussage im Horizont der obigen Fragestellung bereits mit dem nächsten Schritt in der von obi.2 skizzierten Aporie eines unendlichen Regresses. Das exakte Hinsehen ("Denk nicht, sondern schau!") auf das hingegen, was in dem Satz "bonus" genannt wird, enthüllt die vom "vinum"-Satz differente Tiefengrammatik des "modus", welche die Bedeutung der Aussage radikal modifiziert und die Aporie auflöst. Thomas charakterisiert den Unterschied in einer äußerst knappen Formel mit "non quia ipsa sint quasi subsistentia, sed quia eis alia sunt et entia et bona." Der modus - um ihn stellvertretend für alle drei Ausdrücke zu analysieren - subsistiert nicht für sich allein; er kommt wesentlich nur an einem anderen vor. Eine "Art und Weise" an und für sich gibt es nicht, nur je die "Art und Weise" von etwas. Übertrüge man - probehalber - terminologische Regelungen oberflächengrammatischer Herkunft auf das Niveau der Tiefengrammatik, so müßte "modus" ein synkategorematischer Ausdruck genannt werden - oder um es in Anlehnung an G. FREGE zu sagen: "modus" stellt tiefengrammatisch gesehen den ungesättigten Teil eines Ausdrucks dar(96) - das macht seinen radikal anderen grammatischen Charakter aus, folglich auch den der logischen Beziehung, die einer Aussage mit ihm und über ihn zugrunde liegt: "... dicuntur bona ... quia ipsis formaliter aliqua sunt bona" - im strikten Gegensatz etwa zu dem Satz "modus loquendi est bonus", wo die substantia des loqui aufgrund des modus das Prädikat "bonus" erhält. Nur unter der Bedingung dieser Verhältnisse läßt sich die Aporie der obi.2 lösen. Jede Aussage über so etwas wie "modus", "species", "ordo" oder Ähnliches hat sich also die Differenz der Grammatiken zu vergegenwärtigen, andernfalls endet sie auf schnellstem Weg in logischen Widersinnigkeiten. Allerdings wird man dabei in Rechnung stellen müssen, daß die spezielle Grammatik solcher Terme nur in einem partikulären Diskurs Relevanz gewinnt: in der Metaphysik als Aussage über solche Terme und ihre Referenzialität. Übrigens gibt die Deutsche Thomas-Ausgabe anläßlich des "albedo"-Beispiels des Aquinaten einen interessanten Hinweis, daß auch im Deutschen - besser als im Lateinischen - der besondere Charakter dieser Terme sprachlich zur Geltung gebracht werden kann (was nochmals von anderer Seite bestätigt, daß es sich tatsächlich um ein tiefengrammatisches Problem handelt): "Um diesen reinen Formcharakter (sc. der "quo"-Terme), der für unsere Auffassung fast den Charakter des Allgemeinen annimmt, zum Ausdruck zu bringen, dienen uns im Deutschen die Nachsilben -heit, -keit."(97) Übersetzte man in diesem Sinn "modus, species et ordo sunt bona" ins (unbestritten schlechte) Deutsche, so hieße das: "Die Geartetheit, Geformtheit und Geordnetheit sind gut", eine Formulierung, deren metaphysischer Charakter sofort ins Auge springt und bei der auch schon von der Oberflächengrammatik her eine Verwechslung mit der Grammatik bzw. dem Aussagewert des Satzes "Der Wein ist gut" ausgeschlossen sein dürfte.

- Drei Beispiele aus dem theologischen Diskurs: Das Zentrum der tiefengrammatischen Bemühungen des Aquinaten liegt - wieder einmal - innerhalb der Ausarbeitung seiner Trinitätstheologie. Es lohnt sich, den dortigen Analysen noch etwas nachzugehen, weil sich dabei unverkürzt abzeichnet, wie tief die Relevanz sprachlicher Reflexionen ins unmittelbare Zentrum theologischer Inhalte hineinreicht. Die erste entsprechende Reflexion des Thomas innerhalb der Trinitätstheologie gilt gleich einem ihrer Schlüsselbegriffe, nämlich "persona" (I q30 a4c):

> "... ipse modus loquendi ostendit hoc nomen personae tribus esse commune, cum dicimus tres personas: sicut cum dicimus tres homines, ostendimus hominem esse commune tribus. Manifestum est autem, quod non est communitas rei, sicut una essentia communis est tribus: quia sic sequeretur unam esse personam trium, sicut essentia est una."

Um zu klären, ob der Name "persona" allen drei göttlichen Personen gemeinsam sein kann, geht Thomas aus von der oberflächengrammatischen Isomorphie der Ausdrücke "tres personae" und "tres homines". Auch auf tiefengrammatischem Niveau bleibt zunächst eine Gemeinsamkeit zu konstatieren: beide Ausdrücke behaupten, daß dreien etwas gemeinsam zukommt, in der Qualität dieser Gemeinsamkeit aber ("Qualis autem sit communitas ...") differiert die Logik beider - und zwar deswegen, weil "tres homines" drei Subjekten je das Menschsein zuspricht, während "tres personae" eine andere Art von communitas meint, wenn der Ausdruck nicht - was der theologischen Vorgabe widerspräche, die es rational zu durchdringen gilt - besagen soll, das **eine** Personsein sei in Gott das von dreien, wenn "persona" also nicht einen Wesensbegriff bezeichnen darf wie "homo". Diese Differenz resultiert dabei nicht aus dem Unterschied der Diskurse, daß also "persona" in divinis

201

verwendet wird und "homo" in humanis,(98) sondern aus der rein linguistischen Differenz zwischen beiden Ausdrücken auf tiefenstruktureller Ebene. **Weil** dort eine Differenz gegeben ist, kann der Ausdruck "persona" allererst in divinis gewinnbringend eingesetzt werden. Thomas fährt deswegen in der näheren Bestimmung des Unterschieds nach kurzer Diskussion zweier diesbezüglicher – seiner Meinung nach unzureichender – Lösungsvorschläge fort:

> "Et ideo dicendum est quod etiam in rebus humanis hoc nomen persona est commune communitate rationis, non sicut genus vel species, sed sicut **individuum vagum.** Nomina enim generum vel specierum, ut homo vel animal, sunt imposita ad significandum ipsas naturas communes; non autem intentiones naturarum communium, quae significantur his nominibus genus vel species."

Die Tiefengrammatik von "homo" und "persona" differiert mithin darin, daß ersteres originär auf dem Niveau des Allgemeinen angesiedelt ist, dort auch bleibt in einem Ausdruck wie "tres homines" und deshalb nichts aussagt über die spezifische Beziehung zwischen "tres" und "homines", zwischen Einzelnem und Allgemeinem ("non autem intentiones naturarum communium"); "persona" dagegen impliziert in seiner Logik wesentlich das Moment des Individuellen selbst – wenn auch nicht im Sinn einer letztgültigen, unüberholbaren Konkretheit, sondern als formales Individuiertsein: "individuum vagum". Damit umgreift seine (Tiefen)Grammatik auch ausdrücklich den spezifischen Bezug zwischen "tres" und "personae", nämlich: "tres personae" besagt eine dreimalige Subsistenz jener res, die "persona" genannt wird – und zwar bereits auch dann, wenn der Ausdruck "tres personae" im nicht-theologischen Diskurs verwendet wird. Die Differenz der beiden Grammatiken enthüllt sich somit als bedingt durch den Ausschluß ("homo") bzw. Einschluß ("persona") der intentio, der spezifischen Beziehung zwischen Konkretem und Allgemeinem. **Strukturell** läßt sich deshalb auch die Leistung des "persona" mittels oberflächengrammatischer Erweiterungen (Spezifizierungen) im Fall des "homo" nachkonstruieren:

> "Sed individuum vagum, ut **aliquis** homo, significat naturam communem cum determinato modo existendi qui competit singularibus, ut scilicet sit per se subsistens distinctum ab aliis."

Mit dem zusätzlich eingeführten "aliquis" läßt sich also auch das originär allgemeine "homo" auf die Ebene des Individuellen transponieren, wo es die Subsistenz eines Individuums zur Geltung bringt. Trotz der damit erreichbaren strukturellen Isomorphie kann "aliquis homo" aber nicht als synonym für "persona" gelten, denn:

> "Sed in nomine singularis designati significatur determinatum distinguens: sicut in nomine Socratis haec caro et hoc os. Hoc tamen interest, quod aliquis homo significat naturam, vel individuum ex parte naturae, cum modo existendi, qui competit singularibus: hoc autem nomen persona non est impositum ad significandum individuum ex parte naturae, sed ad significandum rem subsistentem in tali natura."

Der Unterschied zwischen "aliquid homo" und "persona" resultiert aus der differenten Perspektive, aus der beide das Individuum in Blick nehmen: der erste Ausdruck tut das von der allgemeinen Natur her in der Kontraktion auf ein subsistierendes einzelnes; der zweite nennt bereits ursprünglich den Fall der Subsistenz jener Natur, die "homo" auf der Ebene des Allgemeinen bezeichnet. Auch im Durchspielen dieser Nachkonstruktion mit "aliquis homo" erhellt, daß sich die logische Differenz in der Tiefenstruktur der beiden distinkten Ausdrücke weder auseinander deduzieren noch aufeinander reduzieren läßt – auf die Ebene des Sprachlichen transponiert bedeutet das: daß beide – trotz Isomorphie der Oberfläche – in ihrer Tiefenstruktur einer originär differenten Grammatik gehorchen. Thomas hat diese Problematik als grammatische betrachtet und als solche expliziert, weil die theologische Rede von "tres personae" als adäquate allererst möglich wird auf der Basis der immer schon mit der Sprache gegebenen Differenz der Grammatiken und weil solche Rede nur mittels der Explikation der grammatischen Bedingungen als verantwortliche gerechtfertigt und festgehalten werden kann.

Aufgrund der eminent theologischen Stellung und Funktion des Ausdrucks muß eigens darauf eingegangen werden, daß Thomas selbst das nomen "trinitas" einer tiefenstrukturellen Analyse unterwirft, die sich allerdings mehr andeutungsweise reflex niederschlägt:

> "... nomen trinitatis in divinis significat determinatum numerum personarum. Sicut igitur ponitur pluralitas personarum in divinis, ita utendum est nomine trinitatis: quia hoc idem quod significat pluralitas indeterminate, significat hoc nomen trinitas determinate" (I q31 a1 c).

Das tiefengrammatische Spezifikum von "trinitas" kommt hier nicht so gut zur Geltung, weil Thomas keinen Kontrastfall (gleiche Oberflächengrammatik – Differenz in der Tiefenstruktur) beizieht, um die Unterschiede herauszuarbeiten. Das könnte etwa geschehen in der Gegenüberstellung der nomina "trinitas" und "unitas", sofern letztere – trotz äußerer Isomorphie zu "trinitas" – eben gerade nicht der fundamentalen Bestimmung unterliegt: "... significat determinatum numerum personarum." Die hier im Hintergrund von I q31 a1 c implizierte tiefenstrukturelle Differenz bringt Thomas dann tatsächlich in I q31 a1 ad4 im Antagonismus von "unitas" und "trinitas" wörtlich zum Ausdruck:

> "... in trinitate divina intelligitur et numerus et personae numeratae. Cum ergo dicimus trinitatem in unitate, non ponimus numerum in unitate essentiae, quasi sit ter una: sed personas numeratas ponimus in unitate naturae, sicut supposita alicuius natura dicuntur esse in natura illa. E converso autem dicimus unitatem in trinitate, sicut natura dicitur esse in suis suppositis" (I q31 a1 ad4).

Formal gesprochen liegt die Differenz darin, daß es sich bei dem "unitas" um einen Wesensbegriff, bei dem "trinitas" dagegen (trotz desselben modus significandi) um einen Kollektivbegriff handelt.(99) Thomas vergißt aber dabei nicht festzuhalten, daß damit ("nomen collectivum") das Spezifische des "trinitas" noch nicht ganz erfaßt ist. Daher erklärt er in I q31 a1 ad2:

> "... nomen collectivum duo importat, scilicet pluralitatem suppositorum, et unitatem quandam, scilicet ordinis alicuius: populus enim est multitudo hominum sub aliquo ordine comprehensorum. Quantum ergo ad primum, hoc nomen trinitas convenit cum nominibus collectivis: sed quantum ad secundum differt, quia in

divina trinitate non solum est unitas ordinis, sed cum hoc est etiam unitas essentiae."

Diese Präzisierung des Kollektivcharakters von "trinitas" gegenüber "populus" gründet nicht mehr in der tiefengrammatischen Reflexion als solcher, sondern vollzieht in ihrem Horizont eine Differenzierung, zu der die singuläre Unableitbarkeit des Benennungsobjekts nötigt: Kollektiv in unitate essentiae zu sein, ist das unverfügbare Proprium des hier zur Frage stehenden Gottes, dem auch die Theologie nur nachdenken kann und das diese bei solchem Tun an die Grenzen der Sprache stoßen läßt. Diese Nötigung zur Differenz gilt der Theologie als evident, bedarf somit auch keiner weiteren Erläuterung - weshalb das "divina" bei "trinitate" m.E. doxologisch zu verstehen ist.

Daß Thomas die tiefenstrukturelle Analyse nicht nur in Ausnahme- und Grenzfällen praktiziert, sondern daß trinitätstheologische Aussagen generell zu einem Gutteil auf solchen Untersuchungen als der Bedingung ihrer Möglichkeit beruhen bzw. selbst überhaupt nichts anderes darstellen als die Artikulation solcher analytischer Arbeit, erhellt komprimiert aus I q32 a2 ad2, übrigens einem der Artikel, in denen sich Thomas dezidiert mit PRAEPOSITINUS, dem radikalen Verfechter einer konservativen Axiomentheologie in Form von Sprachlehre(100) auseinandersetzt. Auf den Einwand, in divinis dürften keine notiones verwendet werden, weil alles, was dort vorkomme, sich entweder auf die unitas essentiae oder die trinitas personarum beziehe, von den notiones aber weder Essentielles noch Personales prädiziert werde, antwortet Thomas mit folgender Differenzierung hinsichtlich der Logik der Prädikate:

"Et ideo ea quae habent ordinem aliquem ad actum aliquem essentialem vel personalem, non possunt dici de notionibus: quia hoc repugnat modo significandi ipsarum."

Thomas bewegt sich hier unmittelbar an der Demarkationslinie zwischen Oberflächen- und Tiefengrammatik, denn einerseits nennt er bereits ein tiefenstrukturelles Kriterium für Prädikate ("quae habent ordinem aliquem ad actum aliquem essentialem vel personalem"), auf der anderen Seite jedoch ein oberflächengrammatisches Kennzeichen der notiones ("modus significandi"), die zusammengenommen die Verknüpfung solcher Prädikate mit den notiones verhindern (, obwohl die Aussage oberflächengrammatisch noch ohne weiteres zulässig wäre):

"Unde non possumus dicere quod paternitas (das "-tas" artikuliert konkret den modus significandi der notiones) generet vel creet, sit sapiens vel intelligens."

Kennzeichen ("paternitas") können nicht Prädikate erhalten, die einen actus bezeichnen. Der Name eines concretissimum - und jeder actus ist ein solches - paßt nicht auf ein abstractum. Trotzdem können im theologischen Diskurs notiones vorkommen, weil es neben den beiden genannten Akt-Prädikaten auch noch eine andere Prädikatenklasse gibt:

"Essentialia vero quae non habent ordinem ad aliquem actum, sed removent conditiones creaturae a Deo, possunt praedicari de notionibus: possumus enim dicere quod paternitas est aeterna vel immensa, vel quodcumque huiusmodi."

Die Versöhnbarkeit der notiones mit diesen Prädikaten liegt an der tiefenstrukturellen Qualität der letzteren. Diese läßt sich positiv nur schwer beschreiben: jedenfalls handelt es sich gewissermaßen um ungebundene Wesensprädikate mit einer negativen Funktion ("removent conditiones creaturae a Deo"), welche mit dem modus significandi der notiones kompatibel sind; ihre Übereinkunft kommt näherhin dadurch zustande, daß sie beide Nicht-Subsistierendes bezeichnen, die notiones, weil sie abstrakte Begriffe sind, die entsprechenden Prädikate, weil sie wesentlich Negationen artikulieren. Thomas fügt noch eine Prädikationsvariante hinzu:

> "Et similiter, propter identitatem rei, possunt substantiva personalia et essentialia praedicari de notionibus: possumus enim dicere quod paternitas est Deus, et paternitas est Pater" –

eine Sprachregelung, die doch etwas abgelegen erscheint und von der Thomas in der "Summa theologiae" keinen weiteren Gebrauch macht. Das einleitende "similiter" deutet dabei schon an, daß es sich in diesem fall um einen ausgesprochen analogen Sprachgebrauch handelt auf der Basis der Identitätstheorie der Prädikation ("propter identitatem rei"). Man beachte: Thomas sagt nie: wir können "Paternitas est sapiens" nicht sagen, können "Paternitas est immensa" sagen, weil sie (die paternitas) es nicht sei bzw. sei; vielmehr hält er konsequent einen metasprachlichen Diskurs durch, der der Struktur der Tiefengrammatik folgt (wobei im Begriff der "Tiefengrammatik" eines strikten Antagonismus zwischen Sprache und Sache ohnehin von vornherein entschlagen wird). Für den Umkreis der Trinitätstheologie ließen sich noch weitere tiefengrammatische Überlegungen des Aquinaten rekonstuieren, die alle dem Grundgedanken des bisher Vorgestellten folgen.(101) Nachdem so bis jetzt ausschließlich die Tiefengrammatik von Ausdrücken zur Debatte stand, die mehr oder weniger spezifischen bzw. sogar partikulären Diskursen angehören ("differe-diversa esse" der logischen Reflexion I q3 a8 ad3; "modus-species-ordo" dem metaphysischen Diskurs I q5 a5 ad2; "persona" dem trinitätstheologischen I q30 a4 c; ebenso "trinitas" I q31 a1 c und nochmals schließlich die Prädikate der notiones I q32 a2c), sollen noch die Tiefenstrukturen bei Ausdrücken analysiert werden, die über solche Diskurse hinaus auch im alltäglichen Gebrauch mit absoluter Selbstverständlichkeit vorkommen: "bonus" und "malus".(102)

- **Ein Beispiel aus der Alltagssprache**: Nicht erst im Rahmen moraltheologischer Fragestellungen kommt Thomas auf das Problem des malum zu sprechen, sondern bereits im Kontext der Schöpfungslehre (I q44-74, zum malum speziell I q48-49); dort stellt sich abschließend zum malum für ihn die Frage, ob

> "... sit unum summum malum, quod sit causa omnis mali" (I q49 a3 intr.).

In die Auseinandersetzung mit ihr gehört auch die Analyse der Tiefengrammtik der Ausdrücke "bonus" und "malus". Das Videtur kann folgendes Argument in die Waagschale werfen:

> "... sicut in rebus invenitur bonum et melius, ita malum et peius. Sed bonum et melius dicuntur per respectum ad optimum. Ergo malum et peius dicuntur per respectum ad aliquod summum malum" (obi.3).

Die Oberflächengrammatik beider Terme legt diesen Schluß unmittelbar nahe - dies um so mehr, als die aus der Gegensätzlichkeit beider Terme resultierende enge Verkettung schon auf den ersten Blick die Isomorphie der Logiken ihrer Verwendung als selbstverständlich erscheinen läßt. Das genauere Hinsehen jedoch demaskiert die Übereinstimmung als vermeintliche, denn:

"... unumquodque intenditur secundum propriam rationem. Sicut autem forma est perfecto quaedam, ita privatio est quaedam remotio. Unde omnis forma et perfectio et bonum per accessum ad terminum perfectum intenditur; privatio autem et malum per recessum a termino. Unde non dicitur malum et peius per accessum ad summum malum, sicut dicitur bonum et melius per accessum ad summum bonum" (I q49 a3 ad3).

Worin besteht hier die Differenz der Grammatiken? Je alltäglicher die Ausdrücke sind, die einer tiefenstrukturellen Analyse unterworfen werden, desto schwieriger scheint die positive Darstellung der in ihr zur Geltung kommenden Verhältnisse zu sein - man denke nur an WITTGENSTEINs Beschreibung der Tiefengrammatik von "meinen".(103) Nach Thomas ist im gegebenen Fall von dem spezifischen Begriff des "bonus" und "malus" auszugehen. Ersterer liegt in der Perspektive einer prinzipiellen perfectio, einer Grenzenlosigkeit in dem Sinn, daß dem bonum keinerlei Limitierung aus sich und in sich zukommt; jedes bonum bemißt sich an dem Parameter seiner Erfüllung - etwas kann tatsächlich auch restlos gut sein. Das malum aber folgt nun nicht gewissermaßen den um einen Nullpunkt ins Negative gespiegelten Strukturen des bonum im Zulaufen auf seinen eigenen normativen Parameter; vielmehr bemißt es sich am Weggehen vom Parameter des bonum - es kann sich allererst und nur im Medium eines je schon vorgängigen bonum manifestieren als dessen privativo, als Hindernis für dessen Vollendung, als seine Destruktion. Aber selbst letztere bedeutet nicht den Sieg des malum in Form seiner Aufgipfelung in ein Subsistentes, vielmehr vernichtet es im Akt einer restlosen Destruktion des bonum mit diesem zusammen sich selbst.(104) Die tiefengrammatische Konsequenz dieser begrifflichen Konstellation lautet somit: "bonum" und "melius" werden prädiziert per respectum ad summum bonum; "malum" und "peius" nicht per respectum ad summum malum, sondern **auch** per respectum ad summum bonum; was sie grammatisch unterscheidet, ist nicht der Parameter (woraus eine tiefengrammatische Isomorphie resultierte), sondern ihr Verhältnis zum Parameter (respectus einmal als accessus und einmal als recessus) - darin besteht die tiefenstrukturelle Differenz zwischen "bonus" und "malus". Angesichts dieser Resultate mag sich die Frage erheben, was denn mit dem Wissen um diese Struktur jetzt anders geworden sei, welchen Gewinn es bringt. Dieser enthüllt sich als viel konkreter denn vielleicht vermutet; die tiefengrammatische Differenz zeitigt nämlich - neben ihrer rekonstruktiven, rechtfertigenden Leistung - einen konkreten sprachpraktisch relevanten Reflex, der sich dem Raster der Oberflächengrammatik restlos zu entziehen vermag: Wiewohl verbal und syntaktisch möglich, ist es - im Gefälle der thomanischen Analyse - Unsinn, von einem "summum malum" zu sprechen (es sei denn im analogen Sinn eines "peius"), nicht aber, ein "summum bonum" zu prädizieren.(105)

6.5.4.3 Grenzfälle thomanischer Tiefengrammatik

Um der Tiefenstruktur gewisser Aussagen auf die Spur zu kommen, greift Thomas neben dem bisher skizzierten Vorgehen auf etwas zurück, was dem WITTGENSTEINschen Vergleich von "Sprachspielen" ähnelt.(106) Dieser Vergleich dient dazu, mit Hilfe einfacher, durchsichtiger Sprachformen die Logik komplizierter, abstrakter Sprachspiele aufzuhellen,(107) nicht aber, mit einfachen Elementen eine höherwertige Systematik der Sprache zu konstruieren: "Vielmehr stehen die Sprachspiele da als **Vergleichsobjekte**, die durch Ähnlichkeit und Unähnlichkeit ein Licht in die Verhältnisse unserer Sprache werfen sollen";(108) die Affinität und Relevanz des Sprachspielvergleichs zu der und für die Analogieproblematik liegt von dieser Definition her unmittelbar auf der Hand. Der Leistungsfähigkeit und Handhabung dieses methodischen Zuges läßt Thomas exemplarisch in I q45 a4 ad1 ansichtig werden anläßlich des durch die Autorität des "Liber de causis" vorgegebenen Satzes

"prima rerum creatarum est esse"

im Horizont der Frage, ob

"... creari ... sit proprium compositorum et subsistentium"(intr.).

Jeder normale Leser (und Übersetzer) würde die Aussage, so wie sie dasteht, so verstehen, daß das esse das erste aller geschaffenen Dinge sei. Da aber das esse der geschaffenen Dinge nicht subsistiert, kann also das Geschaffensein nicht Eigentümlichkeit des Zusammengesetzten und Subsistierenden sein (vgl. obi.1). Darauf antwortet Thomas in ad1:

"... cum dicitur, prima rerum creatarum est esse, ly esse non importat subiectum creatum; sed importat rationem obiecti creationis. Nam ex eo dicitur aliquid creatum, quod est ens, non ex eo quod est hoc ens ..."

Damit ist zwar festgestellt, daß "esse" mehrfache Bedeutung vertritt und wie es im gegebenen Fall zu verstehen ist – aber was bedeutet semantisch die Differenz zwischen "subiectum creatum" und "ratio obiecti creationis"? Das wird sofort anschaulich, wenn Thomas unmittelbar vergleichend ("similis"!) anfügt:

"Et est similis modus loquendi, sicut si diceretur quod primum visibile est color, quamvis illud quod proprie (!) videtur, sit coloratum."

Die aufhellende Ähnlichkeit (in Unähnlichkeit) besteht zwischen dem Sprachspiel, in dem der Ausdruck "Farbe sehen" vorkommt, und dem, in welchem der Ausdruck "Sein schaffen" verwendet wird; die reale semantische Leistung des Vergleichs ist die Explikation der Analogizität des "esse" – wobei jene sich selbst nochmals meldet in dem "proprie" des zum Vergleich herangezogenen Satzes; gleichzeitig geschieht in dieser Sprachreflexion ein Stück Sprachkritik im Dienst der Legitimation und der Kontrolle metaphysischer Aussagen.(109)

Im Rahmen der Analyse der tiefenstrukturellen Methoden bei Thomas sind noch zwei Elemente zu berücksichtigen, die Thomas nur ganz kurz gestreift hat, jedoch nicht weiter verfolgte oder gar systematisch einsetzte. Trotzdem helfen sie, das Bild der analytischen Methoden beim Aquinaten besser abzurunden, und markieren sie noch etwas deutlicher die Konvergenz mancher seiner Methoden mit denen der Analytischen Philosophie, sofern gerade diese beiden Elemente in letzterer intensiv reflektiert wurden bzw. werden und auf dem Feld methodischer Anwendung ihre Leistungsfähigkeit unter Beweis stellen. - Eines der Themen, um die WITTGENSTEIN immer und immer wieder in den "Philosophische(n) Untersuchungen" kreist, sind die Ausdrücke, die sich auf das psychische Leben beziehen (wollen, denken, beabsichtigen, verstehen, Schmerz empfinden etc.).(110) Trotz oberflächengrammatisch ähnlicher Strukturen unterscheidet sich nämlich die Grammatik der ersten Person Singular des Indikativs Präsens ("Ich habe Schmerzen") radikal von derjenigen aller anderen Formen (z.B. "er hat Schmerzen"); für den ersten Fall können häufig keine Kriterien angegeben werden noch kommt er als Objekt von Zweifel oder Gewißheit in Frage, so daß sich seine Grammatik dem Schrei "Au!" nähert.(111) Bereits Thomas hat die Asymmetrie zwischen beiden Fällen genau gesehen und an einer einzigen Stelle in der "Summa theologiae" auch ausgesprochen - allerdings in einem Kontext, in dem wohl niemand solche Reflexionen vermutete: in der Frage, ob ein untergeordneter Engel zu einem übergeordneten spreche:

> "... angeli inferiores superioribus loqui possunt. Ad cuius evidentiam, considerandum est quod omnis illuminatio est locutio in angelis, sed non omnis locutio est illuminatio. Quia sicut dictum est, angelum loqui angelo nihil aliud est quam conceptum suum ordinare ad hoc ut ei innotescat, per propriam voluntatem. Ea vero quae mente concipiuntur, ad duplex principium referri possunt: scilicet ad ipsum Deum, quia est prima veritas; et ad voluntatem intelligentis; per quam aliquid actu consideramus. Quia vero veritas est lumen intellectus, et regula omnis veritatis est ipse Deus: manifestatio eius quod mente concipitur, secundum quod dependet a prima veritate, et locutio est et illuminatio; puta si unus homo dicat alii Caelum est a Deo creatum, vel, Homo est animal. Sed manifestatio eorum quae dependent ex voluntate intelligentis, non potest dici illuminatio, sed locutio tantum; puta si aliquis alteri dicat, Volo hoc addiscere, Volo hoc vel illud facere. Cuius ratio est, quia voluntas creata non est lux, nec regula veritatis, sed participans lucem; unde communicare ea quae sunt a voluntate creata, inquantum huiusmodi, non est illuminare. Non enim pertinet ad perfectionem intellectus mei, quid tu velis, vel quid tu intelligas, cognoscere: sed solum quid rei veritas habeat" (I q107 a2 c).

Hier nimmt die Affinität zwischen WITTGENSTEIN und Thomas nahezu frappierende Formen an - dies um so mehr, als letzterer nicht in vagen Formulierungen etwas anzudeuten sucht, worauf er zufällig gestoßen ist, sondern die Argumentation genauso im Fehlen von Beurteilungskriterien begründet wie später die Analytiker ("Non enim pertinet ad perfectionem intellectus mei ..."). Daß dieser tiefenstrukturelle Aspekt im Werk des Aquinaten nicht methodisch weiter zum Einsatz kommt, dürfte wohl daran liegen, daß sich vom Charakter des unpersönlichen Quaestionenstils her keine weitere Notwendigkeit einer Auseinandersetzung mit solchen asymmetrischen Äußerungen ergab. Abgesehen davon besitzt aber die Tatsache, daß Thomas trotzdem darauf zu sprechen kommt, Relevanz für die systematischen Horizonte der hier anzustellenden Überlegungen, sofern solche Reflexionen wie die oben zitierte das

Niveau und den Umfang seines kritischen Sprachbewußtseins verraten, das seinerseits als Rahmen für das Verständnis der Analogieproblematik anzusetzen ist.

Als letztes Element aus dem Umkreis der Tiefengrammatik kommt etwas ins Spiel, dessen Untersuchung innerhalb der Analytischen Philosophie zwar ebenfalls von WITTGENSTEIN angeregt, jedoch von Späteren - besonders J. L. AUSTIN und J. R. SEARLE - umfassend durchgeführt wurde. WITTGENSTEIN hatte noch die Auffassung vertreten, der Gebrauch sprachlicher Ausdrücke mache ihre Bedeutung aus;(112) mit ihr löst er die intensiv gestellte Frage aus, was denn der Gebrauch einer Äußerung überhaupt sei und welche Gebrauchsweisen zu unterscheiden seien. Das erste zentrale Manifest diesbezüglicher Klärungen stellt J. L. AUSTINs Vorlesungsreihe "How to do Things with Words" dar. Ohne kurzschlüssige Parallelen ziehen zu wollen, darf wohl behauptet werden, daß Thomas mehrfach in der "Summa theologiae" Schritte in die von AUSTIN eingeschlagene Richtung tut. Am explizitesten geschieht das im Zusammenhang seiner Eucharistietheologie anläßlich des Satzes "Hoc est corpus meum"; zu ihm stellt er Folgendes fest:

> "... haec locutio habet virtutem factivam conversionis panis in corpus Christi. Et ideo comparatur ad alias locutiones, quae habent solum vim significativam et non factivam, sicut comparatur conceptio intellectus practici, quae est factiva rei, conceptioni intellectus nostri speculativi, quae est accepta a rebus: nam voces sunt signa intellectuum ... Et ideo, sicut conceptio intellectus practici non praesupponit rem conceptam, sed facit eam, ita veritas huius locutionis non praesupponit rem significatam, sed facit eam: sic enim se habet verbum Dei ad res factas per verbum" (III q78 a5 c).

Für sich genommen kann "Hoc est corpus meum" genauso eine hinweisende Definition sein; die "virtutem factivam" erhält der Satz aus der spezifischen Situation, in der er gesprochen wird; die Situation bestimmt den Charakter des Gebrauchs so radikal, daß sich letztlich an ihr entscheidet, welcher Tiefengrammatik der Ausdruck gehorcht - was er bedeutet. In analytischer Terminologie: der Satz "Hoc est corpus meum" ist als performative Äußerung aufzufassen.(113) Thomas hat auch erkannt, daß der Performation gerade für die religiöse bzw. theologische Rede besondere Relevanz eignet. Er stellt in II-II q91 a1 c anläßlich der Frage, ob "... Deus ... sit ore laudandus" fest:

> "... verbis alia ratione utimur ad Deum, et alia ratione ad hominem. Ad hominem enim utimur verbis ut conceptum nostri cordis, quem non potest cognoscere, verbis nostris ei exprimamus. Et ideo laude oris ad hominem utimur ut vel ei vel aliis innotescat quod bonam opinionem de laudato habemus: ... Sed ad Deum verbis utimur non quidem ut ei, qui est inspector cordium, nostros conceptus manifestemus: sed ut nos ipsos et alios audientes ad eius reverentiam inducamus. Et ideo necessaria est laus oris, non quidem propter Deum, sed propter ipsum laudantem, cuius affectus excitatur in Deum ex laude ipsius ..."(114)

6.5.4.4 Zusammenfassung

Die Beschäftigung mit der Oberflächengrammatik beschränkt sich weitgehend auf syntaktische Analysen und die Praxis der Etymologie und nimmt damit nur beschränkten Raum im Rahmen der ganzen Sprachreflexion des Aquinaten ein. Demgegenüber manifestiert gerade das Niveau tiefengrammatischer Untersuchungen – bevorzugt bei zentralen theologischen Ausdrücken – die Reichweite sprachphilosophischer Arbeit in Thomas' Denkbewegung. Gleichzeitig kommen im Zusammenhang der Tiefengrammatik auch die Grenzen thomanischer Analytik sehr deutlich zum Vorschein, sofern er die Methode des "Sprachspielvergleichs" sowie das Problem der asymmetrischen Äußerungen nur kurz streift und vor allem um die performative Funktion von Sprache weiß, ohne dies jedoch weiter auszubauen oder gar systematisch für die Probleme der Gottesrede in Anschlag zu bringen.

Dennoch geben gerade auch diese Elemente noch einmal und unmittelbar einen Vorblick frei auf das, worauf die Untersuchung der basalen Prinzipien reflektierter Sprachpraxis (similitudo und distinctio), die Analyse der Indikatoren, der Charakter thomanischer Etymologie und vor allem die Anliegen tiefengrammatischer Besinnung konvergieren: die Redesituation. Alles, was bisher zur Sprache zu kommen hatte, scheint von ihr her seine Abrundung bzw. Begründung zu erhalten. Deshalb hat im folgenden die Redesituation, d.h. die Verwobenheit der Sprache in konkrete Situationen, in ein "Sprachspiel" und schließlich eine Lebensform Gegenstand der Analyse zu sein – oder anders: es geht um den Bezug zwischen Sprache und Sprecher.

6.5.5 Die Relation "Sprache – Sprecher"

Auch die Untersuchung des Motivkreises der Redesituation bleibt auf die faktische Sprachpraxis des Aquinaten und ihre gelegentlich notwendigen Ad-hoc-Reflexionen verwiesen. Wenigstens ein Stück weit manifestieren sich in ihnen auch die Bedingungen und Konsequenzen der Tatsache, daß Sprache von einem konkreten Subjekt in einer bestimmten Situation zu einem bestimmten Zweck gebraucht wird.

6.5.5.1 Der vorgängige Sprachhorizont

Die fundamentalste Bedingung seiner Möglichkeit hat jeder Sprechakt zunächst darin, daß er in einem je schon vorgängigen Sprachhorizont situiert ist, daß er sich nach den Regeln einer bereits vorgegebenen, erlernten, bekannten Sprache ereignet. Mag das für das alltägliche Sprechen selbstverständlich erscheinen, für den Fall spezifischen, partikulären Redens – etwa des theologischen – bedarf dieser Zusammenhang gelegentlich einer ausdrücklichen Explikation, vor allem im Kontext der Rechtfertigung und Reflexion solcher spezieller Redemodi. Genauso hat Thomas selbst es gehalten: jene fundamentale Verwiesenheit gilt ihm so selbstverständlich, daß er sie als solche nicht reflektiert, sich ihr jedoch im Zusammenhang einiger besonderer Fälle eigens zuwendet. So war das in dem bereits analysierten I q13 a8 c geschehen, wo er Bezug nimmt darauf, daß

> "... omnes enim loquentes de Deo, hoc intendunt nominare Deum, quod habet providentiam universalem de rebus",

um von dort her das "Deus" als "nomen naturae" (im partikulären Diskurs der wissenschaftlichen Theologie) zu qualifizieren.(115) Ähnlich geschieht ein solcher Rekurs auf je schon gültige Sprachregelungen - allerdings im innertheologischen Raum zur Klärung spezieller Probleme - in I q3 a4 c mit

> "... quia Deum dicimus esse primam causam efficientem"

und in der Vorbereitung auf den berühmten Artikel I q2 a3 in der zugehörigen obi.1 mit

> "sed hoc intelligitur in hoc nomine Deus, scilicet quod sit quoddam bonum infinitum."

Schon diese inhaltliche Variabilität im Rekurs auf den Sprachhorizont - immer geht es ja um das Wort "Deus" - enthüllt diesen nicht als starres Gerüst, in das jeder Sprechakt eingespannt ist, sondern vielmehr als Regulativ mit einer Bandbreite potentieller Inhalte, die selbst der Sache nach natürlich zusammengehören, das Gemeinte jedoch je nach Charakter des Diskurses artikulieren. Der Rekurs auf den vorgängigen Sprachhorizont, auf die öffentliche und soziale Dimension der Sprache impliziert übrigens nicht automatisch eine sprachliche Normativität dieser öffentlichen Sprache, sofern der allgemeine Gebrauch eines Wortes durchaus ein - semantisch gesehen - uneigentlicher sein kann:

> "... quia secundum vulgarem opinionem excellentia divitiarum facit hominem dignum honore, inde est quod quandoque nomen honestatis ad exteriorem prosperitatem transfertur" (II-II q145 a1 ad4);

> "... divitiae vocantur nomine honestatis secundum opinionem multorum, qui divitias honorant ..." (II-II q145 a3 ad2).

In dieser semantischen Verfallsmöglichkeit ("vulgarem opinionem"!) steckt zwar eine gewisse Gefahr, jedoch tut sie der fundamentalen Relevanz des Sprachhorizonts keinen Abbruch. Wie weit diese tatsächlich reicht, erhellt prägnant aus den berühmten "quinque viae" in I q2 a3 c, die - entgegen der lang geübten und dann steril gewordenen Schultradition - als eminent linguistisch relevante Aussagen aufzufassen sind.(116) Diese Einschätzung scheint sich in neuesten Studien zu Thomas mehr und mehr durchzusetzen, jedoch eher als Topos denn als begründete Interpretationsposition auf der Basis einer Detailanalyse(117) - dies gibt Anlaß, die Zusammenhänge zu rekonstruieren, die eine solche Deutung zulassen, wenn nicht fordern, und dabei vom Moment des vorgängigen Sprachhorizonts auszugehen haben:

Alle fünf von Thomas gebotenen Argumente enden mit einem lapidaren Satz:

> "Ergo necesse est devenire ad aliquod primum movens, quod a nullo movetur: et hoc omnes intelligunt Deum."

"Ergo est necesse ponere aliquam causam efficientem primam: quam omnes Deum nominant."

"Ergo necesse est ponere aliquid quod sit per se necessarium, non habens causam necessitatis aliunde, sed quod est causa necessitatis aliis: quod omnes dicunt Deum."

"Ergo est aliquid quod omnibus entibus est causa esse, et bonitatis, et cuiuslibet perfectionis: et hoc dicimus Deum."

"Ergo est aliquid intelligens, a quo omnes res naturales ordinantur ad finem: et hoc dicimus Deum."

Die Schlußfolgerung des jeweiligen Arguments wird mit Hilfe dieser Sätze innerhalb eines schon gegebenen Sprachhorizonts identifiziert mit einem bekannten, gebräuchlichen und bedeutungstragenden Ausdruck. Aus der Sicht der Vorgängigkeit von Sprache und speziell hier des Wortes "Deus" müssen die quinque viae also gewissermaßen von hinten gelesen werden: Da ist das Wort "Gott" mit einem gegebenen Bedeutungsspektrum, über welches etwa in I q13 a8 c eine mindestens partielle Auskunft gibt ("... quod habet providentiam universalem de rebus"). Mittels der philosophischen Reflexionen nun wird die Bedeutungstiefe dieses schon gebräuchlichen Wortes ausgeweitet – in einem gewissen (aber als solchem noch begrenzt bleibenden) Sinn lassen sich von daher die quinque viae als philosophische Meditationen eines Gläubigen über seinen Glauben betrachten.(118) Innerhalb der Lebensform des Glaubenden und – speziell – innerhalb des Sprachspiels "an Gott glauben" hat nun auch die Vergewisserung der Existenz dieses geglaubten Gottes ihr Recht und manchmal ihre Notwendigkeit (im Sinne der Aufdeckung der Nicht-Unvernünftigkeit des Geglaubten). Diesem Verständnis der quinque viae gegenüber greift weder der Vorwurf der existentiellen Irrelevanz noch hat die Befürchtung Platz, die Argumente seien letztlich der Versuch, Gott zu domestizieren und dem menschlichen Verstand verfügbar zu machen. Sollen auf diese Weise die obigen Schlußsätze in ihrem von der Sprachdimension her erwachsenden Eigengewicht zur Geltung gebracht werden, so entsteht dadurch zweifellos eine gewisse Spannung im Gegenüber zum Umfang der metaphysischen Argumentation der quinque viae – eine Spannung, die in üblicher Auslegung im Schatten des absoluten metaphysischen Primats verschwindet. Der Artikel wird durch die intensive Präsenz jener Zweidimensionalität von Metaphysik und Semantik zwar aus der ihm sonst zugesprochenen eindeutigen Stoßrichtung in eine gewisse argumentative Schwebe im Sinn einer mehrseitigen Funktionalität gezogen. Aber das verfängt nicht gegen die vorgeschlagene Deutung, sofern bei Thomas – abgesehen von der kontinuierlichen Oszillation zwischen Metaphysik und Semantik – bisweilen auch explizit ein teilweises Zurücktreten der durchgängigen logischen Kohärenz seiner Argumentationsketten im Sinne auch eines thematischen Oszillierens festzustellen ist. Das gilt gerade auch für den hier debattierten Artikel in Gegenüberstellung zu dem Fundamentalsatz der thomanischen Gotteslehre, gemäß dem Gottes essentia sein esse ist (vgl. I q3 a4). Zugleich aber gilt, daß wir von Gott nie wissen können, **was** er ist, sondern vielmehr, was er nicht ist (vgl. I q3 intr.).(119) Nimmt man nun beide Aussagen zusammen, so verfällt auch die Möglichkeit des Wissens um das esse Gottes einem wenigstens partiellen Verdikt – und das steht in Spannung zur positiven Vorzeichnung und Behauptung eines solchen Wissens in den quinque

212

viae. Mit all dem soll nicht behauptet sein, daß Thomas hier keine Metaphysik treibe. Behauptet soll nur sein, daß diese nicht den exklusiven Fluchtpunkt seiner Aussagen darstellt. In dieser Perspektive kann dann auch gesagt werden: "... what is possible for them (sc. men) is to use the word 'god' meaningfully in making the judgment 'God exists' ... This judgment can be 'proved' in the sense that it is shown to coher with other judgments that are regarded as acceptable ... His (sc. St. Thomas') problem was how to find a meaning for a word to be used in judging on this earth."(120) Eine solche relecture der quinque viae offenbart jene auch als Rekonstruktion möglicher Verwendungsweisen des Wortes "Deus", welche nichts anderes voraussetzen als eben dies, daß dieser Ausdruck bereits sinnvoll gebraucht wird.(121) Als ihr zweiter Fluchtpunkt wäre somit die Rede von Gott zu behaupten - was seine letzte Evidenz daraus gewinnt, daß die Regeln selbst in einem hochkarätigen Analogisierungsprozeß des jeweiligen Kernworts der einzelnen Argumente konstituiert werden: in der prima via etwa des "primum movens, quod a nullo movetur", dessen Wesen es gerade ausmacht, nicht in der Reihe erfahrungsimmanenter Beweger zu stehen - auch nicht als Erstes der Reihe! -, dennoch aber eine gewisse Ähnlichkeit mit ihm zu besitzen - und so auch beim zweiten, dritten und fünften Argument. Die sprachliche Konsoziierung des jeweiligen Ergebnisses mit dem Wort "Gott" vermag so gesehen auf dem Weg der Analogie Ereignisstruktur - der Vollzug der Analogisierung ist in seinem Gelingen unverfügbar - und Inhaltlichkeit jenes Wortes "Gott" zu vermitteln.(122)

Im Zusammenhang dieser Interpretation der quinque viae bedarf es noch zweier gesonderter Hinweise: Einmal bezüglich der tertia via; hier nämlich scheint auf den ersten Blick die eben herausgestellte Struktur der Analogie zu fehlen, sofern Notwendigkeit und Nichtnotwendigkeit einander kontradiktorisch entgegengesetzt sind und somit kein Moment einer Ähnlichkeit zu entdecken ist. Diese Sicht beruht jedoch auf einem verkürzten Verständnis von Kontingenz: diese schließt nämlich das Moment des Nichtseinkönnens **und** des Seinkönnens bzw. des Seins notwendig gleichursprünglich ein. Das, was auch im Umgang mit den kontingenten Dingen zu Gott führt, ist - zeitlich gleichzeitig und sachlich noch früher - das Sein der Dinge, die Erfahrung, daß etwas ist und vielmehr nicht nichts. Und genau diese Erfahrung bzw. ihre sprachliche Artikulation wird im Prozeß der Analogisierung der Rede von Gott fähig gemacht. - Der zweite Hinweis betrifft die quarta via; sie scheint im Denken des Aquinaten irgendeine besondere Rolle zu spielen,(123) über welche der übliche Hinweis auf ihre platonische Herkunft noch überhaupt nichts sagt. Was speziell im Zusammenhang der Sprach- und Analogiethematik an ihr interessiert, ist der zentrale Passus des ganzen Arguments:

> "sed magis et minus dicuntur de diversis secundum quod appropinquant diversimode ad aliquid quod maxime est" (I q2 a3 c).

Thomas läßt mit dem "dicuntur" expressis verbis die linguistische Dimension der behandelten Problematik zutage treten und rekurriert dabei auf das Phänomen der Graduierbarkeit mit seinen speziellen linguistischen Voraussetzungen, das bereits im Rahmen der Analyse von I q13 sowie der Untersuchung der linguistischen Indikatoren der basalen Prinzipien erstmals in den Blick geraten war(124) und sich als eine der zentralen Voraussetzungen für die Verwendung einer bestimmten Gruppe von nomina im religiösen bzw. theologischen Diskurs erwies. Was der Aquinate anläßlich seiner Kriteriologie der Rede von Gott in I q13 a6 c - wohl aufgrund der leitenden systematischen Interessen - nicht mehr zu fassen bekam, setzt er in I q2 a3 c de facto voraus: die spezielle linguistische Qualität einer speziellen Klasse von nomina. Jedenfalls kann auch die Tatsache, daß er gegen Ende des Arguments in die metaphysische Kategorie der causa überwechselt ("Quod autem dicitur maxime tale in aliquo genere, est causa omnium quae sunt illius generis: ...") nicht darüber hinwegtäuschen, daß es sich bei der perfectio, welche Thomas als Subjekt jeder möglichen Maximalisierung benennt, nicht um eine exklusiv metaphysische, sondern wenigstens faktisch auch linguistische Kategorie handelt - wobei eben beide Aspekte so sehr ineinander verwoben sind, daß sie die eindeutige Explikation eines der beiden ohne den anderen nicht zulassen.(125) Zusammenfassend bleibt somit zu den quinque viae zu sagen, daß sie gleichursprünglich mit ihrer inhaltlichen metaphysisch-kosmologischen Prägung als fundamentale Regeln der Rede von Gott zu verstehen sind, welche innerhalb eines vorgängigen Sprachhorizonts die Verlaufsstrukturen analoger Prädikation vorzeichnen.(126)

6.5.5.2 Der Sprachgebrauch

An keiner anderen Stelle in der "Summa theologiae" hat Thomas so deutlich jenen ermöglichenden Sprachhorizont herausgestellt wie eben in I q2 a3.(127) Dagegen bringt er die operationale Relevanz einer solchen sprachlichen Vorgabe in vielfältigen Wendungen zur Geltung: Der Rekurs auf den Sprachgebrauch als - zumindest erste - orientierende Norm in der Rekonstruktion und Explikation von Bedeutungen zieht sich durch die ganze "Summa theologiae" hindurch:

> "uti" (I q27 a2 c; I-II q7 a1 c; II-II q111 a1 ad2; III q16 a8 ad1);
>
> "dicere" (I q38 a1 c);
>
> "accipere communiter" (I q29 a1 ad2);
>
> "Quamvis enim huiusmodi verba corrupte prolata nihil significent ex virtute impositionis, accipiuntur tamen ut significantia ex accommodatione usus" (III q60 a7 ad3) - die Relevanz und Kraft des Gebrauchs erweisen sich stärker denn aktuelle Abweichungen von der Norm der impositio nominis;
>
> "... hypostasis, apud Graecos, ex propria significatione nominis habet quod significet quodcumque individuum substantiae: sed ex usu loquendi habet quod sumatur pro individuo rationalis naturae, ratione suae excellentiae" (I q29 a2 ad1);
>
> "aequivocatur apud nos" (I q29 a2 ad2);
>
> "ipse modus loquendi ostendit" (I q30 a4 c; q31 a4 ad2);
>
> "... sunt accommodata aliqua nomina, ex usu loquentium, ad significandum ..." (I q36 a1 c);

"consuevit poni (vocari)" (I q66 a1 ad2; II-II q58 a1 ad2; III q11 a1 c);

"solet magis dici" (I-II q30 a3 c);

"Sic igitur si dolor accipiatur pro corporali dolore, quod usitatius est ..." (I-II q35 a2 ad3);

"secundum consuetudinem humanae locutionis" (II-II q141 a2 c);

"... licet in qualibet lingua contingat diversis vocibus idem significari, semper tamen aliqua illarum vocum est qua principalius et communius homines illius linguae utuntur ad hoc significandum" (III q60 a7 ad2).

Die durchgängige Präsenz der Dimension des Sprachgebrauchs, die sich immer wieder auch zu einer funktionalen Priorität, einer gewissen faktischen Normativität in der Analyse der Bedeutungen wie überhaupt bei der Konstruktion von Argumenten auswächst, widersetzt sich ziemlich stark einer formalem, systematischen Einordnung. Wird sie dennoch versucht, so nötigt sie zunächst einmal anzuerkennen, daß die Sprache bei Thomas keineswegs ein prinzipiell sekundäres Moment darstellt, das immer erst nachträglich dazukommt und das bezeichnet, was das Denken schon konstituiert hat. - wie etwa von dem auch seitens Thomas' übernommenen aristotelischen Leitsatz "voces sunt signa intellectum" (z.B. I q13 a1 c) her zu erwarten wäre. Stattdessen wird der konkreten Sprache durch den Rekurs auf den Sprachgebrauch häufig eine gewisse Autonomie zuerkannt; damit entsteht eine übergreifende ("transzendentale") Operationsebene, ein Plateau, auf dem "man" (die Öffentlichkeit, die dieselbe Sprache spricht: "omnes"; "solet"; "homines illius linguae") sich trifft, um von dieser gemeinsamen Basis aus eventuelle diskursive Auseinandersetzungen, Präzisierung oder hermeneutische Arbeit zu leisten.

Neben dieser formal-methodischen Funktion übernimmt der Sprachgebrauch noch zwei weitere Aufgaben, die als Entlastung der sprachlichen Bewältigung einer konkreten Situation aufzufassen sind und unmittelbar die pragmatische Dimension im Sprachvollzug reflektieren. Das geschieht einmal konkret aus logischen Gründen, sofern die allgemeine - und das heißt: partiell immer noch offene - Wortbedeutung jeweils durch die praedicatio auf konkrete Sachverhalte bezogen wird und so erst innerhalb der Sinnganzheit eines Satzes ihre je spezifische Modulation empfängt.(128) "Die Bedeutung eines Wortes ist ... nichts Starres, ein für allemal Festgelegtes, sondern etwas Lebendiges, das im konkreten Sprechakt jeweils neu 'gesetzt' oder wenigstens modifiziert wird",(129) woraus eben Bedeutungswandel und -mannigfaltigkeit resultieren können; unter diesem logischen Gesichtspunkt fungiert der Rekurs auf die Sprachpragmatik als Barriere gegen Willkür und als Regulativ im Sinn einer relativen Konstante, welche die Kommunikation allererst ermöglicht; in dieser Funktion erwähnt Thomas den "usus loquendi" explizit z.B. in I q79 a13 c. In solchem, die soziale Dimension konstitutiv - wenn auch meist unausgesprochen - miteinschließenden Sinn ist auch die Begründung der Entstehung sprachlicher Bedeutung aus "inventio" oder "institutio" zu verstehen.(130)

Dieser logischen Hinsicht auf die Relevanz des Sprachgebrauchs tritt eine operationale an die Seite: der Sprachgebrauch kommt systematisch auch durch das mit ihm aktiv Wirkbare ins Spiel, wobei dieser operationale Zug selbst nochmals auf einem logischen Fundament aufruht: Erfahrungsgemäß begegnet beim Sprechen nicht nur insofern ein Defizit der Sprache, als häufig ein Begriff durch ein gesprochenes Wort nicht adäquat ausgedrückt werden kann, sondern noch fundamentaler dadurch, daß zu wenig Namen zur Verfügung stehen, um alle in der Begegnung mit der indefinit differenzierten und differenzierbaren Wirklichkeit erarbeiteten und bildbaren Begriffe zu benennen. Was so zunächst als Defizit erscheint, ist jedoch eine logische Bedingung für das Funktionieren von Sprache: andernfalls nämlich wüchse der Wortschatz des einzelnen innerhalb kürzester Zeit unendlich an, so daß das sprechende Subjekt selbst diesen Wortschatz nicht mehr beherrschen könnte; und andererseits müßte die intersubjektive Kommunikation zusammenbrechen, weil ja jeder kraft seiner differenzierten und modifizierten Erfahrungen und Operationen (auch die schlichte Wiederholung der banalsten Alltagshandlung bedürfte dann eines eigenen Namens) andere und neue Namen zur Bezeichnung verwendete, die die anderen dann nicht mehr verstünden. Die Funktionstüchtigkeit der Sprache bleibt deshalb dadurch erhalten, daß einerseits nur ein relativ begrenzter Wortschatz zur Anwendung kommt - was ja Neubildungen und deren Erlernen durch andere keineswegs ausschließt; und andererseits wird der konkreten Differenziertheit von Realität dennoch Rechnung getragen, indem die jeweilige Bedeutung eines Ausdrucks durch "ampliatio" oder "extensio" (vgl. etwa II-II q99 a1 ad1) bzw. "restrictio" (vgl. etwa II-II q141 a2 c) modifiziert wird oder aber in einer "translatio", "transumptio" oder "metaphora" (vgl. etwa I q4 a1 ad1) auf verschiedene Begriffe unter Maßgabe der similitudo angewandt wird. Damit enthüllt sich der Sprachgebrauch als das genuine Operationsfeld der Wirksamkeit der beiden basalen Prinzipien reflektierter Sprachpraxis (Ähnlichkeits- und Differenzierungsprinzip) und als Medium aller linguistischen Operationen (Extension, Restriktion, Einsatz von Indikatoren, Übertragungen), die nach Maß-gabe jener Prinzipien geschehen. Real werden diese sprachlichen Möglichkeiten ausschließlich in konkreten Gebrauch der Namen angesichts der je anzusprechenden Wirklichkeit. Hatte sich vorhin innerhalb der rein logischen Perspektive der Sprachgebrauch als konservatives Regulativ offenbart, so erweist er sich jetzt in operationaler Hinsicht als Motor progressiver Sprachentwicklung, deren Ziel es ist, auf der Basis des Ähnlichkeitsprinzips mittels Variabilität die Wirklichkeitserfassung unter den logischen Bedingungen sprachlicher Kommunikation zu optimieren, und so je und je differenzierte Bedeutungen konstituiert.(131) In diesem Sinn hat der Sprachgebrauch für Thomas im eminenten Sinne mit der Bedeutung zu tun, hat alle Verantwortung zu tragen für eventuelle semantische Veränderungen:

> "uno modo potest significare ... Et secundum hoc, non variatur significatio huius nominis ... - Alio modo accipitur ... Et secundum hoc ... aequivoce dicetur ..." (II-II q94 a1 ad2).

Der Sprachgebrauch stellt gewissermaßen das empirische Medium des Analogieereignisses dar. - Als singulärer oberer Grenzfall der dem Sprachgebrauch zuerkannten Wirkkompetenz muß I q79 a13 c verstanden werden; Thomas nähert sich dort extrem der WITTGENSTEINschen Auffassung, daß "das Wesen ... in der Grammatik ausgesprochen"(132) sei;

bei der näheren Bestimmung, was "conscientia" sei, stützt er sich neben einer quasi-etymologischen Analyse ("conscientia" = "cum alio scientia") auf folgendes Argument: Daß die conscientia nicht potentia, sondern actus sei,.

"... apparet ex his quae conscientiae attribuuntur. Dicitur enim conscientia testificari, ligare vel instigare, et etiam accusare vel remordere sive reprehendere."

Die genaue Untersuchung, was diese Ausdrücke bezeichnen, enthüllt,

"... quod omnia haec consequuntur actualem applicationem scientiae ad ea quae agimus. Unde proprie loquendo, conscientia nominat actum."

Auch wenn mit "actus" nicht das ganze Wesen, d.h. eine Definition der conscientia ausgesprochen ist, so kommt dennoch die grundsätzliche Klassifikation, die Bestimmung der fundamentalen Qualität ausschließlich durch die Analyse der Sätze zustande, in denen "conscientia" vorkommt.

Gerade angesichts dieses Grenzfalls aber kommt in aller Schärfe zur Geltung, daß für Thomas - gemäß expliziter Aussage in I q29 a4 c - eine Identität von Gebrauch und Bedeutung ausgeschlossen bleibt:

"... haec significatio (sc. relationis) huius nominis persona non erat percepta ante haereticorum calumniam: unde non erat in usu hoc nomen persona, nisi sicut unum aliorum absolutorum. Sed postmodum accomodatum est hoc nomen persona ad standum pro relativo, ex congruentia suae significationis: ut scilicet hoc quod stat pro relativo, non solum habeat ex usu ..., sed etiam ex significatione sua."

Damit hat Thomas klar eine Differenz zwischen Gebrauch und Bedeutung ausgesprochen. WITTGENSTEINs bekannte Sätze "Die Bedeutung eines Wortes ist sein Gebrauch in der Sprache"(133) oder "Der Gebrauch des Worts in der Praxis ist seine Bedeutung"(134) wiese er zurück. Unbeschadet dieser klaren Stellungnahme erweist sich jedoch der zitierte Text als äußerst problematisch, nicht nur, weil er die gegenseitige Zuordnung von Gebrauch und Bedeutung im Dunkel läßt ("non solum ... sed etiam"), sondern noch vielmehr, weil er - trotz gegenteiligen ersten Eindrucks - den Unterschied zwischen beiden nicht einsichtig zu machen vermag: Zu Beginn insinuiert Thomas die in Frage stehende Bedeutung des "persona" - daß es ein Relativum bezeichne - als etwas von Anfang an schon Gegebenes, aber noch nicht Bekanntes ("non erat percepta" - vor allem im "percepta" scheint mir das Moment eines realistisch gemeinten Vorliegens mitzuschwingen). Jedenfalls ist diese Bedeutung noch nicht bekannt und "persona" wird absolut gebraucht. Dann aber wurde es angeglichen "ad standum pro relativo" - es wurde also dann auch "pro relativo" verwendet; vor allem das "accomodatur" verhüllt ziemlich stark, daß es immer noch um eine Frage des Gebrauchs geht. Die Gebrauchserweiterung aber geschieht "ex congruentia suae significationis": in dieser Wendung steckt das Problem. Was bedeutet diese "congruentia"? Der zitierte Abschnitt wird mit "Et secundum hoc" eingeführt und schließt das ausgesprochen lange corpus von I q29 a4 ab. Die entscheidende Weichenstellung in der dortigen Argumentation geschieht durch folgenden Satz:

> "... aliud est quaerere de significatione huius nominis persona in communi, et aliud de significatione personae divinae."

Dahinter verbirgt sich nichts anderes als die Distinktion zweier Bedeutungen des Ausdrucks "persona", Person allgemein und göttliche Person. Der Unterschied selbst gründet im Spezifikum dessen, was innerhalb der Trinitätslehre "persona" heißt:

> "Persona enim in communi significat substantiam individuam rationalis naturae ... Individuum autem est quod est in se indistinctum, ab aliis vero distinctum. Persona igitur, in quacumque natura, significat id quod est distinctum in natura illa ... Distinctio autem in divinis non fit nisi per relationes originis ... Relatio autem in divinis non est sicut accidens inhaerens subiecto, sed est ipsa divina essentia: unde est subsistens, sicut essentia divina subsistit ... Persona igitur divina significat relationem ut subsistentem."

Das "persona" steht mithin also **auch** pro relativo, weil es zu dessen Bezeichnung verwendet wird – und wer es verwendet, hat die Analogizität des "persona" bei dessen Verwendung in divinis zu beachten; das reicht. Die Formel "ex congruentia suae significationis" insinuiert etwas vom Sprachgebrauch Differentes, was de facto nichts anderes darstellt als ein Resultat **reflektierten** Sprachgebrauchs; der Unterschied zwischen Gebrauch und Bedeutung, wie Thomas ihn hier behauptet, bleibt ausgesprochen artifiziell und sachlich leer.(135) Man wird deshalb nach dem faktischen Motiv Ausschau halten, weshalb sich der Aquinate dieses Konstrukts bedient; jedenfalls darf vermutet werden, daß es, wenn es schon keine sachliche Relevanz besitzt, einem anderen Zweck zu dienen hat. Ein solcher Zweck läßt sich erschließen: Thomas stellt die Differenz von Gebrauch und Bedeutung ausdrücklich auf gegen Vertreter einer Meinung, die die Verwendung des "persona" pro relativo ausschließlich und allein auf den Sprachgebrauch zurückführen wollte:

> "... non solum habeat ex usu, ut prima opinio dicebat, sed etiam ex significatione sua."

Die solchermaßen kritisierte Meinung gibt Thomas so wieder:

> "... quibusdam visum est quod hoc nomen persona simpliciter, ex virtute vocabuli, essentiam significet in divinis, sicut hoc nomen Deus, et hoc nomen sapiens: sed propter instantiam haereticorum, est accomodatum, ex ordinatione Concilii, ut possit poni pro relativis; et praecipue in plurali, vel cum nomine partitivo, ut cum dicimus tres personas, vel alia est persona Patris, alia Filii. In singulari vero potest sumi pro absoluto, et pro relativo."

Demgemäß bedeutet "persona" Relatives, weil der Gebrauch des Ausdrucks absichtlich und in ausdrücklicher Sprachregelung ("ex ordinatione") erweitert wurde (der Gebrauch pro absoluto bleibt in bestimmten Fällen auch noch erhalten). Auffällig ist nun schon die Kritik des Thomas: er verwirft die referierte Ansicht keineswegs ganz, stellt vielmehr sehr vorsichtig ("non videtur") ein Ungenügen fest, das nicht inhaltlichen Mängeln entspringt, sondern darin besteht, daß der Ausdruck "persona" in der auf Konvention beruhenden Differenziertheit seiner Bedeutung häretischem Mißbrauch noch mehr Angriffsflächen bietet:

> "Sed haec non videtur sufficiens ratio. Quia si hoc nomen persona, ex vi suae significationis, non habet quod significet nisi essentiam in divinis; ex hoc quod dictum est tres personas, non fuisset haereticorum quietata calumnia, sed maioris calumniae data esset eis occasio."

Wie schon gezeigt, beruht auch Thomas' eigener Lösungsvorschlag in der ausdrücklichen Artikulation des analogen (erweiterten) Gebrauchs des "persona", geht also sachlich nicht hinaus über die Auffassung, die er behutsam als unzulänglich kritisiert. Auf dieses höchst eigenartige Spannungsverhältnis fällt etwas Licht, wenn man beachtet, wer zu den Vertretern dieser bemängelten Ansicht zählt: Besonders ausführlich hat sich - unter anderen, aber wohl noch mehr als die meisten - mit der Problematik des Ausdrucks "persona" in der Trinitätstheologie der schon mehrfach erwähnte PRAEPOSITINUS beschäftigt.(136) Nach längerer Diskussion und Auseinandersetzung mit diversen Autoritäten kommt er zu dem Ergebnis

> "... quod hoc nomen persona hodie non significat essentiam, sed quondam significabat. Sed necessitate faciente, ut dicit Augustinus, translatum est a significatione essentie (sic!) ad significationem distinctionis."(137)

Man wird also nicht fehlgehen, PRAEPOSITINUS zu den Hauptvertretern der von Thomas kritisierten Ansicht zu rechnen. Das erlaubt, die ganze Problematik dieses Artikels I q29 a4 auf dem Hintergrund des Verhältnisses zwischen Thomas und der von PRAEPOSITINUS exemplarisch repräsentierten Denkrichtung zu lesen.(138) Wie bereits ausgeführt,(139) stehen beide Seiten gerade im Rahmen der Trinitätstheologie in einer ganz eigenartigen Spannung und gleichzeitigen Nähe, die dadurch entstehen, daß Thomas sich explizit von PRAEPOSITINUS und seiner grammatischen - gewisse nominalistische Züge antizipierenden - Theologie absetzt, in actu exercito aber eine der kritisierten äußerst nahestehende Auffassung vertritt, vielleicht vertreten muß (daß deren Genesis hier und dort eine ganz verschiedene ist, sei nur am Rande angemerkt). G. ANGELINI hat das konkret ausgeführt für das Problem der proprietates und notiones in divinis (vgl. I q32 a2 c)(140) - m.E. stellt das hier in I q29 a4 c angesprochene Problem von Gebrauch und Bedeutung einen zweiten Konkretfall dieser Spannungsnähe dar; jedenfalls zeichnet sich der inkonsistente Textbefund beim Aquinaten exakt in die Strukturen jener Verhältnisse ein und findet durch sie eine in etwa plausible - wenn auch immer Konjektur bleibende - Erklärung. Zugleich repräsentiert diese Problematik erneut den kontinuierlich gegenwärtigen Antagonismus von Sprachtheorie und Sprachpraxis in der "Summa theologiae". Die Untersuchung von Relevanz und Einordnung des Sprachgebrauchs muß also am Ende in der Offenheit verbleiben, in der Thomas selbst die Thematik belassen hat. Dessen unbeschadet wird man jedoch aufgrund der obigen Beschreibung von Thomas' Umgang mit dem Phänomen des Sprachgebrauchs zu konstatieren haben, daß der Rekurs auf ihn ein erstrangiges Instrument reflektierender Sprachpraxis darstellt.

6.5.5.3 Sprache und Erfahrung

Das eben genannte Privileg erwächst dem Sprachgebrauch nicht willkürlich; vielmehr spiegelt sich darin nur auf metalinguistischer Ebene die kaum zu überschätzende Bedeutung, die dem Sprachgebrauch kraft seiner spezifischen Struktur (Entlastung; konservativ-progressiv; stabilisierend-innovatorisch) innerhalb der Redesituation als ganzer eignet. Schon die Analyse von I q13 stieß im Zusammenhang eines Rekurses auf den Sprachgebrauch auf etwas, was konstitutiv mit diesem verbunden zu sein scheint: die Dimension der Erfahrung: in I q13 a8 c war sie - wenn auch sehr implizit - angeklungen, als Thomas den Gebrauch des Wortes "Deus" besprach.(141) Einen Artikel später hat Thomas dann den Zusammenhang von Sprachgebrauch und Erfahrung mit aller zu wünschenden Klarheit formuliert:

"... hoc nomen Deus impositum est ab operatione propria Deo, quam experimur continue ..." (I q13 a9 ad3).(142)

Eine durchgehende Lektüre der "Summa theologiae" hat festzustellen, daß es sich dabei nicht um ein singuläres Diktum handelt, daß Thomas vielmehr immer wieder auf Erfahrung zu sprechen kommt. als das, was den Sprachgebrauch wesentlich dirigiert:

"Quia enim motus localis est naturaliter primus motuum ... utimur nominibus pertinentibus ad motum localem, in alteratione et in omnibus motibus ..." (I q67 a2 ad3);(143)

"... alia nomina ad delectationem pertinentia, sunt imposita ab effectibus delectationis: nam laetitia imponitur a dilatatione cordis, ac si diceretur latitia; exultatio vero dicitur ab exterioribus signis delectationis interioris; quae apparent exterius, inquantum scilicet interius gaudium prosilit ad exteriora; iucunditas vero dicitur a quibusdam specialibus laetitiae signis vel effectibus. Et tamen omnia ista nomina videntur pertinere ad gaudium: non enim utimur eis nisi in naturis rationalibus" (I-II q31 a3 ad3);

"... augmentum spirituale caritatis quodammodo simile est augmento corporali" (II-II q24 a6 c);

"Sicut etiam inter res sensibiles illa assumitur ad significationem sacramenti cuius usus est communior ad actum per quem sacramenti effectus significatur: sicut aqua communius utuntur homines ad ablutionem corporalem, per quam spiritualis ablutio significatur ..." (III q60 a7 ad2 - die Stelle bezieht sich zwar nicht auf eine vox, sondern eine res als signum, bringt aber den Erfahrungszusammenhang sehr gut zur Geltung).

Wie sämtliche Beispiele - und andere entsprechende Stellen(144) - zeigen, meint der Rekurs auf die Erfahrung nicht einfach ein nicht weiter definiertes Angerührtsein, sondern ganz spezifisch sinnliche Erfahrung, wobei "sinnlich" äußere ("localis", "corporalis") und innere Sinne ("delectatio cordis") umspannt. Man wird nicht sagen können, daß Thomas dieses Moment der Erfahrung sehr ausführlich reflektiert hat; vermutlich hängt das einerseits ab vom Grad der Selbstverständlichkeit, den so fundamentale Zusammenhänge wie Sprache und Erfahrung für den Realisten Thomas besaßen; der Hiat zwischen beiden, der der neuzeitlichen Philosophie im Gefolge der zentralen Fragestellungen des Rationalismus das mühselige Geschäft der Konstruktion eines Vermittlungsgeschehens eingetragen hat, diesen Hiat kennt Thomas nicht; und selbst wenn der Aquinate auf dieses Problem gestoßen wäre, hätte er es wohl hier - im Zusammenhang der "Summa theologiae" - nicht entfaltet, weil ihn das weggeführt hätte von den eigentlichen Intentionen dieses Lehrbuchs für "incipientes" wie überhaupt von seinem dezidierten Theologie-treiben-wollen. Wie skizzenhaft auch immer seine Aussagen zum Thema Erfahrung-Sprache sein mögen, sie lassen trotzdem in ersten Stücken erkennen, daß die gegenseitige Zuordnung beider Momente keiner statischen Fixierung unterliegt, sondern als eine apriorische Einheit verstanden werden muß, die das Stigma ständiger Bewegung (auf beiden Seiten) trägt - näherhin einer Bewegung im Raum des Sinnlichen (vgl. I q67 a2 ad3; sehr konkret in I q13 a5 obi.1) wie auch eines transzendierenden Ausgriffs vom Sinnlichen ins Nichtsinnliche (vgl. I-II q31 a3 ad3; II-II q24 a6 c). Gerade der auf letzteres gerichtete Einsichtswille findet sich für den **Ansatz** einer Analyse der komplexen Zusammenhänge eines Übestiegs ins Nichtsinnliche zweifach auf die Übertragung im sinnlichen Bereich verwiesen: einmal deswegen, weil der tranzendierende Ausgriff auf diese Weise nicht als irgendein Sonderfall behandelt (und schließlich eliminiert) werden kann, sondern in der Kontinuität alltäglicher Praxis angesiedelt ist - etwas, worauf sich im letzten jede behauptete Vernünftigkeit theologischer Sachverhalte bezüglich ihres Ansatzes gründen muß.(145) Zum zweiten, weil nur von diesem Ansatz her der spezifische Charakter der Übertragung ins Nichtsinnliche überhaupt zugänglich wird, denn "Words are inevitably sensible and thereby retain their link with what is obvious to us; if to this is added the retention of the same word that signified the sensible when we want a term to signify something non-sensible in some way similar to the word's first signification, well then the word will carry along with it the reminder of the **trajectory** (Herv. v. mir) of our knowledge."(146) Erst der Einsicht in die Dialektik von Erfahrung und Sprache können Sinn, Struktur und Legitimität sprachlicher Übertragungsgeschehen in ihrer Tiefe einsichtig werden. Und letztlich ist es nichts anderes als jene Dialektik von Erfahrung und Sprache, was das Ereignis der Analogie auszeugt.(147)

6.5.5.4 Der Prozeß sprachlicher Übertragung

Ganz folgerichtig hat sich Thomas deshalb auch aus seiner pragmatischen Grundhaltung heraus - statt mit den Termen "Sprache" hier und "Erfahrung" dort - mit Struktur und Ablauf sprachlicher Übertragungsprozesse befaßt, wie sie der aktiven Interferenz beider Momente entspringen und der Verlaufskonstruktion im Rahmen einer Praxis reflektierten Sprechens unter bestimmten Bedingungen nützlich oder geboten sein können.(148) Was den Benennungsprozeß im immanenten Bereich betrifft, so sagt Thomas in I-II q7 a1 c wortwörtlich und formal, was bei der Analyse von I q13 a5 obi.1 ("canis latrabilis" - "canis maritimus") nur indirekt aus einem "scilicet"(149) zu entnehmen war:

"... apud nos a notioribus nomina transferuntur ad significandum res minus notas."

Was damit generell gesagt wird, läßt sich bis ins Detail sehr gut an II-II q57 a1 ad1 beobachten:

> "... consuetum est quod nomina a sui prima impositione detorqueantur ad alia significanda: sicut nomen medicinae impositum est primo ad significandum quod praestatur infirmo ad sanandum, deinde tractum est ad significandum artem qua hoc fit. Ita etiam hoc nomen ius primo impositum est ad significandum ipsam rem iustam; postmodum autem derivatum est ad artem qua cognoscitur quid sit iustum; et ulterius ad significandum locum in quo ius redditur, sicut dicitur aliquis comparere in iure; et ulterius dicitur etiam ius quod redditur ab eo ad cuius officium pertinet iustitiam facere, licet etiam id quod decernit sit iniquum."

Zunächst fällt auf, daß Thomas hier mehr den Akzent auf die einzelnen Momente des Prozesses setzt und ihn damit zugleich als Resultat eines aktiven Tuns zur Geltung bringen kann ("prima impositio", "detorqueantur", "tractum est", "derivatum est"); zugleich deutet er auch die temporale Sequenz des Prozesses an, d.h. seine eindeutige Verlaufsrichtung ("prima impositio", "primo", "deinde", "postmodum", "et ulterius" - "et ulterius"). Was die beiden Beispiele betrifft, so spielt das erste mit "medicina" die Analogiethematik ein (gegenüber den Relationsangaben in I q13 a5 c begnügt sich Thomas hier - wie auch sonst im reflektierten Sprachgebrauch - mit der metasprachlichen Beschreibung der linguistischen Verhältnisse). Das "ius"-Beispiel hingegen verrät noch eine zusätzliche Komponente in der Namensübertragung: Während die erste Übertragung ("ad artem") doch ziemlich plausibel, weil unmittelbar auf einer sachlichen Nähe beruhend erscheinen mag, läßt sich das für die zweite und dritte nicht mehr behaupten; sie stehen in viel entfernterer Verwandtschaft mit der ursprünglichen Bedeutung des Ausdrucks, ja der Abstand kann so weit gehen, daß der Ausdruck u.U. das Gegenteil dessen bezeichnen kann, was er (eigentlich) bedeutet. Damit hat sich durch einen sprachlichen Prozeß eine zweite Bedeutung des Ausdrucks als gewissermaßen gleichrangig und autonom neben der ursprünglichen etabliert; die Verwandtschaft zwischen beiden Bedeutungen wird aufs allgemeinste reduziert und das Devirat gewinnt eine zweite Bedeutung, die es im folgenden Gebrauch des Ausdrucks von seiner ersten Bedeutung zu unterscheiden gilt.(150)

Dies alles war bisher zu den Gebrauchsverläufen eines nomens im immanenten Bereich festzustellen; der Gang in den transzendenten Bereich (im weitesten Sinn von "nichtsinnlich") entwächst der kontinuierlichen Verlängerung derselben Gesetzmäßigkeiten wie der eben beschriebenen:

> "Sciendum est igitur quod nomen naturae a nascendo est dictum vel sumptum. Unde primo est impositum hoc nomen ad significandum generationem viventium, quae nativitas vel pullulatio dicitur: ut dicatur natura quasi nascitura. - Deinde translatum est nomen naturae ad significandum principium huius generationis. - Et quia principium generationis in rebus viventibus est intrinsecum, ulterius derivatum est nomen naturae ad significandum quodlibet principium intrinsecum motus ... - Hoc autem principium vel forma est, vel materia. Unde quandoque natura dicitur forma: quandoque vero materia" (III q2 a1 c).

Dieses Beispiel unterscheidet sich strukturell in nichts vom Übertragungsprozeß im rein immanenten Bereich. Besonders aufschlußreich wird es dadurch, daß es de facto die Entstehung metaphysischer Aussagen beschreibt: Auf der Schiene einer Ähnlichkeit (das ist nämlich der Inhalt des begründenden "et quia") kann der Gebrauch des Ausdrucks über den sinnlichen (Ursprungs)Bereich hinaus ins Nichtsinnliche ausgedehnt werden. Umgekehrt vollzieht sich in der - wörtlich verstandenen - Re-konstruktion des metaphysischen Sprechens eine praktische Sprachkritik, die durch ihr Wachhalten der spezifisch metaphysischen Verwendung eventuellen Mißverständnissen - begünstigt durch das zweifellos komplizierte "quandoque forma - quandoque materia" - vorbeugt.

Für den Bereich der Theologie gilt dasselbe wie das eben auf die Metaphysik hin Gesagte - wie etwa I q37 a1 c zeigt. Thomas scheint bei der Analyse dieses theologischen Übertragungsfalles besonderen Wert darauf zu legen, daß das Moment der Erfahrung als Ausgangspunkt zur Sprache kommt:

> "... sciendum est quod, cum in divinis ... sint duae processiones, una per modum intellectus, quae est processio verbi; alia per modum voluntatis, quae est processio amoris: quia prima est nobis magis nota, ad singula significanda quae in ea considerari possunt, sunt magis propria nomina adinventa; ..."

Die Fähigkeit, etwas sprachlich zu bewältigen, bemißt sich nach der Vertrautheit mit der zu benennenden Sache, gelingt um so treffender ("magis proprie"), je tiefer der Sprecher in die Sache einzudringen vermag. Der hier zur Debatte stehende theologische Sachverhalt der trinitarischen processiones wird ja bereits durch Entsprechungen ("per modum") aus dem Umkreis der menschlichen Geistnatur ausgelegt - es heißt "processio verbi", nicht "processio Verbi". Und innerhalb dieses anthropologischen Rahmens eines privilegierten Objekts unserer Erfahrung behauptet Thomas ein besseres Bekanntsein der processio verbi gegenüber der processio amoris. Und **weil** das so ist, aufgrund dieser Asymmetrie im Erfahrungsbereich, fällt es uns schwerer, die zweite innertrinitarische processio adäquat auszuworten; Thomas setzt daher die obigen Überlegungen fort:

> "... non autem in processione voluntatis. Unde et quibusdam circumlocutionibus utimur ad significandum personam procedentem: et relationes etiam quae accipiuntur secundum hanc processionem, et processionis et spirationis nominibus nominantur; ... quae tamen sunt magis nomina originis quam relationis, secundum proprietatem vocabuli."

Man beachte: nicht die Grenzen der Sprache angesichts der (bleibenden) Unverfügbarkeit des theologischen Gegenstandes thematisiert der Aquinate hier, sondern das Limit sprachlicher **Möglichkeiten** (zunächst immanenter Art) aufgrund eines Erfahrungsdefizits, welches seinerseits dann das auslegende Aufschließen des theologischen Objekts erschwert: es bleibt nur die Möglichkeit der Umschreibung mit Ausdrücken, die von ihrer Qualität her ("secundum proprietatem vocabuli") anderen sprachlichen Aufgaben dienen, aber substitutionell (unter Festschreibung der inneren Differenziertheit des Gebrauchs) eingesetzt werden können. Trotzdem bleiben sie im Rang von "circumlocutiones" - sie reden um das herum, was eigentlich gesagt werden müßte, aber nicht kann, weil uns eine tiefere Bekanntschaft - die Erfahrung - des dem zu Sagenden Ent-sprechenden als Basis des Sagens fehlt.(151)

6.5.5.5 Synthetische Beschreibung der Aspekte der Redesituation

Der gesamte bisherige Versuch, der reflektierten Sprachpraxis des Aquinaten kritisch nachzugehen, trägt das Stigma des Diskontinuierlichen, ja einer Disparatheit, weil er von seinem Formalobjekt (Sprachpraxis) genötigt wird, sich den verschiedensten inhaltlichen Abschnitten der "Summa theologiae" zu widmen, der Erhebung der Reflexionszusammenhänge willen ein Stück weit auf die je konkrete Materie einzulassen, um dann die Elemente jener praktizierten Sprachphilosophie einzeln zu erheben und in eine gewisse Übersichtlichkeit zusammenzubringen. Um eine Art Gegengewicht zu der solchermaßen bedingten Disparatheit zu schaffen, soll noch ein Text analysiert werden, der - gleichsam als vorläufige Synthese - in relativer Vollständigkeit alle Momente in sich sammelt, die bisher als relevant für die Geflechte einer Redesituation zu identifizieren waren, und gleichzeitig den Blick freigibt auf einige bisher noch nicht berücksichtigte Teilmomente im Gesamtereignis der Redesituation:

> "... de aliquo nomine dupliciter convenit loqui: uno modo secundum primam eius impositionem; alio modo secundum usum nominis. Sicut patet in nomine visionis, quod primo impositum est ad significandum actum sensus visus; sed propter dignitatem et certitudinem huius sensus, extensum est hoc nomen, secundum usum loquentium, ad omnem cognitionem aliorum sensuum (dicimus enim, Vide, quomodo sapit, vel quomodo redolet, vel quomodo est calidum); et ulterius etiam ad cognitionem intellectus, secundum illud Matth. 5(,8): Beati mundo corde, quoniam ipsi Deum videbunt.
>
> Et similiter dicendum est de nomine lucis. Nam primo quidem est institutum ad significandum id quod facit manifestationem in sensu visus: postmodum autem extensum est ad significandum omne illud quod facit manifestationem secundum quamcumque cognitionem. - Si ergo accipiatur nomen luminis secundum suam primam impositionem, metaphorice in spiritualibus dicitur ... Si autem accipiatur secundum quod est in usu loquentium ad omnem manifestationem extensum, sic proprie in spiritualibus dicitur" (I q67 a1 c).

Einleitend gibt Thomas formal die Parameter an, nach denen ein nomen verwendet werden kann, gemäß der prima impositio und/oder gemäß dem usus loquentium. Diese beiden Eckwerte sind weder exklusive Möglichkeiten noch kontradiktorische Alternativen, sondern markieren abstrakt den ganzen Spannungsbogen sprachlichen Übertragungsgeschehens; dabei bleibt zunächst zu beachten, daß nicht nur der usus loquentium immer schon durch das Redesubjekt und dessen Erfahrungen konditioniert ist, sondern daß auch die impositio nominis absolut in der Verfügung des sprechenden Subjekts steht. Was Thomas einmal beiläufig über die Wahl bestimmter res zu signa sagt, gilt genauso für Wörter (die ja auch als Zeichen aufgefaßt werden):

"... si idem possit per diversa signa significari, determinare tamen quo signo sit utendum ad significandum, pertinet ad significantem" (III q60 a5 ad1).

Das bedeutet nicht, das Subjekt könne willkürlich Namen gebrauchen, aber es bedeutet, daß jede Namensgebung beim Subjekt – mit allen seinen Bedingtheiten – ihren Anfang nimmt. Die impositio nominis stand wohl im Zentrum der semantischen Auseinandersetzungen des 13. Jahrhunderts(152) und fand besonders in ABAELARD ihren großen Analytiker, sofern es in seinem Werk "Dialectica" wie auch den anderen logischen Schriften auf sie ankommt.(153) Eine von ABAELARDs präzisen Definitionen der impositio nominis lautet:

"neque enim vox aliqua naturaliter rei significate (sic!) inest, sed secundum hominum impositionem. Vocum enim impositionem Summus Artifex nobis commisit, rerum autem naturam proprie Sue dispositioni reservavit."(154)

Die dem Menschen von Gott geschenkte Autonomie materialisiert sich zuerst in der Bevollmächtigung zur Namensgebung; sie gibt Anteil an der schöpferischen Aktivität des großen Künstlers Gott, ist so selber Menschen-Kunst, nicht Natur, sondern sein Tun in seiner Verantwortung – und als solches läßt das sprechende Subjekt nicht nur seine Welt und sich selber zu Wort kommen, sondern entäußert sich zugleich hinein in den Raum der Intersubjektivität. Dieses Übergreifende, Verpflichtende hat Thomas zumindest angedeutet dadurch, daß er den Akt der prima impositio gleichwertig ausdrückt durch "primo quidem est **institutum**". Damit sind die Rahmenbedingungen der Redesituation aufgespannt; das Sprachgeschehen innerhalb ihrer beginnt auf der Ebene des Sinnlichen ("actus sensus visus"), dehnt sich über seine ursprüngliche Region ("visus") hinaus aus auf alles, was im Sinn der Familienähnlichkeit mit dem Ursprünglichen zusammengesehen werden kann ("ad omnem cognitionem aliorum sensuum"),(155) um schließlich auch den intellektualen Bereich in sich einzubegreifen. Bei dem ersten Beispiel mit "visio" gewährt Thomas zusätzlich einen Hinweis auf das Motiv, das den Anlaß gibt, den Sprachgebrauch zu erweitern und die Erkenntnisleistung aller Sinne mit dem ursprünglich nur einem zugedachten Ausdruck ("visus") zu bezeichnen: "propter dignitatem et certitudinem huius sensus"; es ist immer problematisch, so beiläufige Bemerkungen wie die eben zitierte auf ihr Warum hin ausdrücklich zu befragen, dennoch wird man wohl nicht fehlgehen, darin einen Reflex des spezifischen thomanischen Intellektualismus auf metasprachlicher Ebene zu erblicken – jenes Primats einer Erkenntnis, die unabdingbar mit dem Erkennen des Sinnlichen beginnen muß und sich bleibend an dieses gebunden weiß.(156) Der obige spezielle – wörtliche – Ausdruck dieses Intellektualismus selbst wiederum scheint mir jenen – um nochmals einen Schritt zurückzufragen – in den anthropologischen Grundentscheidungen des Aquinaten zu verankern ("propter dignitatem") und zugleich aus der unmittelbaren Erfahrung ("propter certitudinem") zu schöpfen. Die anthropologische und die experimentelle Komponente motivieren letztendlich den sprachlichen Prozeß einer Übertragung bis ins Transzendente hinein – und sind die selbst noch einmal in ihrer radikalen Konkretheit sich bleibend verhüllenden Momente jener in I q13 a2 schon andeutungsweise zu diagnostizierenden Anthropozentrik von Sprache.

Das zweite in I q67 a1 c begegnende Beispiel schließlich reißt ebenfalls noch ein anderes, wiederum eminent gewichtiges Problem an: es behauptet den Unterschied von "metaphorice" und "proprie" als abhängig von den spezifischen Determinanten der Redesituation: "lux" oder "lumen" kennt die Verwendung im Sinn der prima impositio für das, was das Aufscheinen der Dinge für das Sehen verursacht, und eine zweite – ausgedehnte – für alles, was irgendwie erscheinen macht. In beiden Varianten kann der Ausdruck in spiritualibus vorkommen; tut er es in der ersten Weise, dann wird er in diesem Diskurs über geistliche Dinge metaphorisch gebraucht; die zweite Variante qualifiziert ihn im selben Diskurs zum "proprie"-Ausdruck. Weder semantische Kategorien noch syntaktische Indizien erlauben die Identifikation der spezifischen Qualität des Ausdrucks in einem bestimmten Diskurs – genausowenig handelt es sich bei der Differenzierung von "proprie" und "metaphorice" um eine fixe Klassifizierung: was gemäß der prima impositio "lux" hieß, ist in spiritualibus metaphorice gemeint, was dagegen extendierend gebraucht wird (also letztlich metaphorisch), gewinnt im zweiten Diskurs "proprie"-Charakter. Was nun ein Ausdruck in einem gegebenen Diskurs wirklich bedeutet, hängt also davon ab, wofür der Ausdruck in welcher Absicht verwendet wird – und zwar in durch alle Transformationen durchgehaltener Rückbindung an die Einheit von Gebrauch und Erfahrung in der prima impositio (mag diese Ko-Präsenz im intelligiblen Bereich oft auch noch so implizit sein). In der Redesituation als ganzer schürzt sich damit der Knoten all jener linguistischer Fäden, deren Gewebe die Problematik des übertragenen Redens ausmacht. Mit ihr ist der Ort gewonnen, von dem aus noch einmal eigens nach dem "metaphorice" und sodann nach dem Verhältnis von Metapher und Analogie zu fragen sein wird.

Bevor dies jedoch geschieht, ist noch zwei Momenten etwas nachzugehen, die das soeben behandelte Beispiel einer relativen Synthese aller relevanten sprachreflexiven Aspekte gegenüber den vorhergehenden Exempeln erstmals zur Sprache brachte oder wenigstens andeutete. Ihre solchermaßen nachträgliche Explikation erzwingt die Komplexheit dessen, worin all die einzelnen Momente festgemacht sind: die Redesituation; ihre rekonstruierende Analyse sieht sich gezwungen, das mehrdimensionale Ganze der Redesituation sukzessiv aufgegliedert zu entfalten. Im vorausgehenden war – entsprechend der Vorgabe des Beispiels selbst – primär der Standort des Sprechers als Fluchtpunkt der Prozeßstrukturen aufgetaucht. Ihr Verlauf von der prima impositio und den ihr inhärenten Erfahrungen stand zur Debatte; zwei andere Werte jedoch, die die Redesituation genauso konstitutiv mitbestimmen, bleiben mehr im Hintergrund und sind deshalb im Rückgriff auf andere Stellen in der "Summa theologiae" noch weiter zu explizieren:

Da ist zunächst die Frage des Motivs einer Namensübertragung; in ihr meldet sich de facto der Anspruch, die Normativität des Objekts einer Rede in dem die Redesituation formal konstituierenden Dreieck von Subjekt – Objekt – Sprache. In I q67 a1 c hat Thomas das Motiv für die Übertragung mit "propter dignitatem et certitudinem" sehr konkret angegeben, jedoch faktisch konstatierend. Des öfteren läßt er aber zusätzlich formale Bemerkungen einfließen, die die Wahl des Motivs selbst noch einmal legitimieren sollen:

"... sensus accipitur aliquando pro potentia, aliquando vero pro ipsa anima sensitiva: denominatur enim anima sensitiva nomine pricipalioris suae potentiae, quae est sensus. Et similiter anima intellectiva quandoque nominatur nomine intellectus, quasi a principaliori sua virtute ..." (I q79 a1 ad1);

"... nomen ipsius prudentiae sumitur a providentia, sicut a principaliori sua parte" (II-II q49 a6 ad1 - wobei, ohne daß Thomas eigens darauf zu sprechen kommt, das Verfahren der Etymologie miteinfließt);

dieselbe Motivangabe erfolgt ganz allgemein gefaßt in II-II q119 a1 ad1:

"... ab illo tamen aliquid magis denominatur quod est pricipalius";

"Sumuntur autem quandoque nomina passionum a superabundanti" (II-II q127 a1 c);

"... etiam et circa honores sunt duae virtutes. Una quidem circa mediocres honores, quae innominata est: nominatur tamen ex suis extremis ..." (II-II q129 a2 c).

Die solchermaßen artikulierten Motivationszusammenhänge bei Benennungsvorgängen gehorchen offensichtlich nicht apriorisch definierten, sondern pragmatischen Prinzipien - pragmatisch in dem Sinne, daß häufig etwas an einer Sache, was besonders ins Auge sticht, die Benennung der ganzen Sache zu motivieren scheint. Es dürfte nicht zuviel gesagt sein, an der Basis der Benennungsmotivation etwas am Werk zu sehen, was ich "Auffälligkeitsprinzip" nennen möchte.(157) Damit kommt eine Kategorie ins Spiel, die weder exklusiv dem Subjekt noch ausschließlich dem Objekt zuzuschlagen ist, sondern sich allererst - gleichsam als Kategorie zweiter Potenz - kraft der ins Medium der Sprache verfügten Bezogenheit beider aufeinander konstituiert; es handelt sich also um eine konstitutiv an die Redesituation gebundene Relationskategorie. Sie als Motor der Namensgebung und -übertragung anzunehmen, steht zweifellos zunächst in gewissem Widerspruch zu Thomas' kategorischer Feststellung in III q37 a2 c:

"... nomina debent proprietatibus rerum respondere. Et hoc patet in nominibus generum et specierum: prout dicitur IV Metaphys.: Ratio enim quam significat nomen, est definitio, quae designat propriam rei naturam."

Aber diese Theorie kann weder die oben aufgelistete Vielfalt abdecken, die Thomas in seiner konkreten Sprachpraxis in der Motivationsangabe begründet zum Zuge kommen läßt, noch berücksichtigt sie den Fall, daß ein nomen nicht nur der Bezeichung der Definition einer Sache dienen kann, sondern genauso ein bestimmter Aspekt, ein Teil der Sache den Namen der ganzen Sache auf sich ziehen kann:

"... secundum Philosophum in IX Ethic., illud potissime videtur esse unumquodque, quod est principale in ipso: sicut quod facit rector civitatis, dicitur civitas facere. Et hoc modo aliquando quod est principale in homine, dicitur homo: aliquando quidem pars intellectiva, secundum rei veritatem, quae dicitur homo interior; aliquando vero pars sensitiva cum corpore, secundum aestimationem quorundam, qui solum circa sensibilia detinentur. Et hic dicitur homo exterior" (I q75 a4 ad1).

Zwar legt Thomas auch hier darauf Wert, das "principale" - das, was die Benennung motiviert - zu klassifizieren ("secundum rei veritatem"; "secundum aestimationem"), dennoch bleibt bestehen, daß das "principale" wechseln kann. Was "principale" wird, entscheidet sich letztlich daran, worauf der Sprecher bei der besprochenen Sache schaut - und das wiederum bestimmen seine ausgesprochenen und unausgesprochenen Voraussetzungen, Interessen, Grenzen und Zwecke. Diesen Aspekten hat sich der Aqinate selbst nicht mehr gewidmet; sie führen - in heutiger Sicht - hinüber in den Bereich der Wahrnehmungspsychologie und Psycholinguistik. Obwohl Thomas deren Fragestellungen fremd waren, kommt er ihnen an einer Stelle faktisch überraschend nahe, nämlich im Zusammenhang des Problems der Eigennamen in III q37 a2 c; gegenüber der theoretisch behaupteten strikten Bindung der Namen an die definnierten Eigenschaften im Bereich des res(158) stellen sich für Thomas die Motivationszusammenhänge bei den Namen für Menschen ganz anders dar:

> "Nomina autem singularium hominum semper imponuntur ab aliqua proprietate eius cui nomen imponitur. Vel a tempore: sicut imponuntur nomina aliquorum Sanctorum his qui in eorum festis nascuntur. Vel a cognatione: sicut cum filio imponitur nomen patris, vel alicuius de cognatione eius ... Vel etiam ab eventu: sicut Joseph vocavit primogenitum suum Manassen, dicens: Oblivisci me fecit Deus omnium laborum meorum, Gen. 41(,51). Vel etiam ex aliqua qualitate eius cui nomen imponitur ..."

Die im Fall der Eigennamensvergabe diagnostizierte Motivationsvielfalt steht dabei dem praktisch-pragmatischen Vorgehen beim Benennen der Dinge, wie es oben expliziert wurde, viel näher als die theoretische Festschreibung auf die definierten proprietates im Fall der "res"-Benennung. Gerade anläßlich dieser Fragestellung enthüllt sich erneut und forciert die dominierende Rolle der Redesituation, die somit als leitender hermeneutischer Horizont in der Analyse sprachpraktischer Vorgänge einzusetzen ist; impositio nominis und jede Form der Übertragung eines Namens müssen dabei in ihrer Ver-lautbarung, ihrer Wortwerdung als Endprodukt eines vielfachen und komplexen Beziehungsereignisses zwischen Sprecher, Sprache und Objekt angesetzt werden - der innere Verlauf dieser Beziehungen steht hier vom Aquinaten her nicht mehr zur Debatte.(159)

Das letzte Moment aus dem Umkreis der Redesituation, das sich in I q67 a1 c - der relativen Synthese - andeutungsweise zur Geltung bringt, hat bereits einmal bei der Analyse von I q13 in a10 die Aufmerksamkeit auf sich gezogen: die Tatsache, daß Thomas seine Sprachanalyse nicht auf die Untersuchung der Relation zwischen Wort und Sache, Wort und Wort, Wort und Sprecher beschränkt, sondern auch den Standort des Hörers mit einbezieht und so auch in der Doppelrelation Sprecher-Hörer den Intersubjektivitäts- und Öffentlichkeitscharakter von Sprache zu berücksichtigen weiß. Zugegebenermaßen beschränkt sich die Präsenz dieser Dimension in I q61 a1 c auf eine durch ein einziges Wort hergestellte - in sich selbst noch sehr indirekte - Anspielung: "nam primo quidem est institutum ..."; dennoch scheint gerade dieser Ausdruck mit Bedacht als Äquivalent für "prima impositio" gewählt

(Thomas hätte den Ausdruck durchaus ein zweites Mal wählen können), weil darin eben jenes Moment der Öffentlichkeit mitschwingt, welches die normale Redesituation - und damit alle Vorgänge in dieser - imprägniert.(160) Dieser fundamentale Charakter allen Sprechens trägt dem Sprecher zusätzlich die Verantwortung auf, dafür zu sorgen, daß er gemäß den geltenden Regeln einer gemeinsamen Sprache das sagt, was er meint - oder anders: er ist dafür verantwortlich, daß ihn sein Adressat verstehen **kann** - aber auch dafür, daß die Möglichkeit von Mißverständnissen, die sich ja nie ganz ausschließen lassen, auf ein Minimum reduziert wird. Genau in dieser Absicht hüllt sich die Perspektive des Hörers mehrfach - bald direkter, bald verborgener - als Kriterium des Sprachgeschehens in das Gewand reflektierter Sprachpraxis, so etwa in I q61 a1 ad1: Auf die Frage, warum in den ersten Kapiteln der Genesis nicht von der Erschaffung der Engel die Rede sei, antwortet Thomas mit AUGUSTINUS,(161)

"... quod angeli non sunt praetermissi in illa prima rerum creatione, sed significantur nomine caeli, aut etiam lucis."

Dann aber fährt er - über AUGUSTINUS hinausgehend - ganz im Gefälle seiner Vorsicht im Umgang mit symbolischen Namen(162) und seines analytischen Pathos (um es einmal so zu nennen) fort:

"Ideo autem vel praetermissi sunt, vel nominibus rerum corporalium significati, quia Moyses rudi populo loquebatur, qui nondum capere poterat incorpoream naturam; et si eis fuisset expressum aliquas res esse super omnem naturam corpoream, fuisset eis occasio idololatriae ..."

So legt Thomas um AUGUSTINs Lösung einen analytisch-reflexiven Mantel herum, der Wesentliches seiner Sicht des Phänomens Sprache verrät, genauer: der die Situation und Position der Hörer als integrales Moment gelingender Kommunikation versteht; inhaltlich ist die Stelle aufzufassen als Rekonstruktion des Motivs für eine eminent analoge Verwendung der beiden Ausdrücke "caelum" und "lux". Aus derselben pädagogischen Sorge heraus wie in I q61 a1 ad1 kommt Thomas noch mehrfach auf die Situation des Hörers als einer Norm des Redens zu sprechen,(163) weiter reflektiert jedoch hat er dieses innere Moment der Redesituation nicht; der Einbezug des Hörers in die Analytik des Sprachgeschehens bleibt so von Thomas her in reflexiver Unvollendetheit stehen und dient nur einem ganz bestimmten Zweck: weder die eben erwähnten pädagogisch motivierten Rekurse noch jener singuläre in formaler Hinsicht vollzogene aus I q13 a10 c stellen ein Vorläuferproblem zur modernen "other mind"-Thematik dar, noch handelt es sich um ein Versatzstück späterer Kommunikationstheorien. Das Zusammenkommen von Sprecher und Hörer überhaupt, die prinzipielle Übereinkunft in der Sache stellt für Thomas kein Problem dar; sie wird durch den vorausgesetzten Erkenntnisrealismus vom "res"-Bereich selbst garantiert. Die Schwierigkeit liegt vielmehr innerhalb schon hergestellter Kommunikation in der genauen Wahrung dessen, was der Sprecher gemeint hat; das Mißverständnis gilt als Sonderfall; der Rekurs auf den Hörer als prophylaktische und bei schon geschehenem Mißverständnis als therapeutische Maßnahme.

6.5.5.6 Zusammenfassung

Rückblickend darf also festgestellt werden, daß Thomas im Rahmen seiner funktionalen Sprachreflexion sämtliche wesentlichen Aspekte der Redesituation – wiewohl in unterschiedlicher Qualität und Ausführlichkeit – berücksichtigt hat: er hat um den jedem Sprechakt notwendig vorgängigen Sprachhorizont gewußt, hat die Funktionen und Wirkweisen des Sprachgebrauchs analysiert und dessen dialektischen Bezug zur Erfahrung des redenden Subjekts wenigstens partiell herausgearbeitet. Er hat zur Kenntnis genommen, daß die Aktivität der Namensgebung in die freie Verfügung des Sprechers gegeben ist und vielfach der Struktur eines Prozesses vom Bekannteren zum weniger Vertrauten gehorcht – und zwar gleichermaßen bei der Benennung von Objekten, die der unmittelbaren Erfahrungswelt immanent sind, wie auch beim Gang vom Immanenten ins Transzendente. Und schließlich hat Thomas auch mehrfach das Problem der Motivation bei der Namensgebung in Blick genommen sowie das Moment der Öffentlichkeit von Sprache überhaupt sowie der Intersubjektivität in der Sprecher-Hörer-Relation wenigstens gestreift. Mögen die beiden zuletzt angefügten Elemente der Benennungsmotivation und – noch viel mehr – das der Hörersituation auch nur sehr rudimentär von Thomas expliziert worden sein, so vervollständigen sie dennoch das Bild von Sprache, das dem Aquinaten unterstellt werden muß; daß dabei manches nur schemenhaft aufblitzt und an den Rändern verschwimmt, muß dabei in Kauf genommen werden als Folge jenes ausschließlich pragmatischen Charakters, den Reflexionen über Sprache für Thomas im Horizont seiner leitenden Anliegen gewinnen mußten.

Alles, was bisher zur Sprache kam, gehört zu der Operationalisierung der Grenzen und Chancen, die im "Faktum" Sprache selbst liegen. Und alles ist – vom leitenden Vorurteil dieser Überlegungen her – im Horizont der Analogiethematik zu lesen. Zu qualitativ nicht mehr überbietbarer Dichte gipfelt die Operationalisierung auf in einem Phänomen, das von Anfang an den Rang eines eigenständigen philosophischen und später auch linguistischen Themas reklamierte, außerdem in einer nie zur Ruhe gekommenen Spannung zum Phänomen der Analogie steht und gerade deshalb um der letzteren Verständnis willen einer ausführlicheren Untersuchung bedarf: die Metapher.

6.5.6 Metapher und Analogie

ARISTOTELES hat der Metapher den Rang eines philosophischen Themas zuerkannt und gleichzeitig mit der Weise seiner Durchführung – besonders in der "Rhetorik" und in der "Poetik" – die Weichen für eine Wirkungsgeschichte gestellt, der die Tendenz innewohnte, die Metapher als uneigentliche Redeweise fortschreitend zum Randphänomen zu deklassieren.(164) Entgegen dieser Tradition ereignete sich in den letzten Dezennien in der Metaphernforschung eine Renaissance, die selbst noch ihren – trotz allem – profunden Anfang beim Stagiriten weit hinter sich ließ. Was diesbezüglich weitgehend unabhängig voneinander in der Sprachwissenschaft,(165) in der Philosophie(166) und im Rahmen der Gleichnisforschung in der Theologie(167) geschah, ließ "... die Metapher von einem sprachlichen Grenzphänomen zu einem Grundvorgang der Sprache avancieren ..."(168) Auf dem Hintergrund einer solchermaßen vollzogenen Emanzipation des Metaphernthemas tritt die Charakteristik der gegenläufigen, mehr als 2000 Jahre dominierenden Tradition in scharfen Konturen heraus: Diese war gekennzeichnet von der Behandlung der Metapher als Teilthema der Analogieproblematik - das ist auch wenigstens auf den ersten Blick in der "Summa theologiae" so (vgl. I q13 a3, a6 und a9). Deren Lösungsstrategien haben folgerichtig auch die Koordinaten für die Beschäftigung mit der Metapher vorgezeichnet, vor allem die Suche nach logischer Durchsichtigkeit und das Theorieinteresse. Zweifel an der Angemessenheit dieser Verortung der Metaphernreflexion kommen jedoch auf angesichts der Tatsache, daß nahezu keine der Darstellungen und Auseinandersetzungen mit der thomanischen Analogie auf eine mehr oder weniger ausführliche Zuwendung zum Verhältnis von Analogie und Metapher verzichten kann(169) - und noch mehr: daß die gegebenen Antworten auch nicht auf einen weit gefaßten gemeinsamen Nenner gebracht werden können.

6.5.6.1 Abgrenzungsprobleme

Grundsätzlich kann man bei den Bestimmungsversuchen des Verhältnisses von Analogie und Metapher bei Thomas zwei divergierende Tendenzen unterscheiden, die - gerade ihrer Gegenläufigkeit wegen - den Verdacht schöpfen lassen, daß sie interessengeleiteten Entscheidungen entstammen und nicht überprüfbaren Argumenten. Den einen ist alles an der strikten oder wenigstens extensiven Differenz zwischen Analogie und Metapher gelegen - extrem vertreten durch R. M. J. DAMMAN, der in seine Exposition der Analogiethematik ganz beiläufig einfließen läßt "... that according to Aquinas the problem (sc. der Analogie) has nothing to do with metaphors ...",(170) weil letztere zu keiner der beiden möglichen Arten von Äquivokation (a casu und a consilio) gerechnet werden könne, da "metaphorice" nicht den Gegenbegriff zu "univoce", sondern zu "literaliter" darstelle.(171) Dieser dezidierten Stellungnahme gegenüber trägt die gegenläufige, auf den Zusammenhang von Analogie und Metapher abhebende Tendenz bei vielen Autoren das Stigma - und das heißt hier: den Mangel - einer im Andeutungshaften bleibenden, bis zur paradoxen Antithetik aufgipfelnden Exposition. Letztere praktiziert G. SÖHNGEN mit der Behauptung, nicht jede Metapher sei schon Analogie, könne aber meist als Analogie ausgeschrieben werden, wobei gleichzeitig gelte: "... wenn auch jede analoge Benennung eine Metapher ist, so ist doch nicht jede Benennung nach der Analogie eine bloße Metapher, ein uneigentlicher Ausdruck."(172) M.-D. CHENU läßt die Bestimmung dieses komplexen Verhältnisses selbst noch einmal in eine Metapher münden: "La métaphore, en certain cas, tourne en 'analogie' - mot grec qui va prendre au sens technique, dans le climat dionysien de la fin du siècle -, selon un transfert de l'esprit prenant pied dans les formes sensibles pour percevoir les réalités spirituelles ..."(173) Schon in diesen skizzenhaften Formulierungen deutet sich im Vorblick etwas an, worin alle in der Perspektive des akzentuierten Zusammenhangs von Analogie und Metapher angesiedelten Lösungen übereinkommen, wie sehr auch ihre Wege im entscheidenden Punkt des Brückenschlages auseinandergehen mögen: nämlich, daß die Analogie im Horizont der Metapher zu begreifen ist - als etwas, das sich einer Entwicklung aus der Metapher verdankt. Sobald es aber in diesem Zusammenhang - über Metapher und Antithetik hinaus - diskursiv etwas näher zu entfalten gilt, beginnen zumeist auch diese Autoren, die Differenz von Metapher und Analogie besonders herauszustellen. So versteht G. KLUBERTANZ die Metapher als "extrinsic univocal predication",(174) widerspricht der thomistischen Schultradition, die die Metapher reduziert auf dieselbe Prädikationsart wie die Analogie und entdeckt die spannungsvolle Näher beider zueinander darin, daß die Metapher durch Häufung ihres Gebrauchs ihre metaphorische Kraft verliert und zur Analogie gerinnt, "... and in becoming analogous has become a commonplace epithet."(175) Noch intensiver prägt dieser Doppelcharakter von gleichzeitiger Nähe und Differenz die Veröffentlichungen R. McINERNYs, der sich bisher bereits viermal zum Thema "Analogie und Metapher" äußerte und dabei bemerkenswerte Akzentverschiebungen vollzog. In seiner diesbezüglich ersten Arbeit "Logic of Analogy" insistiert er einerseits ganz stark auf einer strikten Demarkationslinie zwischen Metapher und Analogie: "What distinguishes the analogous name from metaphor is this: those things which do not verify the proper notion of the common name are nonetheless properly, if less so, signified by it and consequently it can properly suppose for them." (176) Der Analogie gegenüber gilt dabei die Metapher als "... a univocal term used in a proposition to suppose for something which does not fall under its signification."(177) Andererseits deutet er gegen Schluß seiner Ausführungen zu diesem Problem - in erheblicher Spannung zu den Kernsätzen seiner Überlegungen - die Möglichkeit eines fließenden Übergangs zwischen Analogie und Metapher an: Alles Nichtsinnliche wird vom Sinnlichen ausgehend benannt; deshalb impliziert jede Übertragung zunächst eine Metapher. "Then, with th sanction of usage and the recognition of a common notion, these names becomes (sic!) analogous. Thus, while some metaphors become but tired clichés, banalities incapable any longer of eliciting the delight and wonder which was their original justification, others become analogous names thanks to an extension of their meaning."(178) Das Kriterium, an welchem sich entscheidet, wohin im konkreten Fall die Entwicklung verlaufen wird, bleibt McINERNY schuldig. Auch seine zweite Beschäftigung mit der Problematik bleibt gezeichnet vom Antagonismus zwischen Differenzwille(179) und faktisch gesehener Metamorphose zwischen Metapher und Analogie. Diesmal entwickelt er die differenzierte Prozeßeinheit ausschließlich anhand der Kategorie der "ratio propria". Die Analogizität ereignet sich in der Extension eines nomens, welches in deren Vollzug eine auf die ursprüngliche ratio propria bezogene neue ratio bezeichnet: "... sometimes so little of the ratio propria is saved that what is named such-and-such communiter loquendo is said to be named metaphorically. This will be because the analogous name in that case reveals so little of the proper nature of that to which it is applied." (180) Zusammenfassend kann McINERNY in dieser Perspektive notieren: "... although a thing which receives a metaphorical name is referred to what serves the proper notion of the name, it is not reffered to it as saving the proper notion, and that it is in this that metaphor differs from analogy."(181) Auch in seinem dritten Anlauf - der Arbeit "Metaphor and Analogy" - behält McINERNY die Konzentration auf die "ratio"-Kategorie bei, genauer: betont er, daß sich die ratio (propria) beim analogen Sprechen modifiziert und daß sie beim metaphorischen

Sprechen überhaupt nicht relevant wird, weshalb die Einführung der Kategorien von extrinseca und intrinseca denominatio zur Klärung des Metaphernproblems überflüssig ist.(182) Viel stärker aber steht diesmal das Moment der Zusammengehörigkeit im Vordergrund. Ausgehend von der Tatsache, daß Thomas selbst die beiden Terme "analogia" und "metaphora" unsystematisch je in engem und gleichzeitig in weitem Sinn gebraucht (Analogie als Metapher, Metapher als Analogie) darf die Analogie – trotz obiger formaler Unterscheidung – doch als eine Art von Metapher verstanden werden. "It could also be argued that the recognition of the analogical extension of the meaning of a term implies that the term had first of all been used metaphorically (in the narrow sense). Reflection on the metaphor could suggest that not only a similarity of effects is present, but a new way of being denominated from the form of the word."(183) Die Umsetzungsarbeit leistet hier primär die Reflexion.(184) Analogie als theoretisierte Metapher – sie wird das konkret dadurch, daß auf seiten des Adressaten einer Namensübertragung eine mit der ursprünglichen ratio propria kompatible ratio konstruiert wird. Sofern Thomas das "metaphorice" auch als Äquivalent für "communiter" und "minime proprie" zu verwenden scheint, läßt sich – so McINERNY – umgekehrt auch die Metapher als Modus von Analogie begreifen, der nur noch gradmäßig von der eigentlichen Analogie differiert. Je intensiver die Einheit-in-Differenz bzw. die Differenz-in-Einheit des Analogie-Metaphern-Komplexes im Gefälle der bisher eingesetzten Kategorien (ratio, Gebrauch, Reflexion) gesucht wird, desto mehr verflüssigen sich auch wieder die mühsam aufgerichteten Kriterien und herauskristallisierten Strukturen, wie letztendlich auch McINERNY entgegen dem vorher in Geltung gesetzten Unterscheidungsparameter (dem Spannungsbogen der "ratio"-Transformation bei der Analogie) am Ende seiner dritten Arbeit zugunsten der Metapher als Analogiemodus bekennen muß "... that there is involved in metaphorical usage a reference to the ratio propria, although this is quite different from that involved in the extension proprie of the name."(185) In formaler Hinsicht lautet somit der Befund, daß sich der Metaphern-Analogie-Diskurs als Diskurs selbst destruiert im Maß sein Reflexions- und Differierungsniveau steigt; SÖHNGENs Antithetik und CHENUs Übergang zur Metapher scheinen so unverhofft (wieder) in ihr Recht eingesetzt zu werden. Gleichzeitig aber bleibt noch ein dritter Weg zwischen Antithetik und Metapher: Unter Voraussetzung einer wenigstens partiellen Intelligibilität der Zusammenhänge läßt sich nämlich bezweifeln, ob der über ratio, Gebrauch und Reflexion gewählte Zugang zum Problem von Metapher und Analogie überhaupt der einzig mögliche und vor allem ein adäquater war. Der Blick auf D. B. BURRELL, den Autor, der bislang am intensivsten die praktische Sprachzugewandtheit des Aquinaten als hermeneutischen Horizont einer Thomaslektüre ernstgenommen hat, läßt diesen Zweifel fast zur Gewißheit werden – und gleichzeitig in eine Enttäuschung zurücksinken, weil die entsprechenden Passagen besonders stark dem das ganze Oeuvre BURRELLs prägenden Essaystil verhaftet geblieben sind. Dennoch hat er gesehen, daß die Aufschlüsselung der Metaphernthematik von einem bereits vorentschiedenen verengten Analogiekonzept her die Metapher selbst und erst recht ihren Zusammenhang mit der Analogie verfehlen muß: "Preoccupation with proper (i.e. mathematical) proportionality diverted attention from an irreducibly metaphorical dimension in analogous expressions."(186) Konsequent blendet diese Optik nämlich aus, daß auch im analytischen Umgang mit philosophischen Texten unmittelbar literarische Sensibilität mit im Spiel sein muß;(187) außerdem setzten - so fährt BURRELL fort - gemäß jener Einstellung analoge Ausdrücke immer schon einen univoken Zugang zum befragten Objekt voraus, was zur Folge hat, daß Analogie überflüssig ist.(188) Thomas selbst hat nach BURRELL diese metaphorische Dimension anerkannt. Den Nachweis im Detail bleibt der Autor leider schuldig,(189) vielmehr schlägt er wieder seinen altbewährten Weg ins Existentielle ein, um es dort schließlich mit einem Verdacht bewenden zu lassen: "What does ground his use of analogous expressions is not another expression, but a performance, his own performance ... Whether that suffices to legitimize his claims about using such expressions to name God remains a moot question, I suspect, until we try out that performance ourselves."(190) Natürlich trifft zu, daß der Metapher und durch sie der Analogie auch eine performative Dimension eignet - was immer das vorerst genau heißen mag -, jedenfalls eine Dimension, die nicht als Informationsfunktion verrechnet werden kann.(191) Aber weder Metapher noch Analogie gehen in dieser Rolle auf, vielmehr haben sie auch eine kognitive Funktion zu erfüllen, wie BURRELL selbst in einer früheren Arbeit noch herausstellte, ohne diese aber näher zu qualifizieren.(192) Mit der oben eingeschlagenen Reduktion auf das rein Performative schaltet er m.E. einen Kurzschluß, weil er damit der offensichtlichen Intention des ganzen thomanischen Diskurses über das Sprachproblem in der Theologie und erst recht dem fundamentalen Charakter der kontinuierlich gepflegten reflektierten Sprachpraxis nicht mehr gerecht werden kann: Thomas hat beides ohne Zweifel als Rekonstruktion **faktischer** religiöser Rede(193) in Funktion ihres sie rechtfertigenden Intelligibilitätsaufweises betrieben, bei BURRELL dagegen ist dieses Motiv radikal ausgedünnt: es bleibt eine Handlungsanweisung, die sich selbst wiederum nur noch an ihrer eigenen Umsetzung in Praxis legitimieren kann. Völlig konsequent übergibt er deshalb auch die letzte entscheidende Kompetenz für die Rede von Gott "... the disciplines traditionally associated with religious living and practice."(194) Bis hierher war eigentlich nur von dem Zusammenhang, der Nähe zwischen Metapher und Analogie die Rede. Den Unterschied zwischen beiden zu formulieren, fällt BURRELL jedoch viel schwerer. Antizipierend drückt er ihn so aus: "Analogical expressions, however, will differ from neatly metaphorical ones precisely in their capacity to function quite literally in diverse contexts."(195) Was er damit meint, wird erst nachfolgend Stück für Stück in weitschweifigen Umschreibungen deutlich; er will sagen: für analoge Ausdrücke - und dabei wäre zu präzisieren: "analog" im engeren Sinn des Wortes - kommen nur "perfectio"-Terme in Betracht, wobei er aber die Behauptung solcher Koextensivität sofort wieder mit einem Fragezeichen versieht. (196) Die Spur, die es nach BURRELL bei der näheren Identifikation dieser Terme zu verfolgen gilt, liegt in der spezifischen semantischen Struktur dieser Terme(197) und die zeigt sich wiederum nur in deren Gebrauch. Dort enthüllt sich ihre "peculiar semantic structure"(198) als Gradualisierbarkeit der Terme selbst, daß z.B. das Prädikat "lebendig" vielerlei verschiedene Arten von Leben bezeichnen kann "... without thereby exhausting the range of this term ... We learn how to use perfection expressions by reference to the more perfect instances ...",(199) was aber nicht impliziert, wir wüßten, was wir meinen, wenn wir solche Terme von Gott aussagen.(200) Was aber erwirken wir mit ihnen dann? "... the proper use of appropriate expressions turns not on acquaintance with divinity, but rather on a keen appreciation of the peculiar ways we must fracture logic to constitute a domain of discourse about God."(201) Mit dieser Bestimmung erreichen BURRELLs Ausführungen ihren sachlichen Scheitelpunkt; sie werden noch abschliessend mit Verweis auf I q13 a5 ergänzt durch den Hinweis, daß "... Aquinas' original heuristic definition of God as the source of all things is what gives the formal license to use them (sc. die "perfectio"-Terme in divinis) ..."(202) BURRELL hat das m.E. alles völlig richtig gesehen – das sei einmal vorwegnehmend behauptet –, aber all die einzelnen Momente stehen unvermittelt nebeneinander, ihr innerer systematischer Zusammenhang kommt nicht zur Geltung; die Frage nach dem Wie der vorher behaupteten Nähe von Analogie und Metapher, genauer: "perfectio"-Termen und Metapher wird nach Ausfaltung ihrer Differenzen erneut zum Problem (wenn denn der Zusammenhang auch in der Differenz gewahrt werden soll); zu vieles bleibt noch im Ungefähren ("My contention"; "I suspect"; "I do not know"),(203) ermangelt begrifflicher Durcharbeitung und kontrollierbarer Argumente – und schließlich: Wie nahe bleibt dies alles bei Thomas selber?

6.5.6.2 Das praxisrelevante Metaphern-"Konzept" des Aquinaten

Die Beantwortung der zuletzt gestellten Frage – um mit ihr zu beginnen – kann zunächst unmittelbar auf die einleitende Analyse von I q13 zurückverweisen, weil dort anläßlich a6 (in Verbindung mit a2) ausführlich Thomas' Differenzierung von Analogie und Metapher zu verhandeln war.(204) Das dortige Ergebnis lautete, daß Thomas hartnäckig um den Unterschied beider rang – ganz im Bewußtsein ihrer intensiven Nähe – und daß er schließlich mit der Qualifikation der metaphorischen Prädikate als "per prius de creatura dicuntur quam de Deo" (I q13 a6 c) und ihnen gegenüber der analogen mit "per prius dicuntur de Deo quam de creaturis" (ebd.) zwei Differenzierungskriterien aufstellte, die letztlich nicht leisten, was sie – als metasprachlich gemeinte – sollen und auch zu leisten vorgeben.(205) Quer zu ihnen schlägt aber – wenn auch ganz spurenhaft – eine andere Kriteriologie durch, die sich Thomas wohl bei seiner Aufmerksamkeit auf den faktischen Sprachvollzug ohne ausdrückliche Bewußtsetzung für seine eigene kritische Sprachpraxis angeeignet haben dürfte: er redet von "huiusmodi nomina", die bevorzugt in der Rede von Gott verwendet werden, und zählt ein paar davon auf ("bonus", "sapiens", "vivens"); wäre er spezifisch auf sie eingegangen, so hätte er vielleicht mit ihnen die Klasse der "perfectio"-Terme als Terme entdeckt und in der Reflexion auf ihre spezifische Binnenstruktur einen linguistischen Anhalt für ein Differenzierungskriterium der Analogie im strengen Sinn gewonnen. Gerade das Geltenlassen des authentischen Thomas verlangt in diesem Punkt, sein Zurückbleiben hinter dem (auch ihm) Möglichen zu respektieren; BURRELL hat die eigentlich richtige Kriteriologie richtig viel weiter expliziert, somit zwar die Nähe zu Thomas gewahrt, dabei aber den faktischen defizienten Status dieser richtigen Kriteriologie bei Thomas nicht mehr zur Geltung gebracht; in der Rekonstruktion der Denkbewegung des Aquinaten hat jedoch auch das zu geschehen.

Im Rahmen einer Überprüfung der Thomastreue von BURRELLs Interpretationen eröffnet sich gleichzeitig die Möglichkeit, die spezifische Struktur der analogiefähigen Terme noch präziser herauszuarbeiten. BURRELL hatte es nicht gewagt, deren Koextensivität mit "perfectio"-Termen kategorisch zu bejahen und sie schließlich qualifiziert als Terme, deren Extension ("range") im konkreten Gebrauch niemals ausgeschöpft werden kann und die immer im Bezug auf ein Maximum zu verstehen sind. In der Verbindung mit dem Theologoumenon, daß Gott Quelle und Ziel aller Dinge sei, enthüllt sich dieses Maximum als im Unendlichen liegend.(206) Darin stecken mehrere Ungenauigkeiten. Zunächst: das Moment der Graduierbarkeit und der Bezug auf ein Maximum eignen nach Thomas auch den "per prius de creatura" ausgesagten Ausdrücken:

"... appropinquant ad illud primum vel magis vel minus" (I q13 a6 c - bezogen auf alle im weiten Sinn analogen nomina);

nicht an dieser strukturellen Kennzeichnung kann also die Unterscheidung festgemacht werden, sondern sie entspringt - und das verschwindet bei BURRELL - der radikalen Unterschiedenheit des jeweils justierenden Maximums: bei den metaphorisch gebrauchten Termen ist dieses Maximum ein endliches - auch das Löwesein z.B. ist eine perfectio -, bei den streng analogiefähigen dagegen handelt es sich um ein unendliches. Aber - und hier liegt der BURRELLsche Kurzschluß - diese Unendlichkeit trägt den Termen nicht erst den Bezug auf Gott ein, sondern eignet ihnen immer schon als Sprachpotential von ihrer linguistischen Qualität her; lediglich die unendliche Verwirklichung des von ihnen Benannten bleibt Gott vorbehalten. An dieser Stelle hat nochmals der schon mehrfach zitierte R. McINERNY zu Wort zu kommen. In seiner jüngsten Veröffentlichung, die schon durch den fast reißerischen Titel "Rhyme and Reason" die erneute Standortverschiebung des Autors gegenüber seinen früheren Interpretationen signalisiert, wendet er sich ganz aus der Perspektive der Sprachbewußtheit thomanischen Denkens dem Problem von Analogie und Metapher zu, um sich - im Blick auf I q1 a9 - einer (sachlich geforderten) **linguistischen** Kriteriologie maximal anzunähern: "Why is it that only some and not all words signifying perfections can be attributed to God so long as we prescind from the creaturely mode of having the perfection? ... The answer is that there are some perfections which are proper to creatures as such and not simply in the way the creature has them. It is one thing to speak of words like 'being', 'good', 'wise' and 'just' and quite another to speak of 'stone' and 'fire' and 'lion'. Existence and goodness are found in limited ways in creatures and this is reflected in the meanings of 'being' and 'good'. Leonity is as such a limited perfection ... The criterion we seek, put in Thomas's quasi-technical vocabulary is this: when the res significata does not include limitations, though the modus significandi does, the word can be said properly of God; when the res significata includes limitations, the word can be said of God only metaphorically."(207) Tragen auch das "only" bezüglich der Metapher sowie die eine oder andere Wendung noch die Spuren der traditionellen Auffassung, so kommt doch hinreichend zur Geltung, daß es zunächst einmal um Wörter geht und deren semantische Struktur sowie um die jeweils mögliche spezifische Referenzialität. Thomas hat diese Sachverhalte nicht mehr reflektiert, aber faktisch im Sprachhandeln respektiert, wie seine vier in der "Summa theologiae" auffind-

baren - sehr kurzen - Listen von streng analogiefähigen Termen zeigen
(vgl. I q2 a3; I q13 a3 c; I q13 a6 c; I q20 a1 ad2). Gewolltes Einlassen auf die Denkbewegung des Aquinaten wird sich auch hier - unbeschadet der Orientierung an seinem Tun - zur Überwindung seiner
literarisch fixierten Position genötigt sehen.

Noch ein drittes - fast immer selbstverständlich mitgesetztes - Element
aus den bisher durchgearbeiteten Interpretationen des Verhältnisses
von Analogie und Metapher muß noch auf seine thomanische Authentizität hin geprüft werden. Alle Autoren nämlich, die überhaupt einen
engeren Zusammenhang anerkennen, setzen letztlich einen gewissen
Überschuß der Metapher voraus oder - sofern sie sich näher dazu äussern - lassen die Analogie aus der Metapher hervorgehen; eine ausdrückliche Begründung für diese Setzung habe ich in keinem der berücksichtigten Werke gefunden. Vor einer möglichen systematischen Analyse dieses Tatbestandes - und abgesehen von der historisch vor
Thomas vom Metaphernbegriff für die Abklärung der Analogieproblematik
geleisteten Katalysatorenarbeit(208) - bleibt zunächst der Aquinate
selbst zu befragen. Auf den ersten Blick scheint er eine gegenteilige
Sicht der Verhältnisse zu vertreten, sofern in I q13 a6 c das "metaphorice" als **ein** möglicher Fall des "analogice" auftritt; dennoch gibt
es eine Reihe Hinweise, die diese Verortung wenigstens ansatzhaft korrigieren. Einer der wichtigsten findet sich in I q1 a9 ad1:

> "... poeta utitur metaphoris propter repraesentationem: repraesentatio enim naturaliter homini delectabilis est. Sed sacra doctrina utitur metaphoris propter necessitatem et utilitatem, ut dictum est."

Die theo-logisch fungierende Metapher unterscheidet sich von der poetischen Metapher im Dienst der Ästhetik ("delectabilis"), läßt sich aber
auch nicht einfach als didaktischer Nutzwert ("utilitas") verrechnen;(209) Thomas weiß auch um eine "necessitas" des metaphorischen
Redens, die er zwar nicht weiter systematisch reflektiert,(210) aber
immerhin mit dem auf das corpus zurückverweisenden "ut dictum est"
in einen anthropologischen Begründungszusammenhang bindet:

> "Est autem naturale homini ut per sensibilia ad intelligibilia
> veniat: quia omnis nostra cognitio a sensu initium habet. Unde
> convenienter in sacra Scriptura traduntur nobis spiritualia sub
> metaphoris corporalium ..." (I q1 a9 c).

Diese not-wendige Metaphernverwiesenheit des Menschen versteht sich
dabei keineswegs als Gefangenschaft im Uneigentlichen, sondern wird
durch das unmittelbar vorausgehende

> "Deus enim omnibus providet secundum quod competit eorum naturae" (ebd.)

als "Existenzial" kreatürlicher Verfaßtheit - ohne Erwähnung der
supra- und infralapsarischen Differenz - identifiziert und partizipiert
so letztlich an der "bonum"-Qualität alles Geschaffenen.(211) Das verdient eine ausdrückliche Feststellung, weil selbst so exponierte Vertreter der symbolischen Theologie wie Ioannes Scottus ERIUGENA(212)
die Verfügtheit menschlichen Redens ins Bildliche explizit mit der Verfallenheit an die Sünde in Zusammenhang bringen und letztlich als
Kennzeichen einer zu überwindenden Unreife qualifizieren,(213) obwohl

237

diese Theologie so sehr – und ganz anders als Thomas – auf Bild und Metapher setzt. Mag Thomas auch immer wieder der metaphorischen Erkenntnisleistung eine gewisse Skepsis entgegensetzen – "... solum secundum similitudinem; sicut ... metaphorice potest dici ..." (I q13 a9 c) – so hat er dennoch an einer Zweipoligkeit der Metapher festgehalten: einerseits das "nur", andererseits aber auch in bestimmten Fällen ein Vorrang der Metapher, der sich von keiner Wissenschaftlichkeit einholen läßt.(214) Allerdings reserviert er einen solchen Primat der Metapher exklusiv für die Region der Theologie. Die Zweipoligkeit und der spezielle Primat kommen unmittelbar nebeneinander zur Geltung in I-II q101 a2 ad1 und ad2:

> "... divina non sunt revelanda hominibus nisi secundum eorum capacitatem: alioquin daretur eis praecipitii materia, dum contemnerent quae capere non possent. Et ideo utilius fuit ut sub quodam figurarum velamine divina mysteria rudi populo traderentur, ut sic saltem ea implicite cognoscerent, dum illis figuris deservirent ad honorem Dei" (ad1);

unmittelbar darauf stellt Thomas die unvertretbare Eigenständigkeit der Metapher im theologischen Bereich heraus:(215) er kritisiert die Poetik, weil bei ihr aufgrund eines Wahrheitsdefizits immer ein Rest des Gesagten der Vernunft inkompatibel bleibt, und überträgt dann spiegelbildlich die so gewonnene Inkongruenzstruktur auf das Verhältnis von Vernunft und theologischer Wahrheit. Das partielle Nichtverstehen in divinis entspringt in diesem Fall einem Überschuß des Gesagten über die Reichweite der Vernunft:

> "... sicut poetica non capiuntur a ratione humana propter defectum veritatis qui est in eis, ita etiam ratio humana perfecte capere non potest divina propter excedentem ipsorum veritatem" (ad2);

das Defizit im zweiten Fall liegt also auf seiten der ratio, wird aber ausgeglichen durch das Metaphorische:

> "Et ideo utrobique opus est repraesentatione per sensibiles figuras" (ebd.).

Dieser Tendenz, die Metapher als eigenständiges, in gewisser Hinsicht sogar privilegiertes Sprachgeschehen aufzufassen, zeichnet sich m.E. auch der faktische Modus ein, in dem Thomas das Problem der Metapher und speziell ihres Verhältnisses zur Analogie in I q13 a3 und a6 letztlich behandelt: Nicht nur das hartnäckige und kontinuierliche Ringen scheint mir das zu bekunden; vor allem zwei vermeintlich beiläufige Bemerkungen deuten selbst an dieser Stelle an, daß das Metaphorische nicht ausgeschaltet werden kann, ja sogar, daß ihm eine größere Reichweite eignet als der Analogie. In I q13 a3 schließt Thomas das Sed contra ab mit dem Satz:

> "Non igitur omnia nomina dicuntur de Deo metaphorice, sed **aliqua** dicuntur proprie".

Das Unmittelbare, Natürliche im theologischen Sprachvollzug scheint also nach Thomas die Metapher zu sein, nur **einige** ("aliqua") Namen sind der Analogie ("proprie") zuzurechnen. In I q13 a6 c kommt dasselbe zur Geltung, indem Thomas den Artikel beginnt mit der Behandlung der metaphorischen Ausdrücke und dann überleitet zur Analogie mit der

Bemerkung:

> "De aliis autem nominibus, quae non metaphorice dicuntur de Deo ..."

und so die erste Bestimmung der analogen Prädikationen durch eine regionale Ausgrenzung aus dem Feld des Metaphorischen erreicht. Ein gewisser faktischer Relevanzvorrang reflektiert sich schließlich auch noch darin, daß das "metaphorice" und seine Äquivalente die ganze "Summa theologiae" hindurch viel öfter als metasprachliche Kennzeichnung eines Sprachgeschehens auftauchen als "analogice" und seine Äquivalente – ganz abgesehen davon, daß Thomas auch unmittelbar selbst in der sprachlichen Bewältigung des Programms der "Summa theologiae" Metaphern gebraucht, ohne sie als solche zu kennzeichnen bzw. kennzeichnen zu dürfen, weil es nicht darauf ankommt, über Metaphern zu reden, sondern darauf, sie gebrauchend etwas zu sagen, was sich anders nicht sagen läßt. Exemplarisch für diesen Fall erwähnt BURRELL(216) – ausgerechnet – die Rede vom "esse in rebus" Gottes aus I q8 a1 c. Thomas schreibt dort u.a.:

> "Esse autem est illud quod est magis intimum cuilibet, et quod profundius omnibus inest ..."

Es handelt sich also um eine Metapher aus dem Bereich der räumlichen Vorstellung – das ist in sich schon wieder von Bedeutung, weil die Räumlichkeit zum Fundamentalsten menschlicher Sinnlichkeit gehört. Zur Funktion dieser Metapher kommentiert BURRELL: "Poetic language is meant to handle situations like this: to suggest what comparison would be like where a comparison cannot strictly be made."(217) Anderen thomanischen Aussagen wie etwa

> "Unde et Deus est in rebus sicut continens res" (I q8 a1 ad2)

ist m.E. dieselbe (raum)metaphorische Qualität zueigen, die durch keine eigentliche Rede ersetzt werden kann. Ähnlich arbeitet der Aquinate mit verdeckten Metaphern z.B. auch in I q5 a6 c, wenn er den appetitus – ohne weiteren Kommentar – im Blick auf den motus corporalis als "motus" bestimmt oder wenn er in I q13 a6 c das Kriterium der streng analogen nomina ("per prius de Deo quam de creaturis") erläutert mit

> "quia a Deo huiusmodi perfectiones in creaturas **manant**."

Alle diese Indizien verknüpfen sich letztendlich zu einem tragfähigen Netz, daß – entgegen dem ersten Eindruck – von der Ebene des faktischen, reflektierten Sprachgebrauchs her eine nicht reduzierbare Eigengeltung und in bestimmtem Umfang ein faktischer Primat des Metaphorischen vor der Analogie in der Gottesrede behauptet werden dürfen – freilich, um das noch einmal zu betonen, als aus Thomas rekonstruierte, aber nicht mehr von ihm reflektierte und artikulierte.

6.5.6.3 Verhältnis und Funktionen von Metapher und Analogie im Rahmen des Problems der Rede von Gott

Der eben erwähnte Tatbestand hatte im vorausgehenden dazu genötigt, die hier versuchte Analyse der thomanischen Denkbewegung ihrerseits als kritische Rekonstruktion bereits vorgelegter Interpretationen durchzuführen und in markanten Punkten im Rückgang auf Thomas selbst auf ihre Authetizität hin zu prüfen, gelegentlich zu modifizieren. Auf diese Weise wurde ein Querschnitt durch die von Thomas ausgelöste Wirkungsgeschichte hinsichtlich der Problematik von Metapher und Analogie gelegt, der es erlaubte, die Eckwerte dieses Problemzusammenhangs herauszupräparieren; als solche Leitmotive enthüllten sich: die Frage der Differenz von Analogie und Metapher sowie des dazu notwendigen Differenzierungskriteriums; die gleichzeitige Nähe und Zusammengehörigkeit; der regionale Primat der Metapher; die spezifische Leistung von im strengen Sinn analogiefähigen Termen und schließlich - allein von D. B. BURRELL erwähnt, aber nicht weiter ausgeführt - die Relevanz der "... heuristic definition of God as the source of all things ..."(218) Diese Eckwerte stehen auf der Folie des Querschnitts noch unbezogen nebeneinander - und das heißt: sie sind noch nicht be-griffen, wenn denn gelten soll, daß sie alle Momente ein und desselben Phänomens darstellen. Dieses Begreifen soll dadurch geleistet werden, daß im folgenden senkrecht zum Querschnitt ein Längsschnitt durch die Problematik gezogen wird, der die innere Folgerichtigkeit und systematische Verknüpfung der Elemente freizulegen hat. Einen wichtigen Beitrag dazu leistet ein Abschnitt aus dem großen Werk "La métaphore vive" von P. RICOEUR. Obwohl dort die thomanische Analogie- und Metaphernproblematik ausschließlich auf der Ebene theoretischer Äußerungen des Aquinaten anvisiert wird, die funktionale Linguistik mit keinem Wort Erwähnung findet und deshalb auch die Differenz von Analogie und Metapher m.E. verkürzt zur Geltung kommt, bereitet RICOEUR entscheidende Perspektiven vor für die genauere Bestimmung des Zusammenhanges beider, des regionalen Primats der Metapher sowie die Integration jener heuristischen Gottesdefinition BURRELLs.

RICOEUR beschließt sein Werk mit einem Kapitel, das den Titel "Métaphore et discours philosophique" trägt;(219) in dessen Rahmen folgt nach einer Untersuchung des Verhältnisses von Metapher und Seinsäquivozität bei ARISTOTELES(220) die Auseinandersetzung mit Thomas' Konzeption von Analogie und Metapher unter der Überschrift "La métaphore et 'l'analogia entis': l'onto-théologie."(221) ARISTOTELES hat in einer epochalen Weichenstellung - so RICOEUR - bereits im ersten Kapitel seiner Kategorienschrift das Auseinanderdriften des poetischen und des philosophischen Diskurses grundgelegt und in ersten Schritten vollzogen. Das geschah dadurch, daß er mittels der Einschiebung der Paronymie zwischen Synonymie und Homonymie dem philosophischen Diskurs die Möglichkeit eröffnete, mit einer dritten fundamentalen Bedeutungskategorie zu arbeiten, genauer: mit der Kategorie einer Ähnlichkeit, die genuin philosophisch-spekulativer und nicht poetischer (metaphorischer) Herkunft war. Was der Stagirite so in die Wege leitete, fand nach RICOEUR in der Analogiekonzeption des Aquinaten eine äusserst wirksame Konkretgestalt. Deren erklärte Absicht ist, dem theologischen Diskurs wissenschaftlichen Rang zu verleihen, indem sie ihn von der poetischen Form des religiösen Diskurses abscheidet. Im Zuge dieses Programms hat sich der theologische Diskurs zwischen der Skylla eines die göttliche Tranzendenz ruinierenden einzigen Diskurses über Gott und Geschöpf und der Karybdis eines aus radikaler Diskursdifferenz folgenden Agnostizismus hindurchzubewegen. Thomas hat deshalb - wie ARISTOTELES für die Philosophie - für die Theologie einen mittleren Weg zu finden; auch wenn er ihn nicht im unmittelbaren Rückgriff auf die aristotelische Konzeption in den "Kategorien" gewinnt,(222) so entwirft er ihn jedenfalls ganz in der Perspektive der großen Linien dieser Lösung, die der Philosophus dort ausgearbeitet hatte. Das Analogiekonzept wird auf die Theologie ausgedehnt, zieht sich aber dort erhebliche Modifikationen und Probleme zu, weil es in diesem neuen Kontext gleichzeitig horizontal die Kategorien untereinander und vertikal das Verhältnis von Schöpfer und Geschöpf vermitteln soll. Im Zuge dieser Erweiterung - so RICOEUR - wird die Analogie in die für sie charakeristische Zweipoligkeit von Prädikation und Partizipationsontologie verspannt. Hier aber bricht sofort die Frage auf, was denn diese Partizipation sei: "Mais, alors, la participation ne marque-t-elle pas le retour de la métaphysique à la poésie, par un recours honteux à la métaphore, selon l'argument qu'Aristote opposait au platonisme?" (223) Das ist der Kern des Problems, um das Thomas mehrfach gerungen hat; im Sentenzenkommentar fand der Aquinate die Lösung des Problems in der Exemplarursächlichkeit, dann in De ver in der Proportionalität - doch beide konnten nicht befriedigen, weil die erstere doch wieder der Univozität, letztere der Äquivozität nahekam; eine zufriedenstellende Lösung scheint Thomas deshalb erst im dritten Anlauf in einer vom esse als actus her gedachten Kausalrelation zwischen Gott und Geschöpf gefunden zu haben, sofern "... l'acte étant à la fois ce que l'effet a en commun avec la cause et ce par quoi il ne s'identifie pars à elle."(224) Damit enthüllt sich die causalitas efficiens, die schöpferische Kausalität näherhin als jenes Band der Partizipation, das den Analogiebezug ontologisch ermöglicht - wobei die innere Struktur dieses Bezuges als "unius ad alterum" in Verschlingung mit dem Moment der Graduierbarkeit der perfectio zu bestimmen ist; so präsentiert sich die Endgestalt thomanischer Analogiekonzeption. Jedoch, die angebotene Lösung ist eine vermeintliche, denn: Wenn - wie geschehen - die causalitas efficiens als Angelpunkt des Analogiegeschehens angesetzt wird, wenn von ihr dessen Identität-in-Differenz abhängt, dann muß konsequent die Kausalität selbst als analoge aufgefaßt werden;(225) univoke Kausalität würde nur wieder Gleiches hervorbringen, äquivoke nur radikal Verschiedenes - beide machten die Analogie unmöglich. "C'est cette structure du réel qui, en dernière analyse, empêche le langage de se disloquer entièrement."(226) Die Konzeption gipfelt auf - so RICOEUR - in einem "cercle de l'analogie".(227) An dieser Stelle muß die Frage wiederholt werden, ob dieser Entwurf die Intention erfüllt, aus der heraus er geschaffen wurde: den theologischen Diskurs als nichtpoetischen auszuweisen. Stellt die Einführung der Partizipation nicht doch eine Rückkehr zur Metapher dar? RICOEUR weist darauf hin, daß Thomas gerade anläßlich ihrer Explikation in De pot q7 a6 ad7(228) sowie auch in ST I q13 a5(229) gerade auf das Beispiel der Sonne zurückgreift, einen Topos, dem der Rang einer Schlüsselmetapher innerhalb philosophischer Texte eignet.(230) J. DERRIDA, auf den sich RICOEUR hier stützt, drückt das so aus: "Chaque fois qu'il y a une métaphore, il y a sans doute un soleil quelque part; mais chaque fois qu'il y a du soleil, la métaphore a commencé."(231) Und RICOEUR fügt hinzu:

"La métaphore a commencé: car, avec le soleil, viennent les métaphores de la lumière, du regard, de l'oeil, figures par excellence de l'idéalisation ..."(232) Die Epiphanie dieser dominierenden Sonnenmetapher im Umkreis des im Gefälle der causa efficiens ausgelegten Partizipationsgedankens läßt RICOEUR feststellen, daß gerade im Punkt der größten Annäherung zwischen Analogie und Metapher die klarste Scheidelinie zwischen beiden gezogen wird.(233) Das mag sich für die an Thomas' Theorie orientierte Analyse RICOEURs so darstellen, bleibt aber deshalb eine Konklusion auf der Basis bereits vollzogener hochgradiger Abstraktionen. Für eine Analogieanalyse, die beim Sprachgebrauch des Thomas ansetzt, stellt sich jene Dialektik genau umgekehrt dar: Auf dem Hintergrund des ungeheuer weiten Feldes und der Flexibilität praktizierter Analogie nehmen sich die theoretischen Äußerungen wie die Spitze eines Eisberges aus, die des Phänomens als Ganzen nur im höchsten Grade reduziert ansichtig werden läßt. In der Fülle semantischer Übertragungen und Differenzierungen fällt letztlich eine verschwindend geringe Zahl von Fällen unter die in I q13 a5 und a6 entfaltete Analogietheorie; das absolute Übergewicht liegt bei der Analogie im weiteren Sinn, die die Metapher mitmeint. Von diesem Befund her legt sich - genau umgekehrt zu RICOEUR - nahe, gerade im Gipfelpunkt des Differenzierungswillens und der Abrundung der Analogiekonzeption die Metapher von neuem durchbrechen zu sehen. In der Beschreibung der Folgen dieser Dialektik dagegen kann RICOEUR wieder voll zugestimmt werden: daß aus ihrer Dynamik heraus das spekulative Moment die Metapher vertikalisiert, während das poetische Moment der spekulativen Analogie eine ikonische Einkleidung verschafft.(234)

An diesem Punkt kann die Leitfadenfunktion der RICOEURschen Interpretation enden. Ihr wichtigster Beitrag besteht in der Aufhellung der Dialektik von Philosophie und Poesie, Analogie und Metapher, deren Richtungssinn allerdings gegen RICOEUR zu entscheiden war, und vor allem darin, daß er den Angelpunkt thomanischer Theorie - die schöpferische Kausalität - als in sich selbst wiederum notwendig analog identifizierte. Dieser Punkt ist jetzt nochmals aus dezidiert sprachphilosophischer (semantischer) Perspektive durchzugehen, um die angestrebte Systematik der Einzelmomente weitertreiben zu können. RICOEUR hatte von der Selbstanalogizität des letztlich jede Analogie tragenden Kausalbezugs zwischen Gott und Geschöpf gesprochen; das trifft zu, läßt sich aber noch erheblich präzisieren, zunächst dadurch - was bei RICOEUR in der nachfolgenden Rede von der Partizipation wenigstens de facto impliziert ist -, daß "analog" im Falle dieses speziellen Bezuges als im weiteren Sinn des Wortes gemeint zu verstehen ist. Oder um dasselbe im Vorgriff prägnant auszudrücken: aus semantischer Sicht handelt es sich bei der Rede von der causalitas efficiens Gottes für die Geschöpfe um eine **Metapher** im eminenten Sinne. Der Bezug, der hier zur Debatte steht, heißt theologisch "Schöpfung" und meint die Bedingtheit und Verdanktheit alles Seienden und der Welt als ganzer durch und gegenüber Gott. Die Theologie hat von Anfang an größten Wert darauf gelegt, dieses Herkommen alles Seienden von Gott so radikal wie nur möglich zu denken und zu artikulieren: daß Gott der Schöpfer nicht an etwas (Vor)Gegebenem arbeitet, sondern daß er die Schöpfung als ganze aus dem absoluten Nichts her - und das heißt zugleich: aus sich heraus - setzt. Thomas hat dies z.B. in ST I q65 a3 c mit aller nur denkbaren Präzision zum Ausdruck gebracht:

"Creatio autem est productio alicuius rei secundum suam totam substantiam, nullo praesupposito quod sit vel increatum vel ab aliquo creatum."

Die diskursiv-denkerische Bewältigung dieses singulären Verhältnisses bedient sich der "Kategorie" der causa, genauer: der causa efficiens; sie überträgt diese aus dem Bereich der alltäglichen, anschaulichen Erfahrung, obwohl dem Schöpfungsverhältnis gerade im entscheidenden Punkt - der radikalen Setzung aus dem Nichts - auch nicht die leiseste Spur einer Ähnlichkeit in der empirischen Umwelt des Sprechers entspricht und obwohl das Schöpfungsgeschehen selbst wesentlich und bleibend in Unanschaulichkeit, Nicht-Erfahrbarkeit verfügt war und ist. Trotzdem redet Thomas ohne jede Einschränkung - wie vor ihm schon so viele im Traditionsstrom christlicher Theologie - von Gott als "causa", wenn auch von "prima causa" als dem exklusiven Subjekt der Tätigkeit des creare.(235) Er nennt dabei den "causa prima"- und den "creatio"-Ausdruck nie "metaphorisch", kommt aber bereits selbst zum Bewußtsein einer semantischen Differenz im Umkreis der "creatio"; jedenfalls unterwirft er diesen Ausdruck in I q45 a2 ad2 dem Differenzschema von "res" und "modus":

"... creatio non est mutatio nisi secundum modum intelligendi tantum. Nam de ratione mutationis est, quod aliquid idem se habeat aliter nunc et prius ... Sed in creatione, per quam producitur tota substantia rerum, non potest accipi aliquid idem aliter se habens nunc et prius, nisi secundum intellectum tantum ... - Se quia modus significandi sequitur modum intelligendi ... creatio significatur per modum mutationis: et propter hoc dicitur quod creare est ex nihilo aliquid facere."(236)

An dieser Kategorie "causa" in ihrem übertragenen Sinn entscheidet sich nicht nur - gemäß der Analogietheorie - die Möglichkeit von Analogie überhaupt; vielmehr durchzieht sie das ganze Opus des Aquinaten explizit und implizit-atmosphärisch so intensiv, daß K. CHESTERTON bekanntlich berechtigt sah, dem Aquinaten - in Anlehnung an ähnliche Kennzeichnungen anderer - den Titel "der hl. Thomas vom Schöpfer" (237) zu verleihen; zwar wird man solche Namen immer cum grano salis zu verstehen haben - trotzdem hat CHESTERTON in seiner instinktiven Treffsicherheit etwas markiert, was sich gerade hier im Gefälle des Analogie-Metaphern-Problems ein Stück weit diskursiv einholen und verifizieren läßt.

Was bedeutet nun näherhin, die Kategorie der "schöpferischen Ursache" - eine Metapher, wie gezeigt - spanne den Horizont der ganzen Denkbewegung des Aquinaten auf - und anders gewendet: das leitende, letzte Paradigma sei eine Metapher? Es reicht nicht, dieses Phänomen damit zu erklären, daß hier ein vertrautes Bild aus dem Erfahrungsbereich zur Antwort auf eine wichtige Frage geworden sei. Vielmehr handelt es sich um das, was H. BLUMENBERG "absolute Metapher" genannt hat.(238) "Absolute Metaphern 'beantworten' jene vermeintlich naiven, prinzipiell unbeantwortbaren Fragen, deren Relevanz einfach darin liegt, daß sie nicht eliminierbar sind, weil wir sie nicht stellen, sondern als im Daseinsgrund gestellte vorfinden."(239) In dieser Funktion brauchen sich Metaphern nicht einmal sprachlich niederzuschlagen; vielmehr werden sie epiphan, wenn in der Konfrontation von Aussagezusammenhängen mit hypothetischen Leitvorstellungen sich jene plötzlich zu einer Sinneinheit verbinden und als an der Leitvorstellung abgelesen erscheinen.(240) Schon an dieser vom sprechenden Subjekt initiierten Interferenz – das **Subjekt** sucht und setzt ja hypothetische Leitvorstellungen – enthüllt sich die Wahrheit solcher Metaphern als pragmatische: "Ihre Gestalt bestimmt als Anhalt von Orientierungen ein Verhalten, sie geben einer Welt Struktur, repräsentieren das nie erfahrbare, nie übersehbare Ganze der Realität",(241) wobei die Konzepte des Ganzen selbst ihre metaphorische Ausrichtung verbergen.(242) Die Tatsache, daß Thomas "creatio" als dezidiert wissenschaftlichen Begriff auffaßt, steht zu dessen Metaphorizität keineswegs in Widerspruch, sofern auch gerade im Bereich der Wissenschaft Metaphern "... einen Kontext von einer Orientierung her, sein Verständnis auf diese hin (homogenisieren)."(243) Gemessen an diesen allgemeinen Parametern wird es keine Übertreibung sein, die "causa-creatio"-Metapher ihrerseits nochmals als exemplarische, idealtypische "absolute Metapher" aufzufassen. Selbst das Ereignis ihres dialektischen Wiedereinbruchs im Scheitelpunkt der Analogiekonzeption enthüllt sich noch als inneres Moment absoluter Metaphorik, denn "subtile Idealisierungen ... dringen nicht durch, schlagen in ihre metaphorische Qualität zurück ..."(244) – und wer wollte bezweifeln, daß die Versuche begrifflichen Analogie-**Denkens** solche Subtilitäten sind? Auch – oder gerade – im Fall der Rede von Gott spricht also eine Metapher kraft ihrer totalisierenden Funktion das letzte Wort. Damit geschieht zwar etwas sehr Wichtiges, ist aber ihre Funktion noch keineswegs erschöpft – im Gegenteil: Das eigentliche pragmatische Schwergewicht absoluter Metaphern liegt darin, daß sie – als letztes Wort – den Raum öffnen für die vielen vorletzten Wörter. Um es zugespitzt zu sagen: In ihnen konstituiert sich der Horizont, unter dem allererst so etwas wie analoge Rede sinnvoll möglich wird. P. RICOEUR hatte davon gesprochen, daß in der Endgestalt thomanischer Analogie die Strukturen des "unius ad alterum" und der "proportionalitas", der Graduierbarkeit ineinandergreifen,(245) und D. B. BURRELL hatte behauptet, daß uns die heuristische Definition Gottes als Quelle aller Dinge die formale Lizenz erteilt, "perfectio"-Terme in der Rede von Gott zu gebrauchen. Beide haben dabei sachlich das Bedingungsverhältnis von absoluter Metapher und analoger Rede im Blick, bringen es aber extrem verkürzt zum Ausdruck, sofern BURRELL seine Geltung auf die "perfectio"-Terme,(246) RICOEUR sogar auf die Transzendentalien(247) einschränkt. Diese verfälschende Engführung läßt sich vermeiden, wenn die Problematik von Metapher und Analogie und ihre Beziehung zueinander nicht nur in der Perspektive der Semantik, sondern der Semiotik analysiert wird, d.h.: wenn ihre Strukturen von der jeweiligen Funktion in der Redesituation her gezeichnet werden. Sofern absolute Metaphern das nie erfahrbare und nie übersehbare Ganze(248) zur Geltung bringen, indem sie das Vorgegebene "gleichsam durch eine zusätzliche Sinnhypothese ..."(249) im wörtlichen Sinn zum Reden bringen, sprechen lassen, schaffen sie etwas Neues. Das zur Sprache gebrachte Neue kann mich möglicherweise einladen oder bedrängen, geht mich jedenfalls – weil und sofern es mir vom Ganzen redet – an (wiederum im wörtlichen Sinn). Die Metapher wirkt als "... semantisches Experimentieren, das durch Sinninnovationen neue Bereiche möglichen Erkennens und Handelns eröffnet und eben so jeder spezifischen Erfahrung vorausliegt."(250) Das an-gehende Neue bedarf nun einer wenigstens minimalen Integration in meinen Erfahrungskosmos – und hier beginnt die irreduzible Aufgabe, die Notwendigkeit der Analogie (im weiteren Sinn): Sie startet den Versuch, anhand der basalen Prinzipien der Ähnlichkeit und der Differenzierung, mittels sprachlicher Indikatoren, syntaktischer Figuren und ihrer Analyse sowie die durch den je vorgängigen Sprachhorizont eröffneten Möglichkeiten das neu Erfahrene an bereits vertrautes Erfahrenes anzubinden, mittels seiner aufzuschlüsseln - und zwar so, daß die Neuheit des Neuen dabei nicht verlorengeht. In dieser Funktion enthüllt sich das spezifische Proprium der Analogie gegenüber der Metapher wie auch gegenüber der generischen (univoken) Prädikation: Die Metapher liegt jeder Erfahrung voraus und schafft neue Erfahrung; die Analogie dagegen setzt je spezifische Erfahrung voraus, genauer: spielt zwischen zwei Erfahrungsmomenten, die sich im Grad ihrer Entschlüsseltheit (Vertrautheit) unterscheiden; Analogie konstituiert so verstanden semiotisch einen neuen Gegenstand, macht ihn identifizierbar und beschreibbar - und darin unterscheidet sie sich von der univoken Prädikation, deren Aufgabe sich in der Beschreibung bereits identifizierter Gegenstände erfüllt. (251) In dieser Funktionsbeschreibung lichtet sich zugleich mit der spezifischen Differenz von Analogie und Metapher - eigentlich an dieser Differenz selbst - die volle Gestalt der Zusammengehörigkeit beider: Was die Metapher totalisierend erschließt, will die Analogie diskursiv ausschraffieren; sie vermittelt suchend und tastend ins Medium menschengemäßer Ent-sprechung, was die Metapher schlagartig freisetzt; aus der Wucht des Ganzen wird eine wahrnehmbare Gestalt, freilich so, daß sich die Gestalt selbst im Bild enthüllend verbirgt, sie zum Gegenstand der Ästhetik wird;(252) und das bedeutet, daß Analogien niemals Antworten sind, sondern Aufgaben bleiben;(253) dieser Bezug von Metapher und Analogie ist unumkehrbar.(254) Im Gefälle der solchermaßen entschlüsselten Sinnrichtung des Analogiegeschehens wird es auch möglich, den in der Analyse erschlossenen Tatbestand zu situieren, daß Thomas mehrfach - wenn auch nicht sehr explizit und reflektiert - ein anfängliches Bewußtsein der anthropologischen Bedingtheit und Verfügtheit allen Sprechens, vor allem des Sprechens über Gott bekundet.(255) Die Analogie operiert vom Bekannten, Vertrauten her; was uns vertraut und erfahrbar ist, entscheidet sich weitgehend am Bildervorrat, über den wir verfügen, und an der Bilderwahl, die wir treffen.(256) Beide entwickeln sich aus und an der Umwelt des Subjekts, wobei der "Natur" besondere Relevanz zu eignen scheint.(257) Im Zentrum des terminus a quo der Achse jedes Analogiegeschehens steht das Subjekt selbst mit der - selber noch einmal bild-gebrochenen - Erfahrung seiner Geist-Leib-Natur. Von daher stellt Analogie auch das Prinzip der Auffassung des Menschen als Mikrokosmos dar,(258) lädt geradezu dazu ein, dessen Naherfahrung zu übertragen auf das Ganze der Erfahrung - bis hin zur Verwendung in der Rede von Gott, woran sich schließlich in der Theologie der Streit um den Anthropomorphismus entzündet, dessen Objekt schon von den biblischen Texten massiv vorgegeben ist.(259) Obwohl dieser Gedanke von dem zum Makrokosmos analogen Mikrokosmos "Mensch" im Mittelalter und seiner Hermeneutik eine erhebliche Rolle spielte,(260) kommt der Ausdruck im Werk des Thomas nicht vor; angesichts der Tatsache, daß er sachlich schon mit BOETHIUS(261) in die christliche Tradition und damit ins Mittelalter eintrat und dort weit verbreitet war, läßt sich hinter dem Befund bei Thomas bewußte und radikale Zurückhaltung vermuten. Als Elemente aus dem Umkreis der Anthropozentrik sind - jedenfalls in der "Summa theologiae" - einzig der schon von AUGUSTINUS praktizierte Rekurs auf Analogien aus der menschlichen Natur in den trinitätstheologischen Passagen, den Aussagen über den Hervorgang der Welt und die Inkarnation geblieben(262) sowie gelegentliche, sehr verdeckt geschehene Übertragungen, etwa die oben bereits erwähnten Transpositionen räumlicher Bilder auf die Rede vom "esse in".(263) Die überwältigende Mehrheit übertragener Redeweisen hat Thomas ohne Rekurs auf diese anthropologische Zentrierung ad hoc je nach Bedarf ausgehend vom alltäglichen Sprachgebrauch vollzogen und als solche gekennzeichnet. Wie die dieses Kapitel einleitende Materialübersicht schon kurz gezeigt hat,(264) kann prinzipiell jedes sinnvoll verwendbare Wort in die oben beschriebene Funktion der Analogie als semiotischer Neukonstitution von Gegenständen ("Gegenstand" im weitesten Sinn des Wortes) eingesetzt werden – d.h.: der Bedingungszusammenhang mit der totalisierenden absoluten Metapher gilt im Fall analoger Ausdrücke in solcher erschließender Funktion für **alle** Terme.

Dennoch kommen im Gesamt möglicher Terme einige vor, denen aufgrund einer spezifischen semantischen Struktur spezifische Aufgaben zufallen: die "perfectio"-Terme, die sich bereits semantisch auszeichnen durch die Möglichkeit positiver Unbegrenztheit.(265) Mit Absicht war im vorausgehenden nicht von analogen Termen die Rede, wenn "perfectio"-Terme gemeint waren, weil weder die Graduierbarkeit in ihrer Formalität noch die positive Unbegrenztheit sie zu analogen Termen machen, sondern zu analogiefähigen. Das semantische Spezifikum stellt so gewissermaßen ein Vor-Kriterium dar, die notwendige, aber noch nicht hinreichende Bedingung, daß ein Ausdruck analog (im strengen Sinn des Wortes) bedeutet. Ob ein "perfectio"-Term tatsächlich analog gebraucht wird, entscheidet sich endgültig und allein in seiner Funktion in der Redesituation. Das erhellt klar aus der Tatsache, daß auch ein "perfectio"-Term ohne weiteres metaphorisch gebraucht werden kann, etwa der "perfectio"-Term "Liebe" in dem Satz "Sie liebten sich wie Hund und Katze", wo der Term nicht einen größeren oder kleineren Grad von Liebe meint, sondern die Inkompatibilität der beiden Bezugssubjekte artikuliert; oder "gut" in: "Das sind ja gute Aussichten!" als Reaktion auf die Mitteilung unvorhergesehener Schwierigkeiten bei einem geplanten Unternehmen; wäre dagegen "Das sind ja gute Aussichten!" als Ausruf auf einem Berggipfel zu identifizieren, handelte es sich um ein "gut" analog zu "gutem Essen", "guter Musik", "guter Mensch" und schließlich "guter Gott". Das, was "gut" bedeutet, kennt keine wesensimmanente Grenze und wird deshalb von Gott ausgesagt, mit dem Anspruch, ihm in ganz besonderer Weise ("wirklich") zu entsprechen. Aber: was bedeutet es in dieser Aussage "Gott ist gut"? Was die Güte Gottes ist, wissen wir damit immer noch nicht. Unsere Erkenntnis reicht über die partikulären Erfahrungen des "gut" und die seiner grenzenlosen Steiger**barkeit** nicht hinaus. Am Maß rein theoretischer Einsichtsvermittlung gemessen erschließen die "perfectio"-Terme auch im streng analogen Gebrauch nichts. Aber was nötigt dazu, ausschließlich eine Erkenntnisleistung als Ziel und Zweck dieser Terme zu erwarten? Unterwirft man ihren konkreten Gebrauch einmal gewissermaßen einer phänomenologischen Epoché, um nur die Verlaufsbahnen des Redegeschehens in den Blick zu bekommen, so enthüllt sich eine ganz andere und wesentlich folgenschwerere Funktion dieser Terme, die exklusiv an der Möglichkeit positiver Verunendlichung des Gemeinten hängt (also an der spezifischen semantischen Struktur der Terme): Irgendeine Erfahrung wird "gut" genannt, eine zweite ebenso, eine dritte heißt "besser", eine vierte "noch besser" ... - die Dynamik des Terms "... zieht die Anschauung in einen Prozeß hinein, in dem sie zunächst zu folgen vermag ..., um aber an einem bestimmten Punkt ... aufgeben - und das wird vestanden als 'sich aufgeben' - zu müssen. Worauf es hier ankommt, ist, die Transzendenz als Grenze theoretischen Vollzugs und eo ipso als Forderung heterogener Vollzugsmodi sozusagen 'erlebbar' zu machen."(266) H. BLUMENBERG hat für dieses Geschehen den Namen "Sprengmetaphorik"(267) geprägt; D. B. BURRELL hatte im selben Zusammenhang - nicht sehr glücklich - gesagt, "... we must fracture logic to constitute a domain of discourse about God"(268) und P. RICOEUR redet - sehr treffend - von einer Explosion des Namens und der Bedeutung des Namens, die von einem metaphorischen Effekt in der Analogie sprechen lassen.(269) Die Funktion der Analogie dieser speziellen Terme erfüllt sich so - linguistisch gesehen - nicht in einem "... Wissensstatus ..., sondern sie ist ein Weg, eine Praxis, eine Methode zu einem Modus des Sichverhaltens."(270) Um es zugespitzt und mit einem - zugegeben anachronistischen - Neologismus zu sagen: die "perfectio"-Terme stellen in analoger Verwendung im religiösen oder theologischen Diskurs den operativen Kern einer kommunikativen Handlung dar, die Rede über sie einer Theorie kommunikativen Handelns, deren Ziel tatgewordene Erkenntnis Gottes heißt - das bedeutet: aktivpassives Sich-überlassen in Gott hinein als (ent)sprechende Antwort auf das vorgängig angerufene Wort, in dem jener Gott sich selber mitteilt, weil er sich - Liebe(271) und bonum (diffusivum sui!) seiend - mitteilen muß. BLUMENBERG selbst hat ausdrücklich festgestellt, daß dieses Phänomen der Sprengmetapher in der Tradition der negativen Theologie gründet, "... also jener Selbstdarstellung der elementaren Verlegenheit jeder Theologie, über Gott unentwegt sprechen zu sollen, ohne über ihn etwas sagen zu können sich zutrauen zu dürfen."(272) Auch das Analogiegeschehen im Gebrauch der "perfectio"-Terme ist damit seiner innersten Struktur nach metaphorisch, birgt aber in seiner Metaphorizität noch ein zusätzliches Spezifikum, das den "perfectio"-Termen trotz der Reduktion aufs Metaphorische noch einen besonderen Rang sichert. Jede Metapher zeichnet sich ein - so BLUMENBERG - in die Struktur von Vorgriff und Übergriff: dem Vorgriff als Grundakt des Intellekts, (273) und dem Übergriff, d.h. der nicht ausgewiesenen kategorischen Festschreibung des im Vorgriff (hypothetisch) Ergriffenen als tendentiellem terminus ad quem jeder Metapher. Trotz desselben Ansatzes unterscheidet sich aber die Sprengmetaphorik dadurch, daß "... in ihr mit der intentionalen Erweiterung deren Vergeblichkeit immer schon zugleich ausgesprochen ist, der Vorgriff zugleich mit der Zurücknahme des Übergriffs."(274) Dem Geschehen der Sprengmetaphorik, dem Analogieereignis im strengen Sinn, inhäriert also - immer vermittelt durch die formale Struktur der grenzenlosen Graduierbarkeit - ein erkenntniskritisches Moment; im Akt ihres Vollzugs sind sie immer schon durch das Säurebad kritischer Reflexion gegangen, so daß sie gewissermaßen das Niveau nicht mehr erster, sondern "seconde naïveté"(275) repräsentieren.

Genau dieses innere konstitutive und kritische Moment der Sprengmetaphorik präpariert deren semantisches Medium - die "perfectio"-Terme - für eine zweite Aufgabe, auf die es Thomas in seinen theoretischen Äußerungen so sehr angekommen war, daß das eigentlich effiziente Geschehen der Analogie - das Tat-Ereignis des Sichüberlassens - auf den ersten Blick völlig verdeckt scheint: die Absetzung der Theologie von der Poesie. Die spannungsgeladene Konfrontation zwischen beiden entspringt genau auf der Ebene des Sprachgeschehens durch eine Isomorphie der Verlaufsstrukturen und eine gleichzeitige radikale Differenz im Wahrheitsanspruch. "Das in der Norm gefaßte Zeichensystem der Sprache erfährt nach zwei Seiten eine Ausweitung: Rhetorik und Poetik haben über die Norm hinaus einen Freiheitsraum, religiöse Rede (Aussage über Gott) wendet die sprachlichen Zeichen, die für die natürliche Welt bestimmt sind, auf Übernatürliches an."(276) Beide Male vollzieht sich das Sprachgeschehen als Transzendierung und gerade weil die Theologie darin mit dem dichterischen Schaffen übereinkommt, steht sie in Gefahr, von dem Einwand getroffen zu werden, der seit der Antike immer wieder gegen die Dichter erhoben wurde und den auch Thomas in einem seiner Werke nicht zu erwähnen versäumt - daß sie lügen:

"sed poetae non solum in hoc, sed in multis aliis mentiuntur, sicut dicitur in proverbio vulgari" (In Met I, 1.3 nr. 63).

Das Absetzungsbedürfnis seitens der Theologie entspringt mithin einem Angelpunkt ihres Selbstverständnisses als Bezeugung und diskursive Rechtfertigung der Wahrheit. Diese allgemeine Spannung überhöht im Werk des Thomas ein zweites Interesse: die Kritik am Symbolismus.(277) "Die scholastische Wissenschaftlichkeit tritt in Gegensatz zu einem Weltverständnis, das primär traditional und symbolisch bestimmt ist."(278) Die qualifizierende Unterschiedenheit theologischer Aussagen gegenüber Poesie und Symbolismus, die Thomas also suchen mußte, konnte nur im Nachweis konstituiert werden, daß sich in der Theologie wenigstens partiell überprüfbare Wahrheiten aussprechen; das gelingt an wenigen Punkten und in der Perspektive der Wahrheit einer Aussage gerade bei den "perfectio"-Termen in ontologischer Wendung. Der dafür notwendige Wechsel in der Optik stellt für Thomas kein Problem dar: die grundsätzliche semantisch-metaphysische (ontologische) Oszillation seines Denkens leistet den Übergang auf die Ebene der Metaphysik: Der Schlußstein der Analogiekonzeption war die causa efficiens gewesen, in deren Horizont die "perfectio"-Terme dann ihre Dynamik entfalten. Wiewohl beide Elemente in sprachlich-metasprachlicher Hinsicht, die auch für Thomas bezüglich seiner **praktischen** Auflösung der "nomina-divina"-Problematik die primäre bleibt, als absolute Metapher und Sprengmetapher anzusehen sind, kann in der Absicht diskursiver Ausweisung der Akzent sehr leicht auf die metaphysische Explikation des Zusammenhanges beider Momente gelegt werden, weil ja die beidmalige metaphorische Funktion das gleichursprüngliche metaphysische Moment von causa und perfectio bestehen läßt. Man lese etwa nur I q4 a2 c:

"... quidquid perfectionis est in effectu, oportet inveniri in causa effectiva: vel secundum eandem rationem, si sit agens univocum, ut homo generat hominem; vel eminentiori modo, si sit agens aequivocum, sicut in sole (!!) est similitudo eorum quae generantur per virtutem solis. Manifestum est enim quod effectus praeexistit virtute in causa agente: praeexistere autem in virtute causae agentis, non est praeexistere imperfectiori modo, sed perfectiori; ... Cum ergo Deus sit prima causa effectiva rerum, oportet omnium rerum perfectiones praeexistere in Deo secundum eminentiorem modum."

Es ist faszinierend zu sehen, wie Thomas auch aus diesem dezidiert metaphysisch interessierten Diskurs nicht die Präsenz des Metaphorischen eliminiert (muß man vielleicht sagen: eliminieren kann?) und in der Illustration des formal Gesagten auf die Metapher der Sonne rekurriert.(279) Kommt Gott als causa prima ins Spiel – wie eben im Spiel der Analogie – dann ist das "eminentiori modo" des praeexistere inhaltlich ipso facto eindeutig bestimmt: die perfectio muß in ihrer Verwirklichung in Gott unendlich **sein**, dem entsprechend, was das semantische Spezifikum der "perfectio"-Terme zu **sagen** ermöglichend im analogen Gebrauch sich zeigen läßt.

"Et sic, quidquid dicitur de Deo et creaturis, dicitur secundum quod est aliquis ordo creaturae ad Deum, ut ad principium et causam, in qua praeexistunt excellenter omnes rerum perfectiones" (I q13 a5 c).

P. RICOEUR kommentiert dazu: "Dans le jeu du Dire et de l'Etre, quand le Dire est sur le point de succomber au silence sous le poids de l'hétérogénéité de l'être et des êtres, l'Etre lui-même relance le Dire par la vertu des continuités souterraines qui confèrent au Dire une extension analogique de ses significations. Mais, du même coup, analogie et participation sont placées dans une relation en miroir, l'unité conceptuelle et l'unité réelle se répondant exactement."(280) Darf es angesichts dieser Entsprechung noch wundernehmen, daß sich im Gefälle der leitenden Interessen des Aquinaten in der Funktion der "perfectio"-Terme – ermöglicht durch den immanenten reflexiven Kern der Sprengmetaphorik – die Aufgabe der Absetzung von der Poesie so in den Vordergrund rückte, daß sie die pragmatische Funktion, der eigentlich der Primat zufällt, auf theoretischer Ebene – beschleunigt durch die Widerständigkeit von Sprache gegen Systematik überhaupt – fast ganz verdrängen konnte?

6.5.6.4 Zusammenfassung

Jede Auseinandersetzung mit der thomanischen Analogie sieht sich – durch Thomas selbst – vor das Problem des Verhältnisses von Analogie und Metapher gestellt. Den analysierten Abgrenzungsvorschlägen sind durchwegs Defizite in der Begründung ihres Ansatzes sowie der begrifflichen Durcharbeitung anzulasten. Die analytische Rekonstruktion des den Aquinaten faktisch leitenden Metaphern-"Konzepts", welche jene Defizite beheben will, erlaubt zunächst, die Eckwerte der Problematik herauszukristallisieren. Zu ihnen gehören: die Differenz von Analogie und Metapher sowie das Differenzierungskriterium; die gleichzeitige Nähe beider; eine regionaler Primat der Metapher; die spezifische Leistung der im strengen Sinn analogiefähigen Terme und eine näher zu bestimmende Rolle des Schöpfungsbegriffs. Die nachfolgende systematische Verknüpfung dieser Einzelmomente entdeckt, daß die Schöpfungskategorie selbst eine Metapher ist und – weil Thomas' Analogiekonzeption im letzten von eben dieser Kategorie abhängt – im Verhältnis von Analogie und Metapher einen Primat des Metaphorischen grundlegt. Diese absolute Metapher eröffnet den Raum sinnvoller analoger Rede, deren Funktion darin besteht, das durch die Metapher neu Erschlossene in den bereits gegebenen Erfahrungskosmos so zu integrieren, daß das

Neue vom Alten her eine Aufhellung empfängt und dennoch die Neuheit - Unverfügbarkeit - des Neuen erhalten bleibt. Prinzipiell können alle sprachlichen Ausdrücke diese Funktion der Analogisierung übernehmen, einigen aber - den "perfectio"-Termen kommen kraft ihrer spezifischen semantischen Struktur besondere Aufgaben zu: Einerseits fungieren sie als "Sprengmetaphern", die in nicht-theoretischen Intentionen auf Transzendenz kulminieren; andererseits wohnt ihnen gerade aufgrund dieser ersten Funktion immer schon ein erkenntniskritisches Potential inne. Genau dieses kommt im Horizont der Interessen und Bedürfnisse der thomanischen Konzeption im Rahmen einer Abgrenzung der religiösen Rede von der Poesie bzw. der Theologie von der Poetik zur Vorherrschaft: diese artikuliert sich als Reflexion der "perfectio"-Terme in metaphysischer Wendung, die im Medium der semantisch-metaphysischen Oszillation thomanischen Denkens problemlos vollzogen werden kann.

Im Spannungsverhältnis von Metapher und Analogie scheinen sich so für eine an der Vielschichtigkeit von Sprache - und dabei besonders ihrer pragmatischen Dimension - zugewandten Analyse die Knoten der ganzen thomanischen Analogieproblematik zu schürzen; was in der Rekonstruktion analoger Sprachpraxis als Phänomen erschlossen wurde, findet im Medium dieser Spannung seine Begründung und seinen Begriff. Von daher kann jetzt der Versuch gewagt werden, in Abstraktion vom Analysematerial eine "übersichtliche Darstellung" des Analogiegeschehens zu erstellen.

7.
ANALOGIE - EINE "ÜBERSICHTLICHE DARSTELLUNG"

Der lange Gang durch die Konkretionen der von Thomas in der "Summa theologiae" gepflegten reflektierten Sprachpraxis hat einen Eindruck von den Formen, Methoden und Resultaten in ihrer Vielfalt vermittelt. Was hat das alles mit Analogie zu tun? Vorgreifend soll darauf geantwortet werden: das alles ist Analogie - oder genauer: in all dem, was der Aquinate solchermaßen sprachlich tut, geschieht Analogie. Sie zeigt sich in seinem Sprachhandeln. Daß das Fragen nach der Analogie hier nicht abbrechen darf, liegt auf der Hand. Es geht weiter mit "Was zeigt sich dort?" und dahinter verbirgt sich nichts anderes als die Frage, um die allein es hier zu gehen hat: Was ist Analogie? Sie aber kann sich nicht durch die Beschreibung von Einzelfällen befriedigt sehen, verlangt mithin nach der Konstruktion eines Begriffs von Analogie. Damit gerät diese Frage unversehens in einen Widerstreit mit dem ganzen Duktus der bisherigen Überlegungen, mit dem von der Analyse gezeitigten vielschichtigen Befund und vor allem mit den Erfahrungen mit Thomas' eigenen Versuchen einer Verbegrifflichung, die die Möglichkeiten eines solchen Projekts zuerst problematisieren und dann bestreiten ließen. Muß es also doch bei der Akkumulation von Einzelfällen bleiben? Den einzigen Ausweg aus diesem - letztlich fruchtlosen - Antagonismus kann eine "übersichtliche Darstellung" als Mittelinstanz zwischen Einzelfall und Begriff eröffnen. "Die übersichtliche Darstellung vermittelt das Verständnis, welches eben darin besteht, daß wir die 'Zusammenhänge sehen'."(1) Das scheint wenig zu sein: Anleitungen, um sich im dichten Gefüge und Gewebe der Analogieproblematik zurechtzufinden; Grenzpfähle, die vor dem Abgleiten in Scheinprobleme warnen - und keiner sage, die gäbe es hier nicht! -; bestenfalls Maieutik eines Vorverständnisses von Analogie, das dem, der sich auf die Denkbewegung des Aquinaten einläßt, nicht die Kenntnis eines Lehrstücks vermittelt, sondern ihn vielmehr als Redenden in den Stil und die reflexe Wachsamkeit thomanischen Redens über Gott hineinzieht. Viel scheint das nicht - gemessen am Parameter begreifender Bewältigung. Aber ist ein "Mehr" überhaupt möglich? Unter Umständen kann gerade ein "Weniger" den Rang des "Mehr" für sich in Anspruch nehmen - die Resultate der Analyse konkreten Sprachgeschehens in der "Summa theologiae" scheinen in diese Richtung zu deuten und das Folgende hat dem nachzugehen.

7.1 BEDINGUNGEN UND STRUKTUREN DES ANALOGIEGESCHEHENS

Gilt es also, Zusammenhänge zu sehen, so muß zunächst gefragt werden nach der integrierenden Matrix, die allererst das Zusammenhängenkönnen ermöglicht. Einem Rückblick auf den methodischen Gang der Analyse enthüllt sich als dieser alle Einzelmomente integrierende Horizont das fortschreitende Präsentwerden der vollen Mehrdimensionalität jedes Redegeschehens als heuristisches Vor-wissen der Frage nach der

Analogie. Das geschah dadurch, daß die Einzelanalysen durch ihre Resultate kontinuierlich dazu motivierten, die Frage nach der Analogie nicht nur gemäß dem leitenden Vor-urteil dieser Überlegungen von einer logischen oder metaphysischen Engführung abzukoppeln, sondern eine rein semantische Perspektive überwindend auch das Feld der Syntaktik und schließlich die Redesituation als originären Ort der Analogieproblematik mit anzusetzen, mit einem Wort: Analogie weder als logisches noch metaphysisches, auch nicht als semantisches Problem aufzufassen, sondern als **semiotisches**.(2) Es war wichtig, während der Analysen selbst noch möglichst wenig von "Semiotik" zu reden, damit nicht der Eindruck entstand, Thomas hätte in die "Summa theologiae" semiotische Traktate einfließen lassen; was von "Semiotik" zu sprechen erlaubt, sind einzig und allein der Umfang und die im Detail nachgewiesene Vielschichtigkeit der immer und absolut pragmatisch bleibenden Sprachreflexion des Aquinaten. Solch weitgehendes Stillschweigen legte sich ferner auch deswegen nahe, weil die einzelnen Dimensionen des freigelegten semiotischen Substrats keineswegs ein homogenes Ganzes bilden, sondern durchaus verschiedene qualitative Niveaus repräsentieren und zum Teil ganz deutlich auch die Spuren der der thomanischen Denkbewegung inhärenten Grenzen tragen.(3) So ist es kaum möglich, einfach von einer thomanischen Semantik zu sprechen, weil alle an sich ihr zuzurechnenden Elemente konstitutiv von der semantisch-metaphysischen Oszillation imprägniert sind, die etwa das, was zeitgenössisch "Semiotik" heißt, so nicht kennt. Während wohl die Dimension der Syntaktik wenig Probleme bietet und dem Aquinaten auch auf dem Gebiet der tiefenstrukturellen Analyse große Scharfsinnigkeit attestiert werden muß, präsentiert sich die Pragmatik als Reflexion auf das Verhältnis von Sprecher und Sprache in einer Redesituation in einer ambivalenten Gestalt: auf der einen Seite beschränkt sich Thomas auf die Wahrnehmung nur weniger Elemente auf durchschnittlichem qualitativen Niveau, auf der anderen Seite scheint das Moment der Redesituation das heimliche Zentrum zu sein, auf das hin - jedenfalls vom Gefälle thomanischer Sprachpraxis her - die Einzelzüge der Analogieproblematik konvergieren und von woher sie sich einer plausiblen Verankerung im Gesamt des Fragekomplexes erschließen: Jedenfalls bleibt zu konstatieren, daß die Analyse der leitenden Prinzipien von similitudo und distinctio, der Indikatoren, der Etymologie und der Tiefengrammatik, des Problems der asymmetrischen und performativen Äußerungen, ferner des Sprachgebrauchs, des Problems der Erfahrung und schließlich besonders der sprachlichen Übertragung, speziell deren Motivation und der Abgrenzung zwischen Metapher und Analogie je für sich und aus sich heraus - wenigstens im Vorblick - das Moment der Pragmatik als Bedingung der Möglichkeit einer Rekonstruktion ihres eigenen Sinnes evozieren.(4) Diese eindeutige Schwerpunktfunktion der Pragmatik (als Aspekt der Semiotik), die aus den Analysen hervorgeht, entspricht exakt - und legitimiert deshalb auch definitiv - die am Anfang dieser Überlegungen vollzogene Hinwendung zur Sprachpraxis und -pragmatik des Thomas, die allererst zu jenen Analysen hinführte. Generell jedenfalls gilt: Wann immer hier von "Semiotik" die Rede ist, dann prinzipiell unter dem Vorzeichen der geschilderten differenten und differenzierten Gewichtung ihrer einzelnen Perspektiven. Methodologisch gesprochen und ins Formale gewendet: die Einführung des Begriffs der Semiotik in die Aufklärung der thomanischen Analogieproblematik entspringt weder absolut notwendig dem unmittelbaren und wörtlichen Befund beim Aquinaten noch dient sie als apriorischer Rahmen einer Thomaslektüre, der bestimmte Ebenen seiner reflektierten Sprachpraxis herausfiltert und zu einem sprachphilosophischen Traktat verknüpft. Vielmehr geschieht seine Einführung, weil er das Gesamt der erschlossenen Einzelzüge - unter In-Kauf-nehmen bestimmter Randunschärfen und fließender Grenzen - ohne jede Ausklammerung über ihre bloße Addition hinausgehend und hinter einer begrifflichen Ableitung der Momente auseinander weit zurückbleibend in eine differenzierte Übersichtlichkeit zusammenzuhalten vermag. Weil und sofern der Begriff der Semiotik das tut, zeigt sich die Semiotik selbst in der Funktion des genuinen Ortes der Analogieproblematik nicht als willkürliche Setzung, sondern als integrales Moment der intendierten "übersichtlichen Darstellung". Nachdem so durch die von der Analyse her nahegelegte Einführung des Interpretaments "Semiotik" grundsätzlich die Möglichkeit gesichert ist, innerhalb der analytisch zustande gekommenen Akkumulation von Einzelzügen Zusammenhänge entdecken zu können, hat von diesen Zusammenhängen selbst im einzelnen die Rede zu sein:

Thomas kann sich zunächst problemlos einiger Voraussetzungen bedienen: es ist für ihn - wie für das Mittelalter überhaupt - keine Frage, daß wir mit einem prinzipiell funktionstüchtigen Sprachvermögen ausgestattet sind, uns unter einem vorgängigen Sprachhorizont bewegen, in den wir durch Lernen einrücken, und so in der Regel die uns gestellten (nicht nur kognitiven) linguistischen Aufgaben bewältigen. Das konkrete Sprachhandeln erfährt seine Basisdetermination in der Bindung an den Sprachgebrauch und zugleich setzt dieser durch Entlastung den Sprecher allererst frei für seine eigentlichen Aufgaben, indem er stabilisierend und zugleich innovatorisch wirkend dem Sprechen die nötige Flexibilität verleiht, die indefinite Zahl neuer oder differierender Situationen zu bewältigen. Mit dem Begriff der "Situation" ist bereits Bezug genommen auf einen weiteren Basiswert des Sprachgeschehens: die Erfahrung. Thomas hat - genau im Einklang mit seinem Realismus - "Erfahrung" als unproblematisch verstanden, eine apriorische dialektische Verschlingung von Erfahrung und Sprache angenommen und dabei der unmittelbaren sinnlichen Erfahrung besonderes Gewicht zugemessen und als Ausgangspunkt jeder kognitiven und sprachlichen Zuwendung zum Nichtsinnlichen angesetzt. Dem Moment der Öffentlichkeit und Intersubjektivität von Sprache, welches ja der Begriff des Sprachgebrauchs bereits impliziert, hat sich Thomas nur wenig gewidmet. Daß er es dennoch explizit wahrnahm und in seiner Relevanz wenigstens ansatzhaft erkannte, erhellt konkret daraus, daß er gelegentlich in der Analyse der hermeneutischen Situation die Position des Hörers mit den durch sie eingetragenen Bedingungen berücksichtigt. Viel mehr Aufmerksamkeit aber schenkt der Aquinate der Gestalt des Sprechers: dabei beschränkt er sich bezüglich anthropologischer Rahmenbedingungen von Sprache überhaupt und ihrer Auswirkung auf bestimmte sprachliche Situationen auf Anspielungen, die sich in der Regel aus seiner erkenntnistheoretischen Position ergeben. Den diesbezüglich fragmentarischen Äußerungen gegenüber bringt er klar die Relevanz der in die Autonomie des redenden Subjekts übergebenen impositio nominis zur Geltung.

Dieses operationale - freilich implizite - Konzept von Sprache, das dem Aquinaten aufgrund der Analyse seiner reflektierten Sprachpraxis unterstellt werden darf, ohne je eine eigenständige begriffliche Ausarbeitung gefunden zu haben, verbindet sich mit einer doppelten globalen Einschätzung des Phänomens "Sprache": **Einerseits** insistiert Thomas auf einer Relevanz des Sprachlichen, die konsequente Strenge und Umsicht im Umgang mit ihm erfordern. Noch mehr: er anerkennt eine Kompetenz des Sprachlichen in dem Sinn, daß die sprachliche Fassung von Sachverhalten (im weitesten Sinn) bereits kraft ihrer sprachlichen Struktur eine gewisse Normativität in der Konstruktion von Argumenten und gelegentlich ansatzweise eine gewisse Autonomie gewinnen kann; letztere zeitigt sich im konkreten Sprachgeschehen aus in der Form einer funktionalen Priorität gesprochener Sprache im Dienst der Sache – ablesbar etwa an primär linguistischen Problemlösungsstrategien – sowie einem Überschuß konkreter Sprachmöglichkeiten über weiteste Reflexionskategorien hinaus (vgl. etwa I q3 a4 c; III q16 a1 c). **Andererseits** aber läßt sich Thomas trotz dieser und von dieser Wertschätzung der Sprache nicht zu einem bedingungslosen und naiven Zutrauen in eine absolut ungebrochene Sachgemäßheit des sprachlichen Instrumentars verführen. Deshalb verweist er – pragmatisch ohne Anspruch auf Vollständigkeit und nie rein formal – auf Gefahren, die gelingendem Reden und Verstehen seitens der Sprache selber drohen, so etwa Termverwendungsfehler, Ausgefallenheit in der Formulierung oder fallaciae figurae dictionis. Daneben kennt er auch sprachinhärente Grenzen, die gelegentlich enger liegen, als situationsbedingte Redebedürfnisse das erfordern; dazu zählen die Spracharmut, zwischensprachliche Differenzen, Eigenstrukturen des Sprachlichen sowie überhaupt die mehrdimensionale Distanz, die in jeder hermeneutischen Situation zwischen Sprecher und Hörer, Text und Leser zu überwinden ist. Daß letzterem Moment vom Selbstverständnis und von der Methode des scholastischen Wissenschaftsbetriebes her besonderes Gewicht zugemessen wurde, versteht sich von selbst. Diese doppelte Einschätzung von Sprache evoziert folgerichtig ein doppeltes Umgehen mit Sprache: sie ermöglicht **einerseits**, die im Sprachlichen als solchem liegenden Chancen der Erfahrungs- und Erkenntnisverbesserung zu nutzen, nötigt aber **andererseits** dazu, die Grenzen um der Funktionstüchtigkeit der Sprache willen mit selbst wiederum sprachlichen Mitteln zu überwinden, mit einem Wort: die Struktur der Sprache aus diesen **zwei** Motiven heraus auf konkretes Sprechen hin zu operationalisieren. Das geschieht – in letzter formaler Reduktion formuliert – in den beiden Vollzügen des **Unterscheidens** und **Übertragens** sprachlicher Ausdrücke.

Sowenig Thomas das bisher übersichtlich Dargestellte jemals so zusammenhängend expliziert hat, sondern nur in Einzelmomenten situationsbedingt aufblitzen ließ und streifte, sowenig hat er sich auch generell jenen Operationalisierungen zugewandt. Während letztere ja Sprache generell betreffen, galt sein Interesse einzig und allein dem theologischen Reden und seiner potenzierten Problematik: potenziert deswegen, weil diese spezielle Rede nicht nur alle Bedingungen von Sprache überhaupt zu übernehmen hat, sondern zusätzlich belastet ist durch die Tatsache, daß ihr absoluter und unverzichtbarer – alle Rede auf sich integrierender – Bezugspunkt "Gott" sich absolut in Unanschaulichkeit verbirgt und jede Aussage über ihn notwendig in die Struktur der Übertragung von Namen verfügt ist. Daraus ergibt sich – abgesehen von den "objektbedingten" Schwierigkeiten – ein Folgeproblem: **Einerseits** ist es lebenswichtig für theologische Rede, darauf verweisen zu können, daß Übertragungen generell in der Sprache möglich sind und geschehen; so kann es sich des eventuell erhebbaren prinzipiellen Vorwurfs entledigen, mit den Übertragungen – noch dazu mit notwendigen – eine esoterische, wenn nicht hermetische Praxis zu pflegen, die selbst ihre Anerkennung als legitimes linguistisches Phänomen und Sprachgeschehen nicht ipso facto reklamieren könnte, sondern sich letztlich der willkürlichen Annahme oder Ablehnung ausgesetzt sähe – das ist das eine. Auf der anderen Seite aber handelt sich die Theologie mit diesem in Legitimationsfunktion stehenden Rekurs auf das generelle Phänomen des Übertragens die mühevolle Arbeit ein, gegen die generell und durchschnittlich dem Übertragen unterstellte Wahrheitslosigkeit – "Wahrheit" im Sinne der "adaequatio rei et intellectus" – ihren Anspruch als wenigstens nicht widervernünftigen aufrechtzuerhalten, die Wahrheit, ja sogar: **die** Wahrheit – zu sagen. Es ist eben nicht leicht, diskursiv den Unterschied auszuweisen zwischen "Gott sprach zu ihm: Geh fort ..." und "Er stand am Rand der Lichtung und wußte nicht, ob er noch warten sollte. Er schloß die Augen und die Bäume raunten ihm zu: Geh fort ..." – Das sind die Koordinaten, in die sich jede rekonstruierende und daher legitimieren-sollende Reflexion theologischen Sprechens verspannt sieht.

Thomas stellte sich dieser Aufgabe: theologische Rede geschieht in und Übertragung – aber in bestimmten Fällen unter ganz bestimmten Bedingungen, die nach Thomas den obigen Geltungsanspruch einlösen können. Die Rekonstruktion, die er hierbei zu leisten hat, entfaltet sich im Umkreis von "Metapher" und "Analogie" als den beiden Brennpunkten einer Ellipse. Thomas hat vom unmittelbaren Textbefund her ohne Zweifel der Analogie viel mehr Aufmerksamkeit gewidmet als der Metapher und sie als **das** Entscheidende theologischen Sprechens zur Geltung gebracht. Sowenig das bestritten werden kann, so wenig läßt sich die Tatsache wegdisputieren, daß die der reflektierten Sprachpraxis zugewandte Analyse diesbezüglich Resultate zeitigte, die in einer nicht weiter aufzulösenden Spannung zum unmittelbaren literarischen Befund und in ebensowenig eliminierbarer Übereinstimmung mit einer ganzen Reihe pragmatisch eingestreuter Aussagen zum Thema und zur sprachlichen Organisation der Problemlösung stehen. Dazu gehört als Geringstes, daß Thomas sich die ganze "Summa theologiae" hindurch nicht zu einer präzisen Terminologie entschließen konnte und immer wieder einmal "analogice" und "metaphorice" gleichermaßen nicht-technisch zur Kennzeichnung eines "similitudo"-Verhältnisses gebrauchte. Schwerer wiegt, daß der Metapher von I q1 a9 c und I-II q101 a2 ad1 und ad2 her aus einer anthropologischen Verankerung eine Notwendigkeit eignet, die sie letztlich dazu ermächtigt, einen faktischen Primat in divinis für sich zu reklamieren. Am schwersten aber zählt, daß die Metapher im Gewand der schöpferischen "causa efficiens" im Scheitelpunkt theoretischer Aussagen zur Analogie (I q13 a5 c), welche diese von der Metapher präzis abgrenzen sollen, wieder hereinbricht, um dem ganzen Diskurs allererst ein Fundament zu verleihen. Damit qualifiziert sich der faktische Primat zu einem systematischen. Diese Akzentverschiebung hin zur Metapher steht in offenem Widerspruch zu ihrer reflexen Bestimmung gegenüber der Analogie, zieht aber ihr Recht – über die bisherigen Integrationsleistungen hinaus und im Blick auf das, was Thomas **tut** – daraus, daß sie zwei, wohl **die** zwei tragenden Momente der thomanischen Rekonstruktion verantworteter Gottesrede in ihrer fundamentalen Rolle zur Geltung bringen, innerhalb des Gesamts der Redesituation verankern und selbst noch in ihrer gegenseitigen Zuordnung artikulieren kann:

die Funktion der Kategorie der "prima causa efficiens", also der Schöpfung, sowie die Tatsache, daß sich die Liste streng analogiefähiger Wörter auf die "perfectio"-Terme beschränkt. Um dieser Zusammenhänge ansichtig zu werden, bedarf es einer genaueren Explikation der Funktionen von Metapher. Diese wurden nicht aus Thomas selbst gewonnen, sondern von der modernen Metaphernforschung(5) bereitgestellt; die Einführung von deren Ergebnissen ist - parallel zu der des Begriffs "Semiotik" - als Interpretament des nachweislichen Befundes in der "Summa theologiae" zu verstehen und legitimiert sich daraus, daß sie Zusammenhänge aufdeckend eine konsistente und kohärente Interpretation eben dieses Befundes gestattet. Generell war die Funktion der Metapher als semantisches Experimentieren in Funktion der Erschließung neuer Erfahrungen bestimmt worden. In diesem Rahmen fallen der Metapher zwei ganz spezielle Aufgaben zu: Einmal die Antwort auf die diskursiv nicht beantwortbaren Fragen - als Artikulation des nicht überschaubaren Ganzen, als konsistenzverleihende Strukturierung einer Welt - und eine pragmatische Wahrheit zu sein. Genau diese Funktion einer "absoluten Metapher" erfüllt die Rede von der "prima causa efficiens", die Übertragung des Kausalitätsbegriffs aus dem Erfahrungsbereich auf das kontingenzgeprägte Weltganze. In diesem von einer "absoluten Metapher" eröffneten Raum entfalten dann die "perfectio"-Terme ihre spezielle Funktion - das ist die **zweite** Aufgabe der Metapher. Ihre spezifische semantische Struktur befähigt nämlich jene Terme, die Anschauung in einem Prozeß hineinzuziehen, der ab einem gewissen Punkt die kognitive Intention des Subjekts sprengend dieses selbst in andere Verhaltensmodi drängt und schließlich in dessen Akt eines Sich-überlassens Transzendenz "erfahrbar" macht. Mithin handelt es sich genau bei den Termen, die Thomas als streng analogiefähig auffaßt, um "Sprengmetaphern" - was bedeutet, daß der ursprünglich als faktisch bezeichnete und dann zum systematischen qualifizierte Primat des Metaphorischen einen logisch-notwendigen darstellt. Bleibt aber in dieser Sicht überhaupt noch eine spezielle Funktion für die Analogie übrig - und vor allem: Was ist dann Analogie überhaupt noch? Noch einmal kann auf die Resultate zeitgenössischer Sprachphilosophie als Interpretament zurückgegriffen werden - und noch einmal enthüllt sich deren Konfrontation mit Thomas auf der Ebene theoretischer Äußerungen als Widerspruch, auf der Ebene der Sprachpraxis jedoch als Koinzidenz. Analogie wird nämlich definiert als Geschehen, das zwischen zwei Erfahrungsmomenten spielt, nicht um Erfahrungen zu ermöglichen wie die Metapher, sondern um begegnende neue Erfahrungen durch Anbindung an bereits vertraute behutsam näher aufzuschlüsseln und so das Neue in seiner Neuheit in den bereits existierenden Erfahrungskosmos sinnvoll zu integrieren.(6) Diese Aufschlüsselungsleistung erbringt die Analogie im Horizont einer "absoluten Metapher" genauso wie in dem der "Sprengmetaphern", sofern die dortige nicht-kognitive Intentionalität und vor allem deren Erfüllung selbst wiederum einer gewissen Artikulation bedürfen. Diese formale Funktionsbeschreibung der Analogie deckt voll den Befund der von Thomas in der "Summa theologiae" gepflegten Analogiepraxis, die sich einer ganzen Fülle methodischer Möglichkeiten bedienen kann, welche sich auch nicht im entferntesten auf die in I q13 a5 und a6 genannten Bedingungen analoger Rede reduzieren lassen. Diese Aufschlüsselung, die immer vom Bekannten her ansetzt, stellt ein aktives Tun des Sprechers dar, geschieht nicht selten als Sequenz mehrerer Übertragungen eines Ausdrucks nacheinander, kann ihren Übertragungscharakter im Lauf der Zeit verlieren und eine neue, autonome Bedeutung des Ausdrucks neben der ursprünglichen etablieren. Umgekehrt kann auch ein nicht mehr präsenter Übertragungsvorgang rekonstruiert und so - was für Metaphysik und Theologie wichtig ist - Sprachkritik betrieben werden. Bei all dem bleibt solches sprachliche Aufschlüsselungsgeschehen immer in das sinnliche Erfahrungsfeld - wenn auch oft implizit - rückgebunden; gerade letzteren war sich Thomas sehr bewußt, weil er mehrfach auch nach den Motiven für Benennungen (Übertragungen) fragte und als Leitfaden etwas anzunehmen scheint, was "Auffälligkeitsprinzip" genannt werden kann. Grundsätzlich orientiert sich das praktische Analogisieren des Aquinaten an den beiden Prinzipien von Ähnlichkeit und Differenzierung; ersteres lebt aus einer wesentlichen kategorialen Unbestimmtheit der Ähnlichkeitsrelationen, die einer Namensübertragung zugrunde liegen, und eine genauere Durchmusterung konkreter Übertragungsfälle enthüllt als Zentrum des Ähnlichkeitsprinzips das, was WITTGENSTEIN "Familienähnlichkeit" genannt hat; als heuristischem Leitfaden gehorcht es einer - recht verstandenen - Logik des Zusammen-Sehens und damit in einem gewissen Sinne auch einer Logik der Phantasie. Dem zweiten Prinzip, dem der Differenzierung, eignet zwar praktisch-methodisch ein Primat vor dem Ähnlichkeitsprinzip, aber logisch gesehen nimmt es die zweite Stelle ein, weil es sich allererst im Medium aktueller oder tendentieller Ähnlichkeit (Identität) entfalten kann. Es tritt in verschiedenen Formen und Kombinationen auf und entzieht sich nicht selten durch terminologische und syntaktische Verdeckungen einer unmittelbaren Identifikation als sprachliches Differenzierungsgeschehen in hermeneutischer Funktion. Diese Unterscheidungen werden ad hoc vollzogen, tragen deshalb auch das Stigma einer gewissen Relativität und konstituieren semantische Möglichkeiten. Innerhalb des so aufgespannten semantischen Feldes vollziehen sich - immer noch in Funktion der Distinktion - die gegenwendigen Bewegungen von Extension und Restriktion, wobei letztere die erstere logisch voraussetzt (was aber implizit bleiben kann). Diese Doppelbewegung erlaubt, mit der Distinktion drei prädikamentelle Funktionen zu erfüllen: die reine Extension im Aufweis gleichzeitiger Relevanz mehrerer Bedeutungen eines Ausdrucks, die Extension mit nachfolgend totaler Restriktion, die jede mögliche Bedeutung eines Ausdrucks im gegebenen Kontext eliminiert; dieser Fall erlaubt, in bestimmten Fällen auch das Moment der Nichtanalogizität zur Geltung zu bringen und enthüllt so die Negation als Grenzfall der Analogie selbst; daß sich sogar noch in Gestalt der Selbstnegation die Intention des Analogiegeschehens erfüllt, bekundet die prinzipielle Unendlichkeit dieses Prinzips; als dritte und am häufigsten auftretende prädikamentelle Funktion schließlich begegnet die Verbindung von Extension und partieller Restriktion, an der sich die grundsätzliche logische Zusammengehörigkeit der beiden Bewegungen am deutlichsten offenbart. Die Analyse dieser prädikamentellen Funktionen legt schließlich als deren Fundament die je schon vorgängige Ungenauigkeit sprachlicher Ausdrücke frei; jede mögliche semantische Präzision läßt sich nur auf deren Basis und unter deren Bedingung herausarbeiten.

Damit ist die Explikation der beiden grundlegenden Prinzipien des Analogisierens noch nicht abgeschlossen. In den meisten Fällen ihrer Verwendung nämlich rekurriert Thomas gar nicht eigens auf die explizite Vollform dieser Prinzipien. Vielmehr qualifiziert er analoge Sprachvollzüge durch Kurzformeln, genauer: durch linguistische Indikatoren, welche semantische Modifikationen anzuzeigen haben, indem sie durch prägnante Ausdrücke als hermeneutische Hilfe auf die faktische Kopräsenz der Prinzipien, der Relativität oder der Unschärfe oder mehrerer zugleich verweisen.

Diese methodischen Züge reflektierter Sprachpraxis, die trotz der durchgängigen semantisch-metaphysischen Oszillation vieler pragmatischer Reflexionen des Aquinaten und in einer gewissen Schematisierung primär der Region der Semantik zugerechnet werden dürfen, konstituieren nun keineswegs das volle Repertoire sprachlicher und metasprachlicher Operationen in Funktion der Analogisierung. Im Horizont ihrer obigen Bestimmung als Aufschlüsselungsgeschehen von Erfahrungen durch Bezug zu anderen Erfahrungen(7) sind ihr nämlich auch methodische Momente zuzurechnen, die dem Feld der **Grammatik** entstammen: die Etymologie, die Syntaktik sowie die Untersuchung von Genus, Casus, Konjugationsformen, Modi und der Logik von Satzverbindungen dienen der Explikation spezieller sprachlicher Verhältnisse, die nicht unmittelbar am verbalen Befund eines Textes abgelesen werden können. Immer geht es darum, vom Bekannten ausgehend mit dessen Hilfe unter Einsatz sprachlicher Mittel ein weniger Bekanntes näher aufzuschlüsseln. Besonders intensiv betreibt Thomas das mittels der **tiefengrammatischen Analyse**, durch die eine völlig neue Ebene semantischer Strukturen und Möglichkeiten erschlossen wird. Etwas unmittelbarer als in den oft komplizierten tiefenstrukturellen Analysen offenbart sich das Geschehen der Analogisierung in der Methode des **"Sprachspielvergleichs"**. Dasselbe geschieht schließlich – wenn auch nur sehr knapp – in Thomas' kurzer Explikation **asymmetrischer** und **performativer** Äußerungen, immer und alles freilich im Bezug und unter den Bedingungen der Redesituation. Hatte sich die Analyse von der Oberfläche – dem unmittelbar linguistisch Faßbaren – bis zur tiefenstrukturellen Ebene durchgearbeitet und fortschreitend die Redesituation als den Ort entdeckt, wo alle Fäden der reflektierten Sprachpraxis festgemacht sind und sich der Knoten der den Aquinaten beschäftigenden Sprachprobleme schürzt, so konnte die "übersichtliche Darstellung" gewissermaßen den umgekehrten Weg gehend von jenem systematischen und integrierenden Ort aus Rang, Funktion und Zuordnung der einzelnen Momente bestimmen.

Trotz des Primats der Metapher, ohne den die ganzen Vollzüge überhaupt nicht beginnen könnten und der sämtlichen, nicht apriorisch als streng univok definierten sprachlichen Ausdrücken die Möglichkeit von Analogizität eröffnet, darf wohl das beschriebene sprachliche Gesamtphänomen "Analogie" heißen; das geschieht zwar – wie weiter unten noch näher auszuführen sein wird – in einer Spannung zu bestimmten analogietheoretischen Aussagen des Thomas, der gelegentlich den Namen des "analogice" auf die "perfectio"-Terme in einer ganz bestimmten Funktion eingeschränkt sehen will; andererseits aber steht eine solche Benennung – ganz abgesehen von Thomas' eigenem oszillierenden Sprachgebrauch, der sich auf den Umgang mit dem Ausdruck in der Tradition seit der Zeit der Aristoteleskommentatoren berufen kann(8) – in vollem Einklang mit der Analogiepraxis des Aquinaten, an der oft genug abzulesen war, daß es auch ohne Rekurs auf "perfectio"-Terme und auch ohne ein "analogice" um nichts anderes ging als eben die Analogizität von Bedeutungen.(9)

Eine Retroperspektive auf die nicht reduzierbare Fülle und Konkretheit der auf Analogie hingeordneten Operationen und den Modus thomanischer Analogiepraxis erblickt mehr als nur die Funktion der Analogie und ihre theologische Not-wendigkeit. Ihr erschließt sich darüber hinaus etwas von dem "Geist", der Bewegung eines Denkens, das sich solchermaßen konkret auszeitigt, wie umgekehrt auch etwas von dem Rang der Analogie selbst innerhalb der Aktivität des Intellekts. Solches Denken muß wohl getragen sein von einer apriorischen Intuition - ich möchte dabei diesen Ausdruck nicht in irgendeinem anti- oder unintellektualistischen Sinne verstanden wissen -, einer Intuition auf Einheit hin, die sich gleichzeitig keiner Nivellierung schuldig macht. Die "unifying power"(10) hat ihr Recht und ist bei sich selber nur in der Entäußerung, Verausgabung an die Disparatheit der Dinge; sie ist bei sich, im Maße sie die Differenzen zur Geltung bringt. Sofern Thomas mit J. PIEPER grundsätzlich eine "... nichts ausschließende und nichts auslassende Einbewältigungskraft ..."(11) zu bescheinigen ist, enthüllt sich die Analogie in der vom Aquinaten praktizierten Form als Konzentrat, als prototypisches Motiv seines Denkens. Gerade weil die Analogie dem Intellekt durch das von ihr geleistete **Zusammen-sehen** (12) der Dinge etwas zu denken gibt, verpflichtet sie das Denken kraft ihrer eigenen Dynamik auf eine prinzipielle Offenständigkeit. Damit übt Analogie gleichzeitig einen für jedes Unternehmen einer Theologie oder Metaphysik unabdingbaren Dienst aus: sie wirkt aus sich selbst und in gleichsam unauffälliger Kopräsenz als Sprengsatz gegen die jeder Dogmatik(13) konstitutiv inhärenten Festschreibungstendenz(14) - nicht in der Destruktion jeder Dogmatik überhaupt, sondern als Barriere gegen das - immer drohende - Umkippen von Dogmatik in Ideologie.(15) Von diesen Funktionen her deutet sich an, weshalb Analogie weder ein Begriff ist noch eine Methode, obwohl sie sich im Medium konkreter linguistischer Methoden realisiert.

Was nun so wie die Analogie im obigen Sinn eine Universalität von Denken und Sprechen ermöglicht und jedes erreichte Gedachte und Gesagte kritisch in Bewegung halten kann, wird kaum als partikuläre Funktion des Intellekts oder gar als Notbehelf an den Grenzen des Erkennens und Sprechens(16) betrachtet werden dürfen. Ihre ent-deckende und unter-scheidende Kraft hat viel tiefere Wurzeln: Was sie mit beidem leistet, ist für jede Intentionalität - nicht nur die theoretische - so konstitutiv, daß die Analogie selbst dem innersten Kern der Bedingung der Möglichkeit jeder partikulären Intentionalität zugehört, jenem Vorgängigen zu allem Meinen, das selbst noch die Einheit von Vernunft und Willen grundlegt. Warum? Das Subjekt muß sich mittels seiner Intentionalität - theoretisch und praktisch - in einer letztlich indefinit komplexen und differenzierten "Welt" zurechtfinden. Jeder intentionale Akt aber kann immer nur intentional **auf etwas** sein; Bewußtsein ist immer nur Bewußtsein von etwas. Um sich aber in solcher Ent-schiedenheit - für **dieses** und nicht für **jenes** - auf jeden möglichen Gegenstand als ihn selbst in prinzipiell unbegrenzter Zugänglichkeit vollziehen zu könnnen, muß sich der intentionale Akt immer schon anhand der entdeckend-erschließenden und zugleich unterscheidenden Kraft von Analogie konstituieren. Analogie ist mithin als vorgängig zu denken zu jedem Akt, der etwas meint, zu jedem möglichen intentionalen Akt, weil all diese durch sie allererst ihre konkrete Ausrichtung gewinnen; sie gehört als Potenz gewissermaßen zum "Urakt" des Subjekts, der "anima", würde Thomas sagen. Andererseits aber kann das Subjekt diese Kraft seinen Vollzügen - wenn auch nicht ganz, so doch partiell und bisweilen sehr weitreichend - entziehen. Das geschieht entweder, um der durch den Einsatz jener Energie notwendig gewordenen Arbeit aus dem Weg zu gehen oder auch absichtlich im Dienst bestimmter Interessen, deren Ziele dem Subjekt mehr gelten als "die Sachen selbst". Gerade weil Analogie in weitem Maß eliminiert werden kann, will sie in ihrer originären Kraft frei in den Vollzug des Subjekts aufgenommen werden, will gewählt und als gewählte festgehalten sein, um die Struktur des Horizonts eines Subjekts zu bestimmen. Als solche verdient Analogie den Namen "**Option**",(17) genauer: fundamentale philosophische Option - fundamental, weil sie über die intentionalen Fähigkeiten und Möglichkeiten eines Subjekts entscheidet; und philosophisch, weil sie das zutiefst Philosophische allen Philosophierens zu tun befähigt: Wirklichkeit zu entdecken und zu unterscheiden, d.h. kritisch zu betrachten.

Dieser Optionscharakter - eine Option für Zusammenhänge und Differenzen in einem - hält sich durch bis in die Oberfläche des Analogiegeschehens hinein. WITTGENSTEIN hat das in anderem Zusammenhang klar gesehen und - in der für ihn typischen Unmittelbarkeit - so ausgedrückt: "Derjenige, der sagt 'Das sind doch zwei verschiedene Gebräuche', hat schon beschlossen, ein zweiteiliges Schema zu gebrauchen, und mit dem, was er gesagt hat, hat er diesen Entschluß ausgedrückt." (18) Die Option richtet sich dabei keineswegs auf ein beliebiges Zusammen-lesen (im doppelten Sinn von "lesen") und Zusammen-sprechen der Dinge; vielmehr erfüllt sich ihre ureigenste Intention vom Interesse und den Bemühungen des Aquinaten her in **dem** Zusammenhang, dem von Gott und Welt, einem Zusammenhang, der im Reden von Gott und der Welt Nähe und Distanz umgreifend die Göttlichkeit Gottes und die Weltlichkeit der Welt wahrt und dennoch von der Welt her zur Rede von Gott und zu Gott ermächtigt. In den unzähligen Konkretionen dieses Zusammenhanges schlägt - wie die Analyse zeigte - in vielfachen Formen immer und immer wieder die Ebene des Sprachlichen durch, gelegentlich so stark, daß Theologie exklusiv als Sprachlehre des Glaubens aufgefaßt zu werden scheint.(19) Das ist nicht zufällig; vielmehr offenbart sich darin, daß jener in der Option gegründete Zusammenhang von Gott und Welt nicht der Konstruktion eines absoluten, beide umgreifenden Systems dient, sondern - und das Gewicht der reflektierten Sprachpraxis des Aquinaten ist hier unbestechlich - daß Thomas jenen Zusammenhang selbst als originär und ureigenst hermeneutischen (20) auffaßt. Der protestantische Theologe U. KÜHN hat das - in der Unvoreingenommenheit, mit der er an Thomas herangehen konnte - sehr präzis erfaßt, wenn er schreibt: "Zum Bedenken aufgegeben ist uns von Thomas im jedem Fall, daß Gott und sein Evangelium einerseits, die Welt und der Mensch andererseits aufeinander gewiesen sind und sich nur **miteinander** zum **Verstehen** bringen lassen, und ferner, daß Verstehen etwas mit **Vergleichen** zu tun hat und in diesem Sinne ohne streng systematisches Vorgehen kaum zu erreichen sein wird" (alle Herv. v. mir).(21) Damit eröffnet sich der innerste Sinn von Analogie: ein sprachliches Geschehen in Funktion von und als Hermeneutik, bei dem sich im Zusammen-sprechen(22) von Gott und Welt nicht irgendein Sinn, sondern Sinn überhaupt und das heißt bei Thomas: Sein überhaupt offenbart.(23)

U. KÜHN sprach davon, daß das (hermeneutische) Geschehen, welches zwischen Gott und Welt spielt, zu seinem Gelingen eines "streng systematische(n) Vorgehen(s)" bedarf; was er damit näherhin im Auge hat, läßt er im Dunkel. Von der obigen "übersichtlichen Darstellung" und den aus ihr gezogenen Konklusionen her jedoch läßt sich jenes "Systematische" durchaus benennen: Wenn Verstehen durch Vergleichen ermöglicht wird - wie KÜHN sagte - und Vergleichen nicht anders stattfinden kann als im Konkreten, ja Konkretesten, dann kann in diesem Geschehen nur ein einziges Moment systematisch sein - und das heißt: den Charakter logischer Notwendigkeit und allgemeiner Geltung für sich beanspruchen: die Option selbst als Option, welche den konkreten intentionalen Vollzügen die komplexe Struktur "Identität-in-Differenz" als orientierendes und heuristisches "Schema" vorgibt. Nur wenn diese Option konsequent und systematisch durchgehalten wird, eröffnet sich die Möglichkeit, das Verhältnis von Gott und Welt strukturell als "Vergleich" (wenn man überhaupt noch so sagen darf) zu vollziehen. Analogie ist systematisch, im Maße sie als fundamentale Option durchgehalten wird und so als Horizont den Raum konkreter Vergleichsvollzüge offenhält. Kann dieses Systematische selbst noch einmal systematisiert und damit im letzten auf das Niveau einer Theorie gebracht werden?

7.2 THEORIE UND THEORETISIERBARKEIT VON ANALOGIE

Allein schon nach der Möglichkeit von Analogietheorie überhaupt - wie eben geschehen - zu fragen, behauptet, daß es diesbezüglich etwas zu fragen gibt - noch mehr: bedeutet, die von Thomas in I q13 a5 und a6 skizzierte Theorie als Antwort in Frage zu stellen. Waren die Resultate der Analysen reflektierter Sprachpraxis ganz im Zeichen der Aufdeckung von Reichweite, Leistung und Geltung thomanischer Analogiepraxis gestanden, so bringt die Inkongruenz letzterer mit der vom Aquinaten formulierten Theorie die hier anstehenden Überlegungen in eine ausgesprochen problematische Lage, sofern ihnen im letzten - um der Wahrung thomanischer Authentizität willen - ein abwägendes Urteil über den Gesamtbefund (Analogiepraxis und Analogietheorie) aufgetragen ist. Über den gegebenen Antagonismus hinaus kommt mit noch größerem Gewicht ins Spiel, daß der Theoriestatus der Aussagen in I q13 sich schon als solcher bezweifeln läßt: Thomas will dort eine allgemeine Bestimmung von "Analogie" geben; er intendiert eine rationale, überprüfbare und kohärente Beschreibung des "Faktums" "Rede von Gott",die Erklärung des beschriebenen Befundes aus notwendigen Gesetzen und Ursachen - und zwar mit dem Anspruch, daß eben diese Erklärung die einzig mögliche sei. Thomas sagt das zwar in I q13 a5 und a6 nicht ausdrücklich, aber dennoch darf ihm m.E. dieser Anspruch gerade aufgrund des mehrfachen Wechsels der theoretischen Analogiekonzeptionen von In I Sent über De ver bis ST unterstellt werden, sofern jeweils die vorausgehenden Konzeptionen von der neu entworfenen eliminiert werden. Von daher darf angenommen werden, daß Thomas I q13 a5 und a6 als Theorie verstanden wissen wollte(24) - die spätere thomistische Auslegungstradition hat diesen Anspruch noch dadurch verschärft, daß sie Thomas' Konzept häufig axiomatisch auffaßte ("Schlüsseltextansatz"). Was aber Zweifel am Recht dieses Ansatzes aufkommen läßt, ist die Tatsache, daß der Analogie gerade durch dieses und im

Rahmen dieses Konzepts ein Ballast "de fragmentaire et de non concluant"(25) zuwächst. P. RICOEUR rechnet dazu etwa die Frage, "si les différences étaient plus significatives que les ressemblances."(26) Gefragt werden könnte - mit demselben Effekt - etwa auch nach dem Maßstab, gemäß dem ein Endliches eine an sich unendliche perfectio partizipieren muß, um noch als "analogice" gelten zu können.(27)

Daß mit der Analogietheorie des Aquinaten irgendwie Probleme verbunden sind, haben eine ganze Reihe von Autoren angemerkt - durchgehend allerdings im Stil von Andeutungen und Vermutungen und nicht einmal im Verweis auf die leicht zu entdeckende Insuffizienz der formalen "Theorie" angesichts der konkreten Analogiepraxis. A. KENNY etwa diagnostiziert selbst in den an sich schmalen theoretischen Äußerungen Thomas' eine mögliche Übertheoretisierung, die das Phänomen der Analogie mehr verstellt denn erhellt: "Aquinas' theory, of course, is considerably tidier than Wittgenstein's. It is probably too tidy."(28) Im selben Sinn - nur mit umgekehrten Vorzeichen - spricht D. B. BURRELL vom qualitativen Primat der Analogiepraxis gegenüber einer vernachlässigten Theorie;(29) und bei J. F. ROSS meldet sich das Kreuz mit der Theorie in der stillschweigend vollzogenen, aber nichtsdestoweniger erzwungenen Metabasis vom rein theoretischen zum praktischen Bereich.(30) In einer - gerade von den hermeneutischen Vorurteilen dieser Überlegungen her - interessanten (aber in sich problematischen) Perspektive vermittelt die Arbeit von I. D'HERT eine Skizze zum Theorieproblem. D'HERT spricht von einer "...resemblance between the world of Thomas and that of the Tractatus (sc. WITTGENSTEINs). Both these worlds are bounded wholes."(31) Jenes begrenzte und umschreibbare Ganze ist für Thomas die natura, für WITTGENSTEIN die naturwissenschaftlich erfahrbare Welt. Gott bleibt beide Male außerhalb dieses Ganzen. Hinsichtlich einer Rede von Gott bringt - so D'HERT - WITTGENSTEIN das berühmte "Schweigen" ins Spiel(32) und entwirft Thomas die Analogiedoktrin.(33) Die innere Problematik einer adäquaten Auslegung des WITTGENSTEINschen "Schweigens" sei hier einmal beiseite gelassen - ebenso D'HERTs Auffassung der thomanischen "natura". Bemerkenswert aber scheint mir die Parallelisierung der Perspektiven des "Tractatus" und der Analogietheorie (um die allein es D'HERT zu tun ist) - bemerkenswert deshalb, weil damit letztere in das Umfeld des Fraglichen und Problematischen gerät, das dem "Tractatus" schon von WITTGENSTEIN selbst und erst recht von der kritischen Auseinandersetzung vieler späterer her anhaftet.(34) Vom Befund der Analyse und der Nähe thomanischer Analogiepraxis zum späten WITTGENSTEIN her darf - über D'HERT hinaus, durchaus etwas schematisch und fast im Sinne einer Metapher - das Verhältnis von Analogietheorie und Analogiepraxis bei Thomas in Beziehung gesetzt werden mit dem Verhältnis des WITTGENSTEIN des "Tractatus" zu dem der "Philosophische(n) Untersuchungen". - Ein anderer Autor, T. CHAPMAN, geht die Frage nach der Theorie und Theoretisierbarkeit in radice an - und zwar mit Rekurs auf die Selbstanalogizität analoger Redefälle: "... there is no one second-order property or set of properties that all these analogous usages have in common."(35) Auf dieser Basis kommt CHAPMAN - unter mehrfachem Hinweis auf WITTGENSTEIN(36) - hinsichtlich der Analogietheorie zu folgendem Ergebnis: "In general, given that analogy is analogous, it appears that any general theory of analogy is likely to fail since any account of the relevant similarity relation will be either too schematic (and then not really explains anything) or fallaciously attempt to isolate some single property of relation. The proper conclusion seems to be simply that analogy is sui generis."(37) CHAPMAN hat damit über Vermutungen hinaus Gründe genannt; dennoch bleibt die Begründung der Theorieprobleme relativ schmal und satzhaft ("analogy is analogous"), legt jedenfalls sofort ein weiteres "Warum" nahe.

Eine etwas tiefergehende Befragung der Verhältnisse hat zunächst einmal zweierlei zur Kenntnis zu nehmen: Die Theorieprobleme stellen kein Spezifikum des Aquinaten dar und sie markieren keinen individuell bedingten Schwachpunkt seines Denkens. Obwohl im Mittelalter hervorragende hermeneutische Werke – etwa das "Didascalicon" des Hugo von ST. VIKTOR – und sprachphilosophische Abhandlungen höchsten Niveaus – so z.B. die Modisten-Traktate – verfaßt wurden, muß dennoch generell festgehalten werden, daß "... die mittelalterliche Hermeneutik ... am überzeugendsten in den Kommentaren selber zum Ausdruck (kommt). Im Prinzip stimmen Theorie und Praxis zusammen, aber man kann zu keiner Zeit erwarten, daß die Theorie alle Erscheinungen erschöpft, für die sie entworfen ist. Wenn man Theorie und Praxis der mittelalterlichen Hermeneutik vergleicht, dann findet man auf beiden Seiten Überhänge und Reste."(38) Inkongruenz zwischen Theorie und Praxis ist also generell nichts Besonderes; tritt sie aber in einem Umfang auf wie bei Thomas, so zieht sie zumindest besonderes Interesse auf sich – das ist das eine. Das zweite, was in der Diskussion um die Analogietheorie in aller Schärfe zur Geltung gebracht werden muß, ist dies: Die Theorieschwierigkeiten bei Thomas beschränken sich nicht auf die spezielle Frage der Analogie, sondern prägen das Thema "Sprache" in größerem Umkreis – und vor allem: Die Theorien, die Thomas diesbezüglich aufstellt, funktionieren nicht, gemessen an dem, wozu sie konstruiert werden und was zu leisten sie insinuieren. Mag das auch im ersten Moment überspitzt klingen – das, was die Analyse schon in der genaueren Rekonstruktion von I q13 und dann im Laufe der Lektüre der ganzen "Summa theologiae" kontinuierlich zutage brachte, kann nicht anders genannt werden. Worauf kann sich dieses Urteil stützen? Auf die Tatsache, daß sich Thomas in acht Fällen zu Momenten aus der Sprach- und Analogiethematik in Form theoretischer Klärungen äußert und in allen acht Fällen die konkreten Formen seiner Sprachpraxis entweder nur zu einem äußerst geringen Teil abdecken oder die zu verhandelnde Problematik überhaupt nicht zu erfassen vermögen. Alle acht Fälle wurden in der Analyse bereits ausführlich untersucht und können deshalb hier in Kurzform systematisch rekapituliert werden:

- Das erste Theorieproblem eröffnet sich in der genaueren Auseinandersetzung mit dem Schema "res – modus" anläßlich I q13 a3 c.(39) Thomas überträgt die innergrammatische Kategorie des "modus significandi" als Differenzierungskriterium auf das vertikale Verhältnis von Gott und Geschöpf. Während grammatisch eine dictio durch den je wechselnden modus significandi verschiedene (unter sich durchaus zusammenhängende) Bedeutungen erhält, erklärt diese Kategorie für die Rede von Gott überhaupt nichts, weil gegenüber dem modus significandi creaturae der modus significandi divinus eine linguistische Leerstelle bleibt – ganz abgesehen davon, daß sich bei der Übertragung des "modus significandi" eine grammatisch-semantische in eine strikt-semantische Kategorie verwandelt und auch abgesehen davon, daß das Schema selbst (nicht einmal das grammatische) für die Sprachpraxis des Aquinaten kaum eine Rolle spielt.

– Genauso verhält es sich – zweitens – mit der Konstruktion von Kriterien für die Unterscheidung der "nomina metaphorica" und der "huiusmodi nomina" in I q13 a6 c.(40) Die Formeln "per prius de creatura et per posterius de Deo" (Metapher) sowie "per prius de Deo et per posterius de creatura" (Analogie im strengen Sinn) leisten nicht, was sie zu leisten vorgeben. Das erste Kriterium ist metasprachlich, das zweite metaphysisch, obwohl von Anspruch und Intention des Artikels her beide metasprachlich sein müßten. Das eigentliche metasprachliche Kriterium für die zweite Namensgruppe, die semantische Struktur der "perfectio"-Terme als Vor-Kriterium analogiefähiger Terme, sieht Thomas nicht, obwohl er sich in der Praxis faktisch an es hält.

– Der dritte Fall der Theorie-Praxis-Differenz repräsentiert das typische Resultat eines aus dem Formalismus der Theorie entspringenden Defizits dieser Theorie selbst: Die Bestimmung der Relationsmodi, die als Träger eines Analogiegeschehens in Frage kommen. In I q13 a5 c ist nur von "causa" und "signum" (als Fällen einer proportio multorum ad unum) bzw. nur von "causa" (als Fall einer proportio unius ad alterum) die Rede.(41) Demgegenüber erweitert Thomas in III q60 a1 c praxisbedingt die explizite List der Relationsmodi um die Funktion des "conservare" und sagt ausdrücklich dazu: "... vel secundum quamcumque aliam habitudinem."(42) Daß gemäß I q13 a5 c in der analogen Rede von Gott für die Trägerrelation ausschließlich der "causa"-Modus in Frage kommt, erweist sich im Licht der Analyse des Verhältnisses von Metapher und Analogie noch problematischer, sofern sich dort gerade diese Kategorie der "causa" als neue Rückkehr der Metapher enthüllt – als Wiedereinbruch in einen Diskurs, dessen originäre Aufgabe darin besteht, das Metaphorische zurückzudrängen.(43)

– An vierter Stelle hat hier von der in I q13 a8 c formulierten Übertragungstheorie die Rede zu sein. Thomas will das "Deus" mittels des Schemas "id a quo – id ad quod" zum nomen naturae qualifizieren. In Wirklichkeit aber handelt es sich nicht um eine sprachliche Übertragung, sondern eine (sprach)logische Untersuchung, ob das nomen "Deus" Referenz besitzt oder nicht.(44)

– Fünftens kommt dem von Thomas geteilten traditionellen Lehrsatz "voces sunt signa intellectuum" innerhalb der konkreten Diskurs- und Argumentationspraxis nicht die prinzipielle Relevanz und Geltung zu, die er als Lehrsatz in Anspruch nimmt. Häufig fungieren nämlich sprachliche Regelungen als primäre Operationsebene in der Konstitution von Argumenten, so daß der Sprache ein faktischer – selbstredend immer funktional bleibender – Primat zufällt, der bisweilen in Andeutungen das Moment einer Autonomie des Sprachlichen impliziert.(45)

– Äußerst problematisch stellt sich sechstens das Theorie-Praxis-Verhältnis in der Frage der gegenseitigen Zuordnung von Gebrauch und Bedeutung eines sprachlichen Ausdrucks dar. Die in I q29 a4 c ausführlich vollzogene Differenz zwischen beiden(46) bleibt inhaltlich ohne überzeugendes Resultat; und überdies verrät die Analyse der konkreten Sprachpraxis eindeutig die Tendenz einer maximalen Annäherung und gelegentlichen Identifikation von Gebrauch und Bedeutung – ohne daß Thomas das freilich je explizit gesagt hätte.

- Ähnlich wiederholt sich siebtens das Auseinanderdriften von Theorie und Praxis in der Frage der Namensgebung bzw. Benennungsmotivation. "... quod nomina debent proprietatibus rerum respondere" (III q37 a2 c) wird in der Praxis nicht durchgehalten. Die Namensgebung orientiert sich vielmehr häufig an Ähnlichkeiten, Auffälligkeiten oder Bedeutsamkeiten, die aus dem Konkurs bestimmter Momente oder Ereignisse resultieren - also an Dingen, die für die Sache unwesentlich (ohne Rekurs auf die proprietates) sind oder wenigstens sein können; von daher ähnelt auch die Namensvergabe an res viel stärker der Bildung oder Wahl von Eigennamen für Personen, wie sie in III q37 a2 c beschrieben wird.(47)

- An achter Stelle schließlich muß noch einmal die Metapher genannt werden, diesmal nicht im Blick auf die Abgrenzung von der Analogie, sondern hinsichtlich der Einschätzung ihrer Leistung. Hier ist bereits innerhalb der theoretischen Aussageebene selbst eine nicht auszugleichende Spannung zu diagnostizieren zwischen der gelegentlichen Rückstufung des Metaphorischen - etwa auch I q13 a6 c - einerseits und der Anerkennung einer "necessitas" der Metapher in I q1 a9 ad1 sowie eines für die Theologie spezifischen und durch ihren Gegenstand bedingten Primats metaphorischen Redens in I-II q101 a2 ad1 und ad2 andererseits.(48) Dem schließt sich an, daß innerhalb des Gesamts konkreter Sprachreflexionen viel mehr theologische Sprachfälle den Index "metaphorice" erhalten als "analogice" und sich von daher auch ein quantitatives Gewicht des Metaphorischen aufbaut. Dazu kommt außerdem, daß sich Thomas selbst gelegentlich gerade in zentralen Kontexten signifikanter Metaphern bedient,(49) weil sich das, was er dort eigentlich diskursiv sagen will, nicht anders sagen läßt.

Die Diskrepanzen im Theorie-Praxis-Verhältnis sind damit rekapituliert. Die dabei entdeckte Differenz muß - gewissermaßen in Form eines Korollariums - auch noch bei einem anderen Element verzeichnet werden, dessen kontinuierliche Präsenz im Denken des Aquinaten die Analyse ebenso kontinuierlich zu kritischen Anfragen genötigt hat: das Stichwort heißt "participatio"; diese unterliegt deshalb nicht - wie die anderen acht Momente - der Theorie-Praxis-Diskrepanz im direkten Sinn, weil Thomas weder in der "Summa theologiae" noch in einem anderen Werk allgemein über die Partizipation gesprochen hat - lediglich zwei Wortableitungen begegnen, die eine in De heb I.1 nr.24: "est autem participare quasi partem capere: et ideo, quando aliquid particulariter recipit id, quod ad alterum pertinet universaliter, dicitur participare illud"; die andere bringt In 2 Cael I.18(463): "Participare nihil aliud est quam ab alio partialiter accipere ..." - ansonsten spricht Thomas nur anläßlich konkreter Probleme ohne Rekurs auf ein formales Schema (wie bei den anderen acht Fragestellungen) von der Partizipation. Der Einbezug auch dieser Stellen in die analytische Lektüre hat dabei - gerade aus dem Vergleich mit Äquivalenten der "participatio" heraus - anläßlich I q13 a3 ad1 zumindest nahegelegt, die metaphysische Interpretation der "participatio" nicht zu monopolisieren. Sofern schon mehrfach aus metaphysischer Sicht über "participatio" gehandelt wurde (50) und die Analogie bei L. B. GEIGER den Namen "... la logique, plus précisément une partie de la logique de la participation"(51) erhielt, ist neben der metaphysischen auf dem Hintergrund der analytischen Dimension thomanischen Philosophierens auch jene andere sprachpragmatische Interpretationsmöglichkeit zur Geltung zu bringen, welche "participatio" als Funktion im Komplex der Redesituation und der Sprachhandlung begriffen.(52)

Damit ist der Theorie-Praxis-Konflikt innerhalb der Sprach- und Analogiethematik inhaltlich konkretisiert und lokalisiert. In Anbetracht des Gewichts, welches Thomas der Analogie theoretisch und erst recht praktisch zumißt, darf es allerdings mit dem bloßen Konstatieren des Konfliktbefundes nicht sein Bewenden haben. Was läßt sich also noch über jene Differenz von Theorie und Praxis ausmachen? Eine mögliche Antwort auf diese Frage kann nicht mehr von Thomas' Aussagen her gewonnen werden. Versucht man aber einmal, von der inhaltlichen Ausgestaltung der thomanischen Äußerungen ganz abzusehen, um so nur die für die Theorie eingesetzte diskursive Anstrengung ins Blickfeld zu bekommen, dann erschließt sich daraus ein allererster Hinweis auf die originäre Herkunft jenes Konflikts: Wenn die Persistenz, mit der Thomas um seine Theoriestücke gerungen hat, und die Subtilität, die jenes Ringen in manchen Fällen erreicht, letztlich ohne befriedigendes Resultat blieben, dann sind jene Inkongruenzen möglicherweise als Symptome einer prinzipiellen Widerständigkeit der Analogieproblematik gegen eine Verbegrifflichung zu lesen. Wie bereits gesagt: Thomas selbst verrät dazu nichts mehr; eine erste Stabilisierung erhält diese Vermutung aber bereits durch einen kurzen Blick auf den sachlichen Ursprung des philosophischen Analogiegedankens: auf **PARMENIDES**.

PARMENIDES hat erstmals das Phänomen der Analogie als Denk-Ansatz sichtbar werden lassen, ohne daß er freilich dabei den Ausdruck "analogía" verwendet hätte.(53) Jene zeigt sich dort als vielfältiges Phänomen, das in mehreren Entsprechungen beständig in den Raum der Sprache und als von dorther verstandenes auf das Sein verweist.(54) Über den Status des Analogieproblems bei PARMENIDES schreibt E. JÜNGEL in seiner profunden Dissertation "Zum Ursprung der Analogie bei Parmenides und Heraklit": "Das, was wir beim ihm (sc. PARMENIDES) als Entsprechung und Analogie zur Geltung gebracht haben, ist ... ein komplexes Phänomen. Es läßt sich nur schwer auf klare Begriffe bringen. Es läßt sich nur schwer vorstellen."(55) Was dieser Rückblick feststellt, wird beim Analogiedenker WITTGENSTEIN, der im vorausgehenden das sprachanalytisch-semiotische Substrat thomanischer Analogie aufzudecken half, auf seinen Grund hin durchsichtig und enthüllt sich als gerade durch die Sprachlichkeit von Analogie bedingt: "Denn bedenke, daß wir im allgemeinen die Sprache nicht nach festen Regeln gebrauchen - man hat sie uns auch nicht nach strengen Regeln gelehrt. Andererseits vergleichen wir in unseren Diskussionen die Sprache beständig mit einem Kalkül, der sich nach exakten Regeln vollzieht ... In der Praxis gebrauchen wir die Sprache sehr selten als einen derartigen Kalkül. Nicht nur, daß wir nicht an Regeln des Gebrauchs - an Definitionen etc. - denken, wenn wir die Sprache gebrauchen; in den meisten Fällen sind wir nicht einmal fähig, derartige Regeln anzugeben, wenn wir danach gefragt werden. Wir sind unfähig, die Begriffe, die wir gebrauchen, klar zu umschreiben; nicht weil wir ihre wirkliche Definition nicht wissen, sondern weil sie keine wirkliche 'Definition' haben. Die Annahme, daß sie eine solche Definition haben **müssen**, wäre wie die Annahme, daß ballspielende Kinder grundsätzlich nach strengen Regeln spielen ... Unser gewöhnlicher Sprachgebrauch entspringt ... (dem) Standard der Exaktheit (sc. wie etwa in der Mathematik) nur in seltenen Fällen. Warum vergleichen wir dann unseren

Gebrauch von Wörtern, wenn wir philosophieren, mit etwas, das sich nach genauen Regeln vollzieht? Die Antwort lautet, daß die Rätsel, die wir aus dem Weg zu räumen versuchen, immer gerade aus dieser Haltung der Sprache gegenüber entstehen."(56) WITTGENSTEIN läßt damit die Sprache durch eine pragmatische, durch nichts ein- und überholbare, nicht katalogisierbare Vielfalt geprägt sein, in welche sie sich gerade **durch** ihre Regeln auszeitigt und in welcher sie sich ereignet. Mag deshalb sehr viel und auch sehr Wichtiges über Sprache gesagt werden können (und auch schon gesagt worden sein), eine Sprachtheorie im strengen Sinn kann es nicht geben, weil eine solche die nicht umgreifbare Vielfalt(57) möglicher Sprachhandlungen immer schon als begriffene einkalkulieren müßte, um den Status einer Theorie (im strengen Sinn) zu erfüllen. Reflexionen über Sprache bleiben also notwendig unabgeschlossen, können und müssen deshalb immer neu ansetzen; dieser logische Zusammenhang spiegelt sich vielsagend in der langen Reihe konkurrierender, nicht mehr aufeinander rückführbarer Lösungsangebote.(58) Gilt eine solche Theoriewiderständigkeit für dir Sprache im allgemeinen, so eben auch für die Analogie; denn: die vom Theorie-Praxis-Konflikt her vermutete Nichttheoretisierbarkeit von Analogie enthüllt sich im Horizont obiger Auffassung von Sprache als logisch notwendiger Konsequenz des die ganze Analyse hindurch aufgedeckten fundamentalen sprachpragmatischen Charakters von Analogie überhaupt, wie sie sich bei Thomas darstellt.(59) Aber das ist noch nicht alles: Die in der analytisch fundierten "übersichtlichen Darstellung" von Sprache erschlossene generelle Nichttheoretisierbarkeit potenziert sich im Fall der Analogie zu einer speziellen - und zwar wiederum im Rekurs auf eine "übersichtliche Darstellung", nämlich die der Analogie.

Letzterer war dort der Rang einer (fundamentalen) Option innerhalb der Gesamtökonomie der Weltbewältigung zuerkannt worden. Im Zusammenhang der Theorieproblematik läßt sich diese Charakteristik am Leitfaden des Begriffs der Option noch etwas weiter ausfallen: Option meint - in einer auf das Minimum beschränkten Kennzeichnung - eine entscheidungsgegründete, fundamentale Weichenstellung, die (logisch) vorgängig zu allen konkreten intentionalen Akten geschieht und deren grundsätzliche Ausrichtung festlegt. Die Option wird dabei niemals "keimfrei" als An-sich greifbar, sondern läßt sich nur in der Analyse konkreter, einzelner intentionaler Akte - vor allem aus deren Vergleich - erschließen. Genau so präsentiert sich das Analogiegeschehen in einer an der Sprachpraxis orientierten Thomaslektüre: Das sprachliche Phänomen "Identität-in-Differenz", in dem auch die weitest-mögliche Differenz - die zwischen Gott und Geschöpf - Platz findet, zeigt sich nur in der Vermittlung durch die Akte konkreter Sprachpraxis. Die Analyse, die diesem so vielschichtig sich Zeigendem nachgeht, entdeckt, daß das Sich-Zeigen nicht von der Ebene des Konkreten abgehoben werden kann und hat deshalb das Gesamt der Einzelmomente dieses Sich-Zeigens als Zeugnis einer Option - und das meint näherhin: als Zeugnis eines selbst unthematisch bleibenden Horizonts der konkreten Akte anzusetzen. "Analogie" offenbart sich so - in engster Bindung an das Tun des Aquinaten - als unthematischer Horizont sprachlicher Operationen, der immer schon aus geist-gemäßer Notwendigkeit in der Alltagssprache wirkt und wirken kann, und im theologischen Diskurs wirken muß, wenn ein solcher überhaupt zustande kommen soll. Die Potenzierung der Nichttheoretisierbarkeit über eine sprachnaturale Theoriewiderständigkeit hinaus resultiert somit aus dem notwendigen Unthematisch-bleiben-müssen des Analogiehorizonts. Sobald nämlich dieser Horizont selbst thematisches Objekt einer Rede wird, verliert er diesen seinen Charakter, so daß eine möglicherweise aufgestellte Analogietheorie nicht mehr das in seiner eigentlichen Gestalt zur Sprache bringt, was Analogie in actu wirkt und ist - ganz abgesehen davon, daß jede solche Theorie aufgrund der notwendigen Rückbindung ins Konkrete nur eine vom jeweils leitenden Anliegen ihres thematischen Kontextes radikal konditionierte und limitierte metasprachliche Aussage darstellen kann. Und das bedeutet, daß ihr im Gesamt möglicher Analogietheorien selbst wiederum höchste Analogizität zuzusprechen ist. Selbst wenn die Unhintergehbarkeit der Sprache in Frage gestellt werden kann,(60) die Unhintergehbarkeit der Analogie teilt dieses Schicksal nicht, weil sie - wie beschrieben - ganz anderer Art ist. Diese jede volle und strenge Theoretisierung von Analogie potenziert verhindernde Selbstanalogizität von Analogiereflexionen,(61) die ihrerseits dem Optionscharakter entspringt, welcher sich der analytischen Interpretation von Sprache überhaupt verdankt, geht im übrigen bruchlos zusammen mit dem letzten Wort, das die Analyse selbst zu sagen hatte: daß im je konkreten Analogiegeschehen der letztentscheidende Primat dem Moment des Metaphorischen zufällt. Für dieses gilt nämlich: "Der Raum der Metapher ist der Raum der unmöglichen, der fehlgeschlagenen oder der noch nicht konsolidierten Begriffsbildung. Die Norm der Begrifflichkeit beruht auf vorgreifenden Orientierungen, die ihrerseits notwendig außerhalb des Normbereiches und seiner Systematik liegen müssen, die aber nicht deren blosses, sich im Prozeß selbst aufzehrendes genetisches Vorfeld bilden."(62) Gleichursprünglich mit der Ratifizierung des Metaphernsubstrats ergibt sich von der Auflösung der Theorieproblematik her eine - sehr einfache - Antwort auf die Frage, die ganz zu Anfang dieser Überlegungen als eine der leitenden - wenn nicht die treibende - der schulmäßigen Analogieinterpretationen begegnete: die nach der Zahl der Analogiearten;(63) die Antwort lautet: Die Analogiearten lassen sich nicht durch Addition von Analogietheorien fest-stellen, sondern Analogiearten gibt es so viele, wie sinnvolle Gebrauchsweisen eines (bzw. aller) sprachlichen Ausdrucks (bzw. Ausdrücke) möglich sind - praktisch indefinit viele. Wenn es deshalb auf unmittelbar sprachlicher Ebene überhaupt etwas Systematisches in dieser Analogie als Option für differenzgeprägte Zusammenhänge geben kann, dann dies: daß sie die Entscheidung für eine **systematische** "Verletzung" - um es einmal so zugespitzt zu sagen - der für jeden Sprachgebrauch **zunächst einmal** notwendig etablierten Regeln darstellt und damit selber als Regel wirkt.(64)

Von der Nichttheoretisierbarkeit und dem sie auszeitigenden Optionscharakter von Analogie her wird auch eine - in sich interessante - wissenschaftstheoretische Einordnung der Analogie möglich. Ein Vergleich der als sachlich angemessen erwiesenen nicht-systematischen Form der Analogieartikulation mit den von Thomas selbst unterschiedenen Möglichkeiten von Wissen - dem spekulativen und dem praktischen(65) - entdeckt nämlich eine Affinität zwischen praktischem Wissen und "Analogie-Wissen". Das spekulative Wissen bildet ein eigenständiges Sinnganzes, das sich interpretativ abheben läßt von der philosophisch-theologischen Synthese der Werke Thomas'. "Aber es gibt keine 'thomistische (philosophische) Ethik', die als eigenständiges System einer natürlichen praktischen Wissenschaft aus der Synthese gelöst werden könnte."(66) Genau diese Form der Unselbständigkeit des Wissens ist es, worin praktisches Wissen und "Analogie-Wissen" - so wie es sich in der Analyse und der "übersichtlichen Darstellung" zeigte - in weitem Maß übereinkommen. Der Rekurs auf die Form der Wißbarkeit gibt übrigens seinerseits nochmals ein Kriterium an die Hand, das zur Plausibilität der Einführung des originär ja der praktischen Philosophie zugehörigen Begriffs der "Option" in die Analogiediskussion beiträgt. Es wäre eine plakative Verkürzung, wollte man die Analogie von daher einfach zum Problem der praktischen Philosophie erklären; dennoch wird es angemessen sein, die Analogiethematik in intensiver Nähe zur praktischen Philosophie, vielleicht gerade auf dem Confinium zwischen spekulativem und praktischem Wissen anzusiedeln. Damit läßt sich nämlich am ehesten dem Tatbestand gerecht werden, daß Analogie als Option fundamental ein Problem der (Sprach)Praxis darstellt, aber als solches gleichursprünglich - und im Kontext wissenschaftlicher Theologie privilegiert - nicht delegierbare und oft höchst komplizierte kognitive Aufgaben zu übernehmen hat. Man wird gut daran tun, sich diesbezüglich der vorsichtigen Formulierung D. B. BURRELLs anzuschließen, der fast beiläufig feststellt, der rechte Umgang mit dem Wort in divinis "... requires the disciplines traditionally associated with religious living and practice."(67)

Und Thomas? Alles, was soeben über Theorie, Theoretisierbarkeit und wissenschaftstheoretische Einordnung der Analogiethematik zu sagen war, kann sich nicht mehr auf unmittelbare Zeugnisse aus dem Werk des Aquinaten stützen, sondern stammt aus Konklusionen auf der Basis des in der "übersichtlichen Darstellung" greifbar gewordenen Befundes. Gerade weil diese Fragen im Verlauf der Wirkungsgeschichte thomanischer Analogie immer wieder gestellt wurden, ja gelegentlich selbst zu **den** Fragen der Analogiethematik avancierten,(68) waren sie auch hier zur Sprache zu bringen. Die Antworten, die jene Fragen im Rahmen der hier gebotenen Überlegungen fanden, schieben letzteren noch ein Folgeproblem zu, dem sich die zu Beginn dieser Arbeit kritisierten Interpretationen nicht zu stellen brauchten: Warum hat Thomas die Behandlung der Analogieproblematik (in der hier untersuchten "Summa theologiae") in dem faktischen und feststellbaren Zustand von Inkonsistenz belassen, der sich exemplarisch und in seiner größten Tiefe am Theorie-Praxis-Konflikt offenbart hat? Auch hier geben keine unmittelbaren Zeugnisse mehr Auskunft, nicht einmal verdeckte Andeutungen. Jede Antwort bleibt deshalb Konjektur. Ich sehe die einzige Möglichkeit einer solchen Antwort nur im Rekurs auf die Denkbewegung und die leitenden Interessen des Aquinaten innerhalb des intellektuellen Klimas seiner Zeit und Umwelt.

Um diese Zusammenhänge konkret etwas in den Blick zu bekommen, gilt es, das allgemein über Thomas' Sprachauffassung und -behandlung Festgestellte(69) mit den Resultaten der Analyse zusammenzuschauen. Im Kontext des ersteren war von den Grenzen thomanischer Linguistik die Rede gewesen und waren **vier** Ursachen für jene benannt worden: der generelle Status funktionaler Linguistik im Mittelalter, die sich zu keiner konsistenten Bedeutungslehre auswuchs, sondern - trotz aller Entdeckungen - Versuch blieb; die Treue zur biblisch-patristischen Tradition, die nicht zuließ, den theologischen Sinn von "Wort" auszublenden; die Auseinandersetzung mit dem Symbolismus des herrschenden Augustinismus; und schließlich die Ablehnung des Anspruchs der artes liberales, die Philosophie zu repräsentieren. Im Rahmen der allgemeinen Beschreibung der linguistischen Dimension thomanischen Denkens hatten diese vier Grenzen für die hinter dem damals tatsächlich Möglichen und häufig Üblichen zurückbleibende Präsenz an Sprachorientiertheit bei Thomas verantwortlich zu zeichnen. Bezüglich der Situation in der Analogieproblematik dürfte zwar keine dieser Grenzen ganz unbeteiligt gewesen sein, aber Thomas' Insistenz auf theoretische Äußerungen scheint mir in einem ganz speziellen Verhältnis zum dritten Limit zu stehen: zur Auseinandersetzung mit dem Symbolismus. Dieses Paradigma des Theologietreibens sah sich – aus einer Komplexion von Tendenzen und Ursachen, sofern diese überhaupt genauer benannt werden können(70) – erheblicher Kritik und Zweifeln ausgesetzt. Und zugleich löste der innertheologisch sich anbahnende Paradigmawechsel (vom Bild zum Begriff, wenn man diese Schlagworte verwenden will) erneut und verstärkt einen Konflikt zwischen Poetik und Theologie aus, der nicht aus Mutwillen oder polemischer Streitlust angezettelt wurde, sondern um der Verteidigung des Selbstverständnisses von Theologie willen auszutragen war, wie die Analyse konkreter gezeigt hat.(71) Die radikale Zurückhaltung im Umgang mit und in der Wertung von Bildern war die logische Folge dieser inner- wie außertheologischen Herausforderung. An die Stelle von Schau, Intuition, Assoziation trat der Syllogismus, das Argument, die Analyse – diskursiv konstruiert und damit überprüfbar. Sofern aber das Analogieprinzip eine der leitenden Regeln des symbolischen Denkens selber darstellt, mußte Thomas notgedrungen dort am meisten auf Diskursivität pochen, wo jenes – sachlich hier wie dort unverzichtbare – Prinzip selber zu verhandeln war, obwohl die Praxis der Analogie davon nur sekundär betroffen wurde.

Das ist aber nur die Hälfte der gesuchten Antwort. In der Analyse war nämlich darüber hinaus etwas deutlicher zutage gekommen, was innerhalb der Rekonstruktion möglicher Vorgaben der thomanischen Denkbewegung schon im Vorblick aufgeschienen war:(72) daß der Aquinate das Bedürfnis hatte, sich noch nach einer zweiten Seite hin abzugrenzen, die zwar auch in der augustinischen Tradition gründete, jedoch gegenteilige Konsequenzen auszeitigte – nämlich: gegen jenes grammatikorientierte Theologietreiben, dessen exemplarischen Exponenten PRAEPOSITINUS Thomas mehrfach kritisierte.(73) Kennzeichnend für diese Richtung ist der Aufbau eines axiomatischen Systems aus einigen unmittelbar der Offenbarung entnommenen Sätzen. Innerhalb dessen erfahren die nomina divina eine detaillierte Behandlung, allerdings mit dem Resultat, daß im letzten alle Namen auf eine Synonymität hin konvergieren und sich damit innerhalb der durchaus konservativen Axiomatik eine "nominalistische" Dynamik entfaltet. Gegen diese Axiomatik und ihre Folgen insistiert Thomas auf Intelligibilität und deren Ausweis, welche nur mit dem Instrumentar einer letztlich Theoriequalität gewinnenden Argumentation geschehen konnte – am meisten natürlich dort, wo das zentrale Thema jenes Typs axiomatischer Theologie selbst zur Debatte stand: im Problem der nomina divina, der Rede von Gott.

Eine solche alternative Konzeption mußte – aus ihren Umständen heraus – nahezu notgedrungen die Form einer mehr metaphysisch gewendeten Analogietheorie annehmen. Eine besondere Note erhält dieser Strang der Auseinandersetzung zusätzlich dadurch, daß Thomas zwar entsprechende theoretische Aussagen formuliert, daß aber de facto auch bei ihm in actu exercito ein "nominalistisches" Moment präsent bleibt(74) – die

behutsame Art, in der Thomas etwa in I q29 a4 c die durch PRAEPO-
SITINUS vertretene Richtung kritisiert, legt fast die Vermutung nahe,
Thomas sei sich der eigenen Nähe zu dem von ihm beanstandeten Denken
wenigstens partiell bewußt gewesen.(75) Was G. ANGELINI mittels einer
kurzen Analyse der theoretischen Aussagen diesbezüglich andeuten
kann,(76) findet von der Analyse der konkreten Sprachpraxis des Aquinaten her eine gewichtige Unterstützung: Man sollte ruhig den Mut
haben, von einem "nominalistischen" Moment in der Denkbewegung des
Aquinaten zu sprechen, weil nur ein solches wohl gerade jener die für
sie so charakteristische Flexibilität verleihen kann. Um dafür nur ein
einziges - aber sehr vielsagendes Beispiel anzuführen: Wäre es tatsächlich möglich, mit "vas continet vinum" zu meinen, "der Wein ist
im Gefäß", und gleichzeitig mit "anima continet corpus"(77) "die Seele
ist im Leib"(!) (wörtlich heißt es ja, "die Seele beinhaltet den Leib"),
wäre nicht jene prinzipielle logisch-linguistische Flexibilität wenigstens
in actu exercito und partiell vorausgesetzt, die einen Begriff als Funktion des Diskurses behandelt (was noch lange nicht heißen muß, daß
sie ihn **als** solchen auch auffaßt)? Von den Resultaten der obigen
Überlegungen her möchte ich keineswegs unterstellen, Thomas sei rundweg ein Nominalist; festhalten möchte ich nur, daß die Frage nach
einem nominalistischen Moment in Thomas ein Recht hat, gestellt zu
werden.(78)

Die damit diagnostizierten Abgrenzungsbedürfnisse erfüllen sich beide
in der Formulierung überprüfbarer, schlüssiger - also letztlich theoretischer - Aussagen über die Analogie. Dieses Anliegen wird nun nicht
als radikal heterogenes an die Analogiethematik herangetragen, sondern
findet in ihr selbst - wenn auch implizit - eine angestammtes Heimatrecht: Die genauere Bestimmung des Unterschieds zwischen Metapher und
Analogie hatte nämlich festzustellen, daß es sich beim übertragenen
Gebrauch der "perfectio"-Terme um "Sprengmetaphern" handelt, denen
formal gesprochen immer schon ein erkenntniskritisches Moment innewohnt.(79) Das meint nicht, die Analogie**theorie** hätte ein Teilmoment
der Sprengmetaphorik aufgegriffen und systematisch entfaltet; die Konvenienz letzterer mit dem sich im Theoriebedürfnis aussprechenden Anliegen scheint mir vielmehr darin zu liegen, daß jene Sprengmetapho-
rizität innerhalb des komplexen Analogiegeschehens selber in ihrer
kritischen Qualität unthematisch bleibend gewissermaßen die "klimati-
schen" Bedingungen bereitstellt, unter denen die Idee einer reflexiven,
spekulativen Behandlung von Analogie allererst entstehen kann. Daß
ein solches Unternehmen auch ins Metaphysische übergreift, braucht
im Horizont der semantisch-metaphysischen Oszillation und der leitenden
Interessen der thomanischen Denkbewegung nicht zu erstaunen.

Um so überraschender aber ist, daß sich damit am Ende des Versuchs,
das Theorieproblem der thomanischen Analogie zu begreifen, dieses
selbst nochmals in ganz neuem Licht darstellt: Die theoretischen Äußerungen enthüllen sich nämlich - **unbeschadet** ihrer eigenen Problematik,
die in der Unmöglichkeit einer umfassenden Analogietheorie im strengen
Sinn gipfelt - nicht einfach nur (aber gelegentlich auch als das!)
als interessengeleiteter Überbau, sondern in Funktion und als Konkretion der der Analogie immer schon immanenten (erkenntnis)kritischen
Potenz. Obwohl also die Theoriestücke - wie mehrfach gezeigt - Thomas'
Anliegen sachlich gesehen insgesamt eher im Wege stehen (und deshalb
für die Sprachpraxis auch wenig Relevanz gewinnen!), fallen sie

dennoch nicht aus der leitenden Intention von Analogie ganz heraus; ·selbst noch im seinerseits kritikbedürftigen Modus begrifflichen Umgangs mit dem Phänomen der Analogie setzt sich der Wille (Option!) zum Sein-lassen der Dinge durch - Sein-lassen heißt hier: im Gemeinsamen (Ähnlichkeit) das Eigene (Differenz) respektieren. Das **Kritische** an der Analogie ist es, was durch alle Diskrepanzen hindurch die Analogietheorie mit der Analogiepraxis verbindet, noch im Widerspruch eine Entsprechung aufrechterhält. Hatte sich am Ende der "übersichtlichen Darstellung" als **"Wesen"** der Analogie die Option für die Identität-in-Differenz ergeben, so enthüllt sich hier am Ende der Theorieproblematik als innerste, leitende **Funktion** von Analogie die Ausübung von Kritik; "Kritik" ist originärstes Tun fragenden Innehaltens im Dienst der Wahrheitssuche, seit SOKRATES Kriterium der Authentizität all dessen, was für sich den Titel "Philosophie" beansprucht. Analogietreiben heißt deshalb immer schon Philosophie-treiben. Wohl bleibt bestehen, daß Thomas der Analogie als theologischem (Sprach)Problem begegnet, aber gerade im Maße er dessen Anliegen in seine theologische Praxis umsetzt, treibt er Philosophie als Sprachkritik und als Metaphysik, um "der Sache selbst" zu ent-sprechen - HEIDEGGER würde sagen: einen Ort ihrer Ankunft vorzubereiten. So kommt die Philosophie in die Theologie. Und sie erweist dieser den größten Dienst, wenn sie sie beständig dem Impetus ihres kritischen Differenzierens aussetzt.

8.
AM ENDE: CHRISTO-LOGISCHE RÜCKBINDUNG DER ANALOGIE?

Thomas wollte Theologie treiben - nicht irgendeine, sondern christliche. Die Stichworte "Inkarnation" und "Trinität" kennzeichnen deren absolutes Spezifikum. Stehen dieses Vorverständnis und seine Inhalte in irgendeinem Bezug zur Analogiethematik - genauer: haben die Basisdeterminanten des christlichen Glaubens und der von ihm ausgelösten theologischen Tradition Einfluß auf den Ansatz, die Probleme, die Durchführung und Lösung der Analogiethematik? Sofern deren Gegenstand formal mit "gelingende Rede von Gott" angegeben werden kann, scheint die Antwort auf eine solche Anfrage selbstverständlich positiv ausfallen zu müssen: Wie sollte auch das konkrete "Wie" solchen gelingenden Redens nicht bestimmt sein vom "Wer" dieses Gottes, von dem die Rede ist? Jedoch - diese Selbstverständlichkeit ist eine vermeintliche; noch mehr: sie ist es so wenig, daß eben diese Frage nach einem möglichen Zusammenhang zwischen Analogie und Christologie bzw. Trinitätslehre in der überwältigenden Mehrheit der Thomasinterpretationen nicht einmal gestellt wird.(1) Nur zwei Autoren wenden sich ihr überhaupt zu, um jedoch negativen Bescheid zu geben: Der eine von ihnen - I. D'HERT - stellt fest, daß Thomas nur die Rede von einem die Welt transzendierenden, metaphysischen Gott im Auge hat. "There would even be no need to modify his God-language had there been no incarnation. Christology plays no essential role in his language about God."(2) Während D'HERT das behauptete christologische Defizit thomanischer Analogie nur konstatiert, begründet es bei E. JÜNGEL das definitiv negative Urteil über die Konzeption des Aquinaten. Mit dem späten BARTH sieht er jene nämlich die Nähe Gottes übergehen(3) und wählt er dagegen gerade die Christologie als Konstruktionspunkt seiner eigenen Analogiekonzeption. Diese geht aus vom "... Evangelium als Ereignis der Entsprechung ..."(4) Das bedeutet näherhin, daß "der Maßstab dessen, was als Analogie oder Entsprechung in Frage kommt, wenn das Evangelium als Entsprechung verstanden werden soll, ... nur dasjenige Geschehen sein (kann), von dem das Evangelium redet."(5) Kurzformel des Evangeliums ist die "Rede vom Kreuz" - und zwar als Rede, die nicht nur informiert, sondern in der sich der ausgesagte Sachverhalt selbst mitteilt. Das Geschehen, von dem das Evangelium redet, ist also selber Sprachgeschehen, lógos. Jedes Menschenwort über Gott zehrt an der Definitivität dieses göttlichen Wortes. Damit "ist das Ereignis der Entsprechung menschlicher Rede zu Gott selbst allerdings kein der Sprache eigenes Vermögen, keine ihr eigene, sondern eine ihr eröffnete und zugemutete fremde Möglichkeit. Gott zu entsprechen ist der Sprache als solcher nicht möglich. Gott zu entsprechen ist eine der Sprache - freilich nicht zufällig eben der Sprache - von Gott zukommende Möglichkeit."(6) Jedes Menschenwort über Gott hat die Bedingung seines Gelingens und Glückens im immer schon vorher ergangenen Wort Gottes an den Menschen.(7)

Ist das theologische Verdikt berechtigt, das JÜNGEL auf der Basis dieses Ansatzes über die Analogiekonzeption des Theologen Thomas fällt? Allein die Tatsache, daß Thomas im Zusammenhang seiner unmittelbaren

273

(theoretischen) Auslassungen zur Analogie die christologischen bzw. trinitarischen Aspekte nicht zur Sprache bringt, stellt keine hinreichende Stütze für jenes Urteil dar. Schon M. SECKLER hat mehrfach im Zusammenhang der Frage nach der Idee der Geschichtlichkeit im thomanischen Denken darauf hingewiesen, daß "... Thomas seine zentralsten Einsichten stillschweigend in der Sache übt ..."(8) Daß ein Gedanke das Ganze der Denkbewegung entscheidend bestimmen kann, ohne sich in wörtlichen Formulierungen groß auszuprägen, gilt neben dem der Geschichte(9) auch für den "Begriff" der Schöpfung.(10) Über dessen für Analogie eminent wichtige sprachphilosophische Identifikation als "absolute Metapher"(11) hinaus hat Thomas den Schöpfungsbegriff theologisch-inhaltlich in engster Bindung an die Trinitätsthematik ausgestaltet. Wie W. SCHACHTENs neuere Studie auf der Basis wichtiger Vorarbeiten überzeugend nachweisen konnte, hat Thomas den Zusammenhang zwischen Schöpfung und Trinität so konzipiert, daß Schöpfung letztlich als Kommunikationsgeschehen aufgefaßt wird; und von daher läßt sich - in konsequenter und systematischer Weiterführung des von Thomas Vor-gedachten - ein strikt trinitarisch-christologisch fundierter und determinierter Analogiebegriff gewinnen.(12)

Im Zusammenhang der hier gebotenen Überlegungen kann von dieser - vorderhand letztbegründend erscheinenden - Wendung ins zentral Theologische nur in Form abschließender Gedanken die Rede sein, als Verweis auf das Offene, woraufhin die hier versuchte relecture der Analogieproblematik im Falle einer spekulativen Besinnung im Horizont thomanischer Denkbewegung zu überschreiten wäre. Diese **Begrenzung** hat mehrere sachimmanente Gründe: **zunächst**, daß der erste orientierende Aufriß des Zusammenhangs von Schöpfung-Trinität-Analogie nur in der systematischen Rekonstruktion und spekulativen Aufarbeitung thomanischer Trinitätstheologie gewonnen werden kann, mithin inhaltlich eine exklusiv theologische Arbeit voraussetzt und selber zum Gutteil darstellt; die bisherigen Überlegungen waren jedoch nur - unbeschadet des philosophisch-theologischen Synthesecharakters des thomanischen Werkes - der reflektierten Sprachpraxis als solcher samt ihren Problemen ohne Rücksicht auf Inhalte (wenn auch nicht ohne Inhalte!) zugewandt, verstehen sich also in ihrer analytisch-rekonstruktiven Arbeit als philosophisch; **zweitens** geschah diese Analyse aus guten Gründen in Beschränkung auf die "Summa theologiae", während eine erschöpfende Explikation der trinitätstheologischen Gedanken des Aquinaten dessen Gesamtwerk zu berücksichtigen hätte; **drittens** würde von einer solchen Fragestellung her die Auseinandersetzung mit Thomas' Konzeption von "verbum", besonders "verbum mentis" bzw. "verbum cordis" und von "**Verbum**" ins Zentrum rücken. Das würde eine gründliche Auseinandersetzung mit der bisherigen Literatur zum Thema(13) erfordern, die den Rahmen dieser Arbeit sprengte; und **viertens** wäre das Gesamt der trinitätstheologischen Aussagen samt der Verbumthematik in ihrer Mitte von einem Horizont her zu wieder-holen, der als hermeneutisches Vor-urteil der Trinitätstheologie bei Thomas bisher nur ein einziges Mal vorgeschlagen wurde, jedoch vorerst keine Durchführung erhielt: die Sprachphilosophie.(14) Bereits die obigen Analysen hatten eine auffällige Konzentration pragmatischer Sprachreflexionen und analytischer Methoden im Bereich der trinitätstheologischen (I q27-q43) und - passim - der christologischen (III q1-q16) Quaestionen festzustellen.(15) Eine detaillierte Entfaltung des Inneren dieser Zusammenhänge, die sich solchermaßen schon äußerlich bekunden, könnte nicht nur der Trinitätstheologie wichtige Einsichten vermitteln und Auskunft geben über den von Thomas primär favorisierten Typ von Theologie, sondern hätte - im feed-back - Entschiedenes über das Niveau der im Werk des Aquinaten präsenten Sprachphilosophie sowie über den generellen Zusammenhang von Sprachphilosophie und Theologie zu sagen.(16) Das alles kann hier nicht mehr geschehen. Lediglich in einer kurzen Skizze sei deshalb der Zusammenhang von Trinität-Schöpfung-Analogie angedeutet, sofern von ihr her die Defizitdiagnose I. D'HERTs und E. JÜNGELs kritisch beleuchtet wird und die daraus entstehende Konfrontation in einer letzten Wendung noch einmal überraschend die prinzipielle Frage nach dem angemessenen hermeneutischen Vor-urteil für das Verständnis thomanischer Analogie aufbrechen läßt.

Eine systematische Synopse trinitätstheologischer Aussagen läßt W. SCHACHTEN zusammenfassend feststellen: "Der Theologe weiß, daß alles, was in der Welt ist, nur deshalb seine ontologische, sprachliche und geschichtliche 'ordinatio' auf Gott hin hat, weil vom ewigen Schöpferwort im Anfang alles auf die Welt und auf die Geschichte hin gesagt worden ist. Den Aussagen, die der Mensch über Gott von der Schöpfung her macht, geht daher immer das Wort voraus, das Gott von sich selbst auf seine Schöpfung hin gesagt hat durch den konkreten Ausdruck dieses Wortes in der Schöpfung, das er, - die durch die heilsgeschichtliche Situation bedingte Erkenntnismöglichkeit des Menschen beachtend -, durch das in der Heilsgeschichte ergangene Wort der persönlichen Offenbarung erläutert. Das in der Heilsgeschichte ergangene Wort begründet aber den Glauben, der die Distanz des 'aliud' und 'aliud' des göttlichen und geschöpflichen Seins dadurch überbrückt, daß sich in ihm Gott nicht mehr nur in der Distanz, sondern in der Nähe zeigt, um die Kommunikation zwischen Gott und Mensch dadurch zu ermöglichen. Ansprechbares Gegenüber wird das göttliche Anders für den Menschen erst, indem es sein dreipersonales Sein durch das Verbum incarnatum und die durch dieses Wort vermittelte 'gratia Spiritus Sancti' den Menschen eröffnet."(17) Das Inkarnationsgeschehen selber ist die Radikalform des Wortes, Anrede,(18) die zur Antwort provoziert: diese Antwort ist der Glaube; mit ihm konstituiert sich das rechte Vor-urteil für die gott-entsprechende Lektüre der Schöpfung;(19) und zugleich dirigiert er in seiner inkarnatorischen Ausrichtung die inhaltlich-theologische Füllung des Schöpfungsbegriffs: als Weg ins Geheimnis Gottes und zugleich Freisetzung gelingenden Menschenwortes über Gott nach dem Entsprechung fordernden Richtmaß des Wortes Gottes.(20) Gott ruft die Dinge in ihr "Sein", deshalb sind sie aussprechbar. Ihr Sein ist von Gott gezeichnet; sie sind Zeichen Gottes und ent-sprechen ihm deshalb.(21) Von daher kommt SCHACHTEN zu der prägnanten und präzisen Feststellung: "So entspringt sein (sc. Thomas') Abbild- und Analogiedenken dem theologischen Interesse, alles als Offenbarung der Trinität zu denken, und findet seine Rechtfertigung in der trinitarischen Begründung."(22) Das steht nicht nur generell im glatten Widerspruch zu D'HERTs und JÜNGELs Urteil, darüber hinaus erfüllt die dem Aquinaten von SCHACHTEN unterstellte trinitarische Determination des Analogiegeschehens ziemlich exakt die Bedingungen, die JÜNGEL für eine seiner Meinung nach adäquate Analogiekonzeption aufgestellt hat und als nicht-erfüllte gegen Thomas ins Feld führt. Beide Ansichten prallen unvermittelt aufeinander, lassen sich auch von ihrem jeweiligen Status her weder harmonisieren noch gegeneinander ausspielen. Diese aporetische Situation einer Unentscheidbarkeit über das Zutreffen der einen oder anderen Position rührt wesentlich aus deren jeweiliger Genesis: JÜNGEL argumentiert ganz und gar von den thomanischen Analogieaussagen her, in denen weder die Sache noch erst recht der Ausdruck "trinitas" (und Zugehöriges) vorkommen. SCHACHTEN gelangt zu seiner Aussage über Analogie exklusiv von den trinitätstheologischen Äußerungen her, die ihrerseits weder die Sache der Analogie (in ihrer Formalität) noch den Ausdruck kennen.(23) Beide Positionen werden also in einer partikulären Perspektive entwickelt, keine nimmt Analogie- **und** Trinitätsthematik zusammen in Blick, weil dies vom offensichtlichen Aussagebefund her nicht möglich scheint. Muß der Antagonimus also unentschieden bleiben?

Die Aporie entsteht – methodisch gesehen – wesentlich im Horizont einer Konzentration auf Thomas' theoretische Artikulationen zur Analogie; bei JÜNGEL dadurch, daß er sich ausschließlich auf diese bezieht, bei SCHACHTEN umgekehrt dadurch, daß er sie als für seine Sicht irrelevant übergeht. Die in den obigen Analysen mit dieser Optik gemachten Erfahrungen jedoch legen nahe, auch angesichts des hier zu verhandelnden Problems den leitenden erstbestimmenden Horizont noch einmal ausdrücklich zu vergegenwärtigen: von der Sprach- und Analogie**praxis** des Aquinaten her Aufschluß über seine Analogiekonzeption zu gewinnen. Wird die Frage nach einer möglichen christologischen Rückbindung von Analogie in diesen Rahmen gestellt, so zeigt sich, daß sich in einer überraschenden Wendung von der Analyse der Sprachpraxis her die obige Aporie aufbrechen läßt. Die Aufdeckung dieses Zusammenhangs gelingt durch eine Hilfestellung von ganz unerwarteter Seite, durch H.-G. GADAMER.

GADAMERs Hauptwerk "Wahrheit und Methode" ist das Grundbuch der im wesentlichen durch HEIDEGGER initiierten Hermeneutischen Philosophie. Ihr geht es zentral nicht um die Kunst der Auslegung, welche ursprünglich der Name "Hermeneutik" bezeichnete, sondern vielmehr um Genesis und Geltung einer Erkenntnis und einer Wahrheit, die sich nicht dem strengen Methodenideal neuzeitlicher Wissenschaft verdankt. Was dieses Anliegen mit dem ursprünglichen Gegenstand der Hermeneutik verbindet, ist die Sprache, sofern diese "... als Medium der hermeneutischen Erfahrung"(24) den Leitfaden für die Ausarbeitung des ontologischen Anspruchs dieser philosophischen Hermeneutik bildet. In diesem Zusammenhang beschäftigt sich GADAMER unter dem Titel "Prägung des Begriffs 'Sprache' durch die Denkgeschichte des Abendlandes"(25) nach einer Auseinandersetzung mit dem griechischen "lógos" mit dem lateinischen "verbum" und der Leistung des christlichen Inkarnationsgedankens für die Entfaltung des philosophischen Sprachbegriffs.(26) Das geschieht konkret im wesentlichen anhand einiger Texte des Aquinaten.(27) Zwei Einsichten aus dieser Begegnung reklamiert GADAMER als entscheidend: **einmal**, daß sich das innere Wort nicht durch einen reflexiven Akt bildet; und vor allem **zweitens**, daß die Dialektik von Einheit und Vielheit das ganze Wesen des Wortes durchherrscht. Obwohl das göttliche Wort nur **eines** ist, hat es mit einer Vielheit zu tun, sofern es **als eines nur** in der Vielheit der Wörter kirchlicher Verkündigung in Sakrament und Predigt zur Geltung kommt.(28) "Der Sinn des Wortes ist vom Geschehen der Verkündigung nicht ablösbar. Der Geschehenscharakter gehört vielmehr zum Sinne selbst."(29) Diesen dialektischen Zusammenhang macht GADAMER sodann - ganz im Einklang mit den von ihm selbst entwickelten Prinzipien von Tradition und Wirkungsgeschichte - hermeneutisch fruchtbar für seine eigene Sprachkonzeption: "Die Einheit des Wortes, die sich in die Vielheit der Wörter auslegt, läßt darüber hinaus etwas sichtbar werden, was im Wesensgefüge der Logik nicht aufgeht und den Geschehenscharakter der Sprache zur Geltung bringt: den Prozeß der Begriffsbildung. Indem das scholastische Denken die Verbumlehre ausbildet, bleibt es nicht dabei stehen, die Begriffsbildung als Abbildung der Wesensordnung zu denken."(30) Damit ist der Boden gewonnen, von dem aus die obige Frage (trinitarisch-christologische Rückbindung von Analogie oder nicht) aufgebrochen werden kann. Der im Horizont der Verbumlehre mögliche Modus von Begriffsbildung stellt sich folgendermaßen dar: Gegenüber der an der logischen Wesensordnung orientierten Begriffsbildung konstituiert sich eine "... natürliche Begriffsbildung, die mit der Sprache mitgeht ... (und) ihre Wortbildung sehr oft aufgrund von Akzidenzien und Relationen vollzieht ..."(31) Aufgrund dieser Orientierung eignet ihr gegenüber der wesenslogischen Begriffsbildung eine Unvollkommenheit, weil sie eben nicht das Wesen der Dinge ergreift. Dennoch entpuppt sich dieses Defizit als Vorzug - und diesen scheint Thomas nach GADAMER erkannt zu haben; dieser Vorzug besteht in der "... Freiheit zur unendlichen Begriffsbildung und fortschreitenden Durchdringung des Gemeinten. Indem der Prozeß des Denkens als der Prozeß der Explikation im Wort gedacht wird, wird eine logische Leistung der Sprache sichtbar, die sich vom Verhältnis einer Sachordnung her, wie sie einem unendlichen Geiste vor Augen läge, nicht voll begreifen läßt. Die Unterordnung der natürlichen Begriffsbildung durch die Sprache unter das Wesensgefüge der Logik, die ARISTOTELES und ihm folgend auch Thomas lehrt, hat also nur eine relative Wahrheit. In der Mitte der Durchdringung der christlichen Theologie durch den griechischen Gedanken der Logik keimt vielmehr etwas Neues auf: Die Mitte der Sprache, in der sich das Mittlertum des Inkarnationsgeschehens erst zu seiner vollen Wahrheit bringt."(32) Jene natürliche Begriffsbildung, die also genau der Kreuzung von Augustinismus und (primär) aristotelischer Tradition entspringt, vollzieht sich nicht als Subsumption des jeweils Gemeinten unter allgemeine Bedeutungen (das praktiziert der wesenslogische Ansatz), vielmehr gewinnt die allgemeine Wortbedeutung im Gebrauch selber etwas hinzu, der allgemeine Begriff kann sich durch die konkrete Anschauung dessen, was er zu begreifen hat, bereichern und modifizieren. "Die Allgemeinheit der Gattung und die klassifikatorische Begriffsbildung liegen dem sprachlichen Bewußtsein durchaus fern ... Wenn jemand die Übertragung eines Ausdrucks vom Einen auf das Andere vollzieht, blickt er zwar auf etwas Gemeinsames hin, aber das muß keineswegs die Gattungsallgemeinheit sein. Er folgt vielmehr seiner sich ausbreitenden Erfahrung, die Ähnlichkeiten - sei es solche der Sacherscheinung, sei es solche ihrer Bedeutsamkeit für uns - gewahrt. Darin besteht die Genialität des sprachlichen Bewußtseins, daß es solchen Ähnlichkeiten Ausdruck zu geben weiß. Wir nennen das seine grundsätzliche Metaphorik, und es kommt darauf an zu erkennen, daß es das Vorurteil einer sprachfremden logischen Theorie ist, wenn der übertragene Gebrauch eines Wortes zum uneigentlichen Gebrauch herabgedrückt wird."(33) Was GADAMER so als Phänomen natürlicher Begriffsbildung allgemein beschreibt, koinzidiert haargenau mit dem, was die obigen Analysen von der Sprachpraxis des Aquinaten her als Analogiegeschehen freigelegt haben - bis in Einzelheiten des Prozesses hinein und bis zur Entdeckung des grundsätzlich metaphorischen Charakters geht das.(34) Möglich wird eine solche Auffassung von Sprache und Begriffsbildung nach GADAMER nur im Horizont des Inkarnationsgeschehens, genauer: im Gefälle seiner Durchdringung mit der griechischen Idee der Logik. Wenn nun das Phänomen, das GADAMER gerade von dem in der thomanischen Denkbewegung Angelegten her als dessen Konsequenz beschreibt, faktisch und präzis bei Thomas selbst in einer das ganze Werk prägenden Realisierung nachzuweisen ist, dann liegt auf der Hand, daß sich eben dieses Phänomen jenem theologischen Horizont als seiner Bedingung verdankt. Und sofern jenes sprachliche Phänomen "Analogie" heißen darf, muß damit gegen JÜNGEL und mit SCHACHTEN - aber wesentlich sprachbezogener als dieser - eine christologische (und damit auch trinitätstheologische) Rückbindung von Analogie im Werk des Thomas behauptet werden, auch wenn sich dies nirgends unmittelbar, wörtlich und systematisch artikuliert. Dieser logische Zusammenhang dürfte sich seinerseits unter ganz faktisch-pragmatischen Bedingungen konstituiert haben: Das Ereignis der Menschwerdung Gottes steht im Zentrum des Glaubens, dessen intellektuelle Durchdringung sich Thomas zur obersten Aufgabe gewählt hat. Die aus solcher Intention erfolgende Zuwendung zu diesem Zentrum nötigt genau zu dem sprachlichen Verhalten, welches die obigen Analysen rekonstruiert und als legitimen Träger des Namens "Analogie" behauptet haben. Das bedeutet: Thomas hat analoges Reden besonders unmittelbar **gelernt** im Umkreis der christologischen und damit auch trinitätstheologischen Traditionen. Das heißt aber auch: Die Analogieoption kann - um es vorsichtig zu formulieren - in einem ausgezeichneten Verhältnis zur Option des Glaubens an die Menschwerdung Gottes in Jesus Christus gedacht werden.

Um es noch einmal zu wiederholen: damit ist die Problematik noch keineswegs erledigt; um ihre exakte Gestalt in den Blick zu nehmen, wäre das Gesamt der trinitätstheologischen Äußerungen einer entsprechenden relecture zu unterziehen. Aber aus der Komplexion von theoriebedingter Aporie, dem pragmatikorientierten Ansatz dieser Überlegungen und dem von GADAMER Freigelegten heraus lassen sich - wie geschehen - die Koordinaten festlegen, innerhalb deren das Offene der Thematik allererst sichtbar wird und seine Untersuchung sinnvoll begonnen werden kann.(35) Aber selbst deren Durchführung bedeutete noch nicht das Ende des Frag-würdigen dieser Thematik, denn: die Integration der Analogieproblematik in den trinitätstheologischen Horizont leistet - entgegen einem etwaigen ersten Eindruck - keine Letztbegründung. Vielmehr kommt es gerade im Zentrum der Integration zu einer Rückkoppelung, sofern sich die Rede von einem "Wort Gottes" und erst recht die von einem "ewigen" und dann "fleischgewordenen Wort" selbst nochmals einer Metapher bedient(36) und damit schon innertheologisch zu einer Wieder-holung des Themas auf fundamentaltheologischer Ebene unter komplexeren Bedingungen nötigt. Philosophisch, genauer: sprachphilosophisch-analytisch gesehen freilich bleibt die Ausdeckung des Metaphorischen als innerster Struktur theologischer Rede und der Bestimmung ihrer spezifischen Funktionen im Horizont der grundsätzlichen Metaphorik von Sprache das letzte Wort - weshalb die hier anzustellenden Überlegungen an diesem Punkt zu beenden sind.

Blickt man auf den Gang der Überlegungen im ganzen und vor allem auf die Frage nach der christologischen und trinitätstheologischen Rückbindung von Analogie zurück, so scheint es fast, daß seitens des Aquinaten gerade dort am meisten ungesagt blieb, wo die Zusammenhänge am interessantesten wären und sich zu einem konsistenten Ganzen fügten. Von daher wird man sagen dürfen, daß Thomas auf der Ebene kohärenter Systematik von Analogie das Niveau einer Mittelmäßigkeit nicht überschritten hat. Dem sei aber die Frage angefügt, ob er das überhaupt wollte oder brauchte; denn schließlich ist und bleibt die "Summa theologiae" - trotz der Ausgereiftheit vieler in ihr fixierter Positionen - ein Buch für "incipientes" (I prooem.), ganz abgesehen davon, daß sie für eine solche Leserschaft schon Hürden mehr als genug bot. Das sei als Erklärung verstanden, nicht als Entschuldigung - denn eine solche hat der Aquinate nicht nötig. Nicht weil er kritikimmun wäre, sondern weil es auf fertig Vor-gedachtes überhaupt nicht ankommt: "Nicht die Menge wahrer Aussagen, die in seinem Werk sich finden, macht den Rang eines Denkers aus, sondern die welterschließende und damit wahrheitserschließende Kraft der Perspektive, die sein Denken auftut."(37) Man wird nicht sagen können, daß Thomas' Perspektive - trotz mehr als 700 Jahre - bisher prägend in das theologische Ringen eingegangen ist - vielleicht deshalb, weil man viel zu lange nach dem "System" im Werk des Aquinaten gesucht und es oft genug - weil unauffindbar - artifiziell herbeigezwungen hat. Nicht die Wiederholung von Thesen aus Thomas' Schriften wird aus seinem Erbe Gewinn ziehen, sondern die Ausrichtung an und die Einübung in seiner Praxis. Auf **solche** Rezeption thomanischer Analogie - die Kritik ihrer Defizite natürlich eingeschlossen - wird christliche Theologie nicht verzichten können, solange sie es der Mühe werthält, dem Reden von Gott und zu Gott (selbst)kritisch nach-zudenken.

ANMERKUNGEN

ANMERKUNGEN ZU KAPITEL 1

1 Der wesentliche Unterschied hinsichtlich der Analogiethematik zwischen Thomas und WITTGENSTEIN bleibt, daß thomanische Analogie mehrfach mit Metaphysik verknüpft ist und zu einer solchen hinführen kann, während WITTGENSTEIN keine Metaphysik treiben will.

2 So das Urteil über die Arbeit von G. JÜSSEN. RLT 11 (1978). 325.

3 Zur Übersicht vgl. SIMON, Josef: Sprachphilosophie. München-Freiburg 1981. = Handbuch Philosophie.

4 Vgl. etwa die beiden Sammelbände: Gott nennen. Phänomenologische Zugänge. Hg. Bernhard Casper. Freiburg-München 1981. Außerdem: Phänomenologie des Idols. Hg. Bernhard Casper. Freiburg-München 1981. Darin besonders: REITER, Josef: Phänomenologie des Idols - descensio ad inferiora? Von der "Kritik des Idols" zur "Phänomenologie des Idols". In: Phänomenologie des Idols. 17-48. 18: "Die Möglichkeit des Zugangs - und nicht nur eines bloß ersten Zugangs! - zu(r) ... religiösen Tiefendimension scheint sich von Anfang an im menschlichen Sprechen anzubieten."

5 Vgl. dazu etwa: RUH, Ulrich: Das unterscheidend Christliche in der Gottesfrage. Zu neueren Entwicklungen in der Trinitätstheologie. HerKorr 36 (1982). 187-192. Hier 187: "Gleich an welcher Stelle theologisches Denken heute ansetzt: früher oder später muß es notwendigerweise auf die Gottesfrage stoßen und sich mit den Möglichkeiten und Schwierigkeiten gegenwärtigen Redens von Gott auseinandersetzen."

6 H. BLUMENBERG. Beobachtungen. 165.

7 L. WITTGENSTEIN. PhU. Nr. 122.

8 Dieses Unternehmen wäre übrigens gar nicht so schwierig. Ein Vergleich des hier über Thomas Gesagten mit einer ebenfalls "übersichtliche Darstellung" zu nennenden Skizze zur Analogieproblematik bei I. U. DALFERTH vermittelt einen Eindruck davon, wie nahe Thomas gelegentlich zeitgenössischen Lösungsvorschlägen kommt und daß er strukturell (nicht kategorial!) in keinem wichtigen Punkt von einem unter den gegenwärtigen Bedingungen erstellten Analogiekonzept total abweicht. Vgl. I. U. DALFERTH. 626-634. DALFERTH selbst hat diese Nähe nicht gesehen, vielmehr referiert er die thomanische Tradition im Sinne der herkömmlichen Auslegung.

9 Ich denke dabei etwa an die Frage der Dogmenhermeneutik oder das Problem der Sprache gelingender kirchlicher Verkündigung wie auch binnenkirchlicher Kommunikation.

ANMERKUNGEN ZU KAPITEL 2

1 EHRLE, Franz: Die päpstliche Encyklika vom 4. August 1879 und die Restauration der christlichen Philosophie. StML 18 (1880). 13-28. 292-317. 388-407. 485-498. Hier 15.

2 Er stellt nach EHRLE die leitende These der Enzyklika "Aeterni Patris" Leos XIII. dar.

3 J. PIEPER. Hinführung. 141. - Vgl. auch M. SECKLER. 16: "Sein (sc. Thomas') Werk, das auf den ersten Blick festgefügt zu sein scheint wie kein anderes, ist in Wahrheit von einem Beben durchzittert, das jeder Erstarrung entgegenwirkt."

4 Vgl. W. KLUXEN. Ethik. XXVI-XXVII. 1-21. Außerdem: KLUXEN, Wolfgang: Thomas von Aquin und die Philosophie. In: Thomas von Aquin im philosophischen Gespräch. Hg. W. Kluxen. Freiburg-München 1975. 212-228. Bes. 212-213.

5 L. WITTGENSTEIN. PhU. Nr. 122.

6 Ein gutes Beispiel für letzteres schildert L. B. PUNTEL in seinem Exkurs zu E. PRZYWARAs Interpretation der thomanischen Analogie. Vgl. L. B. PUNTEL. Geschichtlichkeit. 284-286.

7 Vgl. Thomas de VIO. 1, 3. - Vgl. B. MONDIN. Linguaggio teologico. 243-261. - Vgl. I. U. DALFERTH. 635-639. - Zu CAJETAN vgl. auch: MEAGHER, Robert E.: Thomas Aquinas and Analogy: A Textual Analysis. Thom. 34 (1970). 230-253. Hier 231-241. In seinem systematischen Teil (241-253) orientiert sich MEAGHER an R. McINERNY und G. P. KLUBERTANZ.

8 Vgl. F. SUAREZ. Disp. XXVIII; sect. III. - Vgl. B. MONDIN. Linguaggio teologico. 267-272.

9 G. SCHELTENS. 320. Zum Ganzen vgl. 319-320. - Ein anderes typisches Beispiel wäre KRAPIEC, Albert M.: Analogia trascendentale e la sua funzione nella conoscenza di Dio. Ang. 57 (1980). 147-171. Der Autor bewegt sich ganz in der thomistischen Tradition cajetanscher Prägung (vgl. 150) mit zusätzlicher leichter Berücksichtigung der analogia attributionis (vgl. 155). Das traditionelle Deutungsmuster wird einfach übernommen, nach den Quellen bei Thomas selbst erst gar nicht gefragt. - Noch bedenkenloser verfährt J. HABBEL, indem er die Spannungen und Divergenzen in den "Schlüsseltexten" stillschweigend übergeht und die verschiedenen Aussagen je nach Bedarf für seine strikt metaphysische Argumentation heranzieht; soweit ich sehe, dürfte dieses Verfahren jedoch ein singulärer Fall sein.

10 Z.B. L. B. PUNTEL.

11 Vgl. R. McINERNY. Logic. 34. Dazu 166: "Once the irrelevancy of such considerations is recognized, the validity of any distinction between 'analogy of attribution' and 'analogy of proportionality' is immediately called in question." McINERNY wiederholt diese Position noch plastischer in: Analogy of Names. 653.

12 H. LYTTKENS. Analogy. 266.

13 Vgl. zum Ganzen H. LYTTKENS. Analogy. 244-246.

Anmerkungen zu Kapitel 2

14 Vgl. H. CHAVANNES. 106.
15 Vgl. H. CHAVANNES. 26-73.
16 H. CHAVANNES. 108.
17 H. CHAVANNES. 166.
18 H. CHAVANNES. 122.
19 H. CHAVANNES. 107.
20 H. CHAVANNES. 130.
21 Vgl. H. CHAVANNES. 106. 134-138.
22 Vgl. z.B. LOTZ (, Johannes B.): Art. Analogie. In: Philosophisches Wörterbuch. Hg. Walter Brugger. 14., neu bearb. Aufl. Freiburg-Basel-Wien 1976. 11-13.
23 Vgl. B. MONDIN. Linguaggio teologico. 178.
24 B. MONDIN. Linguaggio teologico. 180. Vgl. zum Ganzen 178-180.
25 Vgl. z.B. R. McINERNY. Logic. 33. - Vgl. T. CHAPMAN. 134. - J. RAMIREZ. 1783 mit der Begründung: "... quia divisio respondere debet divisibili sicut actus potentiae; est enim divisio proprius actus divisibilis." Vgl. dazu auch: THOMAS, John E.: On the Meaning of "Analogy is Analogical". LTP 22 (1966) 73-79. Ebenso die Antwort darauf von McINERNY, Ralph M.: "Analogy is Analogous". LTP 22 (1966) 80-88. - Bisweilen wird der Ausdruck "analog" selbst als äquivok bezeichnet und seine Substitution durch andere Ausdrücke gefordert. Vgl. z.B. ADLER, Mortimer J.: The Equivocal Use of the Word "Analogical". NSchol 48 (1974). 4-18.
26 Vgl. A. GUZZO - V. MATHIEU. 251.
27 Vgl. die entsprechenden Abschnitte bei B. MONDIN. Linguaggio teologico. 168-171.
28 R. McINERNY. Logic. 80.
29 G. P. KLUBERTANZ. 23-34. Als Kurzfassung vgl. auch KLUBERTANZ, George P.: Art. Analogy. In: NCE. Vol I. Washington 1967. 461-465..
30 G. P. KLUBERTANZ. 35. Vgl. zu diesem Abschnitt 35-76. Die im folgenden jeweils angegebenen Beispiele stammen von KLUBERTANZ selbst.
31 Vgl. G. P. KLUBERTANZ. 77-79.
32 Vgl. G. P. KLUBERTANZ. 80-100.
33 Vgl. G. P. KLUBERTANZ. 83.
34 Vgl. G. P. KLUBERTANZ. 100-103.
35 G. P. KLUBERTANZ. 105.
36 Vgl. J. RAMIREZ. 1417-1460. Dazu das Schema zwischen 1460 und 1461. - Um eine Fortschreibung von RAMIREZ handelt es sich bei GARCIA LOPEZ, Jesús: La analogia en general. Anuario filoso-

fico 7 (1974). 193-223.

37 Vgl. G. P. KLUBERTANZ. Appendix I. 163-293.
38 H. LYTTKENS. Analogy. 200.
39 G. P. KLUBERTANZ. 112.
40 Zum Positivismusverdacht vgl. WELTE, Bernhard: Zum Strukturwandel der katholischen Theologie im 19. Jahrundert. In: Auf der Spur des Ewigen. Philosophische Abhandlungen über verschiedene Gegenstände der Religion und der Theologie. Freiburg-Basel-Wien 1965. 380-409. Bes. 396-400. 400: "Die neue scholastische Theologie las Thomas durchaus mit den Augen und den Grundkategorien des späten 19. Jahrhunderts ... Sie faßte ihn auf in den Verständnisweisen ihres eigenen, isolierenden und gegenständlichen Denkens." - Zur Entstehung des Positivismus vgl. HABERMAS, Jürgen: Erkenntnis und Interesse. Mit einem neuen Nachwort. 5. Aufl. Frankfurt 1979. 88-115. = stw 1.
41 W. KLUXEN. Perspektiven. 17.
42 Vgl. W. KLUXEN. Perspektiven. 17-18.
43 Vgl. G. P. KLUBERTANZ. 18: "All the texts in which St. Thomas discusses analogy, as well as a number of texts which illustrate various types of analogy, have been collected ..."
44 Vgl. B. MONDIN. L'analogia. 577.
45 Vgl. Index Thomisticus. Sectio II. Concordantia I. Vol 2. 220-232. - Vol 16. 194-206. 951-1017. - Vol 18. 706-719. 722-723. - Daß generell mit Materialerweiterungen noch überhaupt nichts gewonnen ist, vertritt auch DUBOIS, Marcel-Jaques: L'analogie et la signification face à l'ordinateur. RThom 77 (1977). 593-599. - In dieselbe Richtung vgl. W. KLUXEN. Ethik. XXVI. - Schon 1961 war fundamentale Skepsis gegen die Textsammelmethode angemeldet worden von O'NEILL, M()S.: Some Remarks on the Analogy of God and Creatures in St. Thomas Aquinas. MS 23 (1961). 206-215. 215: "... in case after case, a different reason is given for rejecting one sort of analogy and making use of another. What he (sc. Thomas) wants to express is inexpressible (!) and logic and language go just so far."
46 Er wird aber nichtsdestotrotz immer wieder unternommen. Vgl. z.B. S. SORRENTINO. 315-316. Außerdem bei FAY, Thomas: Analogy: The Key to Man's Knowlegde of God in the Metaphysics of Thomas Aquinas. DTP 76 (1973). 343-364. - Vgl. ders.: Analogy and the Problem of the Divine Names in the Metaphysics of Thomas Aquinas. Ang. 52 (1975). 69-90. - Vgl. ANZENBACHER, Arno: Analogie und Systemgeschichte. Wien-München 1978. 113-165. = ÜA 16.
47 Zitate und Bezüge werden innerhalb dieses Abschnitts meiner Arbeit unmittelbar im Text mit dem Sigel "AG" und der entsprechenden Seitenzahl nachgewiesen.

Anmerkungen zu Kapitel 2

48 Von Bedeutung ist diesbezüglich der Hinweis auf PUNTELs Aufsatz: Die Seinsmetaphysik Thomas von Aquins und die dialektisch-spekulative Logik Hegels. Prolegomena zu einer angemessenen Problemstellung. ThPh 49 (1974). 343-374. Er verweist dort auf die von ihm nach AG vollzogene Revision seiner HEGELinterpretation aufgrund eines neuen Verständnisses des Logischen bei HEGEL (vgl. 347-348); ebenso ist davon die Rede, daß die Frage nach der Abstraktion, Partizipation und der Analogie bei Thomas neu zu stellen sei. Der Grund: in AG 238 ist zu lesen, daß das esse bei Thomas als aliud gedacht wird, welches anderen zukommt; jetzt (hier: 355) heißt es: "Thomas schwankt zwischen Eigenbestimmung und Fremdbestimmung des esse."

49 Vgl. zu B. MONTAGNES die ausführliche Rezension von MONDIN, Battista: C'è stata un'evoluzione nel pensiero di S. Tommaso riguardo all'analogia? ScC 95 (1967). 369-383.

50 PUNTEL bezieht sich dabei auf ROBERT, J()-D(): Note sur le dilemme: Limitation par composition ou limitation par hiérachie formelle des essences. RSPhTh 49 (1965). 60-66.

51 Der Zweifel läßt sich auch positiv formulieren in der Befürchtung, daß PUNTEL zu viel gedacht, den Aquinaten zerdacht hat.

52 Vgl. dazu auch trotz aller Anerkennung die kritischen Anmerkungen besonders zu PUNTELs Thomasinterpretation bei RIESENHUBER, Klaus: Rez. von L. B. Puntel: Analogie und Geschichtlichkeit. PhJ 77 (1970). 405-409.

53 Zitate und Bezüge werden innerhalb dieses Abschnitts meiner Arbeit unmittelbar im Text mit dem Sigel "GG" und der entsprechenden Seitenzahl nachgewiesen.

54 Vgl. dagegen z.B. den - vor allem zu Thomas - sehr oberflächlich gearbeiteten Artikel "Analogie" von J. TRACK in der TRE.

55 Ohne bei der Darstellung der JÜNGELschen Interpretation in Einzelheiten hängenzubleiben, sei dennoch darauf verwiesen, daß sich gleich über den ersten Satz zumindest streiten ließe, wenn es heißt: "Thomas von Aquin hat das sokratische 'Ich weiß, daß ich nichts weiß' in den Rang eines theologischen Grundsatzes erhoben, dessen Geltung allerdings auf die Gotteserkenntnis beschränkt ist" (GG 316). Mir will scheinen, daß die Differenz zwischen der Wissen der Unwissenheit bleibenden Unwissenheit des Thomas und der Wissen des wahren Wissens werdenden und seienden Unwissenheit des Sokrates - spätestens seit PLATONs "Menon" liegt eine solche vor - in diesem Satz nicht zur Geltung gebracht wird; der Zusammenhang beider Gedanken wäre so sachlich als bestenfalls äußerlich zu qualifizieren - aber das nur am Rande.

56 Vgl. dagegen L. B. PUNTEL. Geschichtlichkeit. 287, der darauf verweist, daß die analogia proportionalitatis die Distanz so wenig gewährleistet, wie sie sie andererseits aufhebt.

57 Vgl. dazu JÜNGEL, Eberhard: Gottes Sein ist im Werden. Verantwortliche Rede vom Sein Gottes bei Karl Barth. Eine Paraphrase. 3. Aufl., um einen Anhang erw. Tübingen 1976.

Anmerkungen zu Kapitel 2

58 Besonders zur anthropologischen Dimension und zur Sprachvoraussetzung vgl. die ausführliche Rezension von FRIES, Heinrich: Gott als Geheimnis der Welt. Zum neuesten Werk von Eberhard Jüngel. HerKorr 31 (1977). 523-529. - FRIES referiert zwar kurz das Analogiekapitel und verweist auf JÜNGELs Verständnis der Analogie als analogia fidei, geht aber nicht auf die Thomasinterpretation ein. FRIES' kritische Anfrage richtet sich darauf, ob denn - trotz Berechtigung des JÜNGELschen Anliegens - die Verifikation des theologischen Anspruchs nicht **auch** Aufgabe der Theologie sei - was JÜNGEL ja ausdrücklich ablehnt (vgl. GG 391). Gefragt wird, ob aus jener theologia crucifixi folgt, "daß der Gottesgedanke nicht die Voraussetzung des christlichen Glaubens sein kann, heißt das die Definitivität der Selbsterschließung Gottes in Jesus leugnen? Keineswegs. Aber es muß gefragt werden, wie kommt der Mensch dazu, in der Person, im Geschehen des Jesus von Nazaret eine **Manifestation** Gottes zu erkennen, wenn er kein Vorverständnis davon hat, was mit Gott gemeint ist? Dieses Vorverständnis und Verständnis ist keineswegs nur in der metaphysischen Gottesvorstellung, also im Theismus, gegeben, sondern vor allem in jener anthropologischen und sozialen Wirklichkeit, die mit **Religion** gemeint ist, in der die ursprüngliche Verwiesenheit des Menschen zu Gott in vielfacher, zugegeben auch in vielfach gebrochener Weise **zur Sprache kommt**" (528; letzte Herv. v. mir). "... es ist auch heute nicht zu sehen, wie ohne eine solche Voraussetzung, die ausdrücklich zu machen ist - etwa im Dialog mit der Anthropologie -, christlicher Glaube heute (sic!) vermittelt werden soll" (529). - In der Notwendigkeit jenes Ausdrücklichmachens liegt vielleicht der Unterschied zwischen Thomas und der Situation heute. Vgl. im selben Sinn LÜPKE, Johannes v.: Rez. von E. Jüngel. Gott als Geheimnis der Welt. ThRv 76 (1980). Sp. 402-406. - Vgl. KERN, Walter: Theologie des Glaubens vorgestellt anhand von Eberhard Jüngel. ZkTh 105 (1982). 129-146.

59 Vgl. L. B. PUNTEL. Geschichtlichkeit. 293-295.

60 Nur diese beiden Ebene (oder drei, wenn eine ontologische eigens noch aufgezählt wird) stellen für die traditionelle Interpretation Alternativen dar oder bilden alle zusammen den genuinen Ort der Analogieproblematik. Vgl. AGOSTI, Vittorio: Analogia e logica. GM 25 (1970). 157-184. 393-429. 537-575. - Zur streng logischen Deutung vgl. - neben R. McINERNY - etwa KEARNEY, R()J.: Analogy and Inference. NSchol 51 (1977). 131-141. - Zur Behandlung der Analogie als Problem der formalen Logik vgl. BOCHENSKI, I(nnozenz) M.: On Analogy. Thom. 11 (1948). 424-447. Dazu HEANEY, James J.: Analogy and 'Kinds' of Things. Thom. 35 (1971). 293-304. Kritisch zu HEANEY vgl. ROSS, James F.: A Response to Mr. Heaney. Thom. 35 (1971). 305-311. - Zur Weiterentwicklung und zum gegenwärtigen Stand der formalen Explikation von Analogie vgl. die informative Skizze bei GRABNER-HAIDER, Anton: Vernunft und Religion. Ansätze einer analytischen Religionsphilosophie. Graz-Wien-Köln 1978. 112-134. - Zur Kritik an der Relevanz und Möglichkeit formaler Analogieexplikation vgl. I. U. DALFERTH. 647. - Ausschließlich von der Metaphysik her kommt - neben den

Anmerkungen zu Kapitel 2

schon in Abschnitt 2.1 genannten Autoren - auch (trotz des Titels) FAY, Thomas A.: The Problem of God-Language in Thomas Aquinas. What can and cannot be said. RFNS 69 (1977). 385-391.

61 J. RAMIREZ. 174.
62 J. RAMIREZ. 176. Vgl. 174-177.
63 R. McINERNY. Logic. 77.
64 S. SORRENTINO. 320. - Ebenso verhallte die richtungsweisende Bemerkung ungehört, die schon 1964 stand in: St. Thomas Aquinas Summa Theologiae. Vol. 3. Knowing and Naming God (1a. 12-13). Latin Text. English Translation, Introductions, Notes, Appendices & Glossary. Herbert McCABE. Intr. by Thomas GILBY. London-New York 1964. Appendix 4 "Analogy". 106-107. Hier 106: "In the opinion of the present translator too much has been made of St. Thomas's alleged teaching on analogy. For him, analogy is not a way of getting to know about God, nor is it a theory of the structure of the universe, it is a comment on our use of certain words."
65 Vgl. H. LYTTKENS. Gottesprädikate. 274-289. Vgl. unten Kap. 6 Anm. 65.
66 Ähnliches gilt für MOLINARO, Aniceto: Linguaggio, logica, metafisica. Il problema dell'analogia in S. Tommaso D'Aquino. Aquinas 18 (1974). 41-96. Trotz des anfänglichen Bewußtseins der Pluriformität in Terminologie und theoretischer Formulierung unternimmt MOLINARO im Blick auf die alten Einteilungen einen Reduktionsversuch - und endet in ein paar dürftigen Formeln (vgl. 95-96).
67 RICOEUR, Paul: Philosophie de la volonté. II. Finitude et culpabilité. 1. L'homme faillible. Paris 1960. 11.
68 J. HABBEL. 51.
69 Vgl. Ch. H. LOHR. Entwicklung. 377. Auch 363. 381.
70 Vgl. L. B. PUNTEL. Geschichtlichkeit. 290: "Es wird hier ersichtlich, wie wenig es Thomas gelungen ist, das jüdisch-christliche Seinsverständnis, das sich eben durch die Erfahrung der inneren Geschichtlichkeit Gottes auszeichnet, aufgrund des platonisch-aristotelischen Gedankengutes zu interpretieren bzw. beide Seinsverständnisse zu einer Synthese zu führen."
71 Vgl. z.B. E. JÜNGEL. Geheimnis. 383-408, wo u.a. auch von der Analogie als "Sprachereignis" (395) die Rede ist oder der Satz fällt: "Die Analogie spricht Gott und Mensch sozusagen zusammen. Insofern ist sie die Struktur des Ereignisses, in dem Gott selbst sich dem Menschen so zuspricht, daß dieser von außen und von innen dazu bestimmt wird, von Gott zu reden" (404. Anm. 25). - Interessant ist auch JÜNGELs Bemerkung, daß es darum gehe, "... eine Analogie des Advent (zu entwerfen), die die Ankunft Gottes beim Menschen als ein definitives Geschehen zur Sprache bringt" (389). Vgl. dazu etwa die folgende Bemerkung des späten HEIDEGGER: "Nur noch ein Gott kann uns retten. Uns bleibt die einzige

Anmerkungen zu Kapitel 2

Möglichkeit, im Denken und Dichten eine Bereitschaft vorzubereiten für die Erscheinung des Gottes oder für die Abwesenheit des Gottes im Untergang; ... Wir können ihn nicht herbeidenken, wir vermögen höchstens die Bereitschaft der Erwartung zu wecken." In: "Nur ein Gott kann uns retten." Spiegel-Gespräch mit Martin Heidegger am 23. September 1966. Der Spiegel Nr. 23. 30. Jg. (1976). 193-219. Hier 206. - Diese Affinität JÜNGELs zu HEIDEGGER geht schon auf JÜNGELs philosophische Dissertation zurück. Vgl. E. JÜNGEL. Ursprung. Bes. die Vorbemerkungen, das Literaturverzeichnis und den Nachtrag (52-57). Vgl. außerdem E. JÜNGEL. Metaphorische Wahrheit. 138-153.

72 Vgl. HEIDEGGER, Martin: Identität und Differenz. 5. Aufl. Pfullingen 1976. 28.

73 Vgl. J. SPLETT - L. B. PUNTEL - E. PRZYWARA. 93.

74 Vgl. MÜLLER, Klaus: Zwischen Differenz und Ereignis. Der späte Heidegger als Auslegungshorizont der Analogia entis. Unv. Diplomarbeit. Regensburg 1978.

ANMERKUNGEN ZU KAPITEL 3

1 Vgl. V. WARNACH. Erkennen und Sprechen I. 191. - Wortbedeutungen fallen also in den Bereich der "revelabilia". Vgl. zum "revelabile" W. KLUXEN. Ethik. 4-8.

2 Aus der möglichst kompletten Zusammenstellung der Äußerungen über Sprache resultierte mithin genausowenig ein thomanischer Sprachbegriff, wie aus der Akkumulation der Aussagen über Analogie ein thomanischer Analogiebegriff. Vgl. oben Kap. 2. 23-24.

3 Vgl. als erste Orientierung V. WARNACH. Erkennen und Sprechen I. 197-218.

4 L. M. de RIJK. Semantics and Metaphysics I. 84.

5 Nach F. MANTHEY erwähnt Thomas neben PLATON und ARISTOTELES "Sophisten", wobei sich - so MANTHEY 161. - dieser Name allerdings auf Stoiker bzw. Kritiker, Dialektiker und Grammatiker des 11. Jahrhunderts beziehen könnte; ebenso ist die Rede von Peripatetikern wie THEOPHRASTOS, HERMINOS, ASPASIOS, Andronikos v. RHODOS und Alexandros v. APHRODISIAS. Dazu kommen noch die Neoplatoniker PORPHYRIOS und AMMONIOS.

6 M. Th. LARKIN richtet sich hier gegen AUBENQUE, Pierre: Le problème de l'être chez Aristote. Essai sur la problématique aristotélicienne. Paris 1962. = Bibliothèque de philosophie contemporaine. Histoire de la philosophie et philosophie générale.

7 Vgl. A. GRAESER. 443-444. - Zu W. WIELAND vgl. auch: TUGENDHAT, Ernst: Rez. von W. Wieland. Die aristotelische Physik. Gn. 35 (1963). 543-555. Bes. 555.

8 Vgl. A. GRAESER. 443-447.

9 Vgl. A. GRAESER. 455.

10 L. M. de RIJK. Semantics and Metaphysics II. 93.

11 Vgl. L. M. de RIJK. Semantics and Metaphysics I. 85-86. - Semantics and Metaphysics II. 84. 88-89. 90. - Wie eng die Verkettung beider Momente ist, zeigt sich etwa daran, daß ARISTOTELES selbst dort, wo die Kategorien der Klassifizierung der Realität dienen, diese als "tà ... legómena" etc. einführt. Vgl. L. M. de RIJK. Semantics and Metaphysics III. 7-10.

12 Vgl. M.-D. PHILIPPE. 56-74. - Typisch auch R. SCHÖNBERGERs Behauptung, ARISTOTELES habe die Analogie "... als ontologisches Prinzip eingeführt ..." (120). - Vgl. P. AUBENQUE. 3-12. - Auch der polternde Kommentar von H. SEIDL gegen P. AUBENQUE in der jüngsten Ausgabe der "Metaphysik" des ARISTOTELES wechselt nur die Seite der "Alternative" und macht sich so selbst wieder des ungerechtfertigten Eintrags schuldig. Vgl.: Aristoteles' Metaphysik. 2. Halbbd.: Bücher VII(Z) - XIV(N). In der Übersetzung von Hermann Bonitz. Neu bearb., mit Einleitung und Kommentar hg. v. Horst Seidl. Griechischer Text in der Version v. Wilhelm Christ. Griechisch-deutsch. Hamburg 1980. XIII-XVII. Zur Analogie XVII-XXIII. = PhB 308. - Vgl. auch LESZL, Walter: Logic and Metaphysics in Aristotle. Aristotle's treatment of types of equivocity

Anmerkungen zu Kapitel 3

and its relevance to his metaphysical theories. Padova 1970. = St-Arist 5. - Dazu: FREDE, Dorothea: Rez. von W. Leszl. Logic. Gn. 47 (1975). 340-349.

13 Vgl. auch W. KLUXEN. Teilart. Analogie. Sp. 216-218. - Vgl. auch für den mathematischen Ursprung der Analogie und die pragmatische Erweiterung ihrer Funktion: VUILLEMIN, Jules: De la logique a la théologie. Cinq êtudes sur Aristote. Paris 1967. 13-43. - Vgl. HOROVITZ, Thekla: Vom Logos zur Analogie. Die Geschichte eines mathematischen Terminus. Zürich 1978. - Vgl. H. LYTTKENS. Analogy. 51. - Zur Breite und konkreten Ausgestaltung der Funktion des Analogiegedankens beim Stagiriten vgl. FIEDLER, Wilfried: Analogiemodelle bei Aristoteles. Untersuchungen zu den Vergleichen zwischen den einzelnen Wissenschaften und Künsten. Amsterdam 1978. = SAPh 9.

14 Vgl. E. JÜNGEL. Metaphorische Wahrheit. 119-132.

15 Vgl. H.-G. GADAMER. 300.

16 H. LYTTKENS. Analogy. 36.

17 Vgl. H. LYTTKENS. Analogy. 39 mit Bezug auf Post. Anal II, 14 98a 20ff.

18 Das ist M.-D. PHILIPPE. 37-47 vorzuwerfen, ebenso P. GRENET. 174; dazu die scharfe Reaktion von P. AUBENQUE. 7. - Zum Teil gilt der Vorwurf auch für H. WOLFSON. 161-173.

19 So bei H. WOLFSON und besonders bei J. HIRSCHBERGER.

20 So in der Überschrift bei P. AUBENQUE. 3.

21 Daß es sich dabei um eine bewußte Zurückhaltung des Stagiriten handelt, wie P. AUBENQUE. 11 annimmt, wage ich aufgrund der prinzipiellen pragmatischen Ausrichtung im Einsatz des Analogiegedankens zu bezweifeln.

22 L. M. de RIJK. Semantics and Metaphysics III. 34. - Vgl. auch P. Ricoeur. Métaphore. 325-344. Bes. 329.

23 Vgl. H. WOLFSON. 161-173.

24 Vgl. H. WOLFSON. 172.

25 J. HIRSCHBERGER. 200.

26 Vgl. J. HIRSCHBERGER. 201. Der eigentliche systematisch-begriffliche Gehalt dieses Zusammenhangs wird sich weiter unten im Abschnitt 6.5.6 enthüllen.

27 Vgl. J. HIRSCHBERGER. 200-202.

28 J. HIRSCHBERGER. 200-201.

29 Vgl. J. HIRSCHBERGER. 201. HIRSCHBERGER verweist dabei auf Thomas' De ver q2 a11, wo trotz der Behandlung der viergliedrigen Analogie schon gleich zu Beginn von "aliqua similitudo" gesprochen wird.

Anmerkungen zu Kapitel 3

30 Dieses Ineinander von Logik/Semantik und Metaphysik spiegelt sich auch darin, daß ausgerechnet der Teilhabegedanke historisch gesehen auf dem Weg über die Logik ins Mittelalter gelangte. Vgl. J. HIRSCHBERGER. 200.

31 Vgl. J. HIRSCHBERGER. 193-202.

32 Zum "Kratylos" und zur Sprachphilosophie bei PLATON vgl. aus der unübersehbaren Literaturfülle: GAISER, Konrad: Name und Sache in Platons "Kratylos". Heidelberg 1974. = AbhHei phil.-hist. Klasse 1974/3.

33 Vgl. E. SCHADEL. 49. 52.

34 Zu solchen auslösenden Stichpunkten zählen etwa Götter-, Dämonen- und Tiersprache besonders im heidnischen, Sprache Gottes (Schöpfung!) und der Engel im speziell christlichen Bereich; ferner die Frage der Sprachentstehung (vor allem im Anschluß an den "Kratylos") und eng verbunden damit der Bezug von Wort und Sache. Diesen Bereichen gesellten sich schließlich noch Motive einer gewissermaßen anthropologischen Verortung der Sprache bei, wenn etwa das Reden Gottes (Offenbarung) in der Angewiesenheit des Menschen auf die Sprache verankert wird; wenn Sprache der Not und Schwäche der Leiblichkeit entspringend dennoch als besondere Leistung der Seele anerkannt wird und die Phantasie als die eigentlich sprachbildende Kraft auftritt. Vgl. W. THEILER. 302-312. - Passim auch CROME, Peter: Symbol und Unzulänglichkeit der Sprache. Jamblichos-Plotin-Porphyrios-Proklos. München 1970. = Humanistische Bibliothek Reihe I, Abh. Bd. 5.

35 Vgl. dazu unten Kap. 6. Anm. 272.

36 Vgl. W. KLUXEN. Teilart. Analogie. Sp. 215-216. Zu Einzelheiten vgl. H. LYTTKENS. Analogy. 18-28.

37 Vgl. W. KLUXEN. Teilart. Analogie. Sp. 218.

38 Vgl. H. LYTTKENS. Analogy. 89-97. - Vgl. auch CHENU, Marie-Dominique: Die Platonismen des XII. Jahrhunderts. Übers. von 108-141 aus: La théologie au douzième siècle. Paris 1957. In: Platonismus in der Philosophie des Mittelalters. Hg. Werner Beierwaltes. Darmstadt 1969. 268-316. Hier 304-305. = WdF 197. - Vgl. U. KREWITT. 457-473. - Vgl. O'DALY, Gerard: Art. Dionysius Areopagita. In: TRE Bd. 8. Berlin-New York 1981. 772-780.

39 BEIERWALTES, Werner: Rez. von J. Coulter. Microcosm. Gn. 51 (1979). 428-432. Hier 430.

40 Jene Vielschichtigkeit läßt sich gut ablesen an der Formulierung der Zentralmotive, unter die H. LYTTKENS. Analogy die Analogiegedanken des Neoplatonismus subsummiert: "Analogy in the Sense of 'aph'enòs kaì pròs én'" (59; vgl. bes. 76); "Analogy as an Ethical and Cosmic Principle of Distribution" (78); "Analogy as a Means of Linking Different Spheres of Reality" (97). Zum Ganzen vgl. 58-110.

Anmerkungen zu Kapitel 3

41 Übrigens ein Zug, der in einer der Sache selbst entsprechenden diaphanen Zerbrechlichkeit PLATONs ganzen "Parmenides" durchzieht, in 147 d-e formal und prägnant hervortritt, ohne freilich den Titel "Analogie" zu erhalten.

42 Zu Einzelheiten vgl. das Werk J. A. COULTERs. - Dazu die in Anm. 39 genannte Rezension von W. BEIERWALTES.

43 Vgl. Ch. H. LOHR. Art. Analogia. Sp. 569; für VARRO, CICERO, SENECA und VITRUV bringt LOHR keine genauen Quellenangaben. - Vgl. W. KLUXEN. Teilart. Analogie. Sp. 218-219.

44 W. KLUXEN. Teilart. Analogie. Sp. 219.

45 Vgl. Ch. H. LOHR. Art. Analogia. Sp. 569.

46 Genaueres vgl. unten Abschnitt 3.5.

47 Vgl. Anm. 4 dieses Kapitels.

48 Vgl. C. FABRO. Art. Tommaso. Sp. 260.

49 Vgl. ebd.

50 Vgl. P. HADOT. 334-336. - Vgl. auch K. KREMER. 351.

51 C. BAEUMKER. 145. Vgl. zum Ganzen. 145-153.

52 Vgl. BAEUMKER, Clemens: Mittelalterlicher und Renaissance-Platonismus. In: Studien und Charakteristiken zur Geschichte der Philosophie insbesondere des Mittelalters. Gesammelte Vorträge und Aufsätze. Mit einem Lebensbilde Baeumkers hg. v. Martin Grabmann. Münster i.W. 1927. 180-193. Hier 183-184. = BGPhMA Bd. XXV 1/2.

53 Vgl. oben Kap. 2. 25-26.

54 Vgl. W. BEIERWALTES. Welt. 241.

55 W. BEIERWALTES. Welt. 243. Vgl. zum Ganzen 243-250.

56 Im Rahmen seines Themas "Ästhetik" spricht dann BEIERWALTES auch folgerichtig von der "analoge(n) Funktion" (260) der Kunst. - Zu Scottus ERIUGENA vgl. auch GLUNZ, Hans H.: Die Literarästhetik des europäischen Mittelalters. Wolfram-Rosenroman-Chaucer-Dante. 2. Aufl. Frankfurt a.M. 1963. 38-44 mit besonderen Hinweisen auf die Auswirkungen von ERIUGENAs Symboltheorie auf die poetischen Theorien der Folgezeit. - Vgl. auch U. KREWITT. 474-481.

57 Deshalb wurde in der Thomasinterpretation auch über Epochen hin die Präsenz platonischer Gedanken unterschätzt. Wie weit solche Einflüsse reichen, zeigen - je auf ihre Weise - die Textsammlung R. J. HENLEs (vgl. 7-252) und das nicht unumstrittene Werk K. KREMERs über "Die neuplatonische Seinsphilosophie und ihre Wirkung auf Thomas von Aquin." Bes. 349-469. Vgl. dazu die ausführliche Rezension C. FABROs, der KREMER in der Betonung der Bedeutung des Platonisch-Neoplatonischen für Thomas voll zustimmt, in der Analyse zentraler Grundbegriffe - etwa des "esse commune" - heftig kritisiert: FABRO, Cornelio: Platonismo, neoplatonismo e tomismo: convergenze e divergenze. In: Tomismo e pensiero moder-

Anmerkungen zu Kapitel 3

no. Roma 1969. 435-460. = CSTPUL 12. - Vgl. dazu auch vom selben Autor: La nozione metafisica di partecipazione. 5. Aufl. Torino 1963. - Zum Platonismus in Thomas vgl. ferner: HIRSCHBERGER, Johannes: Platonismus und Mittelalter. PhJ 63 (1965). 120-130. Wieder abgedruckt in: Platonismus in der Philosophie des Mittelalters. Hg. Werner BEIERWALTES. Darmstadt 1969. 56-72. = WdF 197. - Vgl. L. M. de RIJK. Neuplatonische Semantik. 35.

58 HENLE nennt hier die Ideenlehre und die Theorie von den getrennten Substanzen; die Erkenntnistheorie; die Seelenlehre; die Frage der Kausalität sowie die Theorie von der mathematischen Struktur der Wirklichkeit. Vgl. R. J. HENLE. 291-292.

59 Vgl. R. J. HENLE. 255. 274. 279.

60 Vgl. C. FABRO. Art. Tommaso. Sp. 260-262.

61 Vgl. K. KREMER. 349-469. - Vgl. L. M. de RIJK. Neuplatonische Semantik. 33.

62 Vgl. den Überblick, die Zusammenfassung der Diskussion und die Klärung der Problematik bei M. SECKLER. 33-47.

63 Vgl. K. RIESENHUBER. 969-970.

64 Es scheint mir um einiges zu einfach gesehen, wenn V. WARNACH zu diesem Aspekt der Tradition sprachzugewandten Denkens, in die Thomas einsteigt, einleitend schreibt: "Schon lange vor dem Neuplatonismus war eine andere Logoslehre auf den Plan der Geistesgeschichte getreten, die ihren Ursprung weder aus rein menschlicher Philosophie noch aus dunklen Mythen herleitete, sondern aus der Offenbarung des lebendigen Gottes." V. WARNACH. Erkennen und Sprechen I. 263. Man kann sich hier des Eindrucks nicht erwehren, jener spezifische Logosbegriff sei vom Himmel gefallen.

65 Vgl. HUBER, Carlo: Teilart. Logos. III Dogmengeschichtlich. In: LThK Bd. 6. 2. Aufl. Freiburg 1961. Sp. 1125-1128.

66 Vgl. SCHNACKENBURG, Rudolf: Das Johannesevangelium. Einleitung und Kommentar zu Kap. 1-4. 3., erg. Aufl. Freiburg-Basel-Wien 1972. 197-269. Bes. 257-269. = HThKNT Bd. IV/1.

67 Zur diesbezüglichen Zeugenwolke frühchristlicher Autoren vgl. V. WARNACH. Erkennen und Sprechen I. 263-290.

68 Vgl. F. MANTHEY. 170-176.

69 COSERIU, Eugenio: Die Geschichte der Sprachphilosophie von der Antike bis zur Gegenwart. Eine Übersicht. Teil I: Von der Antike bis Leibniz. Vorlesung des WS 1968/69 an der Universität Tübingen. Autorisierte Nachschrift v. Gunter Narr und Rudolf Windisch. 2. überarb. Aufl. v. Gunter Narr. Tübingen 1975. 123. = Tübinger Beiträge zur Linguistik 11. - Folgerichtig steht AUGUSTINUS auch am Anfang einer sprachphilosophischen Wirkungsgeschichte, die - wenn auch mit zahlreichen Verschlingungen bis hin zur kritischen Ablehnung - bis zu WITTGENSTEIN reicht. Vgl. ZOOLALIAN, David E.: Augustine and Wittgenstein. Some remarks on the necessity of a private language. AugSt 9 (1978). 25-33. - Vgl. SPIEGELBERG,

Anmerkungen zu Kapitel 3

Herbert: Augustine in Wittgenstein. A case study in philosophical stimulations. JHP 17 (1979). 319-327.

70 Vgl. KELLY, Louis G.: Saint Augustine and Saussurean Linguistics. AugSt 6 (1975). 45-64. Bes. 45. 63.

71 Vgl. CATALDO, Giacinto B.: Semantica e intersoggettività della parola in S. Agostino. SapDom 26 (1973). 170-184. Hier 171. - Vgl. auch die starke Akzentuierung der funktionalen Dimension durch den Einbezug des Sprachproblems unter dem Titel des "Triviums" in "De ordine". Vgl. dazu: BRASA DIEZ, Mariano: El lenguaje en el "De ordine" de san Agustín. Augustinus 24 (1979). 115-131.

72 AUGUSTINUS baut vor allem auf den Nominalcharakter alles Gesprochenen, wie er in "De magistro" (13, 58 - 16, 219) ausführlich darlegt; das bedeutet eine Orientierung an PLATON in anti-aristotelischer Logik. Vgl. E. SCHADEL. 138-146. - SCHADELs vernichtender ARISTOTELESkritik vermag ich allerdings in keinem Punkt zu folgen.

73 Vgl. E. SCHADEL. 28.

74 Vgl. R. H. AYERS. 92: "In the Summa Theologica there appear to be as many quotations from Augustine as from Aristotle and these include references to Concerning the Teacher and On Christian Instruction where Augustine clearly sets forth a type of semantics and logic which manifests Stoic influence" (z.B. ST I q84 a5; I-II q99 a3; q101 a2; ...), d.h. genauer: "... respect to a propositional logic of inference sheme." (120).

75 J. PINBORG. Stoa. 176.

76 Vgl. J. PINBORG. Stoa. 148. - Vgl. E. SCHADEL. 48. - Vgl. RUEF, Hans: Augustin über Semiotik und Sprache. Sprachtheoretische Analysen zu Augustins Schrift "De dialectica". Mit einer deutschen Übersetzung. Bern 1981.

77 Vgl. J. PINBORG. Stoa. 150-151.

78 Namentlich erwähnt werden in "De utilitate credendi" 7, 17 ASPER, CORNUTUS und DONATUS. Vgl. E. SCHADEL. 146. - Diese eingehende Auseinandersetzung findet statt in "De magistro" 7, 13b - 20, 86. Vgl. E. SCHADEL. 276-304.

79 Vgl. W. BEIERWALTES. Augustin. 182. - Vgl. auch V. WARNACH. Erkennen und Sprechen I. 287. Zum Ganzen vgl. 280-287.

80 Vgl. W. BEIERWALTES. Augustin. 183-185.

81 Vgl. W. BEIERWALTES. Augustin. 185. - Vgl. J. PINBORG. Stoa. 177.

82 W. BEIERWALTES. Augustin. 185. - Vgl. auch E. SCHADEL. 103-104. 303.

83 Vgl. W. BEIERWALTES. Augustin. 185-189.

Anmerkungen zu Kapitel 3

84 E. SCHADEL. 246-247. Vgl. auch: HEDWIG, Klaus: Sphaera lucis. Studien zur Intelligibilität des Seienden im Kontext der mittelalterlichen Lichtspekulation. Münster 1980. 33-45. = BGPhMA NF 18.

85 Die Analysen finden sich in "De magistro", "De doctrina christiana", "De dialectica". Vgl. W. BEIERWALTES. Augustin. 190. - Vgl. E. SCHADEL. 250-326. - Vgl. H. BRINKMANN. Zeichenhaftigkeit. 1-3. - Vgl. MARKUS, R()A.: St. Augustine on Signs. Phron. 2 (1957). 60-87. Bes. 60-64. - Vgl. JACKSON, B. Darrell: The Theory of Signs in St. Augustine's De Doctrina Christiana. REAug 15 (1969). 9-49. Bes. 29-48.

86 E. SCHADEL. 109. Vgl. zum Ganzen 107-113.

87 Vgl. V. WARNACH. Erkennen und Sprechen I. 273-277. - Vgl. W. BEIERWALTES. Augustin. 191-192. - Vgl. E. SCHADEL. 330-335.

88 Vgl. W. BEIERWALTES. Augustin. 192. Diese Wertung steht in eigenartigem Widerspruch zu dem von AUGUSTINUS getriebenen Aufwand an sprachlicher Kunst. Vgl. W. BEIERWALTES. Augustin. 179-180.

89 "Der Sinn des dem Zeichen Äußerlichen ist es ..., sich im Darbieten seiner selbst in die Wahrheit des ihn gewährenden Geistgrundes aufzuheben. Damit steht aber auch das Zeichen, wie alles Seiende, in der Dynamik des göttlichen Prinzips, in der Dialogik der sich im Geben selbst gewinnenden Liebe ..." (vgl. "De trinitate" 8, 8, 12). E. SCHADEL. 113.

90 Vgl. etwa nur ST I q34 a1 c. Zur Modifikation vgl. M. L. COLISH. 172-173.

91 Vgl. V. WARNACH. Erkennen und Sprechen I. 194-195. Hier wird ein erster Vorblick möglich auf das, was Analogie bei Thomas u.U. bedeutet, wenn sich nachweisen läßt, daß sie ihm als fundamental und primär sprachliches Phänomen gilt. - Wenn WARNACH aber hinzufügt: "Die geoffenbarte und durch die kirchliche Tradition übermittelte Wahrheit vom göttlichen Worte ist für Thomas zugleich das treibende und richtunggebende Moment in der Betrachtung der sprachlichen Erscheinungen" (195), dann impliziert das m.E. eine zu monokausal-theologische Einschätzung der thomanischen Denkbewegung.

92 In seiner Konzeption des Lehrprozesses geht Thomas einen Mittelweg zwischen den angeborenen Ideen Platons und der Verursachung der formae intelligibiles durch den einen transzendenten intellectus agens des AVICENNA, indem er sagt, "quod praeexistunt in nobis quaedam scientiarum semina, scilicet primae conceptiones intellectus, quae statim lumine intellectus agentis cognoscuntur ... Ex istis autem principiis universalibus omnia principia sequuntur ... sicut ex quibusdam rationibus seminalibus. Quando ergo ex istis universalibus cognitionibus mens educitur ut actu cognoscat particularia, quae prius in potentia, et quasi in universali cognoscebantur, tunc aliquis dicitur scientiam acquirere" (De ver q11 a1 c/D). Die Rolle der signa wird dann in diesem Kontext instrumental im Sinne von causae secundae verstanden, wodurch sie - gegenüber

Anmerkungen zu Kapitel 3

AUGUSTINUS - ein gewisses Eigengewicht erhalten: "... unus alium docere dicitur, quod istum discursum rationis, quem in se facit ratione naturali, alteri exponit per signa et sic ratio naturalis discipuli, per huiusmodi sibi proposita, sicut per quaedam instrumenta, pervenit in cognitionem ignotorum" (De ver q11 a1 c/F)'.

93 Vgl. W. BEIERWALTES. Augustin. 190.
94 Vgl. W. BEIERWALTES. Augustin. 193.
95 Vgl. H. LYTTKENS. Analogy. 110-121.
96 Vgl. Sermo 52, 23. PL 38. Sp. 364.
97 Vgl. SCHINDLER, Alfred: Wort und Analogie in Augustins Trinitätslehre. Tübingen 1965. Bes. 12. = HUTh 4.
98 Der Ausdruck "Semiotik" wurde als sprachphilosophischer terminus technicus festgeschrieben durch: MORRIS, Charles W.: Foundations of the Theory of Signs. Chicago 1938. Als solcher Fachterm meint "Semiotik" eine allgemeine Zeichentheorie, welche Semantik, Syntaktik und Pragmatik umfaßt. - "Die 'Syntax' betrifft die innersprachliche Beziehung der Zeichen untereinander, die 'Semantik' die Beziehung der Zeichen zu den bezeichneten außersprachlichen Tatsachen und die 'Pragmatik' die Beziehung der Zeichen zu den Menschen als Zeichenbenutzern." Diese bündige Definition stammt von APEL, Karl-Otto: Sprache und Wahrheit in der gegenwärtigen Situation der Philosophie. Eine Betrachtung anläßlich der Vollendung der neopositivistischen Sprachphilosophie in der Semiotik von Charles Morris. PhR 7 (1959). 161-184. Hier 163. - Wieder abgedruckt in APEL, Karl-Otto: Transformation der Philosophie. Bd. 1: Sprachanalytik, Semiotik, Hermeneutik. Frankfurt a.M. 1976. 138-166. = stw. 164. - Zur Legitimität der Einführung des Semiotikbegriffs in die hier zu leistenden Überlegungen vgl. den wichtigen Aufsatz von BRINKMANN, Hennig: Kritische Sprachanalyse im Lichte der Zeichentheorie. Zum geschichtlichen Zusammenhang der Semiotik. Wirkendes Wort 25 (1975). 289-323.
99 Vgl. R. H. AYERS. 93.
100 Die Darstellung jenes Denkstils in seiner Entstehung und vollen Breite ist nicht Aufgabe dieser Arbeit - wäre wohl auch bisher gar nicht erschöpfend möglich, weil mit Sicherheit Dutzende von relevanten Autoren noch unediert oder gar unentdeckt in Archiven und Bibliotheken liegen.
101 Vgl. M. L. COLISH. 129 mit Zitat aus: SOUTHERN, R()W.: St. Anselm and His Biographer: A Study of Monastic Life and Thought 1059 - c. 1130. Cambridge 1963. 30. - Zum Ganzen vgl. 82-160. - Vgl. U. KREWITT. 482-485. - Speziell zu ANSELMs "De grammatico": DESMOND, Paul H.: The De Grammatico of St. Anselm: The Theory of Paronymy. Notre Dame 1964. - Ders.: Commentary on De Grammatico: The Historical-Logical Dimension of a Dialogue of St. Anselm's. Dordrecht and Boston 1974.

Anmerkungen zu Kapitel 3

102 Vgl. G. ANGELINI. 10-11 mit kurzem Verweis auf die Relevanz jener Entwürfe für Thomas. Speziell zu den "Regulae" vgl. CHENU, M(arie)-D(ominique): Un essai de méthode théologique au XIIe siècle. RSThPh 24 (1935). 258-267.

103 Vgl. U. KREWITT. 490. Zum Ganzen vgl. 490-541. - Vgl. außerdem die oben in Anm. 56 genannte Arbeit von H. GLUNZ. 337-343. - Vgl. HUIZINGA, J(an): Über die Verknüpfung des Poetischen mit dem Theologischen bei Alanus de Insulis. Amsterdam 1932. = MNAW.L 74, Serie B, No. 6. - Vgl. BRINKMANN, Hennig: Voraussetzungen und Struktur religiöser Lyrik im Mittelalter. MLJb 3 (1966). 37-54. Hier 37-39.

104 Vgl. Zwettler Summe. 1-20. - Vgl. auch Ch. H. LOHR. Entwicklung. 364.

105 Vgl. G. ANGELINI. 1-3.

106 Vgl. G. ANGELINI. IX-X. Zum Ganzen vgl. 60-102.

107 Vgl. ANGELINI. VIII-IX.

108 Vgl. G. ANGELINI. VIII. Vgl. auch 31-32.

109 In I Sent d15 q3 a1; In III Sent d22 q2 a4 quaestiunc. 1 ad2; In IV Sent d45 q2 a4 quaestiunc. 1; ST I q32 a2.

110 Vgl. G. ANGELINI. 186-190.

111 Einen ersten Hinweis dazu gibt G. ANGELINI selbst: "La tematizzazione della doctrina circa l'analogia e l'approfondimento nuovo che tale dottrina conobbe grazie agli strumenti offerti dalla metafisica aristotelica consentirono di superare la contrapposizione equivoca tra il Lombardo e Gilberto ..." (186) - War jene Thematisierung wirklich eine Vertiefung?

112 Vgl. MACALI, L(uigi): Art. Alessandro di Hales. In: EF. Ristampa aggiornata della seconda edizione interamente rielaborata. Vol I. Roma 1979. Sp. 172-175. Hier 173. - Vgl. auch H. LYTTKENS. Analogy. 123-131.

113 Zur Frage der Abhängigkeit und zu seiner eigenen Wirkungsgeschichte vgl. E. SCHLENKER. 360-374.

114 Vgl. E. SCHLENKER. 269-286. Einzelheiten in der Summa Alexanders vgl. 301-359.

115 Vgl. E. SCHLENKER. 374.

116 Noch einmal offenbart sich hier die komplexe Verflechtung der Traditionen: Waren im vorausgehenden PLATONisches durch ARISTOTELES, Aristotelisches und Stoisches durch Neoplatoniker, Neoplatonisches und Stoisches durch Theo-Semiotiker (bes. AUGUSTINUS' Gefolgsleute) vermittelt worden, so führen jetzt letztere wieder aus sich heraus auf die mittelalterliche Sprachphilosophie.

117 Vgl. Ch. H. LOHR. Entwicklung. 363-364. 366. 375. 377. 381-382. An jener Engführung hat(te) die neoscholastische Philosophiegeschichtsschreibung nicht unwesentlich Anteil. Vgl. oben Kap. 2.

Anmerkungen zu Kapitel 3

28-29. - Einen ersten Eindruck vom quantitativen Umfang sprachphilosophischer Arbeit im Mittelalter und von der Verbreitung entsprechender Traktate vermittelt BURSILL-HALL, G(eoffrey) L.: A Check-list of Incipits of Medieval Latin Grammatical Treatises: A-G. Tr. 34 (1978). 439-474. - Jetzt auch ders.: A Census of Medieval Latin Grammatical Manuscripts. Stuttgart 1981. = Grammatica speculativa 4. - In der Reihe der philosophiehistorischen Handbücher wird der mittelalterlichen Sprachphilosophie erstmals adäquat Rechnung getragen in: The Cambridge History of Later Medieval Philosophy. From the rediscovery of Aristotle to the disintegration of scholasticism 1100-1600. Ed. Norman KRETZMANN, Anthony KENNY, Jan PINBORG. Associate ed. Eleonore STUMP. Cambridge u.a. 1982. Hier: "IV. Logic in the high middle ages: semantic theory." 159-269.

118 W. KLUXEN. Prinzipien. 182.

119 Vgl. H. SCHEPERS. 130.

120 Vgl. Ch. H. LOHR. Abälard. 100.

121 Vgl. H. SCHEPERS. 130. - Innerhalb der Gegenwartsphilosophie beginnen sich die allerersten Spuren einer erneuten Kontaktaufnahme zwischen Sprachanalyse und Hermeneutik abzuzeichnen. Vgl. dazu RIESENHUBER, Klaus: Hermeneutik und Sprachanalyse. Ansätze zu einem Gespräch. ZkTh 101 (1979). 374-385.

122 So E. SCHLENKER. 286-300. - Vgl. zur ersten Orientierung auch M. GRABMANN. 106-144. - Vgl. die Übersichtsschemata bei H. ENDERS. 39. 41. - Vgl. auch BRINKMANN, Hennig: Die Sprache als Zeichen im Mittelalter. In: Gedenkschrift für Jost Trier. Hg. Hartmut Beckers und Hans Schwarz. Köln-Wien 1975. 23-44.

123 Vgl. "Kategorien", "Perihermeneias" des ARISTOTELES und die "Eisagoge" des PORPHYRIOS. Auf die Frage, wie weit die Sprache selbst bestimmend gewesen ist für die Entwicklung der aristotelischen Logik, sei hier nicht weiter eingegangen; erinnert sei diesbezüglich nur an die schon mehrfach erwähnte Unmöglichkeit einer strikten Trennung von Logik, Sprache und Metaphysik in dieser Epoche. - Mit Dionysios THRAX (= Dionysios von RHODOS), 1. Jh. v. Chr., artikuliert sich die Grammatik erstmals als Grammatik (nicht als Sprachphilosophie!) unabhängig von der Philosophie. Ihren Höhepunkt erreicht die griechische Grammatik in Apollonios DYSCOLOS, der zugleich das Bindeglied zu den lateinischen Grammatikern darstellt, sofern PRISCIANUS ihn zu seinem Führer wählte. Vgl. B. O'MAHONY. 453.

124 Vgl. seine Perihermeneiasübersetzungen und -kommentare.

125 Vgl. PEPPERMÜLLER, Rolf: Art. Abaelard. In: TRE. Bd. 1. Berlin-New York 1977. 7-17. Hier 11-12. - Vgl. L. M. de RIJK. Neuplatonische Semantik. 21: "Mit seinem Fingerspitzengefühl für semantische Fragen wußte er ziemlich befriedigend die Lücke der aristotelischen Semantiklosigkeit auszufüllen." - Vgl. auch Ch. H. LOHR. Abälard. 107-108: Im Gefolge seines logischen Ansatzes kam es durch das auf dessen Basis gesetzte Verhältnis von Dialektik und

Anmerkungen zu Kapitel 3

Theologie zur Revolution der Interpretationstheorie (vgl. ABAELARD, ep. 13, PL 178. Sp. 351-356). - Vgl. JOLIVET, Jean: Arts du langage et théologie chez Abélard. Paris 1969. = EPhM.

126 Vgl. die Werke Wilhelms von SHYRESWOOD, Lamberts von AUXERRE und des Petrus HISPANUS mit seinen "Summule logicales".

127 Vgl. M. L. COLISH. 93-102.

128 Vgl. H. SCHLENKER. 297-300.

129 Vgl. M. L. COLISH. 159.

130 Vgl. J. PINBORG. Sprachtheorie. 22.

131 Vgl. H. ROOS. Modi significandi 78-82. - Vgl. auch B. O'MAHONY. 452-459.

132 Vgl. J. PINBORG. Sprachtheorie. 55.

133 Vgl. H. ROOS. Modi significandi. 87-92.

134 Vgl. H. ROOS. Modi significandi. 92-95. Speziell zu Ioannes Scottus ERIUGENA vgl. dessen "De divisione naturae" V, 4. PL 122. Sp. 868-870. Daß ROOS auch hier ABAELARD erwähnt, verweist einmal mehr auf die verwickelte Interferenz. - Vgl. auch H. ROOS. Lehrbetrieb. 96-98.

135 Vgl. H. ROOS. Lehrbetrieb. 98-100. - Vgl. J. PINBORG. Sprachtheorie. 67-94. 131-135. - Vgl. H. ROOS. Modi significandi. 99-120. Dort nennt ROOS neben der Logik als mehr technischen bzw. wissenschaftspolitischen Anstoß zur Ausbildung der modistischen Traktate den Einfluß der ars dictandi sowie das kirchliche Verbot der aristotelischen Physik und Metaphysik, das eine Konzentration auf Logik, Grammatik und Ethik herbeiführte.

136 Vgl. H. ROOS. Lehrbetrieb. 98.

137 Vgl. H. ROOS. Lehrbetrieb. 103. - Vgl. H. ENDERS. 37-56. - Vgl. G. L. BURSILL-HALL. 15-36.

138 NEHRING, Alfons: A Note on Functional Linguistics in the Middle Ages. (= Rez. von H. Roos. Modi significandi). Tr. 9 (1953). 430-434. Hier 434. Diese Bezeichnung bringt auch zur Geltung, daß noch keine Autonomie der Linguistik im modernen Sinn gegeben ist, sondern selbst hier noch der Bezug zur Ontologie gewahrt bleibt. - Vgl. dazu L. M. de RIJK. Semantics and Metaphysics I. 85.

139 J. PINBORG. Sprachtheorie. 56.

140 Vgl. J. PINBORG. Sprachtheorie. 56-59. Die darin implizierte Maßgabe der Metaphysik kommt daher, daß die neu zugelassene Metaphysik des ARISTOTELES kraft der von ihr ausgehenden Faszination auch eine gewisse Kontrolle über die Grammatik gewinnt. Vgl. dazu MARKOWSKI, Mieczysław: Sprache und Logik im Mittelalter. In: Sprache und Erkenntnis im Mittelalter. Akten des VI. internationalen Kongresses für mittelalterliche Philosophie der Société internationale pour l'étude de la philosophie médiévale. 29. August - 3. September 1977 in Bonn. 1. Halbbd. Hg. Wolfgang Kluxen u.a.

Anmerkungen zu Kapitel 3

Berlin-New York 1981. 36-50. Bes. 42-43. = MM 13, 1.

141 Die Suppositionstheorie ist "... eine Theorie der Interpretabilität des Terminus, d.h. eine Theorie über die vielfachen Bedeutungen des Terminus je nach seiner Verwendung in einem Satz ('propositio')." So. L. M. de RIJK. Bedeutungslehre. 3-4. - Vgl. H. ENDERS. 56-102. - Vgl. die oben in Anm. 140 genannte Arbeit von M. MARKOWSKI. 41.

142 Vgl. L. M. de RIJK. Bedeutungslehre. 1-3.

143 Vgl. L. M. de RIJK. Bedeutungslehre. 22. Daß de RIJK diesen Sachverhalt ausgerechnet an Thomas von AQUIN exemplifiziert (vgl. 6-13), verleiht seinem Hinweis im Kontext dieser Arbeit nur noch mehr Gewicht und empfiehlt erneut das nähere Eingehen auf den Bereich der funktionalen Linguistik.

144 Vgl. H. ROOS. Sprachdenken. 203-204. - Vgl. F. MANTHEY. 37-53. Bes. 52. - Vgl. V. WARNACH. Erkennen und Sprechen II. 192-193. - Vgl. J. WEISHEIPL. 284.

145 Mir ist unverständlich, warum H. ROOS. Sprachdenken. 203 in diesem Zusammenhang den Namen "Analogie" vermeidet.

146 Vgl. oben 61.

147 Vgl. M.-D. CHENU. Grammaire. 22-23. 28 mit kritischem Unterton gegen die (vorschnelle) metaphysische Vereinnahmung der Analogiethematik.

148 Vgl. ONG, Walter J.: Wit and Mystery: A Revaluation in Medieval Latin Hymnody. Spec. 22 (1947). 310-341. Vgl. bes. ONGs Analysen 316-320 zu Thomas' Dichtungen.

149 Vgl. H. BRINKMANN. Hermeneutik. 21-25. 45-51. 169-214. 260-268.

150 Alanus von LILLE. PL 210. Sp. 53A.

151 Vgl. F. OHLY. 6-13. Ist in der Bedeutungswelt durch Allegorie **eine** entsprechende Bedeutung determiniert, so wird darauf in der Tropologie und Anagogie der Wortbedeutungsraum errichtet. F. OHLY. 15: "Die Stufen und Dimensionen der mittelalterlichen Bedeutungskunde geben der im Wort Sprache werdenden Welt des Geschaffenen ihre spirituelle Perspektive." - Genau deshalb gehört dieser Bereich in die Theo-Praxis.

152 Vgl. A. M. HAAS. 301. Die obigen Überlegungen treffen sich genau mit HAAS' folgender Bemerkung (32) und erbringen deren logische Rechtfertigung: "Mystische Sprache hat sich gewiß nicht am Rand des theologischen und philosophischen Sprechens lokalisiert, sondern ... mitten drin." Wenn er aber fortfährt (32-33): "Sie schlägt eine Bresche in diese Sprachform, um der Erfahrung Gottes in möglichster Gegenwärtigkeit eine Insistenz zu geben, die diesen Sprachformen sonst nicht eignet", dann verkennt HAAS genau dieses logische Fundament, das in der Analogie besteht; statt der von ihm behaupteten strikten Demarkationslinie zwischen Philosophie/ Theologie und Mystik konstituiert sie vielmehr eine graduelle Differenzierung. Ein möglicher **Ort** spiritueller Erfahrung in und über

Anmerkungen zu Kapitel 3

der Sprache (vgl. 27-32) ist selbst im alltäglichen theologischen oder sogar philosophischen Diskurs immer schon vorbereitet. Eine gewisse Modifikation in die eben angezeigte Richtung vollzieht HAAS in einem späteren Kapitel - interessanterweise im Zusammenhang mit einem Verweis auf L. WITTGENSTEIN. Tractatus. 6.5222. Vgl. A. M. HAAS. 321-323.

153 Vgl. F. MANTEY. 176-180. Daß MANTEY (177) in dieser Rubrik auch Ps.-Dionysios AREOPAGITA aufführt, mag nicht ganz glücklich sein, spiegelt aber einmal mehr die Verflochtenheit der Traditionen. - Die ersten Kontakte zu verschiedenen dieser Autoren kamen dabei schon in Thomas' Studienzeit zustande. Vgl. J. WEISHEIPL. 20-27. - Zum primären Modus der Wirkung ABAELARDs vgl. den in Anm. 125 genannten Artikel von R. PEPPERMÜLLER. 14.

154 Vgl. J. PINBORG. Sprachtheorie. 69 Anm. 19.

155 Vgl. M. GRABMANN. 144.

156 Eine rein deskriptive und vage Einordnung gibt F. MANTHEY. 188-203.

157 J. PINBORG. Logik. 179.

158 Vgl. L. M. de RIJK. Bedeutungslehre. 22.

159 Vgl. L. M. de RIJK. Bedeutungslehre. 6-13. - Vgl. M.-D. CHENU. Grammaire. 23.

160 Vgl. L. M. de RIJK. Neuplatonische Semantik. 33.

161 Vgl. M.-D. CHENU. Grammaire. 26-27. - Sehr schwierig zu bestimmen ist, worin diese "Schwäche" besteht. Hypothetisch sei folgende Erklärung vorgeschlagen: Die "Schwäche" der linguistischen verstandenen Analogie ist primär Resultat eines gewissen Bedürfnisses nach Theorie. Dessen Befriedigung kam die neoplatonische Tradition - besonders Dionysios - entgegen. Im Bereich der Analogiepraxis aber schlägt permanent die linguistische Dimension durch, weil sich die ursprüngliche Zusammengehörigkeit von Sprachreflexion und Sprachpraxis (innerhalb der Theologie) nicht zerschlagen läßt.

162 Wenn es sein mußte, auch um den Preis einer gewaltsamen Umdeutung. Vgl. z.B. De ver q11 a1 ad8.

163 V. WARNACH. Erkennen und Sprechen II. 196. Vgl. zum Ganzen 193-196. WARNACH erwähnt hier jedoch nur den Ausbau der von AUGUSTINUS her aufgegebenen theologischen Analogie(lehre) durch die aristotelische Metaphysik und Psychologie. Vom sprachphilosophischen Untergrund, den Thomas gerade in seiner Operationalität trotz aller Differenzen von AUGUSTINUS her kannte, ist nicht die Rede. - Vgl. die in Anm. 70 genannte Arbeit von L. G. KELLY. Bes. 63.

164 Vgl. M. L. COLISH. 208-209 mit Verweis auf die in Anm. 148 genannte Arbeit von W. J. ONG. - Vgl. zum Ganzen auch G. STORZ. 82.

Anmerkungen zu Kapitel 3

165 Vgl. die diesbezüglichen Analysen im 2. Kapitel dieser Arbeit.

166 M. L. COLISH. 209.

167 Vgl. J. KOCH. 655. - Vgl. U. KREWITT. 486. Zum Ganzen vgl. 486-489. - Schon im Werk etwa Ioannes Scottus ERIUGENAs steht dieser Typ von Theologie in voller Blüte. Vgl. oben 81-82. Ebenso ordnet sich diesem Typ der ganze Bereich der "Zweiten Sprache" (Bedeutungen der res) ein. Vgl. oben 106. - Vgl. H. BRINKMANN. Hermeneutik. 74-153. - Eine detaillierte Beschreibung des Phänomens bei LUBAC, Henri de: Exégèse médiévale. Les quatre sens de l'écriture. Vol 2, 2. Paris 1964. 125-262. = Théologie 59. - Vgl. auch M.-D. CHENU. Théologie. 159-209. Bes. 161-178.

168 RAUH, Horst D.: Das Bild des Antichrist im Mittelalter: Von Tyconius zum Deutschen Symbolismus. Münster 1973. 11. Zum Ganzen vgl. 9-18. = BGPhMA NF 9.

169 Vgl. T. CAMELOT. 614-615.

170 W. SCHACHTEN. 101. Zum Ganzen vgl. 98-102.

171 T. CAMELOT. 615: "... la teologia di tipo patristico o monastico, tutta imbevuta di testi scritturistici e di simboli, cedette il posto, a poco a poco. a una teologia 'scientifica', di tipo concettuale e deduttivo ... Ci fu un progresso effettivo, che si realizzò non soltanto per l'influsso delle contingenze storiche (l'introduzione dell'aristotelismo) ma anche per l'impulso delle esigenze dello spirito umano, che tende a dare alla propria fede un assetto scientifico, in modo da coglierne tutta la intelligibilità." - ALSZEGHI, Zoltan: Die Theologie des Wortes Gottes bei den mittelalterlichen Theologen. Gr. 39 (1958). 685-705. 697: "Das eigentümliche (sic!) der scholastischen Theologie war eben, dass (sic!) sie versucht, Denkformen zu schaffen, die man in ihrem eigenen Sinn auf die Mysterien verwenden konnte ... In dieser Athmosphäre (sic!) genügten die bildlichen Ausdrücke der biblischmystischen Theologie nicht mehr." - J. PIEPER. Hinführung. 49: "Solche Veruneigentlichung der natürlichen Welt mußte eines Augenblicks unerträglich werden; in einer Welt, die einzig von 'Symbolen' bevölkert ist, läßt sich einfach nicht gesund und menschlich leben. Und um 1200 war es soweit, daß die Christenheit, aus einer sozusagen rein vitalen Reaktion heraus, schlichtweg dessen überdrüssig geworden war, die Welt so zu sehen und zu benennen." - J. KOCH. 666: "Fragen wir, was dem Symbolismus den Boden entzogen hat, so kann die Antwort nicht zweifelhaft sein. Es ist das neue Ideal strenger Wissenschaftlichkeit ... Das Unbestimmte, das dem Symbolismus notwendig anhaftet, gerät in Verruf. An seine Stelle tritt die Analogie, mag sie echte Seinsanalogie oder Metapher sein." - R. SCHÖNBERGER redet sehr unbestimmt von einer "Bestimmtheit", um die es dem Aquinaten gegangen sei und ihn den Symbolismus habe auflösen lassen (vgl. 70-71).

172 Über K. RAHNERs "Geist in Welt" und Johann B. METZ' "Christliche Anthropozentrik. Über die Denkform des Thomas von Aquin." München 1962. soll hier nicht weiter gestritten werden. Ich glaube

Anmerkungen zu Kapitel 3

nicht, daß man bei Thomas tatsächlich von "Anthropozentrik" reden kann; andererseits scheint mir der Aquinate partiell Motive für eine solche Interpretation vorzugeben.

173 Erste Hinweise in diese Richtung verdanke ich einem Gespräch mit Prof. Dr. Kurt-Victor SELGE, Berlin. - Die spirituelle und kulturelle Atmosphäre des Symbolismus hat der bekannte italienische Semiotiker Umberto ECO meisterhaft eingefangen in seinem Roman "Il nome della rosa" (Milano 1980). Der Klappentext (3. Umschlagseite) vermerkt eigens den notwendigen Zusammenhang zwischen der Wahl dieses literarischen Genus und dem durch eine Vielzahl von Handlungsfäden vermittelten Thema "Symbolismus": "Se (sc. l'autore) avesse voluto sostenere una tesi, avrebbe scritto un saggio (come tante altri che ha scritto). Se ha scritto un romanzo è perché ha scoperto, in età matura, che di ciò di cui non si può teorizzare, si deve narrare."

174 Vgl. etwa die Zeugnisse, die F. EHRLE über den Kampf zwischen Augustinismus und Aristotelismus gesammelt hat. EHRLE, Franz: Zur Geschichte der Scholastik. John Peckham über den Kampf des Augustinismus und Aristotelismus in der zweiten Hälfte des 13. Jhs. ZkTh 13 (1889). 172-193. Bes. 186.

175 Vgl. J. PIEPER. Hinführung. 49-51. 118.

176 Vgl. J. WEISHEIPL. 27.

177 Vgl. dazu Konkreteres unten im Abschnitt 6.5.6. - Wenn H. H. GLUNZ in seinem oben in Anm. 56 genannten Werk schreibt, Thomas habe der Theorie von der Bibel als göttlicher Dichtung die für das Mittelalter endgültige Formulierung gegeben, und damit die Lehre vom mehrfachen Schriftsinn, speziell "... von der Allegorie, (als) einer Art göttlichen Poetik ..." (182) meint, dann trifft das sachlich zwar weitgehend zu, ist aber nicht sehr glücklich formuliert. Zwar schwingt etwa in Quodlib. VII q6 a3 (16) ein gewisses Vergleichsmoment zwischen Gott und Dichter mit, aber im Vordergrund steht doch viel stärker die Differenz, sofern nach Thomas nur der Hl. Schrift ein mehrfacher Schriftsinn eignet, menschliches (Dichter)Wort dagegen streng genommen nie die Ebene des sensus litteralis verlassen kann. Auch sonst ist Thomas gerade im Zusammenhang mit der Bibel mehr auf Abgrenzung zur Poetik bedacht, so, wenn er ScG IV, 29 (nr. 3946) meint: "Esset praeteres tota evangelica narratio poetica et fabularis, si rerum similitudines apparentes quasi res ipsas narraret."

178 Vgl. R. SCHÖNBERGER. 72-73.

179 Ich stimme deshalb T. CAMELOT nicht zu, wenn er behauptet, im Werk des Thomas sei - wenn auch nur für kurze Zeit - ein Gleichgewicht zwischen Symbolismus und wissenschaftlicher Theologie erreicht. Vgl. T. CAMELOT. 615. - Konkret läßt sich die zunehmende Verschiebung weg vom Symbolismus innerhalb des thomanischen Gesamtwerkes etwa an folgenden Vergleichen ablesen: In ScG, dem ersten großen theologischen Werk schreibt Thomas: "Manifestum est autem ex praedictis quod considerationem circa creaturas habet

Anmerkungen zu Kapitel 3

doctrina Fidei Christianae inquantum in eis resultat quaedam Dei similitudo, et inquantum error in ipsis inducit in divinorum errorem ... Fides ... Christiana eas considerat, non inquantum huiusmodi, utpote ignem inquantum ignis est, sed inquantum divinam altitudinem repraesentat et in ipsum Deum quoquo modo ordinatur" (ScG II, 4 nr. 871). In ST I q1 a1 ad2 dagegen heißt es nur noch: "Unde nihil prohibet de eisdem rebus, de quibus philosophicae disciplinae tractant secundum quod sunt cognoscibilia lumine naturalis rationis, et aliam scientiam tractare secundum quod cognoscuntur lumine divinae revelationis." Die genauere inhaltliche Bestimmung dieser Wissenschaft erfolgt in ST I q1 a6 c - innerhalb des Nachweises, daß die Theologie "sapientia", also höchste Wissenschaft sei: "Sacra autem doctrina proprissime determinat de Deo, secundum quod est altissima causa." An die Stelle der Metaphernsuche und -auslegung ist der (schöpfungs)metaphysische Diskurs getreten. - Dasselbe läßt sich auf formaler Ebene feststellen: In I Sent d2 q1 a3 schreibt Thomas noch über die nomina divina: "ex hoc pendet fere totus intellectus eorum quae in I libro dicuntur." In ST ist diese Dominanz (wenigstens theoretisch) radikal zurückgenommen. Vgl. R. SCHÖNBERGER. 5-6.

180 Vgl. H. ROOS. Modi significandi. 78-82. Vgl. die in Anm. 140 genannte Arbeit von M. MARKOWSKI. 43.

181 Die vier Limitierungen werden in dieser ihrer Funktion allererst auf dem Hintergrund der funktionalen Linguistik darstellbar; das beweist gewissermaßen ex negativo nochmals ihre Matrixrolle für die ganze Thematik.

182 CUNNINGHAM, F()A.: Speculative Grammar in St. Thomas Aquinas. LTP 17 (1961). 76-86. 86: "And yet, to study St. Thomas without studying speculative grammar, it seems to me, is like studying Shakespeare in translation." Angesichts der Konsequenzen der diesbezüglich defizitären Thomasinterpretation hat auch das Pathos dieser Feststellung ein gewisses Recht.

183 M.-D. CHENU. Werk. 176.

184 Ebd.

185 M.-D. CHENU. Werk. 175.

186 Vgl. M.-D. CHENU. Werk. 176-180.

187 M.-D. CHENU. Werk. 188.

188 Vgl. F. MANTHEY. 198.

189 Vgl. Ch. H. LOHR. Abälard. 100. 107.

190 Vgl. auch F. MANTHEY. 198. - Vgl. J. PIEPER. Hinführung. 102-103. - Vgl. M.-D. CHENU. Werk. 188-189. - Damit behält neben der von der Wissenschaftsauffassung auferlegten Zuwendung zur Invarianzseite des Sprachphänomens - dem Sprachbau - bei Thomas also auch der Sprachgebrauch sein Heimatrecht in der Linguistik. - Vgl. H. ROOS. Sprachdenken. 200-201.

191 Vgl. Peter Abailard. Sic et Non. Prolog. 89-104.

Anmerkungen zu Kapitel 3

192 Vgl. L. WEBER. 9-27. Dort Lit. - Zu den "Distinctiones" als eigenem literarischen Genus vgl. M.-D. CHENU. Théologie. 198-199.

193 Vgl. L. WEBER. 28-29.

194 Vgl. z.B. L. WEBER. 31-42.

195 Vgl. L. WEBER. 31.

196 L. WEBER. 29.

197 L. WEBER. 67. - Vgl. dazu in systematischer Hinsicht MURALT, André de: La doctrine médiévale des distinctions et l'intelligibilité de la philosophie moderne. RThPh 112 (1980). 113-132. 217-240.

198 Ebd. - Noch erstaunlicher wirken WEBERs Ansichten, wenn man entdeckt, daß er trotz obigen Befundes einige Bemerkungen in Richtung einer tiefgehenden Relevanz der Distinktion macht, zu denen ihn das Wesen der Distinktion als Mittel differenzierender Nuancierung bei gleichzeitig angestrebter Synthetisierung führt: "Wenn eine philosophische Position grundlegend als diese bestimmt und von anderen unterschieden ist, dann ist, philosophisch gesprochen, das Bemühen der Einordnung aller möglichen Philosophien in die eine umfassende Wahrheit, wodurch das Distinktionsverfahren und die mittelalterliche Philosophie gekennzeichnet ist, möglicherweise auch nur (? - v. mir) eine Gestalt der Philosophie"(67). Dazu kommt, daß WEBER die Rechenschaft schuldig bleibt, ob Thomas wirklich die Distinktion in solcher Absicht verwendet, ob sie als Funktion der Wahrheitsfrage in **diesem** Sinn verstanden werden darf und ob der Aquinate überhaupt den Begriff einer solchen "umfassenden Wahrheit" kennt.

199 L. WEBER. 42. - Möglicherweise müßte bei einer eingehenden Wertung der Ergebnisse WEBERs eine - negativ wirkende - Programmierung der Analyse des Thomas durch das vom Thema des Buches her gegebene Vergleichbedürfnis mit KANT in Rechnung gestellt werden. Vgl. L. WEBER. 186-189.

200 M.-D. CHENU. Werk. 194.

201 M.-D. CHENU. Werk. 195.

202 Ein durch die Erkenntnisse der Analytischen Philosophie erweiterter Blick wird später aus der Perspektive der Sprache die philosophische Relevanz der Distinktion jenseits der Dualität von Partizipation und Identität noch etwas anders - und vielleicht etwas vertiefter - sehen lehren.

203 M.-D. CHENU. Werk. 198.

204 Vgl. M.-D. CHENU. Werk. 199-219.

205 R. BUSA. 186.

206 Ebd.

207 R. BUSA. 187. - Vgl. auch BUSA, Roberto: L'Index Thomisticus e le metodologie delle ricerche tomistiche. In: Tommaso d'Aquino nel suo settimo centenario. Atti del congresso internazionale. Roma-

Anmerkungen zu Kapitel 3

Napoli 17/24 Aprile 1974. Vol 2. Tommaso d'Aquino nella storia del pensiero II. Dal Medioevo ad oggi. Napoli 1976. 432-437. Hier 435.

208 R. BUSA. 187.

209 Ebd. - Die auch diachron konstante Präsenz entsprechender Methoden in den Werken des Thomas betont BRASA DIEZ, Mariano: Tomás de Aquino y el analisis lingüistico. Studium 16 (1976). 463-493. in 487-488 auch ein kurzer Bezug auf die Analogie.

210 Vgl. P. CARDOLETTI. 27.

ANMERKUNGEN ZU KAPITEL 4

1 Vgl. als ersten Überblick dazu MARTINELLI, Lucien: Thomas d'Aquin et l'analyse linguistique. Montreal-Paris 1963. = Conférence Albert-le-grand 1963. Speziell zur Analogie vgl. 59-64.

2 Vgl. etwa GEACH, Peter T.: Logic Matters. Berkeley and Los Angeles 1972. Der Index nennt unter dem Stichwort "Aquinas, St. Thomas" in der Mehrzahl Themen aus dem sprachphilosophischen Bereich. Vgl. 328. - Zur Binnenentwicklung vgl. URBANIC, Jožef: Von der Sprachphilosophie über die Logik zur Ontologie. Das Problem der Referentialität heute. Diss. Roma 1981. - Vgl. auch das in Kap. 1 Anm. 3 genannte Handbuch von J. SIMON.

3 SAVIGNY, Eike v.: Analytische Philosophie. Freiburg-München 1970. 15. - Vgl. dazu G. JÜSSEN. 138-140.

4 Vgl. J. PIEPER. Hinführung. 47.

5 J. PIEPER. Hinführung. 29-30.

6 L. WITTGENSTEIN. BlB. 39. Vgl. 37-39.

7 L. WITTGENSTEIN. PhU. Nr. 129.

8 Denn das Konkrete schöpfen wir nie aus. Vgl. etwa ScG IV, 1, nr. 3340. - Vgl. L. DÜMPELMANN. 20.

9 Vgl. oben Kap. 3. 74-75. - Vgl. J. PIEPER. Hinführung. 80. 96. 101. - Vgl. R. McINERNY. Ratio. 23-24.

10 G. JÜSSEN. 141. Vgl. zum Ganzen 140-141. Ähnlich in: JÜSSEN, Gabriel: Thomistische Metaphysik und Analytische Philosophie. In: Logik, Ethik, Theorie der Geisteswissenschaften. XI. Deutscher Kongress für Philosophie. Göttingen 5.-9.10.1975. Hg. Günther Patzig, Erhard Scheibe, Wolfgang Wieland. Hamburg 1977. 399-404. Bes. 399.

11 G. JÜSSEN. 141.

12 In diesem Rahmen gibt JÜSSEN auch eine erste - wenn auch m.E. viel zu schmale - Bestimmung der Analogie, welche die tiefgreifende Sprachzugewandtheit des Thomas berücksichtigt: "In diesem Sinne kann man die thomistische Theorie der Analogie als eine metasprachliche Theorie bestimmter metaphysischer Aussagen betrachten" (141-142).

13 Vgl. G. JÜSSEN. 143. JÜSSEN bezeichnet dieses Charakteristikum als strukturelles Minimalkriterium für einen genuinen Thomismus. Vgl. 133. - Vgl. auch J. PIEPER. Hinführung. 29: "Thomas weigert sich, etwas auszuwählen; er unternimmt den ungeheuren Versuch, 'alles zu wählen';"

14 G. JÜSSEN. 143.

15 G. JÜSSEN. 146.

16 Solche Dogmatismen sind auf analytischer Seite schon seit Jahren - abgesehen von einigen epigogenhaften Nachzugsgefechten - passé, und zwar so sehr, daß P. F. STRAWSON sein Hauptwerk als "deskriptive Metaphysik" bezeichnen konnte. Vgl. STRAWSON, Peter F.:

Anmerkungen zu Kapitel 4

Individuals. An essay in descriptive metaphysics. Nachdr. der Aufl. 1959. London 1965. - In neothomistischen Kreisen werden entsprechende Widerspruchsthesen im Zusammenhang der Behauptung eines absoluten Primats der Metaphysik immer noch vertreten. In unhinterfragter Selbstverständlichkeit wird Metaphysik als das Fundament aller geistigen Vollzüge proklamiert, ohne zu berücksichtigen, daß auch sie trotz des ihr wesentlichen universalen Ausgriffs nicht das Wissen schlechthin darstellt, sondern sich um ein spezielles philosophisches Wissen - das einer Letzbegründung, Einheit und Ganzheitlichkeit von Wirklichkeit - müht, neben anderen (philosophischen) Wissensformen, denen eine andere Ausrichtung eignet. Im Horizont dieser Verortung verkommen polemisch gemeinte Sätze wie "Il solo studio linguistico non può quindi pretendere di giungere alla conoscenza ultima della realtà" (L. CLAVELL. 72) zur Banalität. - Ähnlich bei H. CHAVANNES. 106. 134-138.

17 Vgl. L. OEING-HANHOFF. Sprache und Metaphysik. 456-457. - Vgl. L. DÜMPELMANN. 121: "... Metaphysik - und das heißt mittelalterlich auch immer Rede von Gott - ..." - Vgl. die oben in Anm. 10 genannte Arbeit G. JÜSSENs. 403. - Vgl. am Rande GUZMANN, Lorenzo de: Análisis linguístico del ser y metafísica. In: Tommaso d'Aquino nel suo settimo centenario. Atti del congresso internazionale. Roma-Napoli 17/24 Aprile 1974. Vol 6. L'essere. Napoli 1977. 618-623.

18 H. WEIDEMANN. 172. Vgl. auch 13. - Dieses Buch erinnert mit der so angegebenen Methode wie auch in der Terminologie an L. B. PUNTELs Thomasinterpretation (vgl. oben Abschnitt 2.2) mit ihren Kriterien und ihrer Sprache HEIDEGGERscher Provenienz; es unterliegt mithin - trotz Einbezug der Analytischen Philosophie - denselben Bedingungen und Gefahren wie PUNTEL.

19 H. WEIDEMANN. 176. Im zweiten Teil seiner Arbeit wird auch die abstrahierende Tätigkeit des Verstandes als sprachlicher Vorgang interpretiert.

20 H. WEIDEMANN. 16 - in terminologischer Anlehnung an G. JANOSKA.

21 L. OEING-HANHOFF. Sprache und Metaphysik. 467.

22 OEING-HANHOFF, Ludger: Teilart. Abstraktion III. In: HWP. Bd. 1. Darmstadt-Basel 1971. Sp. 47-59. Hier 53. - Vgl. auch L. OEING-HANHOFF. Sein und Sprache. 172-173. - Vgl. G. STORZ. 24.

23 Vgl. L. OEING-HANHOFF. Wesen und Formen. 23 und Anm. 66. - Auch L. OEING-HANHOFF. Sein und Sprache. 175-176. - Zur "De magistro"-Quaestio vgl. oben Kap. 3 Anm. 92.

24 Das nicht-authentische, aber Thomas sehr nahestehende Opusculum "De intellectu et intelligibili" formuliert, was bei Thomas gegeben ist, expressis verbis so: "intellectus semper habet apud se verbum secundum interiorem intelligentiam, quae est ipsius animae secundum se, prout est quid subsistens. Sed homo non percipit quod intellectus habeat semper apud se verbum illud informe" (zitiert nach L. OEING-HANHOFF. Wesen und Formen. 23 Anm. 64).

25 L. OEING-HANHOFF. Sein und Sprache. 176.

Anmerkungen zu Kapitel 4

26 Bei OEING-HANHOFFs Interpretation geschieht zweifellos auch ein Weiterdenken des Thomas, das aber - im Gegensatz zu H. WEIDEMANN - die originäre Sachebene des Thomas nicht verläßt.
27 Vgl. L. M. de RIJK. Bedeutungslehre. 21. Vgl. zum Ganzen 6-13.
28 W. KLUXEN. Teilart. Analogie. Sp. 223.
29 Ebd.
30 Dagegen ist ausschließlich ein möglicher fruchtbarer Einfluß der thomistischen Metaphysik auf die Sprachphilosophie denkbar für MARIMON BATILLA, Ricardo: Lenguaje y metafísica en Santo Tomás de Aquino. Dos analogías, ontológica y teológico-metafísica. S.TH., I.a, Q.13. EstFil 28 (1979). 315-328. - Dasselbe - nur verbunden mit einer diskussionsunwürdigen Verzerrung der Analytischen Philosophie und einer maßlosen (Selbst)Überschätzung der sogenannten philosophia perennis - bei URDANOZ, Teófilo: La filosofia analitica y ser terapia mediante la filosofia cristiana y tomista. Sap. 34 (1979). 207-230.
31 Über mögliche direkte Einflüsse Thomas' auf WITTGENSTEIN läßt sich bisher - soweit ich sehe - nichts ausmachen. Verbürgt ist allerdings durch WITTGENSTEINs Schüler Rush RHEES, daß WITTGENSTEIN sich mit den Schriften von KIERKEGAARD, LESSING, LUTHER, Thomas von AQUIN, PASCAL und Karl BARTH auseinandergesetzt hat. Vgl. dazu BAUM, Wilhelm: Wittgenstein: Das Christentum als einzig sicherer Weg zum Glück. Neue Quellen zur negativen Theologie im "Tractatus". ZkTh 105 (1982). 191-195. Hier 192.
32 Näheres vgl. dazu unten Kap. 7. 262 in der Auseinandersetzung mit dem Werk I. D'HERTs. Abgesehen davon, daß D'HERT sich besonders auf den Vergleich mit WITTGENSTEINs Tractatus konzentriert, leidet seine Arbeit darunter, daß er die Analogiepraxis überhaupt nicht miteinbezieht und deshalb die entscheidenden Berührungspunkte zwischen Thomas und den "Philosophische(n) Untersuchungen" nicht in den Blick bekommt (trotz der kurzen Bemerkungen etwa 38. 130). Gerade dieses Werk aber lenkt erst den Blick auf die Isomorphien, so daß vom Befund der funktionalen Linguistik bei Thomas her der Bezugnahme auf den späten WITTGENSTEIN der Vorzug zu geben ist. - Übrigens will eine solche Hervorhebung WITTGENSTEINs nicht besagen, daß bei anderen Analytikern für ein erweitertes Thomasverständnis nichts zu lernen wäre. Vgl. etwa F. INCIARTE. 259-262, der sich auf G. FREGE bezieht.
33 Vgl. A. KENNY. 218-219. - Anders dagegen CHARLESWORTH, Maxwell J.: Philosophy and Linguistic Analysis. Louvain 1959. 207-220. = DSt.Ph 9. Er ortet die Differenz zwischen Scholastik und Analytischer Philosophie darin, daß bei ersterer das Brückenproblem ipso facto gelöst, bei letzterer überhaupt nicht gestellt wird: "... the essential difference is that, for the Scholastic, this investigation is into the necessary conditions of the meaningful use of language, and so has ipso facto an extra-linguistic reference; whereas for Wittgenstein and the analysts, philosophical analysis is, so it

Anmerkungen zu Kapitel 4

seems, concerned rather with the grammatical structure of language, that is to say, the more or less arbitrary or conventional conditions governing the use of particular languages" (220). Diese Sicht scheint mir im Hinblick auf den Ultrarealismus des frühen WITTGENSTEIN ebensowenig haltbar wie auf die Konzeption des späten. - Dasselbe gilt für die Behauptung, gerade der frühe WITTGENSTEIN sei ein Nominalist, welche zu finden ist bei ROTELLA, Oscar S.: Santo Tomás y Wittgenstein. In: Tommaso d'Aquino nel suo settimo centenario. Atti del congresso internazionale Roma-Napoli 17/24 Aprile 1974. Vol 6. L'essere. Napoli 1977. 665-676.

34   A. KENNY. 219.

35   Vgl. zum Ganzen A. KENNY. 219.

36   Das Verhältnis Thomas - WITTGENSTEIN hinsichtlich der Analogie beschreibt aus anderer Perspektive, jedoch mit demselben Resultat BRUENING, William T.: Aquinas and Wittgenstein on God-talk. Sophia 16 (1977). No. 3. 1-7. Thomas' Analogielehre faßt er so: "Aquinas has an inkling that there is something extremely peculiar about God-talk - so peculiar that what he thinks he can say about God becomes so lacking in content that it says nothing, although it **may show** very much" (7). Den Sachverhalt als **solchen** gesehen zu haben, ist nach BRUENING WITTGENSTEINs Plus gegenüber dem Aquinaten: "God-talk ... is important nonsense ... The nonsense that Wittgenstein sees in God-talk does not rule out the possibility of belief in God, but it does rule out any non-metaphorical way of talking about God. But Wittgensteins' position allows that what the doctrine of analogy wants to say can be **shown**. The doctrine of analogy is important nonsense. The difficulty with it is that many philosophers including St. Thomas I think (darin steckt die Parallele zu dem von A. KENNY geäußerten Verdacht der Übertheoretisierung), understand the doctrine of analogy to be **saying** something" (ebd.). Daß sich die Parallelität im Blick auf den jeweiligen "theoretischen" Status der Analogiekonzeption wiederum modifiziert und ihrerseits zu neuen interessanten Fragestellungen weitertreibt, sei vorerst nur angemerkt. Näheres vgl. unten Abschnitt 7.2.

37   Vgl. oben Kap. 2. 26.

38   Vgl. B. MONDIN. Linguaggio teologico. 181-216.

39   Vgl. B. MONDIN. Linguaggio teologico. 181 mit mehrfachem Bezug auf Thomas selbst in Anm. 65.

40   B. MONDIN. Linguaggio teologico. 183.

41   Vgl. L. WITTGENSTEIN. PhU. Nr. 43.

42   B. MONDIN. Linguaggio teologico. 184.

43   B. MONDIN. Linguaggio teologico. 185.

44   Vgl. B. MONDIN. Linguaggio teologico. 186-187. - MONDINs Rückfall verrät den dahinterstehenden Dogmatismus um so mehr, als er nachweislich die Anwendung der Sprachanalyse auf die religiöse

Anmerkungen zu Kapitel 4

bzw. theologische Sprache von ihren Anfängen her kennt. Vgl. MONDIN, Battista: The Principle of Analogy in Protestant and Catholic Theology. The Hague 1963. 177-183.

45 Vgl. J. F. ROSS. 95.
46 J. F. ROSS. 95.
47 J. F. ROSS. 96.
48 Ebd.
49 Vgl. J. F. ROSS. 104-131.
50 J. F. ROSS. 130-131.
51 J. F. ROSS. 131.
52 Ebd.
53 Ebd.
54 J. F. ROSS. 132.
55 In diese Richtung erweitert ROSS seine Analyse in ROSS, James F.: A New Theory of Analogy. In: Philosophy and Christian Theology. Ed. Georg F. McLean and Jude P. Dougherty. Washington 1970. 70-85. = ACPA 44.
56 J. F. ROSS. 138.
57 In einer früheren Arbeit verweist er diesbezüglich kritisch auf den eben behandelten J. F. ROSS. Vgl. D. B. BURRELL. Beyond. 114-115.
58 D. B. BURRELL. Analogy. 19-20.
59 D. B. BURRELL. Analogy. 121-122.
60 D. B. BURRELL. Analogy. 124. Das stellt nochmals in einer Rezension zu BURRELL besonders deutlich heraus WICKER, Brian: The Use of Analogy. Bl. 55 (1974). 231-233. Bes. 231: "Aquinas ..., despite occasional gestures in that direction, is mainly concerned to avoid systematization ... for Aquinas is no such thing as a 'theory of analogy', only a need to examine and where necessary try to purify the way we actually use words analogically."
61 D. B. BURRELL. Analogy. 140. Ähnlich auch schon in **ders.** Beyond. Bes. 120-121.
62 D. B. BURRELL. Analogy. 141. Gerade wegen seiner zentralen Bedeutung stellt der "perfectio"-Begriff einen geradezu magischen Fixpunkt für die traditionelle Analogieinterpretation dar. Noch mehr als bei D. B. BURRELL ist das der Fall bei SHERRY, Patrick: Analogy Today. Phil. 51 (1976). 431-446. Unter strikter Bindung an die Metaphysik lehnt der Autor die linguistische Interpretation der Analogie bei Thomas ab. Von daher kommt es dann zu Aussagen wie etwa folgender: "The use of the **via eminentiae** presupposes that we know that God exists and that He has certain attributes" (435-436). Dahinter steht ein Verständnis der "perfectio" als ausschließlich metaphysischer Kategorie. - Vor der Behauptung:

Anmerkungen zu Kapitel 4

"Yet no one has made a thorough comparision between modern linguistic philosophy and the Thomistic doctrine of analogy" (431) hätte den Autor (1976) bessere Literaturkenntnis (A. KENNY, 1959; J.F. ROSS, 1969) bewahrt. - Ebenfalls in leitender Funktion tritt die "perfectio" auf bei McINERNY, Ralph: Can God be Named by Us? Prolegomena to Thomistic Philosophy of Religion. Rmet 32 (1978). 53-73.

63 Vgl. D. B. BURRELL. Analogy. 141-142.

64 Vgl. D. B. BURRELL. Analogy. 144-147.

65 D. B. BURRELL. Analogy. 168.

66 D. B. BURRELL. Analogy. 169.

67 Vgl. D. B. BURRELL. Analogy. 170. Erste Andeutungen in diese Richtung 197. - Vgl. auch die ausführliche Rezension - unter anderem zu D. B. BURRELL. Analogy. - von SHERRY, Patrick J.: Analogy Reviewed. Phil. 51 (1976). 337-345. Hier 341-345. - Bei dem zweiten von SHERRY besprochenen Werk handelt es sich um PALMER, Humphrey: Analogy. A study of qualification and argument in theology. London-Basingstoke 1973. = NSPR. Die Arbeit ist hier nicht von Belang, weil sie Thomas nur kurz (103-106) streift.

68 Vgl. D. B. BURRELL. Aquinas. xi.

69 Vgl. D. B. BURRELL. Aquinas. 3-11.

70 D. B. BURRELL. Aquinas. 1.

71 Vgl. D. B. BURRELL. Aquinas. 4. 5. 8. 16-17. Was diese Interpretation favorisiert, ist die Tatsache, daß die hier zur Debatte stehenden Eigenschaften Gottes (perfectio, bonitas, infinitas, existentia in rebus, immutabilitas, aeternitas, unitas) weder von einem Gläubigen Gott spontan verliehen werden (mit einer gewissen Ausnahme der "bonitas" vielleicht - Anm. v. mir) noch von der ersten Eigenschaft, der "simplicitas", reduziert werden. Vgl. 17.

72 D. B. BURRELL. Aquinas. 17.

73 Ebd.

74 Vgl. D. B. BURRELL. Aquinas. 55-58. Wie weit diese Rechte gehen, erhellt aus folgender Bemerkung BURRELLs: "My contention that Aquinas had no theory of analogy parallels, of course, my insistence that he did not provide us with a doctrine of God" (56).

75 Vgl. D. B. BURRELL. Aquinas. 60. 63-65.

76 R. INNIS. 590: "As it stands in the book, his analysis of religious language and of the existential and cultural matrix in which such language has to be embedded is radically incomplete. In spite of his claim, his own linguistic reading of Aquinas, and of the viability of Aquinas's project, does not develop in any detail the enormously complex webs of significance which are spun by our linguistic and existential actions."

77 Vgl. D. B. BURRELL. Aquinas. 56. 124 und öfter.

Anmerkungen zu Kapitel 4

78 Vgl. z.B. die Einleitung zum Analogiekapitel in D. B. BURRELL. Aquinas. 55.

79 Auch in diesem Eindruck sehe ich mich von der gründlichen Rezension R. INNIS' bestätigt: "Many readers will find it inadequate as a commentary and insufficiently worked out as an independent effort. While I think these objections are justified, I for one, nevertheless, find the book for the most part substantively convincing" (596). - Zur Kritik an BURRELL vgl. auch M. JORDAN. 401 Anm. 1.

80 P. RICOEUR. De l'interpretation. 335.

ANMERKUNGEN ZU KAPITEL 5

1 L. WITTGENSTEIN. PhU. Nr. 89.

2 HUMBOLDT, Wilhelm v.: Über die Verschiedenheit des menschlichen Sprachbaues und ihren Einfluß auf die geistige Entwicklung des Menschengeschlechts. In: Schriften zur Sprachphilosophie. Hg. Andreas Flitner und Klaus Giel. Stuttgart 1963. 368-756. Hier 423. = Werke in fünf Bänden, Bd. 3.

3 ST I prol.: "... propositum nostrae intentionis in hoc opere est, ea quae ad Christianam religionem pertinent, eo modo trahere, secundum quod congruit ad eruditionem incipientium."

4 Gerade auch hinsichtlich der Analogiethematik darf ST wohl im Vergleich mit anderen Werken als der ausgereifteste Text gelten. Vgl. L. DEWAN. 19.

5 L. WITTGENSTEIN. PhU. Nr. 66.

6 KOPACZYNSKI, Germain: Linguistic Ramifications of the Essence-Existence Debate. Washington 1979. 73-86.

7 Bestenfalls kam es nur zur Bemerkung, daß ein solches Unternehmen nötig sei. Vgl. z.B. L. DÜMPELMANN. 76 Anm 51.

8 Vgl. oben die Abschnitte 3.9 und 4.5.

9 Vgl. O. H. PESCH. 606-628. Es handelt sich dabei um einen Exkurs mit dem Titel "Der 'Aristotelismus' des heiligen Thomas und das Problem der theologischen Analogie." Interessant ist bei PESCH vor allem die Statusbestimmung der Analogie als solcher und die aus ihr resultierende Betonung ihrer Relativität: "Die Frage nach dem Sinn einer theologischen Analogie ist die Frage nach einem bestimmten theologischen Anliegen - und eben damit zugleich die Frage nach der Grenze dieser Analogie. Theologische Analogien absolut setzen heißt ihren Sinn verkehren ... Theologische Anliegen sind relativ. Sie haben ihre Wichtigkeit, und diese hat ihre Grenze. Manchmal haben sie sogar ihre Zeit, die ablaufen kann. Das aber bedeutet: An ihnen entscheidet sich keine Wahrheitsfrage, sondern nur eine Art 'Vorliebe' - sofern die Vorliebe keine Grundgegebenheiten, die nicht mehr auf der Ebene des 'Anliegens' statthaben, verstellt" (627).

10 M. L. COLISH. 209.

11 Vgl. M. L. COLISH. 209-222.

12 P. A. SEQUERI. 341: "L'interesse teologico per la teoria dell'analogia è essenzialmente legato alla problematica delle condizioni epistemologiche del discorso umano su Dio: sia in ordine alla fondazione della sua possibilità, sia in vista della determinazione del suo statuto cognitivo.
Il luogo storicamente decisivo della istituzione di una esplicita e formale connessione tra i due temi, all'interno della tradizione teologica, è notoriamente il pensiero di S. Tommaso ... In verità, il nucleo fondamentale dell'interesse di S. Tommaso non è l'elaborazione di una teoria logico-metafisica dell'analogia, ma piuttosto la giustificazione riflessa dell'uso teologico del linguaggio umano."

Anmerkungen zu Kapitel 5

13   Vgl. R. SCHÖNBERGER. 4-5. 110.
14   Darin gleicht SCHÖBERGERs Arbeit der in Kap. 2 kurz gestreiften Arbeit J. HABBELs. Vgl. bes. Kap. 2 Anm. 9.
15   R. SCHÖNBERGER. 129. Vgl. auch die fahrlässig hinskizzierte Behauptung 131-132: "Die Analogie der Namen Gottes ist kein Anwendungsfall einer allgemeinen Analogielehre. Thomas gebraucht daher zur Verdeutlichung keine weltimmanenten Beispiele mehr, weil solche das Eigentümliche dieser Analogie nicht mehr plausibel machen könnten ..."
16   Vgl. bes. M. L. COLISH. 208. - Vgl. P. A. SEQUERI. 341. 346. - Vgl. dazu generell W. KLUXEN. Ethik. XXVI-XXVII. 1-21.
17   Vgl. etwa die Arbeit F. INCIARTEs (1981!), der trotz oder gerade im Horizont der programmatischen Erklärung "Die Theologie steht im Werke des Thomas v. Aquin von Anfang an im Zeichen der Sprache" (256) und ihrer Applikation z.B. auf die quinque viae (vgl. 256-257) sowie der Bezeichnung der ST I q13 als "sprachphilosophische" (261) den Ausdruck "Analogie" systematisch vermeidet. - Vgl. ebenso das vielgelobte Sammelwerk: Thomas von Aquin. 2. Bd. Philosophische Fragen. Hg. Klaus Bernath. Darmstadt 1981. = WdF 538. Der dort zum Thema der Analogie aufgenommene Beitrag wird in seiner ganz HEIDEGGER verpflichteten Behandlung des Themas der Theologizität wie der Sprachlichkeit von Analogie mit keinem Wort gerecht. Es handelt sich um LEIST, Fritz: Analogia entis. 75-90. Nachdruck aus StudGen 1955. 671-678. Besondere Vorzüge kann ich an dieser Arbeit nicht sehen. - Gelegentlich suchen sich Autoren auch durch ihr Vokabular einen analytischen Anstrich zu geben, ohne jedoch die traditionellen Grundpositionen aufzugeben, so etwa BRASA DIEZ, Mariano: El lenguaje sobre Dios en Tomás de Aquino. Studium 21 (1981). 487-502, wenn er etwa schwärmt, daß "Santo Tomás ha provocado una de las más genuinas terapéuticas (! - v. mir) humanas para hablar de Dios" (501), gleichzeitig aber der alten Schlüsseltextmethode verhaftet bleibt.
18   Vgl. K. RIESENHUBER. 969-971. Der Autor ortet diesen Sachverhalt primär in der Frage des Verhältnisses von Aristotelismus und Platonismus (vgl. 970), charakterisiert aber den Inhalt der q13 als "... Thomas' abschließende und zugleich grundlegende Überlegung zur metaphysischen Tiefenstruktur menschlicher Gotteserkenntnis ..." (971).
19   RAHNER, Karl: Über die Unbegreiflichkeit Gottes bei Thomas von Aquin. In: Thomas von Aquin 1274/1974. Hg. Ludger Oeing-Hanhoff. München 1974. 33-45. Hier 44.
20   Gelegentlich begegnet diese Qualifikation ohne weitere Vertiefung. Vgl. F. INCIARTE. 261.
21   Vgl. J. JOLIVET. 148.
22   Vgl. oben Kap. 3. 65 mit Anm. 141.
23   Vgl. M. L. de RIJK. Bedeutungslehre. 21.

Anmerkungen zu Kapitel 5

24 In Reinform findet sich die Identitätstheorie etwa in ST q85 a5 ad3 ("compositio autem intellectus est signum identitatis eorum quae componuntur"), die Inhärenztheorie in I Periherm 1.V, nr. 59(8) ("Ubi notandum est quod quia subiectum enunciationis significatur ut cui inhaeret aliquid, cum verbum significet actionem per modum actionis, de cuius ratione est ut inhaereat ..."). - Zu Inhärenz und Identität vgl. H. ENDERS. 103-107.

25 L. M. de RIJK. Bedeutungslehre. 18 führt es darauf zurück, daß Thomas trotz der Bevorzugung der Seinsintelligibilität die aristotelische Wesensintelligibilität nie gänzlich aus seinem Denken getilgt hat. - Mir scheint gleicherweise bzw. noch eher die prinzipielle Inkonsistenz der mittelalterlichen Linguistik dafür verantwortlich zu sein, die sich unter den konkreten Bedingungen des Aquinaten nur noch verstärken konnte.

26 Vgl. J. JOLIVET. 148.

27 Vgl. dazu oben Kap. 3. 65.

28 J. JOLIVET. 149.

29 BOETHIUS. De divisione. PL 64. 888D-889A.

30 BOETHIUS. Comm. in Arist. Periherm 57, 6-10.

31 Vgl. zur Entwicklung der modus-significandi-Theorie J. PINBORG. Sprachtheorie. 30-45.

32 Vgl. G. L. BURSILL-HALL. 56-57.

33 G. L. BURSILL-HALL. 56.

34 G. L. BURSILL-HALL. 98-99. Vgl. zum Ganzen 98-113.

35 H. ENDERS. 55. - Vgl. H. BRINKMANN. Zeichenhaftigkeit. 4-6.

36 Vgl. M. JORDAN. 401-413.

37 BOETHIUS. De divisione. PL 64. 888D-889A. PINBORGs Kennzeichnung der Bedeutung von "modus significandi" an dieser BOETHIUSstelle (30: "Einmal bedeutet er die verschiedenen Weisen, auf die wir das Unendliche bezeichnen [es gehört also in die Diskussion über die äquivoken Begriffe].") stellt einen großen Fehlgriff dar: denn erstens handelt es sich bei "modus" hier um ein Instrument der Bedeutungsdifferenzierung, das gerade nichts mit den äquivoken Ausdrücken zu tun hat ("alio modo"!) und zweitens ist "infinitum" nur als Beispielwort eingeführt, so daß der Text in keiner Weise von der Bezeichnung des Unendlichen spricht. - Auch PINBORGs Äußerungen über den Zusammenhang von "modus significandi" und "Analogie" (vgl. 39) sowie die Verwendung des ersteren bei Thomas (vgl. 39 Anm. 68) sind entstellend oberflächlich und verkürzt.

38 L. DEWAN. 31.

39 Schon F. MANTHEY hatte das ein Stück weit richtig gesehen, jedoch nicht weiter ins Spiel gebracht. Vgl. 78-84. - Vgl. dagegen R. SCHÖNBERGERs diffuse Bestimmung (77) des "modus significandi" als "der endlichen Form einer Vorstellung der mit dem Namen ge-

Anmerkungen zu Kapitel 5

meinten Vollkommenheit." Zum Ganzen vgl. 77-81. - Genauso unzutreffend PÖLTNER, Günther: Die Repräsentation als Grundlage analogen Sprechens von Gott im Denken des Thomas von Aquin. SJP 21-22 (1976/77). 23-43. 26 bestimmt PÖLTNER den "modus significandi" als Weise der Offenheit einer Sache und 33 als die Differenz der transzendentalen Seinsbestimmungen.

40 BOETHII DACI Modi significandi. q14, 60-68. - Bemerkenswert an dieser Reihe ist, daß ihr auch der Ausdruck "heu" zugerechnet wird. Vgl. dazu L. WITTGENSTEIN. PhU. Nr. 244. 317.

41 Zu den Indikatoren vgl. unten Abschnitt 6.5.3.

42 J. PINBORG. Sprachtheorie. 39.

43 R. SCHÖNBERGER thematisiert diese Aporie sehr umständlich so: "Es ergibt sich ... für die Theologie nun doch eine gewisse Distanzierung von Erkenntnis und Sprache: Einerseits kann man das Daß der Eminenz wissen, andererseits läßt sich diese Seinsweise nicht mehr ausdrücken; einerseits ist die Prädikation einer Vollkommenheit wahr, andererseits vermag die Erkenntnis eines Namens nicht total auszuschöpfen (sic!)." R. SCHÖNBERGER. 91 mit Bezug auf H. LYTTKENS. Analogy. 379. Mit E. SCHILLEBEECKX beruht für SCHÖNBERGER deshalb die eigentliche Leistung der "nomina divina" in einem "Verweisen". Vgl. R. SCHÖNBERGER. 92. 148. - Vgl. SCHILLEBEECKX, Edward: Das nicht-begriffliche Erkenntnismoment in unserer Gotteserkenntnis nach Thomas von Aquin. In: Offenbarung und Theologie. Mainz 1965. 225-260. Hier 232-239. = Ges. Schriften 1. - D. B. BURRELL. Aquinas. 10 identifiziert diesen Verweisungscharakter ausdrücklich als Resultat der "res-modus"-Unterscheidung: "Aquinas does not recall an accepted distinction to resolve in short order the problem arising from religious discourse. Rather he invokes that distinction simply to remind us that we 'have to consider two things' whenever we employ a perfection-expression: the immediate context in which it applies, and the intention or scope latent within the term (which empowers the expression to do the job it does in that context). We discover this latent power not directly but indirectly, by attending to the other ways in which we press the same expression into service." Vgl. zum Ganzen 8-10.

44 Die Anspielungen auf L. WITTGENSTEINs Tractatus logico-philosophicus (bes. Nr. 6.522 und Nr. 7) sowie deren Bezug auf die Transzendentalität bestimmter Verhältnisse der Sprache orientieren sich an einer Einführung meines Lehrers Prof. Carlo HUBER in WITTGENSTEIN. Vgl. C. HUBER. L'analisi linguistica. 4-16. Bes. 5-6.

45 Vgl. dazu oben Kap. 3. 65. - Vgl. M. L. de RIJK. Bedeutungslehre. 1-3. 21.

46 J. JOLIVET. 148 formuliert es so: "... que le réseau conceptuel qui organise tout ce texte est celui-là-même qu'exploitaient, à la même epoque, les théoriciens de la grammaire spéculative quand ils raisonnaient sur les relations entre les modes d'être, de

Anmerkungen zu Kapitel 5

penser, de signifier ..." Und abschließend zu Thomas 150: "C'est tout cela que Thomas d'Aquin exprime par cette conception de l'analogie, qui en somme transpose dans la spéculation théologique la théorie grammaticale des modi significandi."

47 Ausführlich expliziert Thomas den Sinn von "proportio" bereits in In IV Sent d49 q2 a1 ad6 (wiederum in Form sprachlicher Analyse): "... vel dicendum quod proportio secundum primam nominis institutionem significat habitudinem quantitatis ad quantitatem secundum aliquem determinatum excessum vel adaequationem: sed ulterius est translatum ad significandum omnem habitudinem cuiuscumque ad aliquid; ..." – Zum "multorum ad unum" vgl. In Boeth. de trin Prooe. q1 a2 ad3; zum "unius ad alterum" ST I q12 a1 ad4. – Vgl. auch BLANCHE, F()A.: Sur le sens de quelques locutions concernant l'analogie dans la langue de S. Thomas d'Aquin. RSPhTh 10 (1921). 52–59.

48 Vgl. ARISTOTELES. Metaphysik IV, 2. 1003a 33–1003b 4: "... alles, was gesund genannt wird, (wird) auf Gesundheit hin ausgesagt ..., indem es dieselbe nämlich erhält oder hervorbringt, oder ein Zeichen derselben, oder sie aufzunehmen fähig ist ..." Die größte Vielfalt kennt ARISTOTELES dabei beim "ón" (vgl. 1003b 5–10).

49 Vgl. dazu die in Kap. 2 Anm. 60 genannte Arbeit von R. J. KEARNEY. Der Autor spricht von einem "Principle of Maximum Univocity" (139) als einer der impliziten Prämissen von Analogie. "Except to the extent that the contrary is stated or otherwise evident, a word is always to be understood as having its full primary meaning" (ebd.).

50 Übrigens ein Beispiel, das nach H. BRINKMANN. Zeichenhaftigkeit. 4 durch die ganze grammatische Tradition hindurchgeht.

51 Vgl. L. SCHÜTZ. 583–587. – Index Thomisticus. Sect. II. Vol 16. 951–1017.

52 Daher kann es durchaus endliche Verwirklichungen der "perfectio" geben – aber in diesem Fall entspringt der Index der Endlichkeit nicht ihr selbst, sondern dem je anderen (vgl. etwa die Verhältnisse von esse-essentia oder forma-materia).

53 Übrigens besitzt der Ausdruck "perfectio" selbst diese unbegrenzte linguistische Graduierbarkeit.

54 Vgl. oben Kap. 3.

55 Vgl. oben 104–106.

56 Vgl. oben 97–101.

57 Wichtige Einzelzüge werden in der Zusammenfassung in Abschnitt 5.3 aufgeführt.

58 Insofern hat L. DEWAN. 31 nicht ganz recht, wenn er behauptet, Thomas verwende in q13 a1 ad2 und ad3 nicht den Ausdruck "modus significandi"; gerade das "hoc modo significant" ist damit nahezu identisch.

Anmerkungen zu Kapitel 5

59 "Anthropologisch" nicht in dem Sinn, als entfaltete Thomas hier Elemente einer eigenständigen Anthropologie. Diese Qualifizierung scheint mir vielmehr deshalb gerechtfertigt, weil sich der Aquinate ja in I q12 und q13 im besonderen den durch das Subjekt eingetragenen Bedingungen für Gotteserkenntnis und Rede von Gott zuwendet (vgl. oben 93 und Anm. 19). Gerade rücksichtlich des Sprachproblems legt es sich nahe, Thomas eine – wenn auch rudimentäre – Auffassung zu unterstellen, die sich mit der Thomasinterpretation K. RAHNERs in "Geist und Welt" wenigstens partiell berührt.

60 Vgl. oben 109-112.

61 Daß die Beschaffenheit des Redezusammenhanges nicht eine beliebige sein kann, sondern selbst wiederum relativ exakt bestimmbar ist, erhellt schon aus der Tatsache, daß es sich bei allen diesen Konkretionen um einen religiösen Diskurs im weiteren Sinn handelt.

62 Anläßlich a2 sei auch auf einen Term verwiesen, der nicht unmittelbar Gegenstand der hier durchzuführenden Analysen ist, aber möglicherweise auch am Leitfaden von "Sprache" ausgelegt werden muß: "repraesentare" (Vgl. auch a2 ad3; a4 c). Ob die Repräsentation Gottes durch die Geschöpfe tatsächlich als Selbstaussage Gottes aufgefaßt werden kann, läßt sich auf der Basis der wenigen Anspielungen hier nicht entscheiden – und wenn es zutreffen sollte, gehörte die nähere Explikation in den Zusammenhang eines spezifisch theologischen Diskurses. Einige grundsätzliche Anmerkungen dazu vgl. unten Kap. 8.

63 Vgl. oben 98-101.

64 Vgl. oben 94-95.

65 Zum Problem der Referenzialität vgl. die in Kap. 4 Anm. 2 genannte Arbeit von J. URBANIC.

66 Vgl. oben Kap. 3 Anm. 141.

67 Vgl. Mittellateinisches Wörterbuch bis zum ausgehenden 13. Jahrhundert. Bd. 1. München 1967. Sp. 780. – Vgl. auch die ausführliche Erklärung des "nomen appellativum" in S. ANSELMI De grammatico, c.XII. In: Opera omnia. Vol 1. 141-168. Hier 156-157.

68 Daß es sich bei solchen Fragen wie der von a9 ad2 nicht um fruchtlose Spitzfindigkeiten handelt, zeigt etwa ihre Präsenz in der brisanten Problematik, die behandelt wird bei LASH, Nicholas: "Sohn Gottes": Reflexionen über eine Metapher. Conc(D) 18 (1982). 161-165. LASH lehnt sich dabei 163-164 unmittelbar an Thomas' Fragestellung von a9 ad2 an, ohne jedoch seinen Gewährsmann zu nennen.

69 Vgl. oben 95.

70 Vgl. dazu LISKE, Michael-Thomas: Die Perspektive des Sprechers und ihre logische Bedeutung. Ein Deutungsversuch zu Thomas von Aquin, S.th I, q.13, a.10. ThPh 56 (1981). 111-118.

Anmerkungen zu Kapitel 5

71 M. L. COLISH. 218 mit Verweis auf ST I q13 a10: "Analogies are never intended by Thomas to bring any one to a knowlegde that he does not already have."

72 L. M. de RIJK. Bedeutungslehre. 12.

73 Vgl. J. PINBORG. Sprachtheorie. 30-34. 38-39.

74 Vgl. oben Kap. 3.

75 Die Rede von der Umkehrung des Prädikationsverlaufs bei Übertragungen fungiert hier genauso wie in bestimmten theoretischen Äußerungen des Aquinaten selbst als Signal für bestimmte linguistische Qualitäten. Vgl. oben 108-113.

76 Diese Klassifizierung - Element einer möglichen typologischen Lektüre der Philosophiegeschichte - habe ich mehrfach in Vorlesungen bei Prof. C. HUBER kennengelernt. Ihre hier unternommene Applikation stellt zugleich einen Fall möglicher Verifikation dar.

77 Zum Tetragramm bei Thomas vgl. MAURER, Armand: St. Thomas on the Sacred Name "Tetragrammaton". MS 34 (1972). 275-286. - Vgl. HERRERA, Robert A.: Saint Thomas and Maimonides in the Tetragrammaton: The "Exodus" of Philosophy? MSM 59 (1982). 179-193.

78 Vgl. oben 95-96.

79 Vgl. L. WITTGENSTEIN. PhU. Nr. 664.

ANMERKUNGEN ZU KAPITEL 6

1 Vgl. C. HUBER. Analisi linguistica. 12.

2 Sämtliche Stellenangaben verstehen sich hier und im folgenden als Beispiele, die in der Regel beliebig vermehrt werden können. Bei besonders häufig oder besonders selten auftretenden Phänomenen wird dies ausdrücklich vermerkt.

3 Vgl. zur Relevanz des Sprachlichen auch: I-II q88 a1 c; II-II q24 a4 ad3; III q16 a8 c.

4 F. MANTHEY erwähnt den Einsatz der Sprachphilosophie zu Objektionen. Vgl. 204-207.

5 Vgl. auch II-II q154 a2 sc.; III q73 a4 sc.

6 Vgl. etwa die Beharrlichkeit, mit der sich Thomas immer und immer wieder vom Sprachlichen her dem Phänomen der "beatitudo" annähert: I-II q4 a1 c; a5 c; a6 c; a8 c; q5 a4 c; a6 c; a8 c. Oder die prägnante Formulierung in I q39 a4 c: "Sed in proprietatibus locutionum, non tantum attendenda est res significata; sed etiam modus significandi."

7 Ps.-Dionysios AREOPAGITA. Coelestis hierarchia. VII, 1. PG 3. Sp. 206.

8 Vgl. auch I q108 a5 ad5.

9 Vgl. auch I q5 a6 c; q6 a4 c; q7 a3 c; q8 a3 ad2; q10 a3 ad3.

10 Vgl. dazu oben Kap. 3. 56-57.

11 Dasselbe gilt für sämtliche 12 Artikel von III q16, wobei a9, a11 und a12 das nicht so deutlich von Anfang an verraten.

12 Vgl. oben 140-141.

13 Vgl. zu den Prädikationstheorien oben Kap. 5. 95-96.

14 Vgl. auch I q3 a6 ad1; II-II q1 a10 ad3; q83 a4 c.

15 Vgl. auch II-II q79 a3 ad1. In gewisser Weise auch I q2 a1 c.

16 Im selben Sinn mahnt Thomas in III q16 a10 c: "... esset propositio magis neganda quam concedenda ..."

17 Zur Spracharmut vgl. I q34 a2 ad3; q36 a1 c; II-II q127 a1 c; q127 a1 ad3; q129 a2 c.

18 Vgl. auch I q33 a1 ad1.

19 AUGUSTINUS. De trinitate. VII, 2. CChrSL 50. 250. Zitat am Anfang von Thomas leicht geändert.

20 Vgl. auch III q4 a3 ad1.

21 Vgl. L. M. de RIJK. Bedeutungslehre. 21 Anm. 62.

22 Thomas intendiert nirgends eine philosophische Hermeneutik im Sinne E. BETTIs oder H.-G. GADAMERs.

23 G. L. BURSILL-HALL. 64: "Thomas (sc. von ERFURT, einer der einflußreichsten Grammatiker) uses similitudo and proportio to describe the basic types of syntactic relationships: similitudo can

Anmerkungen zu Kapitel 6

therefore be equated to concord, e.g. of gender ..." - meint z.B. die Relation von Substantiv und Adjektiv.

24 Vgl. auch II-II q58 a2 c; q161 a5 ad2; III q63 a1 ad2; q89 a4 c.

25 In dem eminent ontologischen (und komplizierten) Sinn, wie K. RIESENHUBER. 976 die "repraesentatio" und die "similitudo" beschreibt, habe ich in der "Summa theologiae" keine der beiden Kategorien angewendet gefunden. - Vgl. auch F. MANTHEY. 86-96.

26 Vgl. auch I q115 a2 ad1.

27 Vgl. auch I q5 a5 ad5.

28 Vgl. oben 147-149.

29 L. WITTGENSTEIN. PhU. Nr. 66-68. Vgl. auch PhU. Nr. 72. - Vgl. BlB. 37-39. - Vgl. BrB. 127-128. 179.

30 Vgl. GEORGES II. 9. Aufl. 1951. Sp. 2007-2008. - Vgl. Oxford Latin Dictionary. Fasc. VI. Oxford 1977. 1493. - Der Gedanke der "Verwandtschaft" ist im Kontext der Analogiethematik auch schon vor Thomas präsent. U. KREWITT. 487 redet von "Der ontologischen Voraussetzung der Analogia entis, die Hugo (sc. von St. VIKTOR) als 'Verwandtschaft' und 'Ähnlichkeit' umschreibt ..."

31 Vgl. auch I q37 a2 c; q79 a2 c; q108 a5 ad6; q115 a2 c; I-II q7 a1 c; q31 a4 ad1; q35 a8 c; II-II q118 a2 c; III q2 a1 c.

32 Diese Stelle wird weiter unten noch wichtige Dienste bei der Aufklärung des Verhältnisses von Metapher und Analogie leisten. Vgl. die anders gewichtete erneute Analyse dieser Stelle unten 224-229.

33 Vgl. etwa I-II q84 a3 ad1: "... capitale dicitur denominative a capite, quod quidem est per quandam derivationem vel participationem capitis ..."; I-II q90 a2 c: "In quolibet autem genere id quod maxime dicitur, est principium aliorum, et alia dicuntur secundum ordinem ad ipsum: sicut ignis, qui est maxime calidus, est causa caliditatis in corporibus mixtis, quae intantum dicuntur calida, inquantum **participant** de igne." - I-II q91 a2 ad3; II-II q85 a2 ad1; III q16 a5 ad3; q18 a3 c.

34 Zum Verhältnis von Phantasie und Erkenntnis vgl. etwa De pot q10 a1 c: "... cognitio intellectiva in nobis sumit principium a phantasia et sensu ..." - Die philosophische Relevanz der Phantasie-Problematik hat immer wieder grobe Vernachlässigungen hinnehmen müssen. Vgl. etwa die eindringliche Warnung vor dieser Verkürzung bei VICO, Giambattista: De nostri temporis studiorum ratione. III. In: Opere filosofiche. Intr. Nicola Badaloni, testi, versioni e note Paolo Cristofolini. Firenze 1971. 787-855. Hier 796-801. = Le voci del mondo. - Vgl. auch die für die Analogiethematik sehr instruktive Skizze zur Reflexion der Phantasie-Problematik von J. G. HAMANN bis J.-P. SARTRE bei FRANK, Manfred: Der kommende Gott. Vorlesungen über die Neue Mythologie. I. Teil. Frankfurt a.M. 1982. Bes. 142-152. = es NF 142.

35 L. WITTGENSTEIN. PhU. Nr. 23.

Anmerkungen zu Kapitel 6

36 Vgl. dazu den andeutungsweisen Versuch, Partizipation als Dialog zu konzipieren, so bei RIEBER, Arnulf: Die Transzendentalienlehre des Thomas von Aquin in sprachphilosophischer Sicht. SJP 23-24 (1978/79). 137-165. Hier 159 Anm. 102. - Ansonsten halte ich die sich in der Perspektive SIEWERTH'schen Hegeliothomismus bewegenden Überlegungen RIEBERs weder im Ansatz (Thomas selbst habe von Wesen und Aufgabe der Sprachphilosophie nichts gewußt - vgl. 158) noch in ihrem Zentrum (Zuordnung der einzelnen Transzendentalien zu den Ebenen von Syntaktik, Semantik und Pragmatik (vgl. 161-165) für zutreffend. - Vgl. dazu auch das Verständnis von Partizipation bei KOLAKOWSKI, Leszek: Falls es keinen Gott gibt. Aus dem Englischen v. Friedrich Griese. München-Zürich 1982. 128-132. Zur Relevanz der Teilhabe (Teilnahme) für Verstehen im Raum des Religiösen vgl. 168-169.

37 Vgl. oben Kap. 3. 51. - R. SCHÖNBERGER gilt die similitudo nur als entscheidende Implikation des Partizipationsprinzips (vgl. 13) bzw. als Gegenstand der Partizipation (vgl. 14 Anm. 15). Ihre "... nähere Bestimmung ergibt sich allererst aus der Erörterung eines Kausalitätsprinzips, das ihn (sc. den Ähnlichkeitsbegriff) enthält" (14). Eine Begründung für diese folgenschwere Engführung auf sogenannte "ontologische(n) Voraussetzungen" (23) der Namen-Gottes-Theorie wird nicht gegeben. Vgl. auch 19.

38 L. WITTGENSTEIN. BrB. 217. - Vgl. C. HUBER. L'analisi linguistica. 11.

39 Vgl. auch I q5 a2 ad3; q9 a2 c; ...

40 Parataktische Verknüpfungen vgl. auch I q7 a4 c, wo die parataktische Verbindung auch noch inklusiv ist; I q13 a1 obi.2 und ad2; q73 a2 c.

41 Zur Hypotaxe vgl. auch I q7 a3 c; q11 a1 ad2; q34 a1 c; q73 a2 c.

42 Vgl. auch oben Kap. 3. 74.

43 Thomas' Epigonen eignete nicht diese im Umgang mit der "distinctio" nötige Feinfühligkeit, was ihrem Denkstil - auch gerade seitens auf äußerste Präzision bedachter Denker - den sprichwörtlichen Vorwurf "scholastischer Spitzfindigkeit" eingetragen hat. Vgl. z.B. HUSSERL, Edmund: Philosophie als strenge Wissenschaft. Hg. Wilhelm Szilasi. 2. Aufl. Frankfurt 1971. = Klostermann Texte Philosophie. 27: "In der Epoche lebendiger Reaktion gegen die Scholastik war der Feldruf: Weg mit den hohlen Wortanalysen. Die Sachen selber müssen wir befragen .. Ganz trefflich!"

44 Vgl. auch I q1 a5 c; q4 a1 c; q8 a1 ad4; q93 a9 c; I-II q32 a8 ad2; q56 a1 ad2.

45 Vgl. auch I q5 a2 ad2; q8 a1 c; q42 a6 ad1; q93 a8 c; q104 a1 c; II-II q27 a5 c.

46 Vgl. oben 167.

47 Vgl. auch I q18 a1 c; II-II q72 a1 c.

Anmerkungen zu Kapitel 6

48 Vgl. auch II-II q21 a2 ad1.
49 L. WITTGENSTEIN. PhU. Nr. 132.
50 Vgl. oben 162-163.
51 L. WITTGENSTEIN. PhU. Nr. 69.
52 Vgl. oben 176.
53 Vgl. z.B. die Analyse von I q7 a1 c. Oben 175; I q9 a2 c.
54 Auch im Umkreis der praktischen Philosophie spricht Thomas von "extensio", so in De ver q14 a4 c: "... sola extensio ad opus facit aliquem intellectum esse practicum." Diese Affinität ergibt sich daraus, daß die Sprachpraxis und das Handeln als solches demselben basalen Prinzip gehorchen: "... der ermöglichende Grund der 'Extension' (ist) die ihr (sc. der Vernunft) als Vernunft eigene Offenheit zum 'Seienden' ohne Einschränkung." So bei KLUXEN, Wolfgang: Metaphysik und praktische Vernunft. Über ihre Zuordnung bei Thomas von Aquin. In: Thomas von Aquin 1274/1974. Hg. Ludger Oeing-Hanhoff. München 1974. 73-96. Hier 88.
55 Vgl. L. B. PUNTEL. Geschichtlichkeit. 11 Anm. 4.
56 Vgl. auch I q1 a5 c; q6 a4 c; ...
57 Aber nicht aus der Sprache als solcher, wie E. JÜNGEL der Analogie (im thomanischen Sinn) vorwirft. Vgl. E. JÜNGEL. Geheimnis. 344. 347-354 passim. - Andere Fälle vgl. I q7 a3 c; q41 a2 ad5.
58 Vgl. auch I q1 a2 c; q3 a1 ad5; q10 a2 ad1; ...
59 Vgl. auch I q7 a4 c; q11 a1 ad1; ...
60 Vgl. oben 180.
61 R. SCHÖNBERGERs Bestimmungen der Distinktion als Manifestation eines "Prinzip(s) der Mitte" und Ausdruck "weiser Antiradikalität" (149) psychologisieren das Differenzierungsprinzip und verstellen sich so den Zugang zu einer adäquaten Verortung und Wertung. - Dagegen schreibt D. B. BURRELL. Aquinas. 11: "We shall see how Aquinas displays his philosophic acumen by his choice of tools (sc. distinctions) and the ways he employs the ones he chooses."
62 L. WITTGENSTEIN. PhU. Nr. 71.
63 L. WITTGENSTEIN. PhU. Nr. 77. Vgl. auch Nr. 79-82. 88. 100-108.
64 Vgl. dazu den - aus seiner Sicht - zum selben Ergebnis gelangenden, interessanten Abschnitt bei E. HUSSERL. Logische Untersuchungen. II. Band. Teil 1. 89-91. Titel: "§ 28. Das Schwanken der Bedeutungen als Schwanken des Bedeutens." Darin kommt HUSSERL zu dem Ergebnis (91): "... genau besehen, ist das Schwanken der Bedeutungen eigentlich ein Schwanken des Bedeutens. Das heißt, es schwanken die subjektiven Akte, welche den Ausdrücken Bedeutung verleihen, und sie verändern sich hierbei nicht bloß individuell, sondern zumal auch nach den spezifischen Charakteren, in welchen ihre Bedeutung liegt. Nicht aber verändern sich die Be-

Anmerkungen zu Kapitel 6

deutungen selbst, ja diese Rede ist geradezu eine widersinnige, vorausgesetzt, daß wir dabei bleiben, wie bei den univoken und objektiv festen, so bei den äquivoken und subjektiv getrübten Ausdrücken, unter Bedeutungen ideale Einheiten zu verstehen." - Die Auflösung der Unschärfeproblematik vollzieht sich also auch hier mittels deren Identifikation als Aspekt der operationalen und funktionalen Ebene des Sprachlichen.

65 Dieser Zusammenhang ist ausdrücklich festzuhalten gegen H. LYTTKENS. Gottesprädikate. 275-285. LYTTKENS setzt - strikt getrennt - zwei Schemata von Gottesprädikaten nebeneinander: das der Analogie und das der Vagheit. Auch wenn zutrifft, daß Vagheit (LYTTKENS definiert nirgends, was "Vagheit" eigentlich bedeutet, spricht aber zugleich von "extensionaler" und "intensionaler" Vagheit - vgl. 283-284) weder einfach identisch ist mit Analogizität noch gleichgesetzt werden darf mit Mehrdeutigkeit ("Ein vieldeutiges Wort kann mehrere Bedeutungen haben, die ihrerseits vag oder aber klar bestimmt sein können ..."; 282), bleibt zu beachten, daß sich jede Analogizität eines Ausdrucks dessen originärer Vagheit verdankt; jedenfalls kommen für den analogen Gebrauch nur Ausdrücke in Frage, bei denen weder Extension noch Intension unveränderbar abgeschlossen sind.

66 Vgl. oben Kap. 5. 118-120.

67 Vgl. auch I-II q89 a2 sc.; II-II q1 a1 ad3; q26 a9 ad3; q104 a2 c; III q2 a11 c; q82 a1 obi.1.

68 Ein typischer Fall von Ununterschiedenheit ist z.B. gegeben, wenn Thomas etwa sagt: "... non proprie habet rationem ..." - so etwa I-II q87 a7 c.

69 Vgl. auch I q14 a3 ad1; II-II q19 a3 c; III q7 a6 ad1.

70 Vgl. auch I q83 a2 c: "propriam significationem"; q90 a1 ad3: "proprie acceptum"; I-II q11 a4 obi.2; II-II q13 a1 ad3; q29 a1 c: "proprie sumatur"; III q16 a7 ad4.

71 Hier in III q84 a2 ad3 benutzt Thomas den Doppelausdruck, der linguistisch gesehen in die Nähe eines Hendiadyoin rückt, zu einer Differenzierung des sprachlichen und sachlichen Aspekts: "Nam de peccato actuali mortali est poentenia proprie et principaliter: proprie quidem, quia proprie dicimus poenitere de his quae nostra voluntate commisimus; principaliter autem, quia ad deletionem peccati mortalis hoc sacramentum est institutum." - Ähnlich "proprie ..., sed non simpliciter" (II-II q156 a2 c).

72 Ein möglicher Hintergrund dieser Bevorzugung könnte die sprachlich-, genauer: phonetisch-assoziative Nähe von "participatio" - "proportio" - "proprie" sein, sofern solche Zusammenhänge im Denken des Mittelalters eine durchaus ernstzunehmende Rolle spielten. Diesen Hinweis verdanke ich Prof. Niko SPROKEL. Plausibel erscheint er mir u.a. auch deshalb, weil in dieser Hinsicht das "proprie" Thomas die Möglichkeit geboten hätte, den von der Analogietheorie her als aporetisch erfahrenen Antagonismus von Partizipation und Proportionalität in einen einzigen, gut einsetzbaren

Anmerkungen zu Kapitel 6

operativen Term hineinzuhomogenisieren. - Zur Struktur und zur Praxis solcher Phänomene vgl. die Untersuchung von SABERSKY-BASCHO, Dorette: Studien zur Paronomasie bei Bernhard von Clairvaux. Freiburg/Schweiz 1979. = Dokimion Bd. 5.

73 Vgl. auch I q16 a6 c; I-II q11 a3 c; q30 a1 c; q108 a1 c; II-II q24 a6 c.

74 Vgl. zu "quasi" auch I q108 a5 c; I-II q40 a2 obi.2; q58 a1 c ("quandam ..., vel quasi"); q90 a1 c ("participative"!); II-II q58 a3 c; III q2 a1 c.

75 Vgl. oben 182-183.

76 J. L. AUSTIN. 75. Vgl. 74-75.

77 J. L. AUSTIN. 99. 120: "... three senses in which effects can come in even with illocutionary acts, namely, securing uptale, taking effect, and inviting responses."

78 Vgl. H. BRINKMANN. Zeichenhaftigkeit. 4. - ABAELARD und GERVASIUS zitiert nach H. BRINKMANN.

79 Gemäß traditioneller Definition zählen zum Bereich der Grammatik Rhetorik, Flexion, Etymologie, Morphologie, Syntax, Orthographie, Orthoepie, Metrik und Stilistik. Vgl. COMPOSTA, D(): Art. Grammatica. In: EF. Ristampa aggiornata della edizione interamente rielaborata. Vol IV. Roma 1979. Sp. 23-26. Hier 24.

80 Vgl. oben Kap. 5. 122-123.

81 Vgl. GRUBMÜLLER, Klaus: Etymologie als Schlüssel zur Welt? Bemerkungen zur Sprachtheorie des Mittelalters. In: Verbum et Signum. FS F. OHLY. 1. Bd. Beiträge zur mediävistischen Bedeutungsforschung. Hg. Hans Fromm, Wolfgang Harms, Uwe Ruberg. München 1975. 209-230. Bes. 218-224.

82 Vgl. auch F. MANTHEY. 77-78. 115. MANTHEY scheint die Differenz von "id a quo" und "id ad quod" mit derjenigen zwischen "etymologia nominis" und "significatio" zu identifizieren. Das trifft nicht zu, weil es sich bei Etymologie nur um einen möglichen Fall der ersten Differenz handelt; ein anderer Fall ist - und auf den kommt es dem Aquinaten auch an - die Verwendung der Namen des processus Dei für die essentia Dei (vgl. I q13 a2 ad2). - R. SCHÖNBERGER. 79 zitiert F. MANTHEY diesbezüglich kritiklos.

83 Vgl. dazu WALDE, A(): Lateinisches etymologisches Wörterbuch. 3., neubearb. Aufl. v. J. B. Hofmann. 1. Bd. Heidelberg 1938. 2. Bd. Heidelberg 1954. = Indogermanische Bibliothek, 1. Abt., 2. Reihe. - Zu berücksichtigen bleibt aber, daß Thomas ziemlich häufig Etymologien aus traditionellen Quellen schöpft, besonders aus ISIDORIUS. Etymologiae. Sive origines.

84 Vgl. auch III q2 a8 c gegenüber III q3 a1 c.

85 Vgl. auch I q31 a3 ad2; q60 a4 ad1; I-II q6 a3 ad2;

86 Vgl. auch I q31 a4 c.

Anmerkungen zu Kapitel 6

87 Vgl. auch I q32 a2 c die Differenzierung zwischen abstrakten und konkreten Termen.

88 Vgl. auch I q31 a3 ad2; q31 a3 ad3; q36 a3 c; q36 a3 ad4; q36 a4 c; q39 a3 c; q39 a4 ad4; q39 a4 ad5; q39 a8 c (bestehend exklusiv aus Termanalysen); q85 a7 c; I-II q1 a8 c; q79 a1 ad2; q98 a1 ad2; III q3 a2 ad1; q58 a2 c; q80 a3 ad2.

89 Vgl. auch I q14 a13 ad2.

90 J. PIEPER. Hinführung. 104.

91 L. WITTGENSTEIN. PhU. Nr. 664.

92 L. WITTGENSTEIN. PhU. Nr. 665.

93 L. WITTGENSTEIN. PhU. Nr. 693.

94 L. M. de RIJK. Neuplatonische Semantik. 25. Vgl. 25-28. Für ANSELM bietet de RIJK leider keine genauen Angaben; für ABAELARD nennt er "Dialectica" 136, 19-36; 137, 8-10; 138, 20-21; 140, 23-29. - "Ingredientibus" 361, 19-22.

95 Vgl. D. B. BURRELL. Aquinas. 59-60.

96 Vgl. G. FREGE. 29.

97 Deutsche Thomas-Ausgabe. Bd. 1. 367.

98 Wäre die Differenz darin begründet, dann bediente sich der theologische Diskurs letztlich einer hermetischen Sprache, die auf der Ebene der Reflexion und Rechtfertigung keinerlei Erkenntnisleistung mehr erbringen könnte.

99 Diese tiefengrammatische Differenz hat Folgen für die theologische Sprachpraxis im Umgang mit dem Adjektiv "trinus". I q31 a1 ad5: "... cum dicitur, trinitas est trina, ratione numeri importati significatur multiplicatio eiusdem numeri in seipsum: cum hoc quod dico trinum, importet distinctionem in suppositis illius de quo dicitur. Et ideo non potest dici quod trinitas sit trina: quia sequeretur, si trinitas esset trina, quod tria essent supposita trinitatis; sicut cum dicitur, Deus est trinus, sequitur quod sunt tria supposita Deitatis."

100 Vgl. dazu oben Kap. 3. 61-62.

101 Vgl. auch I q34 a3 ad2; q39 a4 c; q39 a4 ad3: die tiefenstrukturelle Differenz zwischen "Deus" und "homo"; q39 a5 c die tiefenstrukturelle Differenz zwischen "Deus" und "essentia" (in Auseinandersetzung mit Joachim von FIORE!); q39 a6 ad1.

102 Ein instruktives Beispiel für die Analyse solcher alltäglicher Wörter bietet auch III q66 a5 ad4, wo Thomas "nos" und "vos" analysiert: "... vos ... est ... te et te. - Quod autem dicitur nos, non est idem quod ego et ego, sed, ego et tu: ..."

103 Vgl. oben 198.

Anmerkungen zu Kapitel 6

104 "... nullum ens dicitur malum per participationem, sed per privationem participationis. Unde non oportet fieri reductionem ad aliquid quod sit per essentiam malum" (I q49 a3 ad4).

105 Inwieweit diese optimistische Konzeption des Aquinaten dem andrängenden Phänomen des Bösen wirklich angemessen ist, bleibt hier natürlich dahingestellt. Vorausgesetzt jedoch, die Sprache sei nicht einfach Ausdrucksmittel, sondern ein existentialer Modus des In-der-Welt-Seins und so Funktion ordnender Welterkenntnis - daß Sprechen unser Weltbezug ist -, so läßt sich ansatzhaft erahnen, wie viel an einer solchen - letztlich zuerst grammatisch-linguistisch relevant werdenden - Konzeption hängen kann.

106 Vgl. F. v. KUTSCHERA. 136-139.

107 Vgl. L. WITTGENSTEIN. BlB. 36-37.

108 L. WITTGENSTEIN. PhU. Nr. 130.

109 Vgl. zum Sprachspielvergleich auch I q14 a13 ad2; q76 a4 ad1.

110 Vgl. z.B. L. WITTGENSTEIN. PhU. Nr. 244-250. 253. 257. 281-317. 384. 571-592. IX und andere.

111 Vgl. L. WITTGENSTEIN. PhU. Nr. 27.

112 Vgl. L. WITTGENSTEIN. PhU. Nr. 43. Zur Kritik dieser Position vgl. J. L. AUSTIN. 100-107. - Vgl. F. v. KUTSCHERA. 139-166. Die sich hier mit AUSTIN anbahnende Fortentwicklung der Analytischen Philosophie ist hier nicht weiter darzustellen. Vgl. dazu C. HUBER. Analytische Philosophie. 226-230.

113 R. McINERNY. Rhyme. 69 Anm. 54: "The administration of the sacraments involves performative utterances." McINERNY sagt das sehr generell im Blick auf III q60 a7 und a8, wo Thomas fragt, ob "... requirantur determinata verba in sacramentis" (a7) bzw. ob "... liceat addere verbis in quibus consistit forma sacramentorum" (a8); genauer äußert sich Thomas jedoch nur - wie zitiert - in III q78 a5 c.

114 Vgl. auch - aber viel verdeckter - II-II q83 a1 ad1.

115 Vgl. oben Kap. 5. 123-125.

116 Vgl. das lebhafte Interesse an diesem Artikel gerade seitens mancher Autoren, die sich vom Standpunkt der Analytischen Philosophie oder aus Interesse für sprachphilosophische Fragen allgemein dem Aquinaten nähern: P. T. GEACH. 109-125. - J. F. ROSS. 134. - L. C. VELECKY. 225-228.

117 R. H. AYERS. 104: "... the five ways explicate the basic defining characteristics which determine the meaning of the term 'God' in common usage." - D. B. BURRELL. Aquinas. 8: "... the proofs play an ancillary role at best in the theological task he sets himself: to elucidate the parameters of responsible discours about God." - F. INCIARTE. 256: "die gesamte, folglich auch die rein philosophisch geprägte Gotteslehre steht bei Thomas von vornherein im Zeichen der Sprache mit ihren eigentümlichen Strukturen. Das

Anmerkungen zu Kapitel 6

gilt schon für die Frage, ob es einen Gott gibt."

118 Vgl. L. C. VELECKY. 228. Abgesehen von wenigen Autoren, die zum Thema der Sprachphilosophie in Thomas zu berücksichtigen sind, bleibt die unübersehbare Spezialliteratur zu den quinque viae selbstredend außer Betracht.

119 Vgl. L. C. VELECKY. 225-226.

120 L. C. VELECKY. 227.

121 Vgl. D. B. BURRELL. Aquinas on Naming God. 188-191. BURRELL differenziert den "sinnhaften Ausdruck" in den Namen "Gott" und das Bewußtsein - man könnte auch sagen: die Erfahrung - der Fähigkeit, zu einer gewissen Erkenntnis der Existenz Gottes zu kommen. Diese Fähigkeit wird so umschrieben: "The awareness one has of always being able to ask a further question, of being oriented to an ever more comprehensive explanation, is sufficient to ground a sense for 'God', namely, the one who **would** (Herv. v. mir) provide such an explanation. Vague, or yet unformulated, and perhaps unformulatable by ordinary categories of explanation, the usage like the awareness remains a fact" (191).

122 Eine moderne metaphysische Deutung der prima via bedient sich des von RAMSEY entwicklten sprachlogischen Modells der "disclosure-situation". Diese Interpretation stammt von KRENN, Kurt: Der springende Punkt. Kann das vernünftige Denken zur Gotteserkenntnis angehalten werden? In: Die wirkliche Wirklichkeit Gottes. Gott in der **Sprache** (Herv. v. mir) heutiger Probleme. München-Paderborn-Wien 1974. 159-185. = APPR NF H 30. - Vgl. auch BURRELL, David B.: The Performative Character of the "Proofs" for the Existence of God. Listening 13 (1978). 20-26. - Speziell zur Analogie in den quinque viae vgl. auch H. LYTTKENS. Analogy. 396-406.

123 Vgl. dazu die schon zitierte diesbezügliche Bemerkung L. B. PUNTELs. Geschichtlichkeit. 224-225. Vgl. oben Kap. 2. 33-34. - Speziell zur quarta via vgl. auch ROIG GIRONELLA, Juan: Algunas notas sobre las relaciones entre filosofía del lenguaje y la metafísica de Santo Tomás. In: Scritti in onore di Carlo Giacon. Padova 1972. 217-257. Hier 246-256. = Misc. erudita XXI. - **Ders.**: Filosofía del lenguaje y la filosofía aristotélica de Tomás de Aquino. Pens. 28 (1972). 29-79. Hier 73-77. ROIG GIRONELLA unterscheidet bei Thomas eine reflexe Sprachphilosophie, für die die Sprache selbst Gegenstand ist, und eine direkte, die sich - so der Autor - dem Verhältnis sprachlicher Ausdrücke zur Wirklichkeit widmet. Für letztere dient ihm die quarta via als Beispiel. Vgl. dazu die Kritik bei A. KELLER. 467-469. KELLER verweist auf die Gefahr, mittels jener direkten Sprachphilosophie Strukturen der Wirklichkeit aus den sprachlichen Formulierungen selbst ableiten zu wollen. - Vgl. außerdem P. T. GEACH. 92-94. 116.

124 Vgl. oben Kap. 5. 107. Dieses Kap. 189-190.

125 Genau dieselbe Verwobenheit begegnet in I-II q90 a2 c: "In quolibet autem genere id quod maxime **dicitur**, est **principium** aliorum, et alia **dicuntur** secundum ordinem ad ipsum: sicut ignis, qui est

Anmerkungen zu Kapitel 6

maxime calidus, est causa caliditatis in corporibus mixtis, quae intantum dicuntur calida, inquantum participant de igne."

126 L. B. PUNTELs Behauptung, die Schlußsätze der quinque viae seien in der ganzen Thomasliteratur kaum als Problem empfunden, worden, stimmt übrigens nicht, wie die Ausführungen von L. C. VELECKY (1968) und D. B. BURRELL. Aquinas on Naming God (1963) zeigen. Vgl. L. B. PUNTEL. Geschichtlichkeit (1969). 269-270. - Vielmehr muß gesagt werden, daß PUNTEL aufgrund seiner Sicht von Sprache dort ein Problem sieht, wo gar keines ist.

127 Sehr stark verkürzt und nur andeutungsweise artikuliert wiederholt sich dieselbe Figur nochmals in I q51 a1 c: "Et has (sc. substantias) dicimus angelos."

128 Vgl. V. WARNACH. Äußeres Sprechen. 414.

129 V. WARNACH. Äußeres Sprechen. 413.

130 Vgl. V. WARNACH. Äußeres Sprechen. 413-414. - Vgl. G. STORZ. 21.

131 Im Phänomen des Sprachgebrauchs sind also in funktionaler Hinsicht Identität und Differenz von Bedeutungen zusammengeschlossen; es wäre interessant, diesen Sachverhalt mit dem Kardinalthema der Metaphysik "Identität und Differenz" zu konfrontieren. Sosehr sich das identisch formulierte Thema in beiden Bereichen auch unterscheidet, wäre doch der Frage bzw. Vermutung nachzugehen, ob nicht gerade im sprachlichen bzw. sprachphilosophischen Segment dieses Themas die erste Tuchfühlung mit den Problemen von Identität und Differenz statthat; dieses komplexe Thema selber fungierte dabei als "Sitz im Leben" der Frage nach dem Zusammenhang von Sprache und Metaphysik. Vgl. die entsprechenden Hinweise besonders im Umkreis der neoplatonischen Philosophien bei BEIERWALTES, Werner: Identität und Differenz. Frankfurt a.M. 1980. = PhA 49.

132 L. WITTGENSTEIN. PhU. Nr. 371.

133 L. WITTGENSTEIN. PhU. Nr. 43. Vgl. auch Nr. 198. 199. 432.

134 L. WITTGENSTEIN. BlB. 109. Vgl. auch 116.

135 Die Deutsche Thomas-Ausgabe Bd. 3. 59-60 zieht sich durch folgenden Übersetzungskunstgriff aus der Affäre: "Nachher aber ist der Name Person soweit angeglichen worden, daß er für einen beziehungshaften gelten konnte, und zwar aus der Angemessenheit seiner Bezeichnung heraus, so daß er ebendies, daß er als Beziehungsname gilt, nicht nur aus dem Gebrauch hat, sondern auch aus seiner Bedeutung." Dieser Wechsel in der Übersetzung von "significatio" ist sinnstörend, weil der zweite Teil des Satzes mit "ut scilicet" eingeleitet wird, also als Erläuterung des ersten Teils gemeint ist, und folglich das zweite "significatio" genauso übersetzt werden muß wie das erste.

136 Die Editio Piana Canadiensis nennt als Vertreter der von Thomas kritisierten Auffassung AUGUSTINUS (De trinitate. VII, 5. CChrL 50. 261-263) und den Auctor Summae Sent. (tr. I, 9. PL 176, 56);

Anmerkungen zu Kapitel 6

die Deutsche Thomas-Ausgabe dagegen erwähnt - in Anschluß an Alexander von HALES. Summa I, 568 - PRAEPOSITINUS und Wilhelm von AUXERRE. Vgl. Bd. 3. 56 Anm. 1.

137 PRAEPOSITINUS. Qui producit ventos. 211. - Vgl. zum Personproblem 207-214. Dazu die entsprechenden Ausführungen von G. ANGELINI. 37-40. 120-130.

138 Ob sich Thomas direkt auf PRAEPOSITINUS bezieht, läßt sich nicht entscheiden.

139 Vgl. oben Kap. 3. 62.

140 Vgl. G. ANGELINI. 186-190.

141 Ein ebenso verhaltener Hinweis auf die Erfahrung begegnet in dem "canis latrabilis" - "canis maritimus" - Beispiel in I q13 a5 obi.1.

142 Vgl. oben Kap. 5. 128.

143 Vgl. einen anderen Modus der Sprachgebrauchserweiterung von "motus" in I q73 a2 c: "motus corporalis" - "motus spiritualis".

144 Vgl. auch I q18 a2 c; I-II q33 a1 c; q35 a2 ad1; q37 a2 c; II-II q53 a3 c; q79 a2 c;

145 Der Zusammenhang der diversen Diskurse wird gerade durch die Analogie gewahrt. Vgl. COPLESTON, Frederick: Aquinas and the Autonomy of Religious Language. In: Philosophers and Philosophies. London-New York 1976. 43-56. Bes. 44. 54.

146 R. McINERNY. Ratio communis. 22.

147 Dieser Ur-Sinn von Analogie ist schon bei ARISTOTELES präsent. W. KLUXEN. Perspektiven. 29: "Von 'Seiendem' können wir nur in vielfachem Sinn, 'multipliciter' sprechen. Schon Aristoteles hat die grundlegend verschiedenen Weisen, in denen 'Seiend' **ausgesagt** (Herv. v. mir) werden kann, in seinen 'Kategorien' gesammelt ... Jedoch, schon daß die Kategorientafel 'gesammelt' werden muß, ist ein Anzeichen dafür, daß die Bedeutung von 'Seiend' eine Fülle einschließt, die der ersten allgemeine Begriff nicht aus sich erzeugt. Die Fülle muß **erfahren** werden ..." - Vgl. auch W. KLUXEN. Prinzipien. 192. - Zum Verhältnis von Erfahrung und Sprache vgl. auch H.-G. GADAMER. 329-344.

148 Auch F. MANTHEY kommt auf diese Thematik zu sprechen: "Alles also, was später bekannt geworden und einem früher Bekannten ähnlich ist, kann nach diesem benannt werden und ist oft auch tatsächlich so benannt worden" (96). Obwohl MANTHEY kurz darauf noch anfügt, daß die Übertragungen aus dem natürlichen Bereich in den theologischen Sprachgebrauch besonders häufig sind (vgl. 97), wird das Thema der Analogie von ihm mit keinem Wort angeschnitten.

149 Vgl. oben Kap. 5. 105.

150 Vgl. auch II-II q118 a2 c. - Der Extremfall solcher Verschiebung tritt im Phänomen des Euphemismus auf.

Anmerkungen zu Kapitel 6

151 Um einen ganz speziellen - und singulären - Fall des Zusammenhangs zwischen immanenter und in Transzendenz ausgreifender Rede handelt es sich in III q3 a7 ad2; er betont zwar besonders - auf das Grammatische hin - zugespitzt die Normativität des "apud nos", liefert aber keine weitergehenden Aufschlüsse zum Gesamtphänomen der Redesituation und ihrer Bewältigung. Der zentrale Passus lautet: "... nominibus est utendum secundum quod sunt ad significandum imposita. Quod quidem est ex consideratione eorum quae apud nos sunt. Et ideo oportet, circa modum significandi et consignificandi, considerare ea quae apud nos sunt."

152 Vgl. L. M. de RIJK. Neuplatonische Semantik. 31.

153 Vgl. L. M. de RIJK. Neuplatonische Semantik. 24.

154 ABAELARD. Dialectia. 576, 34-37. - Vgl. H. BRINKMANN. Zeichenhaftigkeit. 3-4.

155 L. WITTGENSTEIN verwendet in PhU. Nr. 669 strukturell ähnliche Beispiele: "Man kann sich beim Sprechen auf einen Gegenstand beziehen, indem man auf ihn zeigt. Das Zeigen ist hier ein Teil des Sprachspiels. Und nun kommt es uns vor, als spreche man von einer Empfindung dadurch, daß man seine Aufmerksamkeit beim Sprechen auf sie richtet. Aber wo ist die Analogie? Sie liegt offenbar darin, daß man durch Schauen und Horchen auf etwas zeigen kann."

156 Genau auf dieses Motiv gründet K. RAHNER sein berühmtes Werk "Geist in Welt". Mag man über die Durchführung - vor allem die Thomas-Treue im einzelnen - dieser Studie denken, wie man will, so wird man doch nicht bestreiten, daß RAHNER damit eine Achse thomanischen Denkens ins Blickfeld gerückt hat, deren systematische Konsequenzen für Metaphysik und Theologie nicht überschätzt werden können. Vgl. zur Grundstruktur, Rezeption und Kritik dieses Werkes die Arbeit von KREIML, Josef: Wie ist Metaphysik möglich? Eine Untersuchung zu Rahner's Metaphysikentwurf in "Geist und Welt". Unv. Diplomarbeit. Regensburg 1981.

157 Vgl. dazu auch F. MANTHEY. 94-95.

158 Vgl. auch III q60 a4 ad1: "... unumquodque praecipue denominatur et definitur secundum illud quod convenit ei primo et per se: non autem per id quod convenit ei per aliud."

159 Aus neuester Zeit vgl. dazu BLUMENBERG, Hans C.: Arbeit am Mythos. Frankfurt 1981. Passim.

160 Einen abgeschwächten Reflex des Öffentlichkeitscharakters vermitteln auch einige Ausdrücke im Zusammenhang metasprachlicher Rede vom Sprachgebrauch, z.B. "communiter" oder etwa die Erwähnung einer "convenientia" (I q36 a1 c).

161 Vgl. AUGUSTINUS. De civitate Dei. XI, 9. CChrSL 48. 328.

162 Vgl. auch I q108 a5. Vgl. dazu oben 144-145.

163 Vgl. I q66 a1 ad1; q68 a3 c; q70 a1 ad3; q70 a2 c; q70 a2 ad2; q91 a1 ad4.

Anmerkungen zu Kapitel 6

164 Auch diese Tendenz hat ihre Ausnahmen. Mit E. JÜNGEL. Metaphorische Wahrheit. 109 Anm. 7 sind hier - ohne Anspruch auf Vollständigkeit - M. LUTHER, G. B. VICO, Jean PAUL, F. NIETZSCHE zu nennen.

165 Zum derzeitigen Stand in der Sprachwissenschaft vgl. etwa INGENDAHL, Werner: Der metaphorische Prozeß. Methodologie zu seiner Erforschung und Systematisierung. Düsseldorf 1971. = Sprache der Gegenwart Bd. XIV. - Vgl. Metaphor and Thought. Ed. Andrew Ortony. 2; ed. Cambridge etc. 1980.

166 Die Grenze zwischen der Sprachwissenschaft und Philosophie sind fließend. E. JÜNGEL. Metaphorische Wahrheit. 109 nennt K. BÜHLER, B. SNELL, K. LÖWITH, B. ALLEMANN, H. BLUMENBERG, P. RICOEUR. Zu den im französischen und angelsächsischen Sprachraum entwikkelten Positionen der letzten Jahre vgl. die Bibliographie bei P. RICOEUR. Métaphore. 401-409.

167 So etwa F. LOHMEYER, E. FUCHS, E. BISER, G. EICHHOLZ, E. GÜTTGEMANNS, D. O. VIA, W.MAGASS - nach E. JÜNGEL. Metaphorische Wahrheit. 108. - Dazu noch KLAUCK, Hans-Josef: Allegorie und Allegorese in synoptischen Gleichnistexten. Münster 1978. = NTA NF 13. - Und besonders: AURELIO, Tullio: Disclosures in den Gleichnissen Jesu. Eine Anwendung der disclosure-Theorie von J. T. Ramsey, der modernen Metaphorik und der Theorie der Sprechakte auf die Gleichnisse Jesu. Frankfurt-Bern 1977. = Regensburger Theologische Studien 8.

168 E. JÜNGEL. Metaphorische Wahrheit. 109.

169 Zu den wenigen Ausnahmen, die auf eine Thematisierung dieser Problematik ganz verzichten, gehört H. LYTTKENS. Analogy. - Auch die einzige ausdrückliche Untersuchung der thomanischen Sprachphilosophie konstatiert nur die Präsenz des Themas "Metapher", widmet ihm aber keine weitere Aufmerksamkeit. Vgl. F. MANTHEY 96-98. - Größeren Raum erhält die Metapher zugestanden bei ARIAS REYERO, Maximino: Thomas von Aquin als Exeget. Die Prinzipien seiner Schriftdeutung und seine Lehre von den Schriftsinnen. Einsiedeln 1971. = Sammlung Horizonte NR 3. - Wie schon der Titel verrät, nähert sich diese Arbeit von einer anderen Seite als der hier interessierenden dem Phänomen der Metapher. Das, was der Autor 169-206 über es zu sagen weiß, muß aich allerdings durchgängig eine Undurchsichtigkeit der Gedankenführung nachsagen lassen, am meisten dort, wo er das Problem des Zusammenhangs von Analogie und Metapher (199-206) berührt. - Zum Verhältnis von Metapher und Analogie vgl. auch die in Kap. 4 Anm. 36 genannte Arbeit von W. T. BRUENING. - Außerdem passim ZOLL, Allan R.: Toward a Theory of Baroque Lyric Metaphors. (Portions of text in Spanish and Italian). Michigan Ph. D. 1969. Language and Literature modern. = University microfilms 69 - 18, 143.

170 R. M. J. DAMMAN. 125.

Anmerkungen zu Kapitel 6

171 Vgl. R. M. J. DAMMAN. 125. Die Metapher versteht er "... as compressed similes ..." (137). Deshalb gilt von ihr, was auch die Gleichnisse qualifiziert: "Similes ... are neither explicit nor implicit. They are not literally true or false. They are not dispensible: what they say could not be said in literal language" (ebd.).

172 G. SÖHNGEN. 84. Vgl. auch 72: "Metapher gilt uns also als Oberbegriff, der Allegorie, Symbol, Parabel und Analogie mitbegreift, freilich so, daß namentlich Allgeorie, Symbol und Analogie hinausgreifen über Metapher."

173 M.-D. CHENU. La théologie. 167. Vgl. zum Ganzen 167-168.

174 G. P. KLUBERTANZ. 147.

175 G. P. KLUBERTANZ. 145. Vgl. zum Ganzen 81-83. 145-147.

176 R. McINERNY. Logic. 147.

177 R. McINERNY. Logic. 150. Vgl. zum Ganzen 144-152. - R. H. AYERS hat anscheinend die Bestimmung ohne Quellenangabe von R. McINERNY übernommen (110: "... metaphors are univocal terms used in propositions to suppose for things which do not fall under the significations of their names.").

178 R. McINERNY. Logic. 152.

179 R. McINERNY. Ratio communis. 41: "... we shall argue that metaphors are not instances of analogous names but must be divided against them."

180 R. McINERNY. Ratio communis. 44.

181 R. McINERNY. Ratio communis. 65. Vgl. dazu die Kritik von MONDIN, Battista: A proposito della ratio communis del termine analogo. ScC Suppl. 98 (1970). 67-72. Hier 69 Anm. 8: "La differenza tra l'analogia e la metafora sta in una ragione squisitamente ontologica: la somiglianza analogica (dell'attribuzione intrinseca e della proporzionalità propria) si fonda sulla natura stessa degli analogati; la somiglianza metaforica invece si fonda sull'agire dei medesimi; ..." Was MONDIN hier einklagt, hatte McINERNY jedoch schon 1961 wörtlich geschrieben, allerdings in späteren Arbeiten nicht mehr wiederholt: "The similarity of proportionality does not argue for any substantial similarity in the lion and Christ, but for a similarity of mode of action." So R. McINERNY. Logic. 151.

182 Vgl. R. McINERNY. Metaphor. 82.

183 R. McINERNY. Metaphor. 82-83.

184 Auch für Ph. SECRETAN geschieht der Brückenschlag in der Reflexion: "L'analogie est peut-être le retour réflexif sur la métaphore vive" (176).

185 R. McINERNY. Metaphor. 84.

186 D. B. BURRELL. Aquinas. 56.

Anmerkungen zu Kapitel 6

187 Vgl. D. B. BURRELL. Aquinas. 56. Unmittelbar anschließend schreibt BURRELL: "Only recently has the philosophical community begun to feel the effects of Wittgenstein's dogged efforts to reverse the accumulated inertial force of this trend."

188 Vgl. D. B. BURRELL. Aquinas. 56.

189 Es bleibt bei der Affirmation: "In fact, it is this very dimension that will provide the purchase we need to use such expressions of God." So. D. B. BURRELL. Aquinas. 57.

190 D. B. BURRELL. Aquinas. 57-58.

191 Vgl. J. L. AUSTIN. 6-11.

192 Vgl. D. B. BURRELL. Beyond. 116.

193 Vgl. I. U. DALFERTH. 627. - Vgl. R. SCHÖNBERGER. 55.

194 D. B. BURRELL. Aquinas. 67. - Damit soll keineswegs apriorisch behauptet sein, daß auf dieser Schiene kein Zugang zur Problematik des Gottesdiskurses möglich sei. Jedoch die Unmittelbarkeit, mit der sich BURRELL dafür auf den Aquinaten beruft, scheint mir nicht zutreffend.

195 D. B. BURRELL. Aquinas. 63. In einer kleinen Arbeit einige Jahre vor "Aquinas" hatte BURRELL das Verhältnis von Metapher und Analogie noch so formuliert: "Analogies never chease to be metaphors, yet theoretical accounts of the usage tend to find this unproper. The metaphorical angle appears to give direction to the analogy, and so would account for its success or failure to lead one to recognize relevant features about the subject in question." So D. B. BURRELL. Beyond. 115.

196 "I do not know wheter all analogous terms are also and only assessment terms." So D. B. BURRELL. Aquinas. 63. Ich halte den Ausdruck "assessment terms" für unglücklich, weil er primär dem existentiellen Bereich zugehört und damit wieder die Gefahr des Kurzschlusses heraufbeschwört, sofern er verdeckt, daß es hier um ein semantisches Kriterium geht, das letztlich auch metasprachlich zur Geltung gebracht werden muß.

197 Vgl. D. B. BURRELL. Aquinas. 64.

198 D. B. BURRELL. Aquinas. 67.

199 D. B. BURRELL. Aquinas. 64.

200 Vgl. D. B. BURRELL. Aquinas. 64-65.

201 D. B. BURRELL. Aquinas. 65.

202 D. B. BURRELL. Aquinas. 66.

203 D. B. BURRELL. Aquinas. 56. 58. 63.

204 Vgl. oben Kap. 5. 106-113.

205 Verräterisch ist in sich schon die in Verbaldialketik flüchtende Gewaltsamkeit, mit der etwa G. SÖHNGEN den thomanischen Diskurs nach-sprechend diese Inkonsistenz durchzuhalten sucht: "Sprach-

Anmerkungen zu Kapitel 6

logisch erscheint die Analogie als Metapher; und Metaphorik, in Analogik gegründet, enthüllt ihre ontologische Tiefe in jener Metaphysik der Metapher, die das Metaphysische im Metaphorischen und das Metaphorische im Metaphysischen zusammenzuschauen vermag." So G. SÖHNGEN. 9.

206 Vgl. D. B. BURRELL. Aquinas. 63-64.

207 R. McINERNY. Rhyme. 40-41.

208 Vgl. J. HIRSCHBERGER. 201-203. Dazu oben Kap. 3. 51.

209 R. SCHÖBERGER sieht eigenartigerweise nur die pädagogische Funktion und kommt von daher zu dem Urteil: "Die Metaphorik hat also ihre Unmittelbarkeit verloren in einem Denken, das nach ihrer Legitimation und Tragfähigkeit für eine ziemlich eindeutig bestimmte Funktion fragt." So R. SCHÖNBERGER. 72. Vgl. zum Ganzen 68-75.

210 Vgl. H. BLUMENBERG. Paradigmen. 52.

211 Genau das dürfte G. SÖHNGEN. 104 wohl meinen, wenn er schreibt, die Metapher sei von metaphysischem Schwergewicht, bildlich, aber nicht uneigentlich.

212 Vgl. oben Kap. 3. 55.

213 Ioannis Scoti ERIUGENA Expositions in Ierarchiam Coelestem. II, 128-151. CChrCM 31. 23-24: "... multum artificiose theologia, illa uidelicet uirtus, quae naturaliter humanis inest mentibus ad diuinas rationes quaerendas, inuestigandas, contemplandas, amandas, factitiis, hoc est, fictis sanctis imaginationibus, ad significandos duiunos intellectus, qui omni figura et forma circumscripta et sensibili carent, usa est, tali namque arte fictarum imaginum animum nostrum revelans vel ... animo nostro consulens, ipsique animo propria et connaturali reductione, que uidelicet ingeniose in imaginibus rerum sensibilium formatur, que nobis adhuc in carne constitutis connaturales propter delicta nostra sunt prouidens, ad ipsum, hoc est, ad ipsius animi reductionem, sanctas Scripturas anagogicas, sursum scilicet animum ducentes, conformauit ... - ... theologia ueluti quedam poetria sanctam scripturam fictis imaginationibus ad consultum nostri animi et reductionem corporalibus sensibus exterioribus, ueluti ex quadam imperfecta pueritia, in rerum intelligibilium perfectam cognitionem, tanquam in quamdam interioris hominis grandeuitatem conformat."

214 Vgl. O. WALZEL. 93. WALZEL bemerkt, daß das, was Thomas über Metapher sagt, nicht von ARISTOTELES stamme, nennt aber keine anderen Quellen, so daß er es offensichtlich als originäre Leistung des Aquinaten versteht. Vgl. O. WALZEL. 92.

215 O. WALZEL. 95: "Was von Thomas von Aquino nur der Sacra doctrina vorbehalten ward, wurde einmal schon vom Mythos in Anspruch genommen."

216 Vgl. D. B. BURRELL. Aquinas. 34.

217 D. B. BURRELL. Aquinas. 35.

Anmerkungen zu Kapitel 6

218 D. B. BURRELL. Aquinas. 66. Vgl. oben 235.
219 P. RICOEUR. Métaphore. 323-399.
220 Vgl. P. RICOEUR. Métaphore. 325-344.
221 P. RICOEUR. Métaphore. 359. Vgl. den ganzen Abschnitt 344-356.
222 Zu den Vermittlungsinstanzen vgl. P. RICOEUR. Métaphore. 345 Anm. 3.
223 P. RICOEUR. Métaphore. 347.
224 P. RICOEUR. Métaphore. 350.
225 Vgl. P. RICOEUR. Métaphore. 352.
226 P. RICOEUR. Métaphore. 352.
227 Ebd.
228 Vgl. P. RICOEUR. Métaphore. 353. Hier gibt RICOEUR eine falsche Quellenangabe; der von ihm in Übersetzung zitierte Text steht in De pot q7 a7 ad2 (nicht q7 a6 ad7) und lautet: "... quia ipsa forma in creatura participata deficit a ratione eius quod Deus est, sicut calor ignis deficit a ratione virtutis solaris, per quam calorem generat."
229 "... sicut sol secundum unam virtutem, multiformes et varias formas in istis inferioribus producit."
230 Vgl. P. RICOEUR. Métaphore. 353 Anm 1. 366-368.
231 DERRIDA, Jaques: Mythologie blanche (la métaphore dans le texte philosophique). Poétique 2 (1971). 1-52. Hier 36.
232 P. RICOEUR. Métaphore.
233 Vgl. P. RICOEUR. Métaphore. 353.
234 Vgl. P. RICOEUR. Métaphore. 355.
235 Vgl. ST I q65 a3 c.
236 Vgl. auch D. B. BURRELL. Aquinas. 136. 138.
237 CHESTERTON, Gilbert K.: Der Heilige Thomas von Aquin. Nach der ersten englischen Auflage (London 1938) ins Deutsche übertragen v. Dr. Elisabeth Kaufmann. Salzburg o.J. 132. - Zum sachlichen Recht dieses Titels vgl. auch W. KLUXEN. Perspektiven. 25.
238 H. BLUMENBERG. Paradigmen. 19. - P. SEQUERI. 343 verwendet zur Kennzeichnung des zweiten Hauptproblems der Analogie bei Thomas (neben der Identität und Differenz der Bedeutungen) exakt diesen Ausdruck: "... la metafora assoluta di 'causa trascendente' delle creature." Ob es sich dabei um eine stillschweigende Übernahme von BLUMENBERG handelt oder eine zufällige Konvenienz im Ausdruck (die ich für unwahrscheinlich halte), geht aus dem Artikel nicht hervor. - D. B. BURRELL. Aquinas. 115-116 spricht nicht dem Begriff der "causa/creatio", sondern dem des "actus" die Rolle der "master metaphor" zu. Sachlich ist dies kein Widerspruch zur erstgenannten Kategorie der "causa"; ich bezweifle allerdings stark,

Anmerkungen zu Kapitel 6

ob dieser Begriff - trotz gewisser Metaphorizität - bildlich genug ist, um als absolute Metapher wirken zu können. - Eine leitende Metapher speziell für die Region der Wahrheitstheorie des Thomas behauptet MACKEY, Louis H.: On Philosophical Form: A Tear for Adonais. Thought 42 (1967). 238-260. Speziell 247-248: "I should like to venture that St. Thomas' theory of truth is built in the metaphor of the arch, or the hierarchy of arches ... This metaphor is never made explicit in the questions ... but it is nonetheless there informing the whole of the division of the Summa." - R. SCHÖNBERGER. 37 schreibt nur: "Das Grundverfahren der philosophischen Theologie des Thomas beruht auf dem Kausalitätsprinzip ...", kommt aber nicht zur Identifikation der "causa" als Metapher. Vgl. auch 133-134.

239 H. BLUMENBERG. Paradigmen. 19.

240 Vgl. H. BLUMENBERG. Paradigmen. 17.

241 H. BLUMENBERG. Paradigmen. 20.

242 Vgl. H. BLUMENBERG. Beobachtungen. 169.

243 H. BLUMENBERG. Beobachtungen. 191. Vgl. auch 212.

244 H. BLUMENBERG. Paradigmen. 114-115.

245 Vgl. P. RICOEUR. Métaphore. 350-351.

246 Vgl. D. B. BURRELL. Aquinas. 66.

247 Vgl. P. RICOEUR. Métaphore. 353. Das ist allein schon vom wörtlichen Befund bei Thomas her zu kritisieren, sofern z.B. in I q2 a3 neben "verum" und "bonum" auch "nobilis" oder in I q13 a2 ad2 "vivens" als Terme identischer semantischer Struktur auftauchen, die Thomas nie zu den Transzendentalien gerechnet hat.

248 Vgl. H. BLUMENBERG. Paradigmen. 20.

249 H. BLUMENBERG. Paradigmen. 124.

250 I. U. DALFERTH. 633.

251 Vgl. I. U. DALFERTH. 633.

252 In diesem Sinn handelt es sich bei Hans Urs von BALTHASARs Werk "Herrlichkeit. Eine theologische Ästhetik". Einsiedeln (bisher) 1961-1969. um die paradigmatische Rekonstruktion theologisch wichtig gewordener Übersetzungen der Wucht von Offenbarung in wahrnehmbare Entsprechungen. Die Vielfalt der Transformationen zeigt, wie sehr die Übersetzung Aufgabe bleibt, wie stark auch die Bedingungen des Übersetzers seine Aufgabe und ihre Resultate determinieren. Die Form der Typologie und Paradigmatik, die das Denken auf der Ebene des Konkreten hält, ist von BALTHASARs Werk notwendig aufgegeben, weil sich über Analogie nur im Akt ihres Wirkens - also in Beispielen - etwas erfahren und in Re-konstruktion des Aktes etwas sagen läßt. - Der Transformation der formalen Dialektik von Metapher und Analogie in die ästhetische Dialektik von Wucht und Gestalt korrespondiert auch die Beobachtung, daß im mystischen Sprechakt - und mystische Erfahrungen werden meist

Anmerkungen zu Kapitel 6

als Überwältigung, Getroffenheit etc. erlebt - die Metaphorizität überwiegt. Vgl. A. M. HAAS. 86-87. 301-329.

253 Vgl. I. U. DALFERTH. 633.

254 In seinem Licht entpuppen sich die Behauptungen G. P. KLUBERTANZ' und R. McINERNYs, die Metaphern gingen durch Sprachgebrauch bzw. Reflexion in Analogie über, als zwar nicht ganz falsch, aber doch so oberflächlich, daß sie fast notgedrungen Mißverständnisse nach sich ziehen. Vgl. oben 232-233.

255 Vgl. oben Kap. 5. 115-116. Dieses Kap. 237.

256 Vgl. H. BLUMENBERG. Paradigmen. 69.

257 Diese Orientierung an der "Natur" gilt auch schon für die Metapher: "Die Stärke der Metapher, die sich einer argumentativ schwer oder gar nicht fundierbaren Behauptung zugesellt, beruht auf der manifesten Anschaulichkeit ihres Transplantationsmaterials, dem die 'Natur' als Fundus legitimierender Qualitäten dient." So H. BLUMENBERG. Beobachtungen. 201.

258 Vgl. H. LYTTKENS. Analogy. 78-79.

259 Vgl. dazu E. JÜNGEL. Geheimnis. 352-355. Bes. 353 Anm 33. - Ders.: Metaphorische Wahrheit. 138-143. - Vgl. auch R. McINERNY. Logic. 151.

260 Vgl. H. BRINKMANN. Hermeneutik. 49-73.

261 Vgl. BOETHIUS. De definitione. PL 64. Sp. 907. - Vgl. ADRIANI, M(): Art. Microcosmo. In: EF. Vol V. Ristampa aggiornata della seconda edizione interamente rielaborata. Roma 1979. Sp. 759.

262 Vgl. M. L. COLISH. 220-221.

263 Vgl. oben 239.

264 Vgl. oben 139-140.

265 Vgl. oben 236.

266 H. BLUMENBERG. Paradigmen. 132-133.

267 H. BLUMENBERG. Paradigmen. 132.

268 D. B. BURRELL. Aquinas. 65. Vgl. oben 234-235. Nicht glücklich scheint mir dieser Ausdruck deshalb, weil "fracture logic" allzu leicht ein "gegen jede Logik" assoziieren lassen kann und so die Rede von Gott nahe an den Rand der Absurdität rückt.

269 Vgl. P. RICOEUR. Métaphore. 356.

270 H. BLUMENBERG. Paradigmen. 132.

271 Vgl. 1 Joh 4, 8.

272 H. BLUMENBERG. Beobachtungen. 170. - Was BLUMENBERG damit in seine Abhandlung behauptend einfließen läßt, kann ausgezeichnet am 3. Kapitel des für die "nomina-divina"-Problematik und die Mystik des gesamten Westens normativen Werkes "Perì theíon onomáton" des Ps.-Dionysios AREOPAGITA nachgewiesen werden. Bereits

Anmerkungen zu Kapitel 6

dort inhäriert - in nochmals selbst metaphorisch-imaginativer Verhüllung - der Problematik diese fundamentale pragmatische Sinnrichtung. - Von dieser Bestimmung her enthüllt sich auch das Wahrheitsmoment der existentiellen Wendung in BURRELLs Werken; jedoch hat das vorschnelle Einschlagen dieses Weges als Umgehen der Arbeit des Begriffs den inneren Sinn der Zusammenhänge verstellt. Vgl. oben Kap. 4. 87-88 und oben 233-235.

273 Vgl. H. BLUMENBERG. Beobachtungen. 169-170. BLUMENBERG benutzt damit - ob bewußt oder nicht, läßt sich nicht feststellen - einen der Zentralterme thomanischer Erkenntnistheorie: "excessus". Und genau dort, wo Thomas besonders präzis vom "excessus" spricht, geschieht dies im unmittelbaren Zusammenhang mit der Erkenntnis des Geistigen durch das Sinnliche: "... incorporae, quorum non sunt phantasmata, cognoscuntur a nobis per comparationem ad corpora sensibilia, quorum sunt phantasmata. Sicut veritatem intelligimus ex consideratione re circa quam veritatem speculamur; Deum autem, ut Dionysius dicit (De div. nom I, 5) cognoscimus ut causam, et per excessum, et per remotionem; alias enim incorporeas substantias, in statu praesentis vitae, cognoscere non possumus nisi per remotionem, vel aliquam comparationem ad corporalia. Et ideo cum de huiusmodi aliquid intelligimus, necesse habemus converti ad phantasmata corporum, licet ipsorum non sint phantasmata" (I q84 a7 ad3). - Vgl. zum "excessus" auch K. RAHNER. 153-232.

274 H. BLUMENBERG. Beobachtungen. 170.

275 P. RICOEUR. De l'interpretation. 37.

276 H. BRINKMANN. Zeichenhaftigkeit. 10. - Zum Antagonismus von Philosophie und Poetik vgl. R. McINERNY. Rhyme. 1-33. Thomas' Stellung darin 20-33. Dort äußert sich McINERNY kritisch über die diesbezüglichen Ansichten von CURTIUS, Ernst R.: Europäische Literatur und lateinisches Mittelalter. 3. Aufl. Bern-München 1961. Bes. 221-234. 277 bemerkt CURTIUS lakonisch: "Dieser Streit (sc. zwischen Philosophie und Poetik) ist durch den Thomismus wieder angefacht worden." - Vgl. außerdem H. WEINRICH. Sp. 1180. - Vgl. die in Kap. 3 Anm. 148 genannte Arbeit von W. Ong. 137.

277 Vgl. oben Kap. 3. 69-71.

278 W. KLUXEN. Prinzipien. 181.

279 Vgl. oben 241-242 und Anm. 231.

280 P. RICOEUR. Métaphore. 352.

ANMERKUNGEN ZU KAPITEL 7

1 L. WITTGENSTEIN. PhU. Nr. 122. Mit "übersichtlicher Darstellung" bezeichnet WITTGENSTEIN die letztgültige Intention seiner analytischen Bemühungen. "Der Begriff der übersichtlichen Darstellung ist für uns von grundlegender Bedeutung. Er bezeichnet unsere Darstellungsform, die Art, wie wir die Dinge sehen. (Ist dies eine 'Weltanschauung'?)" (ebd.).

2 Zur Bedeutung von "Semiotik", "Semantik", "Syntaktik" und "Pragmatik" vgl. oben Kap. 3 Anm. 98.

3 Zu Thomas' Konvergenz und Divergenz mit der modernen Semiotik (speziell Charles W. MORRIS) vgl. LAUER, Rosemary Z.: St. Thomas and Modern Semiotic. Thom. 19 (1956). 75-99.

4 Vgl. oben Kap. 6 die entsprechenden Abschnitte.

5 Vgl. oben Kap. 6. 243-247.

6 Vgl. oben Kap. 6. 244-245.

7 Vgl. oben Kap. 6. 244-245.

8 Vgl. J. HIRSCHBERGER. 201-203.

9 Vgl. oben Kap. 6. exemplarisch 140-142. 201-203.

10 M.-D. PHILIPPE. 36. Vgl. auch SACKSTEDER, William: Analogy: Justification for Logic. Philosophy and Rhetoric 12 (1979). 21-40. SACKSTEDER spricht 22 (und öfter) von einer "inferential power" der Analogie.

11 J. PIEPER. Hinführung. 29-30.

12 "Zusammen-sehen" (synorân) dürfte einer der frühesten Terme für das Analogiegeschehen sein. Vgl. PLATON. Phaidros 265 d (wobei PLATON die Transzendentalien natürlich univok auffaßt); ARISTOTELES. Metaphysik IX, 6. 1048a 37.

13 "Dogmatik" ist hier nicht im streng theologischen Sinn gemeint.

14 Vgl. dazu die in Kap. 6 Anm. 159 genannte Arbeit von H. BLUMENBERG. 240-241.

15 Vgl. dazu die in Kap. 1 Anm. 4 genannte Arbeit von J. REITER. 31. Dort erscheint Analogie als das Remedium gegen das Idolische, welches REITER bestimmt "als ein sich ausgrenzendes Immunsetzen gegen jegliches Betroffenwerden durch Anderes und durch den Anderen; ... als die forcierte Univozität auch des Äquivoken ..."

16 Wie etwa die Bestimmung der Analogie als "Rettungsmittel der Gotteserkenntnis" bei J. HABBEL. Vgl. oben Kap. 2. 46. - Zur Notwendigkeit jener Universalität des Redens für dessen Gelingen selbst und die letztlich immer theo-logische - durch Rede von Gott - erfolgende Konstitution dieser Universalität vgl. HUBER, Carlo: Zeichen Gottes - Zeichen der Freiheit. In: Die Kirche. Fünfzehn Betrachtungen. Hg. Wolfgang Sandfuchs. Würzburg 1978. 11-24.

17 Diesen Namen hat m.W. erstmals F. BRUNNER in unmittelbarem Zusammenhang mit der Analogiethematik gebraucht. Vgl. BRUNNER, Fernand: L'analogie entre Dieu et le Monde. RTP 22 (1972).

Anmerkungen zu Kapitel 7

246-254. Es handelt sich dabei um eine ausführliche Rezension zu H. CHAVANNES. BRUNNER eröffnet sie 246 mit der Bemerkung: "La question de l'analogie est une des plus difficiles et des plus centrales qui soient. Non seulement elle donne lieu à des analyses formelles délicates, mais encore elle concerne les options philosophiques fondamentales."

18   L. WITTGENSTEIN. BlB. 94. Nach D. DUBARLE. 232 darf auch schon ARISTOTELES dieser Optionscharakter von Analogie unterstellt werden: "La doctrine de l'analogie, à partir d'un certain point, est aussi la doctrine d'un libre engagement de l'esprit à une certain façon de comprendre les choses ..." – Zum Optionscharakter vgl. auch A. M. HAAS. 329: "Negation (sc. als Moment der Analogie) ist in hohem Maß 'Interessensprache'." (Dort Lit.).

19   Theologie reduziert sich dabei im Extrem auf die Ausarbeitung und Vermittlung der Regeln eines partikulären Diskurses; auf ihn kann ich mich letztlich nur aus positiv(istisch)er Setzung einlassen – oder auch nicht. Die Explikation des Zusammenhanges dieses Diskurses mit anderen und vor allem der Sinnhaftigkeit eines Entscheids für ihn (also die eigentlich fundamentaltheologische Aufgabe) kommen dabei zu kurz. Trotz aller Hochschätzung sind z.B. die Arbeiten E. JÜNGELs an manchen Stellen von dieser Tendenz nicht freizusprechen. Vgl. etwa E. JÜNGEL. Geheimnis. 308-309. – L. WITTGENSTEINs Aphorismus "Welche Art von Gegenstand etwas ist, sagt die Grammatik. (Theologie als Grammatik.)" (PhU. Nr. 373) schließt gerade vom Begriff des Grammatischen her das fundamentaltheologische Anliegen mit ein, sofern bei WITTGENSTEIN das "Grammatische" das Allerrealste ist.

20   "Hermeneutik" heißt ursprünglich "Kunst der Auslegung", "hermeneutisch" alles, was mit dieser Kunst in Zusammenhang steht. Vgl. GADAMER, H(ans)-G(eorg): Art. Hermeneutik. In: HWP Bd. 3. Darmstadt-Basel 1974. Sp. 1061-1073. – Auslegung geschieht, um den noch oder wieder verborgenen Sinn des Auszulegenden aufzuschliessen, und jede solche Aufschlüsselung beginnt von einem bereits (wenigstens partiell) erschlossenen Sinn her. Sofern eine Theologie von der Welt her auf Gott hin denkt, um dem Sinn von "Gott" auf die Spur zu kommen, darf der Zusammenhang von Gott und Welt "hermeneutisch" heißen. (Daß die einseitige Ausrichtung dieses Geschehens – von der Welt zu Gott – in dessen Vollzug sehr schnell zur Dialektik Welt/Gott – Gott/Welt transformiert wird und sich ferner darin fortschreitend der Sinn von "Gott" als in seiner Ganzheit uneinholbarer und jedes Mühen um ihn als ein Nach-denken enthüllt, braucht hier nicht weiter bedacht zu werden).

21   U. KÜHN. 25.

22   Dieser Ausdruck bei E. JÜNGEL. Geheimnis. 404 Anm. 25.

23   Dieser Zusammenhang ließe eine spekulative Deduktion von Analogie überhaupt zu: die Konstitution dieses hermeneutischen Zusammenhanges gründet in der Option auf differenzierte Zusammenhänge als der Bedingung ihrer Möglichkeit. Die Option ihrerseits wiederum entspringt dem spannungsgeladenen Antagonismus zwischen

Anmerkungen zu Kapitel 7

dem einen und faktisch endlichen Intellekt und der indefiniten Disparatheit seiner Um- und Mitwelt. Um sie in einer lebensnotwendigen Bandbreite zu erschließen, zu erhellen und zu bewältigen, bedarf es der Einheit-in-Differenz. Die Struktur des menschlichen Intellekts, sein Ver-einheitlichungsstreben, zeitigte so aus der unmittelbaren Eigenstruktur und Eigendynamik die Analogie aus. Diese Deduktion ließe sich ins Theologische zurückverfolgen, sofern sich im Rahmen so verstandener Analogie die Möglichkeit der Rede von Gott und der Gotteserkenntnis gerade in der endlichen Faktizität menschlichen Intellekts festmachte.

24 Zum Theoriebegriff vgl. SPINNER, Helmut F.: Art. Theorie. In: HphG - Studienausgabe. Bd. 5. München 1974. 1486-1514.

25 P. RICOEUR. De l'interpretation. 256.

26 Ebd.

27 Vgl. dazu die in Kap. 6. 233 zitierten - fast unbeholfenen - Äußerungen R. McINERNYs (im Kontext der Abgrenzung von Analogie und Metapher).

28 A. KENNY. 223. Vgl. dazu auch die in Kap. 4 Anm. 36 genannte Arbeit von W. T. BRUENING. 7. - Vgl. die in Kap. 4 Anm. 60 genannte Arbeit von B. WICKER. 231. - Vgl. P. A. SEQUERI. 341.

29 Vgl. D. B. BURRELL. Analogy. 124. Vgl. oben Kap. 4. 87. - Vgl. M. L. COLISH. 222.

30 Vgl. oben Kap. 4. 85-86.

31 I. D'HERT. 35.

32 L. WITTGENSTEIN. Tractatus. 7: "Wovon man nicht sprechen kann, darüber muß man schweigen."

33 Vgl. I. D'HERT. 35-36.

34 Folgerichtig ergibt sich deshalb auch in D'HERTs Analyse der Analogietheorie - trotz primär linguistischer Perspektive - eine ausgesprochen problematische Charakteristik analoger Rede: "Although Thomas is clearly aware that our language does not actually grasp or reach God, he has designed a way by which one can meaningfully **run up against** the boundary of the closed world in which he was standing. Language is put to a **very special use**, its possibilities **stretched as far as possible**, in order **somehow** to bear on a reality which is not immediately given in experience" (36 - alle Herv. v. mir). Analogie erscheint als extremer Spezialfall von Sprache (und jedem Spezialfall droht kontinuierlich die Elimination, gerade weil er so speziell ist); Einsicht in das Geschehen der Analogie (somehow!!) kommt nicht zustande.

35 T. CHAPMANN. 134.

36 Vgl. T. CHAPMAN. 133. 134.

37 T. CHAPMAN. 138. - Beiläufig streift auch BURRELL. Aquinas. 56 die Selbstanalogizität von Analogie, wenn er die thomistische Schulphilosophie kritisierend schreibt: "So the theory-builders were

Anmerkungen zu Kapitel 7

bewitched into neglecting the analogous way Aquinas used 'analogy' ..."

38 H. BRINKMANN. Hermeneutik. 279.
39 Vgl. oben Kap. 5. 97-101.
40 Vgl. oben Kap. 5. 106-113.
41 Vgl. oben Kap. 5. 103-104.
42 Vgl. oben Kap. 6. 159-160. - Ähnlich (nur impliziter) auch I-II q35 a8 c.
43 Vgl. oben Kap. 6. 241-242.
44 Vgl. oben Kap. 5. 123-125.
45 Vgl. oben Kap. 6. 144-149.
46 Vgl. oben Kap. 6. 217-219.
47 Vgl. oben Kap. 6. 227-228.
48 Vgl. oben Kap. 6. 237-238.
49 Vgl. oben Kap. 6. 239.
50 Vgl. die in Kap. 3 Anm. 57 genannten Arbeiten von C. FABRO. - Vgl. außerdem GEIGER, L()B.: La participation dans la philosophie de S. Thomas d'Aquin. Paris 1942. - Vgl. KRENN, Kurt: Vermittlung und Differenz? Vom Sinn des Seins in der Befindlichkeit der Partizipation beim hl. Thomas von Aquin. Roma 1962. = AnGr SFP 121. (Dort Lit.).
51 Das in Anm. 50 genannte Werk L. B. GEIGERs. 317 Anm. 3.
52 Vgl. oben Kap. 6. 164-165. - Vgl. auch L. M. de RIJK. Neuplatonische Semantik. 21-24. 32.
53 Vgl. E. JÜNGEL. Ursprung. 58.
54 Vgl. E. JÜNGEL. Ursprung. 77-78.
55 E. JÜNGEL. Ursprung. 77.
56 L. WITTGENSTEIN. BlB. 48-49. - WITTGENSTEINs Diagnose stellt systematisch gesehen noch nicht das Letzte dar, was zu diesem Problem zu sagen ist. Eine entsprechende Vertiefung ist in der Perspektive der Rede I. KANTs von der Notwendigkeit des transzendentalen Scheins (vgl. KANT, Immanuel: Kritik der reinen Vernunft. B 349-355) zu denken.
57 L. WITTGENSTEIN. PhU. Nr. 23: "Wie viele Arten der Sätze gibt es aber? Etwa Behauptung, Frage, Befehl? - Es gibt **unzählige** solcher Arten: unzählige verschiedene Arten der Verwendung alles dessen, was wir 'Zeichen', 'Worte', 'Sätze' nennen. Und diese Mannigfaltigkeit ist nichts Festes, ein für allemal Gegebenes; sondern neue Typen der Sprache, neue Sprachspiele, wie wir sagen können, entstehen und andere veralten und werden vergessen."
58 Vgl. das in Kap. 1. Anm. 3 genannte Werk J. SIMONs. 5-7.

Anmerkungen zu Kapitel 7

59 Von daher hat der leise Optimismus, der in JÜNGELs zitierter Aussage über PARMENIDES noch mitschwingt (vgl. oben 266 - "... nur schwer ...") keine Aussicht auf Erfüllung.

60 Vgl. dazu etwa die Aufsatzsammlung von HOLENSTEIN, Elmar: Von der Hintergehbarkeit der Sprache. Kognitive Unterlagen der Sprache. Anhang: Zwei Vorträge von Roman Jacobson. Frankfurt 1980. = stw 316. - Der Überschuß von Analogie über Sprache läßt sich m.E. nur noch interdisziplinär thematisieren, hätte die privilegierte Relation von Analogie und Sprache (als erstem Medium der Analogierealisation) festzuhalten und sich vor einem Rückfall in exklusive Analogie-Metaphysik zu hüten.

61 Zum selben Ergebnis gelangt aus transzendentalphilosophischer Sicht H. HOLZ, der in der Analogie den Grundriß einer allgemeinen philosophischen Strukturtheorie bzw. einer allgemeinsten Relationstheorie sieht. Zum Problem der Theoretisierung schreibt er: "Es besteht ... eine Polaritätsbeziehung zwischen dem idealen Gehalt (oder Gehalt an sich) jenes obersten Bezugssystems und seiner hermeneutischen Aufschließung in ideen- und problemgeschichtlicher Vermitteltheit. Faßt man auch hier ein Verständnis nach Art von Analogie ins Auge, so entsteht die Frage, ob man dann beide Pole nicht auch wieder als Interpretationsgestalten eines höheren Bezugssystems denken müsse und so in infinitum. Die Grundschwierigkeit, die sich in der Analyse der Analogieproblematik zeigte, scheint hier einen systematischen Abschluß überhaupt zu verhindern" (64).

62 H. BLUMENBERG. Beobachtungen. 171.

63 Vgl. oben Abschnitt 2.1.

64 Vgl. auch P. RICOEUR. De l'interpretation. 26: "L'analogie ... n'est pas un rapport que je puisse porter sous le regard et considérer du dehors; ce n'est pas un argument; loin de se prêter à la formalisation, elle est une relation adhérente à ses térmes; ..." - Vgl. auch H. HOLZ. 65: "Bei der grundsätzlichen Unabgeschlossenheit, Komplexheit und Unvollendbarkeit des menschlichen Wissens in quantitativer und qualitativer Rücksicht ist ... die Analogie, als eine die letztmögliche jeweilige methodologische Reflexion (wenigstens indirekt) ausklammernde, unmittelbar auf die Objekte gehende **Denkweise** (Herv. v. mir) unersetzlich."

65 Vgl. z.B. ST I q14 a16 c; auch die differenzierteste Ausfaltung aus In Eth I, 1 nr. 1-2 reduziert sich letztlich auf diese zwei Sorten. Vgl. auch W. KLUXEN. Ethik. 23-26.

66 W. KLUXEN. Ethik. 87. Vgl. auch 92 und zum Ganzen 1-101.

67 D. B. BURRELL. Aquinas. 67. - Vgl. auch die diesbezüglichen Bemerkungen in dem in Kap. 6 Anm. 36 genannten Essay von L. KOLAKOWSKI. 153-163. 169-170. - Für die wissenschaftstheoretische Plausibilität der solchermaßen anvisierten Analogiekonzeption dürfte es nicht unerheblich sein, daß parallele Fälle auch im Horizont neuzeitlicher Philosophie vorkommen - so etwa beim Problem der Freiheit, sofern dessen theoretische Auflösung sich in Aporien ver-

Anmerkungen zu Kapitel 7

strickt, die sich jedoch durch einen Rekurs auf die Freiheitspraxis unterlaufen lassen und deren Analyse eine philosophisch schlüssige Explikation von Freiheit ermöglicht. Überzeugend durchgeführt hat diese Behandlung der Freiheitsthematik KRINGS, Hermann: Art. Freiheit. In: HphG - Studienausgabe. Bd. 2. München 1973. 493-510.

68 Vgl. die in Kap. 2 analysierten Interpretationen, besonders die im Abschnitt 2.1. genannten Arbeiten.

69 Vgl. oben Kap. 3. 68-75.

70 Vgl. oben Kap. 3. 69-71.

71 Vgl. oben Kap. 6. 247-249.

72 Vgl. oben Kap. 3. 61-62.

73 Vgl. oben Kap. 6. 217-219.

74 Vgl. oben Kap. 3. 61-62.

75 Vgl. oben Kap. 6. 218-219.

76 Vgl. G. ANGELINI. 186-190.

77 I q8 a1 ad2: "... licet corporalia dicantur esse in aliquo sicut in continente (das "vinum"-Beispiel im Text habe ich zur Konkretisierung eingeführt), tamen spiritualia continent ea in quibus sunt, sicut anima continet corpus."

78 Zu der solchermaßen implizit mitbehaupteten apriorischen Analogizität von Allgemeinbegriffen vgl. die Analyse von I q13 a5 ad1 in Kap. 5. 105-106.

79 Vgl. oben Kap. 6. 246-247.

ANMERKUNGEN ZU KAPITEL 8

1. Dazu gehören sämtliche in 2.1 besprochenen Arbeiten, ebenso L. B. PUNTEL. Geschichtlichkeit. - B. MONDIN. Linguaggio. - D. B. BURRELL. Analogy. - Ders.: Aquinas. - um nur die wichtigsten zu nennen.
2. I. D'HERT. 38.
3. Vgl. E. JÜNGEL. Geheimnis. 385.
4. E. JÜNGEL. Geheimnis. 390.
5. Ebd.
6. E. JÜNGEL. Geheimnis. 395. Zum Ganzen vgl. 390-395.
7. Genau hier liegt der kritische Punkt des ganzen JÜNGELschen Entwurfes. Er heißt: Was bedeutet "Wort Gottes"? oder "Gott spricht zum Menschen"? Diese fundamentaltheologische Frage findet bei JÜNGEL keine Antwort. Um nicht alte apologetische Polemik aufzuwärmen, ist es sicher angebracht, in diesem Zusammenhang nicht mehr den Vorwurf des Offenbarungspositivismus zu erheben; dennoch kann keine ernsthafte Theologie erwarten, von diesen Fragen dispensiert zu werden - zumal dann, wenn sie sich so absolut wie JÜNGEL auf das von ihnen Befragte stützt. JÜNGELs diesbezügliche Auskunft scheint mir eine Art Absichtserklärung zu bleiben. Er schreibt 393: "Der Übertragung des Modells menschlicher Rede auf Gott liegt die Gewißheit zugrunde, daß Gott sich gerade im Vollzug seiner Göttlichkeit zugleich als menschlich erwiesen hat. Ihn als einen Redenden zu denken, von ihm als einem Redenden zu reden, ist kein 'dogmatischer Anthropomorphisumus', der Gott zu nahe träte, sondern eine Folge desjenigen Ereignisses, in dem Gott als Gott sprachlich zugänglich wird und das die Bibel Offenbarung nennt."
8. M. SECKLER. 47.
9. Vgl. M. SECKLER. 23-26. 28.
10. Vgl. L. DÜMPELMANN. 52 Anm. 156.
11. Vgl. oben Kap. 6. 242-244.
12. Vgl. W. SCHACHTEN. 112-121.
13. Um die wichtigsten Titel zu nennen: BRUNS, P()L.: Metaphysik des Wortes. Diss. Bonn 1937. Bes. 27-52. - ECKER STEGER, E(velyn): Verbum cordis: Mediation between I and Thou. DTP 81 (1978). 40-53. - LONERGAN, Bernhard J.: Verbum. Word and Idea in Aquinas. Ed. David B. Burrell. Notre Dame 1967. - MEISSNER, William W.: Some Aspects of the Verbum in the Texts of St. Thomas. MSM 36 (1958). 1-30. - O'CONNELL, Matthew J.: St. Thomas and the Verbum. MSM 24 (1947). 224-234. - PAISSAC, H(): Théologie du verbe. Saint Augustin et Saint Thomas. Paris 1951. - PESCH, Otto H.: Theologie des Wortes bei Thomas von Aquin. ZThK 66 (1969). 437-465. - PRUFER, Thomas: Sein und Wort nach Thomas von Aquin. Diss. München 1959. - RABEAU, Gaston: Species. Verbum. L'activité intellectuelle élémentaire selon S. Thomas d'Aquin. Paris 1938. = BiblThom 22.

Anmerkungen zu Kapitel 8

14 Vgl. F. INCIARTE. 264-269.

15 Vgl. oben Kap. 6 passim.

16 F. INCIARTE. 269: "wenn schon nicht aus theologischen, so auf jeden Fall aus philosophischen Gründen wäre eine Beschäftigung mit der Trinitätslehre des Thomas von Aquin gerade heute, gerade aus der Perspektive der Sprachphilosophie doch lohnenswert."

17 W. SCHACHTEN. 110-111. - Zur Bedeutung dieser Wort-Dimension im Geheimnis Gottes für die Mystik vgl. A. M. HAAS. 15.

18 Ergänzend zu SCHACHTEN ist hier darauf hinzuweisen, daß Inkarnation als Anrede selbst nicht irgendein factum brutum ist, sondern ihrerseits essentiell gemäß einer Grammatik geschieht: diese Grammatik ist der Mensch. Sofern Gott diese Grammatik für die von ihm gewollte Selbstmitteilung gewählt hat, ist theologisch davon auszugehen, daß sie ihm ent-spricht. Die Grammatik ist dabei selbst schon im Akt der Schöpfung mitgesetzt. Vgl. M. SECKLER. 90 mit Verweis auf RAHNER, Karl: Zur Theologie der Menschwerdung. In: Schriften zur Theologie. Bd. 4. Neuere Schriften. 4. Aufl. Einsiedeln-Zürich-Köln 1964. 137-155. Hier 149.

19 Vgl. dazu R. SCHÖNBERGER. 27 Anm. 15.

20 Vgl. W. SCHACHTEN. 111. - Vgl. auch J. PIEPER. Kreatürlichkeit. 54. - Vgl. L. DÜMPELMANN. 106. - Vgl. M. SECKLER. 95-96. - Vgl. die oben in Anm. 13 genannte Arbeit von O. H. PESCH. 463.

21 Vgl. G. SÖHNGEN. 101-102.

22 W. SCHACHTEN. 113.

23 Soweit ich sehe, verwendet Thomas den Term "analogia" nur ein einziges Mal im Kontext von Trinität und Schöpfung in einem für das hier zu bedenkende Problem nicht relevanten Zusammenhang (W. Schachten zitiert die Stelle nicht): De pot q2 a5 ad6: "... generatio Filii et productio creaturarum non sunt unius rationis secundum univocationem, sed secundum analogiam tantum."

24 Vgl. H.-G. GADAMER. 361.

25 H.-G. GADAMER. 383.

26 Vgl. H.-G. GADAMER. 395-404. Kritisch zu GADAMERs Rekurs auf die Verbum-Tradition vgl. die in Kap. 3 Anm. 97 genannte Arbeit von A. SCHINDLER. 236-241.

27 GADAMER gibt 399 Anm. 1 global an: "Vgl. Comm. in Joh. cap. 1 = 'de differentia verbi divini et humani' und das aus echten Thomastexten kompilierte schwierige und gehaltvolle Opusculum 'De natura verbi intellectus', auf die wir uns im folgenden vor allem stützen."

28 Vgl. H.-G. GADAMER. 403-404. - Auch im Medium des schöpferischen Gott-Welt-Bezuges ereignet sich die Dialektik von Einheit und Vielheit - und hat dabei wesentlich mit dem "exitus-reditus"-Schema zu tun. Die Formel dieses Schemas "... erlaubt es, die Struktur des Geschehens zu erfassen und im Vielen analog und abbildhaft

Anmerkungen zu Kapitel 8

das Geschehen des Einen zu erkennen ... Sie hat sich einerseits verfestigt in eine allgemeine und formale Ursachenlehre, aber sie hat ihren alten Klang beibehalten, der auf ihre religiöse Herkunft hinweist, auf jene archaische Ontologie, der nach M. Eliade das zyklische Denken wesentlich zugeordnet ist." So. M. SECKLER. 30. Diese Archaizität des Schemas bringt ihrerseits noch einmal das Menschen-gemäße der durch es vermittelten Analogie und der diese tragenden Option zum Ausdruck.

29 H.-G. GADAMER. 404.

30 Ebd.

31 Ebd.

32 H.-G. GADAMER. 405. Bezüglich der Einsicht des Aquinaten ein globaler Verweis auf die oben in Anm. 13 genannte Arbeit von G. RABEAU. - Zur Unendlichkeit natürlicher Begriffsbildung vgl. auch J. PIEPER. Kreatürlichkeit. 55-56. - Vgl. HUFNAGEL, Alfons: Wort Gottes. Sinn und Bedeutung nach Thomas von Aquin. In: Wort Gottes in der Zeit. FS H. Schelkle. Hg. Helmut Feld und Josef Nolte. Düsseldorf 1973. 236-256. Hier 244: "Das verbum als das Ergebnis eines Erkenntnisaktes enthält nicht alles, was im Ausgangspunkt des betreffenden Erkenntnisaktes enthalten ist."

33 H.-G. GADAMER. 406.

34 Weitere frappierende Koinzidenzen bringt GADAMER im Anschluß an das oben Referierte im Blick auf die Weiterführung der natürlichen Begriffsbildung bei Nikolaus von KUES zur Sprache; u.a. erwähnt er den schöpferischen Charakter der "impositio nominis" sowie die grundsätzliche Ungenauigkeit und den nominalistischen Charakter dieses Sprachverständnisses. Vgl. H.-G. GADAMER. 411-415.

35 Ich bin der Ansicht, daß jene Auseinandersetzung GADAMERs mit der Verbumthematik den Konstruktions- und Angelpunkt seines hermeneutischen Entwurfs ausmacht. Eine Untersuchung von "Wahrheit und Methode" von diesem Horizont her wäre für ein vertieftes und kritisches Verständnis der hermeneutischen Philosophie äußerst wünschenswert. Die bisherigen Arbeiten über Gadamer - auch die theologischen - erwähnen diesen Aspekt überhaupt nicht (so HILBERATH, Bernhard J.: Theologie zwischen Tradition und Kritik. Die philosophische Hermeneutik Hans-Georg Gadamers als Herausforderung des theologischen Selbstverständnisses. Düsseldorf 1978. = TTT. - Vgl. auch STOBBE, Heinz-Günther: Hermeneutik - ein ökumenisches Problem. Eine Kritik der katholischen Gadamer-Rezeption. Zürich-Köln-Gütersloh 1981. = Ökumenische Theologie Bd. 8) oder streifen ihn nur beiläufig (so GRODIN, Jean: Hermeneutische Wahrheit? Zum Wahrheitsbegriff Hans-Georg Gadamers. Königstein/Ts. 1982. Hier 189. = MphF Bd. 215).

36 Vgl. G. SÖHNGEN. 102-103. - Vgl. R. SCHÖNBERGER. 26-27.

37 W. KLUXEN. Perspektiven. 16.

BIBLIOGRAPHIE

In diese Bibliographie sind alle Veröffentlichungen aufgenommen, die thematisch für den Fortgang der Überlegungen von Belang waren. Wo sich die Argumentation ohne unmittelbare thematische Bindung auf andere Autoren stützt, ist dies in den entsprechenden Anmerkungen ausgewiesen. Ebenso erscheinen dort alle anderen Titel, die nur beiläufig tangiert oder zustimmend bzw. gegenredend zitiert werden.

1. VERWENDETE THOMAS-AUSGABEN

S. THOMAE AQUINATIS opera omnia ut sunt in indice thomistico additis 61 scriptis ex aliis medii aevi auctoribus curante Roberto Busa. Vol 1-7. Stuttgart - Bad Cannstadt 1980.

ders.: In librum Beati Dionysii De divinis nominibus expositio. Ed Ceslai Pera. Taurini-Romae 1950.

ders.: In librum Boetii De hebdomadibus expositio. Ed. Mannis Calcaterra. In: Opuscula theologica. Vol II: De re spirituali. Ed. Raymund M. Spiazzi. Taurini-Romae 1954. 391-408.

ders.: In librum Boetii De trinitate expositio. Ed. B. Decker. Leiden 1955.

ders.: In libros Aristotelis De caelo et mundo, De generatione et corruptione, Meteorologicum expositio. Ed. Raymund M. Spiazzi. Taurini-Romae 1952.

ders.: De ente et essentia. In: Opusculu philosophica. Ed. Raymund M. Spiazzi. Taurini-Romae 1973. 1-18.

ders.: In decem libros Ethicorum Aristotelis ad Nicomachum expositio. Ed. Raymund M. Spiazzi. Ed. III. Taurini-Romae 1964.

ders.: Super Evangelium S. Ioannis lectura. Ed. Raphaelis Cai. Ed. VI. Taurini-Romae 1972.

ders.: In duodecim libros Metaphysicorum Aristotelis expositio. Ed. M.-R. Cathala, Raymund M. Spiazzi. Ed.II. Taurini-Romae 1971.

ders.: In Aristotelis libros Peri hermeneias et Posteriorum analyticorum expositio. Ed. Raymund M. Spiazzi. Ed.II. Taurini-Romae 1964.

ders.: De principiis naturae. In: Opuscula philosophica. Ed. Raymund M. Spiazzi. Taurini-Romae 1954. 119-129.

ders.: Quaestiones disputatae. Vol I: De veritate. Ed. Raymund M. Spiazzi. Ed.X. Taurini-Romae 1964.

ders.: Quaestiones disputatae de potentia. In: Quaestiones disputatae. Vol II. Ed. Paulus M. Pession. Ed.X. Taurini-Romae 1965. 1-276.

ders.: Quaestiones quodlibetales. Ed. Raymund M. Spiazzi. Ed. IX. Taurini-Romae 1956.

ders.: Scriptum super libros Sententiarum magistri Petri Lombardi episcopi Parisiensis. Ed. nova cura Mandonnet tom.1 et 2. Parisiis 1929. Recogn. atque iterum ed. Maria Fabianus Moos tom.3 et 4. Parisiis 1933 et 1947.

ders.: Summa contra Gentiles. Ed. Ceslai Pera, Petro Marc, Petro Caramello. Taurini-Romae 1961.

ders.: Summa theologiae. Ed. Petro Caramello. Vol 1 et 2. Taurini-Romae 1963. Vol 3. Taurini-Romae 1962 (ohne Angabe der Aufl.).

ders.: Summa theologiae. Textus editionis criticae Leoninae cum apparatu fontium editionis Pianae Canadiensis (ed. altera Ottawa 1953). Alba-Roma 1962.

ders.: Die deutsche Thomasausgabe. Vollständige, ungekürzte deutschlateinische Ausgabe der Summa theologica. Übers. v. Dominikanern und Benediktinern Deutschlands und Österreichs. Bisher ersch. Bände hg. zuerst v. Katholischen Akademikerverband, dann v. der Phil.-Theol. Hochschule Walberberg bei Köln. Salzburg-Leipzig 1932 bis Heidelberg-Graz/Wien/Köln 1977.

2. ANTIKE UND ANDERE MITTELALTERLICHE AUTOREN

PETRUS ABAELARDUS: Dialectica. First complete ed. of the Parisian manuscript. By L.M. de Rijk. 2nd ed. Assen 1970. = WTS 1.

PETER ABAELARDS Philosophische Schriften. I. Die Logica "Ingredientibus". Ed. Bernhard Geyer. 1. Die Glossen zu Porphyrius. Münster 1919. - 2. Die Glosssen zu den Kategorien. Münster 1921. - 3. Die Glossen zu Peri hermeneias. Münster 1927. = BGPhMA XXI,1-3.

PETER ABAILARD: Sic et Non. A critical edition. Blance B. Boyer and Richard McKeon. Chicago and London 1976.

ALANI DE INSULIS in Cantica Canticorum ad laudem Deiparae Virginis Mariae elucidatio. In: Opera omnia. PL 210. Sp.51-110.

ALANI AB INSULIS Regulae caelestis iuris, sive Maximae theologicae, Expositio super symbolum apostolorum et Nicenum. Ed. N.M. Häring. AnalCist 30(1974). 7-45.

ALEXANDRI DE HALES Summa theologica. Tom. I-IV. Ad Claras Aquas 1924-1948.

S. ANSELMI Cantuariensis Archiepiscopi De Grammatico. In: Opera omnia. Vol I. Rec. Franciscus Salesius Schmitt. Seccovii 1938. 141-168.

ARISTOTELIS Analytica priora et posteriora. Ed. W.D. Ross. Oxford 1964. = SCBO.

ARISTOTELIS De arte poetica liber. Ed. R(udolfus) Kassel. Oxford 1965. = SCBO.

ARISTOTELIS Ars rhetorica. Ed. Rudolfus Kassel. Berlin-New York 1976.

ARISTOTELIS Categoriae et Liber de interpretatione. Ed. L(orenzo) Minio-Paluello. Oxford 1949. = SCBO.

ARISTOTELIS Ethica Nicomachea. Ed. J. Bywater. Oxford 1962. = SCBO.

ARISTOTELIS Metaphysica. Ed. W. Jaeger. Oxford 1960. = SCBO.

ARISTOTELIS De partibus animalium liber. In: Opera ex recensione Immanuelis Bekkeri ed. Academia Regia Borussica. Ed altera Olof Gigon. Vol I. Berolini 1960. 639-697.

ARISTOTELIS Topica et Sophistici elenchi. Ed. W.D. Ross. Oxford 1958. = SCBO.

SANCTI AURELII AUGUSTINI De civitate Dei libri XXII. Ad fidem quartae ed Teubnerianae quam ed. Bernardus Bombart et Alphonsus Kalb 1928-1929. Tvrnholti 1955. = CChrSL 47-48.

SANCTI AURELII AUGUSTINI De dialectica. Ed. Jan Pinborg. Trad. et com. B. Darell Jackson. Dordrecht/Boston 1975. = Synthese Historical Library 16.

SANCTI AURELII AUGUSTINI De doctrina christiana libri IV. Ed. Josephus Martin. Tvrnholti 1962. = CChrSL 32. 1-167.

SANCTI AURELII AUGUSTINI De magistro liber unus. Ed. Klaus-Detlef Daur. Tvrnholti 1970. = CChrSL 29. 139-203.

SANCTI AURELII AUGUSTINI De ordine libri duo. Ed. W.M. Green. Tvrnholti 1970. = CChrSL 29. 87-137.

SANCTI AURELII AUGUSTINI Sermo LII. In: Opera omnia. Tom. V,1. PL 38. Sp. 354-364.

SANCTI AURELII AUGUSTINI De trinitate libri XV. Ed. W.J. Mountain auxil. Fr. Glorie. Tvrnholti 1968. = CChrSL 50-50A.

S. AURELI AUGUSTINI De utilitate credendi liber. Ed. Josephus Zycha. Pragae-Vindobonae-Lipsiae 1891. = CSEL 25,1-2. 1-48.

ANICII MANLII SEVERINI BOETII commentarii in librum Aristotelis Peri Hermeneias. Rec. Carolus Meiser. Pars Posterior secundam editionem et indices continens. Lipsiae 1880.

MANLII SEVERINI BOETII Liber de diffinitione. In: Opera omnia. Vol II. PL 64. Sp. 891-910.

MANLII SEVERINI BOETII Liber de divisione. In: Opera omnia. Vol II. PL 64. Sp. 875-892.

BOETHII DACI Opera. Modi Significandi sive Quaestiones super Priscianum Maiorem. Nunc primum ed Johannes Pinborg et Henricus Roos adi. Severino Skovgaard Jensen. Vol IV,1. Hauniae 1969. = CPDMA IV.

BEATI DIONYSII De divinis nominibus liber. In: S. Thomae Aquinatis in librum Beati Dionysii De divinis nominibus expositio. Ed. Ceslai Pera. Taurini-Romae 1950.

S. DIONYSII AREOPAGITAE De coelesti hierarchia. In: Opera omnia quae exstant. Vol I. PG 3. Sp. 119-342.

DENYS L'AREOPAGITE: La hiérarchie céleste. Intr. p. René Roques. Etude et texte critiques p. Günter Heil. Trad. et notes p. Maurice de Gandillac. Paris 1958. = SC 58.

HUGONIS DE SANCTO VICTORE Didascalicon de Studio legendi. A critical text. By Charles Henry Buttimer. Washington 1939. = SMRL X.

IOHANNIS SCOTI ERIVGENAE Expositiones in ierarchiam coelestem. Ed. J. Barbet. Tvrnholti 1975. = CChrCM 31.

IOANNIS SCOTI Peri Physeos merismou id est De divisione naturae libri quinque. In: Opera quae supersunt omnia. PL 122. Sp. 439-1022. - Kritische Ausgaben bisher nur von Buch 1 und 2: Johannis Scotti Erivgenae Periphyseos (De Divisione Naturae) liber primus. Ed. I.P. Sheldon-Williams with the coll. of L. Bieler. Dublin 1968. - Liber secundus Dublin 1972.

S. ISIDORI Etymologiae. Sive origines. Tom 1 et 2. Ed. Wallace M. Lindsay. Oxonii 1911. = SCBO.

PETER OF SPAIN (Petrus Hispanus Portugalensis): Tractatus called afterwards Summule logicales. First Critical Ed. from the Manuscripts with an Introduction by L.M. de Rijk. Assen 1972. = WTS 22.

PLATON: Cratyle. Texte établi et traduit par Louis Méridier. In: Oeuvres complètes. Tome V,2e partie. 14. ed. Paris 1969. = CUFr.

PLATON: Parménide. Texte établi et traduit par Auguste Diès. In: Oeuvres complètes. Tome VIII, 1re partie. 4. ed. Paris 1965. = CUFr.

PLATON: Phèdre. Texte établi et traduit par Léon Robin. In: Oeuvres complètes. Tome IV, 3e partie. 6.ed. Paris 1966. = CUFr.

PLATON: La république. Texte établi et traduit par Emile Chambry. In: Oeuvres complètes. Tome VI (livres I-III). 5.ed. Paris 1965. Tome VII, 1re et 2e partie (livres IV-X). 7.ed. Paris 1967. = CUFr.

PORPHYRII Isagoge et in Aristotelis Categorias commentarium. Ed. Adolfus Busse. Berolini 1887. = Comm. in Aristotelem Graeca 4,1.

MAGISTRI PRAEPOSITINI Summa "Qui producit ventos". Liber primus: De divinis nominibus. In: Angelini, Giuseppe: L' ortodossia e la grammatica. Analisi di struttura e deduzione storice della Teologia Trinitaria di Prepositino. Roma 1972. 191-303. = AnGr 183, SFT 58.

FRANCISCI SUAREZ disputationes metaphysicae. In: Opera omnia. Ed. nova, a Carolo Berton innumeris veterum editionum mendis expurgata, adnotationibusque in ultimum tomum relegatis illustrata. Tom.26. Parisiis 1861.

THOMAS DE VIO Cardinalis Cajetanus: De nominum analogia. In: Scripta philosophica. Ed. prius P.N. Zammit, iterum recog. P. H. Hering. Romae 1952. 1-93.

DIE ZWETTLER SUMME. Einleitung und Text v. Nikolaus M. Häring. Münster 1977. 25-215. = BGPhMA NF 15.

3. HILFSMITTEL

Abkürzungsverzeichnis:

SCHWERTNER, SIEGFRIED: Internationales Abkürzungsverzeichnis für Theologie und Grenzgebiete. Zeitschriften, Serien, Lexika, Quellenwerke mit bibliographischen Angaben. Berlin - New York 1974.

Bibliographien:

ANTILLA, RAIMO - BREWER, WARREN A.: Analogy. A basic bibliography. Amsterdam 1977. = Amsterdam Studies in the theory and history of linguistic science. Ser.V: Library and information sources in linguistics Vol 1.

ASWORTH, E(ARLINE) J.: The Tradition of Mediaeval Logic and Speculative Grammar from Anselm to the end of the seventeenth century: A bibliography from 1836 onwards. Toronto 1978. = Subsidia Mediaevalia 9.

BIBLIOGRAPHIE DE LA PHILOSOPHIE. Publié avec le concours de l' Unesco et du CNRS. 17(1970) - 28(1981).

THE PHILOSOPHERS INDEX. An International Index to Philosophical periodicals. Published by Philosophy Documentation Center. Bowling Green University. 9(1975) - 15(1981).

RASSEGNA DI LETTERATURA TOMISTA. Nuova serie del "Bulletin Thomiste". Napoli. 1(1969) - 14(1981) (erfaßt Literatur von 1966 - 1978).

REPERTOIRE BIBLIOGRAPHIQUE DE LA PHILOSOPHIE. Publié sous les auspices de l'istitut international de philosophie avec le patronage de l'Unesco et avec l'appui du ministère de l'éducation nationale. 22(1970) - 33(1981).

SHIBLES, WARREN A.: Metaphor. An annotated bibliography and history. Whitewater, Wis. 1971.

THOMISTIC BIBLIOGRAPHY, 1940 - 1978. Compiled by Terry L. Miethe and Vernon J. Bourke. Westport-London 1980.

Index und Lexikon:

INDEX THOMISTICUS. Sancti Thomae Aquinatis operum omnium indices et concordantiae, in quibus verborum omnium et singulorum formae etlemmata cum suis frequentiis et contextibus variis modis referunter quaeque auspice Paulo VI. Summo Pontifice consociata plurium opera atque electronico IBM automato usus digessit Robertus Busa. Stuttgart - Bad Cannstatt 1974 - 1980.

SCHÜTZ, LUDWIG: Thomas-Lexikon. Sammlung, Übersetzung und Erklärung der in sämtlichen Werken des h. Thomas von Aquin vorkommenden Kunstausdrücke und wissenschaftlichen Aussprüche. 2., sehr vergr. Aufl. Faksimile-Neudruck Stuttgart 1958.

4. SEKUNDÄRLITERATUR

ANGELINI, GIUSEPPE: L'ortodossia e la grammatica. Analisi di struttura e deduzione storica della Teologia Trinitaria di Prepositino. Roma 1972. = AnGr 183, SFT 58.

AUBENQUE, PIERRE: Les origines de la doctrine de l'analogie de l'être. Sur l'histoire d'un contresens. EPh NS 33 (1978). 3-12.

AUSTIN, J(OHN) L.: How to do Things with Words. The William James Lectures delivered at Harvard University in 1955. London-Oxford-New York 1962.

AYERS, ROBERT H.: Language, Logic and Reason in the Church Fathers. A study of Tertullian, Augustine and Aquinas. Hildesheim - New York 1979. = AWTS 6.

BAEUMKER, CLEMENS: Der Platonismus im Mittelalter. In: Studien und Charakteristiken zur Geschichte der Philosophie insbesondere des Mittelalters. Gesammelte Vorträge und Aufsätze. Mit einem Lebensbilde Baeumkers hg. v. Martin Grabmann. Münster i. W. 1927. 139-179. = BGPhMA XXV, 1/2.

BEIERWALTES, WERNER: Negati Affirmatio: Welt als Metapher. Zur Grundlegung einer mittelalterlichen Ästhetik durch Johannes Scotus Eriugena. PhJ 83(1976). 237-265.

ders.: Zu Augustins Metaphysik der Sprache. AugSt 2 (1971). 179-195.

BLUMENBERG, HANS: Beobachtungen an Metaphern. ABG 15 (1970-71). 161-214.

ders.: Paradigmen zu einer Metaphorologie. ABG 6(1960). 7-142. 301-305(Register).

BRINKMANN, HENNIG: Mittelalterliche Hermeneutik. Tübingen 1980.

ders.: Die Zeichenhaftigkeit der Sprache, des Schrifttums und der Welt im Mittelalter. ZDP 93(1974). 1-11.

BRUGGER, WALTER: Sprachanalytische Überlegungen bei Thomas von Aquin. ThPh 49(1974). 437-463.

BURRELL, DAVID B.: Analogy and Philosophical Language. New Haven-London 1973.

ders.: Aquinas. God and Action. London and Henley 1979.

ders.: Aquinas on Naming God. TS 24(1963). 183-212.

ders.: Beyond a Theory of Analogy. In: The Existence of God. Ed. George F. McLean. Washington 1972. 114-122. = ACPA 46.

BURSILL-HALL, G(EOFFREY) L.: Speculative Grammars of the Middle Ages. The Doctrine of Partes Orationis of the Modistae. The Hague-Paris 1971. = Approaches to Semiotics 11.

BUSA, ROBERTO: L'attualità dell'impostazione linguistica che San Tommaso dà alla filosofia. Presença Filosófica 1(1974). 186-194.

CAMELOT, TOMMASO: Teilart. Simbolo e simbolismo nella teologia. In: EC Vol XI. Firenze 1953. Sp. 611-616.

CARDOLETTI, PETRO: L'analisi logica del linguaggio come metodo dell' indagine metafisica in S. Tommaso d'Aquino. Dal "De ente et essentia" e dall' "In V Metaphysicorum". Excerpta ex dissertatione ad Lauream in Facultate Philosophica "Aloisianum". Gallarate 1960.

CHAPMAN, TOBIAS: Analogy. Thom. 39(1975). 127-141.

CHAVANNES, HENRY: L'analogie entre dieu et le monde selon saint Thomas d'Aquin et selon Karl Barth. Paris 1969. = CFi 42.

CHENU, M(ARIE)-D(OMINIQUE): Grammaire et théologie aux XIIe et XIIIe siècles. AHDL 10-11(1935-36). 1-28.

ders.: La théologie au douzième siècle. Préface d'Etienne Gilson, de l'Académie française. Paris 1957. = EPhM 45.

ders.: Das Werk des hl. Thomas von Aquin. Vom Verfasser durchges. u. verb. deutsche Ausgabe. Übersetzung, Verzeichnisse und Ergänzung der Arbeitshinweise v. O.M. Pesch. Heidelberg-Graz-Wien-Köln 1960. = Deutsche Thomasausgabe 2. Erg.-Bd.

CLAVELL, LUIS: Il nome metafisico di Dio. DTP 78(1975). 69-85.

COLISH, MARCIA L.: The Mirror of Language: A Study in the Medieval Theory of Knowledge. New Haven and London 1968. = Yale History Publications Miscellany 88.

COULTER, JAMES A.: The Literary Mikrocosm. Theories of Interpretation of the Later Neoplatonists. Leiden 1976. = Columbia Studies in the Classical Tradition Vol II.

DALFERTH, INGOLF U.: Religiöse Rede von Gott. München 1981. = BEvTh 87.

DAMMAN, R() M.J.: Metaphors and Other Things. PAS NS 78 (1977/78). 125-140.

DEWAN, LAWRENCE: St. Thomas and the Divine Names. ScEs 32 (1980). 19-33.

D'HERT, IGNACE: Wittgenstein's Relevance for Theology. Bern-Frankfurt/M. 1975. = EHS.T 44.

DUBARLE, DOMINIQUE: La doctrine aristotélicienne de l'analogie et sa normalisation rationelle. RSPhTh 53 (1969). 3-40. 212-232.

DÜMPELMANN, LEO: Kreation als ontisch-ontologisches Verhältnis. Zur Metaphysik der Schöpfungstheologie des Thomas von Aquin. Freiburg-München 1969. = Sym. 30.

ENDERS, HEINZ W.: Sprachlogische Traktate des Mittelalters und der Semantikbegriff. Ein historisch-systematischer Beitrag zur Frage der semantischen Grundlegung formaler Systeme. München-Paderborn-Wien 1975. = VGI NF 20.

FABRO, CORNELIO: Teilart. Tommaso d'Aquino, santo. In: EC Vol XII. Firenze 1954. Sp. 252-297.

FREGE, GOTTLOB: Funktion und Begriff. In: Funktion, Begriff, Bedeutung. Fünf logische Studien. Hg. u. eingel. v. Günther Patzig. 4., erg. Aufl. Göttingen 1975. 17-39. = Kleine Vandenhoeck-Reihe 1144.

GADAMER, HANS-GEORG: Wahrheit und Methode. Grundzüge einer philosophischen Hermeneutik. 4. Aufl. Unv. Nachdr. der 3., erw. Aufl. Tübingen 1975.

GEACH, PETER T.: Aquinas. In: Three Philosophers. By G.E.M. Anscombe and P.T. Geach. Oxford 1963. 65-125.

GRABMANN, MARTIN: Die Entwicklung der mittelalterlichen Sprachlogik. In: Mittelalterliches Geistesleben. Abhandlungen zur Geschichte der Scholastik und Mystik. Bd.1. München 1926. 104-146.

GRAESER, ANDREAS: Sprache und Ontologie bei Aristoteles. FZPhTh 25 (1978). 443-455.

GRENET, PAUL: Saint Thomas d'Aquin a-t-il trouvé dans Aristote l' "Analogia entis"? In: L'attualità della problematica aristotelica. Atti del convegno franco-italiano su Aristotele (Padova, 6.-8. Apr. 1967). Padova 1970. 153-175. = St Arist 3.

GUZZO, AUGUSTO - MATHIEU, VITTORIO: Teilart. Analogia, A) Filosofia. In: EF. Ristampa aggiornata della seconda edizione interamente rielaborata. Vol I. Roma 1979. Sp. 247-257.

HAAS, ALOIS M.: Sermo Mysticus. Studien zur Theologie und Sprache der deutschen Mystik. Freiburg/Schweiz 1979. = Dokimion Bd. 4.

HABBEL, JOSEF: Die Analogie zwischen Gott und Welt nach Thomas von Aquin. Berlin-Regensburg-Wien 1928.

HADOT, P(IERRE): Art. Neoplatonism. In: NCE. Vol 10. San Francisco-Toronto-London-Sydney 1967. 334-336.

HENLE, R()J.: Saint Thomas and Platonism. A Study of the Plato and Platonici Texts in the Writings of Saint Thomas. The Hague 1956.

HIRSCHBERGER, JOHANNES: Paronymie und Analogie bei Aristoteles. PhJ 68(1960). 191-203.

HOLZ, HARALD: Art. Analogie. In: HphG - Studienausgabe. Bd.1. München 1973. 51-65.

HUBER, CARLO: L'analisi linguistica e il linguaggio religioso. Roma 1979.

ders.: Die analytische Philosophie in England und ihre Wandlungen. ThPh 42(1967). 208-235.

HUSSERL, EDMUND: Logische Untersuchungen. Bd.I: Prolegomena zur reinen Logik. 5. Aufl. Tübingen 1968. Bd. II,1: Untersuchungen zur Phänomenologie und Theorie der Erkenntnis. 5. Aufl. Tübingen 1968. Bd. II, 2: Elemente einer phänomenologischen Aufklärung der Erkenntnis. 4. Aufl. Tübingen 1968.

INCIARTE, FERNANDO: Zur Rolle der Prädikation in der Theologie des Thomas von Aquin: Am Beispiel der Trinitätstheologie. In: Sprache und Erkenntnis im Mittelalter. Akten des VI. internationalen Kongresses für mittelalterliche Philosophie der Société internationale pour l'étude de la philosophie médiévale. 29. August - 3. September 1977 in Bonn. 1. Halbbd. Hg. Wolfgang Kluxen u.a. Berlin-New York 1981. 256-269. = MM 13,1.

INNIS, ROBERT E.: Aquinas's God and the Linguistic Turn. A Review Discussion (Rez. von D.B. Burrell. Aquinas). Thom. 45(1981). 585-598.

JOLIVET, JEAN: Eléments pour une étude des rapports entre la grammaire et l'ontologie au Moyen Âge. In: Sprache und Erkenntnis im Mittelalter. Akten des VI. internationalen Kongresses für mittelalterliche Philosophie der Société internationale pour l'étude de la philosophie médiévale. 29. August-3. September 1977 in Bonn. 1. Halbbd. Hg. Wolfgang Kluxen u.a. Berlin-New York 1981. 135-164. = MM 13,1.

JORDAN, MARK: Modes of Discourse in Aquinas' Metaphysics. NSchol 54 (1980). 401-446.

JÜNGEL, EBERHARD: Gott als Geheimnis der Welt. Zur Begründung der Theologie des Gekreuzigten im Streit zwischen Theismus und Atheismus. 2., durchges. Aufl. Tübingen 1977.

ders.: Metaphorische Wahrheit. Erwägungen zur theologischen Relevanz der Metapher als Beitrag zur Hermeneutik einer narrativen Theologie. EvTh 1974(Sonderheft): Paul Ricoeur - Eberhard Jüngel: Metapher. Zur Hermeneutik religiöser Sprache. 71-122. - Zitiert nach dem Wiederabdruck in: Jüngel, Eberhard: Entsprechungen: Gott - Wahrheit - Mensch. Theologische Erörterungen. München 1980. 103-157 = BEvTh 88.

ders.: Zum Ursprung der Analogie bei Parmenides und Heraklit. Berlin 1964. - Zitiert nach dem Wiederabdruck in: Jüngel, Eberhard: Entsprechungen: Gott - Wahrheit - Mensch. Theologische Erörterungen. München 1980. 52-102. = BEvTh 88.

JÜSSEN, GABRIEL: Thomas von Aquin und die Analytische Philosophie. In: Thomas von Aquin im philosophischen Gespräch. Hg. Wolfgang Kluxen. Freiburg-München 1975. 132-164.

KELLER, ALBERT: Arbeiten zur Sprachphilosophie Thomas von Aquins. ThPh 49 (1974). 464-476.

KENNY, ANTHONY: Aquinas and Wittgenstein. DR 77 (1959). 217-235.

KLUBERTANZ, GEORGE P.: St. Thomas Aquinas on Analogy. A Textual Analysis and Semantic Synthesis. Chicago 1960. = Jesuit Studies.

KLUXEN, WOLFGANG: Teilart. Analogie I. In: HWP. Bd.1. Darmstadt-Basel 1971. Sp. 214-227.

ders.: Philosophische Ethik bei Thomas von Aquin. 2., erw. Aufl. Hamburg 1980.

ders.: Philosophische Perspektiven im Werk des Thomas von Aquin. In: Thomas von Aquin im philosophischen Gespräch. Hg. Wolfgang Kluxen. Freiburg-München 1975. 15-37.

ders.: Thomas von Aquin: Das Seiende und seine Prinzipien. In: Grundprobleme der großen Philosophen. Philosophie des Altertums und des Mittelalters. Hg. Josef Speck. 2., durchges. Aufl. Göttingen 1978. 177-220. = UTB 146.

KOCH, JOSEF: Über die Lichtsymbolik im Bereich der Philosophie und der Mystik des Mittelalters. StudGen 13 (1960). 653-670.

KREMER, KLAUS: Die neuplatonische Seinsphilosophie und ihre Wirkung auf Thomas von Aquin. Leiden 1966. = SPGAG 1.

KREWITT, ULRICH: Metapher und tropische Rede in der Auffassung des Mittelalters. Ratingen-Kastellaun-Wuppertal 1971 = MLJb.B 7.

KÜHN, ULRICH: Thomas von Aquin und die evangelische Theologie. In: Thomas von Aquin 1274/1974. Hg. Ludger Oeing-Hanhoff. München 1974. 13-31.

KUTSCHERA, FRANZ V.: Sprachphilosophie. 2., völlig neu bearb. und erw. Aufl. München 1975. = UTB 80.

LARKIN, MIRIAM TH.: Language in the Philosophy of Aristotle. The Hague-Paris 1971. = Ianua Linguarum. Ser. min. 87.

LOHR, CHARLES H.: Art. Analogia. In: Lexikon des Mittelalters. Bd.I. München-Zürich 1980. Sp. 569-570.

ders.: Die Entwicklung des mittelalterlichen Denkens. Gedanken zu einigen neuen Texteditionen. ThPh 55 (1980). 361-383.

ders.: Peter Abälard und die scholastische Exegese. FZPhTh 28 (1981). 95-110.

LYTTKENS, HAMPUS: The Analogy between God and the World. An Investigation of its Background and Interpretation of its Use by Thomas of Aquino. Uppsala 1952.

ders.: Die Bedeutung der Gottesprädikate bei Thomas von Aquin. NZSTh 6 (1964). 274-289.

MANTHEY, FRANZ: Die Sprachphilosophie des hl. Thomas von Aquin und ihre Anwendung auf Probleme der Theologie. Paderborn 1937.

McINERNY, RALPH M.: The Analogy of Names is a Logical Doctrine. In: Tommaso d'Aquino nel suo settimo centenario. Atti del congresso internazionale Roma-Napoli 17/24 Aprile 1974. Vol 6. L'essere. Napoli 1977. 647-653.

ders.: Logic of Analogy. An Interpretation of St. Thomas. The Hague 1961.

ders.: Metaphor and Analogy. In: Studies in Analogy. The Hague 1968. 67-84.

ders.: The "Ratio Communis" of the Analogous Names. In: Studies in Analogy. The Hague 1968. 1-66.

ders.: Rhyme and Reason. St. Thomas and Modes of Discourse. Under the auspices of the Wisconsin - Alpha Chapter of Phi Sigma Tau. Milwaukee 1981. = AqL 1981.

MONDIN, BATTISTA: L'analogia di proporzione e di proporzionalità nel Commento alle Sentenze. RFNS 66 (1974). 571-589.

ders.: Il problema del linguaggio teologico dalle origini ad oggi. 2a ed. ampl. Brescia 1975. = BTC 8.

MONTAGNES, BERNHARD: La doctrine de l'analogie de l'être d'après Saint Thomas d'Aquin. Louvain-Paris 1963. = PhMed VI.

OEING-HANHOFF, LUDGER: Ens et unum convertuntur. Stellung und Gehalt des Grundsatzes in der Philosophie des hl. Thomas von Aquin. Münster 1953. = BGPhMA XXXVII,3.

ders.: Sein und Sprache in der Philosophie des Mittelalters. In: Sprache und Erkenntnis im Mittelalter. Akten des VI. internationalen Kongresses für mittelalterliche Philosophie der Société internationale pour l'étude de la philosophie médiévale. 29. August - 3. September 1977 in Bonn. 1. Halbbd. Hg. Wolfgang Kluxen. Berlin-New York 1981. 165-178. = MM 13,1.

ders.: Sprache und Metaphysik. In: Das Problem der Sprache. Hg. Hans-Georg Gadamer. München 1967. 449-468. = 8. Deutscher Kongreß für Philosophie Heidelberg 1966.

ders.: Wesen und Formen der Abstraktion nach Thomas von Aquin. PhJ 71 (1963/64). 14-37.

OHLY, FRIEDRICH: Vom geistigen Sinn des Wortes im Mittelalter. In: Schriften zur mittelalterlichen Bedeutungsforschung. Darmstadt 1977. 1-31.

O'MAHONY, BREDAN E.: A Medieval Semantic. The Scholastic Tractatus "De modis significandi". Laur. 5 (1964). 448-486.

PESCH, OTTO H.: Theologie der Rechtfertigung bei Martin Luther und Thomas von Aquin. Versuch eines systematisch-theologischen Dialogs. Mainz 1967. = WSAMA.T 4.

PHILIPPE, M()-D(): Analogon and Analogia in the Philosophy of Aristotle. Thom.33 (1969). 1-74.

PIEPER, JOSEF: Hinführung zu Thomas von Aquin. Zwölf Vorlesungen. Freiburg-Basel-Wien 1967. = Herderbücherei Bd. 297.

ders.: Kreatürlichkeit. Bemerkungen über die Elemente eines Grundbegriffs. In: Thomas von Aquin 1274/1974. Hg. Ludger Oeing-Hanhoff. München 1974. 47-71.

PINBORG, JAN: Die Entwicklung der Sprachtheorie im Mittelalter. Münster-Kopenhagen 1967. = BGPhMA XLII,2.

ders.: Logik und Semantik im Mittelalter. Ein Überblick mit einem Nachwort von Helmut Kohlenberger. Stuttgart - Bad Cannstadt 1972. = problemata 10.

ders.: Das Sprachdenken der Stoa und Augustins Dialektik. CM 23 (1962). 148-177.

PUNTEL, L. BRUNO: Analogie und Geschichtlichkeit I. Philosophiegeschichtlich-kritischer Versuch über das Grundproblem der Metaphysik. Mit einem Vorwort von Max Müller. Freiburg-Basel-Wien 1969. = PhE 4.

RAHNER, KARL: Geist in Welt. Zur Metaphysik der endlichen Erkenntnis bei Thomas von Aquin. Innsbruck-Leipzig 1939.

RAMIREZ, IACOBUS M.: De analogia 1 - 4. Ed. praep. a Victorino Rodriguez. Madrid 1970-1972. = Edicion de las obras completas de Santiago Ramirez O.P. Tomo II.

RICOEUR, PAUL: De l'interpretation. Essai sur Freud. Paris 1965. = L'ordre philosophique.

ders.: La métaphore vive. Paris 1975. = L'ordre philosophique.

RIESENHUBER, KLAUS: Partizipation als Strukturprinzip der Namen Gottes bei Thomas von Aquin. In: Sprache und Erkenntnis im Mittelalter. Akten des VI. internationalen Kongresses für mittelalterliche Philosophie der Société internationale pour l'étude de la philosophie médiévale. 29. August - bis 3. September 1977. in Bonn. 2. Halbbd. Hg. Wolfgang Kluxen u.a. Berlin-New York 1981. 969-982. = MM 13,2.

RIJK, L(AMMERT) M. DE: On Ancient and Medieval Semantics and Metaphysics. Vivarium 15 (1977). 81-110 (zitiert als "Semantics and Metaphysics I"). 16 (1978) 81-107 (zitiert als "Semantics and Metaphysics II"). 18 (1980). 1-62 (zitiert als "Semantics and Metaphysics III"). 19 (1981). 1-46. (Die Arbeit ist noch nicht abgeschlossen).

ders.: Die Bedeutungslehre der Logik im 13. Jahrhundert und ihr Gegenstück in der metaphysischen Spekulation. In: Methoden in Wissenschaft und Kunst des Mittelalters. Hg. Albert Zimmermann. Berlin 1970. 1-22. = MM 7.

ders.: Die Wirkung der neuplatonischen Semantik auf das mittelalterliche Denken über das Sein. In: Sprache und Erkenntnis im Mittelalter. Akten des VI. internationalen Kongresses für mittelalterliche Philosophie der Société internationale pour l'étude de la philosophie médiévale. 29. August - 3. September 1977 in Bonn. 1. Halbbd. Hg. Wolfgang Kluxen u.a. Berlin-New York 1981. 19-35. = MM 13,1.

ROOS, HEINRICH: Die Modi Significandi des Martinus de Dacia. Forschungen zur Geschichte der Sprachlogik im Mittelalter. Münster-Kopenhagen 1952. = BGPhMA XXXVII,2.

ders.: Sprachdenken im Mittelalter. CM 9 (1948). 200-215.

ders.: Die Stellung der Grammatik im Lehrbetrieb des 13. Jahrhunderts. In: Artes liberales. Von der antiken Bildung zur Wissenschaft des Mittelalters. Hg. Josef Koch. Leiden-Köln 1959. 94-106. = STGMA V.

ROSS, JAMES F.: Analogy as a Rule of Meaning for Religious Language. In: Aquinas: A Collection of Critical Essays. Ed. Anthony Kenny. London-Melbourne 1969. 93-138. = Modern Studies in Philosophy.

SCHACHTEN, WINFRIED H.J.: Ordo Salutis. Das Gesetz als Weise der Heilsvermittlung. Zur Kritik des hl. Thomas von Aquin an Joachim von Fiore. Münster 1980. = BGPhMA NF 20.

SCHADEL, ERWIN: Aurelius Augustinus / De magistro. Einführung, Übersetzung und Kommentar. Bamberg 1975.

SCHELTENS, GONSALVUS: Die thomistische Analogielehre und die Univozitätslehre des J. Duns Scotus. FS 47 (1965). 315-338.

SCHEPERS, HEINRICH: Verifikation durch Reduktion. Zur Diskussion des Verhältnisses von Sprache und Wissenschaft im Spätmittelalter. In: Sprache und Erkenntnis im Mittelalter. Akten des VI. internationalen Kongresses für mittelalterliche Philosophie der Société internationale pour l'étude de la philosophie médiévale. 29. August - 3. September 1977 in Bonn. 1. Halbbd. Hg. W. Kluxen u.a. Berlin-New York 1981. 130-133. = MM 13,1.

SCHLENKER, ERNST: Die Lehre von den göttlichen Namen in der Summe Alexanders von Hales. Ihre Prinzipien und ihre Methode. Freiburg i.Br. 1938. =FThSt 46.

SCHÖNBERGER, ROLF: nomina divina. Zur theologischen Semantik bei Thomas von Aquin. Frankfurt a.M.-Bern 1981. = EHS.P 72.

SECKLER, MAX: Das Heil in der Geschichte. Geschichtstheologisches Denken bei Thomas von Aquin. München 1964.

SECRETAN, PHILIBERT: De l'analogie. Questions disputées. FZPhTh 28 (1981). 148-176.

SEQUERI, PIER A.: Art. Analogia. In: Dizionario teologico interdisciplinare. Vol I. Torino 1977. 341-351.

SÖHNGEN, GOTTLIEB: Analogie und Metapher. Kleine Philosophie und Theologie der Sprache. Freiburg-München 1962.

SORRENTINO, SERGIO: La dottrina filosofica dell'analogia in Tommaso d'Aquino. SapDom 27 (1974). 315-351.

SPLETT, JÖRG - PUNTEL, LOURENCIN B. - PRZYWARA, ERICH: Art. Analogia entis. In: HthT Bd.1. Freiburg i. Br. 1972. 90-99.

STORZ, GERHARD: Das Wort als Zeichen und Wirklichkeit. Von der Zwienatur der Sprache. Ein Essay. Stuttgart 1980.

THEILER, WILLY: Die Sprache des Geistes in der Antike. In: Forschungen zum Neuplatonismus. Berlin 1966. 302-312. = QSGP X.

TRACK, JOACHIM: Art. Analogie. In: TRE Bd.II. Berlin-New York. 1978. 625-650.

VELECKY, L()C.: Flew on Aquinas. Phil. 43 (1968). 213-230.

WALZEL, OSKAR: "Der Dichtung Schleier aus der Hand der Wahrheit." Euphorion 33 (1932). Nachdr. Nendeln 1967. 83-105.

WARNACH, VIKTOR: Das äußere Sprechen und seine Funktionen nach der Lehre des hl. Thomas von Aquin. DT. 3. Ser. 16 (1938). 393-419.

ders.: Erkennen und Sprechen bei Thomas von Aquin. Ein Deutungsversuch seiner Lehre auf ihrem geistesgeschichtlichen Hintergrund. DT. 3.Ser. 15(1937). 189-218. 263-290. 16 (1938). 161-196 (Teile aus Jahrgang 15 zitiert als "Erkennen und Sprechen I", Teil aus Jahrgang 16 zitiert als "Erkennen und Sprechen II").

WEBER, LUDWIG: Das Distinktionsverfahren im mittelalterlichen Denken und Kants skeptische Methode. Meisenheim a. Glan 1976. = MPF 147.

WEIDEMANN, HERMANN: Metaphysik und Sprache. Eine sprachphilosophische Untersuchung zu Thomas von Aquin und Aristoteles. Freiburg-München 1975. = Sym. 52.

WEINRICH, H(ARALD): Art. Metapher. In: HWP. Bd.5. Basel-Darmstadt 1980. Sp.1179-1186.

WEISHEIPL, JAMES A.: Thomas von Aquin. Sein Leben und seine Theologie. Graz-Wien-Köln 1980.

WIELAND, WOLFGANG: Die aristotelische Physik. Untersuchung über die Grundlegung der Naturwissenschaft und die sprachlichen Bedingungen der Prinzipienforschung bei Aristoteles. Göttingen 1962.

WITTGENSTEIN, LUDWIG: Das Blaue Buch. Eine philosophische Betrachtung (Das Braune Buch). Hg. Rush Rhees. Frankfurt 1980. = stw 313.

ders.: Philosophische Untersuchungen. Frankfurt 1971. = st 14.

ders.: Tractatus logico-philosophicus. Logisch-philosophische Abhandlung. Text nach Wittgensteins "Schriften", Frankfurt a.M. 1960. 9. Aufl. Frankfurt a.M. 1973. = es 12.

WOLFSON, HARRY A.: The Amphibolous Terms in Aristotle, Arabic Philosophy and Maimonides. HThR 31 (1938). 151-173.

REGENSBURGER STUDIEN ZUR THEOLOGIE

Band 1 Michael Hofmann: Theologie, Dogma und Dogmenentwicklung im theologischen Werk Denis Petau's. Mit einem biographischen und einem bibliographischen Anhang. 1976.

Band 2 Siegfried Wiedenhofer: Formalstrukturen humanistischer und reformatorischer Theologie bei Philipp Melanchthon. Teil I und Teil II. 1976.

Band 3 Flavio Siebeneichler: Catolicismo popular - Pentecostismo - Kirche: Religion in Lateinamerika. 1977.

Band 4 Franz Platzer: Geschichte - Heilsgeschichte - Hermeneutik. Gotteserfahrung in geschichtsloser Zeit. 1976.

Band 5 Hermann-Josef May: Marquard von Lindau OFM - De reparatione hominis. Einführung und Textedition. 1977.

Band 6 Werner Stenger: Der Christushymnus 1 Tim 3,16. Eine strukturanalytische Untersuchung. 1977.

Band 7 Günter Krinetzki: Zefanjastudien. Motiv- und Traditionskritik + Kompositions- und Redaktionskritik. 1977.

Band 8 Tullio Aurelio: Disclosures in den Gleichnissen Jesu. Eine Anwendung der disclosure-Theorie von J.T. Ramsey, der modernen Metaphorik und der Theorie der Sprechakte auf die Gleichnisse Jesu. 1977.

Band 9 Theo Schäfer: Das Priester-Bild im Leben und Werk des Origenes. 1978.

Band 10 Richardt Hansen: Spontaneität - Geschichtlichkeit - Glaube. Hermeneutik und Theologie im Denkhorizont von K.F. Løgstrup. 1978.

Band 11 Hans Gleisner: Vladimir Solov'evs Konzeption vom Verhältnis zwischen Politik und Sittlichkeit. System einer sozialen und politischen Ethik. 1978.

Band 12 Bruno Hidber: Glaube - Natur - Übernatur. Studien zur "Methode der Vorsehung" von Kardinal Dechamps. 1978.

Band 13 Hermann Röttger: Mal' ak Jahwe - Bote von Gott. Die Vorstellung von Gottes Boten im hebräischen Alten Testament. 1978.

Band 14 Walter Friedberger: Die Geschichte der Sozialismuskritik im katholischen Deutschland zwischen 1830 und 1914. 1978.

Band 15 Josef Meyer zu Schlochtern: Glaube - Sprache - Erfahrung. Zur Begründungsfähigkeit der religiösen Überzeugung. 1978.

Band 16 Heinz Dapper: Mission - Glaubensinterpretation - Glaubensrealisation. Ein Beitrag zur ökumenischen Missionstheologie. 1979.

Band 17 Laurentino Novoa: Religionsfreiheit in Spanien. Geschichte - Problematik - Zukunftsperspektiven. 1978.

Band 18 Friedrich Hartl: Der Begriff des Schöpferischen. Deutungsversuche der Dialektik durch Ernst Bloch und Franz von Baader. 1979.

Band 19 Franz Reger: Person oder Gesellschaft? Zur Problematik der Pastoraltheologie heute. 1978.

Band 20 Andreas Angerstorfer: Der Schöpfergott des Alten Testaments. Herkunft und Bedeutungsentwicklung des hebräischen Terminus ברא (bara) »schaffen«. 1979.

Band 21 Die Methode katholischer Gemeindekatechese im deutschen Sprachgebiet vom 16. bis zum 18. Jahrhundert. Historisch-kritisch dargelegt von Karl Schrems †. Aus dem Nachlaß herausgegeben von Wolfgang Nastainczyk. 1979.

Band 22 Hubert Schnackers: Kirche als Sakrament und Mutter. Zur Ekklesiologie von Henri de Lubac. 1979.

Band 23 Karl Pichler: Streit um das Christentum. Der Angriff des Kelsos und die Antwort des Origenes. 1980.

Band 24 Hubert Windisch: Handeln in Geschichte. Ein katholischer Beitrag zum Problem des sittlichen Kompromisses. 1981.

Band 25 Jung-Hi Kim: "Caritas" bei Thomas von Aquin im Blick auf den konfuzianischen Zentralbegriff "Jen". 1981.

Band 26 Karl-Heinz Tillmann: Die Lehre vom Bösen in gesamt-systematischen Entwürfen deutscher katholischer Theologen im 19. Jahrhundert. Johann Baptist Hirscher, Franz Anton Staudenmaier, Anton Berlage. 1982.

Band 27 Charles MacDonald: Church and World in the Plan of God. Aspects of History and Eschatology in the Thought of Père Yves Congar o.p. With a Preface by Yves Congar. 1982.

Band 28 Stefan Hirschlehner: Modi der Parusie des Absoluten. Bestimmungen einer Hermeneutik der Theologie G.W.F. Hegels. 1983.

Band 29 Klaus Müller: Thomas von Aquins Theorie und Praxis der Analogie. Der Streit um das rechte Vorurteil und die Analyse einer aufschlußreichen Diskrepanz in der "Summa theologiae". 1983.